AF547130

Peter Lachenmayer - Wolfgang Klepzig - Jens Nguyen

Die Reitvorschriften der deutschen Kavallerie

Geschichte der modernen militärischen Reitausbildung im Spannungsfeld von Wehrverfassung, Taktik, Remontierung, Reitkunst, Sport und Ausrüstung 18. bis 20. Jahrhundert

Peter Lachenmayer - Wolfgang Klepzig - Jens Nguyen

Die Reitvorschriften

der deutschen Kavallerie

Geschichte der modernen militärischen Reitausbildung im Spannungsfeld von Wehrverfassung, Taktik, Remontierung, Reitkunst, Sport und Ausrüstung
18. bis 20. Jahrhundert

Titelbild

Major a.D. Felix Bürkner auf der französischen Vollblutstute Zita 1921. Fotografie von Werner Menzendorf.

Bildnachweise

Die verwendeten Abbildungen wurden sorgfältig recherchiert und ihre Herkunft in den Abbildungstexten soweit möglich dokumentiert. Auf Grund des Alters sind ein Großteil der Abbildungen gemeinfrei. Die Fotografien von Werner Menzendorf entstammen einer Leihgabe der Niedersächsischen Sparkassenstiftung und der Kreissparkasse Verden im Deutschen Pferdemuseum. Die Nachweise von Fotografien aus dem Bundesarchiv Koblenz sind in den entsprechenden Abbildungstexten nach der vorgeschriebenen Referenzierung des Bundesarchivs aufgeführt. Sollten wieder erwarten Rechte verletzt worden sein, wird gebeten, sich diesbezüglich an den Deutschen Kavallerieverband e.V. zu wenden.

Danksagung

Die Herausgabe des vorliegenden Werkes mit umfangreicher historischer Quellenanalyse war nicht ohne zahlreiche Mithilfe möglich.

An erster Stelle gebührt ein besonderer und herzlicher Dank unseren Gattinnen und Familien, die mit ihrer Geduld und Unterstützung die vorliegende Arbeit ermöglicht haben.

Wesentliche Grundlage für dieses Buch bildeten die zahlreichen Beiträge und Recherchearbeiten der vielen nationalen wie auch internationalen Mitglieder der Facebook-Gruppe des Kavallerieverbandes, die sich während der letzten zehn Jahre zu diesem Thema ansammelten. Zudem erlaubten die modernen digitalen Medien, bisher schwer zugängliche Literaturen zu diesem wenig erforschten Thema erschließen zu können.

Unser Dank gilt Knut Krüger vom Xenophon-Verlag, der das Buch gesetzt hat und damit einen wesentlichen Beitrag für dessen Qualität leistete.

Ein herzliches Dankeschön möchten wir zudem an Christoph Neddens vom Pferdemuseum Verden richten, der uns bei der Bildauswahl aus den Beständen des Archiv Menzendorf und des Pferdemuseums sehr unterstützte.

Für die Bereitstellung von Bildmaterial aus privaten Archiven gilt unser besonderer Dank Bernd Wollschläger, Thomas Brackmann, Herrmann Schmelzer, Jan Maiburg, der Familie von Heydebreck sowie Ulrich Schumacher. Für die selbstlose Unterstützung bei der zeitaufwendigen Literaturrecherche möchten wir uns außerdem bei dem 2. Vorsitzenden des Deutschen Kavallerie-Verbandes Burghard Sinna, bei Sandra Bajohr und Martin Mrodzinsky bedanken.

ISBN-13: 978-3956250118

Inhalt

Kapitel 1 - Einleitung

Die Heeres-Druckvorschrift 12, kurz H.Dv. 12, (konzipiert als Reitvorschrift für das deutsche Militärwesen ab 1926) und ihre Vorgänger stellten den Ausgangspunkt und damit die Grundlagen für sämtliche Ausformungen der sog. „Deutschen Reitlehre" nicht nur der Nachkriegszeit dar. So wurden unmittelbar nach dem Ende des Zweiten Weltkrieges beträchtliche Kapitel aus der letzten Version der H.Dv. 12 als grundlegende Richtlinien für das Reiten und Fahren der Deutschen Reiterlichen Vereinigung e.V. übernommen, als diese nach Auflösung aller berittenen militärischen Einheiten das Erbe als Hüterin der Deutschen Reitlehre übernahm. Diese aus den reinen Anforderungen an die Soldatenreiterei gewonnenen theoretischen Standards konnten bis in die 1980er-Jahre auch praktisch durch die Tätigkeit vieler Reitlehrer, die zu einem großen Teil selbst bei der Kavallerie oder anderen berittenen Einheiten vor oder während des Zweiten Weltkriegs ausgebildet worden waren, vermittelt und lebendig gehalten werden.

Die H.Dv. 12 hat den Ruf, für eine besonders schonende, pferdegerechte Reitausbildung zu stehen, einen systematischen und erprobten Weg für die Ausbildung von Pferd und Reiter vorzugeben und dabei immer die Praxis des Gebrauchsreitens im Gelände als letztendlichen Zweck in den Vordergrund zu stellen.

Mit der zunehmenden Spezialisierung des modernen Reitsports ab den 1960er Jahren setzte allerdings ein allmählicher Verdrängungsprozess dieser Praxis ein. Gleichzeitig trägt der biologisch bedingte Generationswechsel der Reitlehrer dazu bei, dass innerhalb des alltäglichen Reitunterrichts nur noch Wissen, ohne die Kenntnis über dessen historische Ursprünge in den meisten, mittlerweile gesamtdeutschen, Reitvereinen vermittelt wird. War der kavalleristisch, d.h. militärisch geschulte Reitlehrer noch in der Lage seinen Reitschülern die Ausbildung unterschiedlichster Lektionen aus der H.Dv. 12 aus eigenen Erfahrungen heraus begründen zu können, fällt es selbst hochqualifizierten Reitlehrern der jüngeren Generation schwer hinreichend zu erklären, warum sich bestimmte Elemente in der Reitlehre überhaupt entwickelt haben. Ähnlich verhält es sich mit bestimmten Ausrüstungsgegenständen der Reitausrüstung, deren historischen Ursprünge kaum noch ein Reiter kennt. Der Interessierte und Nachfragende erhält leider allzu oft nur die Antwort: „Weil ich es halt so gelernt habe."

Ebenso scheint sich der Vorhang des Vergessens über die eigentlichen Wurzeln der heutigen Reitlehre und Reitkunst zu senken. Obwohl verdienstvolle Werke zur Geschichte der Reitkunst existieren, fokussieren diese sehr stark nur auf die Entwicklung der Reitlektionen. Der Grund oder die Ursache, weswegen die eine oder andere Reitlektion oder die Art des Ausbildungsgangs der Pferde überhaupt entstand, wird meist außer Acht gelassen.

Zudem haben sich die Sprache und die Semantik von Begriffen über die Zeit hinweg stark verändert. Diese Umstände erschweren die Erforschung der Geschichte der Reitlehren, da sich bei vielen unklaren Begriffen stets eine Restunsicherheit in der schlüssigen Interpretation der Originalquellen ergibt. Aufklärende Bildquellen, wie zum Beispiel Film- und Fotomaterial sind dabei nur sehr spärlich, je weiter man zurückgeht, umso weniger vorhanden.

Zur Erklärung der bisher angedeuteten Problemfelder drängt sich zwangsläufig eine Betrachtung der militärischen Aspekte der europäischen Reiterei auf. Letztendlich lässt sich die Entwicklung der Reitlehren und der Reitkunst fast ausschließlich auf militärische Hintergründe zurückführen. So waren zum Beispiel die Lektionen des 16. und 17. Jahrhunderts mit ihren engen Wendungen, Versammlungen und Schulen über der Erde auf das damalige Fechten zu Pferd aus dichten, tief gestaffelten Formationen heraus, mit unterschiedlichen Hieb- und Stichwaffen ausgerichtet. Ein anderes Beispiel aus der Geschichte der Reiterei ist das vielfältige Springreiten, das sich knapp zwei Jahrhunderte später entwickelte, und das Ende des 19. Jahrhunderts abermals direkt aus den Anforderungen der Kavallerie entstand, als die Reiterei auf Grund verbesserter Schusswaffen ihren Vorteil der Geländegängigkeit ausnützen musste.

Die vorliegende Arbeit will somit vor allem das „Warum?“ hinter den Reitvorschriften aufklären. Sie will dabei auch Antworten auf umstrittene Begriffsinterpretationen geben sowie wesentliche Änderungen chronologisch aufzeigen. Sie konzentriert sich dabei auf die militärischen Reitvorschriften vom Beginn des 19. Jahrhunderts bis zum Zweiten Weltkrieg, da erst ab diesem Zeitabschnitt eine hinreichende Quellenlage eine umfassende und ganzheitliche Betrachtung des Gegenstands erlaubt. Auf Grund der prägenden Rolle Preußens, der wegweisenden Schöpfung der modernen Leichten Kavallerie und der Verwendung von Vollblut in der Pferdezucht, beginnt die Darstellung mit der friderizianischen Reiterei ab 1740 und dann der ersten preußischen Reitinstruktion von 1825/26 (RI 1825/26). Weitere wichtige Meilensteine bildeten die preußische Reitinstruktion von 1882 (RI 1882), die preußische Reitvorschrift von 1912 D.V.E. Nr. 12 (RV 1912), die H.Dv. 12 von 1926 (RV 1926) und schließlich die H.Dv. 12 von 1937 (RV 1937) als letzter Meilenstein.

In diesem Zeitraum haben sich fundamentale Änderungen in der Auffassung der Reitlehre für den militärischen Gebrauch ergeben. Gerade das 19. Jahrhundert war geprägt durch den Wettbewerb verschiedener Reitsysteme, der teilweise in heftigen Auseinandersetzungen unter den Protagonisten mündete. Der damalige Streit erinnert in vielem an die aktuellen Kontroversen in der Dressurlehre des modernen Reitsports seit den 1990er-Jahren. Zumindest der historische Diskurs konnte ab 1912 durch eine aufwändige Ausarbeitung einer neuen militärischen Reitvorschrift, der D.V.E. 12, wesentlich auf der reitwissenschaftlichen Grundlage der Reitlehre von Gustav Steinbrecht basierend, beruhigt und sogar entschieden werden. Die Reitvorschrift von 1912 wurde dadurch für die gesamte militärische und zivile Reiterei in Deutschland richtungsweisend. Mit ihr entstand die „Deutsche Reitlehre“.

Anhand einer gesamtheitlichen Betrachtung untersucht diese Arbeit die wesentlichen militärischen und gesellschaftlichen Einflüsse auf die Reitausbildung und die Reitausrüstung in der jeweiligen Epoche. Denn die Reitausbildung des Militärs hatte immer einen ganz konkreten praktischen Zweck und unterlag wichtigen Zwängen. Zweck und Zwänge waren über die Zeitläufe einem kontinuierlichen Wandel unterworfen und haben dadurch wesentlichen Einfluss auf die Ausgestaltung der Reitpraxis gehabt.

Auf Grund des erwähnten Wettbewerbs der Reitsysteme im 19. und beginnenden 20. Jahrhundert finden sich in der Sekundärliteratur teils widersprüchliche Aussagen, die je nach Hintergrund und Auslegung des Protagonisten zu verstehen sind. In unserer Analyse versuchen wir solche Widersprüche durch genaue Untersuchungen und einer Plausibilitätsprüfung nachzuspüren und aufzulösen.

Das Werk wendet sich nicht nur an Historiker, sondern vor allem an Reiter, welche die Hintergründe der Deutschen Reitlehre verstehen wollen. Ohne Verständnis für das „Warum?" bleibt jegliche Praxis gefährlich. Erst wer um die Zusammenhänge einer Sache weiß, wird Fehlentwicklungen vermeiden können.

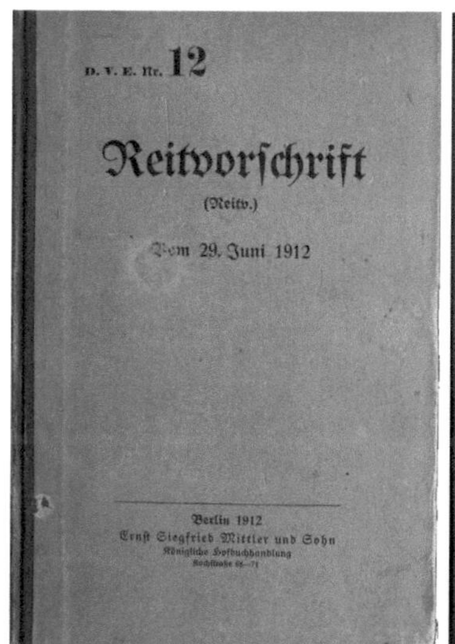

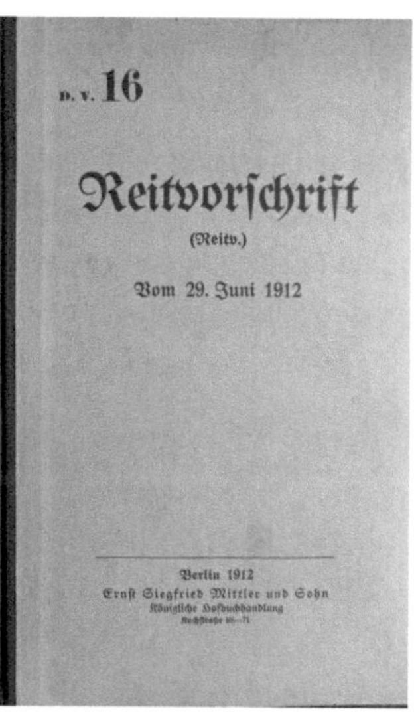

Die Reitvorschrift vom 29. Juni 1912 war ein zentraler Meilenstein in der Geschichte der deutschen Reitvorschriften. In ihrer preußischen Version war sie mit der Vorschriftenbezeichnung D.V.E. Nr. 12 („Druck-Vorschriften-Etat") und in der bayerischen Version mit D.V. 16 („Druck-Vorschriften") versehen. 1926 wurde sie für die Reichswehr mit der neuen Bezeichnung H.Dv. 12 („Heeres-Druckvorschrift") weitgehend inhaltsgleich herausgegeben.

Die Kapiteleinteilung orientiert sich an den Reitvorschriften von 1825/26, 1882, 1912, 1926 und 1937 als epochenprägende Entwicklungen. Die einzelnen Kapitel gliedern sich für jede Epoche in eine Betrachtung der Taktik der Kavallerie, der Remontierung, der Reitausbildung, der sonstigen Ausbildung und der wesentlichen Reitausrüstung. In späteren Epochen kommt noch eine Betrachtung des sich entwickelnden Reitsports hinzu. Der Schwerpunkt liegt auf Preußen, das teilweise unter besonders günstigen Bedingungen handeln konnte und deshalb federführend in Deutschland wirkte. In den Kapiteln, welche die Epochen bis zur Reichsgründung von 1871 abdecken, wird deshalb als Reflektion zur Situation im übrigen Deutschland das Kurfürstentum und spätere Königreich Bayern betrachtet. Die Kapitel, welche in ihrer Epochenbetrachtung die beiden Weltkriege behandeln, enthalten gesonderte Abschnitte für die Erfahrungen der Kavallerie in diesen Kriegen.

Die Reihenfolge dieser Themenbereiche ist nicht starr und variiert entsprechend danach, wie sie sich in der jeweiligen Epoche gegenseitig logisch beeinflusst haben. Dies soll das Leseverständnis erleichtern.

Abgeschlossen wird dieses Werk mit einem Kapitel, das sich den Auswirkungen der militärischen Reitausbildung nach 1945 widmet und einer Schlussbetrachtung, welche wesentliche epochenübergreifende Zusammenhänge aufzeigt. Dies sind u.a. das Spannungsfeld von militärischer und ziviler Reitausbildung, Vergleich von Soldatenreiterei und Reitkunst, die Suche nach dem „richtigen" Reitsystem, Lücken der Reitvorschriften, die zentrale Rolle der geforderten Marschleistungen, und die Entwicklung der Pferdetypen.

Kapitel 2 - Das 18. Jahrhundert - Die Glanzzeit der friderizianischen Epoche (1740 – 1786)

Die überwiegende Regierungszeit Friedrich II. war durch den Österreichischen Erbfolgekrieg (1740-1748) und dann durch den Siebenjährigen Krieg (1756 – 1663) bestimmt und geprägt worden. Unter dem enormen Druck der militärischen und wirtschaftlichen Notwendigkeiten dieser Kriege, dem er sich „beinah ein Vierteljahrhundert" ([Fiedler 1896] S. 130) willentlich aussetzte, gelang es Friedrich II., seine Kavallerie zu einer schlagfertigen, schlachtentscheidenden Waffe zu formen. Militärhistorisch gilt diese Epoche in Europa als hohe Zeit der Kavallerie, die jedoch gleichzeitig deren Zenit darstellt. „Schon in der Schlacht bei Leuthen sind erste Zeichen dafür erkennbar geworden, dass die Feuerkraft der Gewehre einmal die Oberhand über den Säbel gewinnen würde." ([Guddat 1989] S. 84).

Friedrich II. im Kreise seiner Generäle. Nach einem Gemälde von S. Ungewitter.

Die errungenen Erfolge fußten in erster Linie auf einer Reihe von Friedrich II. an die Kavallerie neu gestellten taktischen Verwendungsarten sowie einer stetigen Verbesserung ihrer Leistungsfähigkeit durch eine gründliche Ausbildung in Friedenszeiten. Dennoch fehlte zu dieser Zeit eine einheitliche Reitinstruktion, in der die Reitausbildung detailliert festgeschrieben wurde. Die Reitweise jedes einzelnen Kavalleristen war vielmehr durch die ihrer militärischen Führer, wie zum Beispiel einem Friedrich Wilhelm von Seydlitz oder einem Hans Joachim von Zieten, beeinflusst worden. Über Seydlitz urteilt ein führender deutscher Militärhistoriker, dass *„[u]nter seinem Ingenium [...] die Kavallerie durch die Höhe der Ausbildung wie des Reitergeistes gegenüber unaufhaltsamer technisch-taktischer Entwicklung der Feuerwaffen zu später nicht mehr erreichter Wirkung gelangt[e].“* ([Fiedler 1986] S. 160 passim). Gleichzeitig war die Reitkunst im 18. Jahrhundert in hoher Blüte und in Preußen kamen zur Verbesserung der Reitausbildung zusätzlich Stallmeister als zivile Reitlehrer in den Kavallerie-Regimentern zum Einsatz. Sehr positiv auf den reiterlichen Leistungsstand der friderizianischen Kavallerie wirkte sich der im Vergleich zu den späteren Wehrpflichtarmeen hohe Anteil an sehr lang dienenden Mannschaften und die gute Remontierung aus.

War die Herausbildung der Reitkunst in Europa seit dem 16. Jahrhundert wesentlich durch die militärischen Anforderungen der Kavallerie in den damaligen Schlachten bestimmt worden, zeigte sich erstmals im 18. Jahrhundert ein Divergieren zwischen „ziviler“ Reitkunst und dem militärischen Reiten. Die neue Taktik der geschlossenen, schwungvollen Attacke und die Entwicklung der Leichten Kavallerie mit neuen blütigen Pferdetypen setzten veränderte reiterliche Ausbildungsschwerpunkte, die zur Schöpfung der sog. Kampagne-Reiterei führten.

Die Einführung der Leichten Kavallerie brachte bedeutende und zukunftsweisende Änderungen in der Remontierung. Die neue Waffengattung wurde mit importierten, orientalisch geprägten Halbblütern aus Ost- und Südosteuropa beritten gemacht, die im Einsatzgebiet des „kleinen Krieges“ (Aufklärung, Sicherung, Überfälle) auf Grund besserer Ausdauer und Schnelligkeit dem damaligen mitteleuropäischen Pferdematerial überlegen waren.

Die genaue Darstellung der eben angezeigten Epoche hat zum Ziel, dem Leser die Ausgangssituation für die Herausgabe der etwa 50 Jahre später erlassenen Reitinstruktion, der Reitinstruktion von 1825/26, für die preußische Kavallerie vor Augen zu führen. Durch einen kurzen Exkurs zu den zeitgenössischen Verhältnissen bei der Kavallerie des Kurfürstentums Bayern wird die vermeintliche Singularität dieser bedeutsamen Epoche der preußischen Kavallerie nochmals hervorgehoben.

Die Arten der Kavallerie

Schwere Kavallerie im 18. Jahrhundert – Kürassiere und Dragoner

Die Kavallerie in Deutschland bestand seit dem Ende des 30-jährigen Krieges 1648 aus Kürassier- und Dragoner-Regimentern. Beide Truppengattungen wurden insgesamt als „deutsche Reiter“ bezeichnet, da Rekrutierung und Remontierung weitgehend in Deutschland erfolgten. Kürassiere dienten taktisch als Schlachtenkavallerie, da sie durch das Anlegen einer Schutzwaffe, dem namensgebenden Kürass, gegen Hiebe, Stiche und die Wirkung von Handfeuerwaffen (Schutz vor Pistolenschuss bei Entfernungen höher als 25 m) ([Schönauer 2019] S. 65) geschützt waren. Um die Mobilität zu erhöhen, verwendeten die preußischen Kürassiere allerdings nur das Vorderteil des Kürasses mit einem Gewicht von *„bei den Mannschaften 5050 Gramm, bei den Offizieren 6315 Gramm."* ([Guddat 1989] S. 57).

Kürassier vom Kürassier-Regiment No. 7 nach 1763. Zeichnung von Adolph Menzel [Menzel 1851].

Dragoner vom Dragoner-Regiment No. 4 nach 1763. Zeichnung von Adolph Menzel [Menzel 1851].

Die Dragoner waren noch zur Zeit des 30-jährigen Krieges minderwertig berittene Infanteristen. Erst ab 1700 änderte sich dieser Status, da sie nun aus praktischen Gründen ein erweitertes Einsatzspektrum erhielten. Sie wurden mehr und mehr als Kavallerie in der Schlacht eingesetzt und verrichteten außerdem Aufklärungs- und Sicherungsaufgaben. Auf Grund dieses Einsatzspektrums, ähnlicher Ausrüstung und Remontierung wie bei den Kürassieren zählten die Dragoner im friderizianischen Preußen faktisch als Schwere Kavallerie. Das änderte sich durch Angleichung des Pferdematerials und der Ausrüstung an die Husaren allmählich bis in die napoleonische Epoche. Ab dem 19. Jahrhundert zählten die Dragoner deshalb in Preußen zur Leichten Kavallerie.

Leichte Kavallerie im 18. Jahrhundert - Husaren

Schon der Vater von Friedrich II., der als Soldatenkönig berühmt gewordene Friedrich Wilhelm I., führte schließlich mit den Husaren eine dritte, damals für Preußen neuartige, leichte Kavalleriegattung ein. Die Husaren waren nach ungarischem Vorbild formiert und ausgerüstet und dienten im sogenannten „Kleinen Krieg" der Aufklärung, der Sicherung sowie zu Überfällen. Anzumerken sind im beschränkten Umfang (eines Regiments) noch die sogenannten Bosniaken, leichte Lanzenreiter und Vorläufer der späteren Ulanen, die wie die Husaren eingesetzt wurden.

Die Remontierung

Der Alt-Holsteiner als Pferd der Schweren Kavallerie

Die preußische Armee importierte in der Regierungszeit von Friedrich Wilhelm I. und Friedrich II. ihre Pferde für die Kavallerie fast ausschließlich aus dem nichtpreußischen Ausland. Die verstreuten Landeszuchten im Königreich Preußen genügten zu der Zeit noch nicht den qualitativen und quantitativen Ansprüchen der Kavallerie.

Bei den preußischen Kürassier-Regimentern kamen, wie in Österreich und Sachsen, schwarze „Holsteiner" zum Einsatz. Die holsteinische und dänische Pferdezucht hatte im 17. und 18. Jahrhundert den höchsten Ruf in Europa, wenn es sich um die Lieferung von Kavalleriepferden handelte. Holstein gehörte damals zum dänischen Herrschaftsbereich und unter dem Sammelbegriff „Holsteiner" fasste man in Preußen auch die Pferde aus den dänischen Zuchtgebieten Jütlands. Wie hoch die Nachfrage nach Holsteinern damals war, zeigt ein diplomatischer Vorgang aus dem Jahre 1733: *„Aus gesandtschaftlichen Correspondenzen [...] geht hervor, daß die Dänische Regierung der Ausfuhr von Pferden für die Preuß. Armee damals Hindernisse in den Weg legte, weil sie selbst 2000 Stück brauchte und die Ansprüche von außen zu bedeutend würden, indem auch Oesterreich gleichzeitig wegen Herauslassung von 2000 Pferden solicitierte, die von einigen Kaiserlichen Regimentern sogar schon bezahlt sein sollten. Auch England hatte eine Lieferung aus Jütland bewerkstelligen wollen."* ([Mentzel 1745] S. 49). Allerdings darf die damalige Holsteiner Zucht nicht mit dem Typus des heutigen Holsteiner Warmblüters als sportlichem Springpferd verwechselt werden. Es wurde noch kein englisches Vollblut eingezüchtet. Diese damals berühmte militärische Zucht wird in der ersten Hälfte des 19. Jahrhunderts durch das Wegbrechen der Absatzmärkte (bisherige Hauptabnehmerstaaten wie Preußen hatten mittlerweile eigene leistungsfähige Landeszuchten für die Remontierung der Armee aufgebaut) und die Auswirkungen der napoleonischen Kriege eingehen. Letztendlich kann heute nicht mehr zweifelsfrei rekonstruiert werden, wie das Alt-Holsteiner Pferd des 18. Jahrhunderts aussah. Die wenigen Abbildungen aus der Zeit wie auch lückenhafte Textquellen lassen noch weniger gesicherten Interpretationsspielraum zu. *„Die Pferde sind tiefschwarze Rappen, die eine stolze Haltung und mächtige Bewegungen zeigen; der stark entwickelte Rumpf trägt einen hochaufgerichteten, schön gebogenen Hals; die Köpfe sind nicht große, die Ohren auffallend klein."* ([Unger 1906] S. 23). Nach heutiger Beurteilung würde man die Statur dem Barock-Pferde-Typus im weiteren Sinne zuordnen. Ein Vertrag von 1753 zum Ankauf von Kürassierpferden aus Holstein beinhaltet folgende Auswahlkriterien: *„Die Pferde sollen sein: breit von Brust und Kreuz, langstreckig und nicht senkrückig, geschlossen, stark am Bauch, sehr wohl gehalset, schön von Kopf, scharf an Ohren, von gesundem Huf, von gesunden und feinen Knochen; es durften keine Schweinskreuze, keine Stutenköpfe, keine aufgeschürzte, keine schulöhrige, keine breit- und großköpfige, keine fette mit kleinen Augen, keine kurzhalsige, keine langrippige, kuhhessige, noch welche vorn oder hinten eng oder auswärts gehen noch gar kreuzen, flach- und bockhufige unter der Lieferung sein; man verbat sich friesländische oder jeversche [oldenburgische, Anm. d. V.] Pferde."* ([Unger 1906] S. 23). Die Durchschnittsgröße der Kürassierpferde lag dabei bei knapp 165 cm. ([Pelet 1905] S. 433).

Mit diesen Pferden konnten die preußischen Kürassiere und Dragoner ihre großen Leistungen in den Schlesischen Kriegen von 1740 bis 1756 erringen. In der Truppe waren die Holsteiner damals sehr beliebt. Allerdings waren die für die Kürassiere und Dragoner in den damaligen Feldzügen geforderten Marschleistungen eher gering (Tagesleistungen von ca. 10 km), da sie im Verbund mit der Infanterie marschierten. Dadurch waren die Pferde während der Schlacht in der Regel ausgeruht. Nach den Vorstellungen Friedrichs II. waren die Holsteiner nicht schnell genug. Er bevorzugte englische Voll- und Halbblüter oder in seinen frühen Jahren polnische Steppenpferde. Genauso ritt Seydlitz eher orientalische oder polnische Pferde. ([Unger 1906] S. 24ff.).

Kürassier des Regimentes Markgraf Friedrich zu Pferde auf einem Alt-Holsteiner um 1739. Es ist eine der wenigen zeitgenössischen Gemälde, welche diesen Pferdetypus vermutlich originalgetreu darstellen. Friedrich Wilhelm I. ließ von allen seinen 12 Kürassier-Regimentern um 1739 Ölgemälde anfertigen, die lange im Zeughaus in Berlin aufbewahrt wurden und im Zweiten Weltkrieg verloren gingen. Das Deutsche Historische Museum hat noch Glasnegative mit Schwarz-Weiß-Reproduktionen der Original-Gemälde, doch sind diese wegen sehr schlechter Qualität nicht mehr zu verwenden. Die verwendete Abbildung stammt aus einer Reproduktion des Bilds im Buch „Wie ritt Seydlitz?" von W. von Unger aus dem Jahr 1906 [Unger 1906].

Für die Dragoner-Regimenter galten hingegen weniger rigide Remontierungsvorschriften, wie sie für die Pferde der Kürassiere üblich waren. Der Budgetpreis für ihre Pferde wurde um ein Drittel geringer angesetzt. Da sich der damalige Pferdepreis stark an der Größe des Pferdes orientierte, mussten sie kleinere Pferde reiten. Angekauft wurden zunächst Holsteiner und Hannoveraner. Die Zucht in Hannover hatte sich ab der ersten Hälfte des 18. Jahrhunderts stark an das Holsteiner Vorbild angeglichen und konnte daher ebenso sehr gute Kavalleriepferde liefern. Als Farben waren Schwarz und Schwarzbraun vorgegeben.

In den 1740er-Jahren wurde ein erster Versuch unternommen, die Remonten der drei ostpreußischen Dragoner-Regimenter in Ostpreußen anzukaufen, was sich aber nicht bewährte und schnell aufgegeben werden musste. Die ostpreußische Pferdezucht war damals noch nicht leistungsfähig genug. Erst nach der Regierungszeit Friedrichs II. gelang es, diese drei ostpreußischen Regimenter erfolgreich mit Remonten aus Ostpreußen beritten zu machen. Wobei der damalige „Ostpreuße" noch nicht mit dem späteren hochleistungsfähigen

Kavalleriepferd der zweiten Hälfte des 19. Jahrhunderts vergleichbar war. Diese Qualitätsverbesserung setzte erst allmählich durch massive Veredelung mit Vollblütern ein.

Ab 1756 wurde dann die Remontierung der übrigen Dragoner aus fiskalischen und taktischen Gründen, wie bei den Husaren, fast vollständig auf polnische Pferde („Moldauer oder Ukrainische Wildpferde") umgestellt. ([Mentzel 1845] S. 69 ff.). Für den Einsatz der Dragoner als Leichte Kavallerie waren die „Polnischen Remonten" den Holsteinern deutlich überlegen.

Halbblutpferde aus der Steppe für die Leichte Kavallerie

Mit der Aufstellung des Husaren-Korps durch Friedrich Wilhelm I. im Jahr 1721 begann in Preußen die zukunftsweisende Schaffung der Leichten Kavallerie. Durch sie begann die epochale Umwälzung des in der Kavallerie eingesetzten Pferdematerials in Richtung blütiger Pferdetypen, die sich durch eine erhöhte Leistungsfähigkeit auszeichneten. Letztendlich kulminierte dieser Wandel in der Schaffung der modernen Warmblutzuchten in Deutschland und Europa im 19. Jahrhundert. Diese Veränderung im Pferdematerial hatte im 19. Jahrhundert wesentlichen Einfluss auf die Gestaltung der militärischen Reitvorschriften und letztendlich auch auf die Entwicklung der modernen deutschen Reitlehre.

Husar vom Husaren-Regiment No. 2 (Zieten-Husaren) nach 1763. Zeichnung von Adolph Menzel [Menzel 1851].

Die neue Kavallerietruppe der Husaren rekrutierte sich zu Beginn nicht nur personell aus Polen, Ungarn oder Reitern des Balkans mit ihrer südost- und osteuropäischen Kampfweise. Diese Kavalleristen brachten gleichfalls ihre landestypischen Pferde und Ausrüstung mit. So wurden für die neuaufgestellte Husarentruppe Pferde (sog. Polnische Remonten) aus den Steppenzuchten Osteuropas beschafft. *„Die Collectiv-Bezeichnung ‚Polnische Remonte' umfaßte keineswegs blos wirklich Polnische Pferde, sondern solche aus dem östlichen Theile Europas, welcher nordwestlich vom schwarzen Meer liegt, aus Ländern, die unter Polnischer, Russischer und Türkischer Hoheit standen. Insbesondere waren diese Länder die Moldau, die Wallachei, Wolhynien, Podolien, Bessarabien, die Ukraine und das Gebiet des Tartar-Chans, Taurien mit der Krimm, Neu-Tscherkessien und einige Kasacken-Districte. Die an der Nordseite des schwarzen und Azowschen Meeres mündenden Flüsse von Pruth bis Don durchschnitten vornehmlich die Gegenden, die man zum Zweck der Remonte-Ankäufe für die besten hielt."* ([Mentzel 1845] S. 70).

Namentlich wurden diese Pferde dann auch als „Moldauer", „Polen", „Ukrainische Wildlinge" oder „Ukrainische Wildfänge" bezeichnet. Im Weiteren werden wir diese Wildzuchten und Pferde aus dem Osten unter der Bezeichnung „Polnische Remonte" zusammenfassen, da dies der allgemein verwendete Begriff in der preußischen militärischen Literatur ist. Für die Beschaffung dieser Pferde wurden regelmäßig Ankaufskommissionen in die weit entfernten Zuchtgebiete entsandt. Diese sichteten die Pferde, kauften sie an und verlegten sie mit großen Transporten von mehreren hundert Pferden, über eine Entfernung von 600 bis 700 km zu ihren preußischen Garnisonen.

Ähnlich wie bei den frühen Holsteinern, erlaubt die unsichere Quellenlage wenig verlässliche Aussagen über das Exterieur der Polnischen Remonte. Heutzutage ist diese Zucht nicht mehr existent. Bekannt ist allerdings, dass in den Zuchtgebieten häufig zur Veredelung türkische Beschäler und damit arabisches Vollblut zum Einsatz kam, und es sich damit um eine frühe Halbblutzucht handelte.

„Die Moldau liefert treffliche Reit- und Zugpferde, 15 bis 16 deutsche Fäuste hoch [Anm. d. V.: 143 – 152 cm], sind sie gut gestaltet, voll Feuer, und dabey doch gelehrig; nebstbey sind ihre Hufe von bekannter Güte, welches eine Hauptsache beym dauernden Gebrauche der Pferde ist. Für die österreichische, besonders die preußische leichte Remonte, werden sehr viele Moldauer-Pferde angekauft: denn die preußischen Gestüte sind noch unbedeutend. Jährlich werden bey 40000 Stück Pferde verkauft, wovon das Stück 1782 20 bis 30 Dukaten kostete." ([Top 1810] S. 23 ff.).

Rittmeister Joachim von Zieten auf einer Polnischen Remonte. Adolph Menzel hat diese genaue Kopie abgezeichnet von einem kleinen Ölbild mit der Jahreszahl 1736 im Besitz des Sohnes von Zieten. Es handelt sich damit um eine der wenigen zeitgenössischen Bilder, welche den Typus der Polnischen Remonte vermutlich originalgetreu wiedergeben [Menzel 1851].

Die Polnischen Remonten waren in Interieur, Exterieur und ihrer Psyche durch die Aufzucht in der Wildnis geprägt. Sie waren gegenüber Witterungsbedingungen unempfindlicher, von Natur aus besser bemuskelt, im Rücken steifer, gehlustiger und im Umgang mit dem Menschen scheuer als die damaligen deutschen Pferde. Die Erfahrung zeigte, dass sie sogar zwei bis drei Jahre länger im Dienst gehalten werden konnten. Auf der anderen Seite hatten sie weniger Tragkraft, waren aber ausdauernder und schneller. Sie waren das ideale Pferd für den Einsatz der Husaren, die vornehmlich in Aufklärung, Sicherung, Streifzügen und Überfällen und weniger in der Schlacht eingesetzt wurden. *„Es läßt sich nicht leugnen, daß die Remontierung mit (Polnischen) Remonten ihre guten Seiten hatte, hauptsächlich deshalb, weil von dieser Gattung trotz großer*

Schwierigkeiten, vermittelst waghalsiger und verschmitzter Unterhändler, doch fast immer Pferde erlangt werden konnten, wenn sie am nöthigsten gebraucht wurden; dann auch wegen des offenbar äußerst mäßigen Preises und der Brauchbarkeit und Ausdauer eines Theils dieser Pferde. Sehr viele gingen freilich beim Transport, der Aklimatisierung und vorzüglich bei der Dressur zu Grunde, wie dies bei wilden Pferden zumeist der Fall ist. Was aber alle Einflüsse der Leben-Veränderung und die harten Proben des Arbeistzwanges überstand, blieb auch in ungemeiner Tüchtigkeit und Härte lange im Dienst." ([Mentzel 1845] S. 73 ff.).

„Noch schwieriger war vielfach das An- und Zureiten der wilden Bestien, welche im Kampfe mit Wölfen gelernt hatten sich beißend und schlagend zur Wehr zu setzen, und die im Bocken eine so große Virtuosität zu entwickeln pflegten, daß nur zu oft der beste Reiter entkräftet und kopfüber in den Sand geschleudert wurde, bisweilen sogar mit seinem Sattel. Selbstverständlich entstanden aus diesen Eigenthümlichkeiten der Remonten mancherlei Beschädigungen derselben, wie auch ihrer Pfleger und Reiter; aber die Thiere litten überdies oft an inneren Krankheiten, deren Keime sie aus ihrer Heimath mitgebracht hatten." ([Borbstaedt III 1872] S. 14).

Der Pferdeersatz

Die Etats der Regimenter berechneten in den Regierungszeiten Friedrich Wilhelms I. und Friedrichs II. einen durchschnittlichen Zugang von 70 Remonten pro Kavallerie-Regiment und Jahr. Dies bedeutete eine Dauerzeit (d.h. Ausbildungs- plus Dienstzeit) von 10 3/7 Jahren pro Pferd. ([Mentzel 1845] S. 42 ff.).

Die Pferdeverluste in Friedenzeiten müssen im Vergleich zu denen des 19. Jahrhunderts sehr hoch gewesen sein. *„Zum Schluß ist noch des fortdauernden ganz enormen Abganges an Cavallerie-Pferden durch Tod, zu gedenken [...] Die schlechte Erziehung, der ruinirende Transport und endlich bei der Dressur, das Temperament der Polnischen (Remonten), bedingten von Haus aus, gleich im ersten Jahre nach dem Eintritt bei den Truppen, einen großen Verlust. Bei den Holsteinschen Pferden erzeugte die der Race eigenthümliche Schlaffheit dasselbe Resultat, wenn auch in weniger kurzer Zeit. Der Mangel an Festigkeit der Knochen und Muskeln, an Elastizität der Sehnen und Gelenkbänder, das baldige Abmagern zu Zusammenfallen bei Strapazen und Entbehrungen, führe sie vor der Zeit dem Verderben entgegen."* ([Mentzel 1845] S. 80 ff.).

Die Taktik und frühe preußische Reglements

Die preußische Kavallerie bis zum Versagen in der Schlacht bei Mollwitz 1740

Vor 1740 war der Einsatz der Kavallerie in der Schlacht wenig dynamisch. Man hatte jedoch schon im Verlauf des 30-jährigen Krieges die Caracolen-Taktik weitgehend aufgegeben, bei der die einzelnen Glieder einer dichtgestaffelten Reiterkompanie nacheinander, oft nur im Trab gegen den Gegner anritten, ihre Feuerwaffen abfeuerten, abwendeten, sich wieder in die Kompanieformation einreihten und nachluden. Der schwedische König Gustav II. Adolf ließ seine Reiterei stattdessen in Anlehnung an die damals in Europa führende polnische Schwere Kavallerie in drei Gliedern geschlossen attackieren, höchstens noch eine Salve kurz vor dem Feind abgeben, um dann mit der Blankwaffe in den Nahkampf überzugehen. Daran änderte sich in den nächsten 100 Jahren jedoch wenig, obwohl sich in den Türkenkriegen Ende des 17. Jahrhunderts die Unterlegenheit der deutschen Reiterei gegenüber den mit blütigen, orientalischen Pferden berittenen türkischen Saphis zeigte. Häufig musste sogar die Infanterie der in Bedrängnis geratenen Reiterei zu Hilfe kommen. Weiterhin war der Trab das bestimmende Tempo und nicht selten verlangsamte sich die vorgetragene Attacke zusätzlich durch den Gebrauch der Handfeuerwaffen, bevor der Reiter endlich seine Seitenwaffe zum Einsatz brachte. Die Rückbesinnung auf die hohe Effizienz des Gebrauchs der Hieb- und Stichwaffen bei einer Attacke fand schon bei Friedrich Wilhelm I. statt. Der Soldatenkönig legte daher 1727 fest, dass *„Alle Esquadrons [...] sobald sie avancieren, den Feind zu attaquiren, mit aufgenommenem Gewehr [...]. Dahero kein Commandeur von einer Esquadron bei Ehre und Reputation sich unterstehen soll zu schießen, sondern die Esqudrons sollen den Feind mit dem Degen in der Faust attaquiren."* ([Jany I 1928] S. 828). Der Galopp wurde laut dieser Anordnung jedoch immer noch als Notbehelf angesehen.

Die bei Ausbruch des Österreichischen Erbfolgekrieges nach diesen Einsatzgrundsätzen ausgebildete preußische Kavallerie erlitt sogleich bei der ersten Schlacht des Krieges ihre katastrophalste Niederlage; immerhin gegen einen Feind, der prinzipiell nach den gleichen veralteten Grundsätzen handelte. Am 10. April 1741 traf die preußische Armee des damals 29-jährigen Friedrich II. bei Mollwitz in Schlesien mit der österreichischen Armee unter Feldmarschall von Neipperg zusammen. Die preußische Kavallerie des rechten Flügels, unter dem Grafen von der Schulenberg mit ca. 2.000 Pferden, war bereits durch das Einschieben von zwei Infanteriebataillonen in ihrem Aufmarsch behindert. Dabei hatte Friedrich II. diese eingesetzt, um seine Kavallerie so gegen die zahlenmäßig überlegene österreichische Reiterei zu stärken. Obwohl der österreichische Kavallerieaufmarsch auf dem gegenüberliegenden Flügel, unter Feldmarschall-Lieutenant Römer mit etwa 3.500 Pferden, auf Grund starken preußischen Artilleriefeuers behindert wurde, entschied sich Römer improvisierend für einen sofortigen Angriff mit sechs Regimentern. Der hierdurch entstandenen Unordnung zum Trotz, konnte die Attacke durch einen beschleunigten Galopp eine immens hohe Wucht entfalten. *„Graf Schulenberg ließ, als er den Angriff bemerkte, die auf diesem Flügel haltenden Eskadrons seines Regiments sogleich eine Achtelschwenkung rechts machen [...]. Bevor indessen die schwerfällige preußische Reiterei jene Bewegung ausgeführt hatte, hatten sich die Österreicher mit wildem Geschrei und Pistolenschüssen in der Karriere auf sie gestürzt und warfen sie völlig über den Haufen."* ([Pelet I 1905] S. 131). Am Ende konnte die Schlacht allein durch die preußische Infanterie gewonnen werden.

Friedrich II revolutioniert die Taktik der Schweren Kavallerie (Mauerattacke und Drei-Treffen-Taktik)

Gewohnt analytisch und zugleich pragmatisch, reagierte Friedrich II. auf das Versagen seiner Kavallerie, indem er am 17. Juni 1742 ein „Reglement vor die Kavallerie und Dragoner, was bei denen Exercitien geändert wird." [Jany II 1928] S. 74] erließ. In dieser, lediglich als Zusatz des bisher verwendeten Reglements für die Kavallerie aus dem Jahr 1727 anzusehenden Erweiterung legte Friedrich II. unter anderem fest, dass: „[...] die Hebung der Reitfertigkeit des einzelnen Mannes und der Manövrierfähigkeit nicht bloß in den vorgeschriebenen Bewegungen [Formationsreiten], sondern nach „allerhand Dispositionen" in deren Ausführung die Offiziere zu üben seien." ([Jany II 1928] S. 74).

Bereits ab dem 1. Juni 1743 löste der König das bestehende Reglement von 1727 ab, indem er an dessen Stelle das „Reglement vor die Königl. Preußische Cavallerie-Regimenter“ zur Einführung brachte. Zusätzlich erschienen in diesem Jahr außerdem das „Reglement vor die Königl. Preußische Dragoner-Regimenter“ und am 1. Dezember 1743 das „Reglement vor die Königl. Preußische Husaren-Regimenter“. Letzteres wurde 1744 durch einen Nachtrag erweitert und 1764 sowie nochmals 1773 durch vollständige Neudrucke ersetzt. ([Jany II 1928] S. 95)

Mauerattacke des preußischen ersten Treffens zu Beginn der Schlacht bei Roßbach am 5. November 1757. Friedrich Wilhelm von Seydlitz zerschlug als Führer der gesamten preußischen Kavallerie in dieser ersten Attacke der Schlacht die französische, österreichische und Reichsarmee-Kavallerie.

All diesen neuen Reglements schien eine wichtige Forderung zu Grunde zu liegen: *„Für die Bewegungen der Reiterei, besonders ihrer Entwicklung zur Linie und ihre wichtigste Betätigung, die Attacke, war aber ein anderer Geist eingezogen, indem der Galopp bei der Entwicklung und der Attacke obligatorisch wurde. Überall klingt die Forderung höchster Schnelligkeit und Gewandtheit sowie größter Geschlossenheit durch. Es wird ferner nach jeder Attacke das schnellste Sammeln nach der Auflösung zum Gegenstand der Übung gemacht.“* ([Pelet I 1905] S. 111).

Die Gewöhnung seiner Kavallerie an die Fähigkeit in der höchsten Gangart, dem Galopp, taktisch zu handeln, steigerte Friedrich II. über die Jahre immer weiter. 1754 legte er beispielsweise fest, dass in der Attacke die letzten 400 – 500 Schritte bis zum Einbruch im "Marsch-Marsch!", d.h. in voller Karriere zu erfolgen hatten, bei einer gesamten Attackenlänge von 1.200 – 1.500 Schritt. Der Schusswaffengebrauch wurde grundsätzlich verboten, da er die Wucht der Masse behinderte. Wiederum war den Husaren der Schusswaffengebrauch als Eigenheit bei ihren Attacken weiterhin erlaubt.

Die Attacke "en Muraille" ("Mauerattacke") stellte nun den Einsatzgrundsatz in der Schlacht dar. Die Eskadron ritt dabei in drei Gliedern: das erste Glied Knie an Knie, das zweite

Glied auf Lücke und das dritte Glied wieder ausgerichtet auf das erste Glied. Bis zu 30 Eskadrons ritten so in einer Linie und bildeten die anstürmende „Mauer“, die auf den Gegner vor allem psychologisch wirkte. *„Ich lasse die Schwadronen im schnellen Galopp attackieren, weil die Furcht dann die Feigen mitreißt – sie wissen, daß das geringste Zögern inmitten dieses Ansturms sie unweigerlich unter die Hufe der nachfolgenden Teile der Schwadron bringt. Meine Absicht ist hierbei auch, den Gegner zum Wanken zu bringen, bevor es zum Handgemenge kommt. Offiziere sind im Nahkampf nicht wertvoller als einfache Reiter, und Ordnung und Zusammenhang gehen verloren.“* ([Duffy, 1978] S. 158).

Für die Aufstellung eines Kavallerieflügels entwickelte Friedrich II. die sog. Drei-Treffen-Taktik ([Pelet I 1905] S. 118 ff.), die er in mehreren Reglements beschrieb, über die Zeit verfeinerte und variierte („Disposition, wie sich die Offiziere von der Kavallerie, und zwar die Generale sowohl als die Kommandeurs der Eskadrons, in einem Treffen gegen den Feind zu verhalten haben“ vom 25.07.1744, „Instruktion für die Generalmajors von der Kavallerie“ vom 17.08.1747). *„Als Grundgedanke dieser Treffentaktik läßt sich folgendes erkennen: Die ersten beiden Treffen bilden den eigentlichen Kampfkörper, das erste dazu bestimmt, in den Feind einzubrechen, und daher am stärksten der Zahl nach und aus Kürassieren gebildet, das zweite mit der Aufgabe, jenes unmittelbar zu unterstützen, bzw. durch Schließung der entstehenden Lücken, durch Aufnahme der etwa aus ihm zurückgeworfenen Teile […], sowie ihm unmittelbar zur Hand zu gehen durch Flankenangriffe auf den seine Flanke bedrohenden Gegner, daher mit weiten Zwischenräumen aufgestellt und aus den leichteren und daher manövrierfähigeren Dragonern gebildet. Das dritte Treffen bildete die allgemeine Reserve, jederzeit da eingreifend, wo es not tut, daher in der beweglichsten Gliederung, um nach allen Seiten schnell die Front herstellen zu können, und aus der leichtesten Waffe (den Husaren) gebildet.“* ([Pelet I 1905] S. 124).

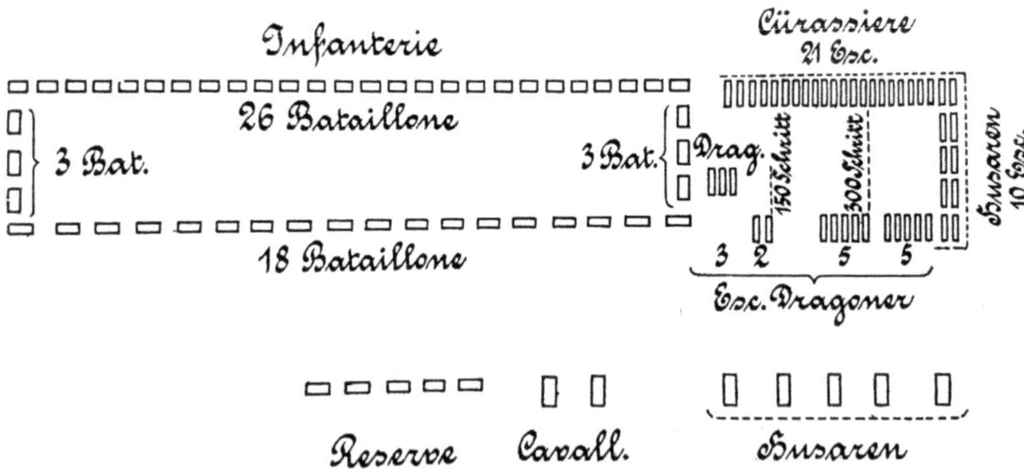

Anwendung der Drei-Treffen-Taktik in der Schlachtaufstellung eines Kavallerieflügels nach der Disposition Friedrichs II. vom 25. Juli 1744 [Pelet I 1905].

In den meisten Schlachten der friderizianischen Epoche kamen allerdings zum überwiegenden Teil nur zwei Treffen zum Einsatz. Außerdem war das Mischungsverhältnis der Kavalleriegattungen oft nicht dem Schema entsprechend und der jeweiligen Situation geschuldet. Die Gründe lagen darin, dass es oft *„an Zeit mangelte, die vorgeschriebene Bildung anzunehmen“* ([Pelet I 1905] S. 124) und die Führer der Kavallerieflügel oft darauf vertrauten, dass – wenn notwendig – die Rolle des dritten Treffens durch die allgemeine Kavallerie-Reserve hinter der Mitte der Schlachtordnung übernommen werden würde, *„wie dies z.B. Zieten auf Weisung des Königs hin (in der Schlacht) bei Prag (1757) so vortrefflich ausführte.“* ([Pelet I 1905] S. 124).

Friedrich Wilhelm Freiherr von Seydlitz-Kurzbach (1721 – 1773) in einer Reproduktion des überlebensgroßen, zeitgenössischen Ölgemäldes in der Ohlauer evangelischen Kirche, welches als das beste Bildnis galt, das von Seydlitz vorhanden war.

Ein Beispiel der effektiven Wirkung der Drei-Treffen-Taktik ist anhand der ersten Attacke der Preußen in der Schlacht bei Roßbach am 5. November 1757 rekonstruierbar. An diesem Tag stand die preußische Armee mit ca. 22.000 Soldaten einer Übermacht aus Kaiserlicher Reichs-Exekutions- und Französischer Armee von etwa 41.100 Mann gegenüber. ([Dorn 1996] S. 73 passim.). Indem die preußische Kavallerie sich mustergültig an die durch die Drei-Treffen-Taktik vorgegebenen Richtlinien hielt, gelang es ihr, über den in doppelter Stärke angetreten Gegner zu siegen. Der 36-jährige Generalmajor Friedrich-Wilhelm von Seydlitz kommandierte die 38 Eskadrons starke preußische Reiterei. Er formierte die Regimenter entgegen der Norm in zwei Gliedern, um breitere Fronten zu bekommen. Unter seinem Kommando gelang es, die Eskadrons, verdeckt von einem Hügel, flankierend, nahe der Spitze des mit 61 Eskadrons anrückenden Gegners heranzubringen. Von dieser günstigen Position aus, setzte von Seydlitz um 15:30 Uhr zur Mauerattacke in drei Treffen gestaffelt an; *„15 Eskadrons im ersten, 18 im zweiten Treffen, dieses etwas links überflügelnd, und links rückwärts (als Reserve und drittes Treffen) die 5 Eskadrons Szekely-Husaren.“* ([Pelet I 1905] S. 192). Dem *„ersten (preußischen) Treffen gelang es (noch) nicht, die feindliche Linie zu durchbrechen, es kam zum Handgemenge auf der Stelle. Aber Seydlitz hatte sein zweites Treffen herbeigeholt und dies so angesetzt, daß beide Flügel des Gegners umfaßt wurden, die Szekely-Husaren aber griffen in der rechten Flanke der schon in Unordnung geratenen feindlichen Schwadronen ein, die nun völlig geworfen wurden.“* ([Pelet I 1905] S. 192).

Die Einführung der Leichten Kavallerie

Eine weitere bahnbrechende taktische Neuentwicklung der friderizianischen Zeit war die Einführung der Leichten Kavallerie in Preußen. Österreich hatte den Wert der ungarischen Husaren auf schnellen ausdauernden Pferden als leichte Reiterei schon während der Türkenkriege Ende des 17. Jahrhunderts erfahren und für sich zu nutzen gewusst. Schon der erste Schlesische Krieg (1740 – 1742) zeigte die Gefährlichkeit der österreichischen Leichten Kavallerie bei Überfällen und Streifzügen im „kleinen Krieg", die der preußischen Armee großen Schaden zufügte. *„König Friedrich empfand in der Tat zuerst den Mangel einer genügenden Zahl leichter Truppen sehr; es fehlte nicht viel, daß ihn die feindlichen Husaren bei einer Besichtigung seiner Grenzposten abgefangen hätten; im Rücken seines Heeres überschwemmten diese Horden das Land, ohne daß man ihnen etwas Ebenbürtiges entgegenzusetzen gehabt hätte."* ([Unger 1906] S. 46).

Mit Nachdruck ging Friedrich II. deshalb an den Aufbau einer schlagkräftigen Husaren-Truppe. In der „Instruktion für die Obersten und sämtlichen Offiziere von den Regimentern Husaren" vom 21. März 1742 und dem „Reglement vor die Königl. Preuß. Husaren-Regtr." vom 1. Dezember 1743 zeigte er, *„welch großes Verständnis der König den Aufgaben der leichten Reiterei entgegenbrachte und welchen Wert er auf ihre Tätigkeit legte."* ([Pelet I 1905] S. 109). Die Instruktionen beschreiben die geschlossene und ausgeschwärmte Attacke der Husaren, die Verfahren in der Aufklärung und Erkundung, den Patrouillendienst, die Sicherung, das Anlegen von Hinterhalten und die Überfälle auf feindliche Versorgungstransporte und Lager.

Einbruch des preußischen schwarzen Husaren-Regiments in die große Batterie des russischen linken Flügels in der Schlacht bei Groß-Jägersdorf am 30. August 1757. Reproduktion des Gemäldes, das im Königssaal des Leibhusaren-Kasinos in Danzig-Langfuhr hing [Pelet I 1905].

„Dies Reglement war es, auf Grund dessen die preußischen Husaren zu dem wurden, als was sie sich im Siebenjährigen Kriege erwiesen: Auge und Ohr des Heeres und zugleich auch eine vorzügliche Schlachtenreiterei, kühn, schnell, unermüdlich und gewandt, nie ‚zu spät', immer ‚von Nutz'. Der König stellte als sein Ideal auf, daß, die Cürassiers und Dragoner ebenso adroit sein wie die Husaren' und daß ‚die Husaren ebenso geschlossen den Feind attaquirten wie jene', und er hat dies erreicht, ohne die Eigentümlichkeiten der drei Reiterwaffen aufzugeben. Die Kürassiere blieben vorzugsweise die Schlachtenreiterei des ersten Treffens, die Dragoner eine Rückhalttruppe und zwar auf dem Schlachtfelde für das Kürassiertreffen, bei Streifzügen für die Husaren. Diese aber vertraten das Element höchster Beweglichkeit nicht nur im Parteigängerkriege und als deckender Schleier des Heeres, sondern auch in der Ordre de Bataille als Flügeldeckung und als drittes Treffen; denn hier fielen ihnen die Beobachtung und Sicherung der Flanken, das plötzliche Ausnutzen unvermuteter Glücksfälle, oder das ebenso plötzliche Ausbessern überraschender Schäden und nach erfochtenem Siege die Verfolgung zu." ([Pelet I 1905] S. 117).

Dennoch war die friderizianische Kavallerie keine Einheitskavallerie. Das lag vor allem am unterschiedlichen Pferdematerial innerhalb der Truppengattungen. Die Kürassiere mit ihren Holsteinern waren den Husaren mit ihren Polnischen Remonten in der Schlachtenattacke überlegen, da sich das Temperament der Holsteiner vorzüglich für die präzise Ausführung der Mauerattacke eignete. Dagegen waren die Husaren im Einzelgefecht und dem „kleinen Krieg" im Vorteil. Mit ihren schnellen, ausdauernden, blütigen Polnischen Remonten bestimmten sie Zeit und Ort eines Gefechts. Sie konnten jederzeit, bei genügend Raum, Kürassieren oder Dragonern ausweichen und unvermutet wieder zuschlagen.

Es hatte deshalb auch taktische Gründe, dass nach dem Ende des Siebenjährigen Kriegs 1763, ein Teil der preußischen Dragoner-Regimenter komplett auf Polnische Remonten umgestellt wurde und auch Kürassier-Regimenter eine Anzahl solcher Pferde bekamen. Bei den Kürassier-Regimentern sollten damit die Plänkler beritten gemacht werden, welche Sicherungsaufgaben ausführten, um gleichfalls im Einzelgefecht gegen Husaren bestehen zu können.

Reitausbildung

Noch keine kodifizierte Reitvorschrift

„In der friderizianischen Kavallerie gab es keine Reitinstruktion, in der wir ihre Ausbildungsweise nachlesen könnten; von keinem ihrer Stallmeister, von keinem ihrer Offiziere sind uns Aufzeichnungen überkommen, aus denen wir ohne weiteres das damals herrschende Dressursystem ersehen könnten." ([Unger 1906] S. 8). Hierfür gibt es mehrere Gründe. Die Regimentschefs des 18. Jahrhunderts hatten immer noch eine große Autarkie und die Reitausbildung der einzelnen Kavalleristen wurde ihnen überlassen. Die organisatorische Standardisierung und Professionalisierung der stehenden Heere hatten sich zwar weiterentwickelt, bspw. wurden erste Kriegsschulen gegründet, dennoch blieben viele Lücken in der zielgerichteten Einzel- und Spezialausbildung offen. Für die zweifelsfrei zu diesen Spezialgebieten zählende Reitausbildung wurden die allgemeingültigen Lehren der im 18. Jahrhundert bestehenden zahlreichen qualitativ hochwertigen Reitakademien zu Grunde

gelegt. Deshalb galt Reitausbildung als offensichtlich ziviles Gebrauchswissen, auf Grund dessen es unnötig erschien eigene militärische Vorschriften formulieren zu müssen.

Selbst Friedrich II. nahm hier keine Änderung vor. Sein Pragmatismus richtete sich zunächst auf die Intensivierung der bisherigen Ausbildungspraxis sowie die klare Vorgabe neuer Ausbildungsziele. Auch hierbei konnte er auf ein von seinem Vater gelegtes Fundament zurückgreifen.

Friedrich Wilhelm I. sorgte nicht nur bei der von ihm bevorzugten Infanterie für ein kontinuierliches Ausbildungssystem. In der tiefen Überzeugung, dass nur ein harter Ausbildungsdrill zum Erfolg führen könne, ermöglichte er seiner Kavallerie eine für die damalige Zeit noch selten anzutreffende erstklassige und vollzählige Remontierung mit Holsteinern und Hannoveranern. Bei den Armeen anderer deutscher Staaten (und auch in Preußen vor der Regierungszeit Friedrich Wilhelms I.) war es in Friedenszeiten aus Einsparungsgründen sehr oft so, dass die Kavallerie-Regimenter über mehr Reiter als Pferde verfügten oder zeitweise sogar völlig unberitten waren. Den preußischen Regimentern dagegen standen im Frieden das ganze Jahr über eine ausreichende Anzahl von Reitpferden zur Verfügung und sie waren bei einem Kriegsausbruch komplett mit voll ausgebildeten Pferden versorgt. Innerhalb der einzelnen Kavallerie-Regimenter war somit eine als kontinuierlich zu bezeichnende Reitausbildung von Pferd und Reiter abgesichert.

Zivile Reitlehrer (Stallmeister) in den Kavallerie-Regimentern

Lange Zeit lag die Reitausbildung allein in den Händen der jeweiligen Offiziere des Regimentes, bis der Soldatenkönig eine Vereinheitlichung vornahm. Wie bei den Kürassier-Regimentern schon vorher üblich, sorgte er ab den 1720er-Jahren dafür, dass gleichfalls bei den Dragoner-Regimentern zivile Stallmeister oder Bereiter zur Reitausbildung angestellt wurden. ([Unger 1906] S. 16). Es ist anzunehmen, dass diese Stallmeister nach den Grundsätzen der damaligen in hohem Stand stehenden Schulreiterei ausbildeten. Immerhin existierten innerhalb des Deutschen Reiches eine ganze Reihe hochwertiger Reitakademien, aus denen die Stallmeister hervorgingen.

„Der Stallmeisterberuf ruhte damals auf wesentlich anderen Grundlagen als heute. Junge Leute aus guter Familie widmeten sich ihm von Jugend auf. Nach beendeter Schulzeit wurde der Jüngling als Bereiter-Scholar auf eine sogenannte Ritterakademie oder einzeln dabei einem fürstlichen Stallmeister in die Lehre gegeben. Reitschulen bestanden an den Fürstenhöfen und an den Universitäten[...] Die deutschen weltlichen und geistlichen Fürsten hielten Schulbahnen. Der Berliner Marstall hatte deren zwei; der Dresdener Hof prunkte mit einer Kurfürstlichen Ritterakademie; ebenso wenig durfte in Hannover, Celle und Wolfenbüttel, in Ludwigslust und Dessau, in Erfurt und Köln, in Kassel und Stuttgart ein Schulstall fehlen. Auch die kleineren fürstlichen und gräflichen Herren, Statthalte und Generale, hielten sich ihre Stallmeister. Außerdem war an den Universitäten auch die Pflege der höheren Reitkunst selbstverständliche; ihre Stallmeister nannten sich Direktoren der Ritterakademie: Tübingen hatte seinen Württembergischen Oberstallmeister, Göttingen seinen Königlich Großbritannische, Frankfurt a. O. seinen Königlich Preußischen Stallmeister, ebenso wohl Halle und Königsberg [...] Die Nürnberger Ritterakademie wurde als weltberühmt gepriesen." ([Unger 1906] S. 70 ff.).

Für die Ausbildung zum Stallmeister wurde nach damaligen Gepflogenheiten immerhin eine Dauer von mindestens sechs bis sieben Jahren vorausgesetzt. ([Unger 1906] S. 71). Das militärische Betätigungsfeld eines ausgebildeten Stallmeisters eröffnete außerdem die Möglichkeit, die bereits im zivilen Bereich begonnene Reitausbildung der jungen Adligen bei der Kavallerie fortzuführen. Daneben waren die Stallmeister außerdem dafür verantwortlich, junge und schwierige Pferde zuzureiten. Im Kriege führten sie die Handpferde der Offiziere ([Unger 1906] S. 70), wodurch sie sicherlich reiterliche Mängel im Feld praxisnah beobachten konnten. Bis heute finden sich in den Quellen sehr wenige Hinweise über den Wirkungsgrad dieses noch nicht verschriftlichten und vorrangig durch zivile Fachkräfte abgesicherten militärischen Reitausbildungssystems für Offiziere. Wenige Indizien, über die stets im Hintergrund agierenden zivilen Reitlehrer, können anhand von zeitgenössischen Berichten allerdings erahnt werden.

Friedrich-Wilhelm von Seydlitz bildete seine Pferde selbst in Schulsprüngen aus oder ließ sie darin ausbilden. Bei entsprechenden Anlässen wurden sie dann von ihm persönlich in diesen Lektionen vorgeführt. Weitere Quellen berichten, dass noch andere Kavallerieoffiziere ihre Pferde in der damaligen hohen Schule arbeiteten und die dabei erzielten Erfolge gern vorzeigten. *„Graf Henkel fand 1789 in seinem Regiment [Dragoner-Regiment Platen Nr. 6 in Insterburg, Anm. d. V.] wohl 15 bis 18 Offiziere, die förmliche Stallmeister waren."* ([Unger 1906] S. 76). Es liegt auf der Hand, dass für derartige Reitkünste nicht ausschließlich persönliche Veranlagung verantwortlich gemacht werden kann. Zumal der aktive Offizier neben dem Reiten noch andere vielfältige Dienstobliegenheiten zu erfüllen hatte. Für das Erreichen solch hoher Ausbildungsstufen musste, damals wie heute, zusätzlich professionelles Reitpersonal einwirken. Die Einrichtung der Regimentsstallmeister blieb innerhalb der preußischen Armee bis in das Jahr 1806 erhalten, als sie in Folge der katastrophalen Niederlage gegen Napoleon abgeschafft wurden und *„(in dem) in der preußischen Kavallerie auch die höhere Reitkunst zu Grabe (getragen wurde)."* ([Unger 1906] S. 76). Des Weiteren machte Friedrich Wilhelm I. durch den Bau gedeckter Reitbahnen für die Regimenter, den ganzjährigen Reitbetrieb möglich. ([Unger 1906] S. 84).

Die Entwicklung der Kampagne-Reiterei

Zu den tatsächlichen Neuerungen bei der Reitausbildung unter Friedrich II. zählte die Kampagne-Reiterei und das von ihm eingeforderte verstärkte Reiten von geschlossenen Formationen im Gelände. Sehr früh erkannte er die Probleme der damaligen Kavallerieeinheiten, wenn diese natürliche Hindernisse wie Gräben, Hecken oder Wasserhindernisse forcieren mussten. ([Unger 1906] S. 94 ff.). Derartige, auf einen reibungslosen Felddienst abzielende, neue Lehrinhalte sollten durch ein zu allen Jahreszeiten durchgeführtes, tägliches Reiten aller Chargen umgesetzt werden. Nunmehr musste auch an Sonntagen ausgeritten werden ([Mentzel 1845] S. 67) und das bisherige Fußexerziertagen der Kavallerie trat zumindest bei den Kürassieren und Husaren stark in den Hintergrund. ([Guddat 1989] S. 41).

Hier trat zum ersten Mal eine Loslösung der Soldaten-Reiterei von der bisherigen Reitkunst hervor. Friedrich von Krane hat diese 100 Jahre später einmal zusammengefasst: *„(Es liegt daran), daß die Reitkunst sich den Zeitbedürfnissen nicht genügend anschloß und dadurch zum Theil die praktische Verwerthung verlor. Dieses ist namentlich für die Soldatenreiterei der Fall. Während aus* *dem Einzelkampfe das Massengefecht wurde, welches mehr Ausdauer und Schnelligkeit wie hohe Gewandtheit beansprucht, hatte die Schulreiterei, welche einst dem Kriegsbedürfnisse angepaßt war, nach wie vor lediglich die höchste Gewandtheit im Auge. Sie schloß sich, tausend Künstlichkeiten verfolgend, mehr und mehr in die Bahn ein, statt dem Reiter und dem Pferde die praktische Befähigung für die neue Art der Kriegsführung zu sichern."* ([Krane 1879] S. X).

Die Reitausbildung der Rekruten

Die gesteigerten Anforderungen durch das nun im Fokus der Ausbildung stehende Geländereiten, die Beherrschung der Mauerattacke als Vorbereitung für die Schlacht wie auch die der Elemente des Sicherungs- und Aufklärungsdienstes, machten eine ständige, systematische und methodische Steigerung der Ausbildung von Pferd und Reiter aus dem Mannschaftsstand unerlässlich.

Anders als später im 19. Jahrhundert, begann der Reitunterricht für die Rekruten über die Zeit uneinheitlich und von Truppengattung zu Truppengattung unterschiedlich. Nach dem Exerzier-Reglement von 1743, sollte bei den Kürassieren und Dragonern im Sattel mit angeschnallten Bügeln begonnen werden, was so lange zu üben war, bis ein in allen Gangarten sicherer Sitz eintrat. Erst dann wurde zur Vervollkommnung des zügelunabhängigen Sitzes ohne Bügel geritten, wobei der einzelne Reiter diesen ebenso an der Longe einübte. Dagegen bestimmte das Husaren-Reglement von 1743 den umgekehrten Weg. Auch Seydlitz bestimmte für seine Kürassier-Regimenter einen Ausbildungsbeginn zunächst ohne Bügel. ([Unger 1906] S. 81 ff.).

Dass es tatsächlich bei jedem Regiment aufwändigen Einzelunterricht gegeben haben muss, wird zusätzlich durch zwei Prinzipien für das Rekrutierungssystem bei der preußischen Kavallerie begründet. Beachtlich erscheinen zunächst die hierbei zugrunde gelegten Altersbegrenzungen, die bei den Dragonern oder Kürassieren ein Alter von mindestens 25 und bei den Husaren sogar von 28 Jahren einforderten. ([Guddat 1989] S. 28 ff.). Es kann daher vermutet werden, dass es sich hierbei nicht nur um Männer handelte: *„[...] die Kräfte haben sich zu wehren."* ([Guddat 1989] S. 28), sondern auch um solche, die zumindest teilweise im Umgang mit Pferden vertraut waren. Das nächste, bereits zu Beginn des Kapitels erwähnte Prinzip unterteilte die Mannschaften in die Gruppe der „Freiwilligen" oder auch „Geworbenen" und diejenige der Kantonisten. Bei der ersten Gruppe handelte es sich um Männer, die entweder aus Preußen oder aus einem deutschsprachigen Gebiet des Heiligen Römischen Reiches stammten und die sich durch preußische Werber anwerben ließen; daher auch die Bezeichnungen als „Freiwillige" oder „Geworbene". Laut Quellenlage konnte die preußische Kavallerie, zumindest in Friedenszeiten, über einen ausreichend großen Zustrom von diesen „Freiwilligen" oder „Geworbenen" verfügen. Diese ganzjährig geworbenen Rekruten mussten jeweils bei Eintritt in das Regiment an die gewünschten Reitstandards herangeführt werden, was einen Einzelunterricht erforderlich machte. Der im Vergleich zur Infanterie hohe Anteil von langdienenden „Geworbenen" oder „Freiwilligen" innerhalb der Kavallerie-Regimenter führte dazu, dass diese zu sehr guten Reitern ausgebildet werden konnten, zumal die Regimentschefs vor allem gute Reiter besonders lange im Regiment hielten. *„So befanden sich 1747 bei dem Dragoner-Regiment Bonin unter rund 400 geworbenen Gemeinen 104, die zwischen 40 und 50, 236, die zwischen 30 und 40 Jahr alt waren."* ([Unger 1906] S. 92). Da nach dem Reglement von 1743 ein Dragoner-Regiment aus 720 Mannschaften bestand, zeigt dies, dass mehr als die Hälfte der Gemeinen aus langdienenden „Geworbenen“ oder „Freiwilligen“ bestand. In der preußischen Kavallerie habe *„jeder gemeine Reiter nach und nach einem sehr vollendeten Scholaren der Reitbahn geglichen und sein Pferd karusselmäßig mit Zierlichkeit zu tummeln gewußt.“* ([Unger 1906] S. 92). *„Eine vergleichbare reiterliche Professionalität der Mannschaften, vor allem im Bereich des geschlossenen Exerzierens, konnte innerhalb der späteren preußischen Wehrpflichtarmee nicht mehr erreicht werden.“* ([Unger 1906] S. 93).

Friedrich II. inspiziert ein Kürassier-Regiment [Pelet I 1905].

Die andere Gruppe der Mannschaften, die Kantonisten, waren stets preußische Landeskinder, die in einem dem Regiment zugewiesen Aushebungsgebiet – dem Kanton – lebten. Hier wurden sie ab ihrem Konfirmationsalter, in der Regel mit 14 Jahren, vom Pastor enrolliert (registriert). Der nun als „enrolliert“ geltende Kantonist stand dem Regiment über einen Zeitraum von mindestens 20 Jahren als Militärdienstpflichtiger zur Verfügung. Allerdings brauchte der Kantonist nach einer zweijährigen Ausbildungszeit nur noch jeweils zwei Monate im Jahr (während der Exerzierzeit im Frühjahr) aktiven Dienst im Regiment ableisten. Für die übrige Zeit wurde er ohne Anspruch auf Löhnung usw. beurlaubt. Die Einrichtung der Kantonisten gab es in anderen Armeen dieser Zeit nicht. Der hierdurch entstandene, erheblich unterschiedliche reiterliche Leistungsstand zwischen den beurlaubten Kantonisten und den ganzjährig beim Regiment anwesenden „Geworbenen“ oder „Freiwilligen“, war in der friderizianischen Armee in Friedenszeiten eine große Herausforderung und machte wieder einen verstärkten Einzelunterricht notwendig.

Verglichen mit der späteren Situation in der preußischen Kavallerie bis zum Ersten Weltkrieg, waren die reiterlichen Ausbildungsverhältnisse in der friderizianischen Zeit günstiger. Um 1900 mussten *„alljährlich vier- bis fünfmal soviel Leute (ausgebildet werden), die meist gar keine Vorkenntnisse im Reitern (mitbrachten); schon nach einem halben Jahre bilden sie mehr als den dritten Teil* *der exerzierenden Eskadron; vielleicht ein Viertel (der) Leute hätte man (in der friderizianischen Zeit) als soweit genügend ausgebildet angesehen, um sie überhaupt mit zum Exerzieren zu nehmen."* ([Unger 1906] S. 92 ff.).

Die Phasen im Ausbildungsjahr der Kavallerie

„Das militärische Jahr hatte bei der Kavallerie folgende Hauptabschnitte. Zu der sechs Wochen dauernden Exerzierzeit im Frühjahr war alles bei der Truppe. Die Regimenter rückten für den größten Teil dieser Zeit aus ihren vielen kleinen Garnisonen in Kantonnierungen zusammen; zuletzt wurden die Truppe jeder Provinz in Lagern zur Revue zusammengezogen, wobei größere Schulmanöver mit gemischten Waffen stattfanden. Nach der Revue gingen Beurlaubte und Freiwächter nach Hause, die Pferde wurden zur Grasung aufs Land verteilt, Dienst fand also im Sommer nicht statt. Im Herbst sollte dann, in Abwesenheit der Beurlaubten etwas für die Felddienstausbildung geschehen; auf eine Anzahl kleiner „Herbstmanövers", d.h. Felddienstübungen bei der Garnison, folgte eine Zusammenziehung der Regimenter in ein paar nahe Kantonnierungsdörfer auf etwa 14 Tag; bei den großen Garnisonen fanden größere Manöver im Gelände statt. Dazu wurden nur die Freiwächter, nicht aber die Beurlaubten eingestellt. Dann folgt die Winterperiode, gewidmet der Ausbildung von ein paar Rekruten und weitgehender Pferdeschonung." ([Jany 1904] S. 21 ff.).

Die sog. „Grasung" wurde nach 1763 eingeführt und dauerte vom 15. Juni bis zum 31. August an. Ein Großteil der Pferde eines Regiments wurde hierbei aus dem Dienst genommen und nur auf Grasweiden gestellt. Neben der Futterersparnis, spielte dabei eine falsch verstandene Schonung der Pferde eine wesentliche Rolle: *„Die in der Exerzierzeit stark angestrengten Tiere genossen jetzt völlige Ruhe, aber mangelhafte Ernährung; dann kamen die Herbstmanöver und erst im Winter wurden die Pferde wieder zu Kräften, richtiger: zu Aussehen gebracht."* ([Jany 1904] S. 32 ff.).

Sonderstellung der Reitausbildung bei der Leichten Kavallerie

Eine Sonderstellung in der Reitausbildung hatte die Leichte Kavallerie. Die Husaren bekamen keine Stallmeisterstellen für ihre Regimenter genehmigt. Bei ihnen wurden Pferd und Reiter bis zum Ende des 18. Jahrhunderts nach den Prinzipien der „Naturreiterei" unter alleiniger Leitung ihrer Offiziere ausgebildet. Unter „Naturreiterei" verstand man die traditionelle Ausbildungsweise bei den ost- und südosteuropäischen Reitervölkern, die sich stark an der Kampagne-Reiterei im Gelände orientierte und keine Ausbildung in der Reitbahn nach den Prinzipien der europäischen Reitkunst kannte. Eine solche Praxis war auf Grund der teilweise direkten Anwerbung von Ungarn, Polen oder Reitern aus dem Balkanraum möglich, da diese ihre traditionelle heimatliche Reitweise in die Ausbildung einbrachten. Friedrich II. beschreibt die von ihm erwarteten Leistungen im Husaren-Reglement von 1743 folgendermaßen: *„Weil die Hauptsache von einem Husaren ist, daß er gut reiten kann und sein Pferd tummeln und wenden kann wie er will, so muß auch der Offiziers ihre Hauptsorge sein, ihnen solches aus dem Fundament beizubringen. Um hierzu desto leichter zu gelangen, so müssen die Offiziers sehr oft auch den bloßen Pferden und mit der Trense reiten lassen, damit sie fest sitzen lernen und einen Schluß zu Pferde bekommen. Hernach müssen sie darauf sehen, daß die Husaren die Zügels allzeit kurz führen, damit sie Meister von ihren Pferden sind. Wenn die Rekruten eine*

Zeit lang bloß [d.h. ohne Sattel und Decke, Anm. d. V.] geritten sind, so müssen die Offiziers selbige auf dem Sattel, Bügel und Zaum (Kandare) reiten lernen und ihnen in Sonderheit weisen, wie sie die Pferde kurz wenden, parieren und umdrehen sollen. Seine Majestät verlangen, daß ein Husar zu Pferde so adroit sei, daß er, wenn das Pferd in vollem Laufe ist, mit der Hand von der Erde was aufheben und Einer dem Andren in vollem Jagen die Mütze abnehmen kann. Die Husarenpferde müssen alle auf die Schultern geritten [d.h. schulterfrei gemacht, Anm. d. V.] und auf die Kruppen gewandt werden, damit ein Husar sich auf einem Platz wie ein Taler groß mit seinem Pferd tummeln und wenden kann, wie er will." ([Unger 1906] S. 49).

Eine wesentliche Randbedingung für die Ausbildung von Pferd und Reiter bei den Husaren-Regimentern stellte das Pferdematerial dar. Die Polnischen Remonten waren als Wildpferde menschenscheu und hatten häufig Unarten, die selbst nach Jahren im Dienst nicht abzustellen waren. Der sächsische Husaren-Oberst Seyfried von Tennecker schildert die Ausbildung der wilden Remonten um das Jahr 1790 (ähnlich dürfte auch in der preußischen Kavallerie verfahren worden sein): *„[...] die Wildfänge kamen oft schon im dritten oder vierten Monat ihrer Ausbildung mit in die Eskadron, ohne daß man ihnen Kopf und Hals widernatürlich in die Höhe gerichtet, sie in der Volte bearbeitet und mit ihnen die Schulen Schulterherein und Renvers vorgenommen hatte. Man zäumte sie frühzeitig auf Kandaren (gebrochene), übte sie im Laufen und Springen und sah dann ihre Abrichtung in so weit als vollendet an, daß man sie in die Eskadron nehmen und exerzieren lassen konnte. Eine feinere Ausbildung folgte dann im nächsten Herbst und Winter."* ([Unger 1906] S. 55). Diese, zwar nicht von einem preußischen Offizier stammende Schilderung ist deshalb so aufschlussreich, da hier, anders als in der ersten Hälfte des 19. Jahrhunderts, nicht das Prinzip der absoluten Aufrichtung angewandt wurde, sondern eine natürlichere Kopfhaltung bei der Dressur Verwendung fand. Es sei angemerkt, dass v. Tennecker vor seiner aktiven Armeezeit eine Ausbildung zum Stallmeister an einem zivilen Reitinstitut absolvierte.

Die bisher deutlich herausgearbeitete Uneinheitlichkeit der Reitausbildung innerhalb der preußischen Kavallerie, konnte lediglich durch wechselnde Kommandierungen der Offiziere ausgeglichen werden. So diente bspw. Friedrich Wilhelm von Seydlitz nacheinander bei den Natzmer-Husaren, dann bei den Württemberg-Dragonern und bei den Rochow-Kürassieren. Ein solcher Austausch wird ebenso bei anderen kommandierten Offizieren, neben dem Verständnis für die spezifische reiterliche Ausbildung der verschiedenen Gattungen, auch zu einem gewissen Austausch der unterschiedlichen Ausbildungspraxen geführt haben. Zudem kamen nach 1756, vor allem bei den Dragoner-Regimentern, neben den üblichen Holsteinern immer mehr Polnische Remonten zum Einsatz ([Mentzel 1845] S. 69 ff.), wodurch zusätzlich eine gewisse Durchlässigkeit zwischen den Reitstilen stattgefunden haben muss.

Der reiterliche Sitz

Dieser bei den Kürassieren sowie Dragonern angestrebte Sitz entsprach allgemeinen Vorstellungen aus dem 17. Jahrhundert. Die als gestreckter Stehsitz bezeichnete Haltung im Sattel, schrieb einen langen Bügel mit vorgestreckten Schenkeln vor. Auf Schenkelhilfen wurde bei dieser Sitzhaltung weitestgehend verzichtet. General von Pannewitz, der Nachfolger v. Seydlitz als Chef der schlesischen

Kavallerieinspektion, beschreibt diesen Sitz 1776 in einem Inspektionsbefehl folgendermaßen: *„Mit dem Unterleib muß der Mann fest und grade im Sattel auf der Spaltung sitzen und so weit vorwärts nach den Sattelpauschen, als es nur möglich. Die Beine gehen grade längs dem Gurt herunter, das Knie etwas, aber ja nicht zu sehr gebogen und fest unter dem Sattelbaum angedrückt. Der Fuß muß fest auf dem einen Ballen im Bügel stehen, sodaß die Hacke niedriger als die Spitze; diese wird einwärts nach dem Pferde und der Sporn brav auswärts gedreht. Es ist vorzüglich darauf zu sehen, daß, indem der Rekrut das Knie oben andrückt, er unten den Fuß nicht abstrecke, sondern grade längs dem Gurt herunterhängen lasse. Der Oberleib muß fest im Sattel ruhen, der Kopf frei aus den Schultern herausgezogen sein, die Brust vor, die Arme und Schultern zurück und die Ellbogen fest an den Leib gedrückt sein. Der Zügel muß kurz und grade über die Pistolenhalftern geführt werden und zwar so, daß der Reiter beständig Herr von seinem Pferde, die Hand etwa 3 Finger breit vom Sattel, das Gelenk etwas einwärts gebogen, der Daumen fest oben auf den Zügeln, die Nägel gegen den Leib gewendet. Der Leib muß so gerade im Sattel sein, daß das Auge des Reiters mit dem Spornrade in gleicher Linie (senkrecht, zur Erde gezogen) ist. Es muß aber sehr darauf gesehen werden, daß der Reiter ungezwungen im Sattel sitze; weder der Oberleib noch der Fuß darf sich bei den Wendungen mehr bewegen, als es die nötige Hülfe erfordert."* ([Unger 1906], S. 65 ff.).

Voraussetzung für diesen Sitz war auch die damals übliche hohe Bauweise der Sättel, die ganz auf diesen Sitz zugeschnitten waren. Es handelte sich dabei um den alten Deutschen Sattel (siehe Beschreibung im Abschnitt „Reitausrüstung"), der bei den Kürassieren und Dragonern eingesetzt wurde und um den Ungarischen Bocksattel für die preußischen Husaren.

Friedrich der II. präferierte für seine Kavallerie übrigens einen etwas anderen Sitz, für den er kürzere Bügel forderte. 1742 ordnete er an: *„[...] die Bügel seien so kurz zu schnallen, daß wenn sich der Reiter im Sattel hebe, eine Hand breit Raum zwischen Sattel und Leib sei."* ([Unger 1906] S. 62 ff.). Die Husaren sollten mit noch kürzeren Bügeln reiten. Die Begründung war, dass durch das Heben im Sattel ein Degenhieb mit mehr Wucht ausgeführt werden kann. Die Praxis zeigt noch im 21. Jahrhundert, dass die Verwendung kurzer Bügel sowie ein entlastendes Sitzen, tatsächlich wesentliche Vorteile beim Gebrauch von Blankwaffen hervorbringen. Den Pferden wird hierdurch die Möglichkeit gegeben, ruhiger zu gehen und sie werden bei der direkten Ausführung des Hiebes nicht durch falschen Schenkeldruck gestört. Die Beachtung dieses Prinzips ist wichtig, um Gegner präzise und in einer optimalen Distanz anreiten zu können. Seydlitz dagegen war ein Anhänger der langen Bügel und wurde deshalb auch von Friedrich kritisiert. Letztendlich hat sich damals die auch von den Stallmeistern vertretene Lehrmeinung durchgesetzt, die in einer Welt „vor Gueriniere" lebten.

„Wer nicht weiß, daß mit diesem Sitz, mit dem geringen Gebrauch der Unterschenkel die Reitkunst ihre höchsten, jetzt kaum noch geahnten Erfolge hatte, kommt zu dem Wahn, früher habe man schlechter geritten als heute, worüber der Fachmann nur lächeln kann." ([Unger 1906] S. 65).

Der Einfluss von Gueriniere

Hinweise, dass ausländische Einflüsse auf die Reitausbildung der friderizianischen Kavallerie einwirkten, konnten nicht gefunden werden. Die bahnbrechenden Neuerungen des Stallmeisters

Typischer Stehsitz der friderizianischen Kavallerie. Kürassier des Regiments Gendarmes 1736. Figurine für die Weltausstellung in Paris 1900. Die Figuren wurden nach den Entwürfen des Altmeisters der Uniformkunde Richard Knötel hergestellt und galten als äußerst identische Nachbildungen von Reitern, Ausrüstung und Pferden [KPKM 1901].

Ludwigs XV., dem berühmten François Robichon de la Gueriniere (1688 – 1751), mit dem noch heute gültigen balancierten, losgelassenen Sitz unter Verwendung der Schenkelhilfen, fanden im damaligen Preußen zumindest im Bereich der militärischen Reiterei noch keinerlei Anklang. Seine elementaren Erkenntnisse werden sich erst allmählich gegen Ende des 18. Jahrhunderts, durch die Verbreitung des englischen Pritschsattels innerhalb des preußischen Offizierskorps, durchsetzen. Noch in der preußischen Reitinstruktion von 1825/26 wird vom Reiter ein ausgesprochen gestreckter Sitz verlangt werden.

Guerinieres Erfindungen des Wendens am äußeren Zügel, des Außengalopps und des Schulterhereins wurden in der friderizianischen Kavallerie noch nicht angewandt. Sie haben sich erst mit den Reitvorschriften des 19. Jahrhunderts in der militärischen Reiterei durchgesetzt. Dennoch war die Ausbildung der Pferde sehr gründlich und man verstand es ohne die obigen Mittel, das Untersetzen der Hinterhand in bedeutendem Maße zu erreichen. Interessant ist auch, dass – anders als später – einmal in der Dressur ausgebildete Pferde nicht im Winter in die Dressurarbeit zurückkehrten, sondern durch Reiten im Gliede und im Gelände in Übung gehalten wurden.

Sonstige Ausbildung

Fußexerzieren

Neben der Reitausbildung, dem Exerzieren zu Pferd und dem Geländereiten, gab es in der friderizianischen Kavallerie das Fußexerzieren und die Waffenausbildung als weitere Ausbildungsinhalte.

Bevor neue Rekruten in die Reitausbildung kamen, wurden sie erst infanteristisch nach dem damaligen Exerzierreglement am Karabiner ausgebildet. Auf Grund ihrer infanteristischen Tradition erfolgte dies bei den Dragonern am intensivsten. Da sie mit einem Bajonett ausgestattet waren, mussten sie das Exerzieren mit dem Bajonett einüben. Bei den Kürassieren war die infanteristische Ausbildung schon etwas weniger ausgeprägt, während sie sich bei den Husaren im Wesentlichen auf das Peletonfeuer, d.h. kontinuierliches zugweises Schießen, reduzierte.

Fechten und Schießen vom Pferd

Bemerkenswert ist, dass die Handhabung der Blankwaffen und der Pistolen nur sehr rudimentär geübt wurde. Es gab so gut wie keine Fechtausbildung. Im heutigen Kavallerie-Reitsport wird oft verkannt, dass das Fechten zu Fuß und das Fechten zu Pferd fundamental unterschiedliche Disziplinen darstellen. Das mag vor dem 18. Jahrhundert anders gewesen sein, als das Einzelgefecht mit wenigen großräumigen Bewegungen der Pferde noch mehr im taktischen Rahmen der damaligen Kriegsführung stand. Mit der oben beschriebenen taktischen Evolution zur rasanten, langgezogenen und geschlossenen Attacke und dem Aufbau der Leichten Kavallerie, spielte ab der friderizianischen Epoche die Geschwindigkeit und Ausdauer der Pferde eine wesentliche Rolle. Der Reiter hatte keine Zeit mehr für aufwendige, ausgefeilte Fechtsequenzen. Er konnte nur mehr einen Hieb oder einen Stich führen, da er dann bereits am Gegner vorbeigaloppiert war. Ein geschickter Reiter bestimmte Raum und Zeit und war somit einem fähigeren Fechter, der eventuell schlechter beritten war, stets überlegen. *„Wir haben den Feind ohne (große Fechtausbildung) geschlagen; der Bauer kann schon hauen, da kommts nicht auf Fechten an.“* ([Unger 1906], S. 135 ff.). Zu berücksichtigen ist, dass die Taktik der Mauerattacke vor allem durch das psychologische Prinzip der geschlossenen, schnell anreitenden Masse wirkte. Der Moment der direkt zusammentreffenden feindlichen Reiter zu einem Handgemenge wurde bewusst auf wenige Minuten reduziert oder durch Überflügeln und flankierenden Angriff auch ganz vermieden.

Dazu passt auch ins Bild, dass der berühmte friderizianische Pallasch nicht gut ausbalanciert und vom Schwerpunkt sehr korblastig war. Dies scheint während der über 100 Jahre seiner Verwendung nicht sonderlich gestört zu haben. Erst 1814 wechselten die preußischen Kürassiere zu den wesentlich handlicheren französischen Pallaschen, welche sie in Frankreich erbeuteten.

Dadurch, dass auch Friedrich II. das Schießen in der Attacke verbot, spielte die Schießausbildung mit den Pistolen keine wesentliche Rolle mehr, obwohl zwei Reiterpistolen weiterhin zur Standardausrüstung eines jeden Kavalleristen gehörten. *„Das Schießen vom Pferde wurde geübt, um den Leuten begreiflich zu machen, daß nach einem Ziel mit Pistolen schießen mißlich, hiergegen das Hauen allemal sicherer und besser sei."* ([Unger 1906], S. 94). Ein weiterer Ausbildungszweck des Schießens vom Pferd lag wohl darin, die Pferde an den Schuss zu gewöhnen, d.h. sie schusssicher zu machen.

Die stiefmütterliche Fecht- und Schießausbildung vom Pferd blieb auch in den Folgeepochen eine deutsche Eigenart und hob sich damit von der Praxis anderer Nationen ab. In Frankreich beispielsweise gehörte das intensive Fechten noch im 18. und 19. Jahrhundert zur Grundausbildung eines jeden Kavalleristen.

Felddienstausbildung

Die Felddienstausbildung, wie sie im 19. und 20. Jahrhundert betrieben wurde, kam in der friderizianischen Zeit wenig vor. Sie gehörte vor allem zum Ausbildungsprogramm der Husaren-Regimenter, die sich speziell in Aufklärung, Sicherung und Überfällen übten.

Die Kavallerieinspekteure

Nach dem Siebenjährigen Krieg schuf Friedrich das System der Kavallerie-Inspekteure, denen in den einzelnen Provinzen die Kavallerie-Regimenter unterstellt waren. Seydlitz wurde Inspekteur der bedeutendsten, der schlesischen Kavallerie-Inspektion. Die Kavallerie-Inspektionen hatten sowohl Gründe in der Vereinheitlichung der Bewirtschaftung wie in der Ausbildung der Regimenter. Das System hatte zunächst sehr positive Auswirkungen auf die gleichmäßige Schulung von Offizieren und Mannschaften. Besonders Seydlitz´ schlesische Inspektion entwickelte sich zur Musterinspektion und zog zahlreiche internationale Beobachter an, die dies bestätigten. *„Der König hatte es jedoch unterlassen, der Waffe bei Einführung der Inspektionen in einem General-Inspekteur eine gemeinsame Spitze zu geben, wohl in der Überzeugung, daß er selber ihr bester General-Inspekteur zu sein vermöge, was auch sicherlich richtig gewesen wäre, hätte er seine Thätigkeit ihr ausschließlich zuzuwenden vermocht; da diese jedoch nach so verschiedenen Seiten in Anspruch genommen war, entging seinem Auge so Manches, was der Entwicklung der Waffe nicht förderlich war. Trat dieser Übelstand schon bei seinen Lebzeiten hervor, so wuchs derselbe naturgemäß, nachdem er sein Auge geschlossen hatte, welches trotz der vielseitigen Beschäftigung, doch mit einem Blicke immer noch mehr sah, als das Anderer bei dauernder Beobachtung. Die Folge hiervon war, daß sich eine Menge von Mißständen einschlichen."* ([Kähler 1879] S. 2).

Reitausrüstung

Zaumzeug

Die preußische Kavallerie nutzte in der Zeit Friedrichs II. als Gebrauchszaum in der Regel ein einfach gebrochenes Kandarengebiss ohne Unterlegtrense. Die Anzüge waren zur Stabilisierung mit sog. Schaumketten verbunden. Sie verhinderten, dass die Pferde die Anzüge der Kandarengebisse mit den Zähnen fassten, um so die Wirkung des Gebisses aufzuheben. Erst in späteren Zeiten wurde diese Aufgabe durch die sogenannten Scherriemen übernommen. Messingbuckel mit dem Namenszug des Königs saßen da, wo die Kappen des Mundstücks mit den Seitenteilen verbunden waren. Das Zaumzeug (Hauptgestell) musste aus geschwärztem Leder gefertigt werden. Zusätzlich wurden neben den Kandarenzügeln sogenannte Beizügel verwendet, die am Obergestell der Kandare durchgeschlauft wurden und eine Zügeleinwirkung ohne Druck durch die Kinnkette erlaubten. Die Beizügel hatten häufig einen Besatz aus Goldborte, ein Zierelement, welches bis zum Ersten Weltkrieg an Zäumungen für Generale Verwendung fand. Im 17. und 18. Jahrhundert stellte die Anfertigung von Kandarengebissen einen eigenen Handwerksberuf dar, der von dem sogenannten Sporer mit großer Sorgfalt und meisterlichem Können ausgeführt wurde. Dies gilt vor allem für die Kandaren der Offiziere, bei denen es sich in der Masse um Maßanfertigungen handelte. Für die Mannschaften scheint eine solch aufwendige individuelle Fertigung eher unwahrscheinlich.

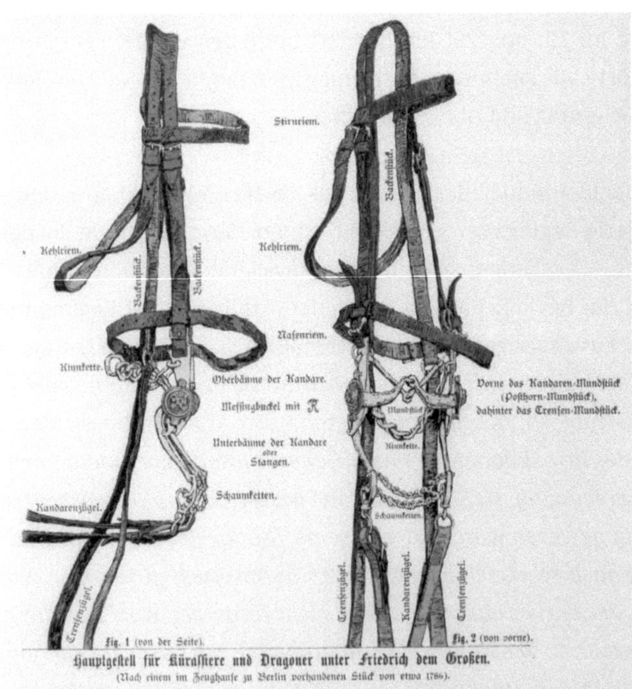

Zaumzeug für preußische Kürassiere und Dragoner um 1786. Dieses Modell hatte schon eine Unterlegtrense [Kling 1906].

Hier kamen standardisierte Größen von Stangentypen zum Einsatz: *„Die alte friderizianische Kandare im Zeughaus hat Oberbäume von 7 cm, Anzüge von 11 cm Länge, hat also nur unbedeutend größere Abmessungen wie die heutigen Kandaren."* ([Unger 1906] S. 59). Die hierzu verwendeten eingliedrigen Kinnketten waren nicht so enggliedrig wie die heutigen Panzerketten und wirkten schärfer auf das Pferd ein.

Wann die Unterlegtrense eingeführt wurde, kann nicht ganz genau geklärt werden. Es wird angenommen, dass dies zum Ende der Regierungszeit Friedrichs II. geschah. Zuerst verwandte man diese Art der Zäumung in Frankreich um die Mitte des 18. JahrhundertS. ([Unger 1906] S. 60). In der Einzelreitausbildung

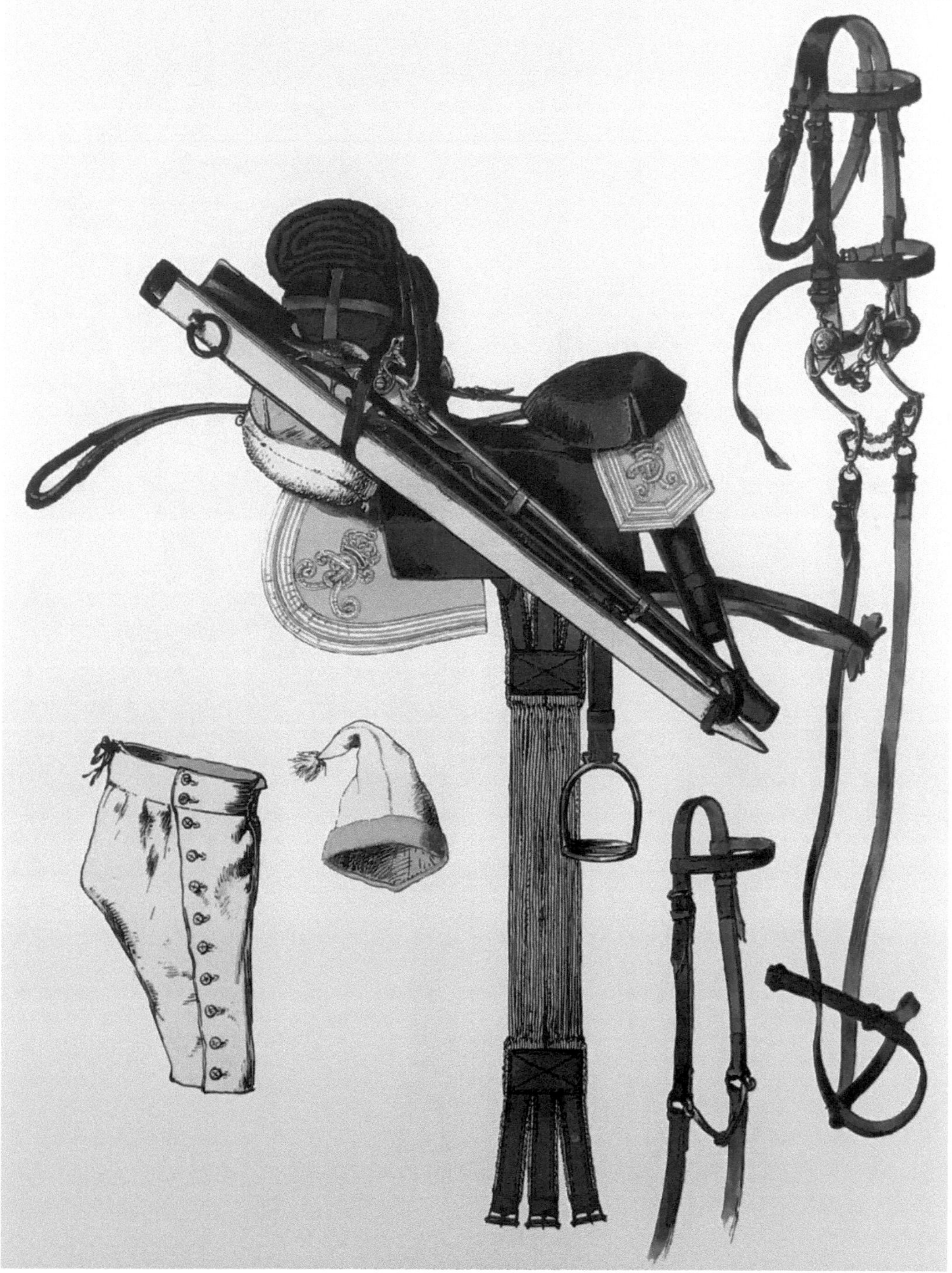

Zaumzeug, Deutscher Sattel und Pferdeausrüstung eines Kürassiers vom Kürassier-Regiment No. 7. Zeichnung von Adolph Menzel [Menzel 1851].

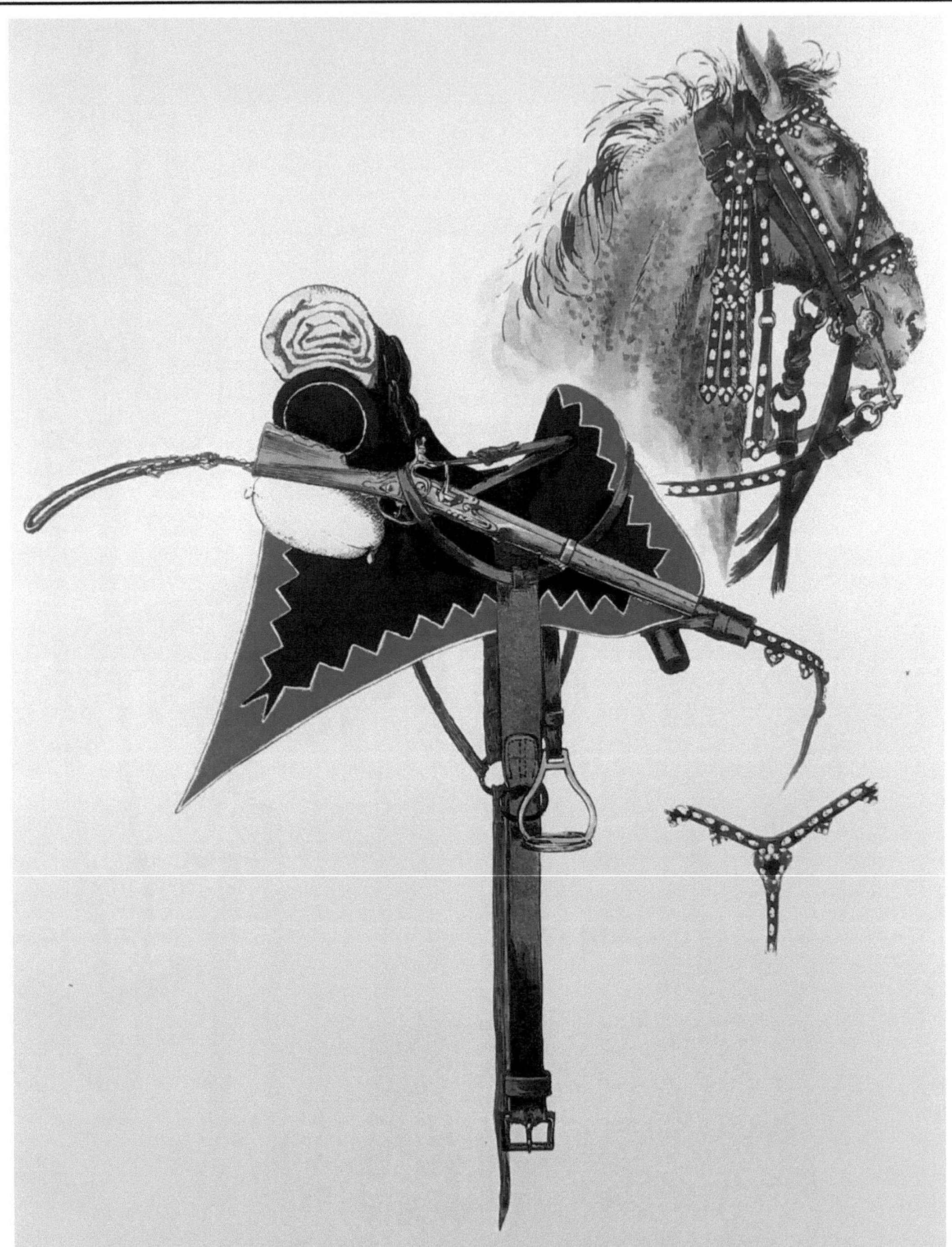

Zaumzeug, Ungarischer Sattel und Pferdeausrüstung eines Husaren vom Husaren-Regiment No. 2 (Zietenhusaren). Zeichnung von Adolph Menzel [Menzel 1851].

ohne Waffen wurde mit dieser Zäumung mit angefasster Trense geritten (d.h. Zügelführung 3:1). Bei den Husaren kamen andere Kandaren-Stücke zum Einsatz: *„Die Husaren hatten ganz gerade Stangen, sogenannte ‚Wallachenstangen'."* ([Kling 1906] S. 104).

Bevor die jungen Remonten Bekanntschaft mit der Kandare machten, wurden sie mit dem Kappzaum gearbeitet. Trensen waren nur zum Ausreiten der Pferde in Gebrauch, zum Beispiel zum Tränken, da Pferde mit Kandarengebissen schlecht saufen können. Daher rührt auch die bis heute gebräuchliche Bezeichnung „Wassertrense" her.

Sattel

Kürassiere und Dragoner verwendeten den Deutschen Sattel, Husaren den Ungarischen Bocksattel. Der Deutsche Sattel des 18. Jahrhunderts war vom Aufbau ähnlich dem noch heute gebräuchlichen iberischen Sattel. Wie der Englische Sattel, war er vom Typus her ein Pritschsattel, der auf den Sattelkissen auf dem Pferderücken lag. Er wird „Deutscher Sattel" genannt, doch ist es schwierig, ihn überhaupt vom zeitgleichen „Französischen Sattel" zu unterscheiden. Er verfügte über einen Sattelbaum mit vorne und hinten nach unten verlängerten Trachten und über einen sehr hohen Vorder- und Hinterzwiesel. Er verzichtet *„auf Kniepauschen, da die hohen Zwiesel ohnehin einen sehr festen Sitz gewähren."* ([Gelbhaar 1997] S. 173). Er war vollständig mit Leder bekleidet. Die Sattelblätter waren rechteckig. Der Sattel machte den damals gebräuchlichen Stehsitz erforderlich und es wurde stets Vorder- und Hinterzeug verwendet. Direkt unter den Sattel musste die verzierte Schabracke und darunter eine zusätzliche Decke gelegt werden. Diese Pferdedecke wurde zunächst nur bei den Husaren mit dem Begriff „Woilach" bezeichnet. (Siehe „Sattelbaum eines Deutschen Sattels. Aus den Vorschriften für den Unterricht in den Waffenübungen der Königlich-Bayerischen Cavallerie von 1828." auf Seite 38)

Der Ungarische Bocksattel kam – wie der Name schon ausdrückt – aus Ungarn. Es handelte sich hierbei um ein einfaches, leichtes sowie bequemes, dauerhaftes und kostengünstiges Sattelmodell, das aus Holz gefertigt war und keine Lederbekleidung hatte. Er gehört zum Typus der Trachtensättel, *„deren Zweckbestimmung das Langstrecken-Geländereiten ist."* ([Gelbhaar 1997] S. 173). Die Trachten waren nach vorn und hinten über die Sitzfläche verlängert und sorgten so für eine den Pferderücken schonende Auflagefläche, bei der Widerrist und Wirbelsäule des Pferdes großräumig ausgespart blieben. Vorder- und Hinterzwiesel waren jeweils nahe der Trachtenenden aufgesetzt. Ein Vorder- und Hinterzeug sollte das Verrutschen des gesamten Bockgestelles verhindern. Der hohe Aufbau des Sattels sorgte für eine hohe Sitzfläche des Reiters über dem Pferderücken (15 – 20 cm höher als beim Deutschen Sattel). *„Zwischen den beiden Sattelbögen, die hoch über die Trachten aufragen, ist ein ‚Sitzkissen' gespannt. Eine Sitzpolsterung oder Belederung gibt es nicht."* ([Gelbhaar 1997] S. 173). Der Sattel selbst lag auf einer Decke, dem „Woilach". Eine Sattelüberdecke bedeckte den gesamten Holzbock, die zwischen den Zwieseln gespannte Sitzfläche sowie die am Sattelbock anzuschnallenden Ausrüstungsteile, um diese vor allem vor Witterungseinflüssen zu schützen. Nachdem die Sattelüberdecke über den Sattelbock und die Ausrüstungsteile gespannt war, musste zur Sicherung zusätzlich ein Obergurt angelegt werden. Der Nachteil dieses Sattels gegenüber dem Deutschen Sattel war, dass das Satteln umständlich und zeitaufwendig war. Außerdem war der hohe Sitz wenig für die ausgefeilte, dressurmäßige Ausbildung geeignet. Sein Vorteil war seine Einfachheit, der günstige Preis und die pferdeschonende Auflagefläche. (Siehe „Sattelbaum eines Ungarischen Sattels. Aus den Vorschriften für den Unterricht in den Waffenübungen der Königlich-Bayerischen Cavallerie von 1828." auf Seite 39)

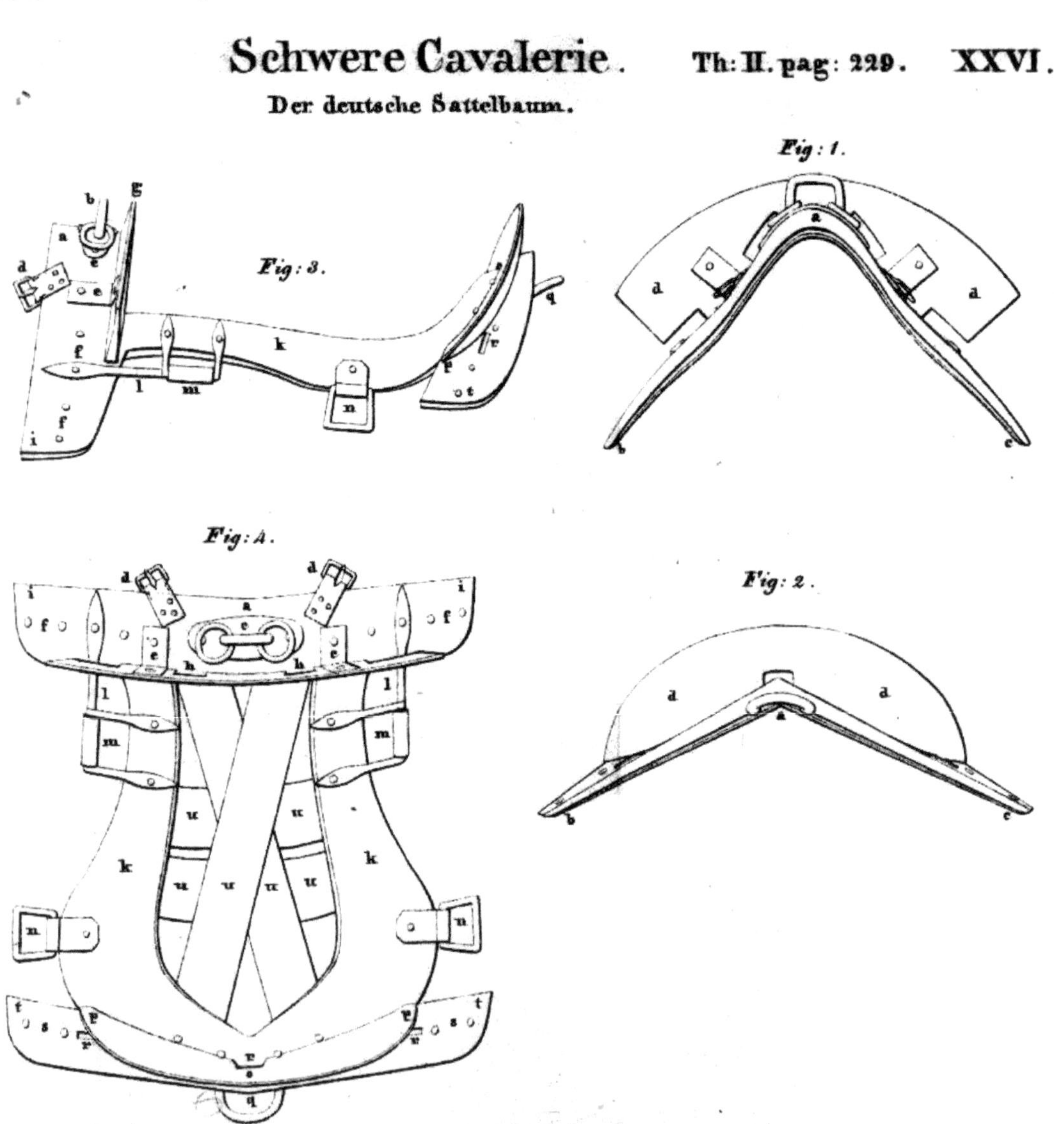

Sattelbaum eines Deutschen Sattels. Aus den Vorschriften für den Unterricht in den Waffenübungen der Königlich-Bayerischen Cavallerie von 1828.

Zu den Vor- und Nachteilen der beiden Satteltypen bemerkt eine zeitgenössische Quelle: *„Der Ungarische Sattel wenn er gut gearbeitet und jedem Pferde aufgepaßt worden ist, hat Vorzüge vor dem deutschen, denn er ist leichter und wohlfeiler, auch wird dadurch das Pack nicht so hoch, was beim häufigen Auf- und Absitzen eine große Beschwerde war. Zu einem Ungarischen Sattel gehört ein sogenannter Woilach d.h., eine große, wollene, neunmal zusammenzulegende Decke. Mit dem Ungarischen Sattel, muß ein Pferd mit äußerster Vorsicht gesattelt werden, denn die Druckstellen sind weit übler als beim deutschen Sattel. Zu den Nachtheilen der Ungarischen*

Leichte Cavalerie. Th: II. pag: 229. XXXI.

Der ungarische Sattelbock.

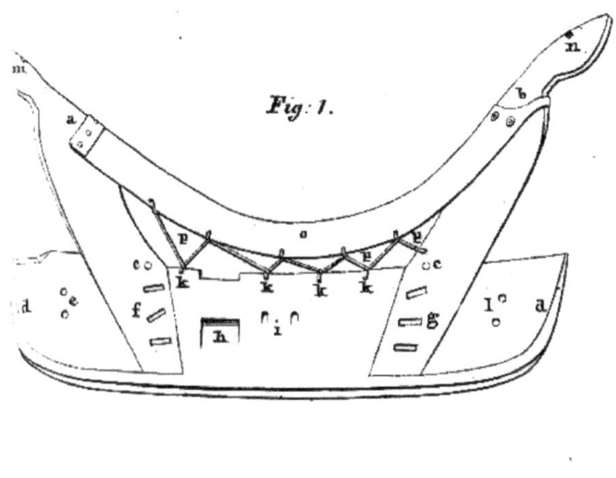

Fig: 2.

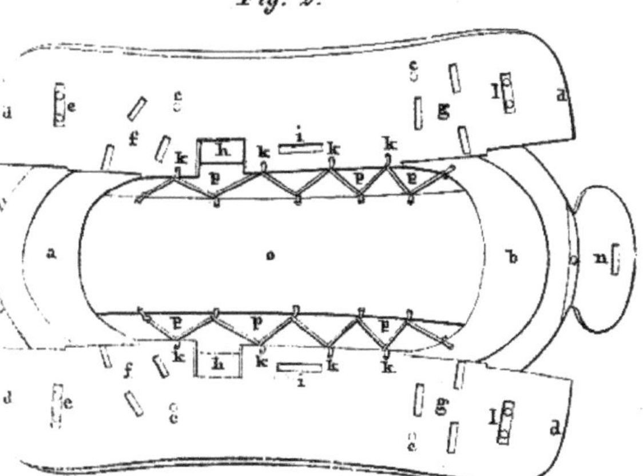

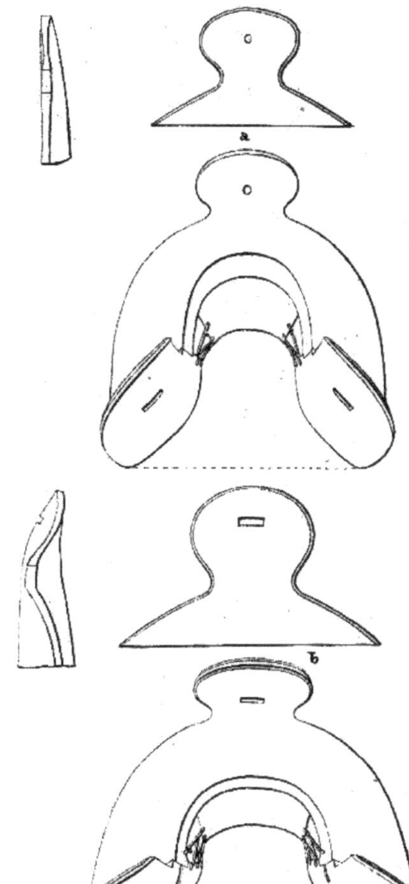

Sattelbaum eines Ungarischen Sattels. Aus den Vorschriften für den Unterricht in den Waffenübungen der Königlich-Bayerischen Cavallerie von 1828.

Sättel gehört, daß sie, wenn das Pferd mager wird, nicht mehr genau anliegen und dann leichter drücken; für diesen Fall hat der deutsche Sattel mehr Elastizität. Auch passen sie nicht auf jedes Pferd und es gehört eine eigne Geschicklichkeit dazu die Sättel nach dem verschiedenen Bau der Pferderücken auszusuchen." ([Decker 1816] S. 20 ff.).

Packung

Die umfangreiche Packung belastete die Pferde, weshalb bei den Kürassieren und Dragonern grundsätzlich nie stärker als im Schritt marschiert wurde. *„Ein Hindernis rascher Märsche bildete allerdings das große Gewicht des damaligen Gepäcks, besonders der vielen Fourage, die mitgeführt wurde. Die Last eines preußischen Dragonerpferdes wird 1783 auf 315 3/8 (damalige) Pfund [147 kg , Anm. d. V.] berechnet [...] Dabei ist das Gewicht eines Reiters [...] in seiner Montierung auf 165 Pfund [77,3 kg , Anm. d. V.] angesetzt und Futter auf drei Tage sowie Brot auf vier Tage gerechnet. Das Pferd trug den Mantel, der seit 1790 im Felde vorn aufgeschnallt wurde, hinten den Mantelsack, darunter den Futtersack, ferner den Karabiner mit darangeschnalltem Pikettpfahl und mancherlei Lagergerät."* ([Jany 1904] S. 68). Bei den Kürassieren war das zu tragende Gewicht durch größere Reiter und den Kürass (es wurde nur das Vorderstück getragen), der bei den Mannschaften ca. 6 – 8 kg wog, noch höher ([Hohrath 2011] S. 113 ff.). Um 1900 wurde die maximale Gewichtsbelastung des durchschnittlichen, trainierten Dragonerpferds, die es auf längeren Märschen ohne Schaden tragen kann, einschließlich des Reiters, mit 118,8 kg bemessen. Wenn auch die geforderten Marschleistungen im 19. Jahrhundert erheblich geringer waren, zeigt dieser Vergleich die enorme Gewichtsbelastung der damaligen Militärpferde.

Vergleich mit Bayern

Innerhalb der Länder des Heiligen Römischen Reiches konnte die preußische Kavallerie bis zum Ende der friderizianischen Epoche, eine unangefochtene Spitzenstellung einnehmen. Abgesehen von den bisher dargestellten Komponenten, muss bei einem Vergleich jedoch ebenso auf die äußerst vorteilhafte Situation des preußischen Staates in puncto militärische Organisation und Verwaltung, wie auch dessen finanziellen Ressourcen bei Ausbruch der kriegerischen Auseinandersetzungen hingewiesen werden. Kriegsgeschichtlich bewertet, gehörte eine Kavallerieeinheit in jeder Epoche auf Grund der Pferdebeschaffung, des Unterhaltes wie auch ihrer aufwändigen Ausbildung, zu den teuersten Truppengattungen eines jeden Landheeres. Nicht alle deutschen Staaten waren um 1740 so gut aufgestellt wie das von Friedrich Wilhelm I. an seinen Sohn Friedrich II. übergebene Königreich Preußen. Am Beispiel des Kürfürstentums Bayern sollen diese und andere Unterschiede in Bezug auf den Entwicklungsstand der Kavallerie dargestellt werden.

Bayern war im Spanischen Erbfolgekrieg (1701 – 1714) durch die österreichische Besetzung stark geschwächt worden. Gleichzeitig stand die aufwendige Hofhaltung des bayerischen Kurfürsten Max II. diametral zu der des Soldatenkönigs. Beide Zwangslagen führten dazu, dass die bayerischen Kavallerieregimenter nach dem Ende des Spanischen Erbfolgekrieges einfach unberitten gemacht wurden und die Mannschaften im ganzen Kurfürstentum verstreut ihre Bürgerquartiere einnehmen mussten. ([Staudinger 1908]

Bayerischer Turn und Taxis Dragoner 1742. Bild von Anton Hoffmann.

S. 275 passim.). Teilweise waren nur ein bis zwei Mann in einer Ortschaft untergebracht. Der Mannschaftsbestand sank teilweise auf ein Viertel der Sollstärke. Dieser Zustand dauerte 20 Jahre an und es liegt auf der Hand, welche katastrophalen Auswirkungen diese Rahmenbedingungen auf den Ausbildungsstand der Kavallerie, insbesondere im Reiten, ausübten. Erst 1734 begann unter Kurfürst Karl Albrecht wieder eine teilweise Remontierung, sodass auf jeden vierten Mann ein Pferd kam. Beim Eintritt Bayerns 1741 in den Österreichischen Erbfolgekrieg hatte die bayerische Kavallerie einen Stand von *„zusammen 5 Regimenter mit 45 Kompanien und einem Sollstand von 1803 Mann nebst 498 Pferden."* ([Staudinger 1908] S. 77). Zum Vergleich: ein einziges preußisches Regiment dieser Zeit hatte eine Friedensstärke von 785 Mann, die fast vollständig beritten waren. In aller Eile kauften die bayerischen Kavallerie-Regimenter 1741 Pferde bei Händlern im In- und Ausland auf. Die Folge war, dass die Remonten teilweise erst während des beginnenden Feldzugs zugeritten wurden. Zudem waren die Mannschaften und Unteroffiziere so stark überaltert, dass nicht selten über 50-jährige als Aktive Dienst taten. Auch wenn diese nützliche Erfahrungen während des Spanischen Erbfolgekrieges sammelten, war es ihnen in der langen Friedensperiode nicht vergönnt, diese auf Pferden anzuwenden. Ein solch desolater Zustand wirkte sich natürlich auf die Rekruten und deren Ausbildung aus. Selbst das Zureiten der Remonten wurde diesen überalterten Mannschaften und Unteroffizieren überlassen. Es ist daher kein Wunder, dass die Leistungen der bayerischen Kavallerie in den folgenden Kriegsjahren sehr schlecht waren und sie ihren österreichischen Gegnern weit unterlegen waren.

Beginnender Leistungsabfall

Bereits in der letzten Phase der Regierungszeit Friedrichs II., also nach 1763, zeichnete sich ein langsamer und stetiger Leistungsverfall der Kavallerie ab. Dieser Vorgang ist eingebettet in eine Vielzahl von Ereignissen, Zusammenhängen wie auch persönlichen Einsichten des alternden Königs. Eine tiefgründige Analyse würde die Zielstellung dieser Arbeit überschreiten, daher werden nachfolgend lediglich Fakten mit direktem Bezug auf die preußische Kavallerie genannt. Von 1740 bis 1763 hatten drei Kriege mit zahlreichen Feldzügen dafür gesorgt, dass der Ausbildungsstand sowohl der „Freiwilligen" oder „Geworbenen" wie auch der Kantonisten ausgeglichen werden konnte. Erst in der darauffolgenden langen Friedenszeit nach 1763 weitete sich der unterschiedliche Ausbildungsstand, der zwischen Kantonisten und „Freiwilligen" oder „Geworbenen" herrschte, negativ aus. *„Die große Zahl der Urlauber machte die Ausbildung der alten preußischen Kavallerie [...] sehr schwierig: ‚Sie waren beinahe ebenso unwissend wie die Rekruten', wenn sie bei der Truppe wieder eintrafen."* ([Unger 1906] S. 92). Nötige Einsparungen und eine stärkere Fokussierung auf zivile wie wirtschaftliche Bereiche führten dazu, dass die bisherigen militärischen Errungenschaften für die nächsten ca. 43 Jahre keinerlei Entwicklungsschub erhielten. Speziell für die Kavallerie wurde beispielsweise, die „Grasung" eingeführt, durch die das bisherige ganzjährige Reitsystem ins Wanken geriet. Die Leistungsfähigkeit der Pferde, gerade in der Jahreszeit, in der potenzielle Feldzüge zu erwarten waren, sank ab. Zudem wurde das wöchentliche Reiten außerhalb der Exerzierzeit von sieben auf drei Tage reduziert.

Husar des Husaren-Regiments von Lossow (Nr. 5 der altpreußischen Stammliste) 1775. Aus diesem Regiment entstand im 19. Jahrhundert das 1. und 2. Leib-Husaren-Regiment. Figurine für die Weltausstellung in Paris 1900 [KPKM 1901].

Eine bedenkliche Vernachlässigung des Felddienstes zeigte sich bei der Leichten Kavallerie schon während des Bayerischen Erbfolgekriegs von 1778/79. Friedrich beklagte sich darüber in seiner Instruktion vom 20. Juli 1779: *„Ja, die Faulheit hat in dem letzten Frieden so überhandgenommen, daß die Husaren das Patrouillieren nicht nur negligieren, sondern sogar gänzlich unterlassen, und deshalb die Husarenoffiziere mehr als einmal in Gefahr gekommen, überfallen zu werden, ohne daß sie solches vermuten konnte, welches unverzeihliche Fehler sind, die bloß in der Kommodität entstehen und von dem faulen Leben in der Garnisonen herrühren."* ([Jany 1904] S. 65). Friedrich II. sorgte zwar sofort für zeitweise Verbesserung, doch nach seinem Tod begann wieder die alte Nachlässigkeit.

Das in Führungspositionen dienende Offizierskorps überalterte und der Große König verstarb am 17. August 1786. Erst 46 Jahre nach seinem Tod sollte sich nach der Katastrophe von 1806 auch die preußische Kavallerie erneuern.

Kapitel 3 - Die Reitinstruktion von 1825/26 – Wieder Ordnung ins Chaos bringen (1786 – 1850)

Die Jahrzehnte zwischen 1786 bis zur Herausgabe der ersten preußischen Reitvorschrift, der Reitinstruktion von 1825/26, wurden unbestreitbar von den Auswirkungen der französischen Revolution, der folgenden napoleonischen Kriege sowie der Befreiungskriege dominiert. Die hierdurch in Gang gesetzten fundamentalen Wandlungsprozesse, ganz besonders auf gesellschaftlicher und politischer Ebene, wurden erst mit der ab 1816 eingeleiteten Restauration der Verhältnisse des Ancien Regimes aufgehalten. In den Staaten des Deutschen Bundes kulminierte dieser erzwungene Verharrungsprozess schließlich in den Wirren der revolutionären Ereignisse des Jahres 1848. Der Wandel hatte zudem große Auswirkungen auf die militärische Ebene, auf die Pferdezucht in Deutschland, das verfügbare Pferdematerial und damit die Remontierung.

Hinsichtlich der Entwicklung des preußischen Militärs stellte sich zunächst die Aufgabe, sich vom *„Friedericus-Mythos"* zu lösen. ([Fiedler 1986] S. 292). Eine Hürde, die erzwungenermaßen durch die Niederlage von 1806 vollständig genommen werden konnte. Nur aus dieser, den preußischen Staat in seiner Existenz bedrohenden Situation heraus war es den Militärreformern, allen voran Gerhard v. Scharnhorst (1755 – 1813), überhaupt erst möglich, ihr Werk in Gang setzen zu können. Die ab dem 3. September 1814 für alle preußischen Staatsbürger auch in Friedenszeiten gesetzmäßig eingeführte allgemeine Wehrpflicht war damals weltweit nicht nur einzigartig, sie stellte vor allem das preußische Militär vor die Aufgabe, ein effizienteres Ausbildungssystem schaffen zu müssen. Der Übergang vom stehenden Söldnerheer hin zu den durch die allgemeine Wehrpflicht möglich gewordenen Massenheeren, machte zusätzlich eine effektive Reduzierung der verfügbaren Ausbildungszeit für die Rekruten, ganz besonders der der Kavallerie-Regimenter, nötig. Dadurch, dass der Wehrpflichtige drei Jahre aktiv bei der Garde oder der Linie, zwei Jahre bei der Reserve und dann im Alter zwischen 26 bis 39 Jahren bei der Garde-Landwehr oder der Landwehr dienen musste, ergab sich eine dreijährige Ausbildungszeit, in der die Grundlagen des militärischen Reitens verinnerlicht werden mussten. Veränderte gesellschaftliche wie auch wirtschaftliche Verhältnisse hatten zudem einen Niedergang der noch im 18. Jahrhundert in hoher Blüte stehenden Reitakademien hervorgerufen. Daraus resultierend nahm die Verfügbarkeit von zivilen Stallmeistern und Reitlehrern stark ab und die Kavallerie musste eigenes Personal für die Reitausbildung bereitstellen.

Um diese zwei Probleme zu lösen, setzte das ebenfalls erst während des Reformprozesses gegründete preußische Kriegsministerium zwei entscheidende Maßnahmen durch. Im Jahr 1817 wurde in Berlin die neue Militär-Reitanstalt gegründet. Hier sollte die Ausbildung von geeigneten Offizieren und Unteroffizieren zu Reitlehrern stattfinden. Die zweite Maßnahme bestand darin, eine allgemein gültige Vorschrift als straffe, zielführende Ausbildungsanleitung für die Reitausbildung herauszugeben.

Des Weiteren zeigte die schon unter Friedrich Wilhelm II. (1744 – 1797) angebahnte inländische Pferdezucht große Fortschritte. Allein hierdurch konnte der Ankauf im Ausland eingestellt werden und die Qualität sowie Quantität des Pferdematerials passte sich den aktuellen militärischen Anforderungen an.

Gebhard Leberecht von Blücher (1742 – 1819) vor der Schlacht an der Katzbach am 26. August 1813. Originalbild von Carl Röchling.

Wie im vorangegangenen Kapitel, werden die verschiedenen Generierungsprozesse in den Bereichen der Remontierung, der Taktik, der Reitausbildung, der sonstigen Ausbildungszweige sowie der Reitausrüstung beschrieben. Ein erneuter Vergleich mit bayerischen Verhältnissen macht es möglich, den tatsächlichen Wert der ersten deutschsprachigen militärischen Reitvorschrift einzuschätzen.

Das Ende des „Friedericus-Mythos"

Napoleons Innovationen und Preußens Stillstand

Die ungestüme, enthusiastische Kampfweise der französischen Revolutionsarmee konnte durch Napoleons (1769 – 1821) Neuerungen auf strategischem, operativem wie auch taktischem Gebiet kanalisiert werden. Er schuf mit der kaiserlichen Armee ein Instrument, mit dem er in Europa eine neue Art der Kriegsführung praktizierte. Die zuvor unter Lazare Carnot (1753 – 1823) durchgeführte französische Form der Wehrpflicht erlaubte zudem, nicht gekannte Massenheere aufzustellen. *„Das kleine Heer der Linearzeit hatte seine Sicherheit vernehmlich in der engen Versammlung gefunden, in der es lagerte, marschierte und kämpfte."* ([Jany 1904] S. 2). Napoleon I. dagegen führte autarke

Kampfverbände ein, die getrennt voneinander agierten. Eingeteilt in ständige Korps und Divisionen waren diese taktischen Einheiten in der Lage, kleinere Feldzüge innerhalb großer Räume durchzuführen. Die hierfür von den Truppenkörpern abverlangten gesteigerten Marschleistungen verliehen ihnen eine Dynamik, durch die der meist noch in Versammlung befindliche Gegner ebenso mit schnell zusammengezogenen massierten Kräften überwältigt werden konnte. Während des Verfolgungsfeldzuges nach der Doppelschlacht bei Jena und Auerstedt, wurden bei der Infanterie Tagesmärsche bis zu 55 km und bei der französischen Kavallerie bis 60 km absolviert, ohne Rücksicht auf die Gesundheit der Pferde. ([Fiedler 1988] S. 78). Eine seit dem Dreißigjährigen Krieg bekannte Form des Gefechts einzelner Schützen außerhalb der großen Formationen, verlieh durch die Aufstellung von Tirailleur- später auch Voltigeure-Einheiten, dem bisherigen Feuergefecht eine bisher unbekannte Effizienz. Die großen Schlachten der napoleonischen Ära fanden zudem an Orten statt, die viel weniger das große, offene Feld für die Mauerattacken der friderizianischen Zeit mit großen Kavallerieflügeln darboten. Zudem favorisierte Napoleon I. die Feuerüberlegenheit durch massierten Einsatz von Artillerie, um eine Schlacht erfolgreich zu schlagen. Die Infanterie agierte weniger linear als vermehrt in massierten

Veränderung der Uniform der preußischen Kürassiere von 1792 bis 1809.
Das Kolett wurde immer knapper [Kling 1906].

Kolonnen oder Karrees, die weniger über ihre Feuerkraft als durch ihre Stoßtaktik wirkten und von Kavallerie schwer niedergeritten werden konnten.

In der Zeit von 1795 bis 1806, in der Napoleon seine Neuerungen zur Perfektion entwickelte und die französische Armee wertvolle praktische Kriegserfahrung erwarb, durchlebte das Königreich Preußen eine Periode, in der zwar die Uniformierung enger und knapper wurde, ansonsten aber die gesamte Armee an den veralteten Einsatzgrundsätzen der friderizianischen Zeit festhielt. Die 1806 auf die Schnelle eingeführte Divisionseinteilung der preußischen Armee nach französischem Vorbild war halbherzig durchgeführt worden. Weder die Militärführung selbst noch die unteren Truppenführer waren im Umgang mit der neuen Struktur geschult.

Darüber hinaus verhinderte das von Friedrich Wilhelm II. (1744 – 1797) gestärkte Kantonssystem, mit dem er den Anteil der Inländer in der Armee erhöhen wollte, die bisher sehr gute Reitausbildung weiter fortzuführen. Die jetzt zur Hälfte aus Innländern (Kantonisten) bestehenden Mannschaften dienten zehneinhalb Monate im Jahr und waren lediglich zu den Frühjahrsmanövern bei der Truppe anwesend. ([Jany 1904] S.4). Zu Beginn des Feldzugs von 1806 mussten diese kurzfristig aus dem Urlaub zurückberufen werden. Somit waren diese Reiter, genauso wie ihre Pferde, die seit der Einführung der mehrmonatigen Grasung ungenügend bewegt worden waren, untrainiert und wenig leistungsfähig.

Towarz des Regiments Towarzi 1806, danach umgewandelt in die beiden preußischen Ulanen-Regimenter Nr. 1 und Nr. 2. Figurine für die Weltausstellung in Paris 1900 [KPKM 1901].

Über die Zeit hatte die Rekrutenausbildung erheblich unter diesen Bedingungen gelitten. *„Wenn der Rekrut nach der bisherigen Einrichtung einige Monate vor der Exerzierzeit eingezogen wurde, verging einige Zeit zu seiner Einkleidung und etwas Fußexerzieren. Höchstens zwei Monate vor der Exerzierzeit, gerade in der rauhesten Jahreszeit, wo die Pferde haaren, drusen und matt sind, fing er an zu reiten. Die Beurlaubtenpferde mußten für diese zur Exerzierzeit geschont, die Reitbahn (wo ja eine vorhanden war) in den Eskadrons und zur Dressur der Remontepferde eingeteilt und die Futterzeit wegen der Beipferde beobachtet werden, und so war es das Höchste, was geschehen konnte, daß er die Woche dreimal höchstens eine halbe Stunde ritt, folglich in acht*

Wochen zwölf Stunden. Von den 6 Wochen der Exerzierzeit gingen wenigstens 2 auf das Zusammenziehen, den Marsch zur Revue und die Revue selbst hin. Da die Evolutionen so vervielfältigt und kompliziert waren, so könnte höchstens noch eine Woche zum einzelnen Reiten verwendet werden, in den noch übrigen drei Wochen wurde neunmal exerziert, folglich hatte der Rekrut in 13 Stunden und neunmal Exerzieren, Reiten und exerzieren gelernt. Blieb er nun auch nach der Vorschrift noch ein Jahr bei der Eskadron, so bekam er sogleich Beipferde. Hier wäre nun wohl die Möglichkeit gewesen ihn viel reiten zu lassen, ohne die Pferde zu sehr anzugreifen, allein ein Mensch, der zwei, drei, auch wohl mehrere Pferde zu warten, ja wohl zu zärteln, Remontepferde zu bändigen und alles dazu gehörige Zeug im Stand so zu setzen hat, ist damit so beschäftigt, daß ihm beinahe gar keine Zeit für sich übrig bleibt." ([Jany 1904] S. 20).

Diese inneren Zustände bei den Regimentern konnte auch nicht mehr durch die langdienenden „Geworbenen" und „Freiwilligen" kompensiert werden. Diese in der Regel versierten „Berufssoldaten" mussten sich, während der Beurlaubung der Kantonisten, als Pferdepfleger um drei bis vier Pferde kümmern. Eine Aufgabe, die kaum noch Zeit für praktische militärische Reitübungen im Bereich des Felddienstes zuließ. ([Jany 1904] S. 22).

Die Vernachlässigung des Kampagne-Reitens und des Felddienstes, wurde durch Künsteleien bei den Paraden und Besichtigungen überspielt. *„Noch andere Kavallerieoffiziere, welche fühlen, daß unsere Bestimmung wohl eigentlich etwas Besseres ist, als gute Stallknechte zu sein, suchen jetzt unsere größte Vollkommenheit in schönem kunstmäßigem Reiten oder in dem überakkuraten Exerzieren. Aber auch sie irren, denn weder Schulter passieren noch traversieren noch unsere Evolutionen auf dem schnurgleichen Exerzierplatz schlagen den Feind; überdem sind letztere meist mehr fürs Auge als zur wahren Anwendung, sowie überhaupt alles, was wir tun, nur fürs Amphitheater ist."* ([Jany 1904] S. 23).

Trotz der Einrichtung der Kavallerie-Inspektionen, nahmen die Ausbildungsunterschiede erheblich zu. Graf Henkel von Donnersmarck sagte 1808 darüber: *„Wenn man von einem Regiment zum anderen versetzt wird, muß man wieder von neuem anfangen zu lernen. Ich habe dieses in meiner 21-jährigen Dienstzeit dreimal genossen und kann versichern, daß ich mich jedesmal in eine ganz neue Welt versetzt fand."* ([DGH 37–39 1932] S. 343). Obwohl genügend Exerzier-Instruktionen ebenso unter den Nachfolgern Friedrichs II. formuliert worden waren, trat doch das Fehlen von zentralen militärischen Schulungseinrichtungen, die wesentlich zu einer Standardisierung der Ausbildung hätten beitragen können, deutlich zu Tage.

Die Niederlage Preußens 1806/07

Als dann im Oktober 1806 der Krieg zwischen Preußen und Frankreich ausbrach, wurde die preußische Armee und die mit ihr verbündete sächsische, von Napoleon in der Doppelschlacht bei Jena und Auerstedt aufgerieben. In einem Schreiben kurz vor der Schlacht warnte Napoleon seinen Marschall Soult [1769 – 1851] zwar noch vor der feindlichen Kavallerie mit den Worten: *„Bei den Preußen haben wir, wie mir scheint, am meisten die Kavallerie zu fürchten; aber bei der von Ihnen befehligten Infanterie ist wenig zu besorgen, wenn Sie sich immer bereit halten, Karree zu formieren."* ([Jany 1904] S. 1).

Natürlich lässt sich das Versagen der preußischen Kavallerie nicht auf diesen einen Schlachtentag, den 14. Oktober 1806, reduzieren. *„Die taktischen Formen, in denen die (preußische) Kavallerie ausgebildet wurde, boten ihr gewiß alle erforderlichen formalen Hilfen für ein erfolgreiches Auftreten vor dem Feind. Man kann bei der Reiterei nicht wie bei der damaligen preußischen Infanterie von einer veralteten Taktik sprechen, mit der ein Sieg unerreichbar gewesen wäre, wenn sich in den Reglements auch manches unbrauchbare Trümmerstück aus der Linearzeit erhalte hatte.“* ([Jany 1904] S. 63). Es waren vielmehr andere Gründe, die zu ihrem Versagen führten.

Die Aufklärungsarbeit der preußischen Kavallerie im Feldzug von 1806 war äußerst mangelhaft. Es gab keine raumgreifende Aufklärung großer Kavallerieverbände vor der Front der Armee, die den raschen Anmarsch der französischen Armeekorps rechtzeitig hätte erkennen und stören können. Vielmehr musste die Kavallerie gemeinsam mit der Infanterie marschieren. Durch ihre strikte Aufteilung auf die Divisionen war sie bereits im Aufstellungsraum stark zersplittert. In der Schlacht bei Auerstedt kennzeichnete sich das: *„[...] Auftreten der preußischen Kavallerie [...] als planloses und verzetteltes Einsetzen der mit ihren Divisionen nach und nach eintreffenden Regimenter zu einer Anzahl von Attacken, die ohne Zusammenhang und Nachdruck unternommen, wenn auch teilweise heldenmütig geritten wurden.“* ([Jany 1904] S. 3). Alle Attacken wurden von den disziplinierten Infanteriekarrees der Franzosen abgewiesen. Ein weiteres fehlerhaftes operatives Versagen der Führung war, dass 80 preußische Eskadrons am Ende der Schlacht abzogen und die erschütterte eigene Infanterie und die bewegungsunfähige Artillerie den gerade mal neun Chasseur-Eskadrons, über welche die Franzosen überhaupt verfügten, überließen.

Preußisches Dragoner Regiment König von Bayern (Nr. 6) 1806. Von links: Dragoner, Trompeter, Dragoner, Unteroffizier, Offizier. Zeichnung von Richard Knötel.

Die höhere militärische Führung versagte im Feldzug von 1806 fast vollständig und hatte wesentlichen Anteil an den schwachen Leistungen der Kavallerie. Doch es waren auch während der langen Friedenszeit entstandene innere Schwächen, die zur Niederlage der Kavallerie beitrugen. Im vorherigen Kapitel war gezeigt worden, wie schnell sich nach dem Siebenjährigen Krieg 1763, die bis dahin gute Verfassung der preußischen Kavallerie wandelte. Hierzu trug zum Beispiel die Überalterung vieler Offiziere nachteilig bei. „*Von 27 Generalmajors von der Kavallerie, die die Rangliste vom August 1805 nachweist, standen 26 zwischen 54 und 70 Jahren; von 44 Obersten der Kavallerie waren nur 6 unter 50.*" ([Jany 1904] S. 4).

Im folgenden Verfolgungsfeldzug des Jahres 1807 lösten sich große Teile der preußischen Armee auf und wichtige Festungen, abgesehen von der Festung Kolberg, kapitulierten, ohne sich zur Wehr gesetzt zu haben. Der preußische König Friedrich Wilhelm III. [1770 – 1840] konnte sich mit den verbliebenen Trümmern seiner Armee nach Ostpreußen absetzen. Der dann noch 1807 mit Hilfe der verbündeten Russen fortgesetzte Krieg half lediglich, die endgültige Niederlage Preußens zu verzögern. Dennoch zeigten während dieser letzten Kämpfe einige Einheiten der Leichten Kavallerie einen zukunftweisenden Angriffsgeist. Ein Beispiel stellte der Einsatz von zwei Eskadrons des Husaren-Regimentes von Prittwitz (Schwarze Totenkopfhusaren) unter Major von Cosel in der unentschiedenen Schlacht bei Heilsberg am 10. Juni 1807 dar. Die zwei Eskadronen überraschten das 55. französische Infanterie-Regiment in aufgelöster Ordnung. Major von Cosel nutzte die günstige Gelegenheit und attackierte sofort. Obwohl zahlenmäßig weit unterlegen, rieben die Husaren, unter hohen eigenen Verlusten, die französische Infanterie vollständig auf und erbeuteten den Regimentsadler.

Mit dem Frieden von Tilsit am 7. Juli 1807 verlor Preußen nicht nur mehr als die Hälfte seines Territoriums; hohe Kriegsentschädigungen und der Verbleib einer demoralisierten Rumpfarmee stürzten Land und Krone in eine tiefe Krise. Innerhalb der Armee wurden verantwortliche Armeeführer nicht selten mit Entlassung bestraft, ganze Regimenter, darunter die Kürassier-Regimenter „Gendarmes" Nr. 10 oder Nr. 8, das alte Seydlitz-Regiment, fielen der völligen Auflösung anheim. Diese, natürlich auch durch die erzwungene massive Truppenreduzierung hervorgerufene Dezimierung ebnete anderseits den Weg für umfangreiche, notwendige Militärreformen.

Husar vom preußischen Husaren-Regiment von Usedom (Nr. 10) 1806. Zeichnung von Richard Knötel.

Die Preußischen Militärreformen

Improvisierte Reorganisation der Kavallerie

Der Friedensvertrag von Tilsit traf den Bestand der preußischen Kavallerie empfindlich. Zählte sie 1806 zusammen 255 Eskadrons mit 41.102 Kombattanten, sollte sie durch die Pariser Konvention vom 8. September 1808, auf 8.000 Mann reduziert werden. Durch die Gebietsverluste hatten zudem viele Regimenter ihre alten Kantonierungsbezirke verloren. Durch die schwierige fiskalische Lage des Staates herrschte extreme Mangelwirtschaft.

König Friedrich Wilhelm III. [1770 – 1840] setzte bereits 1807 die berühmte militärische Reorganisationskommission unter Generalmajor von Scharnhorst mit Oberstleutnant von Gneisenau, Major von Grolman u.a. ein, durch die die preußische Armee modernisiert werden konnte. Als erste Maßnahme wurde die ausländische Werbung völlig eingestellt, allerdings durften die sich bereits in der Truppe befindlichen Ausländer bleiben. Durch Halbierung der Eskadronsgröße, konnten aus den Resten der alten Kavallerie-Regimenter 19 Kavallerie-Regimenter, darunter das einzige mit Garde-Status, nämlich das Regiment Garde du Corps, beibehalten werden. Die Stärke der Eskadronen umfasste, um im Rahmen der Pariser Konvention zu bleiben, ca. 125 Mann. Die Anzahl der Kürassier-Regimenter wurde erheblich reduziert. Neben Dragonern und Husaren kamen jetzt noch zwei Regimenter Ulanen (Lanzenreiter) hinzu, hervorgegangen aus den friderizianischen Bosniaken (seit 1800 Towarzysz genannt). Die drastische Reduzierung erlaubte zusätzlich eine Elitenauswahl für die neu zu besetzenden Offiziersstellen, bei der bevorzugt solche Berücksichtigung fanden, die sich im Krieg von 1806/07 ausgezeichnet hatten. Durch die Abschaffung des Adelsprivilegs auf ein Offizierspatent, fanden jetzt auch Bürgerliche mit einer entsprechenden Bildung Zugang zu den Offiziersstellen. Eine Veränderung, die sich zumindest bei den Kavallerie-Regimentern so gut wie gar nicht bemerkbar machte. ([Büsch 1963] S. 6 passim). Die gesamte Armee wurde in sechs gemischte Brigaden gegliedert, darunter sieben bis acht Bataillone Infanterie und 12 Eskadrons Kavallerie. Um die harten Bestimmungen der Pariser Konvention zu umgehen und wesentlich größere Truppenstärken zu erreichen, erfand die Kommission das sogenannte Krümper-System, bei der Rekruten eingezogen, ausgebildet (ausexerziert) und gleich wieder entlassen wurden. Dadurch gewann man eine beurlaubte Mannschaft, die zur Ergänzung im Mobilmachungsfalle diente. Jede Eskadron hatte mindestens drei Kantonisten im Monat einzuziehen. Dies bedeutete eine jährliche Ausbildungsrate von 2372 Kavalleristen. Durch diese Maßnahme konnte Preußen in den siegreichen Befreiungskriegen 1813 – 15 substanzielle Truppengrößen ins Feld bringen, wenn auch die Qualität, besonders bei der Kavallerie, unter dem verkürzten Ausbildungsprogramm litt.

Einführung der Wehrpflicht und Befreiungskriege 1813 – 1815

Von den demütigenden Bestimmungen der Pariser Konvention entbunden, wurde im September 1814 die allgemeine Wehrpflicht eingeführt, die für den Ausbildungsgang der preußischen Armee und insbesondere der Kavallerie positive Veränderungen brachte. *„Jeder einzelne ist vom 20. Lebensjahr an zur Verteidigung des Vaterlandes verpflichtet. Die bewaffnete Macht besteht aus dem stehenden Heer, der Landwehr 1. Und 2. Aufgebots und dem Landsturm. Die Dienstzeit beträgt drei Jahre bei* *der Fahne, zwei Jahre in der Reserve. Die Landwehr 1. Aufgebots besteht aus allen jungen Männern vom 20. Bis zum 25. Lebensjahre, die nicht im Heere dienen, und den Mannschaften vom 26. Bis zum zurückgelegten 32. Jahre. Die Landwehr 2. Aufgebots umfaßt alle Dienstpflichtigen bis zum zurückgelegten 39. Lebensjahre. Der Landsturm besteht aus allen Männern bis zum 50. Jahre.“* ([Pelet II 1905] S. 14). Im Wesentlichen bestand dieses System bis zum Ende des Ersten Weltkriegs.

In den Befreiungskriegen von 1813 – 15 schlug sich die preußische Kavallerie entsprechend ihren Möglichkeiten tapfer. *„Trotz einzelner glänzender Leistungen, und obgleich zum Teil ganz vortreffliche, noch in der alten Schule gebildete Führer an ihrer Spitze standen, hatte die preußische Reiterei während der Feldzüge von 1813 bis 1815 dennoch nicht ihren großen kriegerischen Aufgaben voll zu genügen vermocht.“* ([Pelet II 1905] S. 183). Die Gründe lagen einerseits in den qualitativen Ausbildungsmängeln des Krümper-Systems, anderseits in ihrer mangelnden Stärke, Ausbildung und Übung für die Massenverwendung. Beide Schwächen müssen jedoch als direkte Folgen der schwierigen Jahre nach der Niederlage von 1806/07 bewertet werden. Die 1813 schnell und improvisiert aufgestellten Kriegsformationen, wie die Landwehr- und Freikorps-Kavallerie, waren in ihrer Qualität zu keinem Zeitpunkt geeignet, die mangelnde Truppenstärke der Linien-Kavallerie zu ergänzen oder gar auszugleichen.

Wachtmeister (Standartenträger) und Unteroffizier des preußischen Kürassier-Regiments Nr. 6 1840. Originalbild von Franz Krüger. Das Bild zeigt zwei Pferde, die der Regimentsinhaber Zar Nikolaus I. von Russland dem Regiment geschenkt hatte.

Nach den Befreiungskriegen war Preußen territorial in seiner Großmachtrolle wiederhergestellt. Die begonnene Neuorganisation wie auch die Umstrukturierung der in Eile aufgestellten Kriegsformationen dauerte hingegen bis ca. 1820 an. Schließlich umfasste die preußische Kavallerie wieder 149 Eskadrons, gegliedert in sieben Kürassier-Regimenter, fünf Dragoner-Regimenter, 13 Husaren-Regimenter und zehn Ulanen-Regimenter. Die tatsächliche Auszehrung durch die napoleonischen Kriege musste der preußische Staat hingegen viel länger kompensieren. Insgesamt blieb die Friedensstärke der Kavallerie wie auch die der gesamten Armee (130.000 Mann) substanziell geringer als vor 1806. Eine Tatsache, die sich über die nächsten Jahrzehnte bis hin zum Regierungsantritt Wilhelms I. (1797 – 1888) im Jahr 1861 nicht wesentlich änderte.

Die Remontierung

Ausbau der ostpreußischen Landeszucht zur Remontierung der Kavallerie

Die preußischen Landeszuchten, inklusive der in Ostpreußen, waren im 18. Jahrhundert noch nicht dazu geeignet, in Qualität und Quantität den Remontierungsbedarf der Kavallerie zu decken. Friedrich der Große hatte sich für die inländische Pferdezucht, als Reservoir zur Schaffung von Kavallerieremonten, wenig interessiert. Sein reiches Erbe ermöglichte ihm den Ankauf ausländischer Remonten fortzuführen. Zwar war 1732 durch Friedrich Wilhelm I. die Zusammenlegung aller bestehenden königlichen Gestütsabteilungen im Königlichen Stutamt Trakehnen in Ostpreußen erfolgt, doch ging es bei dieser Zentralisierung vor allem darum, wirtschaftlichen Gewinn zu erzielen und jährlich 40 Pferde (vornehmlich Kutschpferde) für den königlichen Marstall nach Berlin abzuzweigen. An dieser Praxis trat auch während der Regierungszeit Friedrichs des Großen keine Änderung ein.

Siegfried Graf Lehndorff, der bedeutende Trakehner Landstallmeister in den 1920er-Jahren, vermutet das Ausgangsmaterial der ostpreußischen Landeszucht des 18. Jahrhunderts in einem leichten Schlag, ähnlich den polnischen und russischen Panje-Pferden, mit einem durchschnittlichen Stockmaß von 150 cm. Friedrich der Große übersandte Trakehnen in den 1740er-Jahren mehrmals erbeutete Neapolitaner Stuten und Hengste aus Böhmen, die sich aber nicht bewährten und keine Spuren in der Zucht hinterließen. Bis 1786 erhielt das Gestüt keine weiteren Stuten, allerdings in größerer Anzahl Hengste verschiedenster Rassen (Neapolitaner, Spanier, Orientalen, englische Halbblüter, Dänen und Hengste aus der ostpreußischen Privatzucht). Diese erste Epoche der Trakehner Zucht kann als buntes Durcheinander-Züchten bezeichnet werden, ohne irgendeiner Rasse den Vorzug zu geben.

Die zweite, wichtigere Phase begann für die ostpreußische Landeszucht und damit für Trakehnen nach dem Tod Friedrichs des Großen. Sein Nachfolger Friedrich Wilhelm II. verfügte, dass die Kavallerie-Regimenter so viel wie möglich aus inländischer Zucht remontiert werden sollten. Der Grund war fiskalischer Art, da die Holsteiner teuer in der Anschaffung waren und die Polnischen Remonten zwar beim Kauf billig waren, aber durch schwierige Ausbildung und Ausfall ebenfalls hohe Kosten entstanden. Unter dem Landstallmeister Graf Lindenau (1755 – 1842) wurde das Gestüt unter staatliche Verwaltung gestellt, um Hengste für die Landespferdezucht zu ziehen. So entstand für die Züchter ein gesicherter Absatzmarkt und hierdurch waren die Grundpfeiler für die große Ostpreußenzucht des 19. Und 20. Jahrhunderts gelegt, wenn auch der Aufbau noch Jahrzehnte dauerte. 1788 fanden die ersten Ankäufe von Armee-Remonten in Ostpreußen statt. Landstallmeister Wilhelm Carl Friedrich von Burgsdorff (1775 – 1849) schreibt darüber: *„Da der vorerwähnte seit 10 Jahren bestandene Wunsch des Herrn von Domhardt mit einem Landgestüt im Leinen schon mache gute Pferde in Preußen finden ließ, auch mehrere Domänenpächter die Pferdezucht tüchtig betrieben und sicheren Absatz ihrer Zucht wünschten, so wurde schon im Jahr 1788 der Anfang gemacht, Kavallerie-Remonte in Preußen zu kaufen, eine äußerst liberal und aufmunternd handelnde Militär-Kommission zahlte für ein Garde du Corps-Pferd 100 Rthlr., für ein Kürassier-Pferd 80 Rthlr., für ein Dragoner-Pferd 60 Rthlr. Und für ein Husaren-Pferd 45 Rthlr. Gold, was dann jährlich immer besseren Erfolg hatte.“* ([Lehndorff 1999] S. 181). Zunächst wurden die drei in Ostpreußen stationierten Dragoner-Regimenter mit inländischen

Pferden remontiert. Erst ab 1797 begann ein allgemeinerer Ankauf in größerem Umfang. In Trakehnen erfolgte eine schnelle und grundlegende Umgestaltung der Zucht; von 38 Hauptbeschälern wurden 25 ausrangiert, von 356 Stuten 144. Bis 1817 wurden 20 dänische Fredericksborger, fast 40 englische Halbblut-Stuten, ungefähr 20 Stuten aus dem Ansbacher Gestüt Triesdorf, einige aus Zweibrücken und Mecklenburg und etwa 50 aus Neustadt, darunter auch Araber-Stuten, eingestellt. Auch die Hengste wurden aus diesen Rassen beschafft. Allerdings brachte dieser Abschnitt keine große Besserung im Pferdematerial. Burgsdorf schreibt: *„Durch das beständige Kreuzen war ein Gemisch von Blut und Form entstanden, woraus die auffallendsten Rückschläge hervorgingen.“* ([Lehndorff 1999] S. 192). Das durchschnittliche Stockmaß der Stuten war mit 157 cm noch vergleichsweise gering. Der Aufbau der Zucht in dieser Zeit war stark behindert durch die Verwerfungen der napoleonischen Kriege und den allgemeinen Mangel. In diesem Zusammenhang musste Trakehnen zweimal, 1806 und 1812, kriegsbedingt evakuiert werden. Der teilweise seltsame Geist der Zeit zeigt sich auch darin, dass von 1787 bis 1793 sechs Jahre lang in Trakehnen versucht wurde, Rinder mit Pferden und Eseln zu kreuzen. In dieser zweiten Phase von 1786 bis 1817 lieferte die ostpreußische Zucht schon einen erheblichen Anteil der preußischen Kavalleriepferde, allerdings noch von eher mittelmäßiger Qualität.

Da die inländische Zucht noch nicht den Gesamtbedarf der Kavallerie decken konnte, wurden weiterhin Holsteiner für die Kürassiere und Polnische Remonten für die Leichte Kavallerie angekauft. In der Zeit von 1806 bis 1815 verringerte sich der Import von Holsteinern und Polnischen Remonten kurzzeitig und stieg dann wieder etwas an. Die Truppe war immer weniger mit den Holsteinern zufrieden. *„Je mehr sich die Qualität der inländischen Remonten, selbst der für die schweren Waffen gebessert hatte, desto entschiedener trat bei den Truppen die Ueberzeugung von ihren Vorzügen gegen die Holsteinschen hervor, über welche letztere von denjenigen Regimentern laute Klage geführt wurde, die noch zuletzt damit versorgt worden waren. In mehreren Berichten wird besonders ihre schwere Vorhand, kraftlose Hinterhand und ihr sehr schneller Verbrauch getadelt – ‚nach 3 Jahren ist fast immer die Hälfte schon weg!‘“* ([Mentzel 1845] S. 125 ff.). Der Ankauf von Polnischen Remonten lieferte zwar sehr leistungsfähige Kavalleriepferde, doch war der Import durch die weiten Transportwege unsicher und es traten hohe Pferdeverluste auf. Im Jahr 1827 erfolgte letztmalig ein Import von Polnischen Remonten, der von Holsteinern 1830.

Zentralisierung der Remontebeschaffung

Gegen Ende des 18. Jahrhunderts änderte sich die Organisation der Remontierung, indem man dazu überging, *„[…] die Pferde nicht mehr durch die Truppen selbst unter Vermittlung von Händlern, sondern im Interesse der Züchter unmittelbar von diesen durch eine Kommission ankaufen zu lassen und dann erst auf die Regimenter zu verteilen. Aber erst nach Beendigung der Kriege von 1813 – 15 gewann diese neue Remontierungsart dauernde Gestalt, und indem sie nun das wirksamste Mittel zur Hebung der einheimischen Zucht wurde, eröffnete sich der Armee selbst die Quelle, aus der sie von nun an in immer größeren Umfange schöpfen sollte. Bald dehnte man die Remontebeschaffungen unter Vermehrung der Ankaufskommissionen auch auf die übrigen preußischen Provinzen aus, und seit dem Jahre 1831 wurde der Remontebedarf der preußischen Armee ausschließlich im* *eigenen Lande beschafft."* ([Damnitz 1911] S. 92). Der Remonte-Depot-Direktor Mentzel schreibt 1845 der preußischen Remonteorganisation folgende Hauptleistungen durch die Arbeit der letzten Jahrzehnte zu: *„1) daß die Armee mit guten, gebrauchsfähigen Pferden versorgt wird – und zwar mit besseren, als je zuvor; 2) daß der Geldaufwand dafür nicht mehr ganz oder zum Theil dem Auslande, sondern einzig und allein dem Inlande zu Gute kommt; 3) daß die Anschaffungskosten nicht zu hoch ausfallen und den wahren Werth der Pferde mindestens nicht übersteigen; 4) daß der Pferdzucht des Landes aus dem Remonte-Ankauf und der durch ihn gesteigerten Kauf-Concurrenz ein kräftiger Hebel erwachsen ist; 5) endlich und hauptsächlich, daß die Armee mit ihrem Pferdebedarf vom Auslande völlig unabhängig geworden ist, indem sie denselben für Krieg und Frieden im Vaterlande gedeckt findet, auch für außerordentliche Fälle stets eine volle Jahres-Remonte in den Depots zur Reserve hat."* ([Mentzel 1845] S. 189 ff.).

Züchtung des ostpreußischen Warmblüters

Der dritte und überaus bedeutsame Zuchtabschnitt Trakehnens – und damit der ostpreußischen Landeszucht – fiel in die Zeit des Landstallmeisters von Burgsdorff von 1818 bis 1843, in der massiv englisches Vollblut eingekreuzt wurde. Mit ihm beginnt die Vereinheitlichung der Trakehner und der ostpreußischen Zucht. Es wurden nun mehr Vollblutstuten, englische Vollbluthengste, orientalische Hengste und einige englische Halbbluthengste eingestellt, womit Burgsdorff einer der ersten Vertreter einer Reinzucht war. Dies war der Zeitabschnitt, in welchem in den nächsten Jahrzehnten das deutsche Warmblutpferd und mit ihm das moderne Kavalleriepferd, mit erheblich gesteigerter Leistungsfähigkeit, geschaffen wurde. In Ostpreußen entwickelte sich gleichzeitig die bedeutendste deutsche Pferdezucht.

Einrichtung von Remontedepots

Eine wichtige Einrichtung war ab 1820 der Aufbau der Kavallerie-Remontedepots. *„Das erste wurde in Treptow a. d. Rega in Pommern 1821 gegründet. Ihm folgten dann bis 1836 noch zehn, von denen noch heute (1905) Jurgaitschen, Neuhof-Gagnit, Kattenau, Brakupölnen (sämtlich in Litauen), Sperling in Masuren und Bärenklau in der Mark bestehen."* ([Pelet II 1905] S. 11). Der Grund für den Aufbau der Remontedepots war, dass Remonten erst ab Vierjährige in die Ausbildung genommen werden konnten. Dreijährige hätten auf Grund des Wachstums Schaden nehmen und dadurch weniger lange dienstfähig bleiben können. Es zeigte sich aber, dass die Züchter aus wirtschaftlichen Gründen oft die Dreijährigen in einer wichtigen Wachstumsphase zu knapp im Futter hielten oder durch zu frühe Arbeit schädigten. Deshalb wurden die Remonten vom Staat als Dreijährige angekauft, in den Remontedepots ohne Ausbildung ein Jahr lang auf einheitlich guten Futterstand gebracht und dann mit viereinhalb bis fünfeinhalb Jahren an die Regimenter überwiesen. *„In dieser Zeit sollen sie durch eine zweckmäßige Ernährung, durch Körperpflege, Aufenthalt und planmäßige Bewegung im Freien Knochen und Muskeln weiterentwickeln und sich auswachsen. Durchschnittlich nimmt das dreijährige Pferd während seines Aufenthalts im Depot an Größe um etwa 4 cm zu."* ([Damnitz 1911] S. 96). Die Einrichtung der preußischen Kavallerie-Remontedepots erwies sich als großer Erfolg, weshalb das Modell gegen Ende des Jahrhunderts von den meisten europäischen Armeen übernommen wurde.

Allgemeine Qualitätsverbesserung in der 1. Hälfte des 19. Jahrhunderts

Durch die Ausbildung der ostpreußischen Pferdezucht und den Aufbau der Remonte-Depots, erreichte Preußen bis zur Mitte des 19. Jahrhunderts eine qualitative Verbesserung des Pferdematerials in der Armee. Es standen nun inländische Pferde in genügender Anzahl zur Verfügung, welche dieselbe Leistungsfähigkeit wie die Polnischen Remonten hatten. ([Mentzel 1845] S. 209).

Vor dem Zusammenbruch von 1806 bedingte der *„Etatsatz von 14 Remonten jährlich auf 150 Dienstpferde [...] eine Dauerzeit (Ausbildungs- und Dienstzeit) von 10 5/7 Jahren, die in der Wirklichkeit nicht füglich ohne Beeinträchtigung der Dienstbrauchbarkeit erreicht werden konnte. Deshalb war der Zustand der Pferde auch sehr häufig nicht vorzüglich, [...] wozu mitunter auch schon die mangelhafte Beschaffenheit der Remonten selbst bei ihrer Jugend und Schwäche, das übrige beitrug.“* 1810 wurde die Dauerzeit auf neun bis zehn Jahre verkürzt und danach 1820 auf neun Jahre. Diese Norm wurde noch einmal durch die Cabinets-Ordre vom 8. Juni 1830 bestätigt. ([Mentzel 1845] S. 117 passim.).

Von 1817 bis 1842 erhöhte sich die Anzahl der in der preußischen Armee eingestellten Remonten von 1552 auf 3069, die Durchschnittsgröße von 4 Fuß 10,6 Zoll (153 cm) auf 5 Fuß 2,1 Zoll (162 cm). Der Anteil der Wallache pendelte um die 60 %. ([Mentzel 1845] S. 204).

Einige statistische Auswertungen liefern Belege dafür, dass das preußische Remontierungssystem in der ersten Hälfte des 19. Jahrhunderts erhebliche Qualitätsverbesserungen erreichte. So reduzierte sich der Verlust an Dienstpferden durch Tod in den Zeitabschnitten 1820 – 1825 von durchschnittlich jährlich 3,65% auf 1,315% zwischen 1835 – 1844. Gleichzeitig erhöhte sich der Erlös von außerdienstgestellten Pferden, was ein Hinweis auf die gestiegene Qualität der Pferde für die Weiternutzung darstellte. 1815 betrug der durchschnittliche Verkaufspreis 23 Rtlr. 29 Sar. 10 Pfg., ab 1839 wurden regelmäßig über 30 Rtlr. erzielt. ([Mentzel 1845] S. 221). Dieser Effekt ist sicherlich auch der verbesserten Reitausbildung geschuldet: *„Die verständige Art, die Remonten und die Rekruten auszubilden, hat dies hervorgebracht, und diese verständige Art ist durch die Reit-Instruction und die Lehr-Escadron in die Armee verpflanzt worden.“* ([Mentzel 1845] S. 210).

Dabei war das Veterinärwesen in Preußen im Vergleich zu anderen damaligen Staaten mittelmäßig. So betrug der durchschnittliche Verlust von im Frieden erkrankten Pferden (also nicht der absolute Verlust wie oben aufgeführt) von 1878 bis 1913 (frühere Daten liegen nicht vor) in Preußen 5%. In Bayern war dieser Anteil 1826 – 1829 3,15%, 1837 – 1847 3,85%, 1857 – 1887 3,44% und 1888 – 1913 2,53%. ([Fontaine 1939] S. 641). Allerdings waren die preußischen Werte im Vergleich zu denen Frankreichs in der ersten Hälfte des 19. Jahrhunderts deutlich besser: *„Hier ist einzuschalten, daß im französischen Heimatheer die relativen Verluste durch Tod und Tötung ohne Ausmusterung in der Zeit von 1831 bis 1833 = 9,2 v.H., von 1836 bis 1840 = 10,0 v.H., von 1841 bis 1845 = 9 v.H., von 1846 bis 1850 = 5,8 v.H. betragen haben und von da ab unter 5,00 v.H. gesunken sind: in den Jahren von 1896 bis 1898 war der Abfall des relativen Verlustes auf 2,18 v.H. angelangt. Das bayerische Heer hat also in der ersten Hälfte des vorherigen Jahrhunderts bedeutend bessere Behandlungsergebnisse gehabt als das französische [...] Wie in der französischen Statistik ist auch in der deutschen die Tatsache festzustellen, daß jede Erhöhung der dienstlichen Selbstständigkeit der Veterinäre zu einer Senkung der*

Verlustziffern geführt hat. Daß die bessere Veterinärorganisation und die bessere Stellung der Veterinäre im alten bayerischen Heer auch noch nach deren späterer Angleichung an die rückständigeren Verhältnisse im preußischen Heer günstig gewirkt haben, zeigen die auffallend geringeren bayerischen Verlustziffern gegenüber den preußischen bis zum (Ersten) Weltkrieg.“ ([Fontaine 1939] S. 641 ff.).

Die Taktik

Masse und Feuerkraft

Die bisher oft erwähnte Taktik als Art und Weise der unmittelbaren Gefechtsführung, war und ist immer sehr stark von der jeweils vorhandenen Waffentechnik beeinflusst. Ohne die mannigfaltigen Fachliteraturen über die Bewaffnung der an den napoleonischen Kriegen teilgenommenen Armeen verleugnen zu wollen, muss an dieser Stelle die oberflächliche Feststellung genügen, dass während der napoleonischen Ära mit den gleichen Waffensystemen gefochten wurde, wie 100 Jahre zuvor, d.h. Reichweiten, Treffgenauigkeit und Wirkungsgrad blieben weitestgehend unverändert. Stark verändert hatte sich hingegen das Verhältnis der auf dem Schlachtfeld aufeinandertreffenden Waffengattungen zueinander.

Die erheblich gesteigerten Truppenstärken machten sich durch eine deutliche Überzahl von Infanterie und Artillerie bemerkbar, die einzeln und gemeinsam noch verheerender eine bisher ungeahnte Feuerdichte entfalteten. Mit zum Teil neuen Elementen, wie der Formierung in Kolonnen und nicht mehr in Linien, passte Napoleon die Infanterie-Taktik der gestiegenen Feuerkraft an. Mit dem zerstreuten Feuergefecht der Tirailleur- und späteren Voltigeure-Einheiten, vervollkommnete er zudem die Schützentaktik zukunftweisend. Die Karree-Bildung hingegen sollte die Infanterie vor allem gegen massierte Angriffe der Kavallerie schützen.

Mit der Schaffung großer Verbände in Form von Kavallerie-Divisionen und sogar reinen Kavallerie-Korps, glaubte Napoleon diese Waffengattung weiterhin erfolgreich in einer Schlacht einsetzen zu können. Zur Feuerunterstützung dieser hauptsächlich als Schlachtreserve fungierenden Kavallerie-Großverbände, kam zusätzlich die bereits unter Friedrich II. eingesetzte reitende Feldartillerie vermehrt zur Aufstellung und zum Einsatz. Der als Artillerist ausgebildete Feldherr Napoleon I. [1769 – 1821] erkannte wie viele seiner Zeitgenossen dabei nicht, dass selbst Attacken großer Kavallerieverbände nur geringe Chancen gegen die Feuerüberlegenheit der Infanterie wie auch der Artillerie haben konnten. Vielmehr wurde konsequent und äußerst methodisch, die taktische Massenverwendung der Kavallerie in tiefer Staffelung weiter ausgebaut. Lediglich durch das Kopieren der Schützentaktik in Form der Flankeurs, kam ein aus dem Dreißigjährigen Krieg bekanntes Element der Kavallerie-Taktik erneut zum Einsatz. Retrospektiv fiel die Beurteilung der französischen Kavallerie-Taktik folgendermaßen aus: *„Sie war beritten auf einem schwerfälligen kaltblütigen Landschlage und nur für kurzen Gang ausgebildet. Der Attackengalopp betrug 80 bis 100 Schritt, der vorhergehende Trab nur 150 Schritt. Die Kürassiere ritten bei höchster Geschlossenheit die Attacken oft nur im Trabe [...]. Für die Schlacht verstand man nur die Massen langsam und methodisch bereitzustellen, z.B. zwei schwere Divisionen mit 400 Schritt Abstand hintereinander, zwei leichte mit einigen hundert Schritt Seitenabstand* *rechts und links in gleicher Höhe mit der vorderen schweren Division, vor der Front verschleiernd Flankeur-Eskadrons. Das Gefecht begann 400 bis 600 Schritt vom Gegner, indem die vorgezogenen Batterien mit Kartätschen feuerten, während die Flankeur-Eskadrons scharmutzierten und schwadronsweise Kämpfe der leichten Reiterei sich entwickelten. Diese Kämpfe dienten der Aufklärung, die Massen hielten, bis der Angriff beschlossen wurde. Zum Angriff deployierte die vorderste Brigade der vordersten schweren Division (8 Eskadrons), dahinter folgte als zweite Staffel die 2. Brigade, und ebenfalls deployiert oder in Kolonnen als dritte Staffel die 3. Brigade, dahinter in Kolonnen die 2. Schwere Division. Diese bildete meist die Reserve, wurde regimenter- oder schwadronsweise in das Handgemenge hineingeworfen und für die Verfolgung aufgespart. Beim Anreiten machte die Artillerie die Front frei. So kennzeichnet sich der Verlauf der Napoleonischen Reiterschlachten als Durchbruch schwerer Massen hinter schmalen entwickelten Fronten."* ([Pelet II 1905] S. 20).

Die preußische Kavallerietaktik

Die von der preußischen Kavallerie verwendete Taktik hob sich nach 1806 prinzipiell kaum von der ihres Gegners ab. Ihre Betrachtung soll daher die einzelnen Elemente der allgemein angewendeten Kavallerie-Taktiken der napoleonischen Ära genauer verdeutlichen. Im Durchschnitt verfügte ein preußisches Kavallerie-Regiment ab 1808 über vier Schwadronen (ältere Bezeichnung für Eskadron) als kleinste taktische Einheit zu 120 bis 200 Reitern. Jede einzelne Schwadron sollte im Idealfall aus vier Zügen zu je vier Abteilungen und jede dieser Abteilungen nochmals aus vier Rotten bestehen. ([Ortenburg 1988] S. 138 passim.) Für die gesamte Kavallerie galten zwei mögliche Gefechtsformationen; die geschlossene und die zerstreute. Für die geschlossene Gefechtsformation kamen ausschließlich die Linien- oder die Kolonnen-Aufstellungen zur Anwendung. Der Übergang von der Linie in die Kolonne wurde dabei als Abmarsch „Ployment" und der von der Kolonne zur Linie als Aufmarsch „Deployment" bezeichnet. ([Ortenburg 1988] S. 141 passim). Dementsprechend bewegte sich die Kavallerie während des Reisemarsches wie auch beim Aufmarsch in das Gefechtsfeld in Kolonnen. Die Breite der Kolonne hing dabei davon ab, ob die Zugkolonne in der Breite eines Zuges, die Schwadronskolonne in der Breite einer Schwadron bis hinauf zur Division befohlen worden war. Der direkte Angriff auf den Gegner fand dann in Linie statt, wodurch nicht nur die Trefferwirkung der Artillerie verringert werden sollte. Zur Vermeidung des frühzeitigen Ermüdens der Pferde, kam der Galopp bei einem haltenden Gegner ab 300 m und bei einem entgegenkommenden erst ab 60 m zur Anwendung. Die empfindlichen Flügel der anreitenden zweiggliedrigen Linie mussten durch das schnelle Eingreifen der noch nicht zur Linie entfalteten Kolonnen gedeckt werden, die hierfür ihre Kolonnenformation nicht verändern durfte. Ein Hauptproblem bei beiden Formationen bestand darin, dass für Wendungen, Schwenks oder Evolutionen zur Linie respektive zur Kolonne, jeweils große Räume zur Verfügung stehen mussten, um diese zügig und geschlossen durchzuführen. Die nach einer Attacke zwangsläufig in Unordnung geratenen Formationen konnten sich nur dann behaupten, wenn ihnen ein unverzügliches Sammeln, meist um die Standartenrotte, gelang. Gleichzeitig musste dieser unsichere Moment durch eine starke Reserve überbrückbar sein, wodurch jegliche Kavallerie dieser Zeit stets eine starke Reserve vorhalten musste.

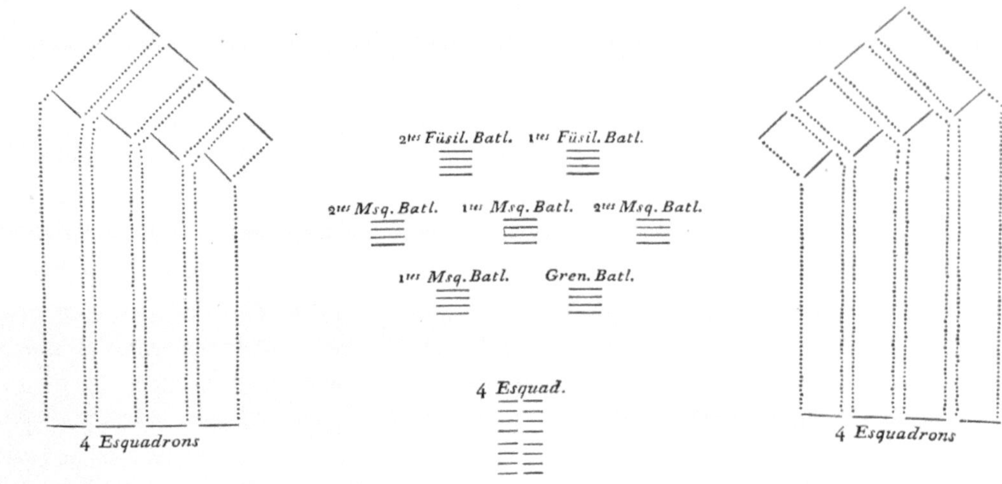

Formierung von drei Kavallerie-Regimentern im Verbund mit Infanterie zur Attacke gegen Kavallerie. Figur 4 des zweiten Planes aus dem Exerzier-Reglement für die Königlich Preußische Kavallerie von 1812.

Die zerstreute Gefechtsformation fand als Schwärmattacke oder Flankiergefecht statt. Im Fall einer Schwärmattacke, die meist der Leichten Kavallerie vorbehalten blieb, ritt jeder Kavallerist im ungeordneten Schwarm auf den Gegner zu. Dieses seltene Manöver kam zur Anwendung, um einen fliehenden Gegner zu verfolgen oder der Infanterie die erste Salve zu entlocken. Das Flankiergefecht stellte hingegen das Feuergefecht zu Pferd dar, für welches in Preußen meist der vierte Zug einer Schwadron zum Einsatz kam. Die hierfür ausgebildeten Kavalleristen rückten auf das Kommando „Ausfallen" vor und ritten in einer Flankeurkette an den Gegner heran. Auf Schussweite an den Gegner herangekommen, vollführten die Rotten jeweils Volten, bei denen der jeweils schussbereite Flankeur am Scheitelpunkt seiner Volte hielt, um einen Schuss abzugeben. Knapp 20 m hinter den mit Karabinern bewaffneten Flankeurs, gaben mit Büchsen bewaffnete Kavalleristen schützende Feuersalven abgesessen oder zu Pferd ab. *„Die erzielten Schußleistungen zu Pferd waren aber sehr gering. Mit dem kurzen glatten Karabiner gab es bei 100 Schuß auf 225 m Entfernung kaum einen Treffer in die Scheibe, auf 150 m dann 10 und auf 75 m schon 40. Wer mit einer Pistole auf mehr als 15 m getroffen wurde, für den zählte Schicksal. Flankeure hatten allgemein bis auf 40 m an den Feind heranzugehen. Das Vor- und Einrücken der Flankeure geschah immer im Trab."* ([Ortenburg 1988] S. 142 ff.).

Höhere Anforderungen an die Marschleistungen

Diese im Exerzier-Reglement von 1812 für die Kavallerie der Königlich Preußischen Armee herausgegebenen taktischen Einsatzgrundsätze blieben für die nächsten Jahrzehnte bestimmend. Insgesamt stellte dieses Reglement einen wesentlichen Schritt auf dem noch langen Weg zur Entstehung einer Einheitskavallerie dar. Anders als bisher, kam das Reglement von 1812 nämlich für alle Truppengattungen der Kavallerie zur Anwendung. Die Vorgaben zum Anreiten zur Attacke wurden auf insgesamt 600 – 800 Schritt definiert, davon mussten 220 Schritt im Galopp und 80 Schritt in Karriere ausgeführt werden. Diese geänderten Anforderungen halbierten die aus der friderizianischen Ära bekannten Leistungsanforderungen an das Militärpferd im Gefecht. Die in der Instruktion von 1812 *„[...] übertrieben auf die Schonung des Pferdes Rücksicht“* ([Ortenburg, 1792-1848] S. 144 ff.) nehmenden Vorgaben vermieden jedoch nicht, höhere Marschleistungen von Pferd und Reiter abzuverlangen. Noch knapp 55 Jahre zuvor hatte Friedrich II. nach der Schlacht von Roßbach am 5. November 1757 seine Kavallerie in „Eilmärschen“ nach Schlesien beordert, um dort am 5. Dezember die Österreicher zu schlagen. Das war ein Weg von 45 deutschen Meilen in 30 Tagen, für den eine tägliche Marschleistung von durchschnittlich 11 ¼ km zu bewältigen waren. Die preußische Armee konnte diesen Marsch mit 7.000 Pferden unbehelligt vom Feind mit vollem Tross durchführen. Ein Beispiel von 1813 zeigt ein völlig anderes Bild: *„Die preußische Cavallerie focht am 2ten Mai 1813 bei Groß Görschen und war vielen Verlust ausgesetzt; sie hatte das Rückzugsgefecht bei Golditz zu bestehen, stand 8 Tage bei Bautzen auf dem Bivouac, mußte dort 2 Tage an den Schlachten Theil nehmen, hatte im Rückzugsgefecht bei Reichenbach zu fechten, hatte keine andere Verpflegung als diejenige, welche sie sich durch Requisistions-Commandos selbst verschaffte, mußte stets bivouakieren, und focht am 26sten Mai bei Hainau auf eine Weise, die in der Kriegsgeschichte eben so denkwürdig anerkannt werden wird, als die Leistungen bei Leuthen. Der Weg von Groß Görschen bis Hainau beträgt auch einige 40 Meilen, nur mit dem Unterschiede, daß von einer größeren Armee, bei welcher sich 27000 Pferde befanden, nach Abzug des Lagerns bei Bautzen, der Weg in 16 Tagen zurückgelegt worden ist.“* ([Mentzel 1845] S. 209 ff.). Das ist eine durchschnittliche Tagesleistung von 18 ¾ km. Es leuchtet ein, dass Pferde, die an solchen Feldzügen teilnehmen, in der Regel nicht ausgeruht an einer Schlacht oder einem Gefecht teilnehmen können, wie das noch zu Zeiten Friedrichs II. möglich war.

Mängel in der Ausbildung von Massenverwendung

Des Weiteren beinhaltete das neue Reglement keinerlei Vorschriften für die Führung von Truppenkörpern jenseits der Regimentsgröße, d.h. Anweisungen zur Massenverwendung in der Brigade usw. waren hier nicht enthalten. Zudem fehlten weitgehend Regelungen für den Aufklärungsdienst. Es gab lediglich Anweisungen für die unmittelbare räumliche Sicherung der Truppe und damit einen deutlichen Rückfall hinter die Standards, die Friedrich II. in den speziellen Instruktionen für die Husaren gesetzt hatte.

Im Jahr 1816 ließ Feldmarschall Gebhard Leberecht von Blücher (1742 – 1819) einige verdiente Reitergenerale Gutachten darüber ausarbeiten, warum die preußische Kavallerie in den Befreiungskriegen kaum in der Lage gewesen war, große Leistungen zu erbringen. Die einhellige Kritik bezog sich vor allem auf die mangelnde Gliederung für die Schulung in der Verwendung größerer Truppenkörper ab der Brigade sowie das Fehlen einer einheitlichen Führung. Blücher empfahl König Friedrich Wilhelm III. (1770 – 1840) daraufhin, wie in der friderizianischen Zeit zwei bis drei Kavallerie-Inspekteure einzusetzen. Allerdings wurde diesem Wunsch nicht entsprochen.

Weitere Versuche die Erkenntnisse aus den Befreiungskriegen 1813 – 15 für die Entwicklung der Kavallerie nutzbar zu machen, konnten im Angesicht der leeren Staatskassen wie auch der allgemeinen Kriegserschöpfung nur halbherzig umgesetzt werden. Erst 1821 wurde ein großes Kavallerie-Manöver

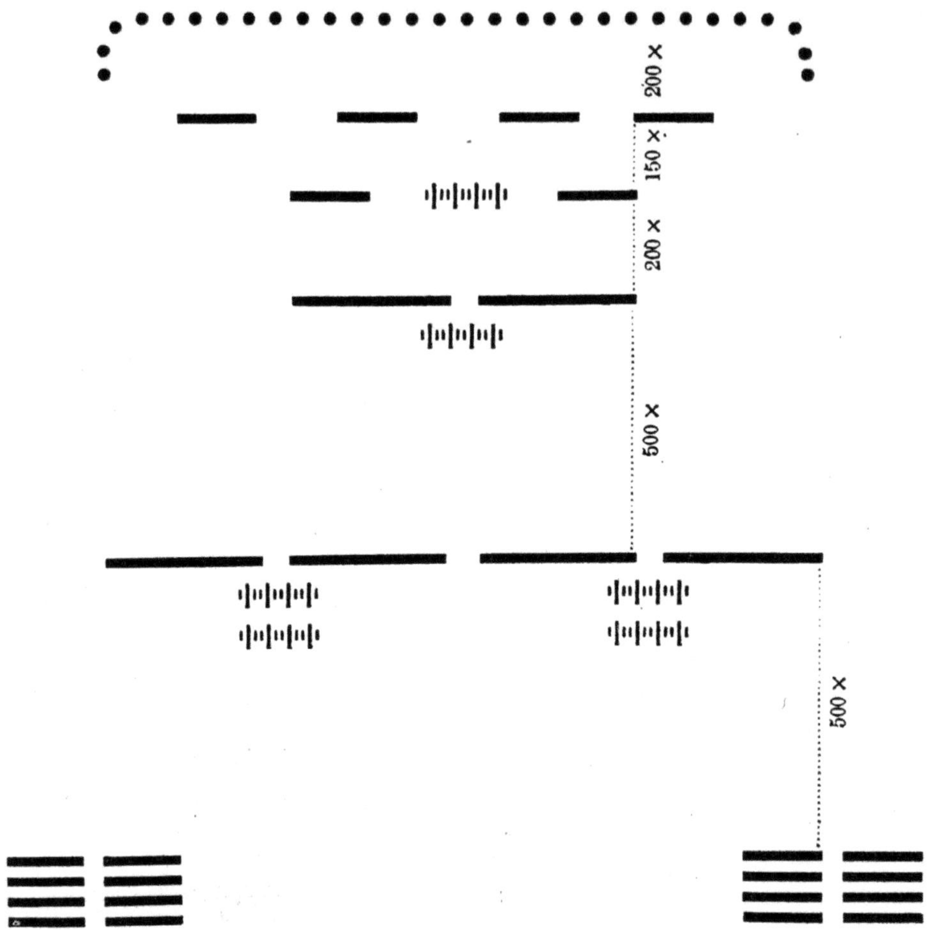

Normalstellung eines preußischen Kavalleriekorps 1823. Im vorderen Treffen vier Regimenter Leichte Kavallerie (Husaren und Dragoner), im zweiten Treffen je zwei Kürassier- und Ulanen-Regimenter, im dritten Treffen der Rest der Kürassiere und Ulanen. Leichte und schwere Kavallerie hatten im Vergleich zur friderizianischen Zeit ihre Positionen getauscht.

auf Korps-Ebene bei Berlin abgehalten, an dem 48 Eskadrons und sechs Batterien teilnahmen. Der hierfür minutiös festgelegte Ablaufplan verhinderte jedoch die Durchführung eines praxisorientierten Kavallerie-Manövers. Ein Jahr später wurde als Nachwirkung dieser Übung immerhin eine Instruktion für die Verwendung größerer Kavalleriekörper herausgegeben, welche sich auf ein Kavallerie-Korps mit 12 Regimentern und drei reitenden Batterien bezog. Leider ließ diese Instruktion wenig Platz für individuelle Entscheidungen im Sinne der Auftragstaktik und forderte vielmehr die Einhaltung gekünstelter vorgegebener Manöver. Interessant ist die hierin vom friderizianischen Modell der Drei-Treffen-Aufstellung abweichende Besetzung, so sollte das erste Treffen aus leichter Kavallerie (Husaren und Dragoner) und das zweite und dritte Treffen aus Kürassieren und Ulanen gebildet werden.

Die Auswirkungen dieser schwerfälligen Vorschriften auf die Ausbildung der preußischen Kavallerie in der ersten Hälfte des 19. Jahrhunderts werden anhand eines Berichtes über ein Kavalleriemanöver in Ostpreußen im Jahr 1834 deutlich: *„Die Pferde waren sehr scharf gezäumt, das Lederzeug wurde des guten Aussehens halber schwarz lackiert. Die Mannschaften trugen sehr enge Bekleidung, so daß jede Bewegung derselben erschwert wurde. Damit das Gepäck stets gleichmäßig aussähe und seine Form bewahre, wurde unter den großen Mantelsack ein viereckiges Brett geschoben. Die Bewegungen des Regiments fielen dem unpraktischen Anzuge und der Ausrüstung entsprechend aus. Es wurden Paradeattacken geritten, wobei alle Pferde rechts galoppierten mußten. Der Chok wurde nur auf eine Entfernung von 50 Schritt ausgeführt, wobei das erste Glied sich mit dem Pallasch in Auslage legte, die Klingen ausgerichtet zwischen rechtem Ohr und Auge des Pferdes.“* ([Pelet II 1905] S. 186).

Im Mobilmachungsfall sollte jedem Armeekorps eine Kavalleriedivision, die zu einer Hälfte aus Linien-Regimentern und zur anderen aus Landwehr-Kavallerie-Regimentern bestanden, zugeordnet werden. Mit dem hohen Anteil von Landwehr-Regimentern innerhalb der Schlachtenreiterei folgte man damit dem schlechten Beispiel aus den Befreiungskriegen.

Reitausbildung

Wehrpflicht und Rückgang der zivilen Reitausbildung

Zu den zwei wesentlichsten und bahnbrechenden Maßnahmen des preußischen Kriegsministeriums, die Reitausbildung der Kavallerie an die neue Heeresverfassung anzupassen und wieder Ordnung in das Chaos nach den Krisenjahren von 1806 bis 1815 zu bringen, zählten die Gründung der Militär-Reit-Anstalt in Berlin 1817 als Vorläufer des späteren Militär-Reitinstituts in Hannover und der späteren Kavallerieschule (ebenfalls in Hannover) und die Herausgabe der ersten militärischen Reitvorschrift in Preußen, der „Instruction zum Reit-Unterricht für die Königlich-Preußische Kavallerie“ von 1825/26 (RI 1825/26). Beide Maßnahmen sind aufs engste mit der Person Friedrich Georg Ludwig von Sohr (1775 – 1845) verbunden.

Mit der Einführung der allgemeinen Wehrpflicht änderten sich die Ausbildungsabläufe in den Kavallerie-Regimentern einschneidend. Die Zweiteilung der Mannschaften in langdienende Ausländer und weitgehend beurlaubte Kantonisten, wie in der Armee vor 1806, war völlig weggefallen. Von nun an wurden die Mannschaften zu einer einheitlichen dreijährigen vollen Dienstzeit einberufen. Hierdurch standen zwar keine langzeitdienenden „Berufssoldaten“ als hervorragend ausgebildete Mannschaften und Reiter mehr zur Verfügung, alle Einberufenen verfügten jedoch über eine einheitliche Ausbildung. Bei der Organisation der Ausbildungsabläufe musste zudem berücksichtigt werden, dass die meisten Rekruten kaum noch über eine für das Militär brauchbare reiterliche Vorbildung verfügten.

Bei normaler dreijähriger Dienstzeit konnte ein durchschnittlicher Mannschaftsdienstgrad in den Maßstäben der Reitkunst nur zu einem guten Anfänger ausgebildet werden. An diesem grundsätzlichen Problem der Soldatenreiterei in einer Wehrpflichtarmee sollte sich in den nächsten 100 Jahren nichts ändern. Noch 1910 ließ sich die Situation folgendermaßen charakterisieren: *„Sobald die Armee ins Feld zieht, setzen sich einige Tausend junge Reiter zu Pferde. Von diesen haben je* *nach der Jahreszeit etwa ein Drittel 6 bis 12 Monate, ein weiteres 1 ½ bis 2 Jahre und das letzte und kleinste Drittel 2 ½ bis 3 Jahre der Ausbildung als Reiter hinter sich. Sie sind ohne reiterliche Vorbildung eingetreten und haben also im Augenblick des Ausrückens 150 bis einige hundertmal zu Pferde gesessen.*" ([Holzing-Berstett 1910] S. 62). Um damit zurecht zu kommen, entwickelte die Kavallerie mit der ersten Reitvorschrift von 1825/26 einen ausgefeilten Ausbildungsgang von Pferd und Reiter im Regiment. Die Reiter wurden dazu in drei Klassen eingeteilt.

Ludwig Karl August Wilhelm von Sohr (1777 – 1848) als Generalleutnant, der Schöpfer der ersten preußischen Reitvorschrift und der ersten preußischen Militärreitschule.

Mit der durch die Französische Revolution eingeleiteten Verdrängung des Adels als maßgebende politische Führungsschicht in Europa, ging gleichfalls der Rückgang der barock geprägten Reitakademien einher. Schließlich dienten die an ihnen gelehrten Reitstile nicht nur der Vorbereitung der jungen Adligen auf ihren Militärdienst. Die zum Teil akademisch organisierten Reitakademien dienten der prunkvollen Machtentfaltung sowie Darstellung des höfischen Lebens, indem hier einmalige Reitvorführungen für die Feste und Feiern meist des regierenden Hochadels minutiös geplant, einstudiert und durchgeführt wurden. Es war deshalb nicht mehr so einfach wie früher, gute zivile Stallmeister für die Reitausbildung in den Regimentern zu finden.

Man entschloss sich deshalb, auf zivile Stallmeister in den Regimentern zu verzichten und die Reitausbildung ausschließlich in der Armee zu organisieren (Anmerkung: Es gab allerdings Ausnahmen. Einzelne Regimenter leisteten sich weiterhin zivile Stallmeister. So hatte das Leihusaren-Regiment 1825 noch einen Stallmeister Reichelt und das Regiment Garde du Corps noch in den 1880er-Jahren einen Stallmeister Horn ([Schmidt 1999] S. 325). Offiziere und geeignete Unteroffiziere sollten zu Reitlehrern ausgebildet werden.

Einrichtung der preußischen Militärreitschule

Oberst Friedrich Georg Ludwig von Sohr bekam Ende 1816 den Auftrag, in leitender Funktion die erste Militär-Reit-Anstalt in Berlin aufzubauen. Vorbildgebend waren hierfür entsprechende Einrichtungen in Frankreich (Saumur 1771) und Österreich (Wiener Neustadt 1808). Diese erste zentrale Reitschule der preußischen Armee wurde 1820 in „Lehr-Eskadron" umbenannt.

Oberst v. Sohr war das Musterbild des schneidigen Husarenoberst und galt allgemein anerkannt als bester Reiter innerhalb der preußischen Armee. In den Befreiungskriegen hatte er sich mehrfach als Kommandeur des alten „Zietenschen Husaren-Regiments" ausgezeichnet und war dabei mehrmals schwer verwundet worden. Zudem hatte er mehrere Jahre die Tierarzneischule in Berlin besucht. Sohr war besonderer Fachmann für die Ausbildung der Polnischen Remonten in der preußischen Kavallerie. Er hatte selbst mehrere Transporte von Wildpferden aus der Ukraine nach Preußen geleitet und kam selbst mit schwierigsten Pferden dieser Abstammung zurecht. Im Feldzug von 1815 ritt er einen edlen Tscherkessen, der äußert schwierig war und den er nur mit der größten Mühe und jahrelanger Ausdauer für sich reitbar gemacht hatte. Als ihm bei Versailles das Unglück wiederfuhr, von den Franzosen gefangen genommen zu werden, wollten diese sein Pferd erbeuten. Es warf aber jeden anderen Reiter ab. ([Beitzke 1846] S. 167).

„Das Institut sollte Gleichmäßigkeit im Reiten und in der Pferdedressur bewirken. Es wurden deshalb von jeder Brigade der Armee 1 Kavallerieoffizier, von jedem Kavallerie-Regiment 2 Unteroffiziere und 2 Gemeine zur Lehr-Eskadron kommandiert, deren Tätigkeit sich nicht bloß auf das Reiten, sondern auch auf das Fechten und Voltigieren erstreckte. Nach Ablauf eines Jahres wurden sie durch andere Kommandierte abgelöst und kehrten zu ihren Truppenteilen zurück." ([Pelet II 1905] S. 179).

Zum Etat des Instituts gehörten zwei zivile Stallmeister, die bei der höheren reiterlichen Ausbildung der Offiziere eingesetzt wurden.

Die erste preußische Reitvorschrift (RI 1825/26)

Zu einem herausragenden Meilenstein bei der Einzelausbildung des Kavalleristen zählte dann jedoch die Veröffentlichung der ersten preußischen Reitvorschrift von 1825/26. Sohr hatte daran über Jahre gearbeitet. Am Ende unterstützte ihn dann noch Rittmeister Grünwald ([Beitzke 1846] S. 184). Sie wird deshalb auch als „Sohrsche Reitinstruktion" bezeichnet. Hervorzuheben ist, dass sie geprägt war durch die Erfahrungen der Reitausbildung in der Leichten Kavallerie und den Umgang mit den wilden Polnischen Remonten mit hohem Vollblutanteil. Schon daraus ergab sich ein gewisser Unterschied zu den herkömmlichen Werken zur Reitkunst aus dem 18. Jahrhundert. Die Qualität der Reitvorschrift wertete Adolph Schmidt, der langjährige Zivilstallmeister der bayerischen Equitationsanstalt, Anfang der 1880er-Jahre als vorzüglich: *„Selbstverständlich entsprach es dem damaligen Stande der Reitkunst bezw. -wissenschaft; denn den sachlichen Teil hatte ein Stallmeister der Kgl. Marstalles (Kloß) in Berlin verfaßt, aber das meiste davon ist so vorzüglich, daß es immer Geltung behalten wird."* ([Schmidt 1999] S. 73).

In seinem Entwurf der RI 1825/26 beschrieb Sohr nicht nur, welche Elemente die Reitausbildung beinhalten sollte, sondern er formulierte hierin auch ausführliche Begründungen für die von ihm ausgesuchten Lektionen. Allerdings fand sein sehr seitenstarkes Manuskript nicht den nötigen Zuspruch bei der Armeeführung, die dieses zunächst als zu umfangreich ablehnte. Die Wichtigkeit dieses Entwurfs erkennend, kam es unter General von Knobelsdorf zur Bildung einer sich aus Kavallerie-Offizieren der Garde und des Generalstabes zusammengesetzten Kommission, die einen großen Teil der Begründungen aus dem Entwurf herausstrich. Ungekürzt blieben hingegen seine

Ausführungen im Anhang, die sich der Remonten-Ausbildung widmeten, weshalb diese als „unverfälschte Lehre“ ihres Urhebers angesehen werden kann ([Beitzke 1846] S. 184 passim.). Der gewählte Ansatz, in einer Reitvorschrift der Kürze halber nur das „wie“ aber nicht das „warum“ zu beschreiben, sollte in allen in 100 Jahren folgenden Reitvorschriften beibehalten werden. Schon damals galt, dass Vorschriften mit zu viel Text in der Truppenpraxis zu wenig gelesen werden würden. Die Beschreibung des „warum“ war damit begleitender Literatur vorbehalten. Die durch die Kommission in ihrem Umfang verringerte Instruktion sollte im Wesentlichen bis 1882 Bestand haben. Insgesamt war nun ein Werk entstanden, das nach klaren praktischen Erfordernissen gegliedert war. Die in drei

Darstellung des militärischen Sitzes auf dem Deutschen Sattel ohne Bügel, zweite Stellung der Fäuste, Führung auf beiden Trensen. Bei dem Reiter handelt es sich um einen Kürassier. Tafel IV aus Ri 1825/26.

Hauptteile strukturierte militärische Reitlehre wurde nicht nur um den oben erwähnten Anhang, die Remonteausbildung ergänzt, sondern auch durch einen Bezug auf die unterschiedlichen Ausbildungsaufgaben im Kavallerie-Regiment selbst sowie in der Lehr-Eskadron.

Teil 1 beschrieb die Ausbildung der Reiter der 1. Klasse, zu der die Rekruten und Mannschaften mit einer dreijährigen Dienstzeit zählten. Ihr Umfang umfasste das Erlernen der Kampagnen-Reiterei auf schon ausgebildeten Pferden. Die Rekrutenausbildung begann, anders als bei der friderizianischen Reiterei, mit dem Reiten auf Trense und Decke. Nachdem durch das Reiten ohne Sattel ein gefestigter Sitz herausgebildet worden war, erfolgte das Reiten in allen Gangarten, Wendungen, Volten, das Reiten mit Waffen sowie das Schwimmen mit dem Pferd. Seitengänge wurden in dieser Phase der Ausbildung nur soweit erlernt, dass in der Formation geschlossen werden konnte. Nach heutigem Maßstab entsprach die Dressur-Ausbildung für die 1. Klasse dem L-Niveau.

Allgemein hatte sich in der Reit-Welt schon der losgelassene Sitz nach Guérinière durchgesetzt, der nun auch mit der RI 1825/26 Eingang in die Ausbildung der preußischen Kavallerie fand. Die Unterschenkel lagen schon – wie auch heute üblich – hinter dem Sattelgurt. Dabei war der Oberschenkel ausgesprochen steil und zeigte in seiner Verlängerung nach unten, im Halten hinter die Vorderfüße des Pferdes auf den Boden. Dies war wesentlich auch auf die damaligen Sattelformen zurückzuführen. In den späteren Reitvorschriften sollte der Oberschenkel wesentlich schräger liegen.

Die „klassische" Springmanier im Dressursitz. Sie war die in der Reitkunst überkommene Auffassung über die Springtechnik, die erst durch die Erkenntnisse der Italienischen Schule Ende des 19. Jahrhunderts als wenig brauchbar erkannt werden sollte. Die Zeichnung stammt von Borries von Oeynhausen, dem ersten Reitlehrer der österreichischen Kavallerieschule in Wien aus dem Jahre 1869. [Oeynhausen 1869].

Dem Springen über Hindernisse (Gräben oder Barrieren) fehlte jegliche Entlastung, wie es die gängige Auffassung in der Reitkunst war und bis zum Ende des Jahrhunderts bleiben sollte. Der Reiter verblieb vor, während und nach dem Sprung im Dressursitz. Vor dem Sprung sollte er das Pferd mit Sitz und Hand versammeln, dann beim Absprung mit der Hand zwar nachgeben, vor der Landung jedoch diese wieder aufnehmen, damit Vorder- und Hinterhand zugleich landen konnten!

Teil 2 war vollständig der Ausbildung von Kavalleristen der 2. Klasse gewidmet. Zu dieser zählten ausschließlich Kapitulanten und Unteroffiziere, die sich als Remontereiter oder Reitlehrer für die 1. Klasse eigneten. Dieser 2. Teil ist in drei Abschnitte gegliedert. Im 1. Abschnitt wurden die zentralen Ausbildungslektionen beschrieben und erklärt, die der angehende Remontereiter grundsätzlich für seine spätere Tätigkeit beherrschen musste. Für diese Erarbeitungsphase durften nur ausgebildete Pferde geritten werden. Die diese Lektionen gewohnten Tiere, vermittelten dem künftigen Remontereiter das Gefühl für den Zielzustand, den er bei später zuzureitenden Remonten erreichen musste. Sämtliche Lektionen wurden auf Trense sowie auf Kandare geritten, wobei das Aufrichten, das Zurücknehmen, das Abbrechen sowie das exakte Reiten von Volten, Zirkeln und Wendungen im Mittelpunkt standen. Dieses sehr modern anmutende Repertoire für beide Zäumungsarten sah zudem Schulterherein, Travers, alle Grundgangarten gewöhnlich, gestreckt und versammelt geritten, fliegende Galoppwechsel, das Springen und die Karriere vor. Die Verwendung der Kandare erfolgte zunächst mit angefasster Trense, später zur Überprüfung zeitweise mit losgelassener, um diese schließlich gar nicht mehr anzufassen. Als Phase der Übung und zur Festigung des bisher Gelernten, sattelte der angehende Remontereiter auf Korrekturpferde um. Mit Hilfe dieser zwar eingerittenen, jedoch verschiedene Lektionen verweigernden Pferden, war er gezwungen, das bisher Erlernte mit dem nötigen Durchsetzungsvermögen und dem reiterlichen Verstand umzusetzen. Der 2. Abschnitt beschrieb den Unterricht der angehenden Remontereiter auf Remonten und die Dressur von Remonten. Die Remonten waren dabei schon angeritten. Es wurden dieselben Lektionen wie in Abschnitt 1 beschrieben, allerdings detailliert, vermehrt auf das Pferd und Korrekturen eingehend. Der 3. Abschnitt beinhaltete dann die Anleitung, wie ein Reitlehrer den Unterricht für die 1. Klasse erteilt und was ein Reitlehrer für seine Aufgabe sonst noch an Kenntnissen benötigte. Es wurde die Unterrichtsmethodik beschrieben, das Longieren der Pferde, die Arbeit mit Hilfszügeln und der Umgang mit dem spanischen Reiter.

Teil 3 diente für den ausschließlichen Gebrauch in der Lehr-Eskadron zur Ausbildung von Reitern der 3. Klasse. Dies waren Reitlehrer für Reiter der 2. Klasse und eigenständige Bereiter, die ohne Anleitung arbeiten konnten (besonders befähigte Offiziere, Unteroffiziere und Kapitulanten). Die Ausbildung im dritten Teil erforderte besonders befähigte und ausgebildete Pferde, welche den anstrengenderen Lektionen gewachsen waren. Der Ausbildungsinhalt auf Trense und Kandare umfasste besonders eine weitere Ausgestaltung der Seitengänge und des fliegenden Galoppwechsels, dazu Arbeit an der Hand, Zäumungslehre und Beurteilung von Pferden. Der Standard bezüglich der höheren Lektionen war niedriger, als was von vielen friderizianischen Offizieren und deren Regimentsstallmeistern geleistet worden war. Nach heutigen Begriffen war er auf M-Niveau anzusiedeln. Allen drei Teilen war gemein, dass der Unterricht immer in Abteilungen gegeben wurde.

Interessant ist die Beschreibung des für die Ausbildung verwendeten Trensenzaums, der von dem als Teil des Dienstzaumzeugs verwendeten Trensenzaum zu unterscheiden ist. Dieser Trensenzaum zur Ausbildung hatte zwei Backenstücke, zwei Trensenmundstücke (die große und die kleine Trense) und vier Zügel. Die Zügel der großen Trense waren nicht miteinander vernäht oder verschnallt. Nach der RI 1825/26 gab es eine „erste Stellung" und eine „zweite Stellung" zur Führung auf Trense. Bei der „ersten Stellung" wurden die Zügel der großen Trense, wie bei der modernen Trensenführung, mit beiden Händen zwischen kleinem Finger und Ringfinger gegriffen. Die Zügel der kleinen Trense wurden nicht gefasst und blieben auf dem Pferdehals liegen. Mit „erster Stellung" wurde die Rekrutenausbildung begonnen.

„Die 2te Stellung tritt ein, wenn der Sitz des Reiters soweit befestigt ist, daß der Lehrer seine Aufmerksamkeit mehr auf die Führung richten darf. Sie muß deshalb nicht zu früh angenommen werden. Sie eignet sich besser, dem Pferde eine gute Stellung zu geben, und zu allen Wendungen." ([RI 1825 I] S. 21). Bei der Führung in „zweiter Stellung" wurden die Zügel der kleinen Trense mit angefasst und zwischen Ring- und Mittelfinger ergriffen.

Von besonderem geschichtlichen Interesse ist der Anhang zur Reitinstruktion mit dem Titel „Anleitung zur Behandlung der Remonten". Es wurden hierin, der damaligen Remontierungspraxis entsprechend, die unterschiedlichen Methoden erklärt, die Sohr zum Anreiten der zwei Remonten-Typen empfahl. Zum ersten Typ zählten Pferde, die durch Menschen in direkter Stallhaltung aufgezogen worden waren. Diese kamen aus den Remonte-Depots und entstammten entweder der inländischen Zucht oder wurden aus dem deutschsprachigen Gebiet direkt vom Züchter angekauft. Unter die zweite Kategorie fielen sogenannte „Wildfänge", bei denen es sich zumeist um Polnische Remonten handelte, die in Freiheit aufgewachsen waren und deshalb als ungezähmt galten. Der Anhang zeigte sehr ausführlich die großen Schwierigkeiten, die bei der Abrichtung dieser Wildfänge entstanden. Die Maßnahmen dazu wurden in drei Perioden untergliedert. Periode 1 beschrieb die Zeit von der Übernahme der Remonten bis zu deren Eintreffen beim Regiment, die Periode 2 umfasste die Zeit vom Eintreffen der Remonten bei der Eskadron bis zum Beginn ihrer Bearbeitung. Innerhalb der Periode 3 wurde auf das Anreiten der Remonten bis hin zur Einstellung in die Eskadron Bezug genommen, erst danach sollte mit den in Teil 2 Abschnitt 2 vorgegebenen Lektionen der Reitinstruktion begonnen werden.

Die RI 1825/26 zeichnete sich durch viel zeitloses und vor allem praxisorientiertes Wissen in der systematischen und nicht überfordernden Ausbildung von Pferd und Reiter aus. Noch nie zuvor war die Ausbildung des Militärpferdes derart ausführlich verschriftlicht worden. Ihre Schaffung war dringend notwendig geworden, um das Chaos der Niederlage von 1806 zu beseitigen. Allerdings fehlte es der Vorschrift insgesamt an Übersichtlichkeit, besonders innerhalb der Hauptteile fielen etliche Wiederholungen auf. Zudem waren große Teile der Instruktion stark geprägt von Sohrs unzweifelhaft exzellentem Wissen in der Ausbildung von Polnischen Remonten. Als die Instruktion 1825/26 erschien, hatte die preußische Armee aber schon größtenteils und ab 1831 vollständig auf inländische Remonten umgestellt. Diese unterschieden sich von den Wildfängen durch anderes Wesen, die Ausbildung der Muskulatur und der Sehnen.

Das Prinzip der „Absoluten Aufrichtung" und Gegenströmungen

Die Hilfengebung über den Sitz, die Schenkel und die Hand entsprachen in ihrer Anwendung wesentlich den heutigen Standards. Ein bedeutender Unterschied machte sich in der damaligen Verwendung des Prinzips der „Absoluten Aufrichtung" bemerkbar, das sehr früh bereits bei der Remonteausbildung angewendet werden sollte ([RI T2 1825] S. 24 passim.).

Dieses Prinzip der „Absoluten Aufrichtung" zieht sich wie ein roter Faden durch die meisten Reitausbildungssysteme der ersten Hälfte des 19. Jahrhunderts. Seine Begründung beruhte dabei auf dem Erkennen anscheinend einfacher und plausibler physikalischer Zusammenhänge innerhalb des Bewegungsapparates des Pferdes. Nach dieser Theorie ist der Pferdehals eine Art Hebel, der das Gleichgewicht des Pferdes bestimmt. Um einer durch einen langen Hebel hervorgerufenen Überlastung der Vorhand entgegenzuwirken und mehr Last auf die Hinterhand zu bekommen, sollte der Hals des Pferdes während des Reitens aufgerichtet werden. Als direkte Folge dieser Vorhandentlastung muss der Reiter die Hinterhand des Pferdes mehr aktivieren, wodurch gleichfalls eine vermehrte Hankenbiegung hervorgerufen wird. Durch die vermehrte Belastung der Hinterhand (d.h. auch stärker als in der natürlichen Haltung des Pferdes ohne Reiter) wollte man die Leistungsfähigkeit des Reitpferdes optimieren und seinen Verschleiß reduzieren. Man ging sogar dazu über, den Sattel und damit den Reiter weiter hinten als heute oder im 18. Jahrhundert üblich zu platzieren, um somit die Verlagerung des Schwerpunkts von Pferd und Reiter noch weiter nach hinten zu verlagern. Zum Einsatz kamen Vor- und Bauchgurte, um den Sattel in dieser hinteren Stellung zu halten. ([Borbstaedt II 1872] S. 87 ff.). Zu den Verfechtern dieser Theorie zählte der bedeutende Reiterausbilder und Autor von Fachbüchern über das Reiten, Louis Seeger (1794 – 1865), der als Lehrer Gustav Steinbrechts (1808 – 1885) außerdem im damaligen Berlin einen der renommiertesten zivilen Reitställe betrieb.

Louis Seeger (1794 – 1865), der bedeutendste deutsche Reitausbilder der ersten Hälfte des 19. Jahrhunderts und ein Verfechter der „absoluten Aufrichtung".

Die Reitinstruktion von 1825/26 benannte die Aufrichtung als eine der ersten Lektionen: *„Das Aufrichten erleichtert die Vorderhand und ist der erste Schritt zur Herbeiführung des Gleichgewichts."* ([RI T2 1825] S. 4). Pellet-Narbonne vermutete dazu folgendes: *„Die ausschließliche Betonung des Aufrichtens scheint ihren Grund in dem damals der Kavallerie zugehenden Pferdematerial – vielfach noch (polnische) Remonten – mit sehr tief angesetzten Hälsen gehabt zu haben."* ([Pelet II 1905] S. 187).

Die Methode der „Absoluten Aufrichtung" bei der Ausbildung der jungen Pferde geriet sehr bald, besonders im militärischen Bereich, in deutliche Kritik. Das lag zum einen daran, dass die Beschaffung von Polnischen Remonten zugunsten der preußischen Landeszucht 1831 aufhörte, und zum anderen an einer teilweise falschen Umsetzung der Anweisungen der Reitinstruktion. Tatsächlich stellte sich heraus, dass sehr wenige zivile Reitmeister wie auch militärische Reitlehrer in der Lage

Ernst Friedrich Seidler (1798 – 1865) auf dem Schulpferd „Ancus", Zivil-Stallmeister an der preußischen Lehr-Eskadron in Berlin und der Militär-Reitschule in Schwedt. Auf der Fotografie sieht man deutlich die Gebrauchshaltung mit losgelassener Trense in „relativer Aufrichtung". Bei der Fotografie handelt es sich um eine rare frühe Pferdeaufnahme des Reitsportfotografen Heinrich Schnaebeli im Besitz von Bernd Wollschläger, Ludwigslust.

waren, die „Absolute Aufrichtung" fachgerecht umzusetzen. General von Unger hat diesen Missstand folgendermaßen formuliert: *„Sohrs Größe hatte im Rittigmachen der Steppen-Wildlinge gelegen; bei ihnen kam es in erster Linie auf Brechen der übermäßigen Gehlust an; im Stall groß gezogene Pferde mit mäßigem Rücken, deren Brauchbarkeit von einer Entwicklung der Trag- und Schubkräfte abhängt, bedürfen natürlich eines ganz anderen Ausbildungsganges."* ([Unger 1906] S. 137).

Einer der Ersten, der seine Kritik an der „Absoluten Aufrichtung" konstruktiv in Veröffentlichungen niederschrieb, war Ernst Friedrich Seidler (1798 – 1865), der seit 1830 als Zivil-Stallmeister an der Berliner Lehr-Eskadron wirkte. Seidler war, wie so mancher gute Stallmeister des 19. Jahrhunderts, Ostpreuße und hatte 1813 im Ostpreußischen National-Kavallerie-Regiment gedient, von dem immerhin drei Eskadronen 1815 zur Aufstellung des Leib-Husaren-Regimentes dienten. Der während seiner Militärzeit mit dem Eisernen Kreuz und dem russischen Georgen-Orden für Tapferkeit dekorierte Bürgerliche war jedoch nicht nur bestens mit den kavalleristischen Erfordernissen vertraut. Als der zivile Spezialist für schwierige Pferde betrieb er in Königsberg einen großen Reitstall. Überdies gehörte er zu den bekannten Schülern des großen Max von Weyrother, der an der Spanischen Hofreitschule in Wien wirkte. Nebenbei widmete er sich außerdem dem Fechten und Voltigieren und schrieb einige, damals vielbeachtete, Bücher über die Reitausbildung. Seidler galt bis zu seinem Tod als die „graue Eminenz" der Lehreskadron in Berlin, der Nachfolgeeinrichtungen in Schwedt und danach ebenfalls in Hannover. Seidler schrieb 1846: *„[...] Nach Prinzipien älterer Zeit glaubte man die Gleichgewichtsstellung dadurch herbeizuführen, daß man zuvörderst die Nase des Pferdes hoch heraufhob und mit beinahe waagerechter Kopfstellung mit dem Oberhauptbein den Hals hoch herauf- und zurückarbeitete; doch vieljährige Erfahrungen stellten dieses Verfahren nicht allein als weniger zweckmäßig, sondern als nachtheilig heraus, denn, ungeachtet die Nase des Pferdes höher kam, so blieb die Körperlast doch vorhängend, die Hinterfüße traten nicht nach, sie steiften sich, die Vorderbeine wurden struppirt, Hirschhälse sah man hervordrücken, welche wieder Veranlassung zu unsteter Kopfstellung gaben."* ([Seidler 1846] S. 96 ff.). Otto Ritter von Rizzi beschrieb 1932 die Absolute Aufrichtung folgendermaßen: *„Wird ein Pferd mit Kopf und Hals in die Höhe gearbeitet, bevor durch verschiedene Trabarten die Hinterhand gebogen ist und Kraft hat, die von vorne zugeschobene Last aufzunehmen, so wird das Pferd zwar auch aufgerichtet, aber meist im Kreuz tiefer und die Kruppe höher. Die Wirkung der Zügel geht nicht mehr durch den Hals des Pferdes."* ([Rizzi 1932] S. 115).

Die Lösung des Problems bezeichnete Seidler als „Aufrichtung aus der Tiefe", die in späterer Zeit als „Relative Aufrichtung" bezeichnet wurde. *„Die Anhänger der Aufrichtung aus der Tiefe reiten erst das Pferd natürlich frei fort, suchen dann die Nase in horizontaler Linie zum Körper herbeizuholen, über der Ganaschenrundung dem Genick gleich eine mäßige Biegung zu geben und steigern durch die Ganaschenanlage und mittelst Genickbiegung erst die Erhebung des Halses, nehmen später erst den Rücken und dann die Hinterhand in Anspruch; sie bewahren die hohe Aufrichtung beinahe bis zuletzt. - Die Pferde zeigen sich bei dieser stufenweisen Steigerung zufrieden, und ihre Gliedmaßen bleiben geschont."* ([Seidler 1846] S. 110 ff.). Rizzi beschrieb die „Relative Aufrichtung" so: *„Durch die Biegung der Hinterhand wird das Pferd am Widerrist höher, daher aufgerichtet, Hals und Kopf werden in eine für sein Gebäude passende Stellung gebracht."* ([Rizzi 1932] S. 115).

Das ganze 19. Jahrhundert wurde kontrovers über die richtige Kopfstellung und Beizäumung gestritten. Links: Absolute Aufrichtung nach der Reitinstruction von 1825/26, Mitte: Relative Aufrichtung nach Ernst Friedrich Seidler, Rechts: tiefste Stellung des Reitsystems von François Baucher 1843. Zeichnung von Friedrich von Krane [Krane 1856].

Erst in der folgenden, komplett neuen preußischen Reitinstruktion von 1882 wird das System der „Relativen Aufrichtung" übernommen werden. Durch seine zentrale Rolle an der Lehr-Eskadron, der Militär-Reitschule in Schwedt und dem Militär-Reitinstitut in Hannover, pflanzte Seidler diese Idee jedem Lehrgangsteilnehmer ein und sorgte damit schon wesentlich früher zu einer Verbreitung und Anerkennung dieses Stils innerhalb der preußischen Armee. Allerdings war der Weg zu einer wirklich einheitlichen Reitausbildung durch die Schaffung der Lehr-Eskadron und die Herausgabe einer Reitinstruktion noch lange nicht abgeschlossen. Zu stark war noch der Einfluss der Kommandeure auf die Ausgestaltung der Reitausbildung im eigenen Regiment und das 19. Jahrhundert zeigte sich eher als „Experimentierküche" neuer, besserer Reitsysteme, die ihren Einfluss auch auf die Truppe hatten. Erst mit der Wende zum 20. Jahrhundert begann sich die lange, harte Arbeit der Militärreitschulen auszuzahlen.

Kurze Aufregung um das Reitsystem von Baucher

Einer der Erfinder eines solchen neuen Reitsystems, das schon in den 1840er-Jahren Furore machte, weil seine Lehre versprach, die Pferde mit Hilfe eines völlig neuen revolutionären Ansatzes mit wesentlich weniger Aufwand ausbilden zu können, war der Franzose François Baucher (1796 – 1873). Die letzten Reitkunstspezialisten der damaligen Zeit überlebten wirtschaftlich nur deshalb, weil sie Pferde für den damals in hohem Ansehen stehenden Zirkus ausbildeten; so auch Baucher. Da ein potentiell kürzeres Ausbildungssystem natürlich für das Militär von hohem Interesse war, beschäftigten sich auch in Preußen und Deutschland die Reitausbildungsexperten im Dunstkreis der Kavallerie mit dem Phänomen Baucher. Seidler analysierte Bauchers theoretische Abhandlungen in einer eigenen Schrift ([Seidler 1844]) und kam in ihr zu dem Schluss, dass die „Aufregung" völlig übertrieben sei. Die wohl von Baucher etwas „arrogant" angekündigten Neuerungen in seinen Schriften, seien laut Seidler überhaupt nicht neu und stünden in Übereinstimmung mit der Reitinstruktion von 1825. Bauchers Kurzdressur hält er vielleicht ausreichend für die Pferdeausbildung für die Manege, jedoch nicht für die harten Kampagne-Anforderungen eines Soldatenpferdes. Dafür gebe es keine „Abkürzung". Baucher bilde seine Pferde aus, indem er ihnen mit starker Beizäumung in kurzen Gängen den Schwung nähme. Um die Leistungsanforderungen der Kavallerie zu erfüllen, brauche es jedoch eine Herausbildung des Schwungs und der Gänge bei freier Kopfhaltung, d.h. Gebrauchshaltung.

Auf völlige Ablehnung stießen Bauchers Theorien bei Louis Seeger 1865 sowie Gustav Steinbrecht. *„Unser Prinzip ist: das Pferd in der Bewegung für die Bewegung zu kräftigen; Herr Baucher's Arbeit dagegen hat die Tendenz, die Bewegungskräfte zu schwächen, um nur das Pferd leichter bewältigen zu können. Er behauptet, mehr Gewalt über dasselbe zu haben, je mehr Füße sich am Boden befinden, wir, je mehr vom Boden sind."* ([Seeger 1852] S. 87).

Allerdings revidierte Baucher mit der letzten Ausgabe seines Reitsystems von 1867 viele seiner umstrittenen Aussagen, was allerdings in Deutschland weitgehend unbemerkt blieb. Erst über den Umweg des Wirkens seines Schülers James Fillis in den 1890er-Jahren, sorgte es für erneute Diskussionen auch in der militärischen Reiterei.

Sonstige Ausbildung

Fechtausbildung

Wie in der Friderizianischen Epoche, wurde der Fechtausbildung in der Kavallerie wenig Platz eingeräumt. Dies ist umso erstaunlicher, als nach den Befreiungskriegen erkannt worden war, dass die im Fechten gut ausgebildete französische Kavallerie im Handgemenge gegen das preußische Pendant einige Male die Oberhand gewann, obwohl sie über schlechtere Reiter verfügte und schlechter beritten war. Empfehlungen zu einer intensiveren Fechtausbildung, abgesehen vom Lanzenfechten, wurden in den nächsten Jahrzehnten jedoch nicht umgesetzt.

Schießausbildung

Für den künftigen Gebrauch von Schusswaffen bei der preußischen Kavallerie wurde Abschied von der Vorstellung genommen, der Kavallerist könnte mit der Reiterpistole, respektive dem Karabiner vom Pferd im Sattel sitzend, überhaupt eine sinnvolle Trefferquote erzielen. Die Schusswaffe taugte nach Ansicht der Truppe lediglich als „Alarmwaffe". Schließlich wurde durch die Armeeführung die Ausstattung mit Schusswaffen für jeden einzelnen Kavalleristen stark reduziert.

Bezeichnend für diese Praxis ist der Bericht des Generalmajors von Strombeck (1834 – 1896) über die Schießausbildung beim Kürassier-Regiment Nr. 7 in Halberstadt in den 1850er-Jahren: *„Damals wurde auch noch zu Pferde nach der Scheibe geschossen, ein schreckliches Manöver, wobei die wenigsten Pferde stillstanden. Mit größter Vorsicht reichte ein Unteroffizier die geladene und mit Zündhütchen versehene Pistole dem Reiter aufs Pferd. Nun sollte man eine Volte reiten, vor der Scheibe halten und abfeuern. Aber sowie der Gaul dies merkte, wurde er verstimm; es fing ein Bocken und Springen an, so daß Reiter, Pferd und Umstehende aufs Höchste gefährdet waren. Es kam dann auch wohl vor, daß ein Pferd durchs Ohr geschossen wurde. Nun hatte aber unser guter Premierleutnant von Bülow die alte Fuchstute, Commode genannt, und wenn er den Schießunterricht leitete, so kletterte die ganz Abteilung hintereinander auf die Commode, die ganz ruhig stand; und so feuerte jeder sicher seinen Schuß ab."* ([Rock 1932] Ohne Seitennummern).

Felddienstausbildung

Auch die Felddienstausbildung fristete weiterhin ein kümmerliches Dasein. Übungen waren wenig feld- und gefechtsmäßig und wurden häufig in der Form von Parademanövern abgehalten. Darunter litt naturgemäß auch das Gelände- und Einzelreiten. Viele Pferde „klebten" an den Abteilungen und wenigen Kavalleristen war es möglich, sich als einzeln reitende Meldereiter von der Formation zu lösen.

Reitausrüstung

Zäumung

Die eingesetzten Mundstücke der Zäumung wurden Ende des 18. Jahrhunderts und Anfang des 19. Jahrhunderts vereinfacht. Vermutlich hat dies auch mit dem Rückgang des Sporer-Handwerks zu tun, das, ebenso wie die Stallmeisterausbildung, unter den wirtschaftlichen Zwängen ihrer Zeit litt.

Für die Kürassiere und Dragoner wurde 1788 eine leichtere Kandare eingeführt, deren Stangen nach vorne ausgebogen waren – eine sog. C-Kandare. *„Zu bemerken ist, dass die Dragoner an ihren Kandaren keine Buckel hatten, obwohl ihnen die Beibehaltung bei Einführung der neuen Kandare 1788 erlaubt wurde."* ([Kling 1906] S. 105). Bei der Neuorganisation der Armee ab 1808 wurde dann das Reitzeug der Dragoner an das der Husaren angeglichen, womit sie die gerade Kandare der Husaren übernahmen.

Die „Normal-Kavallerie-Kantare" wird in der Reitinstruktion 1825/26 wie folgt beschrieben: *„Bei der Königl. Preuß. Kavallerie sind Kantaren mit gebrochenen Posthorn-Mundstücken als Norm eingeführt; die Kürassiere haben daran krumme Anzüge, Augen nach Art der Ivenacker und eine Schaumkette, die übrigen Truppen-Gattungen aber gerade Anzüge, ovale Augen und keine Schaumkette. Haken und Langglied sind bei beiden in den Augen eingehängt."* ([RI T3 1826] S. 71). Beim Posthorn-Mundstück handelt es sich um ein gebrochenes Mundstück. Die Reitinstruktion beschreibt allerdings auch nicht gebrochene Kandarenmundstücke, zudem gebrochene und nicht gebrochene mit unterschiedlichen Zungenfreiheiten, je nach Beschaffenheit des Pferdemauls. Die Schaumketten bei den Kürassieren fielen schon bald nach 1825 weg, da ihr Zweck (das Verhindern, dass die Pferde die Anzüge mit den Zähnen greifen und damit die Wirkung der Kandare aufheben) schon allein durch die gebogene Form der Kandarenanzüge (C-Kandare), ähnlich wie bei der S-Kandare, erreicht wurde. Die Schaumketten waren bei Dragonern und Husaren weggefallen, da man denselben Effekt, nämlich das Verhindern des Greifens der Anzüge mit den Zähnen durch die Pferde, vermutlich mit Hilfe des Scherriemens einfacher erreichte.

Pietsch beschreibt das Dienstzaumzeug der preußischen Kavallerie ab 1808 folgendermaßen: *„(Es) bestand [...] aus schwarzem Leder [...] Die Backenstücke des Kandarengestells hatten jederseits, der Kehlriemen nur links eine Schnalle. Stirn- und Nasenriemen lagen über denen des Trensengestells, dem der Kehlriemen fehlte, die [...] Kinnkette hakte man links ein, (eine) Panzerkette (als Hiebkette) auf dem Kopfstück der Kandare. Kandarenzügel wurden jederseits, Trensenzügel* *nur links eingeschnallt, rechts festgenäht. Das Halfter bestand aus Kehl- und verdecktem Nasenriemen, die durch schmalen schräg gestellten Backenriemen verbunden waren. Es hatte nur links eine Schnalle. Dort hing auch gerollt der hänferne oder aus Pferdhaarenbestehende Halfterstrick. Alle Zäume verband man auf dem Kopf durch Knopfschlaufe.“* ([Pietsch 1966] S. 310 ff.). Die Anordnung der Zäume hatte den Vorteil, dass alles je nach Gebrauch modular zusammengestellt werden konnte, d.h. es konnte nur als Halfter, nur als Trensenzaum, nur als Kandarenzaum oder nur als Kandarenzaum mit Unterlegtrense umgebaut werden. Dieses multifunktionale Prinzip des preußischen Militärzaumzeuges war im Wesentlichen bis zum Ersten Weltkrieg beibehalten worden und durchlief dabei nur wenige Vereinfachungen oder praktische Verbesserungen.

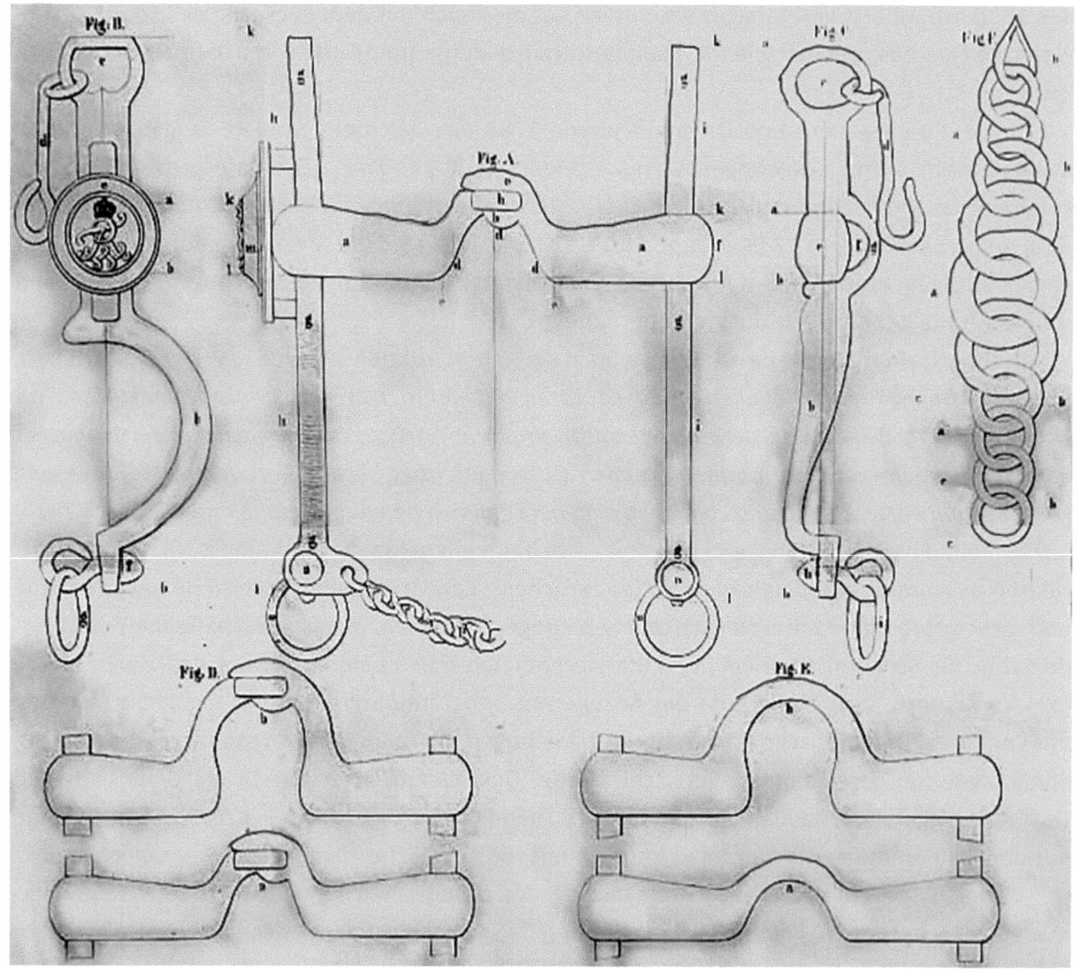

C- und Normalkandare der preußischen Kavallerie aus der RI 1825/26. Links als Posthornkandare und rechts mit ungebrochenen Gebissformen.

„[Das Zaumzeug, Anm. d. V.] der Offiziere entsprach, soweit Stange gebräuchlich, dem der Mannschaft, Kürassier-Offiziere hatten S-Kandare mit Namenszug versehenem goldenen Schaumlochbuckel [...], allein die von der Gardes du Corps solche wie Kürassier-Mannschaften [...]. Den Ulanen-Offizieren waren ad interim, seit 1837 zu jedem Dienst geflochtene Lederstrippen zwischen Stirn- und Nasenriemen bestimmt, Beschlag des Kopfgestells je nach Knöpfen (der Uniform) gold oder silbern.“ ([Pietsch 1966] S. 311 ff.). Die Zaumzeuge der Husaren-Offiziere waren eine Besonderheit, da sie zwar funktionell über dieselben Bestandteile wie die anderen Zaumzeuge verfügten. Ihre Optik entwickelte sich jedoch nach 1815 allmählich zu einem regimentsspezifischen Erkennungsmerkmal, das sich durch die Anbringung unterschiedlicher Zierratteile, wie vergoldeter oder versilberter Kreuzketten, eines Muschelbesatzes, unterschiedlicher metallener Beschläge auf den Nasen und Stirnriemen, Halbmonde, Sonnen oder Kopfnetze aus Metall, manifestierte. Diese Besonderheiten haben sich bis zum Ende der preußischen Armee 1918 erhalten.

Sattel

Unter dem Einfluss der immer mehr in Mode kommenden Englischen Pritschsättel und weil das alte Sattelmodell nach allmählicher Herauslösung der Holsteiner aus der Remontierung zu groß geworden war, gelangte 1790/91 eine modifizierte Form des Deutschen Sattels zur Ausgabe an die Truppe. ([Kling 1906] S. 260 passim.). Das durch rundgeschnittene Sattelblätter erkennbare neue Modell war leichter, langlebiger, zierlicher und flacher gearbeitet. Spätere Modifikationen dieses Sattelmodells von 1790/91 zielten nur noch auf die Reduzierung von Satteldrücken ab. Das Hinterzeug am Deutschen Sattel entfiel, da dessen Zweck mittlerweile als nutzlos erachtet wurde. Generalmajor von Kalckreuth schrieb bezüglich des alten Deutschen Sattels 1787: *„Ist viel zu unbeholfen, hat hinten einen viel zu hohen After. Ich habe schon angefangen, bey dem mir anvertrauten Regiment sie leichter machen zu lassen, kürtzer und dem englischen Frosch Satteln etwas ähnlicher. Wenn wir, wie es in der Campagne gebräuchlich ist, den Mantel vorne, das Futter im Sattel und nur den Mantelsack hinten haben, wozu der hohe After? [...] Das Hinterzeug ist völlig überflüssig, und duldet man kein baumleidig Pferd, wie ich im Artikel Remonte vorgeschlagen, so wird auch das Vorderzeug völlig unnöthig.“* ([Kling, 1906] S. 258). Der Regimentssattler des Kürassier-Regiments von der Marwitz, namens List, baute das erste Muster des neuen Deutschen Sattels von 1790/97, weshalb dieser als „Listscher Sattel“ bezeichnet wurde.

Die Dragoner gaben nach 1808 ihre Deutschen Sättel ab und bekamen, wie die Husaren, Ungarische Bocksättel mit Sattelüberdecke sowie Vorder- und Hinterzeug.

Sehr viele Offiziere aus den verschiedensten Kavalleriegattungen ritten ab 1808 immer häufiger auf englischen Pritschsätteln sowohl im Garnisons- wie im Felddienst. Seit 1858 wurde allerdings denjenigen Offizieren von Truppenteilen, bei denen der Ungarische Bocksattel in Gebrauch war, ein solcher zur dienstlichen Verwendung vorgeschrieben.

Zunächst kamen Schnurensattelgurte für die Sättel zum Einsatz, die später durch Strähnensattelgurte abgelöst wurden.

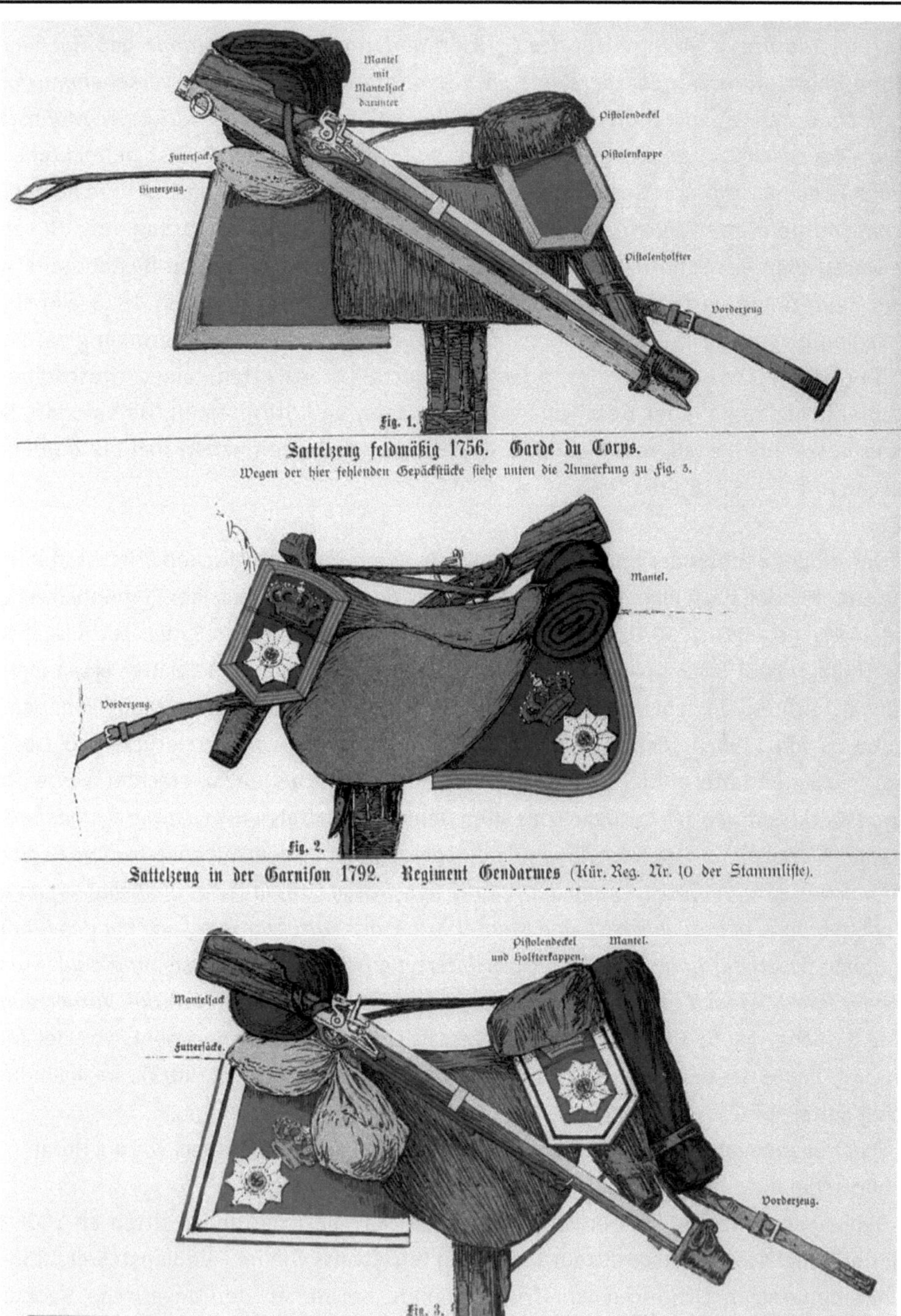

Die Entwicklung des Deutschen Sattels und seiner Packung (in der Garnison und im Feld) von 1756 bis 1806 [Kling 1906].

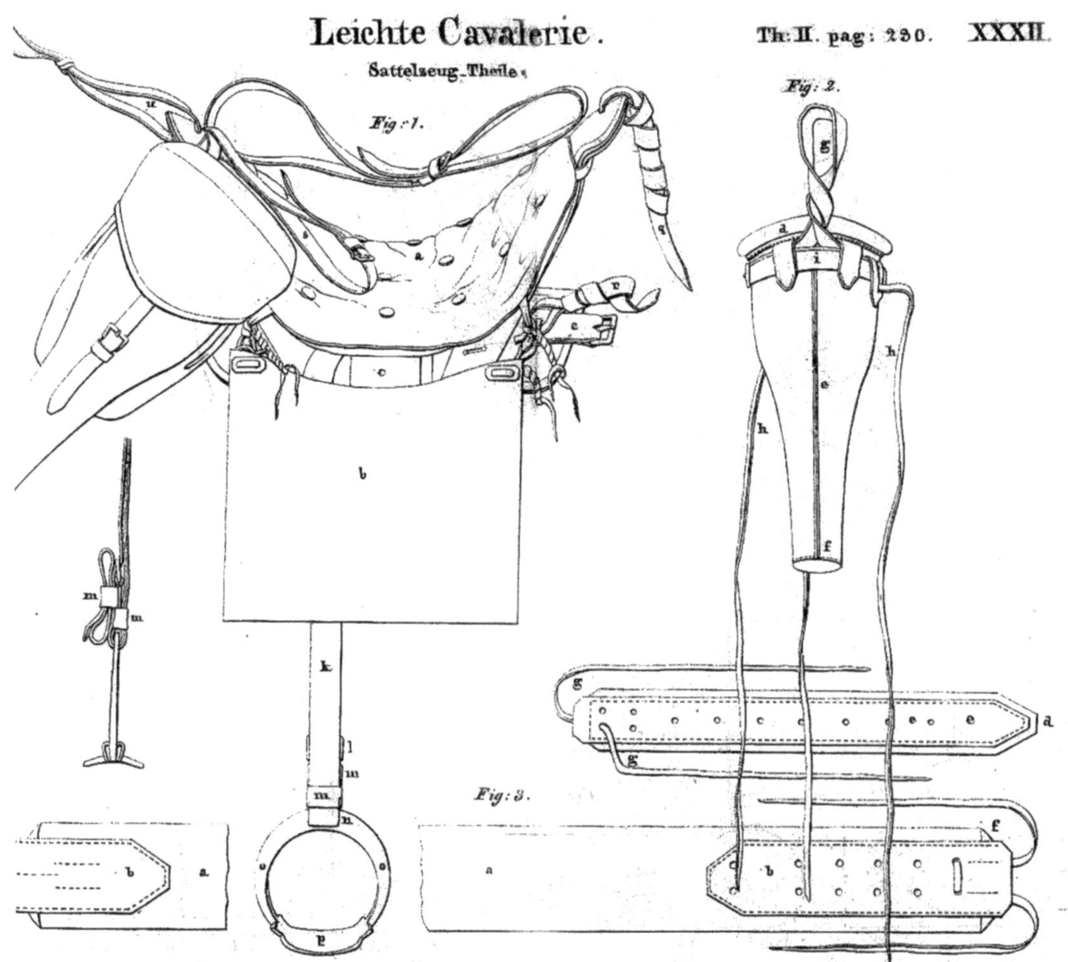

Ungarischer Sattel mit Zubehör. Aus den Vorschriften für den Unterricht in den Waffenübungen der Königlich-Bayerischen Cavallerie von 1828.

Abschaffung und Wiedereinführung des Kürasses

An dieser Stelle darf eine weitere Veränderung bei der Ausrüstung der Kürassiere nicht unerwähnt bleiben, auch wenn diese sich nicht auf deren Reitausrüstung auswirkte. Es handelte sich hierbei um die Verwendung des Kürasses zwischen 1790 und 1815. Wie im vorangegangenen Kapitel behandelt, verwendeten die Kürassiere der friderizianischen Zeit als Schutzwaffe einen Kürass ohne Rückenteil. Im Jahr 1790 war dieser Brustkürass aus Gründen seiner hohen Belastung für Pferd und Reiter als Ausrüstungsteil der Kürassiere abgeschafft worden. Da seine Schutzwirkung jedoch durch die erhöhte Feuerkraft auf den Gefechtsfeldern der folgenden Kriege notwendig geworden war, kam es 1814/15 zu einer Wiedereinführung von Kürassen bei allen preußischen Kürassier-Regimentern. Die große Anzahl der von der französischen schweren Kavallerie erbeuteten Kürasse, die allerdings aus einem Brust- und einem Rückenteil bestanden, erlaubte eine schnelle Einkleidung ohne finanziellen Mehraufwand. Für die reiterliche Leistung blieb der Kürass allerdings eine erhebliche Belastung, durch den die Ausdauer und die Beweglichkeit von Pferd und Reiter im Felddienst stark eingeschränkt blieben. Vorder- und Hinterteil wogen in der ersten Hälfte des 19. Jahrhunderts ca. 10 kg ([Bentheim 1840] S. 106). 1845 wurde ein neues Modell aus deutscher Fertigung eingeführt ([Ahrens 2016] S. 47), das nur noch 8 kg Gewicht hatte. ([Jany 1904] S. 68). Erst 63 Jahre später sollten sich diese Bedenken hinsichtlich der durch den Kürass erzeugten Gewichtsbelastung durchsetzen und der Kürass stellte ab 1888 für die Kürassiere der preußischen Armee nur noch ein zum Paradeanzug zu tragendes Accessoires dar. Die französischen Kürassiere ritten hingegen noch 1914 mit Kürassen in den Ersten Weltkrieg.

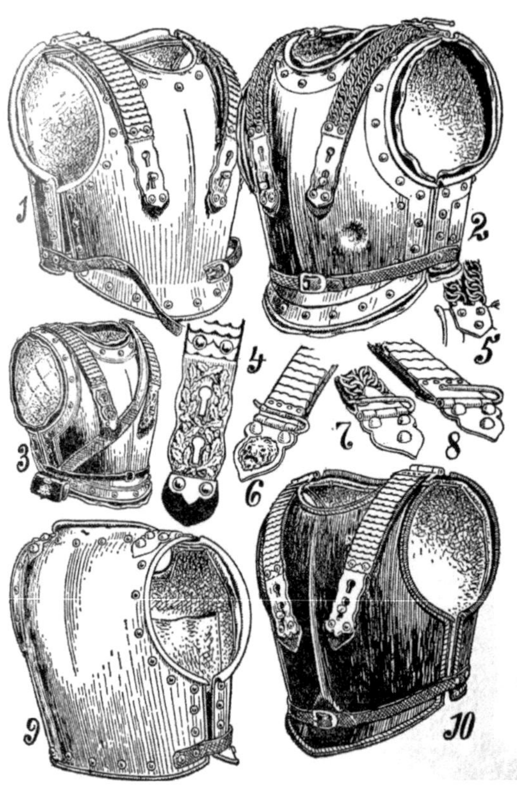

Kürass der preußischen Kürassiere. 1: Kürass 1814, 2: Kürass Garde du Corps und Kürassier-Regiment Nr. 6 (mit Schussdelle 1845), 3: Kürass mit Kartuschbandelier und Manschette, 4: Offizier-Riemenschloss, 5: Kürass-Riemen mit Doppelketten, 6: Schuppenband (Rücken Offizier), 7: Nadel des Kettenriemens, 8: Nadel des Schuppenriemens, 9: Kürass 1814 (Rückenansicht, Vorderfutter mit Mützentasche), 10: Garde du Corps (Eisenpanzer 1897) [Pietsch 1966].

Packung

Die Packung der Pferde mit Hinter- und Vorderpackung durchlief während der napoleonischen Epoche, wie auch den Jahrzehnten danach, kaum nennenswerte Veränderungen. Ein preußisches Dragonerpferd hatte 1783 eine Gesamtlast von 147 ¾ kg zu tragen. Für diesen Richtwert wurde von einem Gewicht des Reiters von maximal 77,3 kg und einer am Sattel mitzuführenden Futterration für drei Tage ausgegangen. Im Jahr 1845 lag das Gesamtgewicht bei etwa 138,4 kg und der Reiter durfte nicht über 65 kg wiegen. Demnach wurde nicht der Umfang der Packung des Pferdes verringert, sondern es kamen nur noch leichtere Reiter als Rekruten in Frage.

Allerdings musste das Kürassier-Pferd 165 ½ kg tragen, was aus dem Gewicht des Kürasses, dem Gewicht des muskulöseren Reiters, der Futterration und dem schwereren Sattel resultierte. Das Pferd eines Büchsenschützen bei den Kürassieren musste sogar 168,6 kg tragen. Die eintägige Futterration für das Kürassier-Pferd und Reiter wog 6,5 kg, die dreitägige 19 kg. ([Mentzel 1845] S. 214).

Hinsichtlich der Ausstattung mit Schusswaffen wurde deren Umfang teilweise verringert. Während in der friderizianischen Epoche noch jeder Kavallerist neben der spezifischen Hieb- und Stichwaffe mit zwei Pistolen und einem Karabiner bewaffnet war, musste bei der Mobilisierung 1813 jeweils eine Reiterpistole an die Landwehr-Kavallerie-Regimenter abgegeben werden. Innerhalb der Kürassier-Regimenter behielten außerdem ausschließlich die als Plänkler ausgebildeten Mannschaften ihre Karabiner. Diese Maßnahme konnte zumindest das hohe Gesamtgewicht der Reitausrüstung der Kürassiere ein wenig kompensieren. Insgesamt gestaltete sich in der ersten Hälfte des 19. Jahrhunderts die Bewaffnung des Kavalleristen mit Schusswaffen folgendermaßen: Kürassiere führten jeweils eine Reiterpistole und nur einige einen Karabiner, der einzelne Ulan trug eine Reiterpistole und eine Lanze und die Husaren und Dragoner waren mit einer Reiterpistole und einem Karabiner bewaffnet.

Vergleich mit Bayern

Aufschwung der bayerischen Kavallerie in napoleonischer Zeit

Der Vergleich der Kavalleriegeschichte zwischen Preußen und Bayern zeigt etwas unterschiedliche Entwicklungen. Während Preußen aus einer Zeit der höchsten Leistungsfähigkeit im 18. Jahrhundert kam, Verfallserscheinungen dann in der napoleonischen Zeit zu einer Katastrophe führten, danach über Reformen ein halbwegs geglückter Wiederaufbau gelang, der aber wieder in der ersten Hälfte des 19. Jahrhunderts zur Stagnation führte, war für die bayerische Kavallerie das 18. Jahrhundert eine einzige Misere, erzeugt durch Unterfinanzierung. Die napoleonische Ära brachte dann durch Modernisierungen einen glänzenden Aufschwung, der aber zehn Jahre später durch andere Staatsprioritäten wieder in einem Verfall mündete, der noch hinter den damaligen preußischen Stand zurückfiel.

Die vergleichende Betrachtung der Verhältnisse der Kavallerien beider Königreiche im Übergang vom 18. zum 19. Jahrhundert beweist, dass auch diese Waffengattung des Landheeres allgemeinen politischen sowie wirtschaftlichen Erfordernissen und Gegebenheiten unterlag. Demnach werden Armeen durch alle Epochen hindurch als Instrument der Politik, je nach Bedarf gefördert oder vernachlässigt. Das Ausmaß der jeweiligen Entwicklungstendenzen war dabei erheblich von den wirtschaftlichen Möglichkeiten jedes einzelnen Staates abhängig. Während des hier behandelten Zeitraumes war es der Kavallerie im ausgehenden „Zeitalter des Pferdes“ dennoch möglich, ihre Sonderrolle innerhalb der entstehenden Massenheere aufrechtzuerhalten. Abgesehen von ihrem immer noch hohen gesellschaftlichen Prestige, vermochte sie wie keine

Rittmeister und Gemeiner des bayerischen Chevaulegers-Regiment Fugger 1805 [Obpacher 1926].

andere Waffengattung über ihr militärisches Spezialistentum in einen intensiven Kontext mit den Lehren der damaligen zivilen Reiterei zu treten. Nicht nur die in Preußen veröffentlichte erste militärische Reitinstruktion, sondern auch die „Vorschriften für den Unterricht in den Waffenübungen der Königlich-Bayerischen Cavalerie" hoben diesen intensiven Austausch auf eine akademische Ebene.

Anders als im Vergleich zur friderizianischen Epoche, zeigen die Entwicklungen bei der bayerischen Kavallerie gemeinsame Tendenzen, indem auch die bayerische Kavallerie nach einer langen Phase der Stagnation ab 1806 als eine neu formierte, effiziente Waffengattung des bayerischen Heeres erstarkte und dann, trotz neuer Innovationen in der Mitte des 19. Jahrhunderts, in Stagnation verharrte.

Die Grundlage für den Aufstieg Bayerns bildete eine geschickte Außenpolitik unter Herzog Maximilian IV. (1756 – 1825), dem späteren König Max I. Joseph von Bayern (1806 – 1825). Unter ihm ging Bayern 1805 zunächst ein Bündnis mit Frankreich ein, das jedoch bekanntlich im Herbst 1813 mit einem Wechsel zur Allianz, dem Lager der Feinde Napoleons I. endete. Gestützt auf eine erhebliche Vermehrung der Einkünfte des mittlerweile modernisierten bayerischen Staates sowie der Einführung einer Wehrpflicht nach französischem Vorbild, konnte sich die bayerische Armee konsolidieren. Diese beispielhaft genannten Veränderungen trugen unmittelbare Früchte, indem sich die bayerische Kavallerie in den Feldzügen von 1805 bis 1815 einen hohen Ruf erwarb.

Feldmarschmäßige Sattelung und Zaumzeug eines bayerischen Chevaulegers-Pferds um 1812 [Müller 1906].

Seine Reiterei formierte Bayern bis 1813 vollständig in Leichte Kavallerie-Regimenter um, deren Chevaulegers von ihren Verbündeten als „deutsche Husaren“ bezeichnet wurden. Die Chevauleger-Regimenter waren, wie die preußischen Husaren, mit Polnischen Remonten beritten. Sie verwendeten zunächst den sog. Englisch-Ungarischen Löffelsattel, der an dieser Stelle genannt werden muss, weil er zeigt, dass schon weit vor der Entwicklung der modernen europäischen Armeesatteltypen versucht wurde, die Vorteile des Englischen Pritschsattels mit denen des Ungarischen Bocksattels zu kombinieren. Da dieses Modell anscheinend zu teuer war, überwog in den nächsten Jahrzehnten die Verwendung der Ungarischen Bocksättel, die dann bei den Chevauleger-Regimentern zur Grundausstattung ihrer Reitausrüstung gehörten. Im Jahr 1813 kam es zur Erweiterung der Truppengattungen innerhalb der bayerischen Kavallerie, indem sich zusätzlich zu den bestehenden Chevaulegers, Ulanen-Regimenter nach österreichischem Vorbild, Kürassiere nach französischem Vorbild sowie Husaren formierten. Die Kürassiere mussten abweichend Deutsche Sättel verwenden. Allerdings dauerte die Existenz der Ulanen- und Husaren-Regimenter nur ein Jahrzehnt an.

In der Kavallerie dienten die Mannschaften sechs Jahre, wovon sie in der Regel vier Jahre dienstpräsent waren. Diese Zeit war ausreichend, um sie zu tüchtigen Reitern auszubilden. Die restliche Zeit waren die Mannschaften beurlaubt. Die Urlaubszeit wurde so gelegt, dass ein ausreichender Grundstamm immer Dienst tat.

Remontierung in Bayern

Für Bayern war die Remontierung ein besonderes Problem, da sich die eigene Landeszucht auf einem niedrigen Niveau befand und vornehmlich der Beschaffung landwirtschaftlich zu nutzender Pferde diente. Der Ankauf Polnischer Remonten war zudem mit großen Schwierigkeiten verbunden. Die Pferde mussten nach ihrem Ankauf über mehrere Grenzen transportiert werden und die zu durchquerenden Gebiete gehörten oftmals zu den Kriegsgegnern Bayerns. Aus diesem Grund wurde auf dem Gebiet des heutigen Bayerischen Landesgestüts Schwaiganger 1808 das Armeegestüt Schwaiganger gegründet. Hierzu wurde ein komplettes polnisches Gestüt mit 108 Stuten aufgekauft und diese nach Schwaiganger überstellt. Zur Unterstützung der inländischen Zucht kam es außerdem zur Beschälung von 130 polnischen Stuten, die sich bereits in den Regimentern befanden. Die hierfür benötigten Hengste entstammten dem königlich bayerischen Marstall und die gezeugten Fohlen gaben die Regimenter an das neugegründete Armeegestüt in Schwaiganger ab. Das Kalkül einer eigenen militärischen Pferdezucht ging trotz der guten Qualität der gezüchteten Pferde nicht auf, da die hohen, permanent zu leistenden Unterhaltskosten für das Gestüt höher lagen, als wenn vergleichbare Remonten direkt auf den zivilen Pferdemärkten eingekauft worden wären. Aus Ersparnisgründen wurde das Armeegestüt in Schwaiganger dann 1826 wieder aufgelöst. Danach erfolgte die Remontierung einerseits aus Beständen der bayerischen Landeszucht selbst und andererseits, wie bereits vorher, durch Ankäufe Polnischer Remonten, wodurch abermals schwierige Transporte in Kauf genommen werden mussten. Erst in den 1840er-Jahren liefen die Ankäufe der Wildlinge endgültig aus und wurden durch solche aus Bayern, Zweibrücken, Norddeutschland, Österreich, Ungarn wie auch aus Kroatien ersetzt. Um dennoch die Inlandzucht zu heben, kam es in einigen bayerischen Staatsgütern zur Einrichtung sogenannter Militärfohlenhöfe, den preußischen Remontedepots ähnliche Einrichtungen. Sie hatten den Zweck, *„durch Ankauf junger Pferde und Fohlen auf dem Lande eine derartige Anzahl junger Pferde im Alter von 1 bis 5 Jahren [zu] unterhalten [...], daß wenigstens jährlich 300 gute Kavalleriepferde an das Heer abgegeben werden könnten."* ([Bezzel 1931] S. 73). Die Einrichtung der Militärfohlenhöfe konnte allerdings nicht dieselben positiven Effekte wie die Remontedepots in Preußen erzielen, da die substantielle Qualität der Landeszucht in Bayern den militärischen Anforderungen nicht entsprach. Militärfohlenhöfe existierten in Benediktbeuren, Fürstenfeld, Steingaden und Schwaiganger.

Bayerisches Exerzier-Reglement von 1828

Im Jahr 1828 erschien das neue Reglement für die Kavallerie als „Vorschriften für den Unterricht in den Waffenübungen der Königlich-Bayerischen Cavalerie" in zwei Bänden, fünf Teilen und einem Anhang. Es ist sowohl ein Exerzier-Reglement wie eine Reitvorschrift und spiegelt den Stand der bayerischen Kavallerie auf der Höhe der Zeit. *„Sie enthalten in der üblichen eingehenden Weise in der Einleitung die Pflichten der Offiziere, die Behandlung der Reiter, den Anzug u.a., dann im 1. Teil die Ausbildung des einzelnen Mannes zu Fuß, im Gebrauch des Karabiners und des Seitengewehrs, gehen dann über zur Ausbildung in Glied und Zug und im Scheibenschießen. Im 2. Teil werden Wart und Pflege des Pferdes, der Unterricht im Satteln, Zäumen und Packen, die Kenntnis und Beurteilung der Pferde, die Behandlung und Abrichtung der Remontepferde behandelt. Der 3. Teil befaßt sich mit der Ausbildung zu Pferd, einzeln, im Glied und Zug, der 4. Dann mit der Eskadron und ihrer Ausbildung, schließlich der 5. Mit den Uebungen im Regiment. Ein Anhang befaßt sich noch mit dem Unterricht der mit Lanzen bewaffneten Reiter."* ([Bezzel 1931] S. 112).

Im Vergleich zu den zeitgleichen preußischen Reglements (dem preußischen Exerzierreglement und der Reitinstruktion) fällt folgendes auf: Genauso wie das preußische Exerzierreglement, geht die bayerische Vorschrift nur bis zum Regiment, gibt also keine Anweisungen für die Verwendung größerer Truppenkörper vor. Die bayerische Vorschrift folgt dabei dem französischen Modell und enthält deshalb umfangreiche Abschnitte über das Fechten mit Pallasch und Säbel. Die Reitausrüstung ist vergleichbar mit der preußischen. In beiden Reglements wird der Umgang mit dem Deutschen Sattel und dem Ungarischen Bocksattel beschrieben. Das bayerische Reglement ist bezüglich der Reitausbildung allerdings weniger differenziert als das preußische. Es wird keine Klasseneinteilung der Reiter vorgenommen. Eine höhere militärische Reitausbildung, wie zum Beispiel an einer Militärreitschule wie in Preußen, war nicht vorgesehen – eine solche wird im Königreich Bayern erst ab 1868 ins Leben gerufen werden. Allerdings behandelt auch das bayerische Reglement die Ausbildung der Remonten in der Kampagne-Reiterei bis zu einfachen Seitengängen und dem Springen. Eine Anweisung zur höheren Ausbildung fehlt. Genauso wie die preußische Vorschrift, verfährt das bayerische Reglement nach dem Prinzip der Absoluten Aufrichtung, und zwar auch schon in frühen Phasen der Remonteausbildung. Eine wichtige Ursache für diese unangefochtene Verwendung dieses Prinzips war, dass Bayern länger als Preußen Polnische Remonten für die Chevauleger-Regimenter einkaufen musste.

Stagnation und langsamer Verfall ab 1825

Mit der Thronbesteigung Ludwigs I. (1825 – 1848), änderten sich die bisherigen Prioritäten des Staates und die Ausgaben für die Armee wurden bedeutend eingeschränkt. Ganz besonders hart trafen diese Einschnitte die bayerische Kavallerie, bei der zunächst kaum noch größere Truppenübungen stattfanden. Ein besonderer Übelstand stellte sich dadurch ein, dass – anders als in Preußen – die Regimenter aus Sparsamkeitsgründen nicht mehr im vollen Umfang beritten gehalten wurden. In ähnlicher Weise wie bereits im 18. Jahrhundert war der Pferdebestand drastisch gesenkt worden. Diesmal durften die Regimenter jedoch so viele Pferde im Bestand behalten, dass zumindest die sogenannten präsenten Mannschaften über Pferde verfügen konnten. Somit war jedes einzelne Regiment in Friedenszeiten gezwungen, seine Ausbildung mit gerade mal zwei Dritteln seines eigentlichen Bestandes an Pferd und Reiter durchzuführen. Im Falle der Mobilisierung bei Kriegsfall bedeutete dies eine erhebliche Behinderung der Regimenter, da schnell Pferde angekauft und ausgebildet werden mussten, um auf den Vollbestand zu kommen. Dies sollte sich im Krieg von 1866 als großes Problem herausstellen.

Chevaulegers des bayerischen Chevauleger-Regiments „König" 1848. Figurine für die Weltausstellung in Paris 1900 [KPKM 1901].

Kapitel 4 – Die Reitinstruktion von 1882 – Höhere Anforderungen durch neue Waffen (1850 – 1882)

Ab der Mitte des 19. Jahrhunderts spitzte sich der Dualismus zwischen dem Kaisertum Österreich (1804 – 1867) und dem Königreich Preußen dramatisch zu. Schließlich wurden die Weichen für eine Kleindeutsche Lösung, also eine Reichsgründung ohne Österreich, durch die sogenannten Bruderkriege von 1866 zugunsten Preußens gestellt. Der nun vom französischen Nachbarn äußerst argwöhnisch beobachtete Aufstieg Preußens führte bekanntermaßen 1870 zum Deutsch-Französischen Krieg, in dessen Verlauf am 18. Januar 1871 das Deutsche Kaiserreich mit dem preußischen König als Deutschem Kaiser proklamiert wurde. Beide großen Konflikte waren durch Kriege als Fortsetzung der Politik mit anderen Mitteln entschieden worden, durch die das Militär innerhalb aller gesellschaftlichen Bereiche des Deutschen Kaiserreiches eine exponierte und zeitweise unangefochtene Stellung einnahm. Allerdings waren diese militärischen Erfolge nicht ohne die geschickte und zugleich zukunftweisende Nutzung der Erfindungen der sich rasant durchsetzenden Industrialisierung, wie zum Beispiel die der Eisenbahn oder die der elektrischen Telegrafie, denkbar. Gleichzeitig galten Neuerungen auf dem Gebiet der Waffentechnik als „Fluch und Segen" für die sie einsetzenden Armeen.

Sehr deutlich zeigte der Krieg von 1866 und der von 1870/71, dass die taktische Verwendung der drei Hauptwaffengattungen nunmehr durch die neuen Waffensysteme der Infanterie und im besonderen Maß, die der Artillerie bestimmt werden sollte. Die neuen Feuerwaffen schossen immer präziser, weiter sowie in kürzerer Schussfolge, sodass der bisherige auf Schnelligkeit und dem Überraschungsmoment beruhende Vorteil der Kavallerie kaum noch zum Tragen kam. Innerhalb dieses Spannungsfeldes stand die Kavallerie vor der Herausforderung, ihre Daseinsberechtigung als Hauptwaffengattung des Landheeres weiterhin aufrecht zu erhalten. Folgerichtig begannen gegen Mitte des 19. Jahrhunderts progressive Militärs nicht nur den taktischen Einsatz, sondern ebenso die reiterliche Leistungsfähigkeit des einzelnen Kavalleristen neu zu definieren. Ein Vorgang, der auch eine Neuausrichtung der bisherigen Ausbildungsgrundsätze nach sich zog. *„Die stolze Waffe besaß in allen europäischen Armeen noch ihr traditionelles Gewicht. Sie legte den Schwerpunkt entweder auf die Attacke oder das Fußgefecht; sie hoffte noch darauf, den Feldzug durch die Verfolgung entscheiden zu können und bevorzugte aus ritterlichem Instinkt gegenüber der Vernichtungsgewalt des heraufziehenden technischen Krieges, den Kampf vom Rücken des Pferdes aus." ([Storz 1992] S. 269 ff.).*

Unterstützung fanden derartige Zielstellungen durch die sich stark veränderte Pferdezucht in Ostpreußen und in Norddeutschland. Dort wurde auf breiter Basis das moderne Warmblutpferd mit erheblich gesteigerter Leistungsfähigkeit gezüchtet. Die dabei erzielten Zuchterfolge erlaubten der preußischen Armee, die Remontierung ab 1831 vollständig mit Tieren aus der eigenen Landeszucht durchzuführen.

Neue Impulse für die militärische Reiterei gingen zudem vom aufkommenden Hindernisrennsport und dem Jagdreiten aus. In beiden äußerst populären Sportarten betätigten sich nach 1871 deutschlandweit Kavallerieoffiziere aus allen Bundesstaaten des Kaiserreiches. Gleichzeitig wurde auch in der zweiten Hälfte des 19. Jahrhunderts der Diskurs über das vermeintlich beste Reitsystem für die Kavallerie fortgeführt.

Die ab 1866 und 1886 zwischen dem Königreich Preußen und den deutschen Einzelstaaten ausgehandelten Militärkonventionen ebneten überdies den Weg, neben der Ausbildung ebenso die Reitausrüstung und die Bewaffnung der verschiedenen Kavallerie-Regimenter des Deutschen Reichsheeres schrittweise nach preußischem Muster auszurichten und hierdurch die Entstehung einer Einheitskavallerie einzuleiten.

In der Summe dieser Veränderungen schien die bisherige RI 1825/26 unpassend geworden zu sein. Deshalb wurde 1882 eine neue Reitinstruktion ausgegeben, welche die Reitausbildung den modernen Bedingungen anpasste, die „relative Aufrichtung" als bestimmendes Element festschrieb und dem Einzelreiten mehr Raum gab.

Die Taktik

Neue Waffen erfordern höhere Leistungen von der Kavallerie

Zu einem elementaren Grundgedanken der napoleonischen Kriegsführung zählte: *„[...] die Konzentration der Macht an entscheidender Stelle mit rücksichtloser Verfolgung und Ausnutzung des Sieges"* ([Ortenburg 1988] S. 128). Napoleon Bonaparte setzte diesen Grundgedanken weniger durch den Einsatz verbesserter Waffensysteme als vielmehr durch taktische Neuerungen, wie beispielsweise die Kolonnen- oder die Tirailleur-Taktik, um. Dieser ebenfalls von der preußischen Militärführung, namentlich durch Helmut von Moltke, weitergeführte Grundgedanke als Zielstellung für einen strategischen sowie taktischen Handlungsrahmen von Armeen und ihren Truppengattungen, sollte nach v. Moltke außerdem durch gezielte Ausnutzung der technischen Erfindungen in die Praxis umgesetzt werden. In diesem Zusammenhang schuf Helmut v. Moltke die sogenannte Operationslehre, die die *„[...] Zerstörung der feindlichen Streitkräfte [...]."* ([Ortenburg 1990] S. 129) unter anderem durch die Ausnutzung der Faktoren Verkehrsnetz, Eisenbahn, elektrische Telegrafie sowie den massiven Einsatz neuer Waffen beinhaltete.

Die Hauptbedrohung der Kavallerie ging vor allem von den seit ca. 1850 aufkommenden neuen Feuerwaffen aus. Die Adaptierung der Handfeuerwaffen vom bisherigen Batterieschloss auf das Perkussions-Prinzip ermöglichte ganz besonders der Infanterie einen weitestgehend allwettertauglichen Einsatz ihrer Hauptbewaffnung. Noch schwerwiegender wirkte dann die Erfindung des Minié-Geschosses, durch die sich die Reichweite und die Präzision der Handfeuerwaffen erheblich steigerten. Die effektive Kampfreichweite konnte durch das neue Geschoss um den Faktor zwei bis drei erhöht werden. So ließ sich beispielsweise die Niederlage Russlands im Krimkrieg 1854/55 wesentlich auf die Ausstattung der englischen und französischen Armeen mit den neuen Minié-Gewehren zurückführen.

In den 1860er-Jahren gelangten Hinterladergewehre zur Einführung, die über eine höhere Feuerrate verfügten und ebenfalls das Schießen im Liegen ermöglichten. Zur außerordentlichen Gefahr für die Kavallerie entwickelten sich allerdings die aufkommenden neuartigen Artilleriesysteme. Die seit 1840 von dem Schweden Martin von Wahrendorf zur Serienreife entwickelten Hinterlader-Geschütze erfuhren schnell Zuspruch in allen europäischen Armeen und bis zum Ende des Jahrhunderts verfügten diese fast ausschließlich über im eigenen Land produzierte Geschützmodelle in den unterschiedlichsten Kalibern. Vor allem die Konstruktion sowie die Massenfertigung von Feldgeschützen, die ihre Schrapnells aufgrund einer gestreckten Geschossbahn äußerst effizient gegen angreifende Infanterie wie auch Kavallerie verschießen konnten, nahmen gegen Ende des 19. Jahrhunderts zu.

Neue Waffenentwicklungen erzwangen auf dem Schlachtfeld erhöhte Deckung. Preußische Infanterie mit dem Zündnadelgewehr in der Schlacht bei Gravelotte am 18. August 1870.

Die Folgen für den Einsatz von Kavallerie im Gefecht waren aufgrund dieser neuen Waffensysteme katastrophal. Anhand der nachfolgenden Tabelle werden die neuen an die Kavallerie gestellten Gefechtsanforderungen verdeutlicht, die sich vor allem in einer erhöhten Attackenlänge niederschlugen.

Die Anforderungen von 1872 zeigen, dass Attacken in der Zeit der Reichseinigungskriege erheblich länger und mit verstärktem Tempo geritten werden mussten, um den ausgeweiteten gefährlichen Feuerbereich des Gegners möglichst unbeschadet zu durchqueren.

	1754 [Unger 1906] [Franke 1937]	1790 [Unger 1906] [Franke 1937]	1812 [Exerzier 1812] [Franke 1937]	1872 [Schmidt 1885]
Max.Kampf-entfernung Infanterie	**200 m**	**200 m**	**200 m**	**1200 m**
Max. Kampfentfernung Artillerie	**600 m (Kartätsche)**	**600 m (Kartätsche)**	**600 m (Kartätsche)**	**3000 m (Scharpnell)**
Attackenlänge	**1100 m**	**700 – 900 m**	**730 m**	**1600 m**
davon Trab	**ohne Angabe**	**270 m**	**460 m**	**730 m**
davon Galopp	**ohne Angabe**	**230 – 320 m**	**200 m**	**730 m**
davon Karriere	**360 m**	**180 – 270 m**	**70 m**	**140 m**

Vergleich der Anforderungen an die Länge einer Attacke (18. bis 19. Jahrhundert).

Das im besonderen Maß von der neugeschaffenen Feldartillerie ausgehende Gefahrenpotenzial für die bisherige Kampfweise der Kavallerie wurde von dem bereits zu seiner Zeit hochgeschätzten Fachmann für das Artilleriewesen, dem General der Artillerie Prinz Kraft zu Hohenlohe-Ingelfingen (1827 – 1892), wie folgt beschrieben. *„Die Schwierigkeit, die sich einem Eingreifen der Kavallerie in die Schlacht der anderen Waffen entgegenstellt, wird allerdings in Zukunft durch die Erweiterung der Wirkungssphäre der Feuerwaffen noch mehr gesteigert werden. Denn wenn die Kavallerie den Moment abpassen soll, in dem der Feind erschüttert, seine Infanterie nicht mehr intakt ist, so muß sie haltend lauern und warten. Solches Halten ist aber unthunlich in dem Bereich eines vernichtenden Feuers. Das Scharpnell-feuer reicht heutzutage über 3000 Meter weit [...] Die zum Eingreifen in die Schlacht bestimmten Kavallerie-Massen müssen also [...] eine halbe Meile [3,75 km, Anm. d. V.] vom Feinde abbleiben. [...] Diese Entfernung wird noch durch die Umwege vermehrt, welche die Kavallerie machen muß, denn sie muß ja um den Flügel der Schlachtlinie herumgehen, und wenn man nicht vorher weiß auf welchem Flügel sie nothwendig werden wird, so hat man sie hinter der Mitte der kämpfenden Linie halten lassen. Da entsteht also ein Weg, welcher sich für einzelne Theile der Reiterei wegen der Formationsveränderungen und Schwenkungen, die dabei nöthig werden, bis auf eine Meile [7,5 km, Anm. d. V.] erstrecken kann. Selbst, wenn man annimmt, daß diese Bewegung im Galopp zurückgelegt werde [400 m in der Minute, Anm. d. V.], so vergehen 19 Minuten, bis die Kavallerie den Feind erreicht, und nimmt man die Trabbewegung als Durchschnitts-Geschwindigkeit der Kavallerie-Masse an, so vermehrt sich diese Zeit auf mehr als eine halbe Stunde. In einer halben Stunde kann aber das Gefecht eine ganz veränderte Gestalt angenommen haben.“* ([Hohenlohe 1884] S. 41 ff.).

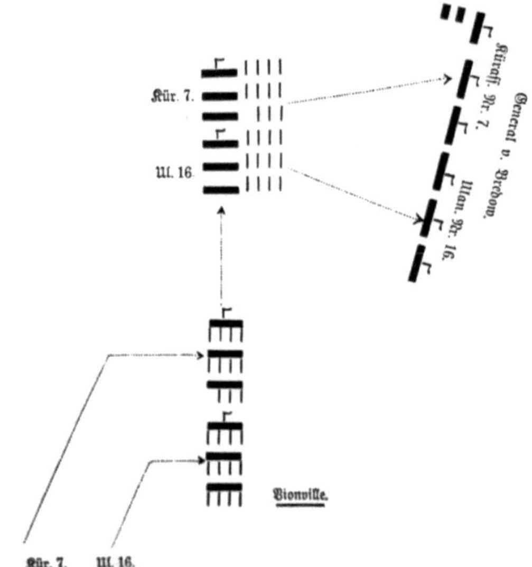

Die preußische Kavalleriebrigade Bredow ritt in der Schlacht bei Vionville am 16. August 1870 eine wichtige Attacke. Die Skizze zeigt den gedeckten Anmarsch der beiden Kavallerie-Regimenter und ihr Aufmarsch zur Attacke [Pelet II 1905].

Eine Möglichkeit zur Verringerung der feindlichen Feuereinwirkung sollte eine geschickte Ausnutzung des Geländes darstellen. Die hier vorhandenen Mulden, Geländeerhöhungen, Einschnitte und Wälder konnten von angreifender Kavallerie durchaus als natürliche Deckung ausgenutzt werden. Somit war eine für die Kavallerie neuartige Bewegungsform, die gedeckte Bewegung im Gelände, entstanden. Für die Ausbildung von Pferd und Reiter ergaben sich aus der gedeckten Bewegung allerdings enorm hohe und teilweise ganz neuartige Ausbildungsnormen hinsichtlich Geländegängigkeit, Ausdauer und Tempo.

Sämtliche Zeitfenster, in denen die Kavallerie auf dem Gefechtsfeld durch Nutzung eines günstigen Augenblicks erfolgreich sein konnte, waren deutlich verkleinert worden. Damit diese Momente rasch erkannt wurden, mussten Kavalleriekommandeure herangebildet werden, die sehr schnell in der Beurteilung der Lage, der Entschlussfassung und der daraus resultierenden Befehlsgebung waren.

In der Gesamtheit dieser Erkenntnisse setzte sich bereits vor Herausgabe der RI 1882 eine grundsätzliche Erkenntnis durch, die ein Zeitgenosse des Jahres 1872 folgendermaßen formulierte: *„Die Kavallerie wird in der Schlacht selten mehr thun können, als ihre ganze Kraft einzusetzen, die Entscheidung für den Sieger möglichst ergiebig, für den Besiegten möglichst glimpflich ausfallen zu lassen, und selbst dazu wird sich bei Weitem weniger Gelegenheit bieten, als ehemals."* ([Borbstaedt 1872], S. 105). Diesen Forderungen entsprechend, wurde der Kavallerie bei entschlossener Führung und Vorgehensweise sowie geschickter Ausnutzung des Geländes eingeräumt und letztlich auch abverlangt, ihre nach wie vor alle anderen Waffengattungen überragende Dynamik im Rahmen operativer Handlungsräume zum Einsatz zu bringen.

Ein Beispiel für solch einen Beitrag stellt die Schlacht bei Mars-la-Tour in Lothringen am 16. August 1870 während des Deutsch-Französischen Krieges dar. Die französische Rheinarmee unter Marschall Achille Bazaine war auf dem Rückzug nach Westen und wurde auf der Hochebene westlich von Metz durch das III. preußische Armeekorps unter General Constantin von Alvensleben eingeholt. Zahlenmäßig deutlich unterlegen, griff Alvensleben zwar forsch an, aber sein Korps geriet zunehmend in Bedrängnis durch die sich zur Wehr setzenden Armeekorps der Rheinarmee. Da er lediglich über eine aus Kavallerie bestehende Reserve verfügte, war er gezwungen diese gegen die unterschiedlichsten gegnerischen Waffengattungen einsetzen zu müssen. Ab den Nachmittagsstunden bis über den Abend hinaus, entwickelten sich in diesem Abschnitt der Front eine Reihe von Attacken. Höhepunkt war am Spätnachmittag der große Reiterkampf auf der Hochebene von Ville sur Yron. Eine französische Kavallerie-Division kämpfte dort gegen eine Reihe zusammengewürfelte preußische Reiter-Regimenter. Die Franzosen attackierten in der Tradition der Napoleonischen Reserve-Kavallerie-Taktik geschlossen und in guter Ordnung. Den Preußen fehlte zwar die einheitliche Führung, doch die Regiments– und Eskadronsführer waren durch selbständiges Denken und Lage bezogenes Handeln in der Lage diesen Nachteil mehr als auszugleichen. Die Schlacht von Mars-la-Tour endete mit einem taktischen Unentschieden, was jedoch ein großer strategischer Sieg der Preußen war. Es war gelungen, die französische Rheinarmee am Rückzug zu hindern. Schließlich führte dies zu ihrer Einschließung in Metz. Ihre letztendliche Kapitulation wurde zu einer der entscheidenden französischen Niederlagen in diesem Krieg. ([Pelet II 1905] S. 306 ff.).

Attacke des 1. Hannoverschen Ulanen-Regiments Nr. 13 auf französische Garde-Kavallerie bei Mars la Tour am 16. August 1870 [Pelet II 1905].

Aufklärung als neuer Schwerpunkt der Kavallerie

Der Krieg von 1870/71 zeigte der Kavallerie nicht nur ihre Grenzen auf, sondern gleichfalls Betätigungsfelder, die lange Zeit von ihr vernachlässigt worden waren. Vor allem auf dem Gebiet der Aufklärung lieferte sie einen sehr wichtigen Beitrag zum siegreichen Feldzug und sollte in dieser Rolle in künftigen Kriegen ein Haupteinsatzgebiet finden. Ein bisher namentlich unbekannter Autor äußerte sich bereits 1872 über den künftigen Einsatz der Kavallerie in dem deutschen militärwissenschaftlichen Zeitschriftenorgan der Jahre 1843 bis 1943 mit den Worten:

„Hauptaufgabe des Kavallerie ist jetzt, unter allen Umständen die Aktion des eigenen Heeres vor, während und nach der Schlacht vor der Einsicht und der überraschenden Einwirkung des Feindes zu schützen, seine Aktion oder Stellung aber möglichst genau zu erspähen und das Erspähte schleunigst auszunutzen, respektive den Befehlshaber zu melden, welche es angeht." ([Borbstaedt 1872] S. 105). Obwohl die Neuausrichtung noch ein Jahrzehnt nach dem großen Krieg mit Frankreich in Anspruch nehmen sollte, zeichneten sich bereits zum Ende des Krieges die Nahaufklärung, die Fernaufklärung, die Verfolgung eines Gegners, aber auch die Verschleierung, die Täuschung sowie die Sicherung als künftige Betätigungsfelder der deutschen Kavallerie ab. Der dem Einsatz der Kavallerie als schlachtentscheidende Waffengattung ablehnend gegenüberstehende Prinz Kraft zu Hohenlohe-Ingelfingen schrieb 1884 über diese Neuausrichtung: *„Aber die Meldungen, welche die Kavallerie brachte, sind nur ein Theil der Erfolge ihrer Thätigkeit und Verwendung vor der Front der Armee. Sie überschwemmte da meilenweit, ja mehrere Tagesmärsche weit, vor dem Gros der Infanterie das Land. Das findet jetzt Jedermann ganz natürlich. Dazu sei ja die Kavallerie da. Und dennoch ist im Jahre 1870 eine derartige Verwendung der gesamten Kavallerie-Massen neu gewesen."* ([Hohenlohe 1884] S. 7 ff.).

Dieser Einsatz der deutschen Kavallerie weit vor der eigenen Infanterie hatte wesentliche Vorteile. Die militärischen Führer erhielten frühzeitig Meldungen über Ort und Marschrichtung des Gegners. Die eigene Infanterie konnte ungestört marschieren und biwakieren, wusste sie doch die eigene Reiterei weit vor sich. Der Gegner war jedoch in seinen Marschbewegungen permanent gestört und musste erheblichen Aufwand für die Nahsicherung aufwenden. Die Folge war, dass die deutschen Armeekorps, obwohl im fremden Land, schneller als die französischen marschierten. So konnte der preußische Generalstabschef Helmut von Moltke die französischen Armeen ausmanövrieren und schlagen.

Preußische Ulanen klären 1870 ein französisches Dorf auf. Um infanteristisch fechten zu können, rüsteten sich viele Regimenter mit französischen Beute-Chassepot-Karabinern aus.

Diese neue Aufklärungsmethode stellte wiederum neue Anforderungen an Pferd und Reiter. Es mussten in einem Feldzug über Wochen größere Marschleistungen (vornehmlich im Trab) bei geringeren Ruhezeiten erbracht werden, obwohl der Aufmarsch über die Eisenbahn erfolgte. Die Aufklärungsarbeit erforderte die vermehrte Ausnutzung des Geländevorteils des Pferdes. Zudem waren die Fähigkeiten zum Einzelreiten wichtiger als bisher, da häufiger Einsatz als Meldereiter notwendig war. Ein Meldereiter musste jedwede Geländeschwierigkeiten überwinden, selbständig denken, im Sinne des Auftrags handeln und um die Belastbarkeit seines Pferdes wissen, um unerkannt Meldungen zu überbringen.

Diese Änderung des Aufgabenschwerpunkts zeigte sich auch in der Heeresvermehrung der 1860er-Jahre. Der Anteil der leichten Kavallerie wurde erhöht (von 5 auf 22 Dragoner-Regimenter und von 13 auf 18 Husaren-Regimenter), während die Anzahl der Kürassier-Regimenter gleichblieb.

Der infanteristische Einsatz von Kavallerie kommt zurück

Der Krieg von 1870/71 verdeutlichte außerdem, dass der infanteristische Einsatz von Kavallerie vor allem in künftigen Kriegen unverzichtbar werden würde.

Diese der Kavallerie, vor allem den Dragonern, nicht unbekannte Kampfweise schien knapp 100 Jahre vernachlässigt worden zu sein und erfuhr bereits während des Amerikanischen Bürgerkriegs (1861 – 1865) eine Renaissance, als die Reiterei beider Kriegsparteien häufig zur Verteidigung absaß und mit dem Karabiner Schützengefechte austrug.

Für selbstständig im feindlichen Gebiet agierende Kavallerie-Einheiten während des Deutsch-Französischen Krieges galten bereits kleine Dörfer, die selbst von wenigen Infanteristen verteidigt wurden, als schwer einzunehmende feindliche Plätze. Gemeinsam mit der stiefmütterlich durchgeführten

Karl von Schmidt (1817 – 1875) als Führer der 6. Kavallerie-Division im Winter 1870 [Pelet 1902].

Schießausbildung, lag das Problem hierfür ebenso in der mangelnden Bewaffnung mit Handfeuerwaffen begründet. Um zumindest den Mangel an Handfeuerwaffen zu kompensieren, rüsteten etliche Regimenter im Verlauf des Krieges ihre Reiter selbständig mit erbeuteten französischen Karabinern aus. Der Erfolg lag zumindest in der Aussicht, möglicherweise abgesessen ein siegreiches Feuergefecht gegen gedeckte feindliche Infanterie führen zu können.

Folgerungen im Exerzier-Reglement von 1876

Zu den Offizieren, die diese taktischen Erkenntnisse praktisch anwendeten, gehörte Karl von Schmidt (1817 – 1875), der mit Abstand zu den bedeutendsten deutschen Kavalleriekommandeuren während des Deutsch-Französischen Krieges zählte. Unter seiner Führung zeigte sich ein letztes Mal, welche Leistungen die Kavallerie auch in der Schlacht unter fähiger Führung erbringen konnte.

Er verkörperte beispielhaft für viele seiner Offizierskameraden den Typus des aktiven Truppenführers mit dem Gespür und dem Geschick, die für seine Waffengattung nach 1815 neu aufgestellten Theoreme tatsächlich in der Praxis anzuwenden. Die hierbei von ihm persönlich erbrachten Leistungen werden erst durch einen Blick auf einige Etappen seines militärischen Werdegangs deutlich. Karl v. Schmidt trat 1834 als Sekondeleutnant (erst ab 1899 lautete die offizielle Bezeichnung Leutnant) seinen aktiven Dienst als preußischer Kavallerie-Offizier im 4. Ulanen-Regiment an. Nach einer Verwendung an der Lehr-Eskadron in Berlin, als Adjutant bei der Division des Generals der Kavallerie v. Wrangel (1784 – 1877), wobei er vom späteren Generalfeldmarschall (ernannt 1856) stark geprägt wurde, kehrte er 1853 als Eskadronschef zum 4. Ulanen-Regiment (offizielle Bezeichnung des Regimentes zwischen 1823 bis 1860) zurück. In dieser Dienststellung entfaltete er eine ungemeine Tatkraft, die sich neben seiner richtungsweisenden Tätigkeit, in der Ausbildung der ihm unterstellten Kavalleristen niederschlug. Die sehr wenigen von ihm veröffentlichten Aufsätze vor 1871 kritisierten zudem das vorherrschende Ausbildungssystem, wobei er dabei ebenso die Arbeit der Lehreskadron kritisierte und zugleich Verbesserungsvorschläge formulierte. Eine seiner Persönlichkeit innewohnende Schroffheit und Schärfe verhinderte wahrscheinlich, dass der begabte Offizier dabei vorerst nicht über die Dienststellung als Regimentskommandeur verwendet wurde. Ein zwei Jahre jüngerer Offizierskamerad v. Diepenbroick-Grüter [1819 – 1870] beispielsweise konnte eine einjährige Ausbildung beim Großen Generalstab in Berlin absolvieren, die v. Schmidt verwehrt blieb. Er war 1863 Regimentskommandeur des Westfälischen Kürassier-Regimentes Nr. 4 geworden und führte es in den Kriegen 1864 sowie 1866 an. Schon einen Monat nach Beendigung der Kampfhandlungen mit Österreich wurde v. Schmidt als Kommandeur mit der Aufstellung des Husaren-Regimentes Nr. 16 beauftragt, das er zu einem mustergültigen Regiment der preußischen Kavallerie formte. Unter seinem Kommando konnte das Regiment zu Beginn des Frankreichfeldzuges in acht Attacken und sechs Fußgefechten siegen. Das Regiment gehörte zur 15. Kavallerie-Brigade und bildete gemeinsam mit der 14. Kavallerie-Brigade die 6. Kavallerie-Division ([Bredow-Wedel 1972] S. 545). Als der kommandierende Generalmajor der 14. Kavallerie-Brigade, der bereits erwähnte Frhr. v. Diepenbroick-Grüter, gegen Mittag des 16. Augusts 1870 während der Kampfhandlungen der Schlacht von Mars-la-Tour verwundet wurde, übernahm v. Schmidt umgehend dessen

Vertretung. Zwischen Oktober und Dezember 1870 kommandierte v. Schmidt sogar die gesamte 6. Kavallerie-Division, wobei er am 6. November, knapp sechs Tage nach dem Tod des schwerverwundeten v. Diepenbroick-Grüter, zum Generalmajor ernannt worden war. Dieser war selbst erst am 26. Juli 1870 hierzu befördert worden.

Von seinen Truppen verlangte er das Äußerste an Leistungen, war aber dennoch ungemein beliebt, da er immer von vorn führte und daher alle Entbehrungen mit den ihm unterstellten Kavalleristen teilte. Es gelang v. Schmidt dabei mehrmals, durch gefahrvollen persönlichen Einsatz Untergebene vor dem Tod oder der Gefangenschaft zu bewahren. Für seinen tapferen Einsatz als Einheitsführer wurden ihm nicht nur beide Klassen des Eisernen Kreuzes, sondern ebenfalls die höchste preußische Tapferkeitsauszeichnung, der Pour le Mèrite, verliehen.

Nach dem Krieg gehörte der erfahrene Truppenführer v. Schmidt einer aus zwölf weiteren Offizieren, wie zum Beispiel dem Chef des Militär-Reitinstituts in Hannover, Generalmajor von Witzendorff oder dem Major Heinrich von Rosenberg, bestehenden Immediat-Kavallerie-Kommission, unter Leitung des Generalleutnants Graf zu Stolberg-Wernigerode, an. Die Besonderheit solcher Immediat-Kommissionen bestand darin, dass deren Chefs über das unmittelbare Vortragsrecht vor dem preußischen König verfügten, der in seiner Stellung als deutscher Kaiser ebenfalls Oberster Kriegsherr der deutschen Armee war. Die 1872 einberufene Immediat-Kavalleriekommission sollte die Kavallerie vor dem Hintergrund der modernen Gegebenheiten und der Erfahrungen aus den vergangenen Kriegen in den Bereichen Ausbildung, Taktik sowie Ausrüstung reorganisieren.

Im Exerzier-Reglement für die Kavallerie von 1876 wurden wesentliche Vorschläge von Karl von Schmidt verankert, die er selbst folgendermaßen zusammenfasste: *„Die durch rapide Offensivbewegungen charakteristischen Kriege der Neuzeit beanspruchen erhöhte Leistungen der Kavallerie, die sie bei gesteigerter, tüchtiger materieller und intellektueller Ausbildung auch sehr wohl hergeben kann."* ([Narbonne 1902] S. 590). Wesentliche Elemente waren verlängerte, beschleunigte Attacken

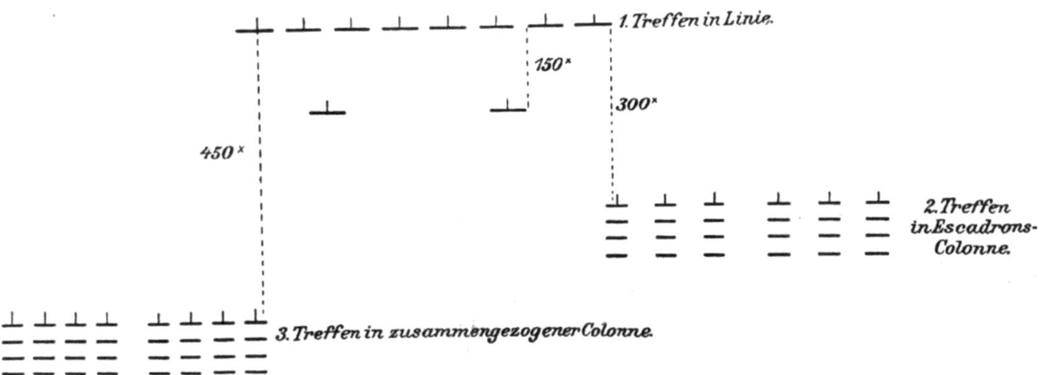

Drei-Treffen-Formation (je drei Brigaden zu zwei Regimentern) einer Kavallerie-Division im preußischen Exerzier-Reglement von 1873. Die Aufstellung der Brigaden deutet hier schon das zukünftige Konzept der flügelweisen Verwendung der Brigaden an, wie es ab 1900 die Drei-Treffen-Taktik ablösen sollte [Pelet II 1905].

und vereinfachte, schnellere sowie dem Gelände besser angepasste Gefechtsformationen. Neu war ebenfalls, dass die friderizianische Drei-Treffen-Taktik wieder zu Ehren kam, indem eine modernisierte Version für Kavallerie-Divisionen vorgeschrieben wurde. Somit konnte der jahrzehntelange Mangel der Exerzier-Reglements seit 1812 geschlossen werden, da nun wieder eine praktikable Instruktion für die Verwendung größerer Kavallerieverbände existierte.

Aus heutiger Sicht erscheint die Wiederaufnahme der Drei-Treffen-Taktik im Angesicht des bereits zwischen 1872 und 1876 hohen Wirkungsgrades der vorhandenen Feuerwaffen als äußerst fragwürdig. Dennoch dürfen bei einer solchen Beurteilung die durch Kavallerie errungenen Erfolge, besonders während des Krieges 70/71, nicht unberücksichtigt bleiben. Schließlich verleiteten diese nicht nur einen Karl v. Schmidt zu der Annahme, dass große Kavalleriemassen unter den erwähnten Umständen und modernen Einsatzrichtlinien immer noch erfolgreich eingesetzt werden könnten. Letztendlich sollte ein Jahrzehnt später die noch in der Vorschrift von 1876 empfohlene Drei-Treffen-Taktik endgültig überholt und unpraktikabel werden.

Sehr viel eindeutiger bei der Auswertung des Krieges von 70/71 war die Erkenntnis über die überragende Bedeutung der Kavallerie bei der operativen sowie strategischen Aufklärung ausgefallen. Obwohl bereits über dem belagerten Paris preußische Freiballone aufstiegen, sollte es bis zur Entstehung von Luftschifferabteilungen im Deutschen Heer noch 16 Jahre dauern, d.h. eine effiziente Luftaufklärung war zu diesem Zeitpunkt noch nicht in Sicht. Aus diesem Grund wurde 1887 die erste Felddienst-Ordnung erlassen, in der klare Verfahren für den Aufklärungs- und Sicherungsdienst enthalten waren. Es wurde unterschieden zwischen der Aufklärung der Kavallerie-Divisionen, die strategische Aufklärung für Armeekorps oder Armeen durchführten und der Divisions-Kavallerie, die ausschließlich im Vorfeld einer Infanteriedivision aufklärte.

Die neuen Reglements schrieben die erhöhten Anforderungen an die Leistungsfähigkeit der Pferde durch längere, schärfere Attacken, höhere Marschleistungen und vermehrte Aufklärungstätigkeit fest, weswegen sich die vor einem erhöhten Verschleiß der Pferde warnende Stimmen vermehrten. Aufgrund der Truppen- und Kriegserfahrungen war es Karl v. Schmidt möglich, diese Bedenken mit den folgenden Worten zu zerstreuen: *„Als Beleg dafür, daß die Verlängerung des Attackengalopps keinen Nachtheil für das Pferdematerial unter den bezeichneten Bedingungen zur Folge hat, konnte der General auf die einstimmigen Berichte der vier Regimenter seiner Brigade hinweisen, denen zufolge, die Pferde in früheren Jahren von den Herbstübungen nicht in so guter Verfassung zurückgekehrt sind, daß der Pferdestand der Regimenter sich seit dem Feldzuge unstrittig gehoben hat, daß die Pferde frischer, gängiger und die Beine derselben fehlerloser sind als früher."* ([Narbonne 1902] S. 602).

Die Umsetzung seiner Ideen konnte Karl von Schmidt nicht mehr miterleben. Er starb im Alter von 58 Jahren an den Folgen einer Verwundung, die er sich in der Schlacht bei Mars-la-Tour 1870 zugezogen hatte. Das Regiment, in dem er als junger Offizier seinen Dienst in der preußischen Kavallerie antrat, erhielt 14 Jahre nach seinem Tod den Namen Ulanen-Regiment v. Schmidt (1. Pommersches) Nr. 4, eine Ehrung die meist nur ausländischen Souveränen zu Teil wurde.

Remontierung

Die Remontierung mit Ostpreußen bewährt sich

Wie im vorigen Abschnitt verdeutlicht, zog die Modernisierung der Militärtechnik um 1850 erheblich gesteigerte Leistungsanforderungen an das bei der Kavallerie verwendete Pferdematerial nach sich. So war kaum noch hohe Wendigkeit wichtig, sondern vielmehr Geschwindigkeit sowie Ausdauer. Dies bedeutete, dass nunmehr Pferde mit raumgreifenden Gängen und einem guten Springvermögen benötigt wurden.

Ohne diese Veränderungen vorhersehen zu können, war die preußische Landeszucht bereits 1817 massiv auf die Verwendung von Vollblütern als Beschäler umgeschwenkt. Mit dieser Maßnahme gelang es Preußen, die Weichen für die Schaffung des modernen deutschen Warmblutpferdes zu stellen. Die schon im frühen 19. Jahrhundert deutlich zu Tage getretenen Vorteile des englischen Vollbluts führten dazu, dass weitestgehend zeitgleich in den ungarischen, französischen (Normandie) und norddeutschen Gestüten ähnliche Transformationsprozesse angestoßen wurden. Für die ostpreußische Zucht blieb bemerkenswert, dass dort die Reinzucht dominierte. Der Erfolg eines solchen Zuchtprogrammes nimmt in der Pferdezucht immerhin einige Jahrzehnte in Anspruch und dennoch stand der preußischen Kavallerie bereits in den 1860er-Jahren ein deutlich leistungsverbessertes Pferdematerial zur Verfügung. Mit diesem war es möglich geworden, die neuen Bedingungen auf den Feldzügen der Reichseinigungskriege überhaupt meistern zu können. Der derart leistungsfähig gewordenen ostpreußischen Zucht gelang es nicht nur, den Bedarf der eigenen Heeresvermehrung in den 1860er-Jahren abzudecken, auch andere deutsche Staaten konnten ihre Remonten aus Ostpreußen beziehen.

Im Jahr 1887 wurden in Ostpreußen 28.438 Stuten aus der Landeszucht von 488 staatlichen Landbeschälern gedeckt. Von den insgesamt ca. 36.000 Zuchtstuten in Ostpreußen waren 7/8 im Besitz kleinerer und mittlerer Grundbesitzer, 1/8 teilten sich auf Privatgestüte auf, wie zum Beispiel in Szirgupönen mit Weedern, Georgenburg, Steinort, Buylien, Popiollen, Kleszowen, Ballupönen sowie

Der Typus des ostpreußischen Kavalleriepferdes aus dem „Buch des Pferdes" von Carl Gustav Wrangel [Wrangel 1895].

Althof-Insterburg. Die preußische Armee kaufte durch zwei Remontekommissionen damals jährlich 4.700 – 5.000 3 ½-jährige Remonten in Ostpreußen an. Obwohl ab 1871 ebenfalls Bayern und Sachsen hier ihren Bedarf deckten, wurde nur etwa 1/3 der gesamten Pferdeproduktion militärisch genutzt.

Der Vorsitzende der Pferde-Section des landwirtschaftlichen Zentral-Vereins Insterburg, Herr Warkentin-Popiollen, sagte in einer Rede 1887: *„Erst die Feldzüge von 1866 und 1870 machten das ostpreußische Pferd in der Welt bekannt und überall begehrt. Aber die neuen Abnehmer äußerten immer wieder den Wunsch: Zieht doch dasselbe Pferd, aber stärker und größer, dann zahlen wir euch jeden Preis. Ein idealer Wunsch, der leichter auszusprechen als zu realisieren ist."* ([Lehndorff 1999] S. 194).

Bereits 1862 war in Trakehnen versucht worden, durch den Ankauf von drei Anglo-Normannen, eine solche Verstärkung in die ostpreußische Zucht zu bekommen. Zum Scheitern dieses Versuches äußerste sich ein Züchter 1865: *„Die Provinz stutzt jetzt, da drei unedle, möglichst schwere französische Hengste nach Trakehnen gebracht sind. Dieses Experiment, viel mehr Breite und Masse in unseren litauischen Pferdestamm hinein(zu)bringen, wird sicher fehlschlagen, wie schon manche frühere fehlgeschlagen sind."* ([Lehndorff 1999] S. 193). *„Danach wurde bis zum Ende des Ersten Weltkriegs die Zucht mit ausländischen Halbbluthengsten endgültig aufgegeben und nur noch Vollblüter, Trakehner und Hengste aus der ostpreußischen Privatzucht verwandt."* ([Lehndorff 1999] S. 193). Den Weg, der stattdessen beschritten wurde, beschreibt Graf Wrangel: *„Die Form des ostpreußischen Pferdes hat sich in den letzten 20 Jahren [seit 1875] mehr und mehr geändert. Die ‚leichten Ostpreußen', von denen auch noch heute so viel geschrieben wird, treten mehr und mehr in den Hintergrund. Bessere Haltung und bessere Aufzucht haben das ostpreußische Pferd größer, stärker und frühreifer werden lassen, und ist heute ein Pferd mittlerer Klasse ein solches, welches seiner Form nach ein schönes, flottes und leistungsfähiges Reit- und Wagenpferd abgibt und gleichzeitig zu wirtschaftlichen Zwecken brauchbar ist."* ([Wrangel 1895] S. 436).

Dennoch bestand in der Zucht erhebliches Verbesserungspotential. Der Leiter des französischen Gestütswesens, Monsieur de Cormette, schreib 1884 in einer Analyse der deutschen Pferdezucht: *„Der bei den 3jährigen Pferden zu bemerkende Mangel an Dressur und Bewegung unter dem Reiter (sei) als eine bedauerliche Lücke in dem ostpreußischen Zuchtsystem zu bezeichnen."* ([Wrangel 1895] S. 432). Hierzu muss angemerkt werden, dass es damals noch keinerlei Leistungsprüfungen für ostpreußische Hengste gab und diese vor ihrer Verwendung in der Zucht lediglich notdürftig rittig gemacht wurden.

Der Pferdebestand in Preußen entwickelte sich folgendermaßen ([Borbstaedt III 1872] S. 183):

Jahr	Pferde
1816	1.244.000
1834	1.415.000
1849	1.575.000
1864	1.857.000
1867	1.872.000

Hannover als wichtiges Standbein der Remontierung

Zur zweitwichtigsten Landeszucht für die Remontierung der Kavallerie in Deutschland konnte sich im 19. Jahrhundert Hannover entwickeln. Allerdings gelang es dieser traditionsreichen Landeszucht nicht, an die ostpreußische heranzureichen. Hannover, mit seinem 1735 gegründeten Landesgestüt in Celle, züchtete im 18. Jahrhundert Pferde nach dem damaligen Alt-Holsteiner Modell und bekanntlich wurden diese auch von der friderizianischen Armee, vornehmlich für die Dragoner-Regimenter, als Remonten angekauft. Die beiden Brüder August (1816 – 1839) und Friedrich von Spörcken (1839 – 1866) schufen dann als Landstallmeister in Celle durch Einkreuzen von englischen Vollblütern das moderne hannoversche Warmblutpferd, wobei sich hierbei die Verwendung von 50 Hengsten englischer, mittelschwerer Warmblut-Kutschpferderassen als gelungener Zuchterfolg erwies. Den Zuchtschwerpunkt stellte deshalb ein schwerer Reit- und leichter Wagenschlag dar.

In Folge des Deutschen Krieges von 1866 wurde das Königreich Hannover Preußen einverleibt und das Celler Landgestüt fiel unter preußische Regie, weshalb ein kurzzeitiger Zuchtrückgang eintrat. Schon in den 1870er-Jahren konnte dieser allerdings mehr als ausgeglichen werden.

In der damals führenden Pferdezeitschrift „Der Sporn" wird in der Ausgabe vom 22.01.1876 über das hannoversche Pferd geschrieben: *„Hannover züchtet ein massigeres, in den Formen platteres, längeres, loseres Pferd von praktischer, doch wenig accentuirter Gangart und einem phlegmatischeren Temperament, wie zum Armeebedarf wünschenswert erscheint."* Trotz dieser sehr nützlichen Eigenschaften, zeigte sich der Hannoveraner in der zweiten Hälfte des 19. Jahrhunderts nicht ganz so robust wie das ostpreußische Pferd, das in der norddeutschen Tiefebene mit wenig Kraftfutterzugabe aufwuchs. Dennoch kaufte die preußische Remontekommission jährlich 800 – 1.000 Pferde aus Hannover an.

Die anderen deutschen Zuchtgebiete spielten für die Remontierung der Armee in der zweiten Hälfte des 19. Jahrhunderts keine wesentliche Rolle, allemal Posen und Westpreußen müssen in diesem Zusammenhang genannt werden, die allerdings unter starkem ostpreußischen Einfluss standen. In Westphalen, das in der zweiten Hälfte des 20. Jahrhunderts zu einem Hauptzuchtgebiet des deutschen Warmblutpferdes werden sollte, hemmten schwierige ökonomische Bedingungen in der Landwirtschaft und eine verspätete Einrichtung eines preußischen Remontedepots die Entwicklung.

Die Dienstzeit der Pferde erhöht sich

Die sich erhöhende Dienstzeit der Pferde in den Regimentern kann als klares Zeichen für eine bessere Ausbildung sowie das verbesserte Pferdematerial angesehen werden. Die Pferde wurden als Dreijährige angekauft und nach 1½-jähriger Einstellung in die Remontedepots mit viereinhalb Jahren an die Regimenter abgegeben. Hier kamen sie nach 1½-jähriger Ausbildung mit sechs Jahren zum Dienst. Die Dienstzeit betrug dann durchschnittlich zehn Jahre. ([Rizzi 1932] S. 156), D.h. die durchschnittliche Dienstzeit, die 1830 noch neun Jahre betragen hatte, erhöhte sich bis in die Zeit der Reichseinigungskriege auf immerhin elfeinhalb Jahre.

Im krassen Gegensatz zu diesen Zuchterfolgen stand jedoch die rückständige preußische Veterinärorganisation, durch die die absoluten Pferdeverluste im Frieden stark anstiegen. Gegenüber den schon im vorangegangenen Kapitel dargestellten Verlusten zwischen 1835 und 1844 von 1,316%, stieg dieser Anteil zwischen 1878 und 1913 auf 2,03% an. In Bayern, mit seinen strukturell besseren Veterinärverhältnissen, betrug dieser Prozentsatz von 1857 – 1887 1,79% und 1888 bis 1913 1,63%. ([Fontaine 1939] S. 642).

Ankauf von volljährigen Pferden in Kriegszeiten

Erfolgte die Remontierung der preußischen Kavallerie in Friedenszeiten fast ausschließlich über die Remonte-Depots und die eigene Ausbildung, war dies in Kriegszeiten nicht ausreichend. Besonders während des länger dauernden Konflikts mit Frankreich 1870/71 wurden für den Ersatz in größerem Umfang volljährige Pferde eingekauft. Die Erfahrungen damit waren überwiegend schlecht. Meist nicht so sorgfältig ausgebildet wie die Armee-Remonten und deshalb auch oft zu früh verbraucht, fielen überproportional viele dieser Einkaufspferde unter den Strapazen des Feldzugs aus. Es gibt nur einen positiven Bericht über die Bewährung von Ankaufspferden. Das preußische Dragoner-Regiment Nr. 6 berichtete, dass sich interessanterweise vor allem die Pferde aus dem nördlichen Herzogtum Schleswig bewährt hätten. ([Borbstaedt III 1872] S. 196). Hier zeigte sich wohl das Potential der Zuchtgebiete des Alt-Holsteiners, das allerdings für die Kavallerie zunächst nicht gehoben wurde. Erst nach dem Ersten Weltkrieg sollten Warmblüter aus Holstein als Sportpferde wieder für Furore sorgen.

Reitsport

Rennreiten

Heinrich von Rosenberg (1833 – 1900) als General der Kavallerie, der Altmeister der deutschen Herrenreiterei und Gewinner des Großen Armee-Jagdrennens 1863, 1874 und 1875 [Christ 1938].

Ein wichtiger, das militärische Reiten beeinflussender Impuls ging von dem im 19. Jahrhundert aufgekommenen Reitsport aus. Die für den erfolgreichen Reitsport vom Reiter abverlangten Fertigkeiten, wie zum Beispiel der forsche, unbeirrte Drang zum Vorwärtsreiten, v. Schmidt beschrieb diesen als „dreistes Reiten“, gegen jede Art von Hindernis oder auch das reiterliche Vermögen, sein Pferd in jeder Situation zu beherrschen, galten auch bei der Kavallerie als geradezu idealtypische Ausbildungsziele. Über die weiteren positiven Aspekte des Reitsportes für das militärische Reiten schreibt ein Zeitgenosse: *„Der älteste Zweig der sportlichen Betätigung des Kavallerie-Offiziers war der Rennsport auf dem grünen Rasen. Namentlich das Hindernisrennen förderte besonders diejenigen reiterlichen Tugenden, die der Reiterführer im Kriegsfall unbedingt braucht, nämlich kühnen Wagemut, Umsicht in jeder Lage und Geistesgegenwart auch in schnellster Gangart. Daneben diente der Rennsport der Hebung* *der Vollblutzucht und war so ein unentbehrliches Mittel zur Erziehlung von kräftigen ausdauernden Pferdeschlägen, die den Anstrengungen des Krieges gewachsen waren."* ([Rizzi 1932] S. 151) Obwohl die Ursprünge dieser aus England stammenden Sportart nicht militärischer Natur waren, kam es zu einer Vereinnahmung durch Offiziere der Kavallerie wie auch der Feldartillerie, die sich als Herrenreiter einer äußerst hohen Beliebtheit bei der alle sozialen Schichten durchziehenden Anhängerschaft des Rennreitens erfreuten.

Als „Vater des deutschen Offizier-Reitsports" gilt Heinrich von Rosenberg (1833 – 1900), preußischer General der Kavallerie und Inspekteur der 2. Kavallerie-Inspektion Berlin. Durch sein Wirken erlangte das Geländereiten der Kavallerie neue wesentliche Aspekte, Rosenberg selbst gewann 1855 sein erstes Rennen und war ab 1863 über die nächsten 14 Jahre hinweg der dominierende Herrenreiter in Deutschland. Bis zu seinem Ausscheiden aus dem aktiven Reitsport 1877 ging er als Ausnahmetalent aus 185 Rennen als Sieger und aus 106 Rennen als Zweiter hervor. Er sah das Reiten von Hindernisrennen als wichtige charakterbildende Maßnahme für junge Kavallerieoffiziere und förderte diesen Reitsport in allen seinen maßgebenden Verwendungen. Hierdurch nahm dessen Verbreitung in Deutschland in der zweiten Hälfte des 19. Jahrhunderts stark zu. Ab 1880 wurden dann auch Rennen für Unteroffiziere und Mannschaften veranstaltet. Wie bei vielen Sportarten sind auch die Wurzeln des Reitsportes in England zu finden. Im 17. Jahrhundert beginnend, erlangten Pferderennen zuerst dort eine überaus starke Popularität. Gleichzeitig entwickelte sich in England ebenso das Jagdreiten auf einen zunächst lebenden Fuchs. Die typischen aus sanften Hügeln und weiten Wiesen bestehenden englischen Kulturlandschaften mit ihren Zäunen, Gräben und vielfältigen Naturhindernissen, boten das ideale Terrain für das den Reiz des Jagdreitens ausmachende Springen über Hindernisse in der freien Natur. Etwa um 1750 entstand das als „Steeple Chase" bezeichnete Hindernisrennen, das eine Kombination aus der Geschwindigkeit des Pferderennens sowie dem Forcieren von Hindernissen im verstärkten Galopp, wie es beim Jagdreiten üblich ist, darstellte. Während die Flachrennen meist von Jockeys, d.h. professionellen Rennreitern bestritten wurden, waren die Steeple Chases die Domäne der Amateure. Diese grenzten sich mit der Bezeichnung als Herrenreiter bewusst von den das Rennreiten gewerbsmäßig betreibenden Jockeys ab. Die Herrenreiter waren dabei ungemein volkstümlich und sie müssen aus heutiger Sicht als die ersten Sportstars in Deutschland bewertet werden. Eine solch reitsportliche Entwicklung war wiederum nur durch die Entwicklung des englischen Vollblutpferdes möglich geworden. Vor allem eine harte Selektion bildete die Grundlage für die Leistungszucht des englischen Vollblut-Pferdes aus dem arabischen Pferd heraus.

Mit der wachsenden Popularität des englischen Vollblutpferdes gelangten dann ebenso die englischen Pferdesportarten nach Europa und Deutschland, wobei sich 1822 im Großherzogtum Mecklenburg-Schwerin im damaligen Doberan, der erste deutsche Rennverein gründete. Bis 1828 entstand in Doberan, erst seit 1921 Bad-Doberan, die erste sich auf dem europäischen Festland befindliche Rennbahn, auf der dann auch die ersten Pferderennen ausgetragen wurden. Die Attraktivität der Rennen nahm von Jahrzehnt zu Jahrzehnt ständig zu, sodass vor 1914 nur wenige namhafte deutsche Städte existierten, die nicht über einen Rennverein und eine eigene Rennbahn verfügten. Das wichtigste und renommierteste Hindernisrennen in Deutschland stellte das „Große Armee-Jagd-Rennen“ dar. Dieses wurde 1862 zum ersten Mal ausgetragen, zunächst in Karlshorst, ab 1868 in Hoppegarten und schließlich zwischen 1910 – 1914 im Grunewald. Heinrich von Rosenberg hat es dreimal gewonnen, erst als Leutnant (1863), dann als Major (1873) und schließlich als Oberstleutnant (1877).

Jagdreiten

Neben dem Rennsport kam auch das Jagdreiten nach englischem Stil in Deutschland auf. Während das Rennreiten freiwillig war, wurde die Teilnahme an Reitjagden, vorrangig im Herbst, für sämtliche Offiziere der Kavallerie seit den 1860er-Jahren dienstlich befohlen. Die Reitjagden erfolgten zunächst in Form von Schnitzeljagden, dann nach „Fuchs in Sicht“, wobei der Fuchs von einem Reiter im roten Rock dargestellt wurde. Zur weiteren Kennzeichnung war an der linken Schulter dieses Reiters ein Fuchsschweif angeheftet. Die in wachsender Anzahl von vielen Kavallerie-Regimentern angeschafften Hundemeuten mussten allerdings aus dem Privatvermögen der Angehörigen des jeweiligen Offizierskorps finanziert werden, weswegen sich manche Regimenter lediglich Hundemeuten anderer Regimenter ausliehen. Durch diese Praxis verbreiteten sich um 1900, vornehmlich im Bereich von Garnisonen mit einem Kavallerie-Regiment, Schlepp- und Parforce-Jagden, die außerdem als Höhepunkt im gesellschaftlichen Leben einer Garnison galten. Bei der Schleppjagd wird die Wild-Spur simuliert, indem ein vorausreitender Reiter eine sogenannte Schleppe für die verfolgende Hundemeute auslegt. Bei den Parforce-Jagden wiederum erfolgte die Jagd auf lebendes Wild, wie Wildschweine, Dam- und Rothwild. Teilweise wurden auch kombinierte

Überwindung der kleinen Auter bei einer Schleppjagd eines Stabsoffizier-Kurses am Militär-Reitinstitut Hannover 1890 (Die Auter sollte nicht geklettert, sondern gesprungen werden).

Jagden geritten, bei denen zunächst eine Schleppjagd zum Startpunkt der Parforce-Jagd gelegt wurde. Da es aufgrund der Flurverhältnisse in Deutschland nicht so einfach war, sicher Wild für die Parforce-Jagd aufzuspüren, wurde sehr bald dazu übergegangen, sogenanntes „Kastenwild“ zu verwenden. Dazu wurde Wild aus Wildparks in Kästen mittransportiert und dann am Ort der Jagd freigelassen. Zunächst endeten die meisten Parforce-Jagden auch tatsächlich erst mit dem Tod des Wildes. Schließlich setzte sich aber die Praxis durch, das Wild am Ende wieder einzufangen, um es mehrmals für die Jagd verwenden zu können. Derartige Maßnahmen zeigen durchaus, dass das reiterliche Erlebnis wichtiger war als das jagdliche.

Reitausbildung

Militärreitschulen in Hannover, München und Dresden

Aufgrund der während der Märzunruhen von 1848 in Berlin zusammengezogenen zusätzlichen Regimenter, kam es zu einer Überbelegung der Berliner Kasernen und militärischen Reitbahnen, wodurch sich die ohnehin schon sehr beengten Platzverhältnisse, für die in der preußischen Hauptstadt garnisonierten Kavallerie-Einheiten, spürbar machten. Diesen Mangel zum Anlass nehmend, kam es zur Auflösung der Lehr-Eskadron und der Errichtung einer Militär-Reitschule in Schwedt an der Oder. Allerdings wurde bereits 18 Jahre später auch diese Einrichtung, aufgrund der seit 1861 von König Wilhelm I. angestrebten Heeresreform, zu klein. Abgesehen von der für den König erfolgreichen Beilegung des um die Heeresvermehrung geführten Verfassungskonfliktes (1862 – 1866), ermöglichten die Landgewinne der preußischen Krone nach dem 1866-er Krieg zudem, verbesserte Standorte für ihr Militär bereitstellen zu können. Dabei fiel die Standortwahl für ein größeres Reitinstitut auf die ehemalige Residenzstadt der Welfen. Im Jahr 1866 entstand auf dem großzügigen Gelände der ehemaligen Hofmarställe und einer Artillerie-Kaserne in Hannover das „Königlich Preußische Militär-Reitinstitut“. Die bisherige Struktur wandelte sich dahingehend, dass eine Reitschule für Offiziere und eine Kavallerie-Unteroffiziersschule eingerichtet wurden. In beiden Schulzweigen konnte nicht nur eine wesentlich größere Anzahl von Reitschülern unterrichtet werden, es war außerdem differenzierter Unterricht möglich. „Jedes der 78 Kavallerie-Regimenter und jede der 7 Artillerie-Brigaden kommandierten [ab 1867, *Anm. d. V.] einen Offizier ab, so daß sich die Anzahl der Offizier-Reitschüler auf 85 belief. Von diesen sollten auf Vorschlag des Direktors 26 Offiziere für ein zweites Jahr beim Institut verbleiben, während für die übrigen ihr Kommando nach einem Jahr beendet war. Zur Kavallerie-Unteroffizierschule sollten von jedem Regiment zwei, von jedem Feld-Artillerie-Regiment ein Gefreiter kommandiert werden. Das Kommando der zwanzig Besten sollte auf ein zweites Jahr verlängert werden.“* ([Mossdorf 1989] S. 44 ff.).

Aufgrund der sehr unterschiedlichen Militärkonventionen, bestanden bis zum Ende des Deutschen Kaiserreiches neben der Königlich-Preußischen Armee, die Königlich-Bayerische Armee, die Königlich-Sächsische Armee sowie die Königlich-Württembergische Armee als eigenständige Verbände innerhalb des Deutschen Heeres. Allerdings waren diese trotz unterschiedlich großer Freiräume verpflichtet, sich in Struktur und Ausbildung der preußischen Armee anzupassen. Aus diesem Grund kam es 1868 in Bayern zur Gründung einer eigenen Militärreitschule, der in München ansässigen „Königlich Bayerischen Equitationsanstalt.“ Die 1864 aus der 1850 gegründeten Militär-Reitschule

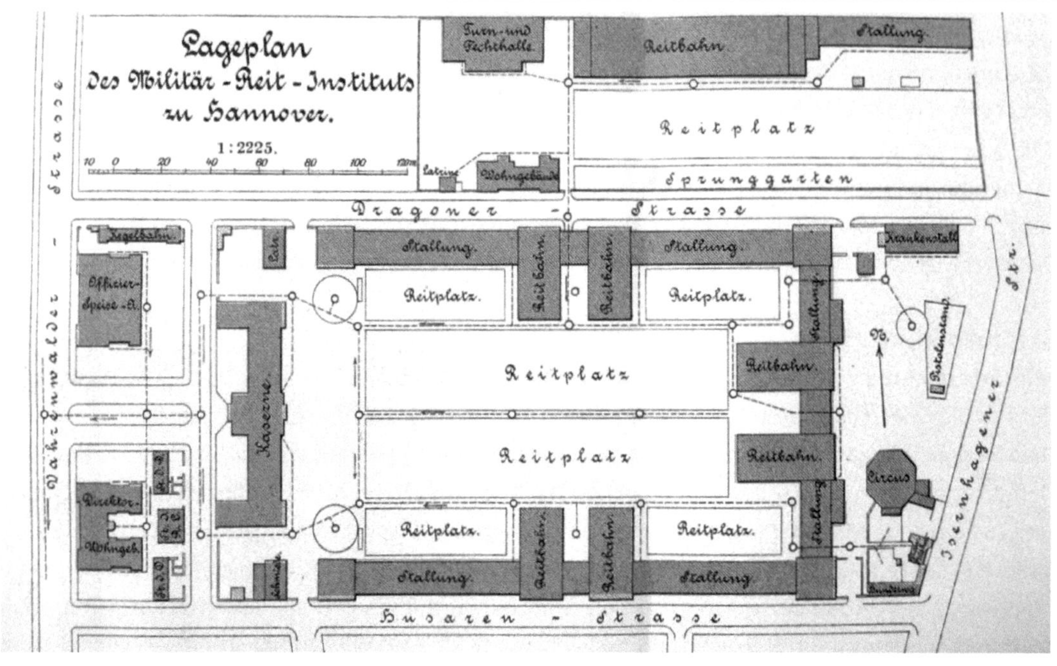

Lageplan des preußischen Militär-Reitinstituts in Hannover.

in Dresden hervorgegangene „Königlich Sächsische Militärreitanstalt" stellte dann die dritte Einrichtung dieser Art innerhalb des gesamten Kaiserreiches dar. Die übrigen militärischen Formationen der deutschen Bundesfürsten gliederten sich, obwohl ihnen Preußen bestimmte Eigenheiten an der Uniform ihrer Truppen zugestand, als preußische Kontingentstruppen vollständig in die bestehenden Strukturen der preußischen Armee ein. Aus diesem Grund kommandierten diese ihre Unteroffiziere und Offiziere auch an das Königlich Preußische Militär-Reitinstitut nach Hannover ab. Es sei an dieser Stelle angemerkt, dass erst im Kriegsfall alle Teile des deutschen Heeres dem Oberbefehl des Kaisers in seiner staatsrechtlichen Funktion als Obersten Kriegsherrn unterstellt wurden.

Hatte die Reitschule in Schwedt 1861 noch einen Etat von 114 Pferden (darunter sechs Schulpferde, die in den hohen Lektionen ausgebildet waren), waren es 1874 in Hannover in der Offizier-Reitschule 134 Pferde (davon sechs Schulpferde) und in der Kavallerie-Unteroffizierschule 211 Pferde. ([Longchamps-Berier 1880] S. 106).

Trotz Jahrzehnten der Ausbildung nach Reitvorschriften und dem Wirken der Militär-Reitschulen, konnte dennoch nicht von einer Standardisierung der Reitausbildung gesprochen werden. Max von Redwitz schildert die bestehende Situation am Beispiel der bayerischen Equitationsanstalt in München 1868: *„Unter den 16 kommandierten Offizieren fanden sich ebensoviele Ansichten und Reitmanieren vertreten, wie dies, solange es Reiter gibt, in gewissem Grade wohl immer der Fall sein wird. Für den damals alleinstehenden Kommandanten war es umso schwieriger, diese Verschiedenartigkeiten im Sinne der bestehenden Vorschriften in ein System zu bringen, und konnte dies erst durch Zeit und strenge Methode erreicht werden."* ([Redwitz 1893] S. 4).

Artillerie und Militär Reitinstitut

Abgesehen von den Dienstgraden der Kavallerie-Regimenter, wurden an den Reitschulen seit dem deutsch-französischen Krieg zunehmend Unteroffiziere und Offiziere aus Artillerie-Regimentern unterrichtet. Für die Unteroffiziere und Offiziere des Trains waren hingegen keine Lehrgänge am Reitinstitut vorgesehen. Bemerkenswert ist der Umstand, dass der Unterrichtszweig Fahrausbildung erst 1937 eingerichtet wurde. Die Aufnahme von Dienstgraden der Artillerie resultierte aus einer Umstrukturierung der gesamten deutschen Artillerie ab 1872. Vor der Reichgründung wurde die Artillerie allgemein in Feldartillerie sowie in Festungs- und Belagerungsartillerie eingeteilt. Im Prinzip zählten zur Feldartillerie all diejenigen Geschützarten, die während eines Feldzuges zur Unterstützung der Infanterie und ebenso der Kavallerie unbedingt erforderlich waren. Die Festungs- und Belagerungsartillerie umfasste dann wiederum alle mehr oder weniger starr in einem Festungswerk integrierten Geschütze, solche, die in Festungen stationiert waren und letztlich auch die Geschütztypen, die ausschließlich zur Belagerung von feindlichen Festungen, schwer befestigten Plätzen, ausgebauten Feldstellungen usw. nötig werden konnten.

Mit A.K.O. vom 18. Juli 1872 wurde zunächst in Preußen damit begonnen, die gesamte Artillerie stringent in Feldartillerie- und Fußartillerie-Regimenter einzuteilen. Jedes einzelne Feldartillerie-Regiment verfügte bis 1914 durchschnittlich über zwei bis drei Abteilungen. Zu jeder einzelnen Abteilung gehörten zwei bis drei Batterien, zu jeweils sechs Geschützen. Gleichzeitig wurden die bestehenden Abteilungen in drei Kategorien aufgeschlüsselt. Den größten Anteil stellten hierbei die fahrenden Abteilungen und Batterien, bei denen die Bedienungsmannschaften auf dem Protzenwagen und den beiden Achssitzen des Geschützes als fahrende Artilleristen mitfuhren. Nur die Offiziere, Unteroffiziere und Trompeter dieser fahrenden Abteilungen begleiteten ihre Geschütze auf separaten Reitpferden. Bei der zweiten Kategorie handelte es sich um die reitenden Abteilungen, da hier die komplette Bedienung auf Pferden als berittene Artilleristen neben dem Protzenwagen mit Geschütz nebenher ritt. Die dritte Kategorie entstand erst im Jahr 1900, indem sogenannte Feldhaubitz-Abteilungen aufgestellt wurden. Im Unterschied zu den fahrenden Abteilungen oder auch reitenden Abteilungen, führten diese keine Feldkanonen, sondern einen leichten Feldhaubitzentyp. Die Bedienungsmannschaften fuhren auch hier auf dem Protzenwagen und der Haubitze mit und die Gespanne mussten vom Sattel aus gefahren werden. Bei allen drei Kategorien von Feldartillerie-Abteilungen gewährleisteten jeweils sechs vom Sattel gefahrene Pferde die Mobilität des jeweiligen Geschütztyps.

Die aus der Festungs- und Belagerungsartillerie hervorgegangene Fußartillerie umfasste auch weiterhin die unterschiedlichsten für die Belagerung wie auch Verteidigung von befestigten Plätzen benötigten Waffensysteme, deren Bedienungsmannschaften ihrem Geschütz jedoch zu Fuß folgen konnten. Mit der 1890 eingeleiteten Aufstellung einer schweren Artillerie des Feldheeres sollten auch großkalibrige Geschütze der Fußartillerie, zum Beispiel die 15-cm-schwere Feldhaubitze, mit Hilfe von permanent vorhandenen Bespannungsabteilungen mobil gemacht werden.

Mit zunehmender Bedeutung der Artillerie und ganz besonders der Feldartillerie, zeichnete sich bereits nach 1872 ein immenser Bedarf an reitendem wie auch fahrendem Personal für die aufstrebende Waffengattung ab. Das Verhältnis der Waffengattungen des Deutschen Heeres um 1888 von 66% Infanterie, 15% Kavallerie, 16% Artillerie und 2,5% technische Truppen untermauert diese Behauptung. Bis

1911 verfügte die gesamte Feldartillerie des Deutschen Reichsheeres über 574 Batterien, wobei jedes einzelne Geschütz von ca. sechs Artilleristen bedient wurde und weitere drei Fahrer die sechs Gespannpferde vom Sattel aus lenkten. Abgesehen vom reitenden Personal musste daher eine hohe Anzahl an versiertem Fahrpersonal ausgebildet werden. Tatsächlich veränderte sich das Verhältnis der Waffengattungen bis 1913 derart, dass da sich das Heer nun aus, 67% Infanterie, 11,1% Kavallerie, 11,8% Feldartillerie, 4,5% Fußartillerie sowie 5,5% technische Truppen zusammensetzte. ([Ortenburg 1992] S. 141).

Erste Versuche mit Distanzritten

Im Sommer 1842 fanden zum ersten Mal probemäßige Distanzritte bei den preußischen Garde-Kavallerie-Regimentern statt. Mit ihnen sollte überprüft werden, ob die bisherige Reitausbildung lediglich auf die Anforderungen der üblichen Manöverbewegungen vorbereitet oder auch die bei einem Feldzug zu erwartenden Anstrengungen einübt. Ein Augenzeuge berichtet hierüber: *„Am 14. September 1842 legte das Garde-Dragoner-Regiment in einem mäßigen Trabtempo die 1 ¾ Meilen (13,1 km) lange sehr sandige Strecke von der Brücke, welche am Schlesischen Thore von Berlin über den Landwehrgraben führt bis nach Köpenick in 50 Minuten zurück (350 Schritt pro Minute) wo es noch in sehr schnellem und kräftigem Galopp aufmarschierte. Die Pferde erschienen nicht im Mindesten angegriffen, einige waren selbst nicht einmal warm geworden."* ([Kaehler 1879] S. 146). Diese für die damalige Zeit anerkennenswerte Leistung, spiegelt durchaus den hohen Ausbildungs- und Leistungsstand der durchschnittlichen Militärpferde wider. Die Einsicht darüber, dass in den kommenden Jahrzehnten deutlich höhere Marschleistungen an Pferd und Reiter gestellt werden würden, war noch nicht vorhanden. Distanzritte sollten daher in der Ausbildung lange Zeit keine Rolle mehr spielen, hier wurde weiterhin auf die gute Konditionierung durch die bisherige Reitausbildung vertraut.

Kritik an der militärischen Reitausbildungspraxis von Karl von Schmidt

Karl von Schmidt hatte sich während seiner Dienstzeit beim Ulanen-Regiment Nr. 4 einen guten Ruf als praxisorientierter Ausbilder erworben. Im Jahr 1862 kam es dann schließlich zur Veröffentlichung einer Denkschrift unter dem Titel „Auch ein Wort über die Ausbildung der Kavallerie", die obwohl unter einem Synonym veröffentlicht, sehr schnell Karl v. Schmidt zugeschrieben wurde. Der Inhalt erregte damals größtes Aufsehen und teilweise harschen Widerspruch, da er sich hierin auch gegen das damals an der Militär-Reitschule in Schwedt von Ernst Friedrich Seidler verwendete Reitsystem wandte. Letztendlich wurde v. Schmidt doch noch von der Armeeführung protegiert und seine wesentlichsten Ideen flossen nach 1871 in die Ausbildungsvorschriften der preußischen Kavallerie ein.

Den Zweck seiner Schrift fasste v. Schmidt selbst folgendermaßen zusammen: *„Ob und wie eine bessere, mehr kriegstüchtige Ausbildung der einzelnen Reiter und ins Besondere im Gebrauch der blanken Waffe, Mann gegen Mann zu erreichen ist" ([Pelet 1902] S. 518ff.).* Schmidt strebte die Erziehung selbstständiger, denkender Reiter an. Das reine mechanisches Einüben von Lektionen lehnte er ab. Das Einzelreiten und die Einzeldressur sollte anstelle des bis dahin übliches Reiten in Abteilungen stärker im Vordergrund stehen. Schmidt wollte *„Jagdreiter erziehen, die mit Waffen und Gepäck im langen Jagdgalopp über Gräben und Hecken springen, das Pferd dabei stets in der Hand, im Gleichgewicht und daher im Athem behaltend, sowie zu jeder Wendung bereit, auch wenn er 2000 Schritte zurücklegen sollte."* ([Pelet 1902] S. 520).

Genauso wie er die Praxis in der Militär-Reitschule als zu verschult und zu wenig an der Praxis im Gelände ausgerichtet kritisierte, lehnte er auch die damals populäre „Anglomanie" ab. Darunter wurde die im 19. Jahrhundert auch in der Kavallerie verbreitete Strömung verstanden, fundierte Dressur-Ausbildung als nutzlos abzulehnen und durch „natürliches Reiten" und Vorwärts-Reiten zu ersetzen. Die Anglomanie hatte ihren Ursprung in den Erfahrungen des Rennpferdetrainings. Dementgegen sah v. Schmidt in einer guten Dressur-Ausbildung das Fundament für gutes Geländereiten und meinte, dass nur so beste Leistungen in der Kavallerie zu erzielen waren. Wir werden in späteren Kapiteln dieses Buches sehen, dass diese Diskussion noch bis in die 1930er-Jahre immer wieder entbrannte (dann mit dem „natürlichen System" von Caprilli).

Das Üben von Seitengängen war für Schmidt wichtiges Element der Dressur, auch beim Reiten der Rekruten. Er forderte bei der Reitausbildung täglich langen Galopp und das Springen von Barrieren oder Gräben. Schmidt wendete sich gegen die damals in der Militär-Reitschule übliche Praxis, Remonten fast nur auf Kandare zu reiten. Er kritisierte Seidlers starken Gebrauch von Hilfszügeln in der Ausbildung und die Tendenz, zu viel im übertriebenen, starken Trab zu arbeiten. Für die Ausbildung der Reiter selbst forderte er ein systematisches sportliches Training durch regelmäßige Turnübungen.

Neue Auflagen der Reitinstruktion

In den Jahren 1866 und 1872 wurden neue Auflagen der preußischen Reitinstruktion herausgegeben. Inhaltlich blieb aber auch hierin das zwischenzeitlich deutlich unter Kritik geratene Reitsystem von 1825/26 unangetastet.

So war die Neuauflage von 1866 in allen drei Teilen, inklusive des Anhangs, mit der Ausgabe von 1825/26 identisch. Lediglich orthografische Änderungen sowie organisatorische Bezeichnungsanpassungen (z.B. Änderung von „Lehr-Eskadron" zu „Militair-Reitschule") ([RI T1 1866], [RI T2 1866], [RI T3 1866], [RI Anh 1866]) sind hier als Neuerungen eingeflossen. Der tatsächliche Grund für diese Neuauflage bleibt jedoch uneindeutig. Die Autorenschaft vermutet, dass die Truppenvermehrungen des preußischen Heeres, durch die auch einige neue Kavallerie-Regimenter aufgestellt wurden, eine Neuauflage der wahrscheinlich vergriffenen Exemplare der RI 1825/26 nötig machte.

Die schon erwähnte Immediat-Kavalleriekommission, mit Karl von Schmidt als prägendem Mitglied, erkannte die dringende Notwendigkeit, die RI 1825/26 völlig neu zu gestalten. Allerdings stand ein solch zeitaufwändiges Vorhaben im Gegensatz zu den Forderungen der preußischen Militärführung, die eine schnelle Verbesserung des bisherigen Ausbildungsprogramms für die Kavallerie anstrebte. Schließlich konnten sich die Mitglieder der Kommission auf einen Kompromiss einigen. Daher wurde nur der 1. Teil der Reitinstruktion, die Ausbildung der Mannschaften, mit den dringendsten Veränderungen in Bezug auf den Dienstbetrieb, den Anzug sowie die Ausrüstung abgewandelt. Weitere geringfügige Änderung fanden außerdem bei den Lektionen und dem Reitsystem statt, wie beispielsweise die erstmalige Aufnahme der Kurzkehrt-Wendung usw. Diese Überarbeitungen wurden dann bereits 1872 als „Instruction zum Reit-Unterricht für die Königlich Preußische Kavallerie 1872" veröffentlicht. Parallel dazu wurde das Militär-Reitinstitut in Hannover beauftragt, eine komplett neue Version der Reitinstruktion zu erarbeiten.

Der militärische Reitsitz auf dem Deutschen Sattel ohne Bügel, zweite Stellung der Fäuste, Führung auf beiden Trensen. Bild aus der Auflage der Reitinstruktion von 1866. Das Bild korrespondiert zur reiterlich identischen Abbildung aus der RI 1825/26. Nur die Uniformierung und Ausrüstung sind angepasst. Bei Reiter handelt es sich um einen Kürassier. Die Qualität der Zeichnung ist nicht sehr hoch und deutet darauf hin, dass die Neuauflage von 1866 mit relativ wenig Aufwand entstanden ist.

Der militärische Reitsitz auf der Decke, erste Stellung der Fäuste, Führung auf der großen Trense. Der Reiter ist ein Dragoner. Bild aus der Auflage der Reitinstruktion von 1866.

Aufgrund der in allen Militärkonventionen einheitlichen Festlegung, nach der sämtliche militärische Ausbildungszweige mit den jeweils aktuellen preußischen Reglements übereinstimmen mussten, veröffentlichte unter anderem auch das bayerische Kriegsministerium, allerdings erst 1873, eine bayerische Version der Reitinstruktion. Diese Zeitverzögerung beruhte interessanterweise auf dem per Militärkonvention festgelegten Recht des Königreich Bayerns, die Gestaltung der Gradabzeichen, die Bewaffnung sowie die Uniformierung und Ausrüstung nach eigenem Ermessen festlegen zu können. Somit konnte die bayerische Version der Instruktion 1873 erst veröffentlicht werden, nachdem alle „Spezialitäten" der bayerischen Reitausrüstung eingearbeitet worden waren.

Die Reitinstruktion von 1882 (RI 1882) – „Relative Aufrichtung" statt „Absolute Aufrichtung" und Priorität des Einzelreitens

Major Ernst August Waldemar von Troschke (1832 – 1915) bekam den Auftrag, die neue Reitinstruktion auszuarbeiten. Der spätere General der Kavallerie war von 1872 bis 1882 Direktor der Offizier-Reitschule am preußischen Militär-Reitinstitut. Er hatte sich schon Ende der 1860er-Jahre einen Namen als Schriftsteller von Reitausbildungswerken für die Kavallerie gemacht (Troschke 1869). In ihnen lehnte er sich zwar formal an die RI 1825/26 an, allerdings ließ er ebenso Erkenntnisse der letzten Jahrzehnte einfließen.

Ernst August Waldemar von Troschke (1832 – 1915), Direktor der Offizier-Reitschule am Militär-Reitinstitut Hannover und Schöpfer der RI 1882.

„[Die RI 1882, Anm. d. V.] bestand nur noch aus zwei Teilen. Der erste Teil behandelte die Ausbildung in der ersten Reitklasse [Rekruten, Anm. d. V.], der zweite in Anweisung zur Behandlung und Ausbildung der Remonten und die Ausbildung der Mannschaft mit längerer Dienstzeit. Als Hauptgrundsätze der Reitausbildung werden „Gleichgewicht und Biegsamkeit" angeführt. Aus dem Gleichgewicht folgt Beweglichkeit und Leichtigkeit und aus der Biegsamkeit entsteht Geschicklichkeit, Aufmerksamkeit auf die Hilfen und damit Gehorsam. Als Grundlagen für die Bearbeitung der Remonten dienen die natürliche Haltung und das natürliche Gleichgewicht [Remontehaltung, Anm. d. V.]. Bei der Dressur wurde mit dem seit 1825 eingeführten Grundsatz der absoluten Aufrichtung gebrochen und das System der relativen Aufrichtung aus der Tiefe angestrebt. Eine für alle Pferde normale Stellung, einen normalen Aufrichtungsgrad gibt es in der Soldatenreiterei nicht. Zu erreichen ist nach Möglichkeit: entschlossener Schritt und Trab mit freiem Vortritt der Schulter aus kräftiger Folge der Hinterhand in einer Stellung, bei welcher der Hals hinlänglich erhoben und am Widerrist zurückgearbeitet, das Genick gebogen und der Kopf herangestellt ist. Zum Gebrauch des Pferdes im Dienst, wo dasselbe unter dem Reiter auch andauernden Leistungen gerecht werden muß, hat die Instruktion eine weniger anstrengende Haltung für das Pferd zugelassen, die sogenannte Gebrauchshaltung. Gegenüber der Reit-Instruktion [von 1825/26, Anm. d. V.] gibt die neue Vorschrift ein klares Ausbildungssystem, das die vorzunehmenden Lektionen in logischer Aufeinanderfolge für den allmählichen Fortschritt in der Ausbildung von Mann und Pferd aneinander fügt und das zu erstrebende Ausbildungsziel in der Dressur durch eine Zeiteinteilung für Remonten und ältere Pferde bestimmt. Dem Unterricht auf der Decke wird gegen früher ein größeres Gewicht beigemessen, dem Einzelreiten und der Beherrschung des Pferdes erhöhte Bedeutung beigelegt [...] Um die Pferde für die Paraden durchlässiger und gehorsamer zu machen und das Reitergefühl der Mannschaften zu erhöhen, werden die Kontrelektionen neu aufgenommen." ([Rizzi 1932] S. 115 ff.). Nach heutigem Maßstab entsprach die Dressur-Ausbildung für die 1. Klasse L-Niveau, in der 2. Klasse hohem M-Niveau in Richtung S. Dies bedeutete eine erhebliche Anhebung der Anforderungen an die länger dienenden Kavalleristen gegenüber der Instruktion von 1825/26.

Abbildung aus der RI 1882: Sitz auf dem Deutschen Sattel ohne Bügel. Die doppelte Trense wird nicht mehr verwendet. Die Kopfhaltung des Pferdes ist deutlich weniger aufgerichtet als in der RI 1825/26. Der Reiter ist ein Kürassier.

Abbildung aus der RI 1882: Sitz auf dem Ungarischen Sattel mit Bügeln, Führung auf Kandarenzaum mit losgelassener Trense, etwas höhere Aufrichtung des Pferdekopfes. Der Reiter ist ein Husar.

Wie schon in der RI 1825/26, wurden die Gangtempi anders als im heutigen Dressursport definiert. Es gab Mitteltrab, starken Trab und abgekürzten Trab, dasselbe im Galopp. Im Schritt gab es freien und versammelten Schritt. Den Mitteltrab definierte die RI 1882 wie folgt: *„Der gewöhnliche oder Exerzir-Trab ist in mäßigem Tempo bei freier Haltung zu allen Evolutionen geeignet, so daß auch weniger gut gebaute Pferde denselben andauernd gehen können."* ([RI T2 1882] S. 31). Damit war der damalige Mitteltrab eher mit dem heutigen Arbeitstrab vergleichbar, wobei auch der heutige Arbeitstrab in Dressurprüfungen oft in einer Weise geritten wird, in dem Pferde nicht über längere Zeit „arbeiten" können. Der damalige starke Trab entsprach wiederum dem heutigen Mitteltrab.

Über die damals üblichen Gangtempi gab Troschke 1869 eine Einschätzung: *„130 Schritte (119 m) auf dem Hufschlage. Abgekürzter Trab 33-34 Secunden. Mittel-Trab 26-28 Secunden. Starker Trab 22-24 Sekunden. Abgekürzter Galopp 30-32 Secunden. Mittel-Galopp 22-24 Secunden. Starker Galopp 18-20 Secunden."* ([Troschke 1869] S. 12). Das Entwickeln eines einheitlichen Tempogefühls jeden Reiters für Mittel-Galopp und starken Galopp im Gelände war für das Reiten von Attacken von größter Bedeutung. So konnte die Richtung der Eskadron in Linienformation Bügel an Bügel gehalten werden. Schaute ein Reiter dagegen nach links oder rechts, brachte dies nur Unordnung.

Sowohl die Schriften von Karl von Schmidt, wie die des langjährigen Zivil-Stallmeisters des preußischen Militär-Reitinstituts, Ernst Friedrich Seidler, hatten wesentlichen Einfluss auf die neue RI 1882. Zudem hatte sich um 1870, auf Grundlage der bedeutenden Arbeiten von Friedrich

*Abbildung aus der RI 1882:
Natürliche Haltung beim Anreiten einer Remonte, Kürassier auf Deutschem Sattel auf Trense ohne Halfter.*

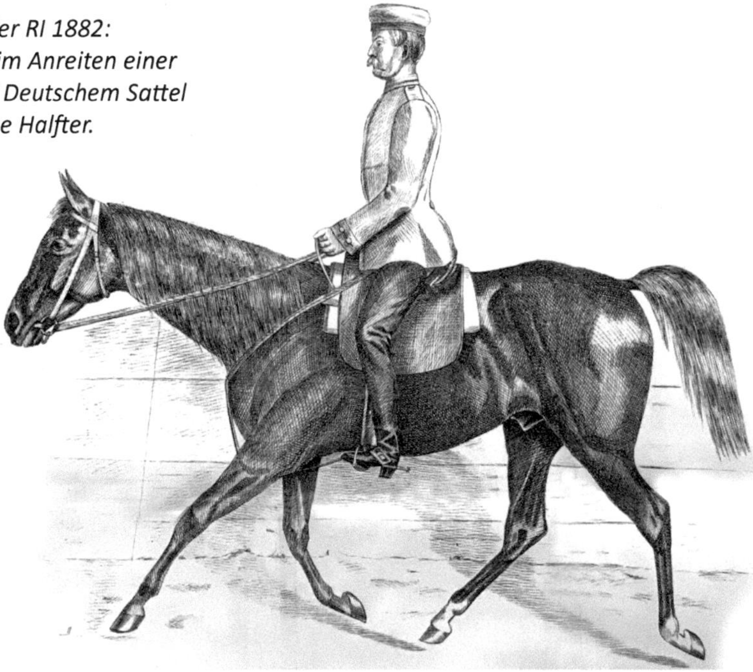

*Abbildung aus der RI 1882:
Haltung eines gut gebauten und gearbeiteten Pferdes im Trabe, Dragoner auf Ungarischem Sattel auf Trense ohne Halfter, deutliche Dressurhaltung.*

Abbildung aus der RI 1882: Haltung des Pferdes im Gleichgewicht (Gebrauchshaltung), Ulan Ungarischem Sattel in voller Packung, auf Kandare mit losgelassener Trense geritten.

von Krane (1812 – 1874), die Erkenntnis Bahn gebrochen, dass bei der Gewichtsbelastung von Vor- und Hinterhand des Kavallerie-Pferdes ein Verhältnis anzustreben sei, das dem unbelasteten Pferd entsprach. Hierdurch würden Geschwindigkeit, Springvermögen, Ausdauer optimiert und Verschleiß minimiert. Untersuchungen in Frankreich hatten gezeigt, dass die Vorhand des unbelasteten Pferdes durchschnittlich 1/10 mehr Gewicht als die Hinterhand trug. Außerdem zeigten diese Versuche, dass das Gewicht auf der Vorderhand, selbst bei hoher Aufrichtung und rückwärts geneigtem Reiter, höher als auf der Hinterhand war. Deshalb gab man endgültig die Maxime auf, bei der Reitausbildung möglichst viel Gewicht auf die Hinterhand des Pferdes zu verlagern. ([Borbstaedt 1872] S. 76 passim.).

Seidlers System der „relativen Aufrichtung", das sich für die Ausbildung der modernen Warmblüter bewährt hatte, galt nun als führendes Prinzip. Ebenso wurden Schmidts Forderungen bezüglich des Einzelreitens, des Geländereitens und der Turnübungen für Reiter berücksichtigt. Zum ersten Mal setzte sich das Leicht-Traben zur Entlastung von Pferd und Reiter innerhalb der preußischen Kavallerie durch, wobei Bayern dieses schon in den 1860er-Jahren anwendete. Der angestrebte Sitz des Reiters war nun der auch heute noch übliche losgelassene und balancierte Dressursitz.

Anders als die RI 1825/26, enthielt die neue Version keine Regelungen mehr für die Ausbildung an den Militär-Reitschulen, d.h. den bisherigen dritten Teil. Vermutlich hatten die häufigen Umorganisationen dieser Einrichtungen in den letzten Jahrzehnten gezeigt, dass es wenig sinnvoll war, diesen Ausbildungsbetrieb in der Reitvorschrift zu regeln.

Das Militär-Reitinstitut bekommt einen Schulstall

Mit der Einrichtung eines Schulstalls wurde das Militär-Reitinstitut in Hannover zu einem „Hüter" der höheren Reitkunst. Die Hohe Schule wurde jedoch nicht für die Truppenausbildung in den Regimentern benötigt, da diese für die modernen Aufgaben der Kavallerie weder notwendig noch innerhalb der dreijährigen Dienstzeit der Mannschaften erlernbar war. Vielmehr bestand die Erkenntnis, dass diese höchste Art der Dressurausbildung wichtige Rückschlüsse auf die generelle Reitausbildung der Kavallerie erlaubte. Das Wissen über die Hohe Schule sollte deshalb erhalten bleiben und gefördert werden. Deshalb schaffte die Schule eine Anzahl an hochausgebildeten Schulpferden an oder bildete diese selbst aus. Auf diesen Pferden konnten dann die als „Zweijährige" bezeichneten Reitschüler in der Hohen Schule ausgebildet werden.

Bernhard Hugo von Holleuffer (1827 – 1888) war Erster Königlich Preußischer Stallmeister von 1865 bis 1887 an der Militär-Reitschule in Schwedt und dem Militär-Reitinstituts Hannover und Nachfolger von Ernst Friedrich Seidler. Er hat wesentlich an der RI 1882 mitgewirkt. Von ihm stammen mehrere Werke zur Reitausbildung. Die Fotografie wurde 1865 in Schwedt gemacht und befindet sich im Besitz von Bernd Wollschläger, Ludwigslust.

Zum Leiter des Schulstalls sollte ein besonders befähigter Offizier eingesetzt werden. Dieser wurde von zwei Zivil-Stallmeistern unterstützt. Die Nachfolge Seidlers als ersten Zivil-Stallmeister trat 1865 Bernhard Hugo von Holleuffer (1827 – 1888) an, ein anerkannter Pilaren-Spezialist, der noch am königlichen Marstall in Hannover gelernt hatte. Holleuffer übernahm von seinem Vorgänger das Prinzip der „relativen Aufrichtung" und hat wesentlich an der Erstellung der RI 1882 mitgewirkt. Zweiter Stallmeister war zunächst Adolph Schmidt (1840 – 1914), der in den königlichen Marställen in Berlin und Dresden ausgebildet worden war und seit 1876 als Zivil-Stallmeister an der bayerischen Equitationsanstalt in München wirkte.

Militärische Reitlehrer und Stallmeister

Im 19. Jahrhundert existierten zwei Gruppen von Reitlehrern: Offiziere, Unteroffiziere und zivile Stallmeister. Das Verhältnis zwischen den militärischen Dienstgraden in der Dienststellung als Reitlehrer gegenüber den Stallmeistern war nicht immer einfach. Ursächlich resultierte das angespannte Verhältnis beider Gruppen jedoch nicht aus unterschiedlichen Rangverhältnissen. Immerhin zählte der Stallmeister seit 1872 zu den Militärbeamten im Offiziersrang, eine Position, die mit der eines Zahlmeisters vergleichbar war ([AVBl. 1874] Nr. 55). Einer der führenden deutschen Stallmeister in der ersten Hälfte des 19. Jahrhunderts, Louis Seeger, beschrieb das Verhältnis mit diesen Worten: *„Wäre die Reitlehre bei der Kavallerie nicht in die Hände von Offizieren und von Leuten gekommen, denen die Schule unbekannt geblieben ist und die daher deren Grundsätze mißverstehen, hätte man nach dem früheren Systeme Stallmeister von Fach bei den militärischen Reitlehranstalten und den Regimentern beibehalten, so würde man nicht so weit zurückgekommen sein als man gegen vor 40 Jahren heute ist."* ([Seeger 1852] S 91). Seegers Position entsprach jedoch nicht den zeitgenössischen Verhältnissen, da es nach den Verheerungen der napoleonischen Zeit schlicht kaum noch gute Stallmeister in benötigter Anzahl gab. Die Armee war daher gezwungen ein anderes System zu suchen, bei dem Stallmeister nur mehr an den Militärreitschulen eingesetzt wurden.

Adolph Schmidt (1840 – 1914), Zivil-Stallmeister am Militär-Reitinstitut Hannover und ab 1876 an der Equitationsanstalt in München. Das Bild zeigt ihn Ende der 1870er Jahre in seiner bayerischen Beamtenuniform. [Schmidt 1999].

Die jungen Reiteroffiziere, die häufig im Rennsport gefeierte Sportstars waren, nahmen die mühsame Schulreiterei der Stallmeister oft nicht ernst. Für sie stellte diese ein notwendiges Übel dar, das sie weder im Rennsport noch beim Jagdreiten und noch weniger im dienstlichen Reitbetrieb benötigten. Die Stallmeister wiederum sahen nicht neidlos auf den sportlichen Ruhm und die damit verbundene glänzende gesellschaftliche Stellung dieser Kavallerieoffiziere. Willi Willmer, der als Offizier an der bayerischen Equitationsanstalt in München bei dem Stallmeister Adolph Schmidt gelernt hatte, schrieb über dieses angespannte Verhältnis dazu 1953: *„[Adolph Schmidt] war nur ein Bahnreiter, weniger ein Lehrer für Geländereiten, für Jagdreiterei, kurz für alle Sparten der Campagnereiterei, ja, ich darf wohl sagen, [...] [dass] er wenigstens während meines Kommandos nie an einer unserer Reitjagden teilnahm und z.B. über das Rennreiten stets etwas verächtlich äusserte [...]. Man konnte sehr viel von ihm lernen, wenn man auf seine Lehren einging, sie ohne Vorurteil befolgte und ihn zu verstehen suchte. Das war nicht immer leicht, den einerseits war er während meines Kommandos schon in einem höheren Lebensalter und dann konnte er sehr sarkastisch sein. Er befand sich in einem Beamtenverhältnis, fühlte sich dadurch gegenüber den Reitlehrern, die Offiziere waren, etwas zurückgesetzt und war dadurch auch etwas verbittert, was bei seinem Unterricht manchmal zum Ausdruck kam."* ([Schmidt 1999] S. XI ff.).

Der neue Stellenwert des Geländereitens

Heinrich von Rosenberg und seine Sporterfolge wurden schon im Kapitel „Reitsport" vorgestellt. Sein Wirken und seine Vorbildrolle brachten nach 1871 zwei wesentliche Impulse in die Reitausbildung der Kavallerie – und zwar das Jagd- und Geländereiten. In seiner Position als Eskadronschef des preußischen Ulanen-Regimentes Nr. 13 in Hannover ab 1867, war er federführend für den Aufbau

Der zweite Stallmeister Malte Scheele vom Militär-Reitinstitut Hannover mit dem Longierpferd Lucas. Scheele wurde 1887 pensioniert. Archiv von Bernd Wollschläger, Ludwigslust.

des Hannoverschen Rennvereins und der Reitjagd am Militär-Reitinstitut in Hannover verantwortlich. Immerhin galt diese bis zum Ersten Weltkrieg als die renommierteste Reitjagd in ganz Deutschland, gleichzeitig stellte sie das Vorbild für alle weiteren Einrichtungen dieser Art dar. Schon 1867 schaffte v. Rosenberg die erste Hundemeute für den Verein an und es wurde ein eigener Jagd-Stall im Reitinstitut eingerichtet. Von 1873 bis 1876 beschäftigte man nacheinander zwei Engländer als Hundsman. Danach übernahm ein älterer Unteroffizier diese Rolle.

Die Motivation für die Reitjagden am Militär-Reitinstitut als Teil der Ausbildung der Lehrgangsteilnehmer beschreibt eine Anweisung aus dem Jahr 1898 vom damaligen Chef Walther von Mossner und dem Master Heribert Graf von Spee: *„Der Zweck ist, den zum Militär-Reit-Institut kommandirten Offizieren Gelegenheit zu geben, sich bei jeder Witterung im unbekannten, theils schwierigen Gelände zu Pferde schnell und sicher bewegen und dasselbe auf seine Gangbarkeit beurtheilen zu lernen. Hand in Hand damit geht die richtige Behandlung und Pflege des Pferdes und die Beurtheilung seiner Leistungsfähigkeit, die meist unterschätzt wird.“* ([Spee 1898] S. 1).

Die RI 1882 enthält noch keinen eigenen Abschnitt über das Jagdreiten. Erst in der Reitvorschrift von 1912 wurde der wichtige Zweck des Jagdreitens für die Kavallerie folgendermaßen zusammengefasst: *„Durch keinen Zweig reiterlicher Ausbildung werden die zum dreisten, flotten Vorwärtsreiten querfeldein erforderlichen seelischen und körperlichen Eigenschaften bei Reiter und Pferd so geweckt uns so erfolgreich geschult, wie durch das Jagdreiten. Es gewährt dem Reiter nicht die Zeit zu fürsorglichen Erwägungen in schwierigen Lagen; nur schnelle Entschlüsse ermöglichen es ihm oft, im Jagdfelde zu belieben. In Übereinstimmung mit dem Willen des Reiters vermag der dem Pferde innewohnende Herdendrang und Selbsterhaltungstrieb im Jagdfelde manchmal außergewöhnliche Leistungen zu zeitigen. So trägt beim Jagdreiten oft ein gutes, braves Pferd den unerfahrenen wie den schwachen und weniger energischen Reiter über Hindernisse und Geländeschwierigkeiten hinweg, die er allein wohl niemals im Sattel überwunden hätte. Solche Leistungen heben das Selbstvertrauen und wecken den Ehrgeiz, diese mächtige Triebfeder menschlichen Handelns. Auch hierin liegt mit der hohe erzieherische Wert des Jagdreitens.“* ([DVE 1912] S. 171 ff.).

Bemerkenswert ist in diesem Zusammenhang, dass der Sitz beim Rennreiten während des gesamten 19. Jahrhunderts sowohl bei den Flachrennen wie auch bei den Steeple Chases kein leichter Sitz wie heutzutage war. Der Reiter saß aufrecht und ritt auch über den Sprüngen eingesessen im Dressursitz mit langen Bügeln. Diese Art brachten die englischen Jockeys bereits im 18. Jahrhundert nach Europa, wo er dann allgemein übernommen wurde. Erst um 1900 wird sich dieser Stil ändern.

Von 1875 bis 1883 war v. Rosenberg Kommandeur des preußischen Husaren-Regimentes Nr. 3, in dessen Stammeinheit der Leib-Husaren-Kompanie ab 1731 der legendäre Husaren-General v. Ziethen diente. Nach der Umwandlung der Kompanie in das Leib-Husaren-Regiment im Jahr 1741, stand Hans Joachim v. Zeiten diesem als Kommandeur vor. Nach dessen Auflösung im Zuge der Niederlage von 1806, wurde unter anderem aus den Resten des ehemaligen Leib-Husaren-Regimentes 1808, das Husaren Regiment Nr. 3 (1. Brandenburgisches) gegründet. Am 3. November

1861 wurde dieser Einheit der Name Brandenburgisches Husaren Regiment (Zietensche Husaren) Nr. 3 und am 27. Januar 1889 der als Husaren-Regiment von Zieten (Brandenburgisches) Nr. 3 verliehen. Abgesehen von der langen Traditionskette dieses seit ca. 1809 in Rathenow stationierten Regimentes, schien das um die Stadt befindliche Terrain v. Rosenberg zu besonderen Reitübungen anzuregen. Die damals unbebauten Weinberge, wie beispielsweise die Göttliner Berge, wurden unter der Bezeichnung „Rosenberg`sche Kletterberge" als berüchtigtes Übungsgelände genutzt. An den steil abfallenden Sandhängen mussten die Pferde stellenweise herunterrutschen. Außer mit diesen in der Armee zunächst neuartigen Kletterübungen, setzte v. Rosenberg mit Springübungen oder dem Forcieren tiefer Gräben, seine Ausbildungsideen als Grundlage für ein sicheres Geländereiten um. Der Spitzname „Kletter-Husaren" für das Regiment darf allerdings nicht darüber hinwegtäuschen, dass klettern, springen und reiten nun zum zentralen Bestandteil der Reitausbildung eines jeden deutschen Kavallerie-Regimentes geworden war.

Geländeausbildung beim Husaren-Regiment Nr. 3 in Rathenow.

Zusammenfassend machte sich das deutsche Militär drei Lehren des Geländereitens nutzbar. Zunächst gelangte stark veredeltes Pferdematerial zur Remontierung. Die Wirkung der militärischen Reitschulen und damit ebenso die Reitinstruktionen wurden durch den gemeinsamen Einsatz militärischer wie auch ziviler Reitlehrer deutlich verbessert. Das sich verbreitende Rennreiten, wie auch das dienstliche Jagdreiten, stärkten das militärische Geländereiten ungemein.

Sonstige Ausbildung

Neue Aufgaben – neue Vorschriften

Die Immediat-Kavalleriekommission mit Karl von Schmidt arbeitete ab 1872 nicht nur an einem neuen Exerzier-Reglement sowie einer Überarbeitung der bisherigen Reitinstruktion, sondern leitete aus den Erfahrungen der letzten Kriege eine Reihe von neuen Vorschriften und Ausbildungsinhalten ab. Nicht wenige neu erschienene Inhalte waren durch v. Schmidt bereits in den 1860er-Jahren praktisch erprobt worden. Allerdings führten die neuen Ausbildungsinhalte gleichzeitig zu einer Verknappung der ohnehin schon eng bemessenen Ausbildungszeit. Obwohl der für die Kavallerie oder eine reitende Abteilung der Artillerie gemusterte Rekrut sich auf eine dreijährige Dienstzeit einstellen musste, reichte diese nicht zur vollständigen Vermittlung auch des nichtreiterlichen Spezialkönnens aus.

Waffenausbildung und Sport

Wie in den Kapiteln über die beiden vorherigen Epochen herausgearbeitet wurde, stellte die Ausbi.dung an den Blankwaffen stets ein Stiefkind in der preußischen Kavallerie dar. Dies hatte Karl v. Schmidt früh bemängelt und zum Beispiel seine Ulanen-Eskadron Ende der 1850er-Jahre zu einem Musterverband für das Lanzenfechten herangebildet. Bis 1873 enthielt das Exerzier-Reglement von 1855 sämtliche Anweisungen für die Ausbildung mit den verschiedenen bei der Kavallerie vorkommenden Hieb- und Stichwaffen. Ab 1873 gelangte endlich eine separate Vorschrift, die „Instruktion für die Waffenübungen der Kavallerie", zur Einführung.

Für das immer wichtiger werdende Fußgefecht der Kavallerie wurde 1877 die „Karabiner-Schießinstruktion für die Kavallerie" erlassen, *„die an die Gefechts- und Schießausbildung des einzelnen Mannes Anforderungen stellte, die der Bedeutung der Kampfform und den Forderungen des Reglements entsprachen. Die Instruktion lehnte sich eng an die Schießinstruktion für die Infanterie an."* ([Pelet II 1905] S. 411). Jeder einzelne Husar, Dragoner oder auch Ulan wurde 1873 zusätzlich zu seinen Blankwaffen mit einem Hinterladerkarabiner ausgerüstet. Bei den Kürassieren wurde diese zusätzliche Bewaffnung erst in den 1880er-Jahren eingeführt.

Die sportliche und körperliche Leistungsfähigkeit des Reiters gehörte zu den besonderen Anliegen Karl von Schmidts. Mit der 1879 herausgegebenen „Vorschrift über das Turnen der Truppen zu Pferde" konnte sich diese neue Ausbildungssparte zu einem wichtigen Dienstzweig innerhalb der Truppenausbildung manifestieren.

Freiübungen aus der „Vorschrift über das Turnen der Truppen zu Pferde" von 1879.

Felddienst

Die Felddienstausbildung nahm in der zweiten Hälfte des 19. Jahrhunderts eine immer wichtigere Rolle innerhalb der Kavallerieausbildung ein. Unterstützung fand diese Ausbildung in der vermehrten Einrichtung von Truppenübungsplätzen, die sich über das gesamte deutsche

Reichsgebiet verteilten. Auf diesen großzügig eingerichteten Übungsplätzen war es möglich, unter realistischen Bedingungen das Gefecht der verbundenen Waffen einzuüben.

Die Felddient-Ordnung wurde 1888 noch ergänzt um eine „Anleitung für die Zerstörungs- und Herstellungsarbeiten der Kavallerie im Felde". Sie enthielt Anweisungen für den Bau und die Zerstörung von Eisenbahnen, Telegrafen und Brücken – als Teil des durch die Kavallerie zu leistenden Feldpionierdienstes.

Die preußischen17. Husaren zerstören am 12. August 1870 die Eisenbahn bei Frouard [Pelet II 1905].

„Es wurden nun auch die Fortschritte der Zeit in technischer Beziehung für die Kavallerie nutzbar gemacht und der Telegrafendienst offiziell mit in das Ausbildungsprogramm aufgenommen [...] Auch Schwimmübungen im größeren Umfang, bei denen die Truppe zum Übersetzen des Gepäcks und der des Schwimmens unkundigen Leute Flöße baute, wurden häufig vorgenommen." ([Pelet II 1905] S. 415).

Wieder eine Kavallerie-Inspektion

Nach 60 Jahren führte Preußen 1866 endlich wieder eine Kavallerie-Inspektion ein, deren erster Inspekteur der legendäre Prinz Friedrich Karl v. Preußen [1828 – 1885] war. Der als ein besonderer Förderer von Karl von Schmidt geltende Heerführer, bekleidete dieses Amt bis zu seinem Tod. Diese von führenden Kavallerie-Generälen angemahnte Einrichtung muss jedoch als Resultat der sich im Feldzug von 1866 gezeigten Mängel, hinsichtlich einer einheitlichen Ausbildung der Kavallerie, angesehen werden. Die Aufgaben des Kavallerie-Inspekteurs galten jetzt, anders als in der friderizianischen Zeit, ausschließlich der Vereinheitlichung der Ausbildung.

Reitausrüstung

Zäumung

Die noch in der RI 1825/26 als Normalgebisse beschriebenen gebrochenen Posthornkandaren wurden bis in die 1860er-Jahre genutzt. Der genaue Zeitpunkt, an dem die nicht gebrochenen Kandarengebisse als Norm eingeführt wurden, ist derzeit nicht rekonstruierbar. Unabhängig davon werden seit Erscheinen der RI 1882 nur noch nicht gebrochene Mundstücke beschrieben und verwendet.

Prinz Friedrich Karl (1828 – 1885), preußischer Generalfeldmarschall, Heerführer in den Kriegen von 1864, 1866 und 1870/71, Inspekteur der Kavallerie [Pelet II 1905].

Die Kürassiere verwendeten weiterhin die bisherigen C-Kandaren, während allen anderen Kavallerie-Regimentern Kandaren mit geraden Anzügen vorgeschrieben waren. Die eingliedrige Kinnkette wurde mit der RI 1882 offiziell durch eine Panzerkette mit Ring für den Scherriemen ersetzt. Der Scherriemen (auch „Scheerriemen" nach den „Scheeren" als Alternativbezeichnung für die Anzüge) konnte durch den Ring der Kandarenkette und die Zügelringe an den Gebissanzügen oder an Ringen, die separat an die Anzüge gelötet waren, geschnallt werden. Der so eingeschnallte Scherriemen sollte verhindern, dass die Pferde die Anzüge mit den Zähnen griffen und somit die Wirkung der Kandare verhinderten. ([Borbstaedt 1872] S. 98 ff.). Demselben Zweck dienten die früheren Schaumketten, die bei den Kandaren der Kürassiere zum Einsatz gekommen waren. Da Troschke bereits 1869 die Verwendung der Scherriemen beschreibt, ist anzunehmen, dass ihre Verwendung und die Verwendung von Kinnketten mit Scherriemenring bereits vor 1882 üblich waren.

Troschke überlieferte 1869 außerdem, welche Mundstückbreiten in einer durchschnittlichen Ulanen-Eskadron (mit mittelgroß berittenen Pferden) typischerweise notwendig waren: *„[...] a. breiteste, um sie gleich zu erkennen oben auf der Zungenfreiheit mit 3 eingeschlagenen Punkten gekennzeichnet, 5 Zoll (12,7 cm) breit, braucht man circa 30 Stück. b. mittlere (oben mit zwei Punkten bezeichnet), 4 ½ Zoll (11,43 cm) breit, braucht man circa 90 Stück. c. schmalste (oben mit einem Punkte bezeichnet), 4 Zoll (10,16 cm) breit, braucht man circa 30 Stück."* ([Troschke 1869] S. 143 ff.). Da es trotz sorgfältiger Ausbildung und größter Vorsicht dennoch zu Verletzungen der Laden kam, verfügte jede Eskadron über ca. 20 zusätzliche Gebisse, bei denen keine Zungenfreiheit vorhanden war. Unter einem solchen Mundstück konnten an den Laden entstandene Wunden schneller abheilen.

Es ist anzumerken, dass die Anpassungen und die Auswahl der Kandaren-Mundstücke für die Kavallerie eine Wissenschaft für sich waren. Jeder Änderung und Verbesserung gingen eingehende Untersuchungen und Versuche voran, um für die Truppe ein optimales Ergebnis mit guter

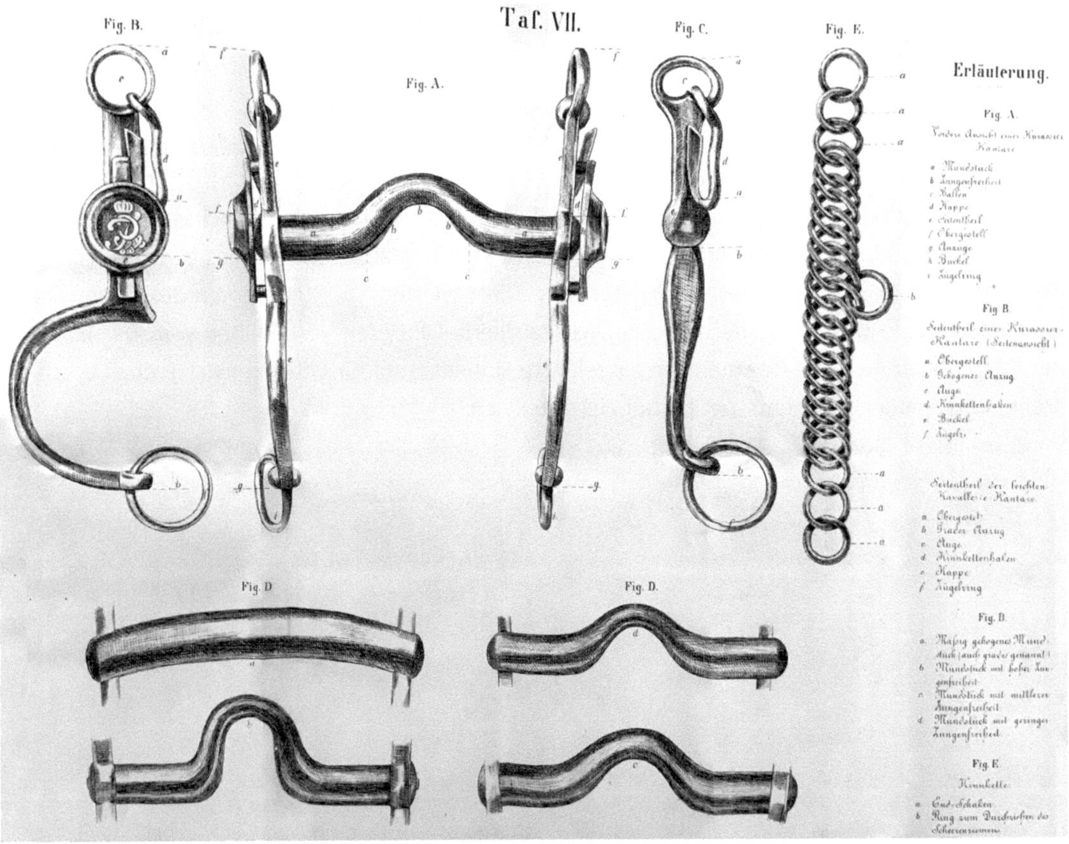

Taf. VII.

Fig. B. Fig. A. Fig. C. Fig. E.

Erläuterung.

Fig. A.

Vordere Ansicht einer Kürassier-Kandare

a Mundstück
b Zungenfreiheit
c Ballen
d Kappe
e Seitentheil
f Obergestell
g Anzuge
h Buckel
i Zügelring

Fig. B.

Seitentheil einer Kürassier-Kandare (Seitenansicht)

a Obergestell
b Gebogener Anzug
c Auge
d Kinnkettenhaken
e Buckel
f Zügelr.

Seitentheil der leichten Kavallerie Kandare

a Obergestell
b Grader Anzug
c Auge
d Kinnkettenhaken
e Kappe
f Zügelring

Fig. D. Fig. D.

Fig. D.

a. Mäßig gebogenes Mundstück (auch grades genannt)
b Mundstück mit hoher Zungenfreiheit
c Mundstück mit mittlerer Zungenfreiheit
d Mundstück mit geringer Zungenfreiheit

Fig. E.

Kinnkette

a End-Schaken
b Ring zum Durchziehen des Scheerenriemens

Die Kandarengebisse (C und Normalkandare) aus der RI 1882. Im Vergleich zu den Vorschriften von 1825 und 1866 gibt es jetzt keine gebrochenen Mundstücke mehr, und als Kinnkette dient eine Panzerkette. Das Kandarengebiss mit geraden Anzügen hat keine angelöteten Ringe für den Scherriemen an den Anzügen. In den Regimentern wurde diese Vorrichtung teilweise selbst angebracht.

Reitereinwirkung bei Minimierung der Verletzungsanfälligkeit der Pferde zu erreichen.

Das Dienstzaumzeug durchlief in der zweiten Hälfte des 19. Jahrhunderts eine Vereinfachung, indem seine Konstruktion den Erfordernissen des Felddienstes angepasst wurde. Hierbei gelangten 1846 zunächst ein neues Halfter sowie eine Knebeltrense zu Einführung. Die Knebel dieser neuen Trense waren mit kurzen Ketten am Trensenring befestigt und mussten in die viereckigen Seitenringe des Halfters gesteckt werden. Durch diese kleinen Veränderungen konnte das

Dienstzaum der preußischen Kavallerie aus der RI 1882. 1880 war die Hiebkette abgeschafft worden.

bisherige Trensenhauptgestell eingespart werden. Ab 1867 entfiel der Nasenriemen des Kandarengestells und ab 1880 ebenso die Hiebkette auf dem Nackenstück. Um ein Verrutschen des Hauptgestells sowie des Halfters zu verhindern, wurden 1886 beide Teile über Haken und Ösen fest miteinander verbunden. Diese Version des preußischen Dienstzaumzeugs wurde kurze Zeit später unverändert von Bayern und Sachsen übernommen.

1875 wurde das Einheitszaumzeug für Offiziere eingeführt, das sich deutlich vom Mannschaftszaum unterschied. Hier war die Knebeltrense an einer Öse am Kandarenhauptgestell befestigt und im Feldgerbrauch musste ein separates Halfter mitgeführt werden. Am Kopfriemen des Hauptgestells befand sich eine Hiebkette, die ausschließlich Kavallerie-Offizieren vorbehalten war. Der ebenfalls für Offiziere von Husaren-Regimentern eingeführte Einheitszaum für Offiziere wich jedoch durch die Weiterverwendung regimentsspezifischer Zierratteile ab.

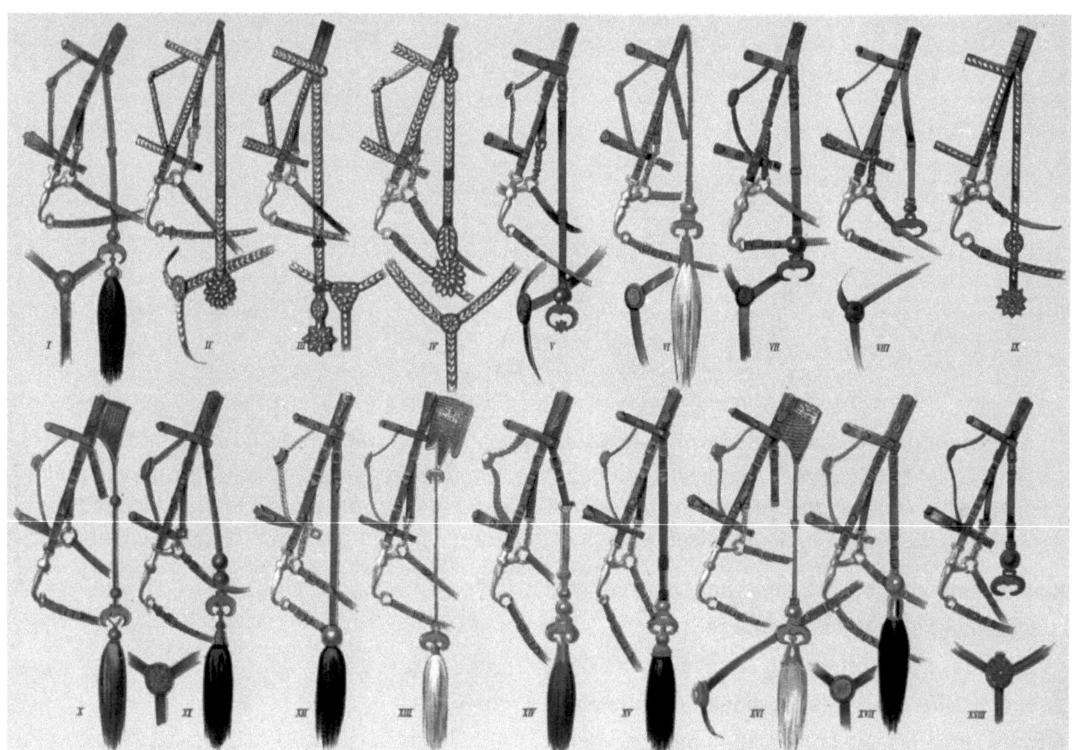

Die Varianten des Offizierzaums mit Vorderzeug bei den Husaren-Regimentern der preußischen Armee ab 1875 [Krickel 1890].

In der Ausgabe der Reitinstruktion von 1866 wurde, wie bereits in der RI 1825/26, die Verwendung eines Trensenzaums für die Ausbildung mit großer und kleiner Trense sowie vier Zügeln beschrieben. In der RI 1882 wird dann offiziell die Ausbildungstrense, die der heutigen modernen mit und ohne hannoverschem Reithalter entspricht, vorgeschrieben. Es wird jedoch vermutet, dass dieser Trensenzaum schon wesentlich früher in der Truppe wie auch den Militärreitschulen zum Einsatz kam.

Wann genau Reithalfter für die Trensenzäume eingeführt wurden, muss offenbleiben. Troschke beschreibt aber schon 1869 die Verwendung von Reithalftern bei der Kavallerie: *„Der Zweck des Reithalfters ist, daß bei der Dressur des Pferdes oft vorkommende Aufsperren des Maules zu verhindern, wobei die Pferde statt im Genick mit dem Unterkiefer nachgeben. Derselbe ist bei der Bearbeitung des Pferdes auf Trense fast bei allen Pferden mit großem Nutzen anzuwenden, jedoch darf er niemals zu fest geschnallt werden. Man hat zwei Arten von Reithaltern: a. den gewöhnlichen (englischen), dessen Nasenriemen an der Stelle des Pferdekopfes angelegt wird, an welcher bei der Zäumung auf Kantare der Nasenriemen der Kantare liegt, ein bis zwei Finger breit unter der Jochbeinleiste. Derselbe muß ein besonderes Kopfstück haben, und darf nicht durch das Backenstück der Arbeitstrense gezogen werden, wodurch die Wirkung der letzteren gestört werden würde. Schnallt man den Nasenriemen dieses Reithalters tiefer, als oben angegeben, so tritt der Uebelstand ein, daß das Trensengebiß die Lefzen gegen den Nasenriemen drückt; die Folgen davon sind ein Durchscheuern der Lefzen. Legt man den Nasenriemen dieses Reithalters an die richtige Stelle, so wirkt derselbe in vielen Fällen nicht genügend, und ist dann der sogenannt b. Hannoversche Reithalfter vorzuziehen [...] Das Kopf- und Kinnstück, sowie der Nasenriemen sind in einem kleinen Ring eingenäht, ein kleiner Steg, welcher Kopfstück und Nasenriemen verbindet, verhindert das Herabfallen des letzteren. Der Nasenriemen muß so kurz sein, daß die [...] beiden Ringe vor den Backenstücken der Trense zu liegen kommen. Das Kinnstück oder der Kinnriemen wird unter dem Trensenmundstück durchgezogen und in ein auf der linken Seite in den Ring eingenähtes Schnallstück, dessen Schnalle dicht am Ringe sitzen muß, eingeschnallt. Dieser Reithalter kann mit größeren Vortheilen angewandt werden, als der erstere und hat nicht die Nachtheile desselben."* ([Troschke 1869] S. 133 ff.).

Abbildung aus der RI 1882: Trensenzaum mit hannoverschem Reithalfter.

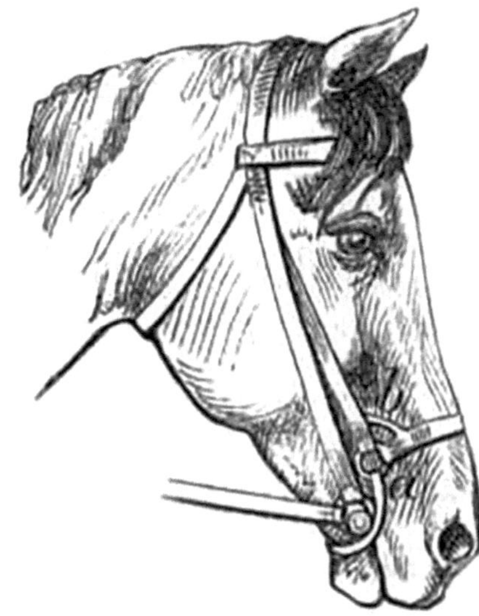

Frühe Abbildung eines hannoverschen Reithalfters in Ernst von Troschkes Buch „Der Gang der Dressur des Remontepferdes" von 1869 [Troschke 1869].

Sattel

Die Ausgabe der Reitinstruktion von 1866 beschreibt einen leicht veränderten Deutschen Sattel, der nun nicht mehr über die, Ende des 18. Jahrhunderts eingeführten, ovalen Sattelblätter verfügte. Nunmehr waren die Sattelblätter abermals in einer leicht rechteckigen Form geschnitten, der genaue Zeitpunkt der Einführung ist allerdings derzeit unbekannt.

Preußischer Kürassier des Kürassier-Regiments Nr. 4 im Paradeanzug um 1870. Man sieht die weniger geschweifte Form des Deutschen Sattels der damaligen Zeit. Die seltene Aufnahme ist dem Bildband „Unter den Fahnen der Alten Armee" von Thomas Brackmann und Hermann Schmelzer [Brackmann 2010].

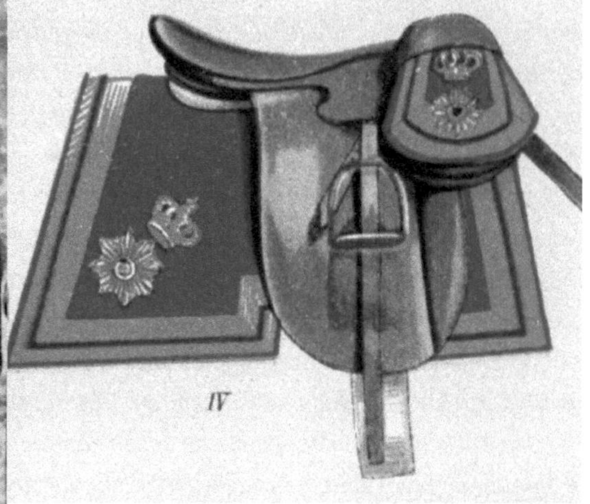

Sattelung eines Offiziers der Garde du Corps mit englischem Pritschsattel (Parade) [Krickel 1890].

Packung

Um die Mitte des Jahrhunderts änderte sich die Packung am Ungarischen Bocksattel und am Deutschen Sattel wesentlich. Grund dafür war, dass ab 1851 jeder Kavallerist nur mehr eine Schusswaffe führen sollte. Die Pistole behielten alle Unteroffiziere, Trompeter und alle Mannschaften der Kürassiere und Ulanen. Die Mannschaften der Dragoner und Husaren gaben ihre Pistole ab und führten fortan nur mehr den Karabiner. So wurde das Gepäck 1854 umorganisiert. Die Einführung des neuen Gepäcks dauerte aber mehr als ein Jahrzehnt. Der Mantelsack und das Pistolenholster mit Ledertasche fielen weg. Anstelle dessen wurden zwei Vorderpacktaschen eingeführt, der Mantel wurde nun nicht mehr wie bisher vorn am Sattel, sondern hinten zum Futtersack verschnallt. Das Kochgeschirr bekam ein ledernes Futteral, welches hinten seitwärts am Sattel befestigt wurde. Dieses Prinzip der Gepäckanordnung wurde bis in den Zweiten Weltkrieg beibehalten. Das Vorderzeug bekam das für die nächsten 80 Jahre charakteristische Herz auf der Brust.

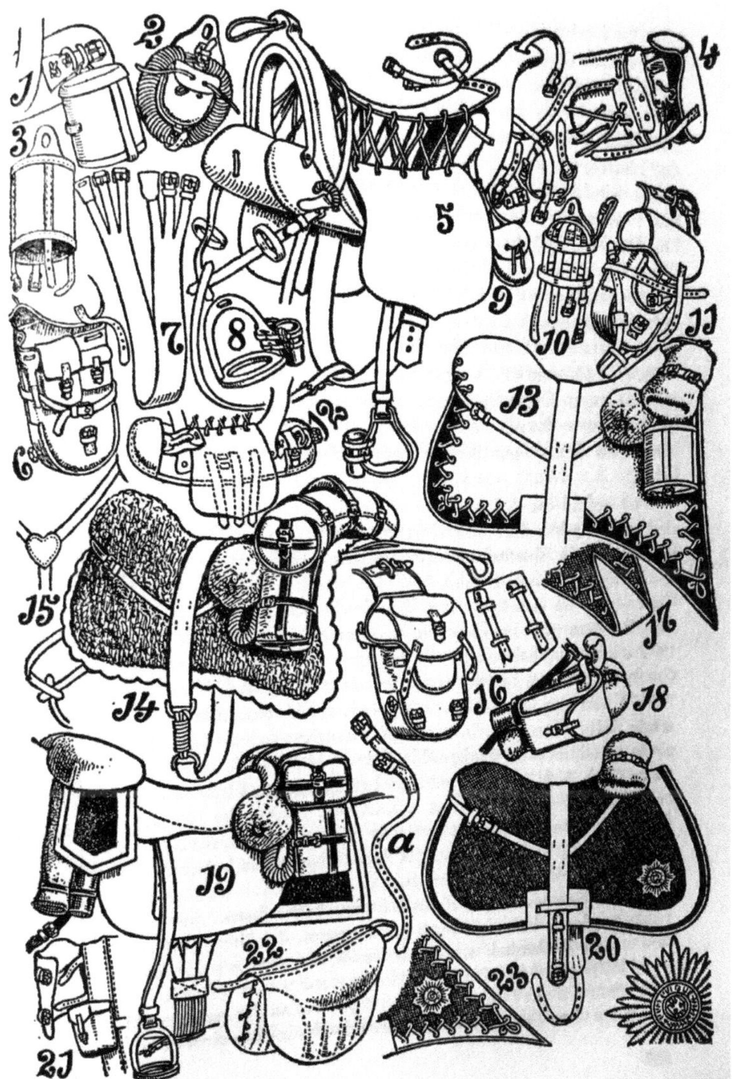

Reitzeug der preußischen Kavallerie: 1: Kochgeschirr (Trageweise am Sattel 1858), 2: Hufeisentasche 1874 mit Fouragier-Leine, 3: Kochgeschirr-Futteral 1874, 4: Packtasche 1854, 5: Ungarischer Sattel 1808, 6: Linke Packtasche für Karabiner-Schützen 1877 – 1887, 7: Untergurt (1864 Gurtband, 1875 Leder), 8: Steigbügel 1883 mit Lanzen-Doppelschuh (links), 9: Hufeisentasche 1808, 10: Riemengestell zum Kochgeschirr 1889, 11: Packtasche 1864, 12: Sattelkissen 1864, 13: Husaren-Schabracke 1815 mit aufgelegtem Futtersack, Mantel und Kochgeschirr im Lederfutteral 1854, 14: Ungarischer Sattel mit aufgelegter Fell-Schabracke, Mantelsack, Kochgeschirr 1854 im Futteral, Fouragierleine und Futtersack, 15: Vorderzeug 1854 mit Herz, 16: Packtasche 1867 für Kürassiere, 17: Schabracken-Spitze Husaren hochgeklappt, 18: Putzzeugtasche mit Pistolenhalfter zum Ungarischen Sattel 1808, 19: Deutscher Sattel mit Zubehör bis 1889, 20: Schabracke der Garde-Dragoner mit Obergurt 1889, 21: Futteral für Beil und Spaten 1890, 22: Sitzkissen zum Ungarischen Sattel 1808, 23 Schabracken-Stern der Garde-Husaren 1901 [Pietsch 1966].

Die Änderungen hatten sehr positive Effekte auf die Gewichtsbelastung der Pferde. Sie reduzierte sich sowohl bei der schweren wie der leichten Kavallerie um ca. 10 kg. Kürassier-Pferde mussten inklusive Reiter um 1877 ca. 130 kg tragen, die der Ulanen, Dragoner und Husaren ca. 110 kg. ([Roth 1877] S. 141 ff.).

Karl von Schmidt hatte aufgrund der Kriegserfahrung 1870/71 in der Immediat-Kavalleriekommission einige weiterreichende Vorschläge gemacht, denen aber aufgrund traditioneller Beharrungskräfte nicht entsprochen wurden. Sie wurden dann teilweise erst Jahrzehnte später umgesetzt.

Schmidt forderte die Reduzierung des Gepäcks, um die Marschleistungen der Pferde erhöhen zu können. Aber wie schon seit dem 18. Jahrhundert betrug auch weiterhin das Gewicht, welches das Pferd inklusive Reiter und Ausrüstung tragen musste, ca. 120 kg. Man meinte auf keines der Ausrüstungsgegenstände verzichten zu können.

Um den Kavalleristen das Fußgefecht zu erleichtern, schlug v. Schmidt vor, den Säbel oder Degen nicht wie bisher an der Koppel des Kavalleristen zu befestigen, sondern mit Hilfe eines Säbelträgers am Sattel. Dadurch wäre der Reiter beim Absteigen nicht durch seinen Säbel oder Degen behindert. Auch hier war es für die Traditionalisten unvorstellbar, dass der Kavallerist nicht wie seit Jahrhunderten zu Fuß, ohne sein Seitengewehr am Mann ausgestattet sei. Erst 1895 wurde dann eine sogenannte Degen-Tragevorrichtung eingeführt. ([Bekleidung II 1903] S. 154).

1870/71 hatten sich viele Kavallerie-Regimenter mit erbeuteten französischen Chassepot-Karabinern ausgestattet, da die preußischen und verbündeten Truppen noch keinen Hinterlader-Kavallerie-Karabiner hatten. So verfügten sie über eine gute moderne Schusswaffe, mit der sie das Fußgefecht führen konnten. Der Chassepot-Karabiner wurde allgemein am Riemen auf dem Rücken getragen. Das hatte den Nachteil, dass es den Reiter etwas belastete. Der große Vorteil war aber, dass das Pferd durch diese Trageweise entlastet war und der Reiter auch beim Sturz vom Pferd nicht unbewaffnet blieb. Deshalb forderte Karl von Schmidt nicht nur die Einführung eines modernen Hinterlader-Karabiners in Preußen, sondern auch die einheitliche Trageweise über dem Rücken. Ersterem wurde mit der allgemeinen Einführung des Karabiners M71 ab 1873 entsprochen, allerdings nicht mit der allgemeinen Tragweise auf dem Rücken, sondern mit einem Futteral, das schräg nach vorn unten auf der rechten Seite des Sattels befestigt war. Ähnlich war bereits der Karabiner in der friderizianischen Zeit getragen worden, jedoch ohne Futteral.

Vergleich mit Bayern

Fiasko im Krieg gegen Preußen 1866

Nach einem Hochstand während der napoleonischen Zeit, näherte sich die Verfassung der bayerischen Kavallerie, nach einer langen Phase der Vernachlässigung sowie unangebrachter Sparsamkeit 1866 einem gefährlichen Tiefstand an. Die auffälligsten Folgen des Tiefstandes machten sich bereits Anfang der 1860er-Jahre anhand der unzeitgemäßen Bekleidung sowie Ausrüstung der bayerischen Kavallerie und im besonderen Maß bei deren Ausbildung bemerkbar. Gemessen an der preußischen Kavallerie befand sich die bayerische nicht mehr auf Höhe der Zeit, was nicht allein auf ein überaltertes Offizierskorps zurückzuführen war. Die Ausbildungsgrundsätze maßen dem Paradedrill ein wesentlich höheres Gewicht als der Feldausbildung bei. Hinsichtlich der wichtigen Organisationsstrukturen, wie zum Beispiel dem

Kürassier des bayerischen 1. Kürassier-Regiments im Feldzug von 1870. Originalbild von Anton Hoffmann.

Ergänzungswesen und vor allem dem Ersatzwesen während eines Krieges, waren die der bayrischen Armee völlig veraltet und der immensen Mobilmachungsgeschwindigkeit Preußens in keinem Punkt gewachsen.

Als dann 1866 der Deutsche Krieg zwischen Preußen und Österreich ausbrach, trat Bayern, wie die meisten süddeutschen Staaten des Deutschen Bundes, auf Seiten Österreichs in die Kampfhandlungen ein. In einem völlig missglückten Feldzug am Main wurde das bayerische Heer mehrfach von den Preußen geschlagen, obwohl zur Ehrenrettung der bayrischen Truppen konstatiert werden muss, dass der Krieg durch die Schlacht bei Königgrätz am 03. Juli .1866 entschieden worden war.

Otto von Rizzi schreibt dazu: *„Bei aller Anerkennung der Tapferkeit einzelner Truppenteile muß doch unumwunden zugegeben werden, daß das Jahr 1866 für die bayerische Armee eine*

Katastrophe war. Es bewies nur zu deutlich, daß die Friedensarbeit sich größtenteils in gänzlich falschen Bahnen bewegt hatte und so weit davon entfernt war, ihr vornehmstes Ziel, Schaffung einer hochwertigen Kampftruppe, erreicht zu haben. Dies gilt namentlich von der Kavallerie. Auch bei ihr war, wie überhaupt in der ganzen Armee, die völlige Stagnation eingetreten. Von Fortschritt keine Spur und da die letzten Kriege in weiter Ferne lagen, moderne Kriegserfahrungen daher sollständig fehlten, so verdrängte das formale Friedensexerzieren im Kasernenhof und auf dem Paradeplätzen immer mehr die Ausbildung von Roß und Reiter für den Krieg." ([Rizzi 1932] S. 9 ff.).

Zu einem der elementrasten Versäumnisse der bayerischen Kavallerie zählte, dass für den Kriegsfall keine besonderen Depot-Eskadrons vorgesehen waren. *„Daher war es notwendig zur Ausbildung der Rekruten und zur Abrichtung der Remonten sowie überhaupt zur Regelung des ganzen Heimatdienstes der im Feld stehenden Kavallerie-Regimenter aus den Feldeskadrons gewandte, ausgebildete Reiter und zuverlässige Pferde – also gerade das Beste, über das die Eskadrons verfügten, - an die in der Garnison zu errichtenden Depoteskadrons abzugeben. Dieser Ausfall wurde behelfsmäßig gedeckt durch die Einstellung von zahlreichen, meist ungeübten Reitern und vielen jungen, ungerittenen und schwachen Pferden. Die Gefechtskraft der Feld-Eskadrons litt darunter naturgemäß erheblich und die Schlagfertigkeit der bayerischen Reiterei erfuhr durch diese unzweckmäßige Überleitung von Friedensorganisation auf den Kriegsstand eine beträchtliche Einbuße."* ([Rizzi 1932] S. 15 ff.).

Unter dem Einfluss seines weitsichtigen Ministerpräsidenten, schloss Preußen mit den meisten besiegten deutschen Staaten milde Friedensverträge ab, die jedoch gleichfalls mit geheimen Schutz- und Trutzbündnissen verbunden waren. Als es dann 1870/71 zum Krieg mit Frankreich kam, traten diese geheimen Militärbündnisse in Kraft, weswegen die deutschen Staaten gemeinsam mit Preußen in diesen Krieg zogen.

Mit Reformen vom Problemkind zum Musterschüler

Wie in den vorangegangenen Konflikten bestand die Stärke des Königreich Bayerns darin, sehr schnell mit Reformen auf Niederlagen zu reagieren – so auch 1866. Sich am preußischen Heer orientierend, fand bis 1871 eine grundlegende Heeresreorganisation statt. Schließlich war das Königreich Bayern nach 1871 der Staat, der neben dem Königreich Preußen, über die meisten eigenständigen hoheitlichen Rechte unter allen übrigen Bundesstaaten des Deutschen Reiches verfügte. Hinsichtlich seines Heeres sah sich Bayern lediglich in Bezug auf wesentliche Organisationsstrukturen, wie Dienstgrade oder auch Ausbildung, zu einer Angleichung an die preußische Armee verpflichtet. Bereiche, wie beispielsweise die Uniformierung, Ausrüstung oder Bewaffnung, wurden weiterhin vom König und seinem Kriegsministerium geregelt. Dieser per Militärkonvention festgeschriebenen Reglung zum Trotz, zeichnete sich auch in der zweitgrößten Militärmacht des Reiches in den folgenden Jahrzehnten ein Standardisierungsprozess in der Ausrüstung der Kavallerie-Regimenter nach preußischem Vorbild ab.

Aufgrund der Militärkonvention waren an der Immediat-Kavalleriekommission von 1872 keine bayrischen Vertreter beteiligt. Vielmehr erhielten die entsprechenden bayrischen Stellen einen Entwurf des neuen Exerzier-Reglements zur Stellungnahme überwiesen, wobei sie hierin lediglich Ablehnungen und Änderungen im Bereich der Ausrüstung vornehmen durften. Sämtliche anderen inhaltlichen Schwerpunkte mussten laut Militärkonvention von Bayern übernommen werden. Es verwundert daher nicht, dass sich die einzigen Abweichungen im bayerischen Exerzier-Reglement auf die Ausrüstung beschränken. Nach diesem Schema erfolgte dann auch die in der Regel sehr zeitnahe Übernahme aller weiteren neuen preußischen Vorschriften bis zum Ersten Weltkrieg.

Bayern hatte 1860 eine neue Reitvorschrift in Form der ersten fünf Teile der „Vorschriften für den Unterricht der königlich bayerischen Cavalerie" [VU T1-4 1860] herausgebracht (I. Teil „Beurteilung und gewöhnliche Krankheiten des Pferdes", 2. Teil „Pflege der Dienstpferde", 3. Teil „Unterricht im Zäumen, Satteln und Packen", 4. Teil „Reitunterricht", 5. Teil „Abrichtung der Remonten"). Von 1873 bis 1877 wurde diese Vorschrift schrittweise durch die Übernahme der vier Teile der preußischen Reit-Instruktion als „Instruction zum Reitunterricht für die Königlich Bayerische Kavallerie" abgelöst ([RI T1 1873], [RI T2-4 1877]). Inhaltlich wurden die jeweiligen preußischen Vorschriftenteile nur an die bayerische Ausrüstung angepasst. Einzig beim 1877 herausgegebenen IV. Teil („Anleitung zur Behandlung der Remonten und zur Pflege der Dienstpferde") [RI T4 1877] gab es größere Ergänzungen im Vergleich zur preußischen Vorlage. Der 1. Abschnitt dieses IV. Teils bildete die Übernahme des preußischen Anhangs zur Reitinstruktion

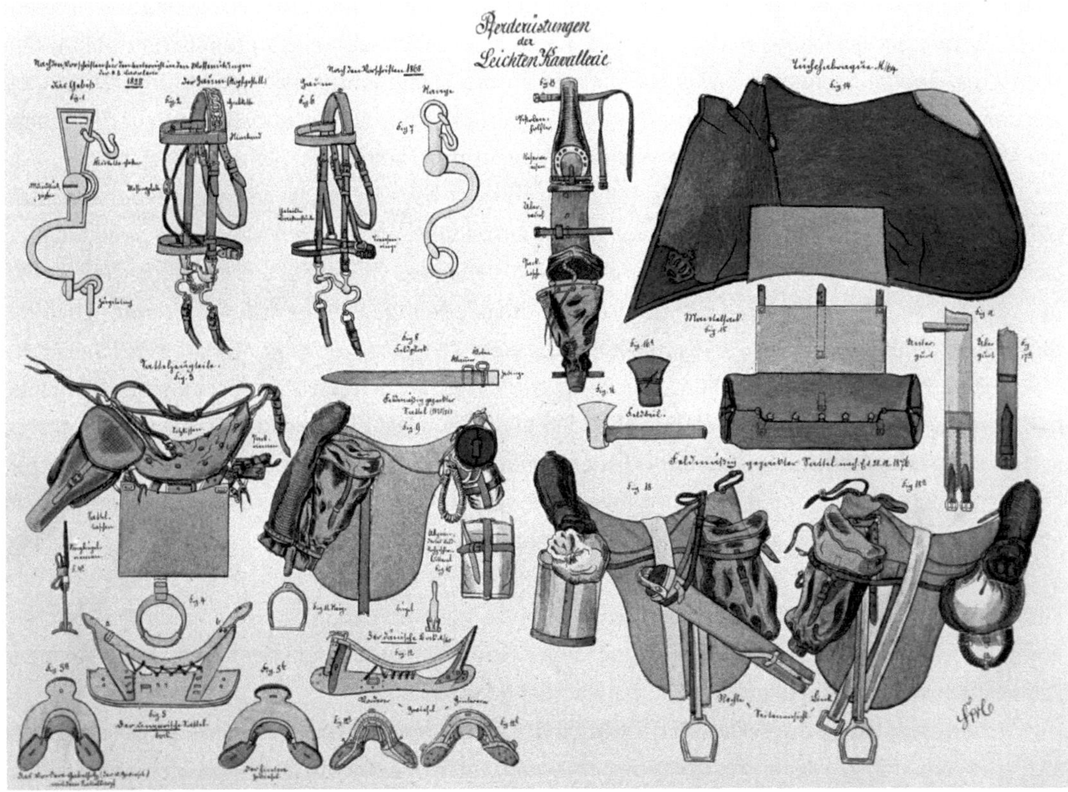

Pferderüstungen der bayerischen Leichten Kavallerie 1828 (Ungarischer Sattel und Zaum mit C-Kandare) und 1868 (Dänischer Sattel und vereinfachter Zaum mit S-Kandare). [Müller 1906].

„Anleitung zur Behandlung der Remonten“, als 2. Abschnitt wurde der 2. Teil („Pflege der Dienstpferde“) aus der bayerischen Reitvorschrift von 1860 [VU T2 1860] eingefügt.

Die bayerische Armee hatte Anfang der 1860er-Jahre die bisher verwendeten Ungarischen Bocksättel und Deutschen Sättel einheitlich durch Dänische Bocksättel ersetzt. Dabei handelte es sich um eine Kreuzung von Ungarischem Sattel und Englischem Pritschsattel, der die Vorteile beider Sättel kombinieren sollte. Vom Ungarischen Sattel wurden die den Pferderücken schonenden Trachten übernommen, vom Englischen Sattel die für den Reiter vorteilhafte Sitzfläche und die Sattelblätter. Ein ähnliches Modell befand sich bei der bayerischen Kavallerie schon einmal in Form des Englisch-Ungarischen Löffelsattels um 1800 in Gebrauch. Verwandte konzeptionelle Überlegungen führten später zur Schaffung des Deutschen Armeesattels von 1889. Anders als die preußische Kavallerie hatte Bayern auch schon das Leichttraben (auch „Englisch Traben“ genannt) eingeführt, weshalb die (bayerische) Reitinstruktion von 1873 um dieses Element erweitert werden musste.

Als dann 1882 die von Trotschke völlig überarbeitete preußische RI 1882 herauskam, wurde die bayerische Version ein Jahr später, allerdings mit den Anpassungen an die bayerische Sattelung, veröffentlicht.

Schon 1868 wurde in München eine Militärreitschule, die bayerische Equitationsanstalt, nach dem Modell der Wiener Kavallerie-Schule gegründet. Mit dem Ziel, die Reitausbildung dem preußischen System anzugleichen, war seit 1876 der zweite Zivilstallmeister des preußischen Militär-Reitinstitutes, Adolph Schmidt, als Zivil-Stallmeister an die Equitationsanstalt nach München berufen worden. Der Militärkonvention entsprechend, orientierte sich der Aufbau und die Struktur der Equitationsanstalt seit ca. 1885 an denen des Militär-Reitinstituts in Hannover.

Nach preußischem Vorbild wurde 1882 ebenfalls eine bayerische Kavallerie-Inspektion errichtet. *„Diese war angesichts der großen Fülle von neuen Ausbildungsvorschriften notwendig geworden, da deren einheitliche und gleichmäßige Durchführung bei den über ganz Bayern und die Reichlande hin verstreuten 10 Regimentern der bayerischen Kavallerie nur dann gewährleistet war, wenn die Ausbildung unter der Leitung und Beaufsichtigung einer Zentralstelle stand.“* ([Rizzi 1932] S. 30 ff.).

Bayern verfügte über zwei Kürassier-Regimenter, welche ebenso wie ihre preußischen Pendants, mit dem aus Vorder- und Hinterteil bestehenden Kürassen ausgerüstet waren. Aufgrund der gesteigerten Durchschlagskraft der modernen Feuerwaffen, bot auch der bayrische Kürass keinen ausreichenden Schutz mehr. Er hatte sogar negative Wirkung, da er durch Absplitterungen des Materials bei einem Durchschuss furchtbare Verwundungen hervorrief. Außerdem stellte der Kürass eine erhebliche Behinderung während des Aufklärungs- und Sicherungsdienstes dar. Bayern schaffte deshalb 1876 den Kürass komplett ab und benannte seine beiden Kürassier-Regimenter in „Schwere Reiter-Regimenter“ um. In Preußen dauerte diese Entscheidung länger. Erst 1888 wurde dort der Kürass nicht mehr zur Feldausrüstung getragen, blieb aber Teil der Paradeuniformierung.

Zu diesem Problem gesellte sich der Umstand, dass es immer schwieriger wurde, passenden Ersatz an Pferden und kräftigen Reitern für den Dienst in einem Kürassier-Regiment in ausreichender Zahl zu finden.

Wieder einmal konnte sich Bayern in kürzester Zeit vom Problemkind zum Musterschüler entwickeln. Auch wenn dem Königreich Bayern aufgrund der Militärkonvention mit Preußen wenig Platz blieb für eigenständig zu entwickelnde kavalleristische Ausbildungsmethoden, sollten künftig wichtige Impulse für die kommende bahnbrechende Reitvorschrift von 1912 aus Bayern stammen.

Änderung der Remontierung auf Ostpreußen

Die Remontierung der Kavallerie blieb bis zur Reichgründung 1871 in Bayern ein erhebliches Problem. Die vorher schon unbefriedigende Situation wurde 1864 noch einmal verschärft, als aufgrund von Klagen der Bauern verfügt wurde, Remonten ausschließlich in Bayern aufkaufen zu müssen. Die bayerischen Züchter konnten aber den schon im Feldzug von 1866 deutlich hervorgetretenen höheren Anforderungen an die Qualität nicht gerecht werden, weil der Schwerpunkt der Landeszucht auf eine landwirtschaftliche Nutzung der Pferde gerichtet war. Der bayerischen Ankaufskommission blieb deshalb zwischen 1866 und 1870 nichts anderes übrig, als neben einigen Zweibrückern und niederbayerischen Pferden wieder verstärkt Remonten bei ausländischen Pferdehändlern zu kaufen. Hierbei handelte es sich um solche aus den üblichen Zuchtgebieten Galizien, Polen, Russland, Österreich, England und Norddeutschland. Die Folge bildete einen Mix in Form und Temperament bei den sehr unterschiedlichen bayrischen Kavalleriepferden, der dann außerdem die Ausbildung erschwerte. *„Und so kam es auch, daß das Pferdematerial der bayerischen Reiterei während des Krieges gegen Frankreich (1870/71) in seinen Leistungen weit hinter jenem der preußischen Reiterei zurückblieb. Diese war durchgängig mit edleren, kräftigeren und kürzeren Ostpreußen von guter Reitkörperform beritten, welche die Haupttugenden eines Soldatenpferdes: fromm, willig, genügsam, gängig, ausdauernd bis zum letzten Atemzug, infolge der harten Aufzucht mehr widerstandfähig gegen Witterungseinflüsse, in sich vereinigten." ([Rizzi 1932] S. 155).* Zudem waren die bayerischen Kavalleriepferde schlechter für höhere Leistungen trainiert, da man das teure Pferdematerial im Friedensdienst zu sehr schonte und dadurch eher den gegenteiligen Effekt erzielte. *„Daher war auch der Ausfall an Pferden bei der bayerischen Kavallerie während des Feldzugs (von 1870/71) recht beträchtlich. Er bezifferte sich beispielsweise beim 2. Kürassier-Regiment (ohne Verlust durch feindliche Einwirkung) auf nahezu ein Viertel des ganzen Pferdebestandes."* ([Rizzi 1932] S. 156).

Aufgrund dieser negativen Erfahrungen entschloss sich Bayern ab 1872, die Pferdebeschaffung grundlegend umzustellen und den Großteil der Remonten für seine Kavallerie in Ostpreußen anzukaufen. Wie in Preußen wurden die Remonten als Dreijährige angekauft und eineinhalb Jahre in die Remontedepots (die bisherigen Militärfohlenhöfe) eingestellt. Ausbildung, Dienstzeit und Remontierungsorganisation folgten nun ganz dem preußischen Modell.

Die für die Remontierung vorgegebene Pferdegröße wurde an die Verhältnisse der edleren und leichteren ostpreußischen Rasse angepasst. *„Im Jahre 1876 wurden die bisherigen Maße der Kürassier-Pferde, die nunmehr auch für die Ulanen Anwendung fanden von 1,65 bis 1,73 m auf 1,62 bis 1,67 m herabgesetzt und gleichzeitig für die Pferde der Chevaulegers als Norm eine Größe von 1,55 bis 1,57 m festgelegt."* ([Rizzi 1932] S. 159).

1872 wurden dann auch die Fütterungssätze für die Dienstpferde entsprechend des preußischen Vorbilds erhöht, da sich die bisherige Ration infolge des intensiveren Dienstbetriebes als unzulänglich erwiesen hatte.

Kapitel 5 – Die Reitvorschrift von 1912 – Aus großem Streit entsteht die Deutsche Reitlehre (1882 – 1914)

Die unter schwierigsten Bedingungen vollzogene Reichsgründung entpuppte sich nicht nur in gesellschaftlichen Bereichen, sondern ganz besonders auf wirtschaftlichem Gebiet als eine gesamtdeutsche Erfolgsgeschichte. So zeigt ein Vergleich des Nettoinlandproduktes des Jahres 1867 mit dem des Jahres 1913, eine Erhöhung von 15,1 Milliarden Mark auf 52,4 Milliarden Mark, wodurch sich ein Wachstum von ca. 347 % ergab. ([Nipperdey 1993] S. 268). In Folge dieses soliden Wirtschaftswachstums mauserte sich Deutschland in knapp drei Jahrzehnten zur führenden europäischen Industrienation und löste Großbritannien von dieser Position ab. Innenpolitisch setzte sich das Reich als föderaler Staat aus 25 Einzelstaaten zusammen. Abgesehen vom Reichsland Elsass-Lothringen waren die Regierungen der drei Freien Städte wie auch die Bundesfürsten staatsrechtlich keine Untertanen des Reiches. Vielmehr bestätigte die Verfassungsurkunde des Deutschen Reiches vom 16. April 1871, dass sie in ihrer Gesamtheit den Souverän des Deutschen Kaiserreiches stellten. Den im Bundesrat tagenden Landesherren oder Regierungen stand der Reichstag, in dem die deutschlandweit gewählten Vertreter der Parteien tagten, als politischer Pol gegenüber. In der Außenpolitik suchte die junge Großmacht ihren „Platz an der Sonne“ zu ergattern, und geriet dabei zunehmend in Konflikt mit den bestehenden imperialistischen Kolonialmächten.

Parademarsch im Galopp des bayerischen 1. Ulanen-Regiments vor dem Prinzregenten Luitpold im September 1891. Die Kavallerie-Regimenter bestanden vor dem Ersten Weltkrieg aus fünf Eskadrons. Bildarchiv BAM.

In Folge dieses nicht allein vom Deutschen Reich ausgehenden Imperialismus, setzte ein europaweites Wettrüsten ein. Die hiermit einhergehenden kontinuierlichen Truppenvermehrungen leiteten überdies das Zeitalter der „Millionenheere" [Fiedler 1993] ein. Speziell im Deutschen Reich erhöhte sich die Friedenspräsenz der deutschen Truppen bis 1887 auf 468.409 Mann und erreichte 1914 schließlich eine Stärke von 734.000 Mann. ([Fiedler 1993] S. 43). Die Kavallerie spielte innerhalb dieses Aufrüstungsszenariums bereits eine untergeordnete Rolle, sodass die deutschen Kavallerie-Regimenter zwischen 1899 bis 1913 schrittweise von 93 auf gerade mal 110 aufgestockt wurden.

Die Verbesserung der Waffen setzte sich beschleunigt fort. Zu den waffentechnischen Erfindungen, die die europäische Militärtaktik ab 1882 am signifikantesten beeinflussten, zählten das rauchlose Pulver, das Mehrladegewehr, das Maschinengewehr sowie die Schnellfeuergeschütze. Schon in den kleineren Kriegen um die Jahrhundertwende zeigte sich, dass Truppen auf dem Gefechtsfeld nur noch in aufgelockerten Gefechtsformen agieren konnten. Gleichzeitig stieg die Einsicht, vor allem die Infanterie durch pioniermäßig ausgebaute Feldbefestigungen, wie zum Beispiel Schützengräben, vor feindlichem Feuer schützen zu können. In ihrer Gesamtheit führten diese Maßnahmen zur: *„[...] gähnenden Leere des modernen Schlachtfelds [...]"* ([Rizzi 1932] S. 119). Außerdem galt der Grundsatz der Tarnung, d.h. die eigenen Truppen sollten möglichst lange vom Feind unerkannt bleiben. Deshalb ersetzten einige europäische Armeen schon vor dem Ersten Weltkrieg die bisherigen bunten Uniformen durch tarnende Felduniformen. In Deutschland begannen diese Maßnahmen für das gesamte Reichsheer mit der Einführung feldgrauer Uniformierungen und Ausrüstungsteilen im Jahr 1907, nachdem bereits 1900 das Ostasiatische Expeditionskorps erstmalst mit einer „feldgrauen Winteruniform" ausgerüstet worden war. Allerdings erfreuten sich die feldgrauen Montierungen ganz besonders bei der Kavallerie einer geringen Beliebtheit, weswegen diese je nach Spielraum des Kommandeurs bis zum Mobilmachungsfall gern auf den Kammern belassen wurden. ([Welz 1985], S 56).

In der Pferdezucht konnte die Qualität durch den Ausbau der Körungsordnungen und gezielte Leistungsselektion weiter gesteigert werden. Preußen richtete sogenannte Remonteprovinzen ein, deren Pferdezucht gezielt auf die Anforderungen der Kavallerie ausgerichtet war. Die Periode vor dem Ersten Weltkrieg zählte ganz besonders in Ostpreußen zu denjenigen, in denen am stärksten Vollblut zur Zucht verwendet wurde. Die von der Kavallerie remontierten Pferde konnten einerseits noch mehr veredelt werden, anderseits verringerte sich ihre Größe auffällig.

Getrieben von der Kavallerie nahm der Pferdesport erheblichen Aufschwung. Dieses Engagement bezog sich sowohl auf die schon bestehenden Disziplinen wie Rennsport und Jagdreiten als auch auf den neu entstehenden Turniersport mit der Dressur, dem Springreiten und dem Geländereiten. Im Jahr 1912 stellte sich für den Reitsport der große Durchbruch ein, indem Reiten als Disziplin zu den olympischen Spielen in Stockholm zugelassen wurde. Diese höchste Ebene des sportlichen Vergleichs machte außerdem einen internationalen Vergleich des reiterlichen Ausbildungsstandes in verschiedenen Armeen möglich.

Die RI 1882 war aufgrund der rapiden Veränderungen sehr bald wieder veraltet. Neue Erfahrungen im Geländereiten und Springen, ein völlig neues Verständnis für die natürlichen Bewegungen des Pferdes, und die nicht immer gut verständliche RI 1882 führten dazu, dass sich die Truppe in der Praxis neue Wege suchte. Die Folge war vor allem in Preußen ein Wirrwarr und Streit um neue Reitausbildungssysteme in der Armee. Um das Chaos zu beenden, wurde eine Kavallerie-Kommission aus hochrangigen Experten eingesetzt. Ihre dringlichste Aufgabe bestand darin, neue, präzise sowie eine den allgemeinen Stand der Zeit reflektierende Reitvorschrift zu erarbeiten. Diese wurde nach eineinhalb Jahren mühevoller und intensiver Arbeit im Jahr 1912 veröffentlicht. Sie sollte neben dem Werk von Gustav Steinbrecht die Grundlage der „Deutschen Reitlehre" bilden.

Die Taktik

In der Entwicklung der allgemeinen Einsatztaktik gab es vor dem Ersten Weltkrieg keine eindeutigen Strömungen. In Deutschland sah es so aus, dass einerseits die Lehren aus dem Krieg von 1870/71 *„als reifstes Werk eines Zeitabschnittes hochentwickelter Kriegsfähigkeit und genialer Leitung [...]"* ([Fiedler 1993] S. 146) immer noch für aktuell erachtet wurden. Andererseits schien: *„[...] der gedachte Zukunftskrieg als absolute, unbestimmte Größe [...] da keiner genau Vorhersagen über die tatsächlichen Wirkungsgrade der neuen Waffensysteme machen konnte."* ([Fiedler 1993], S. 164). Hinsichtlich der Taktik der Kavallerie entwickelten sich zwei wesentliche neue Grundsätze: Auflockerung und Nutzung des Geländes.

Eskadronsexerzieren beim bayerischen 4. Chevaulegers-Regiment in Augsburg kurz vor dem Ersten Weltkrieg. Aquarell von Döbrich-Steglitz.

Das Exerzier-Reglement von 1886 ändert noch wenig

Das Exerzier-Reglement von 1886 stand noch ganz unter den Erfahrungen des Kriegs von 1870/71. Es wurde von einer Kommission, der die Generale Gottlieb Graf von Haeseler (1836 – 1919) und Heinrich von Rosenberg angehörten, sowie unter der Mittwirkung des Chefs des Militärreitinstituts Hannover, General Gebhard Friedrich von Krosigk (1835 – 1904), erstellt. Diejenigen Ideen eines Generalmajors v. Schmidt, die im Exerzier-Reglement von 1876 noch aufgrund traditioneller Strömungen verworfen worden waren, fanden nun Aufnahme in das neue Reglement. *„Die kaum übersehbare Fülle exerziermäßigerer Formen wurde wesentlich eingeschränkt und damit wieder eine Annäherung an die einfachen Formen Friedrichs des Großen erzielt."* ([Rizzi 1932] S. 118). Die Drei-Treffen-Taktik blieb das zentrale Element der Gefechtsführung einer Kavallerie-Division. Lediglich bei einer Attacke auf Artillerie sollte das erste Treffen eingliedrig attackieren. Diese erste Modifikation kam aufgrund einer klaren Einsicht der Verantwortlichen über die Gefährlichkeit der gesteigerten Feuerwirkung zustande. Außerdem wurden die Kräfteverhältnisse der Treffen zugunsten des ersten Treffens verändert. Das Gefecht zu Fuß war zudem mit einer detailreicheren Beschreibung versehen worden.

Der Streit „Konservative" gegen „Progressive" ab 1890

Seit dem Jahr 1890 bis zum Ersten Weltkrieg wirkte eine Periode weitreichender taktischer Veränderungen, in deren Resultat eine kontrovers geführte Debatte innerhalb der Kavallerieführung entbrannte.

„Mit Einführung des rauchschwachen Pulvers und des kleinkalibrigen Mehrladers, die beide die Verwendung der Kavallerie im Felde abermals, und zwar sehr erheblich erschwerten, bekam der Krieg allmählich ein anderes Gesicht und es bahnte sich schon damals die ‚gähnende Leere des modernen Schlachtfeldes' an. Diese Tatsache sowie die Zusammenfassung mehrerer Kavallerie-Divisionen zu Kavalleriekorps und das damit verbundene Problem der Führung großer Kavalleriemassen, die flügelweise Verwendung der Kavalleriebrigaden an der Stelle der seitherigen Dreitreffentaktik zwangen die Reiterei zu einer Änderung ihrer bisherigen Taktik und gaben ihr Anlaß, in ihren Gefechtsformen allen diesen Umständen gebührend Rechnung zu tragen." ([Rizzi 1932] S. 119). Bisher stellte die starke Rauchentwicklung des Schwarzpulvers auf dem Gefechtsfeld für die Kavallerie einen gewissen Schutz dar, da sie das Sichtfeld des Gegners stark behinderte. Dieser Vorteil fiel mit der Verwendung des neuen rauchfreien Pulvers weg. Die neuen Mehrlader für die Infanterie, die Einführung von Maschinengewehren und neue Schnellfeuergeschütze der Feldartillerie bedeuteten eine erheblich gesteigerte Feuerwirkung, die ganz besonders auf anreitende Kavallerie verheerend wirkte. *„Die Verteidigung gewann an Abstoßkraft, der [...] Angriff mußte eine um etwa das Doppelte vertiefte Feuerzone überwinden."* ([Franke 1937] S. 688). Auf der anderen Seite *„gaben (die neuen Karabiner) aber auch der Kavallerie die Möglichkeit, den (abgesessenen) Feuerüberfall besser zu gestalten."* ([Frauenholz 1931] S. 283).

Französische Feldkanone 75 mm Modell 1897. Die Verwendung rauchloser Munition zusammen mit neuer Rückstoßdämpfung revolutionierte dieses Schnellfeuergeschütz die Artillerie.

„Die Entwicklung der deutschen Kavallerie [...] war gekennzeichnet durch eine Aufspaltung der Kavallerieführung in ‚Konservative' und ‚Progressive' [...] Ausschlaggebender ‚Faktor' der Traditionalisten war der General der Kavallerie von der Planitz (Generalinspekteur der Kavallerie von 1898 – 1907), den man getrost als ‚Hardliner' bezeichnen darf. Er

hielt zum Beispiel noch strikt an der Auffassung fest, die Reiterei als Schlachtenkavallerie einzusetzen, die die feindliche Schlachtlinie in einer gigantischen Massenattacke anfallen und aufbrechen sollte. Das ‚Lager des Fortschritts', vertreten durch Generäle wie Bernhardi und von Kleist (Generalsinspekteur der Kavallerie von 1907 – 1912 und Nachfolger von Planitz), die die schärfsten Gegner von der Planitz waren, sowie teilweise von der Marwitz (Generalinspekteur der Kavallerie von 1912 – 1914), hatte hier eine wesentlich realistischere Einstellung." [Satter 2004] S. 11 ff.).

Friedrich von Bernhardi (1849 – 1930) durchlief auf dem Weg zum General der Kavallerie die üblichen Etappen eines preußischen Generalstabsoffiziers. Gleichzeitig zählte v. Bernhardi zu den international bekanntesten deutschen Militärhistorikern, immerhin leitete er von 1898 – 1901 die Kriegsgeschichtliche Abteilung im Großen Generalstab und er war an der Ausarbeitung des Schlieffen-Plans beteiligt. In den 1890er-Jahren wurden einige Truppenübungen durchgeführt, in denen Versuche mit zu Korps zusammengezogenen Kavallerie-Divisionen stattfanden. Diese Übungen zeigten erhebliche Mängel und in v. Bernhardi reifte die Erkenntnis, dass die Drei-Treffen-Taktik nicht mehr zeitgemäß sei. Im Gefecht müsse mehr über Auftragstaktik geführt werden und die Kavallerie sollte außerdem offensive Fußgefechte führen können. *„Diese Kavallerie-Uebungen großen Stils gaben dem General von Bernhardi Veranlassung, an Stelle der bisherigen ausschließlichen Dreitreffentaktik die flügelweise Verwendung der Brigaden zu fordern. Seinem Verlangen gab jedoch das neue Exerzier-Reglement (von 1895) nicht statt; es hielt nach wie vor an der Dreitreffentaktik fest, doch wurde diese ihres monopolistischen Charakters entkleidet, denn das Reglement sieht wenigstens die gelegentliche flügelweise Verwendung der Brigaden vor. Diese hatte den Vorteil, daß die Kommando-Einheiten in der Hand ihres Führers vereinigt blieben und ermöglichten, so selbstständig in der Tiefe zu gliedern, Reserven auszuscheiden sowie eine Vermissung der Verbände unmöglich zu machen, da die Auffüllung von rückwärts durch die gleiche Kommandoeinheit erfolgte."* ([Rizzi 1932] S. 125). Das flügelweise Verwenden der Brigaden verfügte zudem über den Vorteil, dass sich so die Kommandoeinheiten einfacher in

Friedrich Adam Julius von Bernhardi (1849 – 1930), preußischer General der Kavallerie und bekannter Militärhistoriker beeinflusste wesentlich die Modernisierung der Kavallerie.

unübersichtlichem Gelände führen ließen. Wenn es darum ging feindlichem Feuer auszuweichen, stellte die geschickte Geländeausnutzung ein immer wichtiger werdendes Kriterium dar.

Der Reformer Friedrich von Bernhardi fasste seine Forderungen folgendermaßen zusammen: *„Erhöhung des Remonte-Ankaufpreises, Vermehrung der Munitionsquote im Kriege, Formation der reitenden Batterien zu vier Geschützen unter entsprechender Vermehrung der Zahl der Batterien, Ausstattung der Kavallerie mit Maximgeschützen, Organisierung des gesamten Fuhrwesens und der Pionierdetachements im Sinne der geforderten operativen Beweglichkeit, Verbesserung der Reitausbildung im Sinne verbesserter Soldatenreiterei und kriegsgemäßeren Trainings, Umgestaltung der gesammten taktischen Ausbildung im Geiste der operativen und Massenverwendung sowie der vermehrten Bedeutung des Feuergefechts, Ausbau des Kavallerie-Reglements unter noch weiterer Vereinfachung, vermehrter Betonung der flügelweisen Verwendung der Kommandoeinheiten, Erweiterung der Vorschriften für das Fußgefecht und präzisere Formulierung der Gefechtsgrundsätze, verbesserte und systematischere praktische und allgemein militärische Ausbildung des Offizierskorps; Schaffung einer wissenschaftlichen Kavallerieschule.“* ([Bernhardi 1899] S. 200 ff.).

Das Exerzier-Reglement von 1895 erfüllte diese Forderungen bei weitem noch nicht, tatsächlich stellte es lediglich einen Zwischenschritt hin zu einer weiteren Vereinfachung dar. Durch das Reglement von 1895 fielen zahlreiche Übergangsformationen weg, die im modernen Gefecht unter Beachtung der Notwendigkeit einer günstigen Ausnutzung des Geländes, keinen Vorteil mehr brachten. Anstelle der Kolonne zu Dreien wurde jetzt die einfachere Kolonne zu Vieren sowie zu Zweien eingeführt. *„Obgleich die Frage der Zusammenfassung von Divisionen zu Kavallerie-Korps in der damaligen Militärliteratur eine lebhafte Erörterung fand, entschied das neue Exerzier-Reglement vorläufig noch zu Gunsten der Kavallerie-Division. Die Hauptbefürworter der Massenführung der Kavallerie im Kriege waren die Generale von Bernhardi, von Pelet-Narbonne und von Bissing.“* ([Rizzi 1932] S. 125). *„Die Vorschrift weist in der Lehre vom Fußgefecht darauf hin, daß die Kavallerie einen anderen Feuerkampf zu führen habe als die Infanterie. Ein langatmiges Feuergefecht sei mit den Mitteln der Kavallerie nicht ausführbar, dagegen gebe ihr die Beweglichkeit Möglichkeiten an die Hand, die die Infanterie nicht hat.“* ([Frauenholz 1931] S. 285). Das Fußgefecht der Kavallerie machte es zudem notwendig, Verfahren für die Handhabung der Handpferde zu entwickeln.

Die „Reformer“ übernehmen das Ruder und reformieren die Kavallerie

Die ab 1900 ausgetragenen militärischen Konflikte bewiesen, wie rapide sich die moderne Waffentechnik auf die Gefechtsführung auswirkte. Sehr deutlich trat dabei die Stärke der Defensive sowie der Wert von Feldbefestigungen zu Tage. *„Die vorletzte Ausbildungsphase der […] Kavallerie [Anm. d. V.: von 1900 bis zum neuen Exerzier-Reglement von 1909] wird vor allen Dingen durch das Streben gekennzeichnet, die eigenen und fremden Erfahrungen der Kriege jener Jahre [Anm. d. V.: Burenkriege, Chinafeldzug, Hereroaufstand, Russisch-japanischer Krieg] zu verwerten […] Und so steht im Mittelpunkt der kavalleristischen Ausbildung der […] Armee der Jahre 1895 bis 1908 die Absicht, diese möglichst kriegsgemäß zu gestalten, die Bedeutung des Feuerkampfes noch stärker als bisher schon zu betonen, ohne deswegen den Reiterkampf und die Fernaufklärungsaufgabe der*

Kavallerie im mindesten zu schmälern." ([Rizzi 1932] S. 124). *„Die Erfahrungen des russisch-japanischen Krieges ließen neue Zweifel an der Durchführbarkeit der Attacke gegen Infanterie auftreten. Die Kavallerie ihrerseits hatte in dem Karabiner 98 eine Waffe erhalten, die dem Infanteriegewehr an Leistung nahezu gleichwertig, an Handlichkeit überlegen war. Auch die Kavalleriedivisionen hatten und zwar vor der Infanterie, die Maschinengewehrwaffe übernommen."* ([Frauenholz 1931] S. 286). Die Maschinengewehr-Abteilungen, die im Übrigen bespannt waren, erhielten 1902 ein eigenes Exerzier-Reglement, in dem es heißt: *„Die selbständiger Kavallerie beigegebenen Maschinengewehr-Abteilungen sind bestimmt, die Angriffs- und Verteidigungskraft der Kavallerie im Gefecht zu Fuß und Pferde zu erhöhen. Im Aufklärungsdienst werden sie häufig berufen sein, den Widerstand des Gegners an besetzten Ortschaften zu brechen, den eigenen Widerstand an solchen Stellen zu verstärken. Bei dem Vorgehen von Kavallerie gegen Kavallerie sollen die Maschinengewehre die Entwicklung und die Attacke unterstützen. Oft werden sie auch die Bedeckung der in Stellung befindlichen Artillerie übernehmen müssen."* ([Pelet II 1905] S. 439).

Im Jahr 1907 wurde der „Reformer" Georg von Kleist Generalinspekteur der Kavallerie und führte umgehend taktische Änderungen ein. Eine leitete er direkt aus den Lehren des Zweiten Burenkriegs (1899 – 1902) ab, die bereits zu gravierenden Änderungen bei der Infanterie geführt hatten. Hier wurden die bisher dichten Formationen zu Gunsten von zerstreuten Angriffsformationen aufgegeben. Diese sollten nach dem Prinzip des überschlagenen Vorgehens unter starkem Feuerschutz angreifen. Neben der Zerstreuung galt die eigene Feuerüberlegenheit von nun an als essenziell für die Durchführung eines erfolgreichen Angriffs. Aus diesen neuartigen infanteristischen Angriffsprinzipien leitete von Kleist folgendes für die Kavallerie ab: *„Die Erfahrungen der letzten Kriege [...] hatten nämlich mit eindringlicher Deutlichkeit gezeigt, daß die Bewegungen größerer Kavalleriemassen im Bereich des feindlichen Artilleriefeuers leicht große Gefahr und schwere Verluste nach sie ziehen. Angesichts der an Vernichtungskraft wie an Schußweite gesteigerten Wirkung der modernen Artillerie war es nötig, neue Bewegungsformen für die Reiterei im feindlichen Feuerbereich ausfindig zu machen [...]. Diese neue Gefechtsform, bei der sich die einzelnen Eskadrons in Marschkolonne bewegen, ohne aber starr an ihre Zwischenräume gebunden zu sein, bietet die besten Chancen für zweckmäßige Ausnützung des Geländes, sowie auch zur Herabminderung der feindlichen Feuerwirkung."* ([Rizzi 1932] S. 129).

Die vom Generalinspekteur der Kavallerie von Kleist erstrebten Veränderungen sowie Neuerungen fanden ihre Beschreibung im letzten Exerzier-Reglement vor dem Ersten Weltkrieg, dem Reglement von 1909. Hier wurden die Erfahrungen der letzten Kriege wie auch der großen Manöver verarbeitet. *„Das Reglement von 1895 war eine Übergangsstufe von der Zeit der Exerzierkünste zu einer kriegsmäßigen Ausbildung der Kavallerie. Das Reglement von 1909 ist diesem Ziel, dem die Reglements aller Waffen seit 1889 zustreben, um einen weiteren großen Schritt näher gekommen, - durch Vereinfachung der Exerzierausbildung zu Pferd und zu Fuß und durch Ausbau des III. Teils zu einer Gefehtslehre für die Kavallerie. ‚Alle Übungen müssen auf den Krieg berechnet sein.' ‚Im Kriege verspricht nur Einfaches Erfolg. Es handelt sich daher um die Erlernung und Anwendung einfacher Formen.'"* ([Frobel 1909] S. 145).

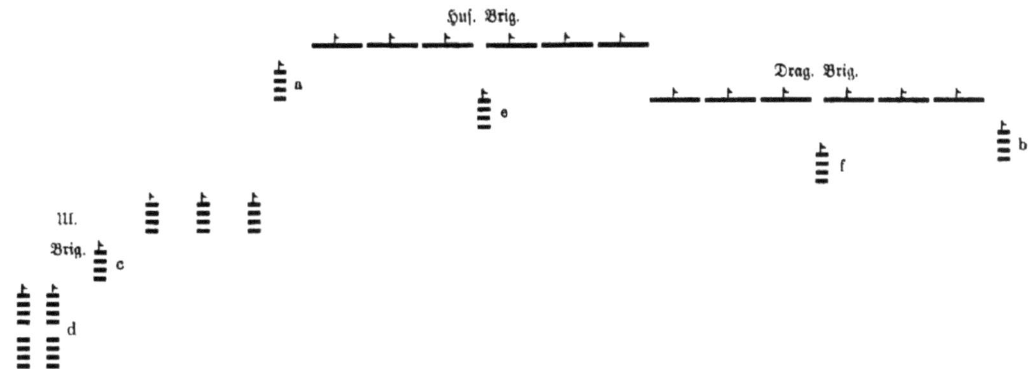

Flügelweiser Einsatz der Brigaden einer Kavallerie-Division nach dem Exerzier-Reglement von 1909. Sie sind zusätzlich zueinander gestaffelt. Die Eskadrons der ersten Staffel der Husaren- und Dragoner-Brigade sind in Linie, die restlichen Eskadrons (Ulanen-Brigade komplett) in Zugkolonne formiert.

Die zerstreute Führung von Kavallerieabteilungen unter Nutzung des Geländes machte eine Verlagerung der Führung, weg von Kommandos oder Signalen in Richtung der Führung durch Befehle, notwendig. Sie ist damit eine Anwendung der Auftragstaktik, bei der ein klar umrissener Auftrag gegeben wird, die Details der Ausführung jedoch dem Ausführenden überlassen werden. Nur unter Belassung derartiger Spielräume war und ist es möglich, auf unvorhergesehene Gefechtssituationen flexibel und zugleich effektiv im Sinne der übergeordneten Führung reagieren zu können. Die Drei-Treffen-Taktik für den Gefechtseinsatz der Kavalleriedivision wurde nun endgültig aufgegeben. An ihre Stelle sollte eine flügelweise Verwendung der Brigaden treten. Erstmals wird der Einsatz von Kavalleriekorps beschrieben. Außerdem nahm der Kampf der verbundenen Waffen einen wesentlichen Raum ein. *„Der Kampf zu Pferde ist die vorwiegende Kampfesweise der Reiterei. Er wird, in größeren Verhältnissen unter Mitwirkung von reitender Artillerie und Maschinengewehren, grundsätzlich offensiv geführt. Die Kavallerie ist durch ihre Schußwaffe zum Gefecht zu Fuß befähigt [...] Sie scheut den Angriff nicht, wo die Lage ihn fordert. Oft wird sie das Gefecht zu Fuß mit dem zu Pferde verbinden." ([Frauenholz 1931] S. 286). „[Es wurde] auch die Möglichkeit der Zuteilung von Infanterie und Radfahrabteilungen erwähnt [...] Die Tätigkeit der Kavallerie in der Schlacht selbst wurde auf die Flügel, nur in Ausnahmefällen als Reserve hinter die Front verlegt."* ([Frauenholz 1931] S. 287).

Um höhere Marschleistungen erzielen zu können, schrieb die neue Vorschrift sogar Änderungen für das dienstliche Reiten vor. Das Leichttraben wurde zur Schonung von Pferd und Reiter zur generellen Regel, das ausgesessene Traben zur Ausnahme gemacht und der Exerziertrab von 300 auf 275 Schritt in der Minute herabgesetzt.

Der Einfluss der „Traditionalisten" war zwar weitgehend zurückgedrängt, aber nicht vollständig beseitigt worden. *„Freilich bleiben dabei manche Forderungen, deren Wortführer General von Bernhardi war, unberücksichtigt. Die gilt namentlich von der Regelung des Feuergefechts, das in der Praxis der Manöver, in Kriegsspielen und auf Uebungsreisen wiederholt seinen hohen Wert unter Beweis gestellt hatte."* ([Rizzi 1932] S. 131).

Zwei Züge des bayerischen 1. Ulanen-Regiments im abgesessenen Feuergefecht, in gedeckter Aufstellung die Handpferde (um 1900). Sie sind mit dem Karabiner 88 ausgerüstet. Bild von Richard Knötel.

Aufklärung und Sicherung wird hauptsächliche Rolle der Kavallerie

Wie bisher gezeigt wurde, vermochten die deutschen Kavallerie-Divisionen im Krieg von 1870/71 durch ihre weit ausgreifende Aufklärungstätigkeit einen wesentlichen Beitrag zum Erfolg des Feldzugs beizutragen. Diese Erfahrungen und die Erfahrungen zahlreicher Truppenübungen wurden in den Felddienstordnungen, die bis zum Ersten Weltkrieg herausgegeben wurden, systematisch aufgearbeitet und der Entwicklungen der Waffentechnik angepasst. Zusätzliche Neuerungen ergaben sich durch die Verwendung neuer Nachrichtenmittel, mit denen Aufklärungsergebnisse schneller über weitere Strecken übermittelt werden konnten. Der Aufklärungs- und Sicherungsdienst wurde von der deutschen Kavallerieführung nun als zentrale Aufgabe erkannt. Schließlich trat durch diese Umorientierung der Einsatz in der Schlacht immer mehr in den Hintergrund.

Im vorherigen Kapitel wurden schon die Vorschriften der Felddienstordnung von 1887 mit ihrer Aufteilung der Kavallerie in Heereskavallerie (Kavalleriedivisionen zur strategischen Aufklärung ohne Bindung zur Infanterie) und Divisionskavallerie (Kavallerie-Regimenter oder Teile davon, die den Infanteriedivisionen zur taktischen Aufklärung beigegeben waren) beschrieben. In beiden Fällen galt nunmehr *„die Offizierpatrouille mit vorgeschobener Eskadron als Rückhalt [...] allgemein* *als Trägerin der Aufklärung. Die Felddienstordnung machte die Aufrechterhaltung der Fühlung mit dem Feinde jedem selbstständigen Kavallerieführer bis zur Patrouille unter allen Umständen zur Pflicht.* " ([Rizzi 1932) S. 119).

Im Vergleich dazu brachte die Felddienstordnung von 1894 für die Kavallerie keine substanzielle Änderung, vielmehr wurden der Aufklärungs- und Meldedienst genauer beschrieben.

Georg Friedrich von Kleist (1852 – 1913), preußischer General der Kavallerie und von 1907 bis 1912 Generalinspekteur der Kavallerie. Er setzte wesentliche taktische Innovationen durch.

Die Felddienstordnung von 1900 führte als Neuerung die Aufklärungseskadron als Bindeglied zwischen den Fernpatrouillen und Kavallerie-Divisionen ein. Die Aufgabe der bisherigen Kavallerie-Feldwachen in der Sicherung sollten nun vorgeschobene Eskadronen übernehmen.

Die letzte Felddienstordnung vor dem Ersten Weltkrieg wurde unter General von Kleist 1908 herausgegeben. Sie verarbeitete die Erfahrung der jüngsten Kriege und den aktuellsten technischen Fortschritt im Aufklärungs- und Nachrichtendienst (Drahttelegraf, Fernsprecher, optische Telegrafie, Funkentelegrafie, Brieftauben, Kraftwagen, Krafträder, Fahrräder). *„Ihre wesentlichen Neuerungen sind die klare Trennung von Fern, Nah- und Gefechtsaufklärung, wobei sie aber andererseits wieder betont, daß jede Fernaufklärung der Kavallerie in ihrem weiteren Verlauf zur Nachaufklärung werden muß, um schließlich in Gefechtsaufklärung auszumünden. Dementsprechend trennt sie auch die Aufklärungstätigkeit der Heereskavallerie von jener der Divisions-Kavallerie und behandelt nebenbei noch die modernste Aufklärungsart durch Ballon und lenkbares Luftschiff."* ([Rizzi 1932] S. 130).

1914 gab dann der letzte General-Inspekteur der Kavallerie vor dem Ersten Weltkrieg, Georg von der Marwitz (1856 – 1929), noch die „Gesichtspunkte für den Aufklärungsdienst" ([Aufklärung 1914]) heraus, in der er vor allem den Einsatz der Heereskavallerie detaillierter

Eine taktische Modernisierung von Georg von Kleist waren die „lichten Formen".
Die bayerische Ulanen-Brigade attackierte am 11. August 1914 in lichter Formation französische Infanterie und Artillerie. Gemälde von Ernst Zimmer.

MG-Wagen einer MG-Abteilung auf dem Truppenübungsplatz. Die MG-Wagen für die Unterstützung der Kavallerie wurden aus dem Sattel gefahren.

beschrieb. Der Begriff des Höheren Kavallerie-Kommandeurs (H.K.K.) zur Führung von Kavallerie-Korps wurde eingeführt und deren Einsatz im freien Raum der Flanken von Armeen. Zur Erhöhung der Feuerkraft sollten dem H.K.K. Jäger-Bataillone (auf bespannten Fahrzeugen oder Lastkraftwagen), MG-Kompanien und Radfahrer zugewiesen werden. Ein solcher gemischter Einsatz verschiedener Truppengattungen mit einem Kavalleriekorps war also bereits vor dem Ersten Weltkriegs vorgesehen. Als H.K.K. 2 sollte von der Marwitz während des Ersten Weltkrieges zu einem der erfolgreichsten Führer eines Kavallerie-Korps werden.

Die Kavallerie lernt den Feldpionierdienst

Die Notwendigkeit, das Gelände besser auszunutzen, machte den Feldpionierdienst auch für die Kavallerie immer wichtiger. Schon in den 1890er-Jahren gab es verstärkte Bemühungen, das Überwinden von Wasserläufen zu üben. *„Ein aus dem Jahre 1891 stammender Entwurf für das Schwimmen der Kavallerie [...] forderte für jede Eskadron die Zusammenstellung einiger Patrouillen, welche leicht bewaffnet und mit leichtem Gepäck breite Ströme ohne besondere Hilfsmittel durchschwimmen und auf dem jenseitigen Ufer ohne Aufenthalt weiterreiten können. Weiterhin schreibt die Vorschrift eingehende Uebungen im Schwimmen mit Pferden vor."* ([Rizzi 1932] S. 123). 1893 wurde die endgültige Vorschrift dann als „Anleitung für die Arbeiten der Kavallerie im Felde" herausgegeben. 1907 erfolgte eine Aktualisierung als „Kavallerie-Pioniervorschrift (K.P.V.) D.V.E. Nr. 231".

Das bayerische 4. Chevaulegers-Regiment übt das Durchschwimmen des Lechs.

In diesem Zusammenhang zählte die 1911 erfolgte Veröffentlichung einer weiteren Vorschrift für den Dienst der Kavallerie zu den letzten dieser Art. *„Zu den taktischen Vorschriften zählte auch die [...] als Entwurf ausgegebene ‚Feldpionier(dienst) aller Waffen', die nun an Stelle von bisher geltenden Spezialvorschriften sämtlicher Waffen, nicht nur der Pioniere, mit neuen Aufgaben vertraut zu machen suchte und damit eine gewisse Ablehnung zu beheben trachtete, die man in der deutschen Armee der Beschäftigung mit solchen Arbeiten entgegenbrachte [...] Die hauptsächlichsten dieser Aufgaben sind für alle Waffen: einfache Wegeverbesserungen, Überwinden von Wasserläufen mit einfachen Hilfsmitteln, Übersetzten mittels Booten und Fähren, Ausladen auf freier Strecke (Notrampenbau), Biwaks- und Lagereinrichtungen. Außerdem für die [...] Kavallerie: Überwinden von Wasserläufen mit Kavalleriebrückengerät und schwimmenden Pferden, Zerstörungen und Sperrungen (Sprengungen), einfache Feldbefestigungen."* ([Frauenholz 1931] S. 301 ff.). Zum ersten Mal wurde auch der Kavallerie das Anlegen der ungeliebten Feldbefestigungen nahegebracht.

Die deutsche Kavallerie am Vorabend des Ersten Weltkriegs

Über den Wert der taktischen Änderungen der deutschen Kavallerie am Vorabend des Ersten Weltkriegs gehen die Meinungen auseinander. *„Die konservative Mehrheit der Reiterführer hielt aber unverändert daran fest, durch selbständige Aktionen in den Gang der Kampfhandlungen eingreifen zu können. Sie rechnete immer noch mit realen Attacken-Chancen gegen Flanke und Rücken eines überraschten oder erschütterten Feindes. Gedankengänge, die bereits der Krieg von 1870/71 widerlegt hatte. In der Schlacht bestand angesichts der ungeheuerlich gesteigerten Reichweite und Wirkung der Feuerwaffen keine Gelegenheit mehr zur Massenattacke großer Kavallerieverbände. Allenfalls war das Gefecht zu Pferd noch in den Fällen vorstellbar, wo kleinere Einheiten plötzlich auf feindliche Reiterabteilungen stießen oder in Unordnung geratene Infanterie- und Artillerieteile bzw. Intakte Nachschubkolonnen anfallen konnten."* ([Fiedler 1993] S. 58 ff.). Das Bayerische Kriegsarchiv bewertete dies in seinem militärwissenschaftlichen Werk über die Geschichte des Bayerischen Heeres anders. Hierin wird das

Georg von der Marwitz (1856 – 1929), preußischer General der Kavallerie, 1912 – 1914 Generalinspekteur der Kavallerie, führte als Höherer Kavallerie-Kommandeur (H.K.K.) Nr. 2 beim Vormarsch im Westen 1914 erfolgreich ein Kavallerie-Korps [Egan-Krieger 1928].

Schaffen der Reformer um die Generale von Kleist und von Bernhardi als durchaus erfolgreich bewertet: *„Die Kavallerie ist, an Hand dieser Vorschrift [Anm. d. V.: dem Exerzier-Reglement von 1909], trefflich geschult in den Weltkrieg getreten. Sie war in der Lage, die Aufgaben zu erfüllen, die man ihr im Frieden vorgezeichnet hatte, und sich in Aufgaben zu schicken, die der Krieg ihr unvermutet stellte. Es ist der Kavallerie zu Beginn des Krieges, in einer Zeit, wo sie ihre höchsten Aufgaben hätte erfüllen können, nicht beschieden gewesen, unter einer Obersten Heeresleitung zu fechten, die sie auszunützen verstanden hätte. Keine Waffe ist zu Beginn des Krieges so schlecht angesetzt gewesen, wie die deutsche Reiterei."* ([Frauenholz 1931] S. 287).

Zusammengefasst ergaben sich folgende wesentliche Anforderungen aus den taktischen Entwicklungen bis zum Ersten Weltkrieg an die Kavallerie: Das Reiten im Gelände und das Überwinden jedweder Hindernisse spielte eine zentrale Rolle. Die Kavallerie musste für ihre Aufklärungs- und Gefechtsaufgaben den Vorteil ihrer Beweglichkeit im Gelände auch unter widrigen Wetterbedingungen nutzen. Das Führen im unübersichtlichen Gelände erforderte einen hohen Grad an Eigeninitiative sowie selbstständiges Handeln der einzelnen Kavallerie-Führer nach dem Prinzip der Auftragstaktik. Die Vermeidung feindlichen Feuers forderte den Einsatz von offeneren Formationen. Der Ausbau der Aufklärungs- und Sicherungstätigkeit machte eine Erhöhung der Marschleistungen unbedingt notwendig. *„Wir haben gesehen, daß der moderne Krieg vor Allem auch die größten Anforderungen an die Dauerleistung unserer Pferde stellt und zwar in doppelter Hinsicht: einmal in der Marschleistung und dazu in ausdauerndem Exerzirgalopp, wie ihn die Bewegung großer Massen und die Attacke gegen die modernen Feuerwaffen fordert."* ([Bernhardi 1899] S. 130).

Offizierspatrouille des 1. sächsischen Ulanen-Regiments Nr. 17 in Oschatz.

Anzumerken bleibt, dass die gestiegene Rolle der Artillerie, ihre starke Vermehrung wie auch die Versorgung der Millionenheere, den Pferdebedarf der Artillerie und des Trains (d.h. des Nachschubs) erheblich ansteigen ließ. Diese speziellen Anforderungen an fahrbereite Pferde und Fahrer sollten in Zukunft eine immer bedeutendere Rolle für die Reitausbildung und die Remontierung der Armee spielen.

„Was schließlich das Verhältnis (1911) anbelangt, in dem die Truppenpferde in den einzelnen Waffengattungen in der Armee vorhanden sind, so beträgt z.B. im deutschen Heere ihre Zahl bei der Kavallerie gegen 70000, der Feldartillerie gegen 36000, dem Train und den Verkehrstruppen 6000. Diesen sämtlich warmblütigen Pferden stehen etwa 900 Stück gegenüber, die zur Bespannung der schweren Geschütze der Fußartillerie dienen und schweren kaltblütigen Schlägen angehören." ([Damnitz 1911] S. 17 ff.). Der Erste Weltkrieg sollte dieses Verhältnis zu Lasten der Kavallerie grundlegend abändern.

Max von Holzing-Berstett hat die aus der damaligen Taktik abgeleiteten Anforderungen an die Reitausbildung von Pferd und Reiter 1910 zusammengefasst: *„Das Pferd muss so hergerichtet werden, daß der [...] Reiter auf ihm seine Kriegsaufgaben erfüllen kann. Diese Aufgaben: Marsch, Schlacht, Aufklärung und Kampf Reiter gegen Reiter verlangen vom einzelnen folgendes: Er muß fähig sein, mit einer Hand reitend seinen Platz im Verbande einzuhalten. Das bedeutet, daß er nicht nur überhaupt sein Pferd in der Art und Schnelligkeit seiner Vorwärtsbewegung beherrschen, sondern das Tempo in jeder Gangart weniger und mehr raumgreifend machen kann. Er muß allein, auch gegen die natürlichen Neigungen des Pferdes, immer geradeaus vorwärtskommen und immer mit einer Hand wenden können. Er muß auf raschem Gange anhalten und aus langsamem in schnellen vorpreschen können."* ([Holzing-Berstett 1910] S. 63).

Remontierung

Die Kavallerieremonte vor dem Ersten Weltkrieg – edler und kleiner

Die Zucht in den Remonteprovinzen richtete sich danach aus, den weiter gestiegenen Anforderungen an Geländegängigkeit und Ausdauer der Pferde gerecht zu werden. Das Mittel dazu war die nochmalige verstärkte Verwendung englischer Vollbluthengste bei der Zucht. Dies verantwortete Burchard von Oettingen (1850 – 1923), der 1897 Landstallmeister von Trakehnen wurde. *„Die stärkste Benutzung von Vollblut-Hengsten hat bei einem jährlichen Durchschnitt von über 12 von 1909 bis 1916 stattgefunden. Ihren Höhepunkt erreichte sie im Jahre 1914, in welchem 14 Vollblüter, 1 Anglo-Araber und 2 Trakehner Halbblut-Hengste in Trakehnen deckten."* ([Lehndorff 1999] S. 194). Oettingen formulierte seinen Leitsatz so: *„Wir wollen selbst in Trakehnen eine Art Vollblut produzieren."* ([Lehndorff 1999] S. 194).

Die in der Zeit zwischen 1871 und 1914 stark an feldmäßiger Leistungsfähigkeit orientierte Ausbildung der Kavallerie verursachte starke Auswirkungen auf die Größen der Remonten. Kleinere Pferde sind und waren widerstandsfähiger sowie härter als hochgewachsene Tiere. Deshalb wurden die Remontegrößen bereits beim Einkauf erheblich reduziert. Mit der Folge, dass sogar Tiere in Dienst

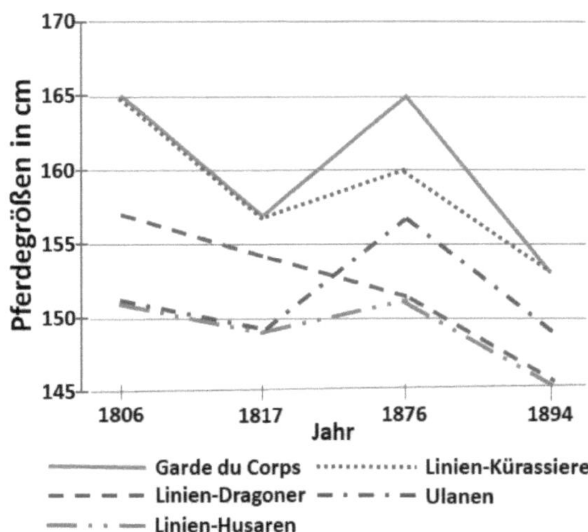

Die Veränderung der Remontierungsgrößen der verschiedenen Kavalleriegattungen in Preußen im 19. Jahrhundert ([Pelet II 1905] S. 433).

gestellt wurden, deren Größen während der napoleonischen Zeit üblich waren. Hierbei muss allerdings berücksichtigen werden, dass es sich dabei um Mindestmaße zum Zeitpunkt des Ankaufs handelte, und die Remonten bis zum Alter von sieben oder acht Jahren noch ca. vier4 cm zulegten. Zudem wurde erst mit Verordnung vom 5. Juni 1889 das Stockmaß als Standard vorgeschrieben. Vorher wurde mit Bandmaß gemessen.

Schon der Remonte-Depot-Direktor Mentzel schrieb 1845 zu den Pferdegrößen im militärischen Dienst: *„Im Kriege, wo sich Liebhabereien überhaupt nicht mehr befriedigen lassen, wird man von selbst auf die Anwendung kleinerer Pferde zurückkommen. Zu vielen Zwecken sind sie unverkennbar auch brauchbarer, als große, und bieten sich in Menge dar, wo diese fehlen; sie sind im Allgemeinen beweglicher und auch im weichen oder sumpfigen Terrain besonders anwendbar; sie nähren sich viel leichter, und überstehen Anstrengungen und Entbehrungen besser."* ([Mentzel 1845] S. 202).

Die preußische Remontierungsordnung setzte die Anforderungen an eine Remonte in der Zeitperiode vor dem Ersten Weltkrieg folgendermaßen fest: *„Eine gute Remonte muß edles Blut, gute Beine und Hufe, einen regelmäßigen schwunghaften Gang und tragfähigen Rücken haben. Bei letzterem kommt es weniger auf Kürze an, als auf Geschlossenheit und gute Nieren. Erwünscht ist ferner eine tiefe und schräge Schulter mit langem Querbein, ein ausgeprägter Widerrist, ein gut angesetzter Hals, breite Brust, eine starke Kruppe und gutem Schweifansatz, gut bemuskelter Vorarm mit kurzen Röhren und trockenen Sehnen, starke Sprunggelenke und gut gestellte, weder weiche noch steile Fesseln."* ([Damnitz 1911] S. 12). Die heute noch zahlreich erhaltenen Armeesättel vom Modell 1888 zeigen in allen Größen, dass die damaligen Pferde längere Rücken hatten als heutzutage. Es muss sich deshalb bei den Remonten in der großen Mehrzahl um Rechteckpferde gehandelt haben, bei denen die Rumpflänge größer als die Widerristhöhe war.

Qualitätssteigerungen durch verbesserte Organisation

Eine Besonderheit in Deutschland stellte die Einrichtung der sogenannten Remonteprovinzen seit 1890 dar. Ihre Einrichtung diente der zielgerichteten Leistungssteigerung wie auch Reinhaltung der Halbblutzucht allein zu militärischen Zwecken: *„In Preußen besteht [...] seit etwa 20 Jahren eine scharfe Abgrenzung, indem die hauptsächlich das für die Armee geeignete Halbblut züchtenden Provinzen von den übrigen Provinzen mit gemischter Zuchtrichtung oder Kaltblutzucht unterschieden werden. Man nennt erstere Remonteprovinzen; als solche gelten Ostpreußen, Westpreußen, Posen und Hannover. In*

Pferdeapell beim preußischen Regiment Garde du Corps. Aquarell von Anton Hoffmann.

diesen Provinzen werden nur solche Landbeschäler aufgestellt, die sich zur Remontezucht eignen, und auch die sonstigen staatlichen Mittel zur Hebung der Pferdezucht so gehandhabt, daß sie ausschließlich der Remontezucht zugute kommen. Für die Reinhaltung und Hebung der Zucht – namentlich in diesen Remonteprovinzen – ist die erwähnte Scheidung, die Erkenntnis von der grundlegenden Bedeutung der Abstammung und die damit zusammenhängende allgemein Einführung von Deck- und Füllenscheinen und von Stutbüchern von bedeutendem Einflüsse gewesen." ([Damnitz 1911] S. 22).

Neben der Einrichtung der Remonteprovinzen brachte die Einführung und der Ausbau von Körordnungen mit strengen Auswahl- und Leistungsprüfungen, eine weitere Qualitätssteigerung der Zucht mit sich. *„Um die Aufstellung von untauglichen oder für die Zuchtrichtung oder die Stuten eines Zuchtbezirks nicht geeigneten Privatbeschälern zu verhüten, bestehen Vorschriften, auf Grund deren die im Privatbesitz befindlichen, zur allgemeinen Benutzung gehaltenen Hengste zuvor auf ihre Zuchttauglichkeit zu prüfen sind., Derartige Vorschriften, die die Beschaffenheit der zur Benutzung zuzulassenden Hengste, deren Tätigkeitsbereich, die Höhe des Deckgeldes, die Zusammensetzung der prüfenden Ausschüsse usw. bestimmen sind entweder im Wege der Gesetzgebung (z.B. Oldenburg) […] oder als polizeiliche Verordnungen (wie in Preußen) ergangen. Als solche heißen sie in Deutschland allgemein Körordnungen."* ([Damnitz 1911] S. 25).

Zur quantitativen Leistungsfähigkeit der deutschen Remonteprovinzen schreibt Damnitz 1911: *„Ostpreußen würde, wenn es darauf ankäme, für sich allein imstande sein, die gesamte deutsche*

Kavallerie mit Remonten zu versorgen. Tatsächlich liefert es heute für das deutsche Heer jährlich gegen 8000 Remonten, darunter für Bayern rund 900, für Sachsen 800 und für Württemberg etwa 300 Stück." ([Damnitz 1911] S. 82). *„Gegenwärtig liefert Hannover nach Ostpreußen die größte Zahl an Remonten für die deutsche Armee: über 1200 Stück jährlich. Rechnet man dazu die in Mecklenburg und Pommern gekauften, laut Deckschein des Landgestüts Celle in Hannover geborenen Remonten, so ist die Zahl der von Hannover für die deutschen Truppen gelieferten Remonten mit 1600 bis 1700 Stück jährlich nicht zu hoch veranschlagt."* ([Damnitz 1911] S. 72). 1903 wurden zudem *„673 aus Posen, 489 aus Westpreußen und 400 aus Schleswig-Holstein (angekauft)."* ([Henning 2005] S. 25).

Interessant ist auch ein Vergleich der Dienstzeiten der Kavalleriepferde in den europäischen Armeen. Er zeigt, dass die Pferde in der deutschen Kavallerie länger dienstfähig gehalten werden konnten. Dies spricht für die Qualität der Ausbildung, der Haltung und des Pferdematerials. *„Die Dienstzeit der Pferde in der deutschen Armee ist eine längere als in anderen Armeen. Die Kavalleriepferde haben eine 10jährige, die Artilleriepferde eine 9jährige, die Pferde des Militär-Reitinstituts eine 7jährige und die Offiziers-Chargenpferde eine 4jährige Dienstzeit. Die Dienstzeit der Pferde des Trains ist auf 12 Jahre festgelegt."* ([Damnitz 1911] S. 102 passim.) In Österreich-Ungarn betrug die Dienstzeit acht Jahre, in Frankreich achteinhalb Jahre. Die durchschnittliche Dienstzeit ist allerdings nur eine statistische Zahl, die zur Berechnung des jährlich notwendigen Pferdeersatzes verwendet wurde. Die tatsächliche Dienstzeit der Pferde im Regiment lag in der Regel höher, da in die statistische Dienstzeit Abgänge durch Unglücksfälle und Krankheiten mit eingerechnet waren. *„Länger als bis zum 20. Lebens- und 17. Dienstjahr blieben sie selten für die Truppe brauchbar."* ([Münch 1957] S. 112).

Da die dreijährige Dienstzeit in der Kavallerie nur ausreichte, die Mannschaften im Durchschnitt zu guten Anfängern auszubilden, war die Bereitstellung von gutem Pferdematerial von entscheidender Bedeutung. Der spätere erste deutsche Präsident der FEI, Max von Holzing-Berstett hat dazu 1910 als Major und Flügeladjutant Wilhelms II. festgehalten: *„Das Material, das dem Heere heutzutage alljährlich in vielen tausend Exemplaren übergeben wird, ist so gutmütig, gelehrig, rittig und dabei so galoppfähig, wie es wohl noch niemals war. Mit der Lieferung solcher Pferde arbeiten die Remontierung und die Zucht der Truppe bei deren schwerer Aufgabe außerordentlich erleichternd in die Hände."* ([Holzing-Berstett 1910] S. 62).

Reitsport

Weiterer Aufschwung des Reitsports

Der Reitsport nahm nicht zuletzt durch die intensive Teilnahme von Offizieren des Deutschen Reichheeres einen weiteren bedeutenden Aufschwung. Er war vor allem von den gesteigerten Anforderungen für das Geländereiten bestimmt. *„Mehr als je forderte die Vorbereitung für den Krieg einen wagemutigen Reiter und ein geländesicheres Pferd als Vorbedingung für eine erfolgreiche Verwendung der Kavallerie. Wer nur auf den Straßen den Feind erkunden wollte, der würde nicht viel zu sehen bekommen, denn die modernen Feuerwaffen zwangen die Kavallerie früher und öfter von der Straße weg in das Gelände als bisher. Nur im unwegsamen, durchschnittenen Gelände winkte* *dem kecken, auf sein Pferd vertrauenden Reiter der Erfolg."* ([Rizzi 1932] S. 154). Im Reitsport kamen neue Disziplinen auf. Die Organisation des Sports, bis hin zur Ausarbeitung von Prüfungsordnungen, wurde wesentlich von den sich engagierenden Militärs bestimmt. So verwundert es nicht, dass junge Offiziere der Kavallerie oder Feldartillerie das Gros der aktiven Teilnehmer auch bei den öffentlichen Reitsportveranstaltungen bildeten.

Otto von Rizzi schrieb in seinem Werk über die bayerische Kavallerie: *„Ende der 80er Jahre fand die Sportbetätigung der bayerischen Reiterei ein neues Gebiet im Flaggenreiten, das in der Mitte zwischen Rennen und Geländereiten stand und den einzeln abgelassenen Reiter seinen mit Flaggen ausgesteckten Weg über natürliche und künstliche Hindernisse aller Art suchen ließ."* ([Rizzi 1932] S. 152 ff.).

Distanzreiten

Wilhelm Graf Starhemberg (1862–1928) vom K.u.k. 7. Husaren-Regiment gewann auf dem Vollblut-Wallach „Athos" in 71 Stunden 26 Minuten den 600 km Distanzritt von Wien nach Berlin 1892.

Knapp 50 Jahre nach den ersten Versuchen der preußischen Armee mit Dauerritten, wurde diese Disziplin wieder aufgenommen und 1892 der Große Distanzritt Berlin-Wien veranstaltet. Etwas vergleichbares hatte es bis dahin nicht gegeben. Der Militärführung ging es darum, die Frage zu beantworten, wo die Leistungsgrenzen des Pferdes für Dauerleistungen liegen. Ein weiterer Effekt solcher umstrittenen Wettkämpfe bildete unter anderem die Hoffnung, neue Erfahrungen mit Nachtritten zu erhalten. Die Pferde sollten dabei nach dem Ritt weiter einsatzfähig sein und nicht verbraucht werden. Ohne Ruhetag ritten 121 deutsche Kavallerieoffiziere die ca. 600 km von Berlin nach Wien und 109 österreichische und ungarische Offiziere in gegensätzlicher Richtung von Wien nach Berlin. Der Ritt belegte die hohe Eignung der modernen Vollblut- und Halbblutzuchten für solche Anstrengungen. Graf Starhemberg vom österreich-ungarischen 7. Husaren-Regiment war auf dem Vollblut-Wallach „Athos" schnellster und kam nach 71 Stunden und 26 Minuten in Berlin an. Allerdings gingen 13% der Pferde auf dem Ritt oder aufgrund der Folgen ein. Ein Umstand, der im Nachgang stark kritisiert wurde. Allerdings zeigte dieser Distanzritt sehr deutlich, wo die Grenzen der Belastbarkeit für Pferde und Reiter lagen. Nach 400 km waren noch alle einsatzfähig und nach 600 km nur noch einzelne. Letztlich erbrachte dieser Gewaltritt wichtige Erfahrungen, die dem Training von Pferd und Reiter für weite Strecken zugutekamen. ([Keerl 2000] S. 185 passim.).

In Deutschland wurde ein vergleichbar langer und harter Distanzritt nicht wiederholt. Der Grund lag neben der lauten Kritik darin, dass die Kavallerie aufgrund neuer Nachrichten- und Transportmittel, insbesondere der Luftaufklärung, ihre Rolle in der Fernaufklärung eingebüßt hatte. Stattdessen fanden regelmäßig durchgeführte kürzere Reitübungen als sogenannte Dauerritte statt. Derartige Dauerritte sollten vor allem als Vorschule für den Dienst des Ordonanzoffiziers dienen. Im Jahr 1894 stiftete der deutsche Kaiser *„für jedes Armeekorps einen Wanderpreis (silberne Urne). Dieser Preis wurde von den Kavallerie-Offizieren alljährlich im sogenannten Ritt um den Kaiserpreis unter gleichzeitiger Lösung einer taktischen Aufgabe ausgeritten und verblieb nach zweimaligem Gewinnen dem Sieger. Die Entfernung betrug 120 bis 180 km. Gute Durchschnittszeit, Lösung der taktischen Aufgabe, Verfassung des Pferdes bei Ankunft und am Tage nach der Ankunft waren entscheidend für den Sieg.“* ([Rizzi 1932] S. 153).

Im Gegensatz zu Deutschland hielten die französische wie auch die belgische Kavallerie bis zum Ersten Weltkrieg an der ausgedehnten Praxis des Distanzreitens fest. Diese als „Raid Militaires“ bezeichneten Veranstaltungen zählten damals zu den Ritten mit den höchsten Ausdaueranforderungen. So ein Raid ging in der Regel über drei Tage und sollte die reiterlichen Fähigkeiten eines Führers einer Offizierspatrouille überprüfen. Jeder Tag ging zwischen 50 – 80 km in verschiedenen Gangarten und Tempi sowie über verschiedene Geländeabschnitte. Am ersten Tag wurde beispielsweise nur auf einer Chaussee und in ruhigem Tempo geritten, so wie sich eine Patrouille im Normalfall an einen Feind annähern würde. Am zweiten Tage ging es auf schlechten Wegen in gebirgiges Gelände. Auf den extra ausgewählten schwierigen Wegen musste die Patrouille zusätzlich einem gedachten Gegner ausweichen, wodurch sie nur äußerst mühsam vorwärts kam. Am dritten Tag galt es schließlich eine Meldung zu überbringen. Hierzu wurden die Reiter durch einen sie fiktiven verfolgenden „Gegner“ gezwungen, meist querfeldein über allerlei künstliche und natürliche Hindernisse die angenommene Meldung so schnell wie möglich zum Bestimmungsort zu bringen. Dort angekommen mussten die Pferde zur Überprüfung ihrer Einsatzfähigkeit vorgeritten und gesprungen werden. Anhand dieser sehr hart anmutenden Bedingungen war es der französischen Militärführung allerdings gelungen, wichtige Erkenntnisse über das Leistungsvermögen von Pferd und Reiter, über die richtige Fütterung sowie eine zielführende Reitstrategie zu erhalten. ([Maercken 1911] S. 101 passim.).

Der Turniersport mit Dressur, Springen und Military wird geschaffen

Zusätzlich zum Rennsport und dem Jagdreiten entstand in den 1890er-Jahren mit dem Turniersport eine neue Reitsportdisziplin, in dessen Rahmen Dressurreiten, Jagdspringen und später auch Geländeritte veranstaltet wurden. Die sich schnell in ganz Europa ausbreitenden Turniersport-Veranstaltungen wurden dabei unter der französischen Bezeichnung „Concours hippique“ bekannt. Der mittelhochdeutsche Begriff „Turnier“ konnte sich in Deutschland erst kurz vor dem Ersten Weltkrieg durchsetzen.

Innerhalb des Turniersports nahmen europaweit Kavalleristen bestimmende sowie diesen neuen Sport vorantreibende Positionen ein. Für das Deutsche Reich sind hierfür namentlich die bayerische Equitationsanstalt wie auch die 1894 in München gegründete bayerische Campagne-Reitergesellschaft zu nennen. Beide organisierten bereits 1895 das erste öffentliche Reitturnier auf der

Die Teilnehmer einer Olympia-Vorbereitungs-Dressurprüfung warten in der großen Reithalle des Berliner Luisen-Tattersalls auf den Spruch der Preisrichter (1912). Foto von Werner Menzendorf.

Theresienwiese in München, welches bis 1914 jährlich wiederholt wurde. Nach dessen Vorbild wurden dann ähnliche Veranstaltungen in ganz Deutschland abgehalten. Um vor allem die teilnehmenden Offiziere besser auf die Wettkampfsituation vorzubereiten, wurden von den Kavallerie-Regimentern gleichfalls kleinere Turniere innerhalb ihrer Garnisonen durchgeführt.

Einer ganz besonders hohen Beliebtheit erfreute sich das Springreiten, weswegen in dieser Zeit vor allem im Ausland namhafte Spring-Turniere entstanden. Das Deutsche Reich hinkte dieser Entwicklung allerdings hinterher. Es waren Staaten wie Italien, Frankreich oder Belgien, in denen die tonangebenden großen internationalen Turniere im Jagdspringen ausgetragen wurden. Dabei wurde mit sehr unterschiedlichem Stil gesprungen. Die französischen und belgischen Offiziere überwanden eher traditionell mit langen Bügeln, Dressursitz und dabei hingegebenen, langen Zügeln die Hindernisse. Die Italiener unter Anleitung von Federico Caprilli (1869 – 1907) hatten dagegen den „Leichten Sitz" erfunden, bei dem der Reiter mit sehr kurzen Bügeln vorgebeugt im Sattel ansitzt und im Sprung mit der Bewegung des Pferdes mitgeht. Caprilli hatte dazu an der italienischen Kavallerieschule von Pinerolo ein neues Reit- und Ausbildungssystem erschaffen, bei dem er auf die Ausnützung der natürlichen Bewegungen des Pferdes und einen leichten, entlastenden Sitz des Reiters setzte. Die bisher verwendete Dressurausbildung und Reitkunst lehnte er als unnatürlich ab. Die Überlegenheit des leichten Sitzes beim Spring- und Geländereiten sollte sich bis 1920 allgemein bestätigen.

Hauptmann Federico Carpilli (1868 – 1907) im Sprung über einen Drahtzaun.

Schließlich entwickelte sich die Disziplin des Geländereitens als Vorläufer der Military. *„Ganz besondere Anforderungen an Roß und Reiter stellten die im Jahre 1907 vom Kommandeur der (bayerischen) Militär-Reitschule, Oberstleutnant Frh. von Redwitz, erstmalig veranstalteten großen Geländeritte (50 km), welche in das Programm der Campagne-Reitergesellschaft aufgenommen wurden und den hervorragenden Ruf der bayerischen Reitschule weit über Bayerns Grenzen verbreiteten. Diese Ritte verlangten gehorsame, ausdauernde Pferde und herzhafte, unerschrockene Reiter und gaben auf Grund der gemachten Erfahrungen später Veranlassung, daß von 1912 ab die Ritte um den Kaiserpreis in der Entfernung (auf 80 km) gekürzt und nach Art der Geländeritte umgewandelt wurden."* ([Rizzi 1932] S. 153).

Auf den Turnieren der damaligen Zeit wurde noch viel experimentiert und das Prüfungsprogramm gestaltete sich wesentlich vielseitiger als heutzutage. So gab es Geschicklichkeitsprüfungen, bei denen zum Beispiel über einen engen Steg galoppiert werden musste oder ein Gatter zu öffnen war. Es gab Gruppenspringen und neben den Hochspringkonkurrenzen ebenfalls Weitspringwettbewerbe.

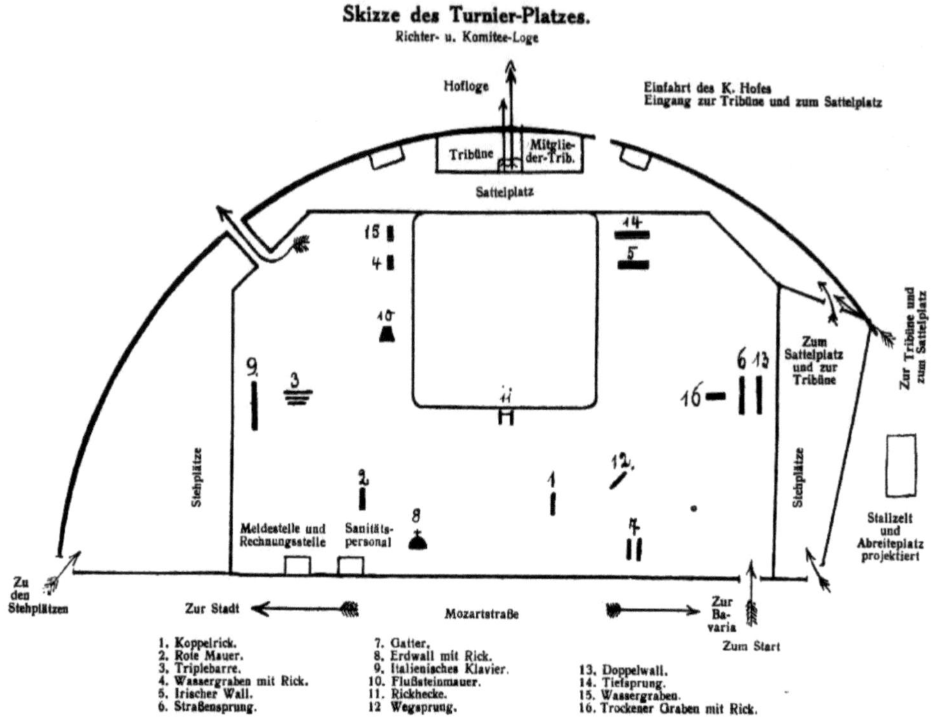

Skizze des Turnierplatzes des 20. Reit-Turniers der Bayerischen Campagne-Reiter-Gesellschaft vom 12. – 14. Juni 1914 auf der Teresienwiese in München.

Der Rennsport erlebt seinen Höhepunkt

Der Hindernisrennsport als ältester militärischer Reitsport erlebte bis zum Ersten Weltkrieg eine später in Deutschland nicht mehr erreichte Blüte. Im Jahr 1913 wurden auf 106 verschiedenen Rennbahnen nicht weniger als 411 Renntage abgehalten. Neue, großzügige Rennbahnen, wie die Grunewaldrennbahn, auf deren Gelände später das Berliner Olympiastadium von 1936 entstehen sollte, wurden 1909 eingeweiht. Dem Rennsport brachte diese Zeit mit dem sogenannten „amerikanischen Sitz“ gravierende Änderungen in Bezug auf den angewendeten Reitstil. *„Es tauchten gegen Ende des [Anm. d. V.: 19. Jahrhunderts] zunächst in England einzelne amerikanische Jockeis auf, die mit Rennpferden aus der neuen Welt herübergekommen, durch ihren affenartigen […] Sitz – mit kurzen Bügeln und Zügeln auf den Hals des Pferdes geneigt – zunächst allgemein Spott hervorriefen. Als ihre Erfolge, die anfänglich als zufällige betrachtet wurden,*

Leutnant Woyzischewitz beim Geländeritt in Diedenhofen.

Oberleutnant Felix Bürkner (1883 – 1957) vom Jäger-Regiment zu Pferde Nr. 2 siegte am 14. Mai 1911 beim Westphalen-Memorial mit Kaiserpreis in Berlin. Die vielseitige Prüfung umfasste Dressurreiten auf eigenem und fremdem Pferd, Korrekturreiten unrittiger Pferde, Jagdspringen mit schmalem Laufsteg über einen breiten Wassergraben und Gewandheitsspiele mit Polopferden.

sich aber häuften, infolge davon auch von englischen Rennställen Versuche mit ihnen angestellt wurden, bei denen sich auffallende Verbesserungen der Form derartig gerittener Pferde ergaben, da wurden die Gesichter der Spötter, die die englische Supremantie auf diesen Gebieten für unantastbar gehalten, länger und länger." ([Tepper 1914] S. 70 ff.). Der amerikanische Jockey Todd Sloan (1874 – 1933) war der erste, der diesen Stil 1898 nach England brachte. Vermutlich hat er ihn jedoch nicht selbst erfunden. Da in einem Rennen nun mal nur der Sieg zählt, setzte sich der „amerikanische Sitz" sehr schnell durch.

Genau wie beim „Leichten Sitz" der Italiener handelte es sich beim „amerikanischen Sitz" um ein und dasselbe Prinzip. Die Frage allerdings, wer dieses Prinzip erfand oder wer es von wem abschaute, kann wohl nicht mehr zweifelsfrei beantwortet werden. Tatsache blieb, dass die an Hindernisrennen teilnehmenden deutschen Offiziere schon vor dem Ersten Weltkrieg im „Leichten Sitz" ritten. Von einzelnen wurde dieser italienische Stil ebenfalls beim Jagdspringen auf den Reitturnieren angewendet. Dieser Praxis „hinkte" die offizielle militärische Lehrmeinung allerdings hinterher. *„Die neue Reitvorschrift [Anm. d. V.: von 1912] konnte sich dem modernen Sitze beim Sprungs nicht verschließen. Ehe sie jedoch diese zweckmäßige Neuerung für die Armee zur Vorschrift erheben durfte, war es geboten, dieses mehr oder minder empirisch empfundene Verhalten des Reiters im Sprunge kritischer wissenschaftlicher Betrachtung zu unterziehen."* ([Redwitz 2 1914] S. 5).

Jagdrennen 1902 in Karlshorst. Nach einer Zeichnung von Karl Volkers. Die Reiter reiten noch ganz traditionell im englischen Rennsitz.

Jagdrennen 1914 in Breslau. Es hatte sich der amerikanische Rennsitz allgemein durchgesetzt. Der linke Reiter im Absprung ist der spätere berühmte Jagdflieger Manfred von Richthofen (1892 – 1918).

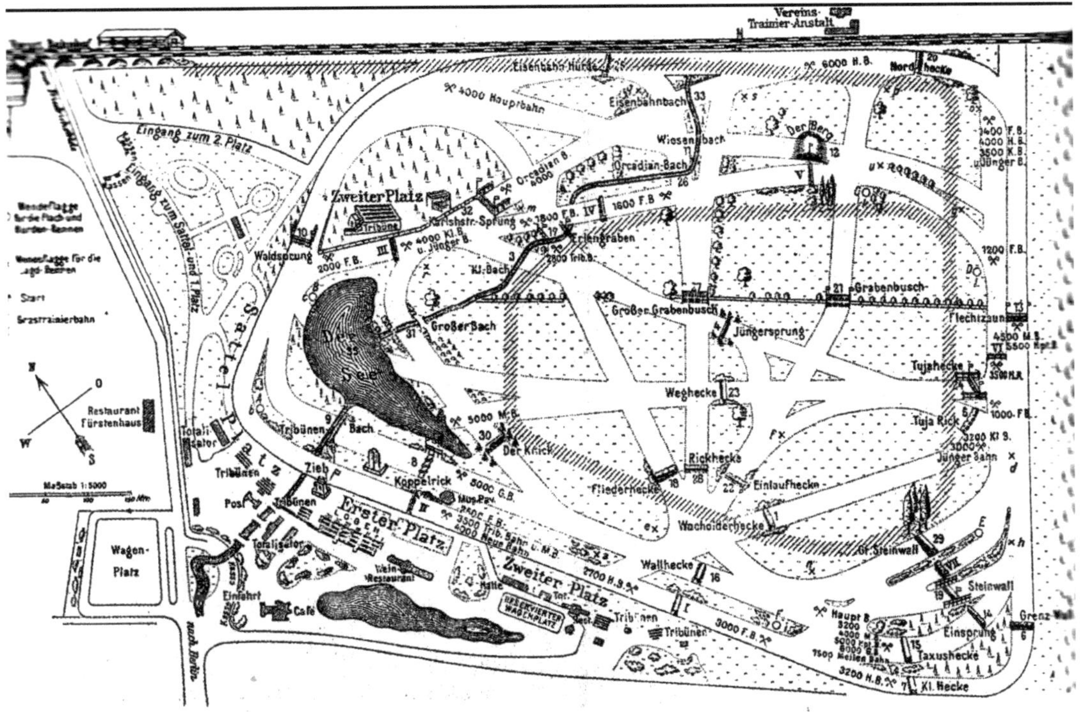

Skizze der Rennbahn von Karlshorst vor dem Ersten Weltkrieg.

Reiten wird 1912 endgültig olympische Disziplin

1900 war das Springreiten in Paris mit den Wettbewerben Einzelspringen, Hochsprungwettbewerb und Weitsprungkonkurrenz zum ersten Mal olympische Disziplin geworden. Nach einer Pause bei Olympia in den Jahren 1904 und 1908 bildete das Jahr 1912 für den Reitsport den endgültigen Durchbruch als olympische Disziplin. Die Wettkämpfe fanden im schwedischen Stockholm statt. Sie stellten zugleich eine hervorragende Möglichkeit dar: *„einen Überblick über Stand und Art der Reiterei in allen Ländern der Welt, die auf Grund von Systemen, Anschauungen und Erfahrungen eine bestimmte Art und Form der Reiterei anstreben und festhalten, zu gewinnen."* ([Rau 1929] S. VII).

In den Wettbewerbsbestimmungen spiegelten sich deutlich militärische Anforderungen der Zeit wider. Beachtlich ist, dass alle teilnehmenden Nationen Reiter entsendeten, die ausnahmslos als Offiziere in der Armee ihres jeweiligen Heimatlandes dienten. Hinsichtlich der meisten Pferde handelte es sich zum ersten und allerdings auch zum letzten Mal bei olympischen Spielen, um nicht speziell ausgebildete Sportpferde, sondern um gut gerittene Truppenpferde. Diese Pferde sollten angeblich allein auf Basis ihres gewohnten herkömmlichen Ausbildungsprogramms im Wettkampf eingesetzt worden sein. Insgesamt wurden drei Disziplinen geritten: Military, Dressur und Jagdspringen; davon die Military und das Jagdspringen mit Einzel- und Mannschaftswertung.

Das Format der Military-Prüfung definierte sich an den Anforderungen, denen ein damaliger Kavallerist im Feld typischerweise ausgesetzt war und gleichzeitig flossen die Erfahrungen aus den französischen

Raid militaires wie auch den deutschen Geländeritten ein. *„In der Geländekonkurrenz zu Stockholm wurde alles, was von dem Soldatenpferde verlangt werden kann, geprüft: die Fähigkeit bei einem langen Ritte in jedem Terrain und über jede Art Hindernis zu gehen (Dauerritt und Reiten im Gelände), die Fähigkeit, in schnellem Tempo rennmäßige Sprünge zu nehmen und das schnelle Tempo über einige tausend Meter durchzuhalten (Steeple Chase Kurs), das Vermögen, jede Art von hohen und breiten Hindernissen sehr rasch und sicher zu bewältigen (Preisspringen). Schließlich die Prüfung auf die Dressur in Form eines Preisreitens. - Bei derartigen Konkurrenzen wird nicht nur das Pferd, sondern auch der Reiter auf eine scharfe Probe gestellt [...] Ein Pferd, das völlig durchgeritten, leicht und angenehm in der Hand des Reiters ist, jederzeit zusammengenommen werden kann, hat in einer Military die besten Aussichten. Das wurde auch in Stockholm bewiesen, wo die besten gerittenen Pferde siegten."* ([Rau 1929) S. 8).

Leutnant Prinz Friedrich Karl von Preußen (1893 – 1917) belegte beim olympischen Jagdspringen in Stockholm 1912 auf Gibson Boy den 11. Platz. Der englische Vollblüter war sehr ungestüm, kam wiederholt schräg gegen sie Sprünge und musste Fehler machen.

In der Dressurprüfung mussten eine vorgeschriebene Anzahl an Dressurlektionen auf heutigem M-Niveau in freier Vorstellung vorgeritten werden. Zusatzpunkte in der Bewertung gab es für einhändiges Reiten. Teil der Prüfung waren vier Hochsprünge bis 1,10 m und ein Weitsprung von 3 m. Bei einer Gehorsamsprüfung musste eine rollende, bunt angestrichene Walze übersprungen werden.

Innerhalb des Jagdspringens wurden allerdings erhebliche höhere Leistungen verlangt. Hier mussten 19 Hindernisse mit 29 Sprüngen bis 1,40 m Höhe überwunden werden. Interessant war, dass die Reiter das Springen in einer Vielzahl unterschiedlicher Stile meisterten. Angefangen beim Dressursitz bis hin zum neuen italienischen Stil waren dabei ebenso Zwischenformen vorzufinden. Das Jagdspringen gewann der Franzose Capitain Carious auf Mignon, der im alten Dressursitz sprang.

Wider Erwarten war es jedoch der schwedischen Mannschaft gelungen, zur erfolgreichsten Nation in diesen Wettkämpfen aufzusteigen. *„Der Sieg auf der ganzen Linie, den die Schweden errangen, findet seine Begründung in erster Linie in der gediegenen Ausbildung von Reiter und Pferd, deren Einheitlichkeit während der Prüfungen Tag für Tag in der stärksten Weise hervortrat, und in der Konzentration. Man hatte seit Jahr und Tag Reiter und Pferd ausschließlich für die Olympiade vorbereitet und andere Aufgaben nicht berücksichtigt. Mit den aufgesparten frischen Pferden hatte man eine gewisse Überlegenheit gegen die hochstehenden, aber viel benutzten und teils reichlich abgekämpften Cracks der anderen Länder.“* ([Rau 1929] S. 6 ff.). Die deutschen Kavalleristen stellten die zweiterfolgreichste Nation, indem sie die zweiten Plätze in der Einzel- und Mannschaftsmilitary sowie dem Jagdspringen (Einzel) und den dritten Platz im Jagdspringen (Mannschaft) errangen.

Über die Dressurprüfung berichtet Gustav Rau: *„An gründlicher und ehrlicher Durchbildung standen die deutschen Pferde denen der Schweden am nächsten. Die schwedischen Pferde waren*

Der schwedische Rittmeister Carl Gustav Graf Bonde (1872 – 1957) gewann auf Emperor in Stockholm 1912 die olympische Dressurprüfung.

aber mehr auf den Hanken, hatten dadurch in den kurzen Gängen energischere, lebhaftere, taktmäßigere Tritte. Die deutschen Pferde waren im Sinne der höheren Reitkunst nicht genügend, aber für ihren Zweck, für die Soldatenreiterei, weit genug. Sie gingen immer willig und energisch vorwärts. Es klappte bei ihrer Vorführung alles tadellos. Man hätte es allerdings gerne gesehen, wenn eine so große Armee einige Pferde auf einer höheren Stufe gesandt hätte.“ ([Rau 1929] S. 40).

Reitausbildung

Der Streit der Reitsysteme eskaliert

Die drei Jahrzehnte nach der Herausgabe der RI 1882 bildeten den Höhepunkt im Streit der konkurrierenden Reitauffassungen. Ein Streit, der sich immerhin durch das gesamte 19. Jahrhundert nachverfolgen lässt. Den Endpunkt dieser energisch ausgetragenen Auseinandersetzung sollte die RV 1912 bilden, die von einer hochkarätigen Kommission *„zum Teil (in) recht mühevoller, heiß umstrittener Arbeit"* ([Rizzi 1932] S. 132) geschaffen wurde. Sie stellte einen Meilenstein in der Schaffung der sog. „Deutschen Reitlehre" dar. Mit ihr wurde die Einheitlichkeit in der Reitausbildung in der Armee wiederhergestellt.

„Die (Reitinstruktion) 1882 hatte durch ihre Weitschweifigkeit, ihre höchst unpraktische Gliederung des Stoffes und den verkünstelten Aufbau ihres an und für sich bewährten Systems allzu viele verlockt, sich unter den mannigfachen Erzeugnissen der modernen Reitliteratur ein klareres, weniger zeitraubendes System zu suchen. Die in der Armee hierdurch verursachte Unsicherheit und Verwirrung hatte die Tradition altpreußischer Reitkunst schwer geschädigt." ([Redwitz 1 1914] S. 3). Es waren jedoch auch andere Gründe, welche zu diesen Auseinandersetzungen führten. Die Kombination aus vermehrter Gelände- und feldmäßiger Reitausbildung mit zusätzlichen

Reitausbildung junger Remonten bei der 1. Eskadron preußisches Dragoner-Regiment Nr. 15 in Hagenau 1905.

nicht-reiterlichen Ausbildungsinhalten überdehnten den zumutbaren Ausbildungsrahmen bei weitem. Immer drängender stellte sich daher die Frage, ob man die Reitausbildung von Pferd und Reiter nicht nur vereinfachen, sondern gleichzeitig von unnötigem Ballast befreien könne. Zusätzlich zu dieser Kernfrage existierten immer neuere Erkenntnisse auf dem Gebiet der Anatomie und der Physiologie des Pferdes, die vorher nicht bekannt waren. Auf dem Gebiet der Reitlehre gab es gerade in der Ausbildung der modernen Warmblüter neue Erfahrungen, die vermehrte Nutzung von Schwung und Rückentätigkeit forderten. Dies wurde noch durch die Entwicklung des Reitsports im Geländereiten und Springen forciert.

Die RI 1882 war aus den vorgenannten Gründen zum Opfer des schnellen Wandels, als ein prägendes Element der letzten drei Jahrzehnte vor dem Ersten Weltkrieg, geworden. *„Die Reitvorschrift [von 1882, Anm. d. V.] ist ein Beispiel dafür, wie sich die Truppe über eine veraltete Vorschrift hinwegsetzte. Denn tatsächlich ist schon vor 1912 nach einem ganz anderen System geritten worden, als die veraltete Reitinstruktion enthielt.“* ([Frauenholz 1931] S. 226).

Gustav Steinbrecht und Paul Plinzner

Der Höhepunkt des Streits um das vermeintlich richtige Reitsystem wurde 1886 durch einen Artikel des Leibstallmeisters des Prinzen Wilhelm, des späteren Kaiser Wilhelm II., Paul Plinzner (1855 - 1920) im Militär-Wochenblatt Nr. 65/1886 losgetreten. Unter der Überschrift „Werden durch die gesteigerten Anforderungen an die Kavallerie Modifikationen in der Dressur des Soldatenpferdes bedingt?“ veröffentlichte Plinzner seine kontroversen Ansichten.

Um das Wirken von Paul Plinzner zu verstehen, muss man erst das Reitsystem von seinem Lehrer Gustav Steinbrecht (1808 – 1885) begreifen. Steinbrecht wiederum war Schüler von Louis Seeger und neben diesem der bedeutendste Stallmeister im Deutschland des 19. Jahrhunderts. Steinbrecht studierte zunächst Veterinärkunde, blieb aber dann als Bereitscholar im Seegerschen Stall in Berlin. Beinahe 60 Jahre war er außer in Berlin auch in Magdeburg und Dessau als Reitlehrer tätig. Seinen Lebensunterhalt verdiente er mit der Ausbildung von Schulpferden für den Zirkus. Genau wie sein Lehrer Seeger, lehnte auch Steinbrecht das Reitsystem (1. Manier) von Baucher wegen des fehlendem Vorwärtsschwunges ab.

Gustav Steinbrecht (1808 – 1885). Sein reitwissenschaftliches Fundament hatte wesentlichen Einfluss auf die RV 1912 und die Deutsche Reitlehre.

Von Steinbrecht stammt das berühmte Zitat: *„Reite dein Pferd vorwärts und richte es gerade!"* ([Heydebreck 1935] S. XI), das die Korrektur der natürlichen Schiefe des Pferds zum Zweck hat. Dies wurde später zu einem wesentlichen Lehrsatz der modernen Reitlehre. Steinbrecht arbeitete seine Pferde, anders als sein Lehrer Seeger, in der Grundlagenarbeit nach der Methode der „relativen Aufrichtung" und war damit konform zu Ernst Friedrich Seidler und der RI 1882. Wichtig war ihm ein losgelassener, aufgewölbter und schwingender Rücken, um gute Gänge entwickeln zu können (auch „elastische Rückenaufwölbung" genannt). Zur Unterstützung dieser Zielsetzung wurde von ihm oft ein entlastender Sitz angewendet. ([Steinbrecht 2001] S. 15). *„Steinbrecht war bei aller Genialität ein praktischer Mann. Er wußte wohl, daß man die Nachhand nicht anders biegen kann, als durch Gewichte, welche man der Vorhand entnimmt, und verschaffte sich diese Gewichte, indem er die Kräfte der Hinterbeine bei tief gestellter Nase zu voller Wirkung in die Hand des Reiter hinein herausforderte. Die Entwicklung mächtiger Schwingungen, die die Hand zunächst oft stark belasteten, ihr aber die Möglichkeit verschafften, mit kräftigen Anzügen den vortretenden Hinterfuß zu treffen, war in der Regel der Weg, den er einschlug, um zunächst den Gang zu entwickeln [...], und der ihm stets der Ausgangspunkt aller schulmäßigen Arbeit war."* ([Plinzner 1910] S. 9). Hans von Heydebreck, ein Schüler von Plinzner, hat das Steinbrechtsche Ausbildungssystem so zusammengefasst: *„Es muß also zunächst, nachdem (das junge Pferd) Vertrauen zum Reiter gewonnen hat, auf die treibenden Hilfen vorwärtsgehen und sich an das Gebiß heranstrecken lernen, wodurch dem Zügel erst die Möglichkeit verschafft wird, irgendwelche Einwirkung auszuüben. Es muß durch biegende Lektionen zur Abspannung gebracht und geradegerichtet werden, um dann den von den Hinterbeinen erzeugten Schwung nach vorn bis ins Genick gelangen zu lassen und dessen Hergabe herbeizuführen. Es muß endlich durch Zusammenwirken von Schenkel, Gewicht und Hand mit der Hinterhand vermehrt Last aufnehmen, sie erneut energisch abfedern und einen Teil des dadurch erzeugten Schwunges, der mittelst der Hand durch Genick, Hals und Rücken zurückgeleitet wird, mit seinen unter die Last vorgeholten Hinterbeinen willig aufnahmen und seine Vorhand dadurch nach Bedarf entlasten lernen."* ([Heydebreck 1935] S. 320 ff.). Steinbrechts wesentliches Verdienst war, ein stimmiges Reitsystem auf höchstem Niveau geschaffen zu haben, das die Prinzipien der traditionellen Reitkunst in die Welt der leistungsgesteigerten modernen Voll- und Warmblutpferde brachte.

Steinbrecht verfasste 1857 und 1858 seine Aufzeichnungen, die dann von Paul Plinzner redaktionell überarbeitet wurden. Als „Gymnasium des Pferdes" wurden sie 1884 veröffentlicht. Steinbrechts Aufzeichnungen waren nicht vollständig, und so hat Plinzner die letzten drei Kapitel (Galopp, Piaffe und Passage, Schulsprünge) im Sinne Steinbrechts selbst verfasst. Das Werk fand schnell Anerkennung und es zählt bis heute als Standardwerk der Reitkunst. Viele seiner Inhalte sollten wesentlichen Einfluss auf die kommende RV 1912 haben.

Der pferdebegeisterte Ostpreuße Paul Plinzner war zunächst Offizier bei einem Regiment der Feldartillerie und erst durch seine geplante Versetzung zur Fußartillerie reichte er sein Abschiedsgesuch ein. Der Offizier a.D. trat nun als Bereiter in den Königlichen Marstall in Berlin ein, wo er neben seinen hervorragenden reiterlichen Fähigkeiten ebenso seiner ausgesprochen schriftstellerischen

Begabung nachgehen konnte. Im Jahr 1880 war er bereits zum Leibstallmeister des Prinzen Wilhelms ernannt worden, eine Position, die er in den darauffolgenden 25 Jahren, also auch noch in dessen Regierungszeit als Kaiser Wilhelm II., bekleidete. Die besondere Herausforderung dieser Tätigkeit bestand darin, dass Wilhelm II. aufgrund seines gelähmten linken Armes auf besonders leicht an der Hand stehende, gut vorwärts gehende sowie rittige Pferde angewiesen war.

Plinzner, der bei Steinbrecht die Vorzüge der Arbeit mit der relativen Aufrichtung, einer tiefen Beizäumung verbunden mit einer schwungvollen, elastischen Rückentätigkeit schätzen gelernt hatte, setzte das Steinbrecht-sche System im königlichen Marstall konsequent und mit großem Erfolg um. Da sich Steinbrechts Lehre einzig auf die Ausbildung von Schulpferden bezog und die Kampagne- und Soldatenreiterei nicht mit abdeckte, kam Plinzner auf die Idee, Steinbrechts Ideen für die militärische Reiterei nutzbar zu machen. *„Wir stellten fest, daß die Kavallerie hinsichtlich der Reiterei sich in einer sehr schwierigen Lage befinde. Durch die veränderten Gefechtsverhältnisse würden ihr Leistungen im starken Galopp zugemutet, die eine Ausbildung ihrer Pferde in den Richtlinien eines jagdmäßigen Reitens wünschenswert erscheinen ließen, d.h. mächtiger Schub aus der Nachhand durch einen sicher aufgewölbten Rücken in die tiefgestellte Vorhand hinein erforderten. Andererseits könne sie aber von ihren Anforderungen an Sammlung nicht wohl abgehen, nicht nur des Einzelgefechts und der Notwendigkeit geschlossenen Reitens, sondern auch der Konservierung des Materials wegen."* ([Plinzner 1910] S. 17 ff.).

Paul Plinzner (1855 - 1920) in einer Galopp-Pirouette. Plinzner war Leibstallmeister von Wilhelm II. und Major in der Landwehr. Er war durch seine Vermittlung der Reitlehre von Gustav Steinbrecht wesentlicher Impulsgeber der RV 1912. Umstritten war voll allem seine Methode der Beizäumung hinter der Senkrechten und der starke Einsatz der Sporen. Die RV 1912 und spätere Ausgaben setzten sich von den Plinznerschen Eigenheiten ab. Diese hatten dennoch bis heutzutage einigen Einfluss auf die Sportreiterei. Nachbearbeitete Fotografie aus [Plinzner 1907].

Diese Überlegungen führten zu dem eingangs erwähnten Artikel aus dem Jahr 1886, der bereits in seinem Erscheinungsjahr großen Widerhall fand. In schneller Folge schrieb Plinzner fünf Bücher, in denen er sein System für die Soldatenreiterei kodifizierte. Er nannte die Kernprinzipien „absolute Beizäumung" (später umbenannt in „absolute Einstellung") am Zügel, „elastische Rückenaufwölbung", „unbedingte Einstellung am Sporn" und wohlgeregelte Tätigkeit der Nachhand. Neben dem aufgewölbten und schwingenden Rücken, den die RI 1882 so noch nicht kannte, standen vor allem seine Ansichten über die erlaubten Kopfstellungen im Gegensatz zur bisherigen Vorschrift. Diese forderte eine Stellung vor der Senkrechten als Ideal ein. Plinzner dagegen arbeitete seine Pferde oft hinter der Senkrechten. *„Denn etwa 9/10 unserer Pferde sind eben nur bei hinter die Senkrechte gerichteter Nase wirklich eingestellt, und können nur in dieser Form unter der Last des Reiters energische Rückenaufwölbungen und kräftige, dabei aber losgelassene Schwingungen finden und durch die Jahre des Dienstes hindurch dauernd behaupten."* ([Plinzner 1910] S. 86 ff.).

Der zu seinen Schülern zählende Offizier eines Garde-Feldartillerie-Regimentes, Hans von Heydebreck, gehörte dann zu den *„maßgeblichen"* ([Bürkner 2008] S. 215) Mitautoren der späteren RV 1912. Dieser schrieb über Plinzner: *„Ich habe unter seiner Leitung drei Jahre im königlichen Marstall gearbeitet und dabei so unendlich viel gelernt, daß ich ihm, meinem hochverehrten Lehrer, Zeit meines Lebens stets dankbar sein werde [...] Später gingen unsere Auffassungen in manchen Punkten auseinander. Das hatte vornehmlich seinen Grund darin, daß Plinzner, durch die besonderen Anforderungen seiner verantwortungsvollen Dienststellung (Leibstallmeister des am linken Arm behinderten Wilhelms II.) angeregt, die reiterlichen Grundsätze und Lehren Steinbrechts anfing, nach eigenen Erfahrungen den speziellen Bedürfnissen seiner Dienststellung anzupassen. Für mich galt schon damals jede Abweichung von Steinbrechts Lehren, die meine reiterliche Bibel waren, als eine Sünde gegen den heiligen Geist der Reiterei."* ([Heydebreck 1935] S. X).

„Aber die fünf nach und nach an die Kavallerie gerichteten Schriften hatten wohl einen beispiellosen buchhändlerischen Erfolg, riefen auch zeitweise, namentlich in der Feldartillerie, günstige Strömungen bei den maßgebenden Stellen hervor, reizten diese aber durch ihren in zunehmendem Maß den Zustand in der Kavallerie schwarz schildernden Ton [...]" ([Unger 1925] S. 128). In jedem Fall belegen die Berichte der Zeitzeugen, dass Plinzner auch bei Truppen-Offizieren über eine große Anhängerschar verfügte, weswegen in der Armee auch nach seinem Reitsystem ausgebildet wurde.

James Fillis tritt in den Ring

Die Verwirrung wurde in den 1890er-Jahren noch größer, als mit James Fillis (1834 – 1913) ein weiterer Akteur mit einem neuen eigenen Reitsystem auftrat. *„Der nach Frankreich verpflanzte Engländer war von einem Kunstreiter, einem Schüler von Baucher, zum staunenerweckenden Reitkünstler ausgebildet worden und erregte 1892 auch in Deutschland im Zirkus mit sehr edlen Pferden in den künstlichsten Schulen großes Aufsehen. Selbst Baucher hatte keine solche Herrschaft über das Pferd ausgeübt."* ([Unger 1925] S. 138). Zu den von Fillis gezeigten Kunststücken gehörten z.B. Galopp auf drei Beinen vorwärts, auf der Stelle und rückwärts und Einer-Galoppwechsel auf der Stelle. Fillis, ursprünglich Jockey beim Rennreiten, war einer der besten Reiter der damaligen Zeit und hatte auch ein Buch über sein Reitausbildungssystem geschrieben. Das im Jahr 1894 in Deutschland immerhin mit einem empfehlenden Vorwort der beiden Kavallerie-Inspekteure (Heinrich von Rosenberg und Gebhard Friedrich von Krosigk) veröffentlichte Werk fand ebenfalls zahlreiche Anhänger unter den Truppenoffizieren des Heeres. Diese versprachen sich hierdurch schnellere

Ausbildungserfolge als bisher zu erzielen. Fillis arbeitete weder mit Schulter herein noch Travers, vielmehr benutzte er viel Handarbeit auf der Stelle und im Nebenhergehen auf Kandare, um den Pferden die Lektionen beizubringen. Anders als Baucher, benutzte er das Prinzip der absoluten Aufrichtung und der Vorwärtsarbeit. In der militärischen Reiterei in Deutschland sollte die Lehre nach Fillis letztendlich nur wenige Spuren hinterlassen. Anders war es hingegen in Russland, wo er von 1898 – 1910 Ausbilder an der Offizierreitschule von St. Peterburg war.

Otto von Rizzi beschreibt die resultierende, verfahrene Situation in der preußischen Reiterei: *„Nach dem Abgang des Stallmeisters Holleuffer vom Militär-Reitinstitut in Hannover Ende der 80er Jahre war das ursprünglich einheitliche Reitsystem durch eine Reihe von anderen Systemen, unter denen die von Plinzner und Fillis wohl die extremsten darstellten, verdrängt worden, so daß lange Jahre hindurch in der preußischen Kavallerie kein einheitliches System der Reitausbildung vorhanden war.“* ([Rizzi 1932] S. 134).

James Fillis (1834 – 1913), von 1898 bis 1910 Reitausbilder an der russischen Kavallerie-Schule in St. Petersburg. Colorierte Originalfotografie.

Nicht leichter wurde der Streit durch den Umstand, dass die RI 1882 einen gewissen Widerspruch in ihren Ausführungen über die Beizäumungshaltung des Pferdes aufwies. Einerseits wurde in der Vorschrift behauptet, das Soldatenpferd habe keine Normhaltung. Anderseits wurde im 2. Teil der Instruktion die regelmäßige, mangelhafte und fehlerhafte Stellung in der Beizäumung beschrieben. Plinzners Haltung hinter der Senkrechten war demnach eine fehlerhafte Stellung. Dies führte nun zu heftigen Auseinandersetzungen zwischen den drei Positionen von Plinzner, Fillis und der in der RI 1882 verankerten.

Dieser Streit hielt bemerkenswerterweise über einige Jahre hinweg an. Dabei wurde er ebenso hartnäckig innerhalb der, die eine oder andere Position vertretenden, deutschen militärischen Fachliteraturen geführt. Die Dimensionen, die dabei erreicht wurden, machten schließlich ein deutliches Eingreifen des preußischen Kriegsministeriums nötig. Plinzner als Staatsdiener erhielt zunächst ein striktes Publikationsverbot und die RI 1882 wurde allen Armeeangehörigen als allein maßgebende Ausbildungsvorschrift vergegenwärtigt. *„Das Armee-Verordnungsblatt vom 30. September 1895 brachte wichtige Nachträge zur Instruktion zum Reitunterricht für die Kavallerie [...] Wichtig ist, daß gewissen Strebungen in der Literatur gegenüber an den ‚Allgemeinen Grundsätzen und Zielen bei der Ausbildung des Soldatenpferdes‘ nichts geändert wurde. Weder die ‚unbedingte Beizäumung‘ noch die ‚unbedingte Aufrichtung‘ wurden beliebt, die ‚Aufrichtung aus der Tiefe‘ vielmehr beibehalten. ‚Eine für alle Pferde normale Stellung, einen normalen Aufrichtungsgrad gibt es in der Soldatenreiterei nicht‘, heißt es nach wie vor.“* ([Pelet II 1905] S. 437).

Anders als die preußische, blieb die bayerische Kavallerie vom Streit der Reitsysteme verschont und bildete weiterhin einheitlich im Sinne der „relativen Aufrichtung“, d.h. wie in der RI 1882 beschrieben, aus. Zudem unterhielt die bayerische Equitationsanstalt enge Kontakte zur Spanischen Hofreitschule in Wien und kommandierte ausgesuchte Offizierreitlehrer zeitweise dorthin ab. „*Wenngleich die bayerische Militär-Reitschule in Organisation und im Ausbildungsbetrieb sich ziemlich eng an das Militär-Reitinstitut in Hannover anschloss, so bewährte sie doch in mancherlei Hinsicht mit Erfolg ihre selbstständige Eigenart. Eine besondere Pflege fand auf der (bayerischen) Militär-Reitschule die Ausbildung von Roß und Reiter im Sinne der in Wien in vorbildlicher Weise gelehrten Spanischen Schule und im Gelände- und Jagdreiten. Auf letzterem Gebiete übertrafen in der letzten Zeit vor dem Kriege die Leistungen der Münchener Militär-Reitschule in mancher Beziehung [Anm. d. V.: dies bezieht sich auf die Entwicklung des Geländereitens] sogar die des Militär-Reitinstituts in Hannover.*“ ([Rizzi 1932] S. 148).

Eine hochrangige Kommission soll die Klärung bringen

Erstaunlich bleibt, dass auch die strengen Maßnahmen des preußischen Kriegsministeriums die Einheitlichkeit nicht wiederherzustellen vermochten. Zu tief war wohl der Graben zwischen den widerstreitenden Parteien gezogen worden. Schließlich brachte eine Denkschrift des damaligen Kommandeurs der bayerischen Equitationsanstalt, Oberst Max Freiherr von Redwitz (1858 – 1920), das Fass endgültig zum Überlaufen. Er hatte 1909 die RI 1882 (zweiter und dritter Teil) aus eigener Initiative einer gründlichen Revision unterzogen. Das Ergebnis stellte eine Arbeit dar, welche die Ausbildungsinhalte der RI 1882 anhand wesentlicher Werke der akademischen Reitkunst (Guerinieres, Hünersdorf, Seeger, Seidler, Steinbrecht, Schmidt, Holleuffer, Krane, Fillis, Plinzner, Troschke) sowie dem österreichischen Exerzierreglement für die k.u.k. Kavallerie analysierte und diese Analyse mit den damals aktuellen Praxiserfahrungen aus dem Truppendienst wie auch den Militärreitschulen verglich. Insgesamt enthielt die Denkschrift v. Redwitz eine lange Liste von Änderungsvorschlägen, die nach ihre Veröffentlichung von keinem führenden preußischen Militär ignoriert werden konnte.

Oberst Maximilian Heinrich Joseph Freiherr von Redwitz auf Schmölz und Theisenort (1858 – 1920) 1912 als Leiter der bayerischen Equitationsanstalt. Zuletzt Generalmajor.

Um in dieser tatsächlich „verfahren“ zu nennenden Situation Abhilfe zu schaffen, musste ein anderer Weg eingeschlagen werden. Der Generalinspekteur der Kavallerie

General von Kleist berief aus diesem Grund 1910 eine hochrangige und personalstarke Kommission aus ausgewiesenen Spezialisten ein, mit dem Auftrag eine neue Reitvorschrift zu konzipieren.

Am 1. Dezember 1910 trat die verstärkte Kavallerie-Kommission in Berlin unter dem Generalinspekteur der Kavallerie, General Georg von Kleist, zusammen. Zu ihren Mitgliedern zählten: der Inspekteur der 1. Kavallerie-Inspektion Generalleutnant Alfred von Kühne (1853 – 1945), Oberst Kurt von Unger (1859 – 1931), Oberst von Alten (Chef des Militär-Reitinstituts in Hannover), Oberst Friedrich von Krane (1859 – 1929), Oberst Konstanz von Heineccius (1859 – 1936), Major Hans Hermann von Rüxleben (der vormalige Leiter des Schulstalles und spätere Kommandeur der Offizier-Reitschule am Militär-Reitinstitut Hannover), Major Maximilian von Poseck (der spätere Inspekteur der Reichswehr-Kavallerie) (1865 – 1946), Hauptmann Hans von Heidebreck (1866 – 1935), der württembergische Rittmeister Fritz Lauffer (1866 – 1941) sowie Oberst Max Freiherr von Redwitz (1858 – 1920) selbst.

Die nun innerhalb der Kommission stattfindende direkte Auseinandersetzung mit den Inhalten der Denkschrift des Freiherrn v. Redwitz wurde mühevoll, hart und vor allem kontrovers geführt. ([Rizzi 1932] S. 132 passim.). Einige der wesentlichsten, besonders vehement diskutierten Schwerpunkte sind aus einschlägigen Erinnerungs-Literaturen, d.h. Sekundärquellen bekannt. Hingegen fehlen eindeutige Quellen wie Protokolle oder Niederschriften von Sitzungen der Kommission bisher völlig. Die spannende Entstehungsphase der RV 1912 kann daher lediglich durch Zeitzeugen-Aussagen rekonstruiert werden.

Hans-Sigismund von Heydebreck (1866 – 1935) als Kommandeur des 1. Garde-Feldartillerie-Regiments während des Ersten Weltkriegs auf seiner Fuchsstue „Kondora", die er für Olympia 1916 ausbilden wollte und ihn dann über den gesamten Krieg und darüber hinaus begleitete. Heydebreck diente von 1887 bis 1919 bei der Garde-Feldartillerie und erwarb sich den Ruf eines äußerst fähigen Artillerieführers. Den Ersten Weltkrieg beendete er als Oberst. Heydebreck beeinflusste die Entwicklung der Deutschen Reitlehre durch seine Mitarbeit an der RV 1912 und sein Wirken danach wesentlich. Archiv der Familie von Heydebreck.

Das Problem „Plinzner"

Eine der großen Kontroversen ging um die Behandlung des Plinznerschen Reitsystems. V. Redwitz lehnte es ab: *„Welchen Schaden hat allein Plinzner mit seinem unglücklichen System im Norden angerichtet."* ([Redwitz 1 1914] S. 3). *„Plinzner hat [...] schon beim einfachen Zureiten des Gebrauchspferdes die sogenannte ‚Einstellung am Sporn' verlangt; sie hat selbst unter seiner unmittelbaren Aufsicht zu den häßlichsten Hautwunden am Bauch geführt und mit ihren offenbaren Mißerfolgen in ungeschickten Händen* *viel zur Verketzerung der ganzen Reitweise beigetragen [...] Dem Lehrling darf der Meister seinen Zauberstab nicht ohne Aufsicht anvertrauen [...]"* ([Unger 1925] S. 135). Objektiv betrachtet fehlte Plinzner das Verständnis für die tatsächlichen Bedürfnisse der modernen Kavallerie, verbrachte er seine hauptsächliche Zeit doch nur in der Reitbahn des Marstalls. Er träumte von exakten Seydlitz-Attacken, die nach seinem Reitsystem in Dressurhaltung gerittenen werden sollten. Doch dafür war die Zeit abgelaufen. Die neuen Anforderungen entsprachen der aktuellen militärischen Praxis, nach der Geländereiten und hohen Marschleistungen im Vordergrund standen.

Eine andere Position vertrat hingegen ein weiteres maßgebliches Mitglied der Kommission. Fritz Lauffer gehörte als Gewinner des Dressur-Championats des Jahres 1911 auf seiner Vollblutstute Penelope nicht nur zu den besten Dressurreitern seiner Zeit. Als talentierter Fachautor konnte er bereits auf eine beachtliche Anzahl von Veröffentlichungen zum Thema verweisen. Er gehörte dabei zu den Anhängern der Lehren von Plinzner und mehr noch Steinbrecht und trat daher entsprechend vehement für deren Berücksichtigung in der neuen Reitlehre ein. So befürwortete er beispielsweise Plinzners Ansicht, dass die Nase des Pferdes bei der Dressurarbeit in der Beizäumung auch hinter die Senkrechte zurücktreten kann. Ebenso unterstützte Lauffer Plinzners Idee, eine dritte Ausbildungs-Periode innerhalb der Reitausbildung der Kavallerie einzuführen. ([Lauffer 1901] S. 26 passim.). Lauffer schrieb: *„Da mir das Buch: ‚Das Gymnasium des Pferdes' von*

Fritz Lauffer (1868 – 1941) als Rittmeister im württembergischen Dragoner-Regiment Nr. 26 in Ulm auf der englischen Vollblutstute „Panope". (1) Panope als unausgebildete Dreijährige. (2) 1911 voll ausgebildete Gewinnerin des Dressur-Championates. Auf Grund seiner hervorragenden Reitleistungen war Lauffer 1897 – 1899 am Militär-Reitinstitut Hannover, Mitglied der Kommission zur Erstellung der RV 1912 und Kommandeur der türkischen Offizier-Reitschule 1914 in Konstantinopel.

Steinbrecht, herausgegeben von Plinzner,i schon als junger Leutnant in die Hand fiel, wurde ich Plinzner-Anhänger. Ich setzte Steinbrecht gleich Plinzner. Es kam hinzu, daß damals viele Reitabteilungen dringend der Beizäumung und weniger der Aufrichtung bedurften. Wie bei dem verstorbenen Oberst v. Heydebreck ging auch meine reiterliche Entwicklung über Plinzner. Mein Reitgefühl bewahrte mich vor den typischen Fehlern dieses Systems, dem angespannten Rücken und dem engen Hals." ([Braun 1942] S. 83 ff.).

Plinzner selbst war während der Entstehung der neuen Reitvorschrift lediglich ein hochinteressierter Zaungast, der allerdings keine großen Erwartungen hegte, dass seine Ideen überhaupt Eingang in die neue Vorschrift hätten finden können. Trotz der nicht unbeträchtlichen Anzahl von sein System ablehnenden Mitgliedern in der Kommission, war der Geschmähte der Meinung, dass sich dennoch Teile seiner Ideen in der neu zu konzipierenden Reitvorschrift wiederfanden. In diesen Zusammenhang soll er sich laut Unger „[...] *im Wesentlichen zustimmend [...]."* ([Unger 1925] S. 128) über die RV 1912 geäußert haben. Diese Einschätzung darf nicht darüber hinwegtäuschen, dass sich letztendlich nicht Plinzners Ideen, sondern die Reitlehre von Steinbrecht auf die RV 1912 auswirkte, indem sie sich „[...] *die Steinbrechtschen Hauptgrundsätze der Dressur völlig zu eigen machte."* ([Heydebreck 1935] S. X). Man muss allerdings hinzufügen, dass sich Teile von Plinzners umstrittenen Methoden in Gestalt überzäumter Pferde, die hinter der Senkrechten gehen, über die folgenden Jahrzehnte bis heute hartnäckig im deutschen Dressursport gehalten haben.

Auch das Reitsystem von James Fillis war durch die Kommission verworfen worden. Fritz Lauffer hatte schon 1901 herausgearbeitet, dass es für die Soldatenreiterei ungeeignet sei. Diese Einschätzung resultierte aus den Tatsachen, dass die Kavallerie in der Breite mit durchschnittlich begabten Reitern, durchschnittlichem Pferdematerial und vor allem einer sehr knappen Ausbildungszeit auskommen musste. James Fillis Reitsystem wandte sich hingegen an Spitzenreiter mit Spitzenpferden, die in einer genügend langen Ausbildungszeit nach höchsten Leistungen im Bereich der Kunstreiterei strebten. Einzig die Handarbeit von Fillis hielt Lauffer für geeignet, in die militärische Reitvorschrift aufgenommen zu werden. ([Lauffer 1901] S. 17 passim.). Lauffer schrieb später: *„Ich selbst hatte als Schüler, kurz vor meinem Eintritt ins Heer, Fillis reiten sehen und war so begeistert, daß der Wunsch in mir wach wurde, später selbst Hohe Schule zur reiten. Bei den Soldaten sah ich dann die vielen Mißerfolge der Anhänger Fillis, selbst wenn sie persönlich gute Reiter waren. In ihren Abteilungen waren Pferde mit weggedrücktem Rücken, Hirschhals und müdem Blick in der Mehrzahl."* ([Braun 1942] S. 83). Die Selbsthaltung des Pferdes – das Haupterfordernis der Soldatenreiterei – war mit dem System nach Fillis realistisch nicht erreichbar.

Schlussendlich gelang es v. Redwitz, sich in vielen wesentlichen Punkten durchzusetzen. Gustav Rau würdigte in einem Nachruf auf den im März 1920 an der Spanischen Grippe verstorbenen v. Redwitz dessen Verdienste bei der Entstehung der RV 1912: *„Als Mitglied der Kommission für die Neubearbeitung der Reitvorschrift hat Redwitz an erster Stelle mitgewirkt. Seine energische, sehr temperamentvolle Art schuf ihm dort manche Gegner. Durch seine gediegenen Kenntnisse blieb er in den Debatten meist Sieger."* ([Rau 1920]).

Die Prinzipien der RV 1912

Schon der Name der neuen „Reitvorschrift vom 29. Juni 1912" deutete auf einen wichtigen Wandel in der Armee hin. *„Durch das Fehlen des Zusatzes ‚für die Kavallerie' [wurde verdeutlicht], daß ihre Bestimmungen nicht nur für diese Waffe, sondern für alle berittenen Truppen gelten [sollten] [...]. Den von einzelnen Stimmen geäußerten Gedanken, eine besondere Reitvorschrift für die Feldartillerie herauszugeben, hat man demnach nicht zur Ausführung gebracht. Man stellte sich mit Recht auf den Standpunkt, daß die Grundsätze für die Reitausbildung stets die gleichen bleiben, gleichgültig, ob das Pferd später nur im Reitdienst oder auch im Zuge Verwendung findet. Zwei Beilagen enthalten Hinweise, in welcher Weise die Anforderungen den besonderen Verhältnissen der Feldartillerie und des Trains anzupassen sind."* ([Heydebreck 1912] S. 1). Hierzu gelangte 1913 zusätzlich eine weitere Beilage für die Telegrafentruppe zur Veröffentlichung.

Um die Vorschrift praxistauglicher zu machen, wurde viel Wert auf Einfachheit, Präzision, Kürze sowie Lesbarkeit bei gleichzeitiger Verwendung eines ansprechenden, wenig gekünstelten Schreibstils gelegt. Wiederholungen oder auch Umständlichkeiten wie in der alten Instruktion wurden weitgehend vermieden. Im Vergleich zur alten Instruktion konnte der Text der RV 1912 um 1/3 verkürzt werden. *„Große Mühe hat die Kommission auf Satzbau und Ausdrucksweise verwandt."* ([Heydebreck 1912] S. 2). Zahlreiche anschauliche Bilder(ca. 70) wurden in das Werk aufgenommen, um das Verständnis zu erleichtern. *„Der gewählten Stoffgliederung liegt der Gedanke zugrunde, diejenigen Teile der Vorschrift, die den Ausbildungsgang der Pferde und Reiter behandeln, von Einzelheiten zu befreien und so durchsichtiger und klarer zu gestalten. Zu diesem Zweck sind zunächst alle Äußerlichkeiten und Erklärungen in einem allgemeinen Teil I zusammengefaßt."* ([Heydebreck 1912] S. 5).

Wie schon die Vorgängervorschriften konzentrierte sich das Werk auf die Beschreibung des „Wie" und Antworten auf das „Warum" wurden nicht gegeben. Für dessen Beantwortung entstanden eine Vielzahl zusätzlicher Literaturen, die allerdings außerhalb des militärischen Vorschriftenwesens veröffentlicht wurden. Die Autorenschaft lag dabei sehr oft bei Mitgliedern der Kommission, die in den Folgejahren hierüber eine beträchtliche Anzahl von Veröffentlichungen niederschrieben. (Vgl.: [Heydebreck 1912], [Redwitz 1 1914], [Redwitz 2 1914]).

Die Vorschrift gliedert sich in eine Einleitung, vier Teile und einen Anhang. *„Im übrigen ist sie nicht für Unteroffiziere geschrieben, sondern in erster Reihe für Offiziere."* ([Heydebreck 1912] S. 2). Ein Grund für diese Festlegung bestand sicherlich darin, dass in den Garnisonen in erster Linie Offiziere die Dienststellung als Reitlehrer bekleideten und daher durch diese Dienstgradgruppe, die theoretischen Vorgaben durch einen stark praxisorientierten Unterricht weitergeben werden sollten.

Der I. Teil „Allgemeines" führte allgemeine und formelle Regelungen auf: u.a. die Rolle des Reitlehrers, die Einteilung der Reitabteilungen, die Zeiteinteilung, die Sattelung, die Zäumung, die Zügelhaltung, das Auf- und Absitzen, das Abteilungsreiten sowie die Hufschlagfiguren.

Der II. Teil „Reitlehre" umfasste den Sitz, die Hilfen, alle Lektionen, das Einzelreiten, das Reiten mit Lanze, das Springen, den Umgang mit ungehorsamen Pferden, das Geländereiten und die Dauerritte.

Der III. Teil „Dressur der Remonten“ beschäftigte sich mit dem gesamten Dressurgang der jungen und alten Remonten, wobei die für die einzelnen Zeitabschnitte maßgebenden Gesichtspunkte den äußeren Rahmen gaben. Heydebreck und Lauffer, die sich erst durch die Arbeit in der Kommission kennen lernten und hierbei als Sinnverwandte eine Lebensfreundschaft schlossen, entwarfen in gemeinsamer Arbeit das einleitende und bahnbrechende Kapitel „Ziel, Gang und Grundsätze der Dressur“. Dieses Kapitel ist ein Vorläufer der späteren, noch prägnanter formulierten „Skala der Ausbildung“.

Der IV. Teil behandelte die Ausbildung der Rekruten, älteren Reiter und Offiziere. Es wurden die Ziele und Grundsätze für die Reitabteilungen A, B, C und D erläutert.

Der Anhang, entworfen von Fritz Lauffer, der hier Elemente von Fillis Handarbeit aufnahm, beinhaltete die Hand- und Logenarbeit, die Benutzung von Gerte und Hilfszügeln wie auch die Lehre vom Körperbau sowie den Bewegungen des Pferdes.

„Die neue Reitvorschrift bezeichnet die unbedingte, in jeder Lage sichere Beherrschung des Pferdes im Gelände als Endziel aller Dressur des Pferdes und Ausbildung des Reiters. Ihr Inhalt bildet eine gute Synthese von der früheren Reitinstruktion und den im Laufe der Jahre von der Truppe und noch mehr von den Reitlehranstalten gesammelten Erfahrungen. An den bisherigen Prinzipien in bezug auf Sitz, Hilfen und Dressur wurde nichts geändert. Im Gegensatz zu der vielfach überhandnehmenden Pflege von Seitengängen betont die Reitinstruktion nachdrücklich die hohe Bedeutung des Vorwärtsreitens zur Erzielung gängiger Pferde. Die Artikel über „Beizäumen und Aufrichten“ wurden beibehalten. Weder die unbedingte Beizäumung Plinzners noch die absolute Aufrichtung Fillis soll zur Anwendung kommen, sondern jedes Pferd soll, der Ansicht des Oberst von Redwitz entsprechend, durch relative Aufrichtung aus der Tiefe [...] in die für sein Gebäude passende, richtige Stellung gebracht werden.“ ([Rizzi 1932] S. 133 ff.). *„Der Grundsatz der alten R.I., daß die Aufrichtung aus der Tiefe stattfinden muß, hat in der R.V. Eine noch klarere und schärfere Fassung erhalten. Es wird verlangt, daß die Aufrichtung erst beginnen soll, nachdem das Pferd sichere Anlehnung in der Tiefe gewonnen hat.“* ([Heydebreck 1912] S. 7). Das Pferd soll in Selbsthaltung *„Hals und Kopf, je nach seinem Gebäude mehr oder minder hoch, selbst tragen.“* ([RV 1912] S. 187).

Aus der RI 1882 übernahm die RV 1912 den Grundsatz, dass keine für alle Pferde gültige Normalstellung für Hals und Kopf existiert. Anders als in der RI 1882 sollte jedoch zur Beurteilung der richtigen Stellung nicht nur der Gang, sondern ebenso die volle Durchlässigkeit und der Schwung in allen Gangarten herangezogen werden. *„Die untere Linie des Halses darf niemals nach vorwärts ausgebogen sein.“* ([RV 1912] S. 187).

Anders als in der RI 1882 führte die RV 1912 keine Beschreibung von regelmäßigen, mangelhaften und fehlerhaften Stellungen von Kopf und Hals mehr aus, was für sehr viel Diskussionen und Streit gesorgt hatte. Die RV 1912 ging einen Mittelweg und bezeichnete als beste Stellung die, bei der *„[...] der Kopf mit seinem vorderen Rande – von Stirn bis Nase – senkrecht getragen“* ([RV 1912] 187 ff.) wird. Wie in der RI 1882 soll jedoch das Genick der höchste Punkt sein. Anders als in der RI 1882, in der sich der Hals vom Widerrist möglichst senkrecht erheben sollte, wurde nun definiert:

„Die beste Stellung ist die, bei der der Hals sich frei aus dem Widerrist erhebt und die Kammlinie in ihrem oberen Teile einen zum Genick sanft gewölbten Bogen bildet." ([RV 1912] S. 187). Die RV 1912 ergänzt noch eine zentrale Anforderung: *„Der beschriebene Grad der Aufrichtung und Beizäumung darf aber vom Pferde nur im Halten und in versammelten Gängen gefordert werden. In freieren Gängen muß ihm der Reiter Längermachen des gebogenen Halses und ein leichtes Vornehmen der Nase gestatten."* ([RV 1912] S. 188).

Abbildung aus der RV 1912: Vergleich der Gebrauchshaltung mit der Dressurhaltung, beide in „relativer Aufrichtung" mit Pferdekopf vor der Senkrechten. Die Gebrauchshaltung geritten mit durchgezogener Trense von einem Dragoner in voller feldmäßiger Dienstausrüstung, mit Lanze, Degen und Karabiner 98 im Futteral. Die Dressurhaltung geritten von einem Dragoner in Reitanzug ohne Packung mit losgelassener Trense.

In diesem Zusammenhang war nun auch die Einführung der Begriffe „Dressurhaltung" und „Gebrauchshaltung" neu. Die „Dressurhaltung" galt demnach für die Ausbildung des Pferdes in der Bahn. *„Im Dienstgebrauch, wo das Pferd unter schwerem Gewicht hohen Anforderungen an Leistungen und Ausdauer gerecht werden muß, (kann diese Haltung) nicht immer verlangt werden. Sie würde einen zu großen Kraftaufwand des Pferdes bedingen und im unebenen Gelände die praktische Fußsetzung oft stören. Im Gebrauch ist daher dem Pferde so viel Zügelfreiheit einzuräumen, als es zu seiner sicheren und bequemen Fortbewegung bedarf (Gebrauchshaltung)."* ([RV 1912] S. 188). Das Zusammenspiel von Dressur- und Gebrauchshaltung wie auch die Wichtigkeit der grundlegenden Dressurarbeit verdeutlichte folgende Aussage: *„Dagegen wird ein in Dressurhaltung völlig durchgearbeitetes, durch planmäßige Übungen in allen Körperteilen gekräftigtes Pferd auch bei größeren Anstrengungen mit Leichtigkeit eine gute Gebrauchshaltung bewahren. Ebenso ist es für alle Hilfen des Reiters aufmerksamer und durchlässiger, infolgedessen stets besser in der Hand und in der Haltung, die dem Reiter bei der Zügelführung mit einer Hand den vollen Gebrauch der Waffe gestattet."* ([RV 1912] S. 189).

In einer der wenigen Stellen, in denen die Ideen Plinzners sichtbar eingeflossen sind, ergänzte die RV 1912: *„Ebenso kann im Bedarfsfalle vorübergehend eine vermehrte Beizäumung gefordert werden."* ([RV 1912] S. 188). *„Die R.V. fordert grundsätzlich die senkrechte Nase, aber nur in den versammelten Gängen, ja sie gestattet sogar hierbei vorübergehend ein Zurückgehen der Nase hinter die Senkrechte."* ([Heydebreck 1912] S. 10). Bedeutsam und auch neu in dieser Formulierung war die Anweisung: *„Der Reiter muß stets, besonders bei vermehrter Beizäumung, im Pferde das natürliche Streben wach erhalten, den Hals auszudehnen, somit an die Hand heranzugehen."* ([RV 1912] S. 188).

Hinsichtlich des Gleichgewichts des Pferdes bestätigte die RV 1912 die Auffassung der RI 1882: *„Wie durch [Anm. d. V.: veterinärwissenschaftliche] Versuche festgestellt ist, bleibt auch bei dem in vollkommender Aufrichtung mit gebogener Hinterhand gehenden Pferde die Vorhand stärker belastet als die Hinterhand [...] Wohl aber erstrebt die R.V. Eine Entlastung der Vorhand und will die Biegsamkeit der Hinterhand so ausbilden, daß diese in der Lage ist, vermehrt Last aufzunehmen."* ([Heydebreck 1912] S. 11 ff.). Daher steht in der RV 1912 wörtlich: *„Ein gut gerittenes Pferd gibt dem Reiter das Gefühl vollkommenen Gleichgewichts und befähigt ihn, den Schwerpunkt nach seinem Willen vorwärts oder nach rückwärts zu verlegen, also jederzeit zwischen hoher Versammlung und freien Gängen zu wechseln."* ([RV 1912] S. 189).

In allen Reitinstruktionen seit 1825/26 wurde der losgelassene Sitz nach Guérinière propagiert. Dabei hatte sich allerdings die Lage der Oberschenkel, abhängig vom jeweiligen Satteltyp, verändert:

Abbildung aus der RV 1912: Richtiger Sitz des Reiters auf Trense mit hannoverschem Halfter.

Abbildung aus der RV 1912: Hankenbiegen mit angefasster Trense.

„Noch die Reitinstruktion von 1825/26 verlangte einen ausgesprochen gestreckten Sitz; die Oberschenkel wurden so zurückgenommen, daß ihre Verlängerung nach unten im Halten hinter den Vorderfüßen den Erdboden traf; die Reitinstruktion von 1882 gibt dagegen den Oberschenkeln eine soviel schrägere Lage, daß die Verlängerung dicht vor den Vorderfüßen zur Erde fällt; der Bau des Bocksattels brachte dabei den Reiter doch noch in einen sogenannten Spaltsitz. Mit der Einführung des Armeesattels haben wir einen Schritt weiter in der Entwicklung getan. Der Oberschekel liegt so schräg, daß er noch weiter vorwärts auf die Erde weist, etwa auf die Stelle, über der der Pferdkopf steht. Für ein sicheres, schnelles Reiten im Gelände ist diese Haltung unerläßlich." ([Unger 1906] S. 66).

Die Remonteausbildung in der RV 1912

Die eben beschriebenen Prinzipien und Neuerungen innerhalb der RV 1912 erzwangen gleichzeitige Änderungen in der Remonteausbildung: *„Um die für die Durchlässigkeit nötige Beizäumung sicherzustellen, legt die R.V. besonderen Wert darauf, daß die jungen Pferde, bevor sie bestiegen werden, gelernt haben die Anlehnung an das Mundstück in der Tiefe aufzusuchen. Hierzu dient eine sachgemäße Vorbereitung ohne Reiter neben Führ-Pferden oder an der Longe unter Anwendung von Ausbindezügeln [...] Die R.V. [...] will das Pferd durch die Ausbindezügel auch dazu bringen, daß es Kopf und Hals fallen läßt und Anlehnung an das Mundstück nimmt."* ([Heydebreck 1912] S. 13). *„Die R.V. hat [...] den neuen wissenschaftlichen Standpunkt, daß die Rücken- und Lendenwirkbel eine Hängebrücke bilden, deren Pfeiler die Vorder- und Hintergliedmaßen sind, aufgenommen."* ([Heydebreck 1912] S. 13) Das erste Ausbildungsziel bei der Remonteausbildung bestand darin, die Tragfähigkeit durch Ausbildung der Rückenmuskulatur zu entwickeln. *„Das Pferd wird sich dann unter dem Reiter mit langem Hals und hängender Nase losgelassen bewegen."* ([Heydebreck 1912] S. 14). *„[...] Losgelassenheit der Pferde ist die erste Vorbedingung für den Erfolg der gesamten Dressur."* ([RV 1912] S. 182).

Abbildung aus der RV 1912: Anreiten der Remonten im Trab auf Trense mit hannoverschem Halfter.

Neu gegenüber der RI 1882 war außerdem die Betonung, dass die Remonte den Gehorsam auf die vortreibenden Hilfen von Schenkel und Kreuz überhaupt erst erlernen muss. In allem zeigte sich die Betonung der Vorwärtsarbeit: *„Die Anlehnung darf niemals durch Rückwärtswirken mit den Zügeln gewonnen werden; sie muß das Ergebnis der richtig entwickelten Schubkraft sein."* ([RV 1912] S. 182).

Ein weiteres grundlegendes Element der Reitausbildung, in dem sich überdeutlich das Wirken der Lehren von Steinbrecht zeigte, bestand in der Wichtigkeit der Rückentätigkeit: *„Durch Herantreten der Hinterbeine an die Hand werden Nackenband und Rückenmuskulatur des*

Pferdes elastisch gespannt. Der Reiter fühlt deutlich in beiden Händen und unter beiden Gesäßknochen, daß die Vorhand und Hinterhand in Verbindung gebracht sind und daß die Arbeit der Hinterhand sich in federnder Tätigkeit der Rückenmuskeln und in ruhigen gleichmäßigen Tritten äußert." ([RV 1912] S. 182). Das resultierte darin, dass nicht ein dauernd aufgewölbter, sondern ein schwingender Rücken einen elastischen Gang sichern. Unterstützt wurde diese Entscheidung auch durch die Wirkung der Wortschöpfungen des Stallmeisters am Militär-Reitinstitut v. Holleuffer, der 30 Jahre vorher als Ideal den „Rückengänger" (ein Pferd, das elastisch mit schwingendem Rücken geht) gegenüber dem „Schenkelgänger" (ein Pferd, das mit festem Rücken geht) bezeichnete.

Die Vorschrift wendete sich gegen den Missbrauch und den übertriebenen Einsatz von Seitengängen: *„Das Reiten der Seitengänge ist niemals Selbstzweck. Es dient nur der Verbesserung der Haltung, des Ganges und der Durchlässigkeit."* ([RV 1912] S. 186).

„Mit besonderem Nachdruck warnt die R.V. Auch vor der von manchen Reitern [Anm. d. V.: insbesondere Fillis] sehr beliebten Arbeit auf der Stelle. Es könne sich niemals um Bearbeitung einzelner Teile des Pferdekörpers handeln, da alle Schwierigkeiten und Widerstände, die in Steifungen des Halses und Genicks, des Rückens und der Hinterhand ihren Ausdruck finden, stets in Wechselbeziehungen zueinander stehen." ([Heydebreck 1912] S. 16 ff.). *„Die Arbeit auf der Stelle ist daher auf das notwendigste Maß zu beschränken. Grundsätzlich ist stets das ganze Pferd im Vorwärtsreiten zu arbeiten."* ([RV 1912] S. 186).

Mit dem „Arbeitstrab" wurde ein weiterer neuer Begriff in die RV 1912 eingeführt, der so tatsächlich in keiner der bekannten Vorgängerversionen nachweisbar Verwendung fand. *„Der Arbeitstrab bereitet alle anderen Trabarten vor und ist das Tempo, in dem man ein Pferd am andauerndsten arbeiten kann."* ([RV 1912] S. 205). Er spielte bei der Remonteausbildung eine wichtige Rolle. *„Der Arbeitstrab entwickelt sich aus dem natürlichen Trabe jedes Pferdes, indem durch den zunehmenden Gehorsam auf die vortreibenden Hilfen die Hinterfüße vermehrt zu schieben anfangen und die Anlehnung an die Zügel verbessert wird. Diese Einführung eines Arbeitstempos im Trabe entsprach einem dringenden Bedürfnis. Der bisherige ‚natürliche Trab' durfte nur bei jungen Remonten und auch hier in der Abteilung nur bis zur Entwicklung des abgekürzten Trabes angewandt werden. Man konnte daher später nur Mitteltrab oder abgekürzten Trab reiten lassen. Da man aber mit frischen Pferden, die sich noch nicht*

Abbildung aus der RV 1912: Abgekürzter Trab auf Trense mit hannoverschem Halfter.

losgelassen haben, nicht sofort Mitteltrab reiten kann, so wurde häufig zunächst abgekürzter Trab kommandiert. Falsche Versammlung, die sich in gespannten oder schwunglosen Tritten äußerte, war die Folge." ([Heydebreck 1912] S. 105). Aus den gleichen Gründen wurde dann ebenfalls der Begriff des „Arbeitsgalopps" eingeführt.

Abbildung aus der RV 1912: Mitteltrab auf Trense mit hannoverschem Halfter.

Abbildung aus der RV 1912: Abgekürzter Rechtsgalopp auf Trense mit hannoverschem Halfter.

Steinbrechts Vermächtnis manifestierte sich schließlich außerdem in der Aufnahme des bisher noch nicht in der RI 1882 gekannten Prinzips des „Geraderichtens". *„Die natürliche Schiefe, d.h. die Neigung des Pferdes, eine schiefe Körperhaltung anzunehmen, (erschwert) das richtige Gegeneinanderwirken von Hinterhand und Vorhand [...], und [...] das Pferd (muß) daher dauernd gerade gerichtet werden [...]"* ([Heydebreck 1912] S. 17).

Springen- und Geländereiten in der RV 1912

Das Kapitel über Springen und Geländereiten enthielt dann eine ganze Reihe von nützlichen und vor allem praktikablen Anweisungen, die in dieser Art in den bisherigen Vorschriften fehlten. Eine Voraussetzung für diese Erweiterung innerhalb einer militärischen Vorschrift stellten die sich nach 1890 durchsetzenden Theorien über die damals noch neuartigen Reit-Disziplinen Springen und Geländereiten dar. Zu den wesentlichen Persönlichkeiten, die den militärischen Wert dieser Reit-Disziplin früh erkannten, zählte Max Freiherr von Redwitz. Dieser galt durch sein Wirken an der bayerischen Equitationsanstalt, als einer der engagiertesten militärischen Förderer vor allem des Geländereitens. Außerdem stand der den internationalen Reitsport aufmerksam beobachtende v. Redwitz, den dort gezeigten unterschiedlichen Spring-Stilen interessiert und zugleich analysierend gegenüber. Schließlich war er es, der im Kaiserreich eine umfassende wissenschaftliche Analyse des Springens wie auch des Geländereitens unterstützte und vorantrieb ([Redwitz II 1914]). Diesem hohen Anspruch sowie manchen richtig von ihm verfassten Theoreme zum Trotz, erkannte v. Redwitz die Bedeutung des sich im Königreich Italien um ca. 1892 entwickelnden richtungsweisenden Springstils noch nicht. Die daher zum Zeitpunkt der Entstehung der RV 1912 unberücksichtigt gebliebene italienische Schule sollte erst in zukünftigen Ausgaben der Reitvorschrift zu erheblichen Revisionen des Kapitels „Springen- und Geländereiten" führen.

Redwitz schrieb: „*Die Vorschriften der Reitinstruktion 1882 für das Verhalten des Reiters beim Sprunge machten dem Pferde das natürliche, mühelose Überwinden von Hindernissen geradezu unmöglich. Sie gründeten teilweise noch auf den widernatürlichen Forderungen, durch die die alten Meister das Pferd beim Sprunge bevormundeten. Nicht genug, daß die gesamte Schule auf Bearbeitung der Hinterhand abzielte, glaubten sie auch noch das Eigengewicht des Pferdes beim Landen aus dem Sprunge zur Biegung der Hinterhand verwenden zu müssen [...]. Nur Unkenntnis der Physiologie der Bewegung des Pferdes beim Sprunge, sowie Überschätzung der Aufgabe der Reitkunst konnten solche Künsteleien zeitigen. Diese irrigen Anschauungen haben aber so feste Wurzeln gefaßt, daß sie noch heutigentages überzeugte Verfechter finden. Die Kampagnereiterei hat sich in ihrem Verhalten beim Überwinden von Hindernissen in richtigem empirischen Empfinden während der letzten 15 Jahre vollständig von der alten Schule losgesagt. In zähem, zielbewußtem Kampfe ist es ihr auch gelungen, die konservative Armee von der Richtigkeit ihrer Erkenntnisse zu überzeugen.*" [Redwitz 2 1914] S. 1 ff.).

Abbildung aus der RV 1912: Das Springen im Reitanzug ohne Packung mit angefasster Trense. Es handelt sich um keinen „leichten Sitz".

Die Vorschrift beschrieb den Sitz beim Springen folgendermaßen: „*Während des ganzen Sprunges bleibt der Oberkörper des Reiters annähernd senkrecht zum Erdboden. Beim Heben der Vorhand zum Springe wird sich somit der Hals des Pferdes der Brust des Reiters, beim Landen die Kruppe seinem Rücken nähern. Nur während des Schwebens über dem Hindernis wird der Oberkörper des Reiters auch annähernd senkrecht zum Pferderücken bleiben.*" ([RV 1912] S. 148 ff.)

Abbildung aus der RV 1912: Aufsprung mit voller Feldausrüstung. Die Trense ist trotz Lanze angefasst. Der Reiter bleibt sitzen, geht aber stärker in der Bewegung mit und lässt die Zügel frei.

Warum sich die Kommission so schwer tat, den italienischen Springstil zu übernehmen, begründen Heydebreck und Lauffer folgendermaßen: *„In neuerer Zeit ist man vielfach der Ansicht, daß es beim Sprung richtiger sei, sich im Bügel stehend mit dem Oberkörper stark vorzuneigen. Beim Überwinden von Hindernissen von mäßigen Abmessungen, wie es bei der Truppe die Regel ist, sind derartige weitgehende Zugeständnisse im Sitz für unzweckmäßig erachtet worden [...] Beim Überwinden von größeren Hindernissen aber, wie es von Offizieren,*

Sprunggarten beim bayerischen 2. Ulanen-Regiment in Ansbach um 1900. Solche Sprunggärten waren auf den Reitplätzen aller deutschen Kavallerie-Regimenter angelegt. Der Wachtmeister trägt noch den alten bayerischen schwarzen Uniformmantel. Aquarell von Dobrich-Steckl.

Patrouillen und Meldereitern gefordert werden muß, wird der annähernd senkrechte Sitz nicht verlangt. Der Reiter muß seinen Oberkörper ohne aufzustehen in die Bewegung hineinneigen; die Hände haben vermehrt nachzugeben." ([Heydebreck 1912] S. 88)

Die Anweisungen für Klettern und Bergabreiten basierten wiederum auf praktischen Erkenntnissen, die von den vielfältigen seit 20 Jahren durchgeführten Geländeritten herrührten. So zum Beispiel die Anweisung, steile Böschungen stets in senkrechter Richtung zu überwinden. Das dabei anzustrebende Tempo sollte zwar vom Pferd selbst bestimmt werden, allerdings wurde der Reiter bereits in der Ausbildungsphase angehalten, sein Pferd zum ruhigen Klettern zu erziehen. Ebenfalls auf praktischen Erfahrungen basierte die Anweisung, nach der sich der Reiter in

Abbildung aus der RV 1912: Klettern hangabwärts in voller Feldausrüstung und mit angefasster Trense. Der Reiter neigt sich entgegen der neuen italienischen Manier nach hinten

Ein Zug Kürassiere mit Helm, Pallasch und Packung übt das Klettern.

der Bergabbewegung stark nach hinten neigen sollte. Die angestrebte zurückgelehnte Haltung des Reiters zeigt außerdem, dass die italienische Schule noch wenig Beachtung fand. Immerhin war die vorgeneigte Haltung während des Abwärtskletterns von Caprilli kurz vor seinem Tod, also schon 1907 verbreitet worden.

Völlig neu war außerdem das Kapitel über das Jagdreiten. *„Dieser wichtige Abschnitt [...] fand mit Rücksicht darauf Aufnahme, daß das Jagdreiten jetzt als ein reiterlicher Dienstzweig betrieben werden soll. Auch wird mit ihm einem dringenden Bedürfnis abgeholfen, da der junge Jagdreiter sich bisher nur durch Nachfragen oder durch allmählich gesammelte Erfahrungen über sein Verhalten im Jagdfelde unterrichten konnte."* ([Heydebreck 1912] S. 95).

Mit der RV 1912 wird die Basis der Deutschen Reitlehre geschaffen

Die RV 1912 stellte nicht nur durch ihre in Klarheit und Präzision beispielgebende Ausdrucksweise einen „großen Wurf" dar. Sie beendete gleichzeitig die bisherige Uneinigkeit in der Frage um die bessere Reitausbildung, indem sie dem bisherigen militärischen Ausbildungssystem eindeutige Rahmenbedingungen vorgab. Hierzu enthielt sie eine deutliche Zielorientierung für die einzelnen Etappen der Ausbildung unter gleichzeitiger Nennung und Beschreibung der im Lernprozess zu vermittelnden Ausbildungsinhalten. Die Folge war, dass ein präzise an den Anforderungen des Kavalleriereitens ausgerichtetes Curriculum vorlag, mit dem das militärische Reitausbildungssystem allgemein

Eine Eskadron des sächsischen 1. Ulanen-Regiments Nr. 17 steht in Zugkolonne auf dem Reitplatz der Kaserne in Oschatz mit Lanze auf Lende. Rechts hinten die Reithalle und davor der Sprunggarten. Links neben der Eskadron ein niedriger Wall für Geländereitübungen.

anerkannte Standards erhielt. Den erkennbaren praktischen Nutzen dieser Standdarts beschrieb Fritz Lauffer während seines Dienstes als Eskadronschef der 5. Eskadron des (2. württembergischen) Dragoner-Regiments Nr. 26 in Stuttgart so: *„Der schlagendste Beweis für die Richtigkeit meiner Arbeit, waren die Pferdestärken, mit denen die Schwadron ausrückte. Während ich bei der ersten Besichtigung nur mit 79 Pferden erscheinen konnte, war die Schwadron bei meiner letzten Besichtigung 114 Pferde stark. Nur ein Pferd stand mit Schlagwunde im Stall. Zum Manöver des gleichen Jahres rückte ich, da die jungen Remonten mitgenommen wurden, mit 130 Pferden aus und kam mit der gleichen Zahl zurück. Kein Pferd war ausgefallen oder in der Pferdesammelstelle gewesen."* ([Braun 1941] S. 88 ff.).

Die Nachhaltigkeit der durch die Arbeit der Kavallerie-Kommission entstandenen RV 1912 zeigt sich zudem daran, dass in den folgenden Jahrzehnten nur wenige Veränderungen an ihren ursprünglichen Inhalten vorgenommen wurden. Derartige grundsätzliche Revisionen fanden nur dann statt, wenn gesicherte sowie erprobte neue Erkenntnisse eine grundsätzliche Revision unabdingbar machten.

Es ist erstaunlich, dass dabei die ersten Vorschläge für Verbesserungen aus den Reihen derer stammten, die am Entstehen der Vorschrift selbst mitwirkten. *„Doch auch diese neue Reitvorschrift vom Jahre 1912 entsprach nicht in allen ihren Punkten den Anschauungen des Generals von Redwitz, der [...] an ihrem Zustandekommen in hervorragender Weise beteiligt war. Noch einige Monate vor dem Krieg (1914) forderte er in einer kritischen Betrachtung eine weitgehende Vereinfachung der Vorschrift für die Reitausbildung der Unteroffiziere und Mannschaften und mit Rücksicht auf die gesteigerten reiterlichen Anforderungen an die Offiziere für diese eine besondere Ausbildungsvorschrift."* ([Rizzi 1932] S. 134 ff.). Zu den Lektionen, auf die zur Vereinfachung des Ausbildungssystems verzichtet werden konnte, zählte v. Redwitz die Kurzkehrtwendung im Galopp, der Renvers, das Hankenbiegen, die versammelnde Arbeit an der Hand, das Abkauen lassen und das Biegen an der Hand. Diese Elemente sollten erst mit der RV 1937 gestrichen werden.

Leutnant von Mitzlaff vom 3. Garde-Ulanen-Regiment (1903). Er reitet mit einem zivilen Kandarenzaum und Vorderzeug. Die Satteldecke ist nicht dienstlich. Nach einem Gemälde von H. Sperling.

Über seine Idee eine eigene Reitvorschrift für Offiziere zu konzipieren, schrieb v. Redwitz: *„Wir fordern beim Wettstreit im Sattel von unseren Offizieren erhöhte reiterliche Leistungen, auf dem militärischen Reitinstituten wird Unterricht in der hohen Schule erteilt, aber wir haben für die einzelnen Lektionen weder eine Methode als die beste erklärt, noch unseren Forderungen irgendwelche Grenze gezogen, sondern überlassen alles auf gut Glück vertrauensvoll den mit der Leitung betrauten Organen. Da wir aber in Deutschland keine Stallmeister mehr besitzen, die sich* *die Reitkunst zum Lebensberuf machen, kann es bei dem häufigen Wechsel der Leiter der Schulställe nicht immer gleich günstig mit der Tradition bestellt sein."* ([Redwitz 1914] S. 82). Redwitz sah den Offiziersreitsport, speziell die Dressurprüfungen, als effektives Mittel für die Weitergabe und den Erhalt der klassischen Reitkunst. Seine Ideen sollten allerdings erst in kommenden Perioden des militärischen Reitens in Deutschland umgesetzt werden.

Die Rolle des Militär-Reitinstituts in Hannover vor dem Ersten Weltkrieg

Als Avantgarde der deutschen militärischen Reiterei war es die vornehmliche Aufgabe des Militär-Reitinstituts in Hannover, die Lehren des militärischen Reitens über ihre Schüler im deutschen Heer zu verbreiten. Durch die sehr unterschiedlichen Vorlieben der jeweiligen Chefs des Reitinstitutes, wurden allerdings ganz unterschiedliche Sparten des militärischen Reitens präferiert. Diese Vorlieben konnten ganz unterschiedlich ausfallen, sodass beispielsweise: *„General von Krosigk (Chef von 1884 – 1891) war trotz seiner zwei Zentner Reitergewicht ein ausgezeichneter Jagd- und Geländereiter [...] Besondere Berühmtheit erlange der General, als er mit General von Versen zusammen eine 10 km Jagd auf ungesattelten Pferden ritt. Korsigks Nachfolger wurde Oberst von Willich (Chef von 1891 – 1898), ein bewährter Reiter und Reitlehrer, der nach dem Vorbild seines Vorgängers weiterarbeitete. Er wurde im Jahre 1898 durch General von Mossner als Chef ersetzt (bis 1899), der neben der reitlichen Ausbildung vor allem auch die militärische Schulung der Reitschüler im Gelände und bei Übungsritten betrieb. Neben dem Jagdreiten förderte er im besonderen Maße das Rennreiter seiner*

Freiherr von Redwitz unterrichtet einen Offizier-Kurs an der bayerischen Equitationsanstalt in München um 1910.

Offiziere, während ihm die dressurreiterliche Ausbildung in der Reitbahn weniger lag. General von Mitzlaff wurde im Jahre 1899 der nächste Chef des Militär-Reit-Instituts (bis 1906). Er war ein außergewöhnlich feiner, gefühlvoller, eleganter Reiter, besonders im Gelände, wo er hohe Anforderungen stellte [...] Von 1906 bis 1908 war General von Festenberg-Packisch Chef des Militär-Reit-Instituts. Er galt als besonderer ‚Sitzfanatiker' und legte gesteigerten Wert auf das Reiten mit einer Hand auf blanker Kandare." ([Mossdorf 1989] S. 46 ff.).

Nach dem Weggang von Holleuffer und Scheele als Zivil-Stallmeister 1887 beziehungsweise 1888, wurden diese Militärbeamten-Stellen zunächst nicht mehr besetzt und etatmäßig durch eine Stelle eines Rittmeisters 1. Klasse als Reitlehrer ersetzt. Ab diesem Zeitpunkt ergab es sich, dass dem jeweiligen Offizier als Leiter des Schulstalls, die Verantwortung für den Erhalt der klassischen Reitkunst oblag. Dies waren nacheinander Major von Winterfeld, Hans Hermann von Rüxleben, Graf Joseph („Seppel") von Westphalen und Fritz von Oesterley. Erst mit August v. Festenberg-Packisch als Chef des Militär-Reitinstituts wurde wieder ein Zivil-Stallmeisters bestellt. Es handelte sich um den vormaligen Oberbereiter Franz Gebhard von der Spanischen Schule in Wien, womit auch der Austausch mit der Wiener Reittradition belebt wurde.

Rittmeister Friedrich Karl von Oesterley (braunschweigisches Husaren-Regiment Nr. 17) reitet seine Hannoveraner-Stute „Pepita" vor einer Springprüfung im Berliner Sportpalast ab. Oesterley war einer der besten Reiter vor dem Ersten Weltkrieg, Reitlehrer am Militär-Reitinstitut in Hannover und Olympiateilnehmer 1912 in Stockholm (4. Platz in der Dressur). Ihn ereilte ein tragisches Schicksal, als er kurz nach dem Ersten Weltkrieg auf einem Turnier in Hamburg schwer stürzte und sein langes restliches Leben in geistiger Umnachtung verbringen musste. Foto von Werner Menzendorf.

Der junge Leutnant Felix Bürkner berichtet über seine Ausbildungszeit 1907 – 1909 am Militär-Reitinstitut: *„Das Königlich Preußische Militär-Reitinstitut unter seinem damaligen Chef, Exzellenz von Festenberg und Pakisch, war die Hochburg der Reiterei, welche auf dem Boden der klassischen Überlieferungen nach der Reitinstruktion für die Kavallerie vom 3. März 1882 von bewährten, z.T. berühmten Reitlehrern solchen Schülern übermittelt wurden, die von den Regimentern als talentiert genug und geeignet ausgewählt wurden."* ([Bürkner 2008] S. 64). Leiter des Schulstalls war damals Rittmeister Fritz von Oesterley von den Braunschweiger

Husaren, der bis zum Ersten Weltkrieg einer der erfolgreichsten deutschen Turnierreiter war. Bei ihm zeigte sich, dass selbst an maßgeblicher Stelle am Militär-Reitinstitut vom System der RI 1882 abgewichen wurde. *„Oesterley hatte in seiner Reitmethode wohl etwas von Hofstallmeister Plinzner an sich: unbedingte Beizäumung und elastische Rückenaufwölbung, aber er verfügte über eine ungeheure Einwirkung auf das Pferd, der er seine großen Turniererfolge verdankte."* ([Bürkner 2008] S. 80). Dass vor 1912 das allgemeine Chaos der Reitsysteme in Preußen auch an der höchsten Lehranstalt herrschte, bestätigte Fritz Lauffer: *„Auf der Reitschule Hannover wurde nach allen möglichen Systemen geritten, die meist eine Abart der von Plinzner und Fillis waren. Es fehlte jedoch eine allgemein anerkannte Vorschrift."* ([Braun 1942] S. 84).

Exemplarisch für das Wirken von Offizieren als Leiter des Schulstalls des Militär-Reitinstituts steht die Dienstzeit des Grafen Joseph von Westphalen (1867 – 1906). Das zunächst als gefeierter Rennreiter im Königs-Ulanen-Regiment (1. Hannoversches) Nr. 13 (Bezeichnung seit 13.09.1889) in Hannover dienende Ausnahmetalent setze seine Karriere als Offizier und Herrenreiter zwischen 1887 bis 1899 bei dem Regiment der Gardes du Corps fort und konnte über den gesamten Zeitraum hinweg 121 Siege in 490 Rennen erringen. Dazu zählte sogar ein Sieg im Große-Armee-Jagdrennen in Hoppegarten im Jahr 1892. In den Jahren 1901 bis 1906 führte v. Westphalen den Schulstall des Militär-Reitinstituts. Hervorzuheben bleibt dabei das ungewohnt junge Alter in welchem v. Westphal mit der Leitung des Schulstalls betraut worden war. Mit gerade einmal 34 Jahren war er nicht nur ein relativ junger Rittmeister, sondern er zählte zu den bis dahin jüngsten Leitern der immerhin renommiertesten Dressur-Einrichtung im Deutschen Reich. Zum Stamm des Schulstalls gehörten neben v. Westphalen und einem weiteren Offizier ebenfalls drei Unteroffiziere. Der Stall umfasste einschließlich der jungen und alten Remonten, insgesamt 22 Pferde. Julius Walzer, der damals als Leutnant die zweite Offizierstelle innerhalb des Schulstalls bekleidete, berichtete über seine Arbeit: *„Ich ritt zwei Remonten und drei Schulpferde, dazu noch drei eigene, um außerdem zur Korrektur fast täglich drei bis fünf Pferde von Kameraden, die mich darum gebeten hatten, weil sie mit irgendwelchen Schwierigkeiten nicht fertig wurden. Der Tag war daher von morgens bis abends mit Reiten ausgefüllt.*

Leutnant Joseph („Seppl") Graf von Westphalen in der Uniform des Regiments Garde du Corps (1867 – 1908).

Selbstverständlich ritten Westphalen und ich (auf Schulpferden) auch alle Schlepp- und Wildjagden mit, was für uns schönste Erholung bedeutete." ([Braun 1941] S. 76).

Die Offizier-Reitschüler nahmen im zweiten Jahr ihres Kommandos obligatorisch an einem vier- bis sechswöchigen Kursus im Schulstall teil. Während dieses speziellen Trainings konnten sie zwar nicht zu vollwertigen Reitern der hohen Schule ausgebildet werden, aber sie erhielten einen Eindruck vom Umgang mit in der hohen Schule ausgebildeten und gerittenen Pferden. Walzer überlieferte eine Ansprache Westphalens zu Beginn eines solchen Kurses: *„Meine Herren, Sie können in vier bis sechs Wochen unmöglich Schulreiter werden; begnügen Sie sich damit, diese Pferde gefühlsmäßig richtig reiten zu lernen und prägen Sie sich meine Korrekturen und Instruktionen ein. Treiben Sie beim Reiten, insbesondere beim Einzelreiten, keine Gefühlsmeierei, sondern geben Sie die Hilfen, die Ihnen im Augenblick richtig erscheinen. Daraus ersehe ich am besten, was sie können und kann Ihre Fehler dann schnell abstellen. Glauben Sie nicht, daß Sie die Pferde verderben, sondern reiten Sie gefühlvoll, aber aktiv, und holen Sie aus den Pferden möglichst viel heraus. Sie lernen dadurch mehr, als wenn Sie sich nur passiv auf dem Pferde verhalten."* ([Braun 1941] S. 77). Vor dem Unterricht wurden die Pferde vom Stamm stets eine halbe Stunde vorbereitet. Wenn notwendig, ließ Westphalen sie auch den Schülern vorreiten.

„Die Schulpferde waren keine Schulpferde im Sinne der klassischen Hohen Schule, nur um dieser als Selbstzweck zu dienen. Unsere fertigen Schulpferde gingen nicht nur eine einwandfreie Kampagneschule, Galoppwechsel auf ein Tempo – sogenannte Luftchangements [Anm.d.V.: Einerwechsel] -, Piaffe, Passage und Pirouetten, einige beherrschten auch die Levade. Sie waren in allen Gangarten und Tempi bis zum starken Trab und Galopp, die sehr betont geritten wurden, ausgezeichnet an den Hilfen und stets im Gleichgewicht. Im besten Sinne waren sie die Lehrmeister der Offiziere, die aus den Kursen einen großen Nutzen zogen. Fast alle Herren bestätigten dies und behaupteten, in den vier Wochen bei ‚Seppel' mehr gelernt zu haben als in den zwei Jahren ihres Kommandos. Sämtliche Schulpferde waren tadellos eingesprungen, und oft ließ unser Leiter die Abteilung im langen Exerziergalopp über die Hindernisse des Reitschulhofes gehen, wobei die Abstände und das gleichmäßige Tempo der einzelnen Pferde besondere Beachtung fanden. Einige Pferde wurden von Westphalen und mir [Anm. d. V.: Julius Walzer] auch zu den Jagden geritten." ([Braun 1941] S. 77 ff.). Die Schullektionen waren nur Mittel zum Zweck. Hauptziel blieb stets die Ausbildung eines hervorragenden Kampagne-Pferdes.

Über den Zivil-Stallmeister Gebhard berichtet Bürkner: *„Im Schulstall war damals zur Unterstützung des Leiters als Zivilreiter der ehemalige Oberbereiter Gebhard von der Wiener Spanischen Schule angestellt, - ein kleines Herrchen mit kurzen Beinen, langem grauen Schnurrbart und kleinen Künstlerhänden, ein Meister auf dem Klavier – und vor allem im Sattel, stets liebenswürdig und allseitig beliebt. Sobald er auf dem Pferde saß, war alles in ihm Leben und pulsierende Einwirkung bei allerfeinster Zügelführung."* ([Bürkner 2008] S. 81).

Interessant ist, dass Julius Walzer im April 1914 vom damaligen Chef des Militär-Reitinstituts Oberst Seiffert für ein Jahr an die Wiener Hofreitschule abkommandiert wurde. Er sollte nach

Ablauf dieser Zeit den Schulstall in Hannover übernehmen und auf die Art der spanischen Reitschule umbauen. Aufgrund des Ersten Weltkriegs kam es nicht mehr dazu.

Anzumerken bleibt, dass im System der Militär-Reitschulen des Deutschen Reiches nach 1906 zwei neue Schulen errichtet wurden. Ursache war, dass das Institut in Hannover hinsichtlich der Ausbildung von Offizieren für die Kavallerie- und Feldartillerie-Regimenter seine Kapazitätsgrenzen erreichte. Die beiden in Paderborn und in Soltau errichteten neuen Schulen galten jedoch als Außenstellen des Militär-Reitinstituts in Hannover, weswegen sie diesem in allen dienstlichen Belangen unterstellt waren. ([Handbook 1914] S. 127 ff.)

Sonstige Ausbildung

Die Waffenausbildung und der Sport

„Der kriegsmäßige Zuschnitt trat unter dem wachsenden Druck der politischen Lage in den Ausbildungsvorschriften [...] immer stärker in Erscheinung [...] Neue Schießvorschriften [...], sowie eine Reihe von Spezialvorschriften kündeten die stärkere Betonung des Kriegsmäßigen im ganzen Ausbildungssystem an und enthielten eine Reihe von wichtigen, ja vielfach sogar grundsätzlichen Neuerungen. Sie lösten eine höchst intensive Ausbildungstätigkeit aus, die sich insbesondere auf den Schießdienst erstreckte.“ ([Rizzi 1932] S. 117). Wie schon die Entwicklung der Jahre nach 1871 zeigte, kamen auch in der Zeit vor dem Ersten Weltkrieg einige zusätzliche Ausbildungsinhalte auf die Kavalleristen aller Dienstgradgruppen zu. Insgesamt reduzierten die verstärkten Spezialausbildungszweige, wie beispielsweise das Verlegen von Telefonleitungen vom Pferd aus, die Reitausbildung in erheblichem Umfang und führten immer mehr zur Ausbildung des Kavalleristen zu einem Spezialisten für besondere Aufgaben. Gemessen an der Bewaffnung des Kavalleristen mit langen Schusswaffen, wie beispielsweise mit den Karabinermodellen K 88 oder K 98 sowie der Lanze ab 1890, war der Übergang zur Einheitskavallerie eingeleitet worden. Obwohl

Die Entwicklung vom Karabiner 88 zum Karabiner 98. 1: Gewehr 98 mit Ansteckmagazin, 2: Karabiner 98, 3: Gewehr 88, 4: Karabiner 88, 5: Gewehr 91. Aus „Das Sponton“ 1964.

nunmehr das Fechten mit den klassischen langen Seitenwaffen der Kavallerie zu Pferd kaum noch eine Rolle spielte, führten die unterschiedlichen Truppengattungen weiterhin ihre spezifischen langen Seitenwaffen wie zum Beispiel die Kürassiere den Pallasch. Dieses aus heutiger Sicht kaum noch zu verstehende Festhalten an kavalleristischen Traditionen, war für das beginnende 20. Jahrhundert selbstverständlich. Nicht nur in der Vorstellungskraft des Militärs, sondern ebenso in der Hauptsache dem Militär positiv zugeneigten Zivilbevölkerung wäre ein – um beim ebengenannten Beispiel zu bleiben – Kürassier ohne Pallasch eben kein vollständiger Kürassier. In der Praxis musste das Kavallerie-Pferd neben der spezifischen Hieb- und Stichwaffe gleichfalls die lange Schusswaffe sowie das Gewicht der Lanze tragen.

In den nächsten beiden Jahrzehnten erschienen in rascher Folge Schießvorschriften für die in den Kavallerie-Regimentern üblichen Handfeuerwaffen. *„In der Hauptsache handelte es sich dabei um die weitere Angleichung an die Schießvorschrift der Infanterie, indem deren Scheiben auch für die Kavallerie übernommen und die Anforderungen an die Schießleistungen […] gesteigert wurden."* ([Rizzi 1932] S. 127). Im Bereich der Langwaffen kamen der Karabiner 88 und 98 zum Einsatz, Modelle die ausnahmslos von allen Mannschaften der Kavallerie-Regimenter des Reichsheeres getragen werden mussten. Mit der Einführung des Karabiners 98 ab 1909 erhielt die Kavallerie erstmals eine der Infanterie gleichwertige Schusswaffe, weswegen die Bedeutung des Fußgefechts für die Kavallerie immens an Bedeutung gewann. *„Da die neue Schußwaffe der Kavallerie in ihren ballistischen Leistungen denen des Infanteriegewehres 98 ziemlich nahe kam, so konnte sich die neue Schießvorschrift für die Kavallerie (von 1909) ganz eng an die der Infanterie von 1909 anlehnen. Besonders gilt dies von der Ausbildung im gefechtsmäßigen Schießen, dem die Vorschrift eine ungleich stärkere Bedeutung als bisher beilegt."* ([Rizzi 1932] S. 131).

Den Unteroffizierdienstgraden standen hingegen Kurzwaffen, wie die beiden als Reichsrevolver bezeichneten Revolver Modelle 79 und 83 und später die Pistole 08 zur Verfügung. Den Offizieren war es abgesehen von diesen Modellen ebenso erlaubt, andere auch ausländische Faustfeuerwaffen tragen zu dürfen.

Bis zum Jahr 1890 waren im Deutschen Reichsheer lediglich die Ulanen-Regimenter mit Lanzen bewaffnet. Diese schon zu Beginn des 20. Jahrhunderts scheinbar überkommene Waffe aus der Gruppe der Stangenwaffen bot jedoch nicht nur Nachteile, sondern ebenso viele Vorteile. *„Der Streit um die Lanze war schon alt, verlor aber deswegen keineswegs an Aktualität. In der militärwissenschaftlichen Literatur jener Zeit wurden nicht wenige Abhandlungen diesem Problem gewidmet. Dabei waren die Meinungen aber recht geteilt […] Das gleiche Dilemma zeigte sich auch im Ausland, wo die Kavallerie nur teilweise mit der Lanze ausgerüstet war. In der französischen Kavallerie führten nur die ersten Glieder der bei Kavallerie-Divisionen eingeteilten Dragoner-Regimenter Lanzen[…] Von der russischen Kavallerie waren nur die Kürassiere und Ulanen und teilweise auch die Kosaken mit der Lanze versehen […]. Im Interesse einer gleichmäßigen Ausbildung innerhalb der ganzen deutschen Kavallerie wie auch im Hinblick auf ihre Verwendung im Kriegsfalle erschien eine einheitliche Bewaffnung dringend notwendig, einerlei mochte die Entscheidung für oder gegen* *die Lanze fallen [...]. Selbstverständlich spielten bei dem Streit um die Lanze die Hauptrolle die Erfahrungen aus dem Kriege 1870/71. Sowohl im massierten Reiterangriff wie im Patrouillengefecht hatte die Lanze gute Dienste geleistet, namentlich bei der Attacke von Kavallerie gegen Kavallerie war der Lanzenreiter gegenüber dem Säbelträger dank seiner größeren Reichweite und seiner Stoßkraft, auch bei der Verfolgung, erheblich im Vorteil [...]. Aber auch beim Dienst hinter der Front (Überwachung von Gefangenentransporten, Ordonnanzdienst und dergleichen mehr) bewährte sich die Lanze nach jeder Richtung hin. Wenn auch gewisse Mängel hier und dort auftraten, so lagen sie weniger in der Natur der Lanze als in ihrer geringen Widerstandskraft, da sie nur aus Holz konstruiert und deshalb leicht zerbrechlich war. Die vorteilhafte Bewährung der Lanze im Kriege sowie ihre wachsende Verwendung in der Reiterei vieler ausländischer Staaten veranlaßte ihre allgemeine Einführung in der Kavallerie des deutschen Reichsheeres. Damit war eine restlose Vereinheitlichung in der Bewaffnung der ganzen deutschen Kavallerie erzielt und gleichzeitig auch die Möglichkeit geschaffen, alle Reiter-Regimenter – einerlei ob schwere oder leichte Reiterei – gleichmäßig für alle Aufgaben zu verwenden [...]. Die Durchbildung von Roß und Reiter stand bei der deutschen Kavallerie auf einer derart hohen Stufe, daß die Ausstattung mit der Lanze ohne Bedenken bewerkstelligt werden konnte. Das hohe Maß an Rittigkeit und Gehorsam ermöglichte die Führung der Pferde mit einer Hand, was eine Voraussetzung für den unabhängigen Gebrauch der Lanze ist.“* ([Rizzi 1932] S. 74 ff.).

Waffenübungen mit der Lanze bei einem Husaren-Regiment. Hierzu wurden regelrechte Parcours eingerichtet, um die schwierige Handhabung der Lanze einzuüben.

„Die allgemeine Ausstattung der ganzen deutschen Kavallerie mit einer neuen Stahlrohrlanze (1890) hatte den Erlaß einer Vorschrift für Waffenübungen der Kavallerie (1891) zur Folge, die sich besonders mit der Ausbildung mit der neuen Stahlrohrlanze befaßte. Als Ziel der Lanzenausbildung bezeichnet sie ihren sicheren Gebrauch unabhängig vom Pferde in allen Gangarten, fordert zu diesem Zweck die Anlage von Stechgärten auf den Reit- und Exerzierplätzen der Kavallerie-Regimenter." ([Rizzi 1932] S. 123). Die Ausbildung an der Lanze war und ist aufwändig und erfordert vom Reiter viel Geschick und Kraft. Aus diesem Grund trat die Ausbildung im Hiebfechten in den Hintergrund, d.h. dem Fechten mit den klassischen langen Seitenwaffen der Husaren, Dragoner sowie Kürassieren. Abgesehen von den schon immer mit dem zum Stich ausgelegten Pallasch bewaffneten Kürassieren, erhielten ab 1890 die Mannschaften und Unteroffiziere von Dragoner-, Husaren- wie auch Ulanen-Regimentern, einen Kavallerie-Degen anstelle ihres bisherigen für Hieb und Zug geeigneten Säbels. Ähnlich wie die Lanze, war der Kavallerie-Degen 89 für einen gezielten Stich und weniger für einen Hieb konstruiert. An dieser Stelle muss erwähnt werden, dass lediglich die Offiziere der drei oben genannten Truppengattungen der Kavallerie auch nach 1890 ihre Säbelmodelle beibehielten. Zum Dienstgebrauch handelte es sich daher um den Kavallerie-Offiziersäbel 52/79 und zum Ausgehanzug oder auch zum Paradeanzug um den Löwenkopfsäbel, in einigen Bundesstaaten konnten allerdings ebenso abweichende Säbelmodelle von den Offizieren getragen werden. Dennoch wurde das Fechten mit dem Degen weiter durch Ausbildungsvorschriften behandelt (Vorschrift für das Fechten auf Hieb und Stoß 1901 und 1912). Diese Vorschriften waren nur noch für Offiziere, Unteroffiziere und ältere Mannschaften der Kavallerie gedacht.

Zum Ansporn für das Üben mit der neu eingeführten Lanze wurde 1889 in Preußen und bis 1895 im restlichen Deutschen Reich das Fechterabzeichen eingeführt. Es gab 12 Klassen, die für die besten Lanzenfechter eines Regiments *„nach besonderer Bestimmung durch den Regimentskommandeur verliehen (wurden)."* ([Bekleidung 1903] S. 261).

Zur weiteren Verbesserung der körperlichen Leistungsfähigkeit des Einzelnen erschienen 1898 und 1912 neue Turnvorschriften für die berittenen Truppen, bei der die Freiübungen und die Übungen am lebenden Pferd intensiviert worden waren.

Meldereiter und neue Nachrichtenmittel

Zum Ausgang des 19. Jahrhunderts beruhte die militärische Kommunikation über größere Distanzen vor allem auf durch Kabel miteinander verbundene Telegrafenanlagen, wie sie auch schon im zivilen Alltag genutzt wurden. Für einen Bewegungskrieg über ein großes Terrain hinweg waren diese zumeist feststehenden Anlagen leider nicht nutzbar. Lediglich kurze Distanzen konnten mit Hilfe von Winkerflaggen sowie Blinklichtern, ähnlich wie sie bei der Marine zum Einsatz kamen, überwunden werden. Für die Bedienung und den Transport der zuletzt genannten optischen Telegrafenanlagen waren wiederum vorrangig Kavalleristen vonnöten, die hierfür als sogenannte Blinkertrupps an der Kavallerie-Telegrafenschule ausgebildet wurden. Noch kamen jedoch für die Überbringung von Meldungen oder Befehlen in unüberschaubarem Terrain nach wie vor geübte Reiter zum Einsatz, die dann ausschließlich von den Kavallerie-Regimentern abgestellt werden konnten. Die dabei von den

Stäben der unterschiedlichen Kommandoebenen in erheblichem Umfang angeforderten Kavalleristen sollten in der Lage sein, sich selbstständig im Gelände zu orientieren und ihre Pferde in allen Gangarten auch durch schwieriges Gelände sowie gegen jegliche natürlichen und künstlichen Hindernisse reiten zu können. Ihr zuverlässiges „Funktionieren" stellte bis zur Erfindung des Fernsprech- und Funkverkehrs ein elementares Kommunikationsmittel sämtlicher Truppenbefehlshaber dar.

Die aufgrund dieser Notwendigkeit unumgänglichen Abkommandierungen hätten die Kavallerie-Einheiten in kommenden Kriegen zusätzlichen Belastungen ausgesetzt. Durch die Brisanz des Meldedienstes wären sie unweigerlich gezwungen gewesen, nicht nur einen Großteil ihrer besten Reiter, sondern auch ihre tauglichsten Pferde vom allgemeinen Kavallerie-Dienst abzuziehen.

Aus diesem Grund brachte das preußische Kriegsministerium eine Vorlage vor dem Reichstag ein, nach der die Anzahl der Kavallerie-Regimenter erhöht werden sollte. Das Parlament bewilligte dann aber 1895 lediglich finanzielle Mittel für die Aufstellung von drei Meldereiter-Formationen mit einem

Kavalleristen bauen mit Hilfe ihrer Lanzen eine Telegrafenleitung. Kavallerie-Telegrafen-Schule Berlin 1910.

begrenzten Umfang von: 1 Rittmeister, 1 Oberleutnant, 2 Leutnants, 1 Wachtmeister, 1 Vizewachtmeister, 4 Sergeanten, 6 Unteroffizieren, 96 Gefreiten und Gemeinen sowie 108 Reitpferden, die dementsprechend als Detachements bezeichnet werden sollten. Zwischen 1897 und 1899 erhielten sie die Bezeichnung „Detachement Jäger zu Pferde" und von 1899 bis 1905 die als „Eskadron Jäger zu Pferde", bis dann die Wissenschaft eine jähe Wende einleitete. Die technische Erfindung der Telegrafie per Funk durch den deutschen Physiker Ferdinand Braun (1850 – 1918) und den Italiener Guglielmo Marconi (1874 – 1939) machte seit 1898 eine drahtlose und von der Beschaffenheit des Terrains unabhängige Kommunikation möglich. Das preußische Kriegsministerium hatte mit der Aufstellung von Telegrafen-Bataillonen bereits im Jahr 1899 sehr schnell auf diese bahnbrechende Erfindung reagiert. In der Konsequenz dieser Entwicklung wurde bei den Eskadronen Jägern zu Pferde, die spezielle Meldereiterausbildung ab 1901 durch die bei Kavallerie-Regimentern übliche ersetzt, wodurch diese nun auch als Bewaffnung den Karabiner sowie die Stahlrohrlanze erhielten. Der Kurswechsel bei der Ausbildung der Eskadronen Jäger zu Pferde leitete jedoch nicht die zu vermutende Rückführung der Eskadronen Jäger zu Pferde in die Reihen der existierenden Kavallerie-Regimenter ein. Vielmehr bildeten diese ab 1905 den Grundstock für neu aufzustellende Kavallerie-Regimenter, die bis 1918 existierenden Regimenter Jäger zu Pferde.

Ausbildung an einer Kavallerie-Telegrafen-Schule. BArch, Bild 136-C0267 / Oscar Telgmann.

Abgesehen von der Nachrichtenübermittlung durch Meldereiter blieb die sie ablösende Telegrafentruppe anfänglich eine Domäne der Kavallerie. Dabei war es zunächst unerheblich, durch welches technische Gerät, wie zum Beispiel einen Heliografen oder einen Telegrafen, die Meldung abgesetzt wurde. Stets mussten die zur Bedienung der Technik ausgebildeten Dienstgrade äußerst dynamisch handeln können und die notwendigen technischen Geräte fachmännisch mit Pferden transportieren können, weswegen zunächst Kavalleristen zum Einsatz kamen. Nicht zuletzt deswegen firmierte die sich in Preußen befindliche Militär-Telegrafen-Schule zwischen 1899 und 1913 unter der offiziellen Bezeichnung Kavallerie-Telegrafen-Schule. Neben der 1899 aufgestellten Telegrafentruppe wurden hier Kavalleristen und Pioniere in der Telegrafie, Heliographie und dem Umgang mit Winkerflaggen unterrichtet. Nicht nur bei der Kavallerie war 1894 ein vereinfachter Kavallerie-Telegraf eingeführt worden, der ohne Packpferd von der sog. Telegrafen-Patrouille mitgeführt werden konnte. Hierzu wurde die Dienstvorschrift für die Kavallerie-Telegrafen-Schule 1901 und 1913 herausgegeben und die Vorschrift für die Handhabung und Verwendung des Kavallerie-Telegrafen 1903. 1903 wurden zudem zur Nachrichtenübermittlung auch bei der Kavallerie die Winkerflaggen eingeführt (Vorschrift für den Gebrauch der Winkerflagge von 1903), zu der wenige Spezialisten als Winker ausgebildet wurden. Die Zeichenübertragung erfolgte zunächst nach dem System der Marine, ab 1908 nach dem Morsesystem mit weißen und roten Flaggen. Seit 1913 konnte sich die drahtlose Telegrafie, der Funk durchsetzen. Ähnlich wie bei den Meldereitern wurde der Kavallerist abermals durch einen Spezialisten, den Funker ersetzt. Zum 1. Oktober 1913 erhielt die Kavallerie-Telegrafen-Schule eine neue Bezeichnung, als Kriegs-Telegrafen-Schule.

Ausweitung der Kavallerie-Inspektionen

1890 wurden in der Nachfolge des verstorbenen Prinzen Friedrich Karl zwei Kavallerie-Inspekteure im Range von Divisionskommandeuren ernannt und eine ständige Kavalleriekommission eingerichtet. *„Ihre Aufgaben bestanden in der Leitung der alljährliche stattfindenden besonderen Kavallerieübungen sowie von taktischen Übungsreisen von Generalen und Stabsoffizieren der Kavallerie, ferner fanden sie Verwendung zur Besichtigungen des Pferdematerials der Truppenteile und wurden Mitglieder der (zeitgleich) gebildeten (permanenten) Kavalleriekommission, zu der außer den Kavallerie-Inspekteuren ständig der Kommandeur der Garde-Kavallerie-Division, zwei Offiziere des Kriegsministeriums, ein Offizier des Generalstabs und ein Offizier der Feldartillerie gehörten. Die Kommission, deren Aufgabe die Bearbeitung kavalleristischer Angelegenheiten war, unterstand dem Kriegsministerium."* ([Pelet II 1905] S. 426).

Mit General der Kavallerie Edler von der Planitz wurde im Jahr 1898 die neue Stelle eines Generalinspekteurs der Kavallerie im Range eines kommandierenden Generals geschaffen. Zudem wurden die ihm unterstellten Kavallerie-Inspekteure von zwei auf vier erhöht. Dem Generalinspekteur wurden das Militär-Reitinstitut, die Kavallerie-Inspekteure und die Inspektion des Militär-Veterinärwesens unmittelbar unterstellt. Er besichtigte die Truppenteile der Kavallerie, das Pferdematerial, die Remontedepots und war Vorsitzender der Kavalleriekommission.

Reitausrüstung

In der Reitausrüstung wurden weitere Verbesserungen primär für das feldmäßige Reiten eingeführt. Insgesamt stellte die Standardisierung der Reitausrüstung einen weiteren Schritt auf dem Weg zu einer Einheitskavallerie dar.

Sattel

Zu der bedeutendsten Änderung in der Reitausrüstung der deutschen Kavallerie vor dem Ersten Weltkrieg gehörte die Einführung des deutschen Armeesattels 89 im Jahr 1890. Schon seit Ende des 18. Jahrhunderts führten die Armeen Europas immer wieder Versuche durch, die Vorteile des Trachtensattels in Form des Ungarischen Bocksattels mit denen eines Englischen Pritschsattels zu kombinieren. Ziel war es dabei, einen einzigen Sattel für das militärische Geländereiten und zugleich für leichte sportliche Aktivtäten wie das Springen zu kreieren. Hierzu wurde auf den Sattelbaum des Ungarischen Bocksattels mit seinen nach vorn und hinten weit ausladenden Trachten eine dem Englischen Pritschsattel entlehnte Sitzfläche konstruiert. Bereits der in der bayerischen Kavallerie eingeführte Dänische Bocksattel M/60 stellte eine solche Konstruktion dar.

Der Deutsche Armeesattel 89 war ebenso ein *„Kombinationstyp aus englischem Pritschensattel und Trachtensattel"* ([Gelbhaar 1997] S. 174). Er war optimiert für das Reiten mit voller Packung, allerdings nach einem neuen Prinzip. *„Der Sattel (ist) kein Bocksattel, sondern eine Kombination aus Bock und englischer Pritsche, indem nur hinten Trachten sind, vorn aber die Kammer des englischen Sattel."* ([Raeck 1988] S. 71). *„Seine Vorzüge gegenüber dem alten Sattelmodell lagen auf der Hand. Die Konstruktion war höchst einfach, das Gewicht nur gering, die Beschaffungskosten niedrig. Er zeigte sich als sehr dauerhaft und gestattete einen bequemen, natürlichen Sitz des Reiters und damit auch ein gefühlvolles Reiten, da der Reiter näher am Pferde saß. Aber nicht allein für den Reiter hatte der neue Sattel große Vorzüge, er schonte auch das Pferd in hohem Maße, denn er verhinderte die Druckschäden, die beim früheren Bocksattel in großer Zahl auftraten."* ([Rizzi 1932] S. 96). Auch der Deutsche Sattel der Kürassiere fiel nun weg. Mit leichten Modifikationen wurde dieser Satteltyp in der deutschen Armee bis 1945 genutzt und dabei millionenfach produziert.

Seit durch genaue Messungen, die Auswirkungen des Reiters auf den Schwerpunkt des Pferdes und die Belastung der Vor- und Hinterhand wissenschaftlich überprüft worden waren, geriet ganz besonders der Ungarische Bocksattel seit 1870 immer mehr in die Kritik. Durch seinen hohen Sitz und seine etwas weiter hinten liegende Sattellage wirkte er sich negativ auf den natürlichen Schwerpunkt des Pferdes aus. ([Borbstaedt II 1872] S. 89 ff.).

Die Einführung des Armeesattels erlaubte zudem eine weitere wichtige Erleichterung für Pferd und Reiter, da nun im Felddienst auf die Sattelüberdecke und den Obergurt verzichtet werden konnte. Die Sattelüberdecke wurde als Paradeüberlegdecke seitdem nur noch zur Parade aufgelegt. *„(Die) Schabracken waren ein nur recht wenig für den Felddienst geeignetes Ausrüstungsstück. Bei warmer Witterung machten sie es dem Reiter und dem Pferd sehr warm, bei Regen sogen sie sich voll Wasser, wodurch sich ihr Gewicht erhöhte."* ([Rizzi 1932] S. 95). Ihr Wegfall im Felddienst machte endlich ein einfacheres sowie leichteres Satteln möglich.

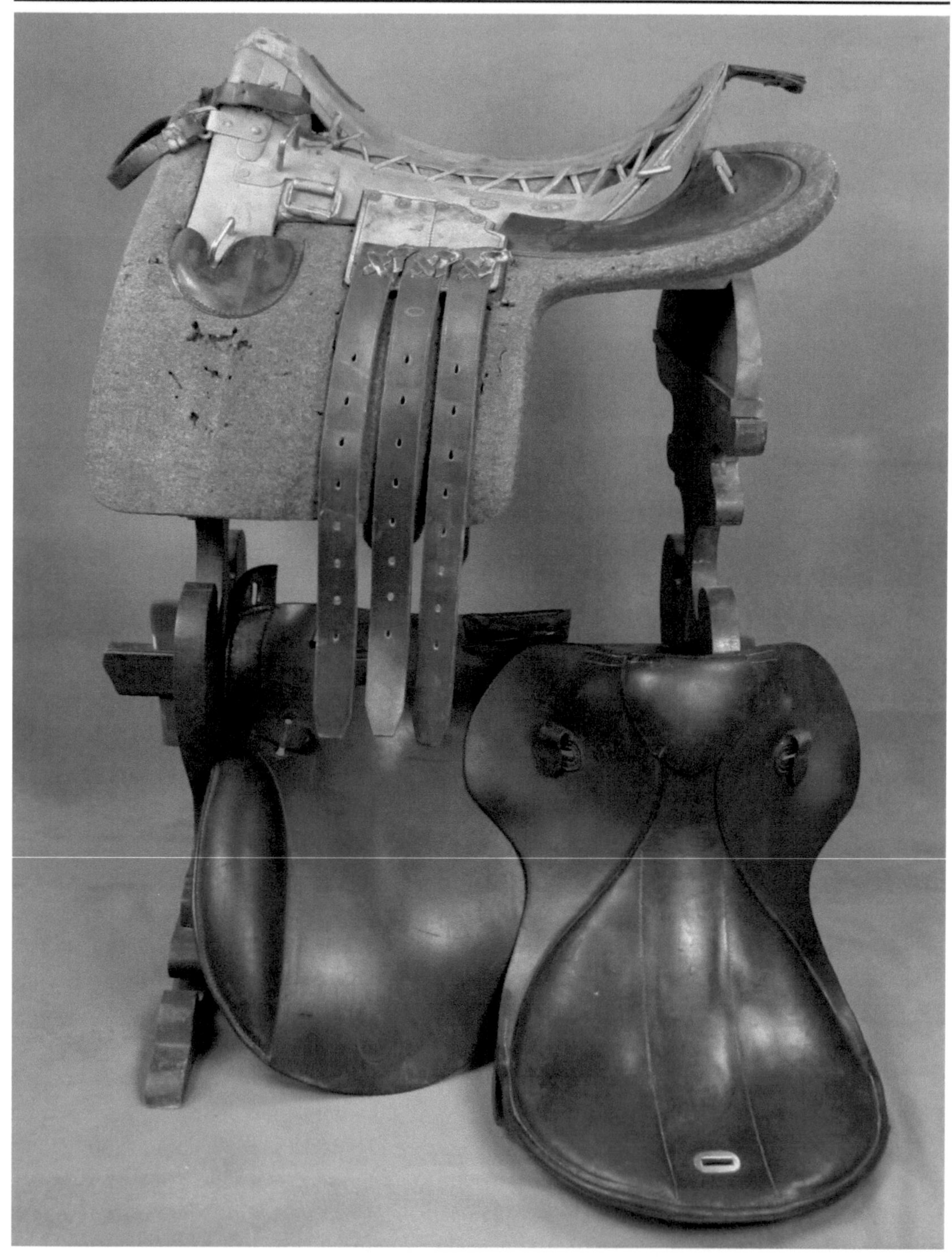

Der Armeesattel 89 war das Resultat eines vom preußischen Kriegsministerium im Jahre 1887 initiierten Preisausschreibens.

Das Gewicht des Armeesattels ohne zusätzliche Ausrüstungsteile wie Packtaschen usw. belief sich auf 9 kg. Im Vergleich dazu lag das Gewicht des Deutschen Sattels bei 9,85 kg und das des Ungarischen Sattels mit Sattelkissen und Pauschen bei 7,21 kg. Für einen korrekten Gewichtsvergleich müsste beim Ungarischen Sattel außerdem das Gewicht der Sattelüberdecke von ca. 1,68 kg und das des Obergurts mit Umlaufriemen von ca. 1 kg hinzugerechnet werden. ([Roth 1877] S. 136 ff.).

Die Offiziere hingegen durften weiterhin den Englischen Pritschsattel benutzen. Im Jahr 1913 gelangte dann ein im Vergleich zum Armeesattel leichterer Offizierssattel mit verlängerten Hintertrachten zur Einführung. Eine Ursache für dessen Einführung lag in den veränderten Einsatzgrundsätzen, die sich in der Praxis natürlich auch auf die Offiziere der Kavallerie auswirkten. Die stark zugenommenen Distanzen bei Patrouillen oder Fernpatrouillen erzwangen einen Mehraufwand an Gepäck für den Offizier, der hierzu natürlich kein Gepäck tragendes Handpferd mitführen konnte.

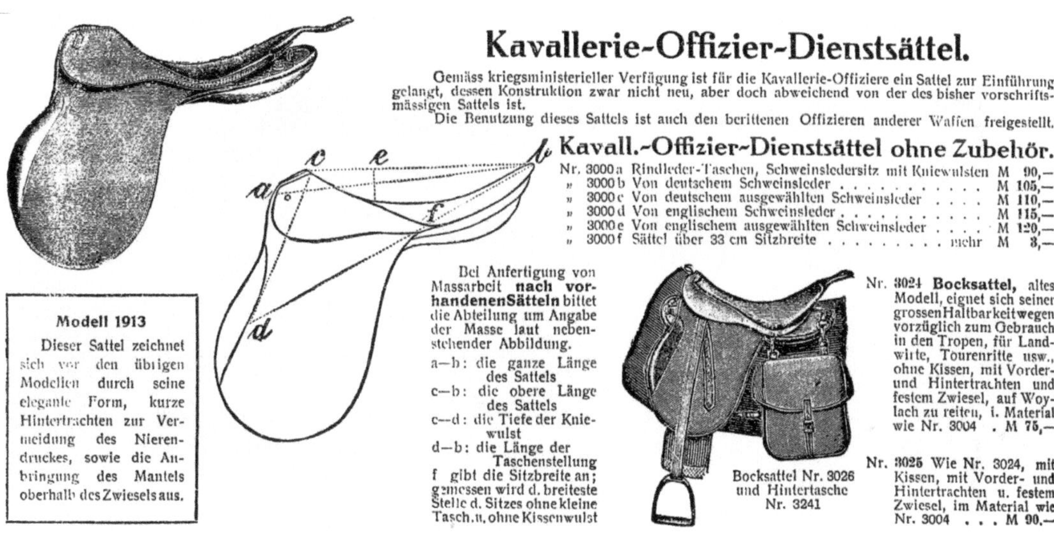

Der Offiziersattel 13 war eine Modifikation des englischen Pritschsattels durch Verlängerung der Trachten nach hinten und festem Löffel für vermehrte Anforderungen der Offiziere, mit Gepäck zu reiten. Die Anzeige zeigt das Modell 1913 sowie das alte Bocksattelmodell für Offiziere der leichten Kavallerie.

Die Bezeichnung des neu eingeführten Sattelmodells verführt zu der Annahme, dass nun alle berittenen Einheiten damit ausgerüstet worden wären. Tatsächlich waren bis zum Ausbruch des Ersten Weltkrieges die Kavallerie-Regimenter und nur wenige der Feldartillerie mit dem Armeesattel 89 ausgestattet. Neben den meisten Feldartillerie-Regimentern musste der gesamte Train (allgemeine Bezeichnung für Nachschubeinheiten) weiterhin die alten Ungarischen, in Bayern Dänischen Bocksättel nutzen.

Zäumung

Die bei der bayerischen Kavallerie schon länger verwendete S-Kandare wurde als Vereinfachung 1912 auch für die preußische Armee eingeführt. Hierdurch fiel die Verwendung des Scherriemens weg, der eher einen Notbehelf darstellte, um dem Pferd das Greifen der Anzüge mit den Zähnen

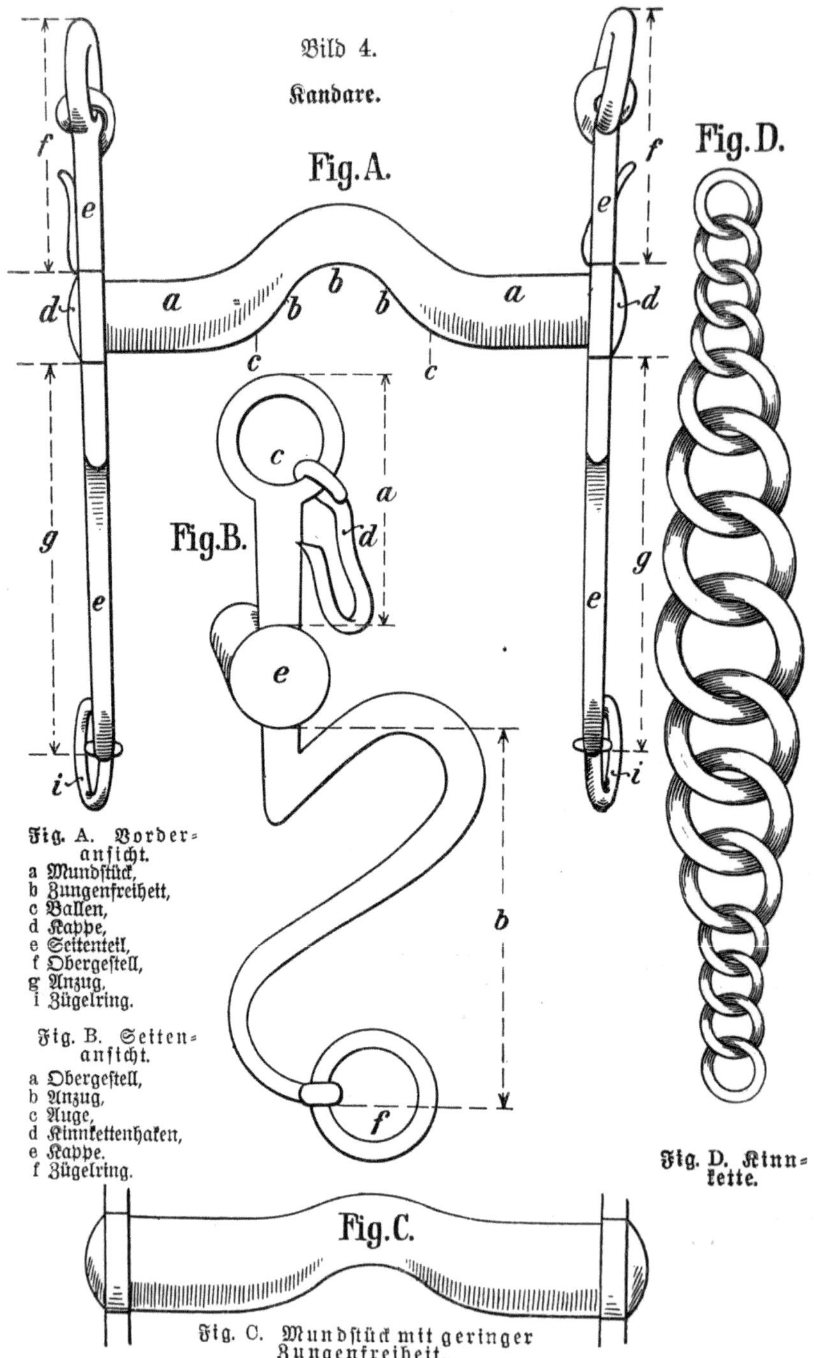

Abbildung aus der RV 1912: S-Kandare, die 1912 allgemein eingeführt wurde (bis auf die Kürassier- und Jäger-Regimenter, welche weiterhin die C-Kandare nutzten) und eingliedrige Kinnkette.

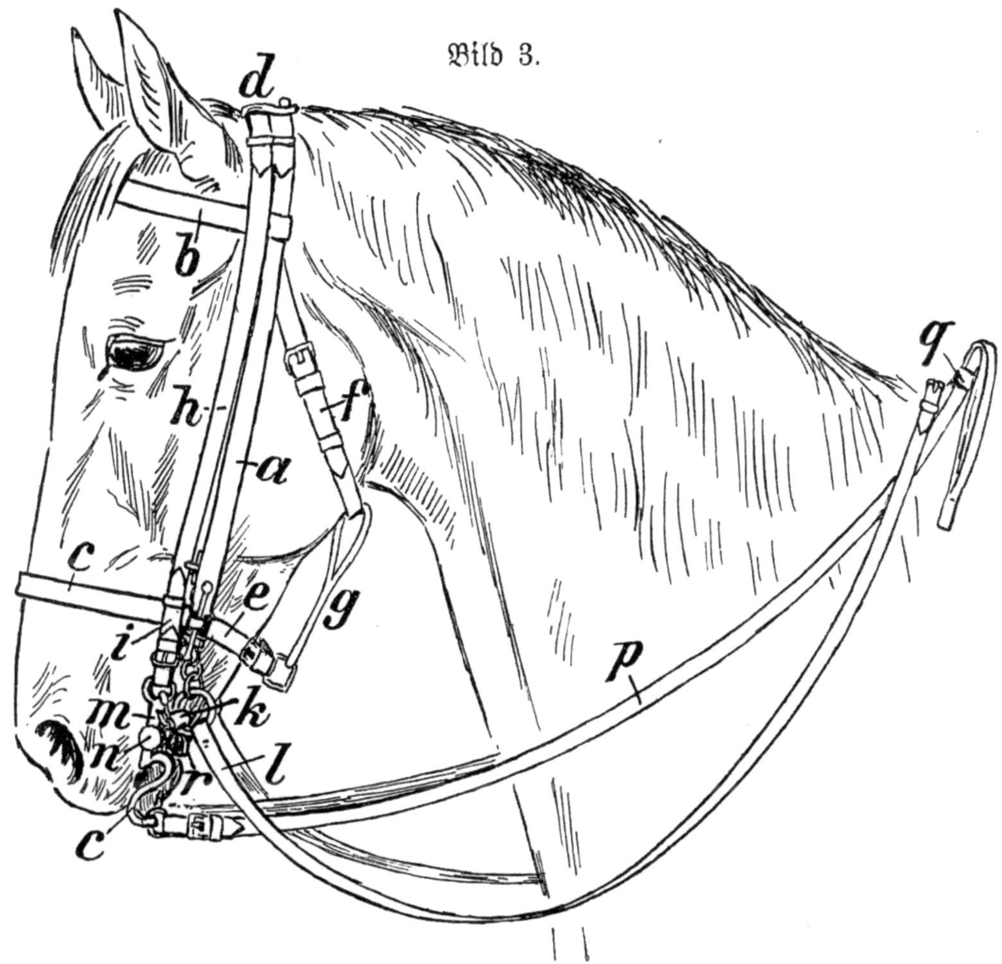

Zäumung auf Kandare.

Halfter.

a Backenriemen mit eisernen Ösen für die Haken des Hauptgestells und 2 Vierkanten, an diesen 2 Lederösen zur Verbindung mit den Trensenknebeln.

b Stirn- } Riemen.
c Nasen- }

d Knöpfvorrichtung zur Verbindung von Halfter und Hauptgestell.

e Kinn- } Riemen.
f Kehl- }

g Verbindungssteg.

Hauptgestell.

h Backenstück mit Haken zur Verbindung mit den entsprechenden Ösen der Halfter.

i Schnallstück zum Einschnallen der Kandare.

Trense.

k Trensengebiß mit Ringen und Knebelkette zum Befestigen in den Lederösen der Vierkante der Halfter.

l Trensenzügel mit Schnallvorrichtung.

Kandare.

m Obergestell mit Augen zum Einschnallen des Hauptgestells und Kinnkettenhaken.

n Mundstück.

o Untergestell (Anzüge) mit Zügelringen.

p Kandarenzügel, der linke 2 cm länger als der rechte.

q Kandarenschieber.

r Kinnkette.

Abbildung aus der RV 1912: Zaumzeug 88.

zu verwehren. Wurde dieser zu straff angezogen, wirkte er schädlich auf das Pferdemaul. Nicht straff genug angezogen, blieb er allerdings wirkungslos. Die Kürassiere und Jäger zu Pferde behielten jedoch weiterhin ihre C-Kandaren. Beide Varianten, d.h. weder die S- noch die C-Kandaren, konnten verhindern, dass besonders findige Pferde die Anzüge trotzdem mit ihren Zähnen greifen konnten.

Interessanterweise wurden die S-Kandaren 1913 nach 30 Jahren wieder mit einfach gegliederter Kinnkette, anstelle der vorherigen Panzerkette ausgestattet.

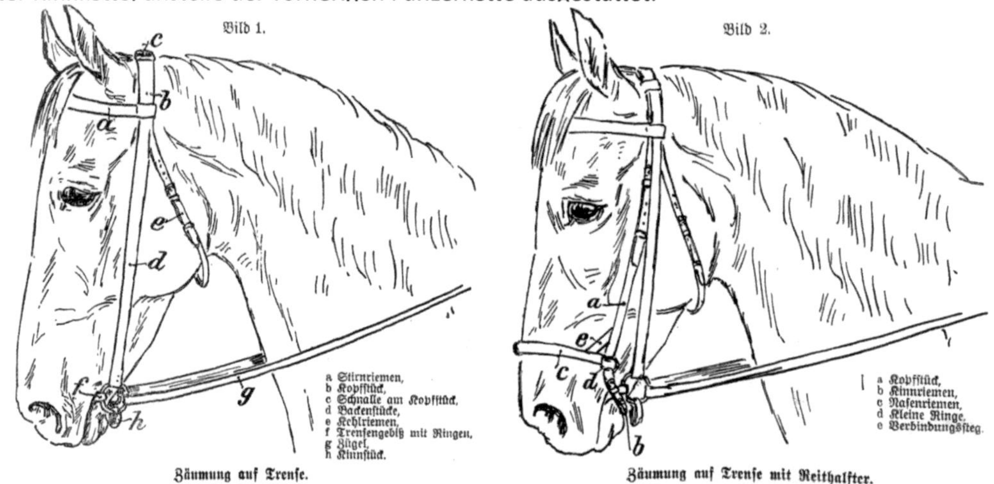

Abbildung aus der RV 1912: Zäumung auf Trense ohne Halfter.

Abbildung aus der RV 1912: Zäumung auf Trense mit hannoverschem Reithalfter.

Endgültiger Wegfall des Kürasses und Trageweise der Waffen

1888 brachte für die preußischen Kürassiere und ihre Pferde eine wichtige Erleichterung. Der 8 kg schwere Kürass fiel als Ausrüstungsteil der Felddienstausrüstung endgültig weg. Gegenüber der modernen Waffenwirkung war er als Schutzwaffe unbrauchbar geworden und diente den preußischen Kürassieren nunmehr ausschließlich als beeindruckendstes Ausrüstungsteil des Paradeanzuges.

Wie bereits dargestellt, ermöglichte die Konstruktion des Armeesattels nicht nur das Mitführen weiterer wichtiger Ausrüstungsteile, sondern ebenfalls das Anschnallen von Tragevorrichtungen für Schusswaffen und lange Seitenwaffen. Zu den Schusswaffen zählten mittlerweile die Karabinermodelle 88 und 98. Das Gewicht des mehrschüssigen Karabiners lag bei ca. 3,8 kg. Durch die Einführung des Kavallerie-Einheitsdegens erhielten die Mannschafts-Dienstgrade der Husaren, Dragoner, Ulanen sowie die der Jäger zu Pferde eine einheitliche lange Seitenwaffe. Wie schon beschrieben, trugen die Kürassiere sowie Schweren Reiter Pallasche und nur die Garde-Reiter und die Karabiniere mussten einen sogenannten Garde-Reiter-Säbel verwenden. Die bisher aus verschiedenen Holzarten hergestellten Lanzenmodelle wurden ab 1890 zunächst im Königreich Preußen durch ein aus nahtlosem Flussstahl hergestelltes Modell ausgetauscht, das danach sukzessive auch in den Kavallerie-Regimentern der Königreiche Bayern, Sachsen sowie Württemberg eingeführt wurde. Diese standardisierte Stangenwaffe war 3,20 m lang und konnte zwischen 1,79 kg und 1,90 kg wiegen.

In Jahr 1895 veränderte sich die Trageweise des Karabiners. Er wurde nun in einem senkrecht hängenden, rechts hinten am Sattel zu befestigenden Futteral aus Leder transportiert. Die lange Seitenwaffe trug der Kavallerist nun nicht mehr wie bisher um die Hüfte geschnallt, sondern sie wurde durch eine Säbeltragetasche am Sattel hinten links befestigt. Hierdurch wurde eine Erleichterung zur Führung des Fußgefechts eingeführt, die bereits Karl von Schmidt 25 Jahre zuvor angeregt hatte. Im gleichen Jahr kamen erstmals Hilfssatteltaschen aus Segeltuch zum Einsatz, in denen zusätzliche Bekleidungsteile des Kavalleristen unter die Satteltaschen aus Leder geschnallt werden konnten.

1908 wurde der Karabiner 88 gegen den 98 eingetauscht, zudem dann ein neues Leder-Futteral zur Einführung gelangte. Dieses musste seit 1909 links hinten am Sattel angeschnallt werden. Der Degen wechselte somit von der linken zur rechten Sattelseite. Der Grund hierfür war, dass die Reiter beim Absitzen zum Fußgefecht so einfacher den Karabiner aus dem Futteral ziehen konnten. Grundsätzlich gab es die Anweisung, den Karabiner 98 auf dem Marsch im Futteral zu transportieren, ihn aber im Gefecht am Riemen über dem Rücken zu tragen. Das Reiten mit Karabiner auf dem Rücken war für den Reiter anstrengender, immerhin behielt er nach einem Sturz vom Pferd aber seine Waffe am Mann.

Packung

Die vielen Neuerungen, Verbesserungen und vor allem die Vereinheitlichung der Ausrüstung sowie Bewaffnung des Kavalleristen vor dem Ersten Weltkrieg wirkten sich natürlich auf das Packsystem des Militärpferdes aus. Vor Einführung des Armeesattels existierten in Preußen im Wesentlichen zwei unterschiedliche Klassen hinsichtlich der Gewichtsbelastung des Militärpferdes. Zum einen die Kavalleriegattungen die mit dem Deutschen Sattel (Kürassiere) und die, die mit Ungarischem Sattel (Ulanen, Dragoner, Husaren) ausgerüstet waren. Die Belastung der Kürassier-Pferde lag um 20 kg über der der Ulanen, Dragoner und Husaren. Mit der Einführung des Armeesattels und der einheitlichen Bewaffnung konnte dieser enorme Unterschied des Belastungsgewichtes auf etwa 115 – 125 kg angeglichen werden.

	1845		**1877**		**1905**	
	Gewicht Gepäck (ohne Futterration)	**Gewicht Reiter (max. Rekrutengewicht)**	**Gewicht Gepäck (ohne Futterration)**	**Gewicht Reiter (max. Rekrutengewicht)**	**Gewicht Gepäck (ohne Futterration)**	**Gewicht Reiter (max. Rekrutengewicht)**
Kürassiere	**66,433 kg**	**80 kg**	**57,500 kg**	**75 kg**	**54,388 kg**	**70 kg**
Ulanen	**54,200 kg**	**65 kg**	**44,290 kg**	**67 kg**	**52,687 kg**	**70 kg**
Dragoner	**55,567 kg**	**65 kg**	**44,770 kg**	**65 kg**	**51,310 kg**	**65 kg**
Husaren	**58,150 kg**	**65 kg**	**45,495 kg**	**65 kg**	**51,905 kg**	**65 kg**

Entwicklung der Gewichtsbelastung des Kavallerie-Pferdes nach amtlichen Standards ([Pelet II 1905] S. 432), ([Mentzel 1845] S. 214), ([Roth 1877] S. 141ff.), ([Frauenholz 1931] S. 129). Das Gewicht des Gepäcks ist in den verwendeten Quellen auf das Gramm genau gemessen und bestand aus der Pferdeausrüstung sowie der Ausrüstung und der Bekleidung des Reiters für den Felddienst. In der Praxis variierten die Standardgewichte natürlich etwas auf Grund von Abweichungen in der Fertigung, des Materials und durch Auswirkungen von Reparaturen.

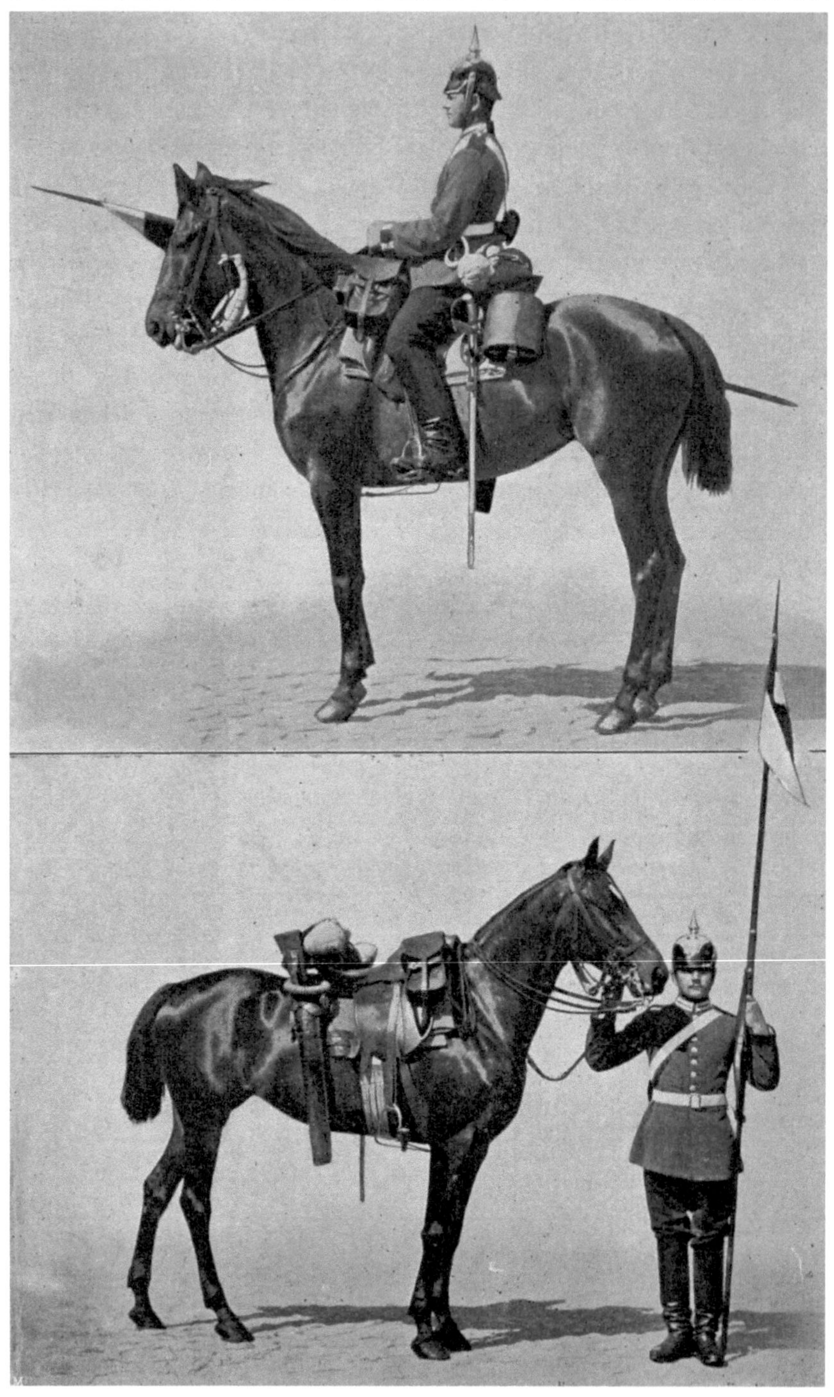

Dragoner des 2. Garde-Dragoner-Regiments mit feldmarschmäßig gesatteltem und gezäumtem Pferd. Die Ausrüstung entspricht der Packung von 1895 bis 1909 mit Karabiner 88 im Futteral rechts.

Chevauleger des bayerischen 2. Chevaulegers-Regiment in feldgrauer Felduniform und voller Ausrüstung. 1910 wurde bei der Kavallerie die feldgraue Felduniform mit braunem Lederzeug eingeführt für bessere Tarnung. Gleichzeitig entfielen veraltete Ausrüstungsstücke wie das Bandolier und wurden durch Patronentaschen ersetzt. Der Karabiner 98 wurde links im Futteral getragen und der Degen rechts am Sattel. Der Anbinderiemen wurde um den Hals gelegt. Aqarell von Anton von Hoffmann.

Bemerkenswert ist, dass sich das maximale Rekrutengewicht der Kürassiere um 5 kg reduzierte, da der Kürass nicht mehr im Felddienst getragen werden musste, und man deshalb weniger starke Mannschaften einsetzten konnte. Weiterhin ist zu bemerken, dass länger dienende Kavalleristen wie ältere Offiziere, Unteroffiziere und Kapitulanten das angegebene maximale Rekrutengewicht häufig überschritten, wie aus vielen zeitgenössischen Fotografien deutlich wird.

Im Ergebnis der laufenden kleinen und großen Verbesserungen bei der Ausrüstung und Packung des Kavalleriepferdes konnte sich ein ausgeklügeltes Packsystem entwickeln. Nicht zuletzt wurden die Sattelung und Anbringung der Packung überaus sorgfältig eingeübt. Dabei stand in der Deutschen Kavallerie stets das Pferd im Mittelpunkt, und jedem Kavalleristen waren die Schäden, die ein schlecht gepackter Militärsattel bei Märschen über 20 km verursachen konnte, durchaus bewusst. Die Ausbildung zielte konsequent darauf ab, Verletzungen und Drücken bereits beim Satteln zu vermeiden.

Nach wie vor war die Gewichtsbelastung der Pferde hoch. General Heinrich von Rosenberg kritisierte 1884 das hohe Gewicht dieser Pferdepackung, ähnlich wie 20 Jahre zuvor Karl von Schmidt: *„Belasten wir unsere Pferde mit mehr als 200 Pfd., so sind und bleiben wir eine unbrauchbare Cavallerie. Wir müssen uns mit einem Schlage von Allem lossagen, was unser Gewicht darüber hinaus erschwert, und wir dürfen auch nicht nachsichtig sein und nicht erlauben, daß auch nur ein einziges Pfund zugegeben wird."* ([Rosenberg 1884] S. 105). *„Nach dem Feldzuge in China (1899 – 1901) und nach dem Feldzuge in Südwestafrika (1904 – 1908) brachten unsere Kavalleristen die Herabsetzung des Gepäckes des Pferdes immer wieder zur Sprache. Bis zum Ausbruch des (Ersten Weltkrieges) war aber auf diesem Gebiete nichts geschehen und unsere braven Pferde schleppten den alten riesigen Ballast durch die vier Kriegsjahre."* ([Rau 1936] S. 21).

Die deutsche Schutztruppe in Südwestafrika spielte in der Reitausrüstung eine Sonderrolle. Da sie als berittene Infanterie aufgestellt wurde, bekam sie eine modifizierte und vereinfachte Ausrüstung: Mannschaftszaum 88 nur mit Pelham-Gebiss, kein Vorderzeug, Hinterpacktaschen und das Gewehr 88 in einem Futteral rechts vorn. Colorierte Originalfotografie.

Kapitel 6 -Die Reitvorschrift von 1926 – Die deutsche Reitlehre als Phönix aus der Asche (1914 – 1928)

Der retrospektiv als Urkatastrophe des 20. Jahrhunderts bewertete Erste Weltkrieg brachte nicht nur eine völlig neue Dimension der Kriegsführung hervor. Theobald von Bethmann Hollweg (1856–1921), Reichskanzler von 1909 bis 1917 sowie seit 1911 Generalleutnant à la suite des 1. Garde-Dragoner-Regimentes Königin Victoria von Großbritannien und Irland befürchtete im Juli 1914 gegenüber einem Vertrauten *„eine Umwälzung alles Bestehenden"*, die dieser Krieg herbeiführen könne. ([Dülffler 1981] S. 10). Schließlich, und dieser Teil der Geschichte ist ebenfalls hinlänglich beschrieben und gedeutet worden, endete das Jahr 1918 innerhalb Deutschlands mit: *„[...] der ersten Großen Straßenschlacht, in Berlin beim Marstall, bei der die revolutionäre Volksmarinedivision über die Rester der alten Armee siegreich blieben. Das neue Jahr begann mit der sogenannten „Spartakuswoche" in Berlin, in der die ersten Freikorps einen neuen Anlauf der Revolution [...]."* verhinderten ([Haffner 1989] S. 172).

Attacke der bayerischen Ulanen-Brigade am 11. August 1914 beim lothringischen Dorf Lagarde. Bild von Angelo Jank.

Die militärische Niederlage des letzten Deutschen Kaiserreiches am Ende des Ersten Weltkriegs war mit all ihren Folgen nicht mit der Niederlage Preußens im Jahr 1806 vergleichbar. Die deutschen Monarchien dankten zu Gunsten einer Republik ab, Deutschland verlor durch die Weimarer Verfassung einen großen Teil seiner bundesstaatlichen Vielfalt und erhielt stattdessen eine eindeutig zentralistisch strukturierte Reichsregierung. Die tiefsitzende Abneigung weiter Kreise der deutschen Gesellschaft, vor allem ihrer bisherigen Eliten gegenüber diesen wie auch anderen politischen Wandlungsprozessen, war dabei überschattet von der Schmach, die die meisten Deutschen über den verlorengegangenen Krieg empfanden. Diese empfindliche Gemengelage verschärfte sich durch die äußerst harten Bedingungen des Versailler Friedensvertrages, der am 10. Januar 1920 in Kraft trat.

Für Deutschland, das noch im Jahr 1900 auf der Weltausstellung in Paris mit einer vielgerühmten Ausstellung von Uniformen aus seiner gesamtdeutschen Militärgeschichte internationales Ansehen erwarb, stellten vor allem die das Militär betreffenden Bedingungen eine tiefe Herabwürdigung dar. Seit der Unterzeichnung des Waffenstillstandes am 11. November 1918 strömten große Teile des Heeres (gemeint sind die Landstreitkräfte) zurück in ihre Heimatgarnisonen. Die Zahl der nun zu demobilisierenden Soldaten wird dabei auf 554.000 Mann geschätzt ([Schlicht/Kraus 2005] S. 25). Der Versailler Vertrag legte unter anderem fest, dass das Landheer auf 96.000 Soldaten und Unteroffiziere sowie 4.000 Offiziere reduziert werden musste. Noch empfindlicher wurde die personelle Stärke der Marine eingegrenzt, indem in ihr nur noch 13.500 Mannschafts- und Unteroffizierdienstgrade sowie 1.500 Offiziere dienen durften. Diese enorme Verringerung sollte zudem durch ein vollständiges Verbot der Wehrpflicht garantiert werden. Die künftige Armee war daher im Gegensatz zur Armee des Kaiserreiches eine reine Berufsarmee. Der Oberbefehl über die gesamten Streitkräfte oblag diesmal einem demokratisch gewählten Oberbefehlshaber in Person des Reichpräsidenten. Gleichzeitig kam es zu einer Umbenennung der ihm unterstellten Streitkräfte. Das Gedenken an das erst 1921 vollständig abgewickelte und aufgelöste ehemalige kaiserliche Reichsheer wurde unter der Bezeichnung „Alte Armee“ bewahrt. Zwischen 1919 und 1920 galten die neuen wie auch die noch bestehenden Streitkräfte als Übergangsheer oder Übergangsmarine, weswegen bis Ende 1919 die Bezeichnung Friedensheer und danach bis zum Ende des Jahres 1920 die Bezeichnungen als vorläufige Reichswehr oder vorläufige Reichsmarine offiziell verwendet wurden. Die endgültige Benennung der gesamten Streitkräfte der Weimarer Republik lautete gegen Ende des Jahres 1920 Wehrmacht, die Marinetruppen wurden als Reichsmarine und die des Heeres bis 1921 als Reichswehr und danach offiziell korrekt als Reichsheer tituliert. ([Schlicht/Kraus 2005] S. 27 passim.). In der Praxis blieb jedoch die Bezeichnung Reichswehr als Überbegriff für die Truppengattungen des Heeres weiterhin auch im offiziellen Sprachgebrauch üblich. Zur deutlicheren Unterscheidung wird im Folgenden der Begriff Reichswehr als Oberbegriff für die das Heer der Weimarer Republik beinhaltenden Truppenteile verwendet.

Anstelle der bisher in fünf Truppengattungen spezifizierten 110 Kavallerie-Regimenter des Deutschen Heeres, traten insgesamt 18 Reiter-Regimenter mit jeweils vier Eskadronen und einer Ausbildungs-Eskadron. Für die in den Reiter-Regimentern dienenden Mannschaften und Unteroffiziere galt eine Mindestdienstzeit von zwölf Jahren, für Offiziere fünfundzwanzig Jahre, wobei die bisher in der Alten Armee gedienten Offiziere nach einer Übernahme in die Reichswehr mindestens bis zu ihrem 45. Lebensjahr aktiven Dienst ableisteten. Die bisherige faszinierende und zugleich recht impraktikable Vielfalt an unterschiedlichen Uniformen sowie Ausrüstungsteilen der Kavallerie war bis 1918 vollständig den Kriegsanforderungen gewichen. In der Summe dieser Zwangsmaßnahmen ergab sich für die Führung der Kavallerie der Reichswehr allerdings die Möglichkeit, eine hochqualifizierte und zugleich motivierte Reiterei heranbilden zu können. Bei den neu zu formenden Reiter-Regimentern handelte es sich zugleich um die erste wirkliche gesamtdeutsche Einheitskavallerie.

Es gab ein großes Reservoir ehemaliger Soldaten, die in der Alten Armee als fundierte Reitlehrer ausgebildet worden waren. Dieser Umstand bildete neben dem Wirken der Kavallerieschule Hannover ein Umfeld, in dem sich der Reitsport in Deutschland militärisch und zivil ideal entwickeln konnte. In den 1920er-Jahren entwickelte sich der nationale und internationale Turniersport rasend schnell. Er brachte neue Betätigungsfelder und wurde zur zusätzlichen Bewährung der RV 1912.

Der Erste Weltkrieg zeigte außerdem, dass die Kavallerie im Vergleich zu den anderen Truppengattungen wie der Artillerie und dem Train, einen geringen Anteil am gesamten Pferdebedarf des Heeres vereinnahmte. Eine Tatsache, die sich künftig auf den von der Reichswehr zu benötigenden Pferdetypus auswirkte. Es waren nicht mehr die leichten, edlen Husaren-Remonten gefragt, sondern ein kalibrigeres Mehrzweckpferd. Dieses sollte sowohl als Reitpferd in der Anspannung wie auch zur gewerblichen Arbeit einsetzbar sein.

Die Kavallerie im Ersten Weltkrieg

Eine völlig neue Qualität von Krieg

Obwohl es bereits im 18. Jahrhundert „Weltkriege" wie den Spanischen Erbfolgekrieg (1701–1714) oder den Siebenjährigen Krieg (1756–1763) gab, d.h. militärische Auseinandersetzungen, die auf mehreren Kontinenten ausgefochten wurden, eröffnete der Erste Weltkrieg bis dahin unbekannte Dimensionen eines militärischen Konflikts. Das um die Jahrhundertwende einsetzende Bevölkerungswachstum sowie eine enorme wirtschaftliche Potenz erlaubten den führenden Industriestaaten, eine umfangreiche und ausdauernde Mobilisierung von Ressourcen vornehmen zu können. Die Millionenheere mit ihren immens gestiegenen Feuerstärken waren hierdurch in der Lage, Fronten ohne Lücken zu bilden. Zum Schutz vor den durch beide Frontseiten entfachbaren „Stahlgewittern", hoben die Gegner ausgeklügelte Stellungssysteme aus Schützengräben, Laufgräben Unterständen und Bunkern aus. Der hierdurch erreichte Schutz verstärkte allerdings die unzureichende Mobilität der Armeen jenseits ihrer Bahnausladestationen, weswegen der im Westen geführte Krieg bis heute als Stellungskrieg bezeichnet wird. Die Stellungslinie erstreckte sich hier von der Schweiz bis zur Nordsee, flankierend angesetzte Angriffe oder Möglichkeiten der Umgehung waren dabei nicht vorhanden. Ein Bewegungskrieg war nicht unmöglich, aber durch Inkaufnahme hoher Verlustzahlen äußerst stark eingeschränkt. Weder Flugzeuge noch Giftgas, ebenso wenig wie die ab 1916 bedingt kampffähigen Panzer waren in der Lage, die gewünschte Bewegung in die erstarrte Frontlinie zu bringen.

An der Ostfront führte dagegen die Weite des Raums zu unbesetzten Flanken. Diese Vorteile konnten jedoch durch das zumeist schwierige Gelände mit wenig Infrastruktur kaum ausgenutzt werden. Dennoch war es möglich, die auch hier im Laufe der Kampfhandlungen erstarrten Stellungslinien durch neue Taktiken aufzubrechen. Allerdings entwickelten die hierbei errungenen Erfolge sehr selten entscheidende Wirkungen, da spätestens nach 80 km die Versorgung oder der Transport des Artilleriegerätes eine schwer zu lösende Aufgabe darstellte. Das Fehlen leistungsfähiger Eisenbahnverbindungen überlastete den klassischen Nachschub, den auf Pferdebespannung beruhenden Train. Die seit 1911 existierende Kraftfahrtruppe des deutschen Heeres war dabei zu keinem Zeitpunkt dieses Krieges in der Lage, eine wesentliche Rolle im Nachschub der Truppen einzunehmen. ([Buttar 2015] S. 201 passim.).

Der Krieg wurde letztendlich durch materielle Abnutzung sowie ungeheure, unersetzliche Verluste an Menschen auf allen gegnerischen Seiten entschieden. Die Mittelmächte unterlagen in einem Mehrfrontenkrieg nach mehr als vier Jahren der überlegenen Entente, ihren Allianz-Mächten sowie der assoziierten Macht – der USA.

Die Kavallerien sämtlicher beteiligten Staaten waren aufgrund der vielfältigen Verbesserungen gegen Ende des 19. Jahrhunderts, wie zum Beispiel in der Ausbildung oder einer militärisch orientierten Pferdezucht, leistungsfähiger als in jedem anderen zuvor geführten Krieg. Sinnvolle Einsatzmöglichkeiten boten sich aber lediglich an denjenigen Fronten, an denen zumindest phasenweise ein Bewegungskrieg stattfand. Im Stellungskrieg reduzierte sich die Rolle der Kavallerie auf Etappendienst oder sie ging in längeren infanteristischen Einsätzen ohne Pferde in den verzweigten Schützengräben gänzlich verloren.

Bewegungskrieg, in dem die Kavallerie eine wesentliche Rolle spielte, fand von August bis Oktober 1914 vor allem am rechten Flügel der Westfront, von August 1914 bis Oktober 1915 an der Ostfront, im August bis Dezember 1916 in Siebenbürgen und in Rumänien, im September 1917 beim Vorstoß auf Riga, im März bis Oktober 1918 an der Westfront und 1917 sowie 1918 in Palästina und Syrien statt.

Entgegen der landläufigen Meinung kam es während des Ersten Weltkriegs zu ganz wenigen katastrophalen Kavallerie-Attacken. Von den 260 größeren Gefechten, welche die deutsche Heereskavallerie von August bis November 1914 an der Westfront führte ([Poseck 1921] S. 220), gab es nur zwei Attacken im Großverbandsrahmen. Das Gefecht bei Haelen am 12. August 1914 endete für die 4. Kavallerie-Division als Teil des H.K.K. 2, das ausgerechnet vom letzten Generalinspekteur der Kavallerie, Georg von der Marwitz, kommandiert wurde, gegen eine abgesessene belgische Kavallerie-Division tatsächlich im blutigen Desaster. Nicht zuletzt wegen des für eine Kavallerie-Attacke völlig ungeeigneten Geländes um die im Westen Belgiens liegende Kleinstadt. Die zweite erfolgreiche Großverbandsattacke fand am 11. August 1914 beim lothringischen Dorf Lagarde statt. Unter großen eigenen Verlusten eroberte die Ulanen-Brigade der Bayerischen Kavallerie-Division zwei Batterien der französischen Feldartillerie und trug hierdurch wesentlich zur Gefangennahme von großen Teilen einer französischen Infanteriebrigade bei.

Die große Mehrzahl der oben genannten 260 Gefechte wurde sowohl im Angriff wie in der Verteidigung weitgehend abgesessen bestritten. Einige von ihnen erfolgten als kombinierte Kampfeinsätze – als „Kampf der verbundenen Waffen". Hierbei wurden abgesessene Kavalleristen unterstützt von Maschinengewehr-Abteilungen und Feldartillerie. Flankierend konnten dabei auch erfolgreich Attacken zu Pferd von bis zu einer Eskadron angesetzt werden. Als Beispiele für einen solchen Einsatz sollen an dieser Stelle die Gefechte von Iwuy und Avesnes lez Aubert am 24. August 1914 genannt werden ([Poseck 1921] S. 52 ff.).

Kavallerie sitzt ab zum Fußgefecht. In der Praxis wurden die Lanzen aber nur auf den Boden gelegt. Bild von Anton Hoffmann.

Zu einem Gefecht, in dem tatsächlich größere Kavallerieverbände aufgesessen und mit blanker Waffe gegeneinander anritten, soll es ein einziges Mal gekommen sein. Es handelte sich um ein Treffen in der Nähe der galizischen Ortschaft Jaroslawice an der Ostfront am 21. August 1914, bei dem eine österreichisch-ungarische Kavallerie-Division auf eine russische Kavallerie-Division traf. Das Treffen endete mit Vorteilen für die russischen Kavalleristen.

Die Heereskavallerie im Westen 1914

Die Heereskavallerie bestand zu Kriegsbeginn aus 66 aktiven Kavallerie-Regimentern mit 264 Feld-Eskadrons und wurde in Form von Kavallerie-Korps unter jeweils einem Höheren Kavallerie-Kommandeur (H.K.K.) formiert. Dieser Ansatz bewährte sich in den wenigen Phasen, in denen Bewegungskrieg überhaupt möglich war. Allerdings musste für ein erfolgreiches Gelingen genügend Raum für schnelles Operieren zur Verfügung stehen.

Zu Beginn des Krieges fiel dem Einsatz der Heereskavallerie im Westen mit seinen vier Kavallerie-Korps in Teilen sogar Schlachten entscheidende Wirkung zu. H.K.K.1 und H.K.K.2 waren auf dem rechten Flügel des deutschen Vormarsches, H.K.K. 4 im Mittelabschnitt und H.K.K. 3 in Lothringen eingesetzt.

Einem aus zwei bis drei Kavallerie-Divisionen bestehenden Kavallerie-Korps war mindestens ein Jäger-Bataillon zugeteilt, das sich oftmals improvisiert mit requirierten Fahrrädern ausstattete, um mit dem Tempo der Kavallerie mithalten zu können. Die dem Korps weiterhin unterstellten MG-Abteilungen sowie reitende Feldartillerie-Abteilungen verfügten ohnehin über berittene Bedienungen. Lediglich bei der bespannten Nachrichten- und Pionier-Abteilung, die außerdem einem Kavallerie-Korps angehörten, verzögerte sich die Marschgeschwindigkeit. Noch waren die Funkwagen zu schwer und die mit ihnen transportierte Funktechnik zu anfällig für rasante Fahrten in schwierigem Gelände. *„H.K.K. 2 war ein kampfkräftiger und mobiler gemischter Verband: 7.500 Mann leichte Infanterie, 12.600 Mann Kavallerie (die abgesessen 9.500 Schützen stellen konnten; dies bedeutete 17.000 Schützen insgesamt), mit 48 Maschinengewehren und 36 7,7 cm Feldkanonen."* ([Zuber 2010] S. 77).

Westfront 1914. Vorgehende Kavallerie überholt Nachschub- und Verpflegungseinheiten. BArch, Bild 192-R34630.

H.K.K. 4 gelang es, während der Grenzschlachten in den Ardennen im Zusammenspiel mit der Divisionskavallerie der deutschen Infanterie-Divisionen, tragende Aufgaben während des Vormarsches erfolgreich zu lösen. Die weitausgreifende sowie stets vorwärtsdrängende strategische und operative Aufklärung durch die Kavallerie verschaffte der deutschen Führung, wie bereits im Krieg 1870/71, wichtige Zeitvorteile. Die Franzosen dagegen marschierten aufgrund der schlechten Aufklärungsarbeit ihrer Kavallerie weitgehen blind ins Gefecht. Die Folge war, dass dichte französische Marschkolonnen in vorbereitetes deutsches Infanterie- und Artillerie-Feuer liefen und furchtbare Verluste erlitten.

Die H.K.K. 1 und 2 fanden zwischen August und September 1914 ideale Betätigungsfelder in Nordfrankreich vor. Hier war es ihnen aufgrund des offenen sowie unbesetzten Geländes möglich, den Vorteil der Kavallerie in vollem Umfang zu nutzen. So war es beiden Korps zu verdanken, dass im August 1914 der Versuch, eine französische Reservearmee gegen die deutsche rechte Flanke bei Lille in Stellung zu bringen, vereitelt werden konnte. Außerdem gelang es ihnen, den Engländern in der Schlacht bei Le Cateau am 26. August 1914 durch ihr überraschendes Eingreifen schwere Verluste zuzufügen. In der Schlacht an der Marne führten dieselben beiden Korps ein erfolgreiches, mobiles Verzögerungsgefecht gegen überlegene englische Kräfte. Zum Erfolg der beiden Kavallerie-Korps trug in erster Linie die Kombination aus Mobilität, Überraschung und Feuerkraft bei. Eher unbekannt ist, dass auch auf deutscher Seite die schweren MGs der MG-Abteilungen vom angaloppierten MG-Wagen abgefeuert wurden, wie es laut einem Bericht über einen Feuerüberfall auf den linken englischen Flügel in der Schlacht bei Le Chateu geschehen sein soll. ([Zuber 2010] S. 218). Diese Art des beweglichen Einsatzes von schweren MGs wird eigentlich erst im später stattfindenden russischen Bürgerkrieg (1918 – 1921) durch die legendären sowjetischen MG-Wagen, die sogenannten „Tatschankas", berühmt werden.

Die ungünstigsten Rahmenbedingungen für ein zügiges Vorrücken fand jedoch H.K.K. 3 in Lothringen vor. Der französische Grenzschutz vor den starken Festungen war hier so dicht, dass ein Durchbruch für strategische sowie operative Aufklärung unmöglich war. Der Einsatz für Heereskavallerie war hier nutzlos und zwang die eingesetzten Kavallerieverbände sich in langen Märschen zu erschöpfen.

Der Militärhistoriker und amerikanische Infanterie-Offizier Terence Zuber drückte sein Urteil über den deutschen Kavallerieeinsatz auf dem westlichen Kriegsschauplatz des Jahres 1914 folgendermaßen aus: *„Die deutschen Kavallerie-Operationen im Jahr 1914, die im Prinzip aus Aufklärung und Gegenaufklärung bestanden, erhielten in der offiziellen Kriegsliteratur über den Feldzug an der Marne wenig oder keine Würdigung. Dies ist ein großer Fehler. Das Versagen der französischen Armeeführung, Marschrichtung und Stärke des deutschen rechten Flügels zu erkennen, wurde grundsätzlich mit ihrer Dummheit erklärt. Die Franzosen waren aber nicht dumm: Sie konnten den deutschen rechten Flügel nicht erkennen, weil der deutsche Kavallerieschirm in den Ardennen die französische Kavallerie-Aufklärung blind gemacht hatte, und die belgische Kavallerie-Division war zahlenmäßig und von der Kampfkraft der deutschen Kavallerie deutlich unterlegen. Zur selben Zeit berichtete die deutsche Kavallerie präzise die französischen, belgischen und britischen Truppenbewegungen. In den ersten Schlachten hatten alle fünf deutschen Armeen des rechten Flügels das* *komplette operationale und taktische Überraschungsmoment auf ihrer Seite. Dies war ein wesentlicher Faktor für die deutschen Siege. Die deutschen Kavallerie-Operationen waren deshalb von höchster Bedeutung. Die damalige Aufklärungsarbeit (speziell die weitreichende Aufklärung) der deutschen Kavallerie ist selbst für den modernen Soldaten lehrreich."* ([Zuber 2010] S. 76).

Trotz dieser Erfolge setzte die deutsche Oberste Heeresleitung die Heereskavallerie im August 1914 nicht optimal ein. Der Inspekteur der Reichswehr-Kavallerie Georg Brandt schrieb 1933: *„Allmählich ringt sich in der Militärliteratur immer mehr die Auffassung durch, daß im August 1914 die Verwendung von 3 bis 4 Kavalleriekorps [anstelle von zwei, Anm. d. V.], unter einheitlicher Führung und der Obersten Heeresleitung unmittelbar unterstellt, zunächst hinter, dann auf und schließlich vor dem rechten deutschen Heeresflügel zu großen Erfolgen hätte führen müssen. Dadurch wären die übrigen Armeen, denen dementsprechend die Heereskavallerie hätte genommen werden müssen, nicht ernstlich geschädigt worden."* ([Brandt 1933] S. 24).

Diese der Kavallerie zugeschriebenen Leistungen konnten erbracht werden, obwohl es sich besonders bei dem in Belgien zu forcierendem Gelände sehr häufig um zersiedelte Landschaften handelte. *„Drahtzäune, Drainageanlagen, Schutthalden, Förderschächte, Fabrikmauern, Bahndämme, Kanäle und sonstige Kunstbauten erschwerten das Vorwärtskommen und machten den geschlossenen Einsatz größerer Massen zu Pferde oft unmöglich. Dies zeigte sich besonders in den belgischen Industriezentren, sowie in der Gegend von Lens."* ([Poseck 1921] S. 212).

Die Heereskavallerie an der Ostfront

Ganz anders gestaltete sich die Situation in Osteuropa. Die hier sehr mangelhafte Infrastruktur, gekennzeichnet durch schlechte Wegenetze, dünne Besiedlung sowie morastige Landstriche, trug zu einer Benachteiligung der Infanterie und Artillerie bei. Während der regenreichen Schlammperioden im Frühjahr und Herbst oder auch während der wechselnden winterlichen Wetterlagen, konnten sich vorhandene Wege in grundlose Schlammbahnen verwandeln. In solchen Fällen stellte die Kavallerie, anders als die Artillerie oder der Train, die einzig einsatzfähige mobile Truppengattung dar. *„Trotz aller Schwierigkeiten, unwegsamen Gelände, verschneiter bzw. vermorasteter Straßen, die nur noch auf den Landkarten vorhanden waren, kam unsere Kavallerie, deren Triebfeder die Schnelligkeit war, im Osten immer rasch vorwärts. Die ihr zur Erledigung besonderer Aufträge oft auf Wagen oder Schlitten mitgegebene Infanterie oder Pioniere konnten nie folgen und mussten fast stets schon nach der ersten Marschstrecke zurückgelassen werden. Auch die Artillerie hatte stets zu tun, wenn sie sich bei der Kavallerie halten sollte und blieb oftmals zurück."* ([Rau 1936] S. 19).

Aus den vorgenannten Gründen boten die Bedingungen der Ostfront ein ideales Betätigungsfeld für die Verwendung der deutschen Heereskavallerie in einem Bewegungskrieg. Immerhin erstreckte sich die gesamte Ostfront seit 1916 vom Baltikum bis zum Schwarzen Meer. Sie fand häufig offene Flanken und unbesetztes Gelände, um den Gegner unter Ausnutzung ihrer Schnelligkeit und Geländegängigkeit umgehen zu können. So gelangte z.B. *„im September und Oktober 1915 [...] das Kavalleriekorps Garnier in der Wilnaschlacht in den Rücken der Russen."* ([Brandt 1933] S. 25). Diese Operationen der deutschen Kavallerie-Korps deuteten bereits auf die künftige Verwendung der

Nachschubkolonne mit leichtem Feldwagen 95 1917/18 in Galizien. Das Bild zeigt typische Straßenverhältnisse auf dem östlichen Kriegsschauplatz.

Dragoner im Winter 1914/15 in Polen. Der Karabiner wurde zu diesem Zeitpunkt nur mehr auf dem Rücken getragen. Die Patrouille trägt wegen des kalten Wetters über dem Mantel noch weiße Pelzmäntel. BArch, Bild 183-R34629.

Panzerdivisionen der deutschen Wehrmacht während des Zweiten Weltkrieges hin. Zu den Problemen, mit denen die Kavallerie-Korps damals zu tun hatten, zählte allerdings ihre relativ schwache Feuerkraft. Immer wieder gelang es von ihnen eingeschlossenen größeren russischen Verbänden, aufgrund ihrer Feuerüberlegenheit aus der Umklammerung auszubrechen.

Die Ausnutzung des Geländes zur Deckung war für die Kavallerie im Ersten Weltkrieg auf allen Kriegsschauplätzen von großer Wichtigkeit geworden. Dabei haben sich die vor dem Krieg eingeführten taktischen Neuerungen, wie die „lichten Formationen" des Generals von Kleist oder die „flügelweise Verwendung" der Kavallerie nach den Ideen General von Bernhardi bewährt. ([Poseck 1921] S. 212 ff.).

Das bayerische 1. Schwere Reiter-Regiment im Sturm auf Onitschy im August 1915. 1915 hatten die Kavallerie-Regimenter an der Ostfront MGs bekommen. Angegriffen wurde fast nur noch abgesessen. [Egan-Krieger 1928].

Aufklärung, Sicherung und Verzögerung

Die bisher im Frieden geübten großräumig angesetzten Offizierspatrouillen wurden schnell aufgegeben, da aufgrund ihrer geringen Stärke, zu hohe Verluste durch Hinterhalte auftraten. Als probates Mittel erwiesen sich starke Aufklärungs-Eskadrons. *„Im Aufklärungs- und Sicherungsdienst hat die Kavallerie während des ganzen Krieges, besonders 1914, bis zum Beginn des Stellungskrieges Vorzügliches geleistet. Das System der Fernaufklärung durch Aufklärungs-Eskadrons mit leichten*

Funkenstationen in dem ihnen zugewiesenen Geländestreifen, die bei sprungweisem Vorgehen in steter Verbindung mit ihren nicht zu weit vorgesandten Patrouillen blieben, hat sich in jeder Weise bewährt.“ ([Poseck 1921] S. 214). Die Luftaufklärung war noch kein Ersatz für die strategische und operative Aufklärung der Kavallerie im Bewegungskrieg, da sie bei schlechten Wetterbedingungen nicht eingesetzt werden konnte. Erst im Stellungskrieg kam die Stärke der Flieger zur Geltung.

Die Divisionskavallerie bildete das einzige operative und unerlässliche Aufklärungs- und Nachrichtenmittel für die Infanterie-Divisionen. *„Die ein bis zwei Schwadronen Kavallerie bei den Infanterie-Divisionen genügten im Bewegungskrieg nicht annähernd. Jeder Regiments-Kommandeur, jeder Brigade-Kommandeur, jeder Divisions-Kommandeur, alles rief beim Vormarsche und im Gefecht nach Kavallerie. Dabei wurden die Schwadronen, da die Divisionsstäbe, die Brigaden und die Regimenter gar nicht genug Meldereiter anfordern konnten, viel zu klein, und hatten, wenn die Tag und Nacht zu stellenden Patrouillen weg waren, meist nur noch 20 bis 30 Reiter. Dieses Häuflein, oder diese beiden Häuflein, wenn zwei Schwadronen bei der Division waren, bekamen ganz wichtige besondere Aufträge: Weite Vorstöße in Feindesland um Bahnlinien zu sprengen, gewaltsame Erkundungen durch die Linien des Feindes, Schließen von Lücken, die durch die Infanterie entstanden waren und ein Durchbrechen des Gegners befürchten ließen.“* ([Rau 1936] S. 18 ff.). Zur Divisionskavallerie zählten zu Beginn des Krieges 44 aktive Kavallerie-Regimenter mit 188 Feld-Eskadronen. Hinzu kamen 99 Eskadronen der 33 Reserve-Kavallerie-Regimenter und die sechs ein Drittel Eskadronen der Kavallerie-Ersatz-Abteilungen.

Offizierspatrouille des Ulanen-Regiments Nr. 15. Aquarell von Angelo Jank.

Die 56 Landwehr- und 74 Landsturm-Eskadronen, die aus älteren Reservisten bestanden, verrichteten großenteils Sicherungsdienste in der Etappe oder an den Grenzen.

Aus der Not heraus entwickelte sich für die Heereskavallerie eine weitere, neue taktische Einsatzform, das Verzögerungsgefecht. In der Schlacht an der Marne vom 5. bis 12. September 1914 deckten die H.K.K. 1 und H.K.K. 2 durch Nutzung ihrer Mobilität die große Frontlücke zwischen 1. und 2. deutscher Armee. Als das englische Expeditionskorps in diese Lücke vorstieß, verschafften sie durch hinhaltenden Widerstand die Zeit für den Aufbau einer stabilen Front an der Aisne. Auch im März 1917 wurde die deutsche Kavallerie zur Deckung des Rückzugs auf die Siegfried-Stellung eingesetzt.

Mängel in der Ausrüstung

Die Ausrüstung der deutschen Kavallerie zeigte im Ersten Weltkrieg gravierende Mängel auf, von denen nur wenige während des Krieges behoben werden konnten. *„Der Mangel an*

Maschinengewehren, Seitengewehren, Schanzzeug, Spaten, Steigeisen, Drahtscheren und Zeltbahnen wurde besonders in den schweren Kampftagen an der Marne, bei Lens, La Bassée und an der Lys, wo die Kavallerie [...] oft mehrere Tage und Nächte in ihren Stellungen aushalten mußte, schmerzlich empfunden, desgleichen die geringe Munitionsausrüstung." ([Poseck 1921] S. 210). Neben diesen Mängeln machte sich zusätzlich das prinzipielle Fehlen von Feldküchen bei Kavallerie-Einheiten bemerkbar. Zu kurz abgekochtes Fleisch oder halbgare Speisen ließen den Krankenstand ansteigen. Gleichzeitig nahm die Zubereitung warmer Mahlzeiten über einem Biwak-Feuer den bereits mit der Pferdepflege beschäftigten Kavalleristen zusätzlich in Anspruch.

Zur Abhilfe dieses Mangels, wurde die Kavallerie im Winter 1914/15 mit Brotbeuteln, Feldflaschen, Zeltbahnen sowie Rucksäcken ausgerüstet. Die Eskadronen bekamen zudem zusätzlich 100 kleine Spaten und 30 Beile nebst Futteralen, 50 Drahtscheren sowie 20 Sägen, um besser für den infanteristischen Felddienst ausgerüstet zu sein. Die Kavallerieeinheitsdegen wie auch die Pallasche als klassische Waffe jedes einzelnen Kavalleristen wurden bis auf wenige Stücke gegen Bajonette ausgetauscht. Somit waren die Kavalleristen auch für den infanteristischen Nahkampf gerüstet. ([Kraus II 1999] S. 514 ff.). Zwischen 1916 und 1917 wurde nun auch für die Kavallerie schrittweise der Stahlhelm eingeführt, weswegen die charakteristischen Kopfbedeckungen der verschiedenen Truppengattungen unwiederbringlich der Geschichte angehörten.

Ein russisches Beute-MG verlastet auf Tragtier.

Zu Beginn des Krieges verfügten die Kavallerie-Regimenter noch nicht über eigene Maschinengewehre, vielmehr sollten sie im Verbund mit den vorhandenen Maschinen-Gewehr-Abteilungen kämpfen. Ab Frühjahr 1915 wurde in den meisten Regimentern jeweils ein MG-Zug mit drei MGs aufgestellt. Zunächst waren diese Züge mit französischen oder russischen Beute-Maschinengewehren bewaffnet. Im Jahr 1916 kam es zur Zusammenfassung der bisherigen Züge, zu sogenannten MG-Eskadronen, die erst mit sechs, dann mit acht und schließlich 1918 mit immerhin zwölf Maschinengewehren ausgerüstet waren. Natürlich variierte die Anzahl der Maschinengewehre von Regiment zu Regiment, da die Bestückung von der Verfügbarkeit sowie dem entsprechenden Einsatzgebiet abhing. Neben den Beute-Maschinengewehren kamen das deutsche MG 08 und das später leichtere MG 08/15 zum Einsatz. Das MG 08 wurde in der Regel auf improvisierten bespannten MG-Wagen transportiert, das MG 08/15 wie auch das leichte französische Beutemaschinengewehr hingegen auf Tragtieren.

Stellungskrieg und Futtermangel führten zur Plage der Pferdeseuchen

Nach dem Erstarren der Westfront zum Stellungskrieg ab Oktober/November 1914 wurde das Gros der Kavallerie-Regimenter in den Bewegungskrieg an die Ostfront verlegt. Ab November 1915 gingen die Mittelmächte dann ebenfalls an der Ostfront in die Verteidigung über, weswegen auch im Osten bis 1918 die Front weitestgehend im Stellungskrieg erstarrte. Dies wurde nur durch den Feldzug in Rumänien 1916 sowie die Vorstöße in Ostgalizien und auf Riga im Jahr 1917 unterbrochen. Für die meisten Kavallerie-Regimenter zog der Stellungskrieg jedoch stets einen längeren infanteristischen Einsatz nach sich.

Das Erstarren der Front im Osten zeigte dabei folgende einschneidende Konsequenzen: *„Im Herbst 1916 wurden der 4., 5. und 9. Kavallerie-Division die Pferde entzogen und die 3. Kavalleriedivision aufgelöst. 1917 verlor auch die 8. Kavallerie-Division ihre Pferde.“* ([Satter 2004] S. 65). Es folgten zwischen Februar und April 1918 die 6., 7. sowie die Garde-Kavallerie-Division. Insgesamt 51 Regimenter der Heereskavallerie mussten bis Frühjahr 1918 ihre Pferde vor allem an die Artillerie abgeben und wurden nun vollständig infanteristisch eingesetzt. Ein Teil davon wurde in Kavallerie-Schützen-Divisionen zusammengefasst.

Die verbliebenen „berittenen“ Regimenter mussten dabei mit zusätzlichen Schwierigkeiten zurechtkommen. Während des Stellungskrieges waren sie gezwungen, ihre Pferde einige Kilometer hinter der Front unterzubringen. In diesen Etappenunterkünften konnten die untergestellten Pferde nur notdürftig durch wenige abkömmliche Reiter bewegt werden.

Bereits 1915 trat bei Pferden, die in osteuropäischen Ställen untergestellt worden waren, die bisher im deutschen Heer unbekannte Räude auf. Diese Milbenkrankheit sollte sich in Folge zur Bedrohung für den Pferdebestand nicht nur an der Ostfront, sondern ebenso an der Westfront entwickeln. Die Schwere der Erkrankung verstärkte sich durch den allgemeinen Futtermangel, der wiederum auf die britische See-Blockade sowie die fehlenden Getreidelieferungen aus Russland zurückzuführen war. Insgesamt sorgte die Räude für die zahlenmäßig meisten Pferdeerkrankungen während des Ersten Weltkrieges und erst Ende 1917 konnten effektive Behandlungsmittel gefunden werden.

Allein der Futtermangel führte ab dem Winter 1915/16 zu katastrophalen Verlusten beim Pferdebestand des Heeres, von dem erstaunlicherweise die Kavallerie-Regimenter weniger betroffen waren. Verantwortlich für den verminderten Pferdverlust zeichnete sich vor allem das sorgfältig geschulte Personal sowie die Einquartierungsgebiete, die oftmals über eine bessere lokale Versorgungslage verfügten. Zudem setzte sich auch noch im vierten Kriegsjahr der Pferdebestand vorwiegend aus den harten und gut ausgebildeten Pferden der friedensmäßigen Remontierungsprovinzen zusammen. Die wohl höchste Pferdesterblichkeit ließ sich während des Monats Januar des Jahres 1918 verzeichnen. Hier gingen allein an der Westfront ca. 27 920 Pferde an Erschöpfung Mangels Futters zu Grunde. Davon waren 11.358 Pferde aus Krankheitsgründen verendet. ([Schwarte 1923] S. 584). Der Chefveterinär West berichtete im Oktober 1917: *„Das große Pferdesterben infolge Entkräftung hält an. Die Entkräftung, vor allem der älteren Tiere, ist so weit vorgeschritten, daß sie weder durch Futterzulagen, noch durch Außerdienststellung, noch durch gute Unterbringung wieder behoben werden kann.“* ([Schwarte 1923] S. 583).

Die Folgen der Pferdeseuchen sowie der immer schwieriger zu beschaffen werdende Pferdersatz führten dazu, dass bei den noch „berittenen“ Kavallerie-Regimentern immer weniger reitbare Pferde vorhanden waren. Als das bayerische 1. Ulanen-Regiment im Februar 1918 im Zuge des Einmarsches in die Ukraine mobilisiert wurde, konnten nur zwei der vier Eskadrons mit den verbliebenen Pferden beritten gemacht werden. Der Rest wurde als Schützen-Eskadrons mit der Bahn nachgeführt. Diese konnten erst wieder im April 1918 auf russischen Beutepferden aufsitzen. ([Gebsattel 1924] S. 195 passim.).

Ausbau des Veterinärwesens

Das Veterinärwesen des deutschen Heeres, das sich vor 1914 vor allem in Preußen auf einem sehr niedrigen Stand befand, wurde im Ersten Weltkrieg wesentlich ausgebaut und verbessert. Eine Zwangsentwicklung mit deren Hilfe die Pferdeverluste tatsächlich eingedämmt werden konnten. Schon die ersten Wochen des Ersten Weltkriegs zeigten, dass die hohen Pferdeverluste auf eine mangelnde tierärztliche Versorgung im Felddienst zurückzuführen waren. Das bis dahin praktizierte „Abschieben" kranker Pferde in die vorhandenen Pferdedepots erwies sich als undurchführbar. Sehr viele kranke Pferde wurden während des Vormarsches einfach stehengelassen oder sogar von unberufener Hand ohne Rücksicht auf eine eventuelle Heilbarkeit erschossen. Besonders viele gute, in den Friedensjahren sorgfältig ausgebildete Stammpferde gingen auf diese Weise verloren. Zudem waren viel zu wenige Veterinäre verfügbar. Zu Beginn des Krieges standen inklusive der Reservisten 2.273 Veterinäre im Militärdienst, d.h. ein Veterinär kam auf 615 Pferde ([Kutter 2012] S. 174).

Zu den effektivsten Mitteln gehörte die erstmalige Einrichtung von Pferdelazaretten. Im Februar 1915 wurde daher die behelfsmäßige Einrichtung von 1-3 Pferdelazaretten pro Generalkommando befohlen. Die steigenden Anforderungen der Feldstellen für die Neuerrichtung weiterer Veterinär-Lazarette beweisen dabei den vorhanden Bedarf. So wurden neben den Divisions- und Etappenpferdelazaretten noch Gruppenpferdelazarette eingerichtet. Im Zuge dieser Entwicklung stieg dann auch die Anzahl der Heimatpferdelazarette kontinuierlich an. Im Laufe des Krieges entstanden insgesamt 478 Pferdelazarette, davon 287 Divisionspferdelazarette, 77 Etappenpferdelazarette, 28 Gruppenpferdelazarette, 10 in den Generalgouvernements Belgien und Warschau sowie 76 Heimatpferdelazarette. Der Wirkungskreis der Pferdelazarette war dabei außerordentlich hoch. Im Mai 1918 wurden beispielsweise in den Pferdelazaretten aller Kriegsschauplätze (ohne die Heimatlazarette) insgesamt 165.326 Pferde behandelt. Ausgehend von einer Gesamtzahl von 948.539 Militär-Pferden, befanden sich zu diesem Zeitpunkt demnach rund 17% der Pferde-Iststärke durchschnittlich zur Behandlung in einem der Lazarette. Zu den zu behandelnden Pferden im Mai 1918 zählten: *„Koliker 10.166, Erschöpfte 20.734, Schußwunden 44.050, Satteldruck 11.835, Widerristfisteln 1.755, Hufverschlag 2.252, Gasvergiftung 312, Räude 76.000, Ansteckende Blutarmut 2.236, Rotz 56."* ([Schwarte 1923] S. 588). Über den gesamten Kriegsverlauf hinweg summierte sich die Anzahl der behandelten Militärpferde auf eine stattliche Zahl von insgesamt 1,4 Mio. Pferden ([Kutter 2012] S. 174).

Operation in einem Pferdelazarett.

Mit Zunahme der Giftgasangriffe häuften sich ebenfalls die Gasvergiftungen bei Pferden. Da diese im Vergleich zum Menschen allerdings weniger empfindlich auf die damals gängigen Kampfgase reagierten, blieb die Zahl der Gasvergiftungen mit Folgen eher gering. Besonders betroffen waren dabei die frontnahen Nachschub- und Artillerieeinheiten. Die Kavallerie war hingegen meist in Bereichen eingesetzt, in denen weniger Giftgas zur Anwendung gelangte. Dennoch wurden Pferdegasmasken konstruiert, die zum ersten Mal in größerem Umfang bei der Offensive in Italien Ende 1917 Verwendung fanden und sich gut bewährten. *„Im April 1918 z.B. waren im Westen 312 Pferde wegen Gasvergiftung in Behandlung, von denen 54 starben. Im Monat Juni starben von 286 erkrankten 45 Pferde."* ([Schwarte 1923] S. 586).

Bei all den genannten Zahlen muss berücksichtigt werden, dass zu Beginn des Krieges weniger als 10% des Pferdebestandes des Heeres in der Kavallerie dienten und sich dieser Anteil bis 1918 auf weniger als 5% reduzierte.

Preußische Husaren posieren mit Gasmasken für Mann und Pferd. Solche Bilder fanden nach dem Ersten Weltkrieg bis heute weite Verbreitung. Der Gaskrieg spielte jedoch für die Kavallerie kaum eine Rolle.

Stabsveterinär Dr. Kurt Schulze und Oberstabsveterinär Dr. Wilhelm Otto zogen 1923 über den Veterinärdienst des Ersten Weltkrieges folgendes Fazit: *„Zusammenfassend darf man wohl sagen,* *daß trotz der beim Kriegsbeginn recht mangelhaften Organisation auf allen Gebieten des Veterinärwesens es im Kriege gelungen ist, die fehlende Organisation aufzubauen. Ohne leistungsfähiges Veterinärwesen, wie es, durch die Not der Zeit gebieterisch gefordert, gewissermaßen aus dem Boden gestampft wurde, wären die Armeen allein durch das Umsichgreifen der Kriegstierseuchen sehr früh bewegungsunfähig und damit kampfunfähig geworden."* ([Schwarte 1923] S. 603).

Weiter gestiegene Leistungsanforderungen

Die im Bewegungskrieg von der Kavallerie gezeigten Marschleistungen überstiegen die der vergangenen Kriege bei weitem, und müssen klar auf die Verbesserung der Ausbildung sowie der Pferdezucht zurückgeführt werden. Bisher galt auf Feldzügen stets, dass Kavallerie im Feld nicht schneller als Infanterie marschieren könne. Zwar war die Reiterei auf dem reinen Marsch schneller, jedoch benötigten Pferd und Reiter viel längere Marschpausen, in denen außerdem die Pferdepflege einen weiteren zeitlichen Tribut abforderte. Diese zuvor eherne Regel fand während des Ersten Weltkriegs keine Berücksichtigung mehr. Die Kavallerie konnte und musste nun schneller als Infanterie marschieren. Dieser neue Grundsatz galt allerdings nicht nur für den Marsch auf dem gut ausgebauten Straßennetz in Westeuropa, sondern in noch größerem Maße auch für die schlechten Wegeverhältnisse in Osteuropa. Über den Anfangsfeldzug in Belgien und Nordfrankreich 1914 berichtet Terence Zuber: *„Vom 18. Bis 16. August 1914 marschierte die deutsche Kavallerie [H.K.K. 2, Anm. d. V.] 30 – 50 km pro Tag, teilweise mehr. Die Sommerhitze war schrecklich; um seinen Durst zu stillen, führte jeder Kavallerist eine Flasche Wein mit, die ‚überall' aufgetrieben werden konnte. Fouragieren und Kochen war schwierig, weshalb der Kavallerist in der Regel hungrig war."* ([Zuber 2010] S. 109 ff.). Zur Schonung der Pferde wurde im Schritt abgesessen und geführt. *„Bis jetzt war H.K.K. 2 schon 40 km marschiert. Die Regimentschronik des Husaren-Regiments Nr. 8 berichtet, dass das Regiment bis 18:00 Uhr weitere 20 km bis Marchiennes, 18 km Nord-West von Valenciennes, marschierte. Dort gab es kein warmes Essen, Stroh oder gutes Wasser. Das Regiment rastete drei Stunden, in denen die Kavalleristen in den Straßengräben schliefen. Dann wurde der Marsch fortgesetzt. Bis 5 Uhr morgens des nächsten Tages hatte es weitere 30 km zurückgelegt. Das waren 100 km in 36 Stunden, eine Marschleistung, auf die jede moderne motorisierte Einheit stolz sein könnte."* ([Zuber 2010] S. 197). Im Vergleich dazu die zeitgleichen Marschleistungen der Infanterie: *„Der deutsche Vormarsch war besser organisiert und durchgeführt als der britische: die Regimenter*

Das Dragoner-Regiment Nr. 21 überschreitet am 14. Juli 1915 beim Vormarsch an der Ostfront die Windau. Lange Märsche in ausgedehnten Zweier-Kolonnen waren für diesen Kriegsschauplatz typisch. [Egan-Krieger 1928].

des deutschen IV. Armeekorps marschierten 35 – 40 km, das britische II. Coprs nur halb so schnell.“ ([Zuber 2010] S. 210). Der bayerische Regimentskommandeur Major Graf Seyboltstorff berichtete im April 1915: *„Die Durchschnittsmarschleistung der Gros war 40-50 km täglich, bis zu 10 Tage ohne Rast. An die zahlreichen Patrouillen- und Meldereiterpferde traten große Leistungen heran, bis zu 100 km pro Tag, mehrmals 120 km am Tag erreicht, wobei sehr viel im Gelände zu galoppieren war. In den ersten 2 Monaten wurde oft biwakiert, das Wetter war häufig schlecht. Wenn Unterkunft bezogen wurde, dann meist nur für wenige Stunden. Die stete Marschbereitschaft ließ selten ein Absatteln zu, es kam vor, daß Pferde 4 Tage ununterbrochen unter ihren schwerbepackten Sätteln standen.“* ([Kutter 2012] S. 125)-

Nicht nur von den Pferden, sondern auch von den Reitern wurden erhebliche körperliche Leistungen abgefordert. Das “Schlafen im Sattel” gehörte angeblich zur Grundfähigkeit eines jeden Kavalleristen. *„Wochen und Monate des Bewegungskrieges ließen die Kavallerie keinen Augenblick zur Ruhe kommen. Nachts marschieren, oft Gewaltritte, Tags kämpfen um feste Stellungen, oder auf Patrouillen. Jeder, der mitritt, erlebte, daß man oft acht bis zwanzig Tag oder noch länger weder ein Stück der Uniform vom Leibe, noch die Stiefel von den Füßen brachte […]. Wann schlief der Kavallerist, wenn er Tage und Wochen hindurch nachts reiten, am Tage reiten oder kämpfen mußte […]? Er schlief auf dem Pferde.“* ([Rau 1936] S. 68).

Pferdemangel zum Ende des Krieges wurde zum erheblichen Problem

Durch den stetig steigenden Munitionsverbrauch erhöhte sich gleichzeitig der Bedarf an Pferden für den Train oder die Munitionskolonnen der Artillerie. Der spürbar einsetzende Mangel an neuen Militärpferden machte sich daher zunächst bei den Pferden mit schwerem Schlag bemerkbar. Ganz besonders für die Fuß-Artillerie konnten im weiteren Verlauf des Krieges, kaum noch Zugpferde beschafft werden. Die Verfügbarkeit von genügend leistungsfähigen Pferden in einer ausreichend großen Anzahl gestaltete sich für die Mittelmächte immer mehr zu einem die Kriegsführung massiv behindernden Problem. Aus diesem Grund waren die Kavallerie-Regimenter gezwungen, vermehrt Pferde abzugeben. *„Gegen Ende des Krieges existierten nach der Auflösung von neunzehn unberittenen Regimentern und einigen Eskadronen als ‚vollwertige‘ Heereskavallerie nur noch die bayerische, die 1., 2. und 4. Kavalleriedivision. Dies waren insgesamt zweiundzwanzig berittene aktive Regimenter,*

Das Dragoner-Regiment Nr. 8 auf dem Marsch in Frankreich 1918, als es seine Pferde schon abgeben musste und nur mehr infanteristisch eingesetzt wurde. [Egan-Krieger 1928].

sowie etwa zweihundertsechzig Eskadronen, die als Divisionskavallerie fungierten [d.h. 348 Eskadronen im Vergleich zu 687 zu Beginn des Krieges, Anm. d. V.]. Außerdem als abgesessene Einheiten siebenundzwanzig aktive und fünf im Krieg aufgestellte Kavallerie-Schützenregimenter.“ ([Satter 2004]) S. 66).

Durch neue Infanterie- und Artillerie-Taktiken gelang es dem deutschen Heer, ab Ende 1917 ein effektives Mittel zu finden, um die bisher unüberwindlichen Stellungssysteme zu durchbrechen und wieder in den Bewegungskrieg überzugehen. Die Frühjahrsoffensiven 1918 scheiterten dann jedoch an dem ungelösten Nachschubproblem, welches nicht zuletzt auf den Mangel an Pferden sowie Kraftwagen zurückzuführen war. Inwieweit ein Festhalten an einer leistungsfähigen Heereskavallerie den Verlauf der Offensiven beeinflusst haben könnte, muss Spekulation bleiben. Der deutsche Angriff auf Amiens, eine der erfolgreichen Durchbruchsschlachten der Frühjahrsoffensive, kam letztendlich durch den Einsatz der kanadischen Kavallerie-Brigade am 30. März 1918 zum Erliegen.

Gegen Ende des Jahres 1917 war ein Großteil der deutschen Kavallerie-Regimenter zeitgleich in Russland wie auch in der Ukraine gegen bolschewistische Verbände der sich konstituierenden Roten Armee (28. Januar 1918) im Einsatz. Ihr Ziel war es, die dortigen landwirtschaftlichen Ressourcen für die deutsche Kriegswirtschaft zu sichern. Das sich bis nach Rostow am Don, die Krim und sogar bis über den Kaukasus nach Georgien erstreckende Operationsgebiet der dort eingesetzten Kavallerie-Regimenter erlaubt es tatsächlich, von einem von der Kavallerie geführten Bewegungskrieg zu schreiben.

Das Kriegsende

Im Herbst 1918 waren die Mittelmächte am Ende ihrer Kräfte und der Waffenstillstand trat schließlich am 11. November in Kraft.

Für einige Kavallerie-Regimenter war der Krieg allerdings noch nicht vorbei. Vom Waffenstillstand überrascht, standen sie weit in Russland sowie in der Südukraine. Sie mussten sich bei extremem Winterwetter, im Chaos des Russischen Bürgerkrieges wie auch der Verteilungskämpfe der neuen osteuropäischen Staaten nach Deutschland zurückschlagen. Nicht selten legten diese Einheiten Distanzen über 2.000 km zurück. Ein Beispiel stellte die bayerische Ulanen-Brigade dar, die sich von der Krim zurückzog, um bis zum 2. Februar 1919 Ostpreußen zu erreichen.

Der Kavalleriekrieg der Ostfront wurde auch nach dem Ersten Weltkrieg im ausbrechenden Polnisch-Sowjetischen Krieg des Jahres 1920 fortgeführt. Beide Seiten fassten große Kavalleriemassen zu Divisionen, Korps und sogar Armeen, wie zum Beispiel die sowjetische 1. Reiterarmee unter Semjon Budjonny (1883–1973), zusammen. Unter ihrem legendären, selbst die stalinistischen Säuberungen überlebenden Reiterführer, entwickelte sich die 1. Reiterarmee zu einem mobilen Großkampfverband, in dem neben dem klassischen Kavalleristen bespannte MG-Wagen sowie reitende Artillerie eine hohe Dynamik wie auch Feuerkraft entfalteten. Die Weite des Kriegsgebietes, sowie weniger dicht agierende Truppen, boten hier die Möglichkeit, eines flankierenden und überholenden Einsatzes der Kavalleriegroßverbände.

Erfahrungen aus dem Ersten Weltkrieg

„Die Fähigkeit der deutschen Kavallerie-Stammpferde und der später gekommenen besseren Ersatzpferde im Ertragen von Strapazen jeder Art war schlechthin unbeschreiblich [...]. Im allgemeinen ist das Pferd, mit dem wir auszogen für einen langjährigen Krieg, bei dem es immer wieder

endlose Märsche auf schlechten Straßen mit mehr als mangelhafter Ernährung gab, einen Stich zu edel gewesen. Jede Schwadron muß einen Bestand an edlen Pferden zur Erledigung schneller Aufträge haben. Die Zahl dieser edlen Pferde kann man mit einem Viertel oder einem Fünftel des Gesamtstandes der Schwadron bemessen. Die anderen Pferde können derberen Charakters sein, robust, kurzbeinig, mit starken Knochen, viel Rippe, da gute Futterverwertung unerläßlich. Lange, breite, muskulöse Hinterhand und gute Schulter sind wichtig. Mit lang gehebelter Hinterhand und einer schrägen, tiefen Schulter gleiten die Pferde in jeder Gangart sicher und leicht über den Boden[...] Die Forderung nach einem langen Pferdehalse sollte man nie außer Acht lassen, denn das Kavalleriepferd und das Kriegspferd überhaupt, muß viel im Gelände gehen, im Wechsel von Auf und Nieder, oftmals große und kleine Gräben überwinden [...]. Ein Kriegspferd darf verstellt sein, aber es darf sich nicht klopfen. Das Anlegen von Streichkappen im Kriege ist eine Unmöglichkeit [...] Pferde, die sich klopfen, ermüden ganz schnell." ([Rau 1936] S. 71 ff.).

Deutsche Kavallerie in einem französischen Dorf 1916. Ab 1916 veränderte der Stahlhelm das Erscheinungsbild der deutschen Soldaten erheblich. BArch, N 1645 Bild 00062 / Heinrich Schmeck.

„Unser Pferdematerial, besonders das ostpreußische und hannoversche Pferd, hat sich hervorragend bewährt, desgleichen der Dressurstand und die Reiterausbildung. Die zur Erhaltung der Marschfähigkeit erforderliche Schonung der Pferde mußte zeitweise der gespannten Kriegslage wegen außer acht gelassen werden. Die Futter- und Tränkpausen waren oft nicht lang genug, auch stellenweise nicht genügend gesichert. Die große Ermüdung der Pferde in den ersten Wochen des Krieges war die Ursache, daß öfters feindliche Feuerüberfälle gelangen, weil die Meldereiter ihre

Meldungen nicht schnell genug zur Truppe bringen konnten." ([Poseck 1921] S. 214). *„Vor dem Kriege und nach dem Feldzuge haben sich die Reitgelehrten aller Schattierungen in den Haaren gelegen, ob die dressurmäßige Ausbildung unseres Kavalleriepferdes, also die gymnastische Durchbildung, richtig sei. Wer unsere Pferde im Kriege geritten und ausprobiert hat, kann nur sagen, daß es etwas besseres, als das in der Armee übliche Dressursystem nicht geben kann."* ([Rau 1936] S. 75 ff.).

Die Praxis zeigte sowohl im Westen wie im Osten, dass eine Kavallerie-Division meist auf einer einzigen Straße marschieren musste. Die Folgerung hieraus lautete: *„Für den Marsch erwies sich die Kolonne zu Zweien als die einzig mögliche Marschkolonne."* ([Poseck 1921] S. 213). Zudem musste man schon 1914 auf Luftaufklärung und Fliegersichtung reagieren können. Wegen feindlicher Flieger erfolgte die Zweier-Kolonne gegen Ende des Krieges oft auch aufgelockert im sogenannten „Fliegermarsch".

Erstaunlicherweise behielten eine Reihe der kriegsführenden Parteien bis zum Ende des Ersten Weltkrieges die Lanze als Bewaffnung ihrer Kavallerie-Regimenter bei. Über die Vor- und Nachteile dieser martialischen Kavallerie-Bewaffnung zu sinnieren, soll an dieser Stelle vermieden werden. Tatsache ist, dass die Lanze sich bei den deutschen Kavalleristen einer gewissen Beliebtheit erfreute, die vor allem auf die mit ihr gemachten Erfahrungen an der Ostfront, vor allem während der Jahre 1914/15, erklärt werden kann. Hier traf die deutsche Kavallerie bei Patrouillen häufig überraschend auf russische Kavallerie, die ihrerseits mit der Lanze ausgerüstet war. Um in solch einem Fall äquivalent reagieren zu können, führten selbst Offiziere Lanzen mit sich.

Die Folgen der Niederlage für die Kavallerie

Die Armee musste verkleinert werden

Die bereits erwähnten harten Friedensbedingungen mussten ohne Möglichkeit einer diplomatischen Intervention hingenommen werden.

Abgesehen von der enormen Reduzierung der Streitmacht von knapp 660.000 auf nur noch 100.000 Mann, durfte die Reichswehr weder über moderne Waffen, wie beispielsweise schwere Artillerie, Panzer, Panzerabwehr, Flugzeuge, Flugabwehrgeschütze, noch über chemische Kampfstoffe verfügen. Neben dem Verbot der Wehrpflicht wurde ebenfalls ein Oberkommando sowie ein Generalstab verboten. Innerhalb des Reichswehrministeriums als direktem Nachfolger der im Deutschen Kaiserreich existierenden vier Kriegsministerien, fungierten ein Chef der Heeresleitung sowie ein Chef der Marineleitung. Gleichfalls durften höhere militärische Bildungsanstalten nicht weiter bestehen bleiben, lediglich den drei Waffengattungen der Infanterie, der Artillerie sowie der Kavallerie wurde je eine Schule als allgemeine militärische Bildungsstätte zugestanden.

Die Struktur der Armee war detailliert vorgeschrieben. Auf 21 Infanterie-Regimenter mit 84 Bataillonen kamen 18 Kavallerie-Regimenter mit 97 Eskadronen. Damit war der personelle Anteil der Kavallerie am Heer verglichen mit den Erfahrungen des Ersten Weltkriegs viel zu hoch. Er betrug 16,4% am Gesamtheer. Der Anteil der Artillerie mit 10,9% viel dabei geringer aus. ([Richter 1978] S. 14). *„Da von keiner Seite jemals eine Begründung dafür gegeben wurde, konnte deutscherseits mit einiger Berechtigung nur angenommen werden, daß auch diese Auflage dem Zweck dienen sollte, den*

Kampfwert der Reichswehr, zumindest nach außen hin, um ein weiteres zu schwächen, galt doch die mit Pferden ausgerüstete Kavallerie schon nach dem 1. Weltkrieg als unmodern, andererseits aber als recht kostspielig." ([Richter 1978] S. 14). Auch der Anteil der 14 Fahrabteilungen, dem früheren Train, war für das kleine Heer im Frieden zu hoch.

Die Kavallerie in der Reichswehr

Die bisher vor allem aus Traditionsgründen in Kürassiere, Dragoner, Husaren, Ulanen, Schwere Reiter, Karabiniers oder Chevaulegers eingeteilten Truppengattungen der Kavallerie wurden innerhalb der Reichswehr unter der Bezeichnung Reiter-Regimenter vereinheitlicht.

Die Stärke, Gliederung, Bewaffnung und Ausrüstung der Reiter-Regimenter änderten sich im Vergleich zu einem Kavallerie-Regiment der Vorkriegszeit geringfügig. Weiterhin setzten sich die Reiter-Regimenter aus einem Stab mit dem Trompeterkorps, zwei Maschinengewehr-Halbzügen, einem Nachrichtenzug, vier Reiter-Eskadronen zu je vier Offizieren, 170 Unteroffizieren und Mannschaften sowie 200 Pferden zusammen. Dazu gab es eine Ergänzungs-Eskadron für die Ausbildung der Mannschaften wie auch der Remonten mit vier Offizieren, 110 Unteroffizieren und Mannschaften sowie 170 Pferden. Sieben Reiter-Regimentern waren außerdem je eine 6. Eskadron als Divisionskavallerie mit vier Offizieren, 150 Mannschaften und 180 Pferde angegliedert.

Ein Reiter-Regiment der Reichswehr auf dem Marsch in den 1920er-Jahren. BArch, Bild 103-004-028.

Die Einzelbewaffnung setzte sich aus einer Lanze, einem Karabiner 98 mit Seitengewehr sowie einem sogenannten Reichswehr-Säbel zusammen. Von den Portepee-Unteroffizieren sowie den Offizieren wurde anstelle der langen Schusswaffe, die Pistole 08 getragen. Jeder Reiterzug verfügte zudem über ein leichtes MG 08/15, welches auf einem Tragetier verlastet wurde. Die vier schweren MGs 08 der beiden Maschinengewehr-Halbzüge befanden sich auf speziellen MG-Protzen. ([Richter 1978] S. 15 ff.)

„Zu jeder Schwadron gehörte 1 bespannter Feldwagen 08/15 für Munition, Handgranaten, Pioniergerät und Hufbeschlagszeug, 2 Feldwagen für Verpflegung und Hafer, sowie 1 Feldküche, die ebenfalls hinter einer Protze gefahren wurde. Der Nachrichtenzug bestand aus einer bespannten Funkstelle und mehreren berittenen Fernsprechtrupps. Die Kavallerie-Division konnte [...] im Kriegsfalle über eine reitende Artillerie-Abteilung verfügen. Somit ergab sich ein Verhältnis von

6 Regimentern Kavallerie zu 3 Artillerie-Batterien mit insgesamt 12 Geschützen Kaliber 7,7 cm. In diesen 12 Geschützen erschöpfte sich die gesamten schweren Unterstützungswaffen einer Kavallerie-Division." ([Richter 1978] S. 22).

Im Vergleich dazu belief sich die Friedensstärke eines Kavallerie-Regimentes des Jahres 1914 auf: Fünf Eskadronen (davon eine Ersatz-Eskadron) mit jeweils vier bis fünf Offizieren, 148 Unteroffizieren und Mannschaften sowie 157 Pferden (inkl. der Offizierspferde). Das Regiment kam somit auf 25 Offiziere, zehn bis elf Sanitätsoffiziere sowie Veterinäre, 745 Unteroffiziere und Mannschaften sowie 789 Pferde (inkl. 63 Offizierspferde). ([Handbook 1914] S. 126).

Die Gesamtstärke der 18 Reiter-Regimenter inkl. der sieben Eskadrons Divisionskavallerie betrug 807 Offiziere, 15.600 Unteroffiziere und Mannschaften. Im Oktober 1913 umfasste die Gesamtstärke der deutschen Kavallerie 3.468 Offiziere und 42.108 Unteroffiziere und Mannschaften. ([Handbook 1914] S. 127).

Bei Ausbruch des Ersten Weltkriegs waren alle Militär-Reitschulen des deutschen Heeres aufgelöst worden. Der letzte Chef des Militär-Reitinstituts Hannover, Oberst Paul Hugo Seiffert (1859–1927), ging dann nach dem Ersten Weltkrieg, inzwischen zum Generalleutnant avanciert, daran, die per Versailler Vertrag zugebilligte Kavallerie-Schule als „Kavallerie-Schule Hannover" als erster Chef neu aufzubauen.

Reichswehrkavallerie im Fliegermarsch. Diese aufgelockerte Formation wurde im Marsch bei Fliegergefahr eingenommen [Richter 1993].

Die Taktik

Taktik aus dem Ersten Weltkrieg

Die Reichswehr-Kavallerie blieb taktisch zunächst noch ganz in den Erfahrungen und Einsatzgrundsätzen des Ersten Weltkriegs verhaftet. In den 1920er-Jahren wurden kaum neue Vorschriften herausgegeben. Die Hauptursache lag in erster Linie in den Behinderungen durch den Versailler Vertrag und den daraus resultierenden beschränkten Verhältnissen der militärischen Führung. Die Vorschriften der alten Armee wurden somit weitergenutzt. Erst 1926 gelangte eine einheitliche Bezeichnung für die neuen Heeresvorschriften zur Einführung. Statt der bisherigen Bezeichnung „D.V.E." (Druckvorschriftenetat) musste nun einheitlich die Bezeichnung „H.Dv." (Heeres-Druckvorschrift) mit einer entsprechenden Nummer verwendet werden.

Die Einteilung in Heereskavallerie und Divisionskavallerie blieb gemeinsam mit deren Verwendungszweck bestehen. So gliederte sich die Heereskavallerie in drei Kavallerie-Divisionen mit fünf bis sechs Reiter-Regimentern (das [bayerische] Reiter-Regiment 17 war als Ausnahme direkt der 7. [bayerischen] Division unterstellt) und der Divisions-Kavallerie mit insgesamt sieben Eskadronen, die den Infanterie-Divisionen als Aufklärungsorgane dienten. Diese sieben Eskadronen waren dabei sieben Reiter-Regimentern als 6. Eskadron angegliedert.

Johannes Friedrich Leopold von Seeckt (1866 – 1936) als Generaloberst in den frühen 1920er-Jahren. Sein Pferd trägt weiterhin den Offizierszaum der alten preußischen Armee. Seeckt war der Schöpfer der Reichswehr. BArch, Bild 103-004-018.

Neuerungen: „Schnelle Feuerwaffe" und „Führerheer"

Die Heeresleitung unter Generaloberst Hans von Seeckt (1866–1936) machte sich derweil keine Illusionen darüber, ob die kleine Reichswehr selbst gegen mittlere Nachbarn wie Polen oder die Tschechoslowakei zu einer wirksamen Landes-Verteidigung im Stande wäre. Um dennoch mit dieser komplizierten Sachlage zurechtkommen zu können, entwickelte v. Seeckt einige taktische Handlungsgrundsätze. In der neuen Führungsvorschrift „Führung und Gefecht der verbundenen Waffen (F.u.G.)" von 1921 (D.V.Pl. Nr. 487) wurden deshalb die Gefechtsarten Angriff sowie Verteidigung um eine neue Gefechtsart, „hinhaltende Gefechte", erweitert – heute besser bekannt unter dem Begriff „Verzögerung". Aufgrund der Erfahrungen in der Schlacht an der Marne im September 1914, wurde die Heereskavallerie für die Verzögerung als besonders geeignet angesehen.

Nach Seeckts Konzeption sollte die Heereskavallerie als „schnelle Feuerwaffe" ausgebildet und eingesetzt werden. Das Prinzip war dabei *„[...] reiten um zu schießen, und schießen um zu reiten [...]". „Dies bedeutete, die Feuerkraft durch jedes Gelände schnell und an der gewählten Stelle an den Feind zu tragen, und sich nach erreichtem Zweck genauso zu neuer Verwendung an anderer Stelle bereitzustellen. Dies sollte unter sachgemäßer Schonung des Materials, hier: Mann, Pferd, Waffe und Gerät, erfolgen."* ([Richter 1993] S. 32). Der Konzeption lagen dabei die Erfahrungen im Einsatz von großen Verbänden der Heereskavallerie während des Bewegungskrieges im August/September 1914 im Westen wie auch im Osten 1914/15 zu Grunde. Zunächst fehlte es allerdings wegen der Verbote des Versailler-Vertrages an entsprechender Feuerkraft, da schwere Waffen verboten waren. Durch das Üben mit Attrappen von Kavallerie- und Panzerabwehrgeschützen konnte dieser Mangel nur teilweise kompensiert werden.

Die Alliierten verboten die Wehrpflichtarmee mit dem Ziel, dass keine Reserven ausgebildet werden konnten. Aus diesem Grund bestand die Reichswehr aus langdienenden Freiwilligen. Aus dieser Not machte v. Seeckt eine Tugend, indem er eine Elite-Armee schuf. Aus dem großen Reservoir von kampferprobten Unteroffizieren sowie Offizieren, wurden lediglich die Besten in die Reichswehr aufgenommen. Zudem sorgte die schwierige Wirtschaftslage im Nachkriegsdeutschland für ein hohes Aufkommen an Bewerbern, sodass tatsächlich nach Können und Eignung selektiert werden konnte.

Dies nutzend formte v. Seeckt die Reichswehr als „Führerheer". Durch die langen Dienstzeiten war es möglich, jeden Soldaten für die nächsthöhere Führungsebene auszubilden, weswegen die Reichswehr in der modernen Militärgeschichte oft auch als „Führerheer" bezeichnet wird. Dieses enorme Potenzial zeichnete sich später bei der Aufrüstung der Wehrmacht und dann ebenso für deren Siege im Blitzkrieg 1939-1941 verantwortlich.

Es ist daher wenig verwunderlich, dass die Kavallerie als die einzig mobile Kampftruppe, mit einer auf allen Ebenen exzellenten Ausbildung, abermals die Elite des Landheeres darstellte. All die von General der Kavallerie von Bernhardi 1913 geforderten Neuerungen wurden jetzt realisiert. Es wurden zum Beispiel Gefechtsübungen und Gefechtsschießen nach infanteristischen Einsatzregeln auf der Ebene des Regimentsverbandes geübt. *„Die Einzel- und die Verbandsausbildung erreichten eine vorher und nachher nie dagewesene Qualität."* ([Richter 1993] S. 32).

Kriegsremontierung 1914 – 1918

Die Remontierung im Zeitraum von 1914 – 1928 zeichnete sich durch zwei sehr unterschiedliche Perioden aus: die Kriegsremontierung von 1914 – 1918 und die Remontierung der Reichswehr nach dem Ersten Weltkrieg. Im Folgenden wird zunächst die Kriegsremontierung betrachtet werden.

Pferdemangel und starker Bedarf der bespannten Truppen

Preußen und damit dem Deutschen Reich war es im 19. Jahrhundert gelungen, im Inland ein leistungsfähiges Remontierungssystem für einen zuverlässigen Militär-Pferdeersatz zu errichten. Mehrere Gründe führten dann im Ersten Weltkrieg dazu, dass dieses System ab 1915 den gesteigerten Bedarf des Heeres nicht mehr decken konnte.

Leichtes MG08/15 im Futteral am Armeesattel.

Friedrich von Bernhardi wies bereits 1910 auf die zu erwartenden hohen Pferdeverluste im Falle eines langdauernden Krieges hin. Gleichzeitig strebte er Lösungen an, bei denen er eine Ausweitung der Remonte-Provinzen zum Beispiel nach Lothringen empfahl. Allerdings konnte er sich mit diesen Ideen nicht durchsetzen ([Satter 2002] S. 61).

Der immense Verbrauch jedweder Ressourcen durch die industrielle Kriegsführung brachte das leistungsstarke deutsche Wirtschaftssystem an die Grenzen seiner Belastbarkeit. Das Pferd als Transport- und Arbeitsmittel nahm sowohl in der Wirtschaftsproduktion wie auch in der Kriegsführung eine nicht zu ersetzende Rolle ein. Dieser enormen, langanhaltenden Doppelbelastung war das deutsche Remontierungssystem nicht gewachsen.

Der zwanzigjährige ostpreußische Fuchwallach „Igel“ war eines der härtesten Pferde der 1. Eskadron des Ulanen-Regiments Nr. 7 im Ersten Weltkrieg. Gustav Rau beschreibt ihn vom Typus her edel, zäh, immer etwas mager, aber immer durchhaltend [Rau 1936].

Für das Jahr 1911 lässt sich beim Pferdebestand des Heeres noch eine deutliche Dominanz der Kavallerie feststellen, 70.000 Pferden der Kavallerie standen 36.000 Pferde der Feldartillerie, 6000 des Trains und weitere 900 bei der schweren Fußartillerie gegenüber. ([Damnitz 1911] S. 18). Im Kriegsfall wurde zwar mit einem starken Anwachsen des Pferdebedarfs für die Artillerie wie auch des Trains gerechnet. Allerdings sollte dieser durch kurzfristigen Ankauf und eine Aushebung volljähriger Pferde gedeckt werden. Bei dieser Vorplanung waren sich die Verantwortlichen jedoch nicht über die tatsächlichen Größenordnungen des Krieges 14/18 bewusst.

Die bisherige Dominanz der Pferde für die Kavallerie veränderte sich im Ersten Weltkrieg fundamental. Insgesamt kamen während des Ersten Weltkriegs ca. 1,5 Mio. Pferde für das deutsche Heer zum Einsatz. Der durchschnittliche Bestand an Pferden betrug ca. 1,236 Mio. Pferde ([Fontaine 1939] S. 624). Bis 1918 fiel dieser auf unter 1 Mio. Tiere. *„Das mit Kriegsbeginn mobil gemachte deutsche Heer hatte einen Bestand von insgesamt 876.000 Pferden, von denen auf das Feldheer 727.000, auf das Besatzungsheer 149.000 entfielen. Die Kriegsstärke an Pferden stieg durch die sofort einsetzende Aufstellung nicht planmäßig vorgesehener Formationen bald auf 1.000.000 und durch weitere Aushebungen und den Hinzutritt von Beutepferden bis April 1915 auf etwa 1.270.000. Diese Zahl wurde in den späteren Kriegsjahren infolge mangelnden Pferdeersatzes und schwieriger Ernährungsmöglichkeit nicht mehr voll erreicht.“* ([Fontaine 1939] S. 624). Zu Beginn des Krieges dienten davon etwa 120.000 Pferde bei Kavallerie-Einheiten. Vier Jahre später waren davon nur noch knapp die Hälfte vorhanden.

Deutschland war zwar vor dem Ersten Weltkrieg bei der Remontierung seiner Kavallerie-Pferde völlig autark. Im Bereich der zivilen Arbeitspferde war das Reich hingegen auf Importe, vornehmlich aus Russland, im Umfang von jährlich 10.000 Pferden angewiesen. Der Wegfall dieser Importe aus nunmehr gegnerischen Nationen war aufgrund der englischen See-Blockade nicht ersetzbar. Ein vermehrter Ankauf von Pferden aus den neutralen Ländern wie Dänemark, Finnland, Schweden, Norwegen, Holland oder dem verbündeten Österreich-Ungarn konnte keinen Ersatz schaffen.

Durch Futterknappheit, Arbeitskräftemangel in der Landwirtschaft wie auch Kriegsverheerungen in Ostpreußen usw. ging der inländische Pferdebestand und damit verbunden ebenso die Pferdezucht erheblich zurück. *„Der Krieg hatte die Pferdezucht entscheidend beeinflusst. Die entstandenen Schäden waren ungeheuer. Ein großer Teil des Stutenbestandes war verloren gegangen. Ostpreußen hatte durch Russeneinfälle 48% seines Stutenbestandes eingebüßt, weitere 10 bis 11% waren auf der Flucht verschwunden.“* ([Kutter 2012] S. 164). Der Pferdebestand im Deutschen Reich sank seit Ende 1913 von 4.558.329 auf 3.331.451 Ende 1915 rapide ab. ([Kutter 2012] S. 143).

Enorme Pferdeverluste

Der durch Erschöpfung sowie Futtermangel, vornehmlich bei der Artillerie und dem Train, durch Gefechtsverluste oder auch durch Seuchen hervorgerufene Mangel an dienstfähigen Pferden war gegen Ende des Krieges nicht mehr zu bewältigen. *„In den letzten beiden Kriegsjahren stieß die Aufbringung des benötigten Pferdematerials auf immer größere Schwierigkeiten. Die rund 5.000 Pferde, die monatlich im gesamten Deutschen Reich benötigt wurden, ließen sich nicht mehr beschaffen.“* ([Kutter 2012] S. 174). Insgesamt beliefen sich die Verluste (bedingt durch Tod, Tötung und

Ausmusterung) laut dem unvollständigen offiziellen Berichtswesen des Deutschen Heers auf 852.484 Pferde. Davon gelten 66% als gestorben oder getötet, 27% als kriegsunbrauchbar in die Heimat überwiesen und etwa 6% als vermisst ([Fontaine 1939] S. 625). *„Die wirklichen Verluste des Feldheeres an Pferden in der Gesamtkriegszeit waren größer. Sie dürften rund eine Million […] betragen haben."* ([Fontaine 1939] S. 625). Rechnet man diese Zahl auf den durchschnittlich notwendigen Ersatz um, kommt man sogar auf einen ungeheuren jährlichen Bedarf von ca. 230.000 Pferden. Im Frieden lag dieser noch bei 11.000 Pferden, von denen 7.000 für die Kavallerie benötigt wurden. Insgesamt belief sich der Pferdeverlust bei den deutschen Truppen auf 68%, bei den Franzosen sogar auf 80% ([Zieger 1973] S. 326). Der Vergleich mit Frankreich ist umso bemerkenswerter, da das französische Heer weder unter einer Futterknappheit noch unter der Räude litt.

„Im Hundertsatz der Berichtsstärke berechnet sich der durchschnittliche Monatsverlust (im Ersten Weltkrieg) in 49 Kriegsmonaten auf 1,5 für den Westen, 1,5 für den Osten und 1,73 v.H. für den Südosten. Im Frieden betrug der Jahresverlust der preußischen Armee einschließlich der sächsischen und württembergischen Truppen im Durchschnitt der Jahre 1908 bis 1912 1,87 v.H. Die größten Verluste sind verursacht worden durch: Erschöpfung 19,7 v.H., Schußwunden 15.1 v.H., Kolik 6,4 v.H., Malleus 3,6 v.H., Druckschäden 1,2 v.H. aller Verluste." ([Fontaine 1939] S. 625).

Die Wirkung der Artillerie hatte vor allem auf die Nachschubkolonnen im frontnahen Einsatz verheerende Wirkung.

Aushebungen, Etappenpferdedepots und Beutepferde

Für den Kriegsfall beruhte das deutsche Remontierungssystem auf drei Säulen: dem Nachschub aus den Remontedepots, dem Ankauf von in- und ausländischen Pferden und dem System der Pferdeaushebungen. Die abnehmende Aufzucht im Inland wie auch im befreundeten Ausland verursachte immer schlechter werdende Ankäufe durch die Remontedepots. Die Remontedepots in Deutschland verfügten vor dem Ersten Weltkrieg durchschnittlich über einen Gesamtbestand von 13.000 Pferden, der bis Ende Mai 1918 auf 3.000 gesunken war. Einfallsreichtum unter Beweis stellend, wurden wenn möglich Rinder als Zugtiere eingesetzt. Einige Remontedepots fanden sogar eine Neuverwendung als Pferdeerholungsheime. Zu einer weiteren aus der Not geborenen Einrichtung gehörten die Etappenpferdedepots, durch die unter anderem Beutepferde zur Verteilung an die Truppenteile gelangten.

Die Aushebung wurde durch eine Pferdeaushebungsvorschrift geregelt (Vgl.: [Pferdeaushebung 1902]). Nach dem im Frieden jährlich erstellten Mobilmachungsplan konnte zunächst der

Bedarf an Mobilmachungspferden ermittelt werden. Danach ergaben Pferdevormusterungen, wie viele Pferde jeder Verwaltungsbezirk abstellen konnte. *„Der Morgen des zweiten Mobilmachungstages galt grundsätzlich als der späteste Termin für den Beginn der Aushebungen. Jeder Pferdebesitzer war verpflichtet, alle seine Pferde zu einem bestimmten Zeitpunkt und Ort vorzuführen. Von der Bekanntgabe des Mobilmachungbefehles bis nach Beendigung der Pferdeaushebung war jede Ausfuhr von Pferden in andere Verwaltungsbezirke oder Ortschaften verboten."* ([Kutter 2012] S.106). *„Bei der Mobilmachung im Jahre 1914 erfolgten die Übernahme der Mobilmachungspferde und deren Ablieferung an die Truppenteile ohne jede Verzögerung. Die Aushebung, Einteilung und Schätzung der Pferde wurde, wenn auch oft bis in die späten Abendstunden hinein, nach Vorschrift durchgeführt und die für jeden Tag befohlene Aushebungszahl überall erreicht. Die abzufertigenden Transporte konnten am vorgeschriebenen Tag in Marsch gesetzt werden. Aber schon im Oktober und November 1914 mussten infolge von Neuaufstellungen Nachaushebungen stattfinden, bei denen die bei der ersten Aushebung ausgewählten Reservepferde eingestellt wurden."* ([Kutter 2012] S. 109). Die Aushebungen waren bei längerem Kriegsverlauf eine zweischneidige Angelegenheit, da sie vor allem der Landwirtschaft wichtige Mittel entzog. Deshalb setzte man sie zunächst aus und griff erst im Herbst 1916 wieder zu diesem Verfahren. Letztendlich stellten sie sich als ein sehr ungenügendes Mittel heraus, um den systembedingten Mangel an Pferden in einem langen Krieg zu vermindern.

Ein weiterer Notbehelf waren die Etappenpferdedepots. *„Um im Hinterland der kämpfenden Einheiten ständig einige Ersatzpferde zur Verfügung zu haben, waren ab 1915 sogenannte Etappenpferdedepots eingerichtet worden. Diese wuchsen, obwohl nicht als solche geplant, schon bald zu großen Ersatzquellen für die Armeen heran. Im Depot der 6. Armee betrug zum Beispiel die Durchschnittszahl der Pferde zwischen 2000 und 3500 Stück, vor großen Offensiven sogar bedeutend mehr."* ([Satter 2004] S. 63).

Eine weitere Maßnahme zur Linderung des Pferdemangels stellte die Verwendung von Beutepferden dar. Gustav Rau berichtet aus seiner Dienstzeit bei dem Ulanen-Regiment Nr. 7, dass mit den französischen Beutepferden und den Pferden der russischen Linien- und Gardekavallerie-Regimenter sehr gute Erfahrungen gemacht wurden. Allerdings lehnten die deutschen Kavalleristen die Kosakenpferde wegen ihrer schlechten kurzen Bewegungen ab. ([Rau 1936] S. 81). Das bayerische 1. Ulanen-Regiment erbeutete im April 1918 260 russische Kavalleriepferde: *„Die Beutepferde entstammten einer russischen Kavallerie-Division. Sie hatten wenig Blut, waren sehr verwahrlost, aber hart, ausdauernd, genügsam und geschickt im Gelände. Reiterlich machten sie anfangs Schwierigkeiten, gingen, da nur an Zügel- und Peitschenhülfen gewöhnt, bloß einen zappelnden Schritt und haltungslosen Galopp. Mit der Zeit wurden sie aber recht brauchbar, so daß manche noch 1919 bei der Ulaneneskadrons des Reiter-Regiments 17 eingestellt werden konnten."* ([Gebsattel 1924] S. 216).

Von seinen Erfahrungen bei der Pferdebeschaffung für das Ulanen-Regiment Nr. 7 berichtete Gustav Rau: *„Mit der Zeit wurde der Nachschub an Pferden immer schlechter. Es kamen Modelle und Typen an, die Spott und Heiterkeit erregten. Aber man mußte sich mit ihnen abfinden. Das Pflichtbewußtsein und die Geduld unserer Leute sowie unser Dressursystem haben auch aus diesen Karikaturen* *leidliche Kriegspferde gemacht. Besonders die kleineren waren oft besser zu gebrauchen, als man anfänglich gedacht hatte. Sie erwiesen sich, wenn auch recht mangelhaft im Gebäude, so doch als genügsam, zäh und imstande, sich durch jeden Morast durchzuarbeiten.“* ([Rau 1936] S. 79 ff.).

Die Remontierung in der Reichswehr

Veränderter Bedarf

Erst durch die Demobilisierung der Armee ab 1918 verkehrte sich die Situation ins Gegenteil, indem nunmehr ein erheblicher Überbestand an Pferden jegliches Interesse an Remontierungsaktivität für die deutsche Kavallerie erlahmen ließ. Nur die besten Pferde verblieben im Dienstbetrieb und die Übrigen wurden an landwirtschaftliche Betriebe oder an Gewerbetreibende verkauft. Diejenigen Pferde, die den Krieg überlebten, wurden in der Regel durch Plaketten mit der Aufschrift „Kriegskamerad“ ausgewiesen. Die meisten der damit ausgezeichneten Tiere erhielten hierdurch eine bessere Behandlung oder sogar einen Gnadenstall für ihre letzten Tage. 1920 wurden dann wieder erste Remontenankäufe von 647 Pferden getätigt, um einer Überalterung des Bestandes frühzeitig vorzubeugen ([Richter 1978] S. 45). Die Organisationsformen der Remontierung blieben dabei unverändert auf dem Stand von vor 1914.

Hervorgerufen durch die Bedingungen des Versailler Vertrages war zwar der Bedarf an Remonten für die Kavallerie auf etwa ein Drittel gegenüber der Vorkriegszeit gesunken ([Fontaine 1939] S. 691). Gleichzeit stellten jedoch Pferde die einzige Möglichkeit dar, um Truppen und Gerät jeglicher Art flächendeckend mobil zu halten. Immerhin kamen bei einem Etat von 40.234 Pferden und 991 Tragtieren auf ein Pferd 2,7 Mann ([Richter 1978] S. 14). Nicht nur die gesteigerten Nachschubanforderungen des Heeres, sondern ebenso die starke Beschränkung des Besitzes militärischer Kraftfahrzeuge führten zu diesem hohen Grad der Verwendung von Pferden in der Reichswehr.

Bei einer durchschnittlich 10-jährigen Dienstzeit für ein Militärpferd ergab sich ein jährlicher Remontierungsbedarf von ca. 4.000 Pferden, von denen etwas weniger als die Hälfte von der Kavallerie benötigt wurden. Vor 1914 hatte der Bedarf noch bei insgesamt 11.000 Pferden gelegen, wobei davon immerhin 7.000 allein für die Kavallerie nötig waren. Insgesamt bedingte diese Zwangsreduzierung des Armeebedarfs gleichfalls eine Verschiebung der Armee-Anforderungen an die Remonten, weg von der leichten, blütigen Kavallerie-Remonte hin zum einem schwereren Allzweck-Reit-, Zug- und Arbeitspferd.

„Naturgemäß hatte die Remontezucht während des (Ersten) Weltkriegs stark gelitten, weshalb nach Kriegsschluß die Ansprüche bezüglich des Materials sehr herabgedrückt werden mußten. Dazu kam, daß infolge der Heeresverminderung die Zahl der anzukaufenden Remonten auf etwa ein Drittel gegenüber der Vorkriegszeit gesunken war, so daß die Zucht des edlen Halbblutpferdes ein großes Risiko für die Züchter wurde. Die Auswahl war daher nicht groß. Trotzdem trat allmählich eine Besserung ein, so daß für den Ankauf 1926 die Ansprüche wieder etwas höher geschraubt werden konnten. In einer Verfügung des Rw. M. Heer, In 3, Nr. 228.12.25, vom 14.12.1925 gab die Heeresverwaltung neue Richtlinien für die Remontierung heraus, wonach Kaltblüter vom Ankauf ausgeschlossen und Vollblüter nur in beschränktem Umfange anzukaufen waren. Berücksichtigt wurden

Kavallerie, Artillerie, Fahrtruppen, Infanterie, Pioniere und Nachrichtentruppen. Für die einzelnen Gattungen waren bestimmte Größen vorgeschrieben." ([Fontaine 1939] S. 691).

Von nun an wurde eine Klasseneinteilung für den Remonteankauf mit expliziten Stockmaß-angaben verwendet. Die Pferdegrößen für die Kavallerie wurden im Vergleich zur Vorkriegszeit leicht angehoben. Außerdem fiel die Unterscheidung nach Kavalleriegattungen weg.

R.	**= Reitpferd**	**154 - 160 cm**
Z.	**= Zugpferd**	**156 - 160 cm**
A.Z.I.	**= Artilleriestangenpferd**	**158 - 162 cm**
K.Z.	**= Kavallerie-Zugpferd**	**156 - 160 cm**
M.G.	**= Maschinengewehrpferd**	**154 - 158 cm**
s.Z.	**= schweres Zugpferd**	**158 - 165 cm**
s.s.Z.	**= sehr schweres Zugpferd**	**158 – 165 cm**

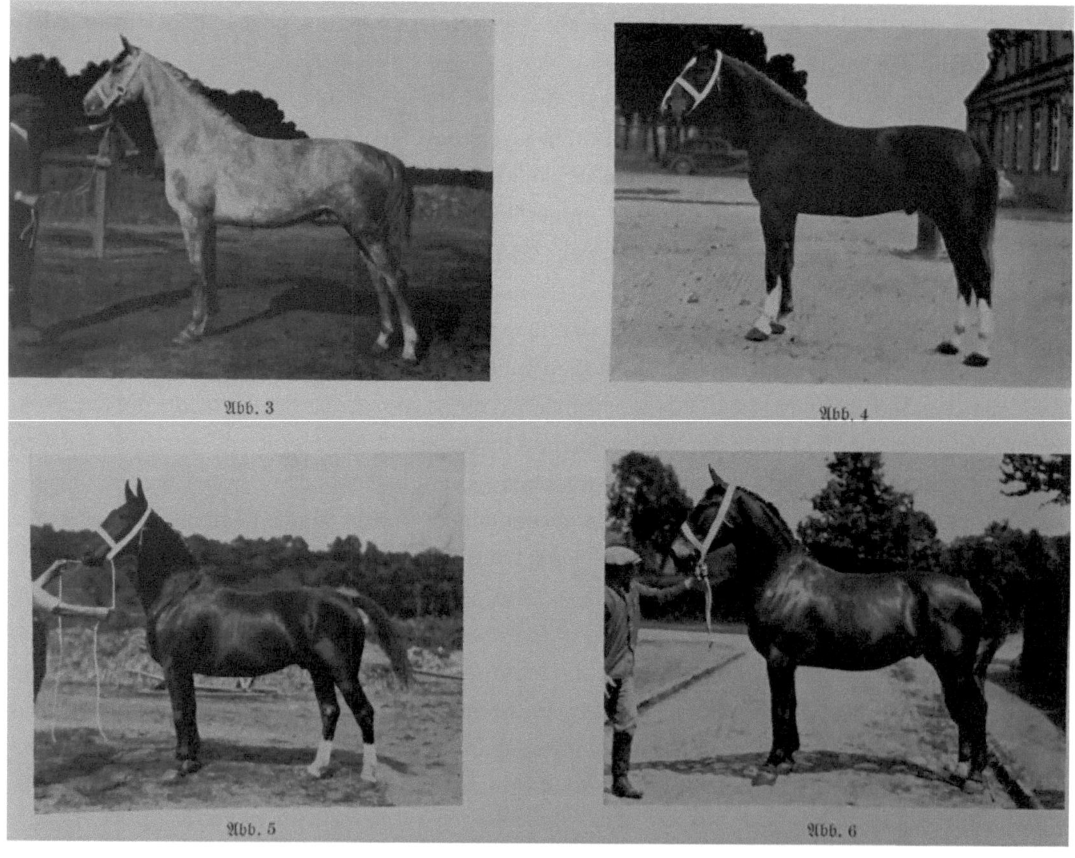

Remontierungsklassen der Reichswehr: 3: K.R. = Kavallerie-Reitpferd, 4: R. = Reitpferd, 5: Z. = Zugpferd, 6: A.Z.I. = Artilleriestangenpferd. Aus [Franke 1937].

Remontierungsklassen der Reichswehr: 7: K.Z. = Kavallerie-Zugpferd, 8: M.G. = Maschinengewehrpferd, 9: s.Z. = schweres Zugpferd, 10: s.s.Z. = sehr schweres Zugpferd. Aus [Franke 1937].

Die Bestimmungen des Versailler Vertrags zielten außerdem in erheblichem Umfang auf eine Reduzierung der Remontedepots ab. Schließlich blieben acht Depots, davon vier in Ostpreußen gelegen, sowie ein einzelnes Vorwerk übrig. *„Nach der Größe der Belegungsfähigkeit aufgeführt, ergibt sich nachstehende Reihenfolge: „Weeskenhof, Liesken, Brakupöhen, Ferdinandshof, Heuhof-Ragnit, Neuhof-Treptow, Berthelsdorf, Mecklenhorst und Vorwerk Wolken.“* ([Fontaine 1939] S. 694).

Ostpreußen züchtet einen verstärkten Typus

All diese Umstände bedeuteten für die staatlichen Stellen, die Landesgestüte wie auch die Privatzüchter in den Remonteprovinzen, umdenken zu müssen. Erzwungenermaßen entstand ein neuer Pferdetypus, der universeller geeignet war, den Ansprüchen der Armee wie auch der Wirtschaft gerecht zu werden.

Mit der 1922 erfolgten Versetzung Siegfried von Lehndorff als Landstallmeister nach Trakehnen, gelang es ihm bis zu seiner Ablösung 1931, eine Wende in der Militär-Pferdezucht herbeizuführen. *„Um* *die Warmblutzüchter auf die notwendige Verstärkung ihrer Zucht aufmerksam zu machen, bedurfte es aber wohl kaum des Eingreifens des Reichsverbandes. Die Verstärkung ergab sich vielmehr zwangsläufig aus der Nachfrage nach starken Pferden und der damit verbundenen Preisbildung. Die leichten Pferde waren nicht mehr loszuwerden, die sogenannten Husaren-Remonten wurden von den Ankaufskommissionen nicht mehr gekauft. Da aber die Warmblutzüchter nicht vollständig zur Kaltblutzucht übergehen wollten und starke Warmblüter gesucht waren, blieb nichts anderes übrig, als solche zu ziehen."* ([Lehndorff 1999] S. 205).

Der spätere Landstallmeister in Trakehnen Siegfried Graf Lehndorff als Garde-Ulan und erfolgreicher Rennreiter in den 1890er-Jahren.

In der Praxis gestaltete sich sein Unterfangen als schwierig, denn die Zucht edler zu machen war durch Verwendung von Vollblut relativ einfach. Sie jedoch wieder zu mehr Kaliber zu bringen, war und ist sehr schwierig, wie mehrfache Versuche während des 19. Jahrhunderts zeigten. Der Vorgänger v. Lehndorffs hatte dazu schon einen starken Anglo-Normannen-Hengst eingekauft. Die Verwendung dieser Rasse bewährte sich aber wie schon bereits fünfzig Jahre zuvor nicht. Lehndorff ging deshalb einen anderen Weg, indem er bei der Reinzucht blieb und die „Verstärkung aus der Rasse heraus" praktizierte. Er verwendete nur mehr selektiv ostpreußische Warmblut- und Vollbluthengste, die ein entsprechendes vererbbares Kaliber aufwiesen. Die Trakehner „Parsival", „Pilger", „Tempelhüter", „Astor", „Dampfross" und „Pirat" wie auch der Vollblüter „Großinquisitor" waren die Hengste, die er dabei am erfolgreichsten einsetzte. ([Lehndorff 1999] S. 207). Er verwendete wesentlich weniger Vollblüter als vor dem Ersten Weltkrieg üblich und legte dabei besonderen Wert auf eine harte Leistungsbewährung auf der Rennbahn.

Durch die geringere Nachfrage durch die Armee ging auch der Bestand an ostpreußischen Warmblut-Hengsten in den ostpreußischen Landgestüten von 1054 (davon 24% Trakehner) auf 388 im Höhepunkt der Weltwirtschaftskrise 1933 zurück. Der geringste Anteil von Trakehnern mit 14% wurde 1927 erreicht. Zu diesem Zeitpunkt galten die Trakehner-Hengste bei Züchtern als zu leicht, weswegen sie früher ausrangiert wurden. Erst in den Folgejahren sollte sich der Anteil der Trakehner wieder erheblich steigern ([Lehndorff 1999] S. 216).

Die vorzeigbaren Ergebnisse der Verstärkung der ostpreußischen und speziell der Trakehner Zucht zeigten sich erst nach der der Dienstzeit v. Lehndorff, d.h. nach 1931. Das Resultat stellte ein universelles Militärpferd dar, das hart war, hohe Marschleistungen erbringen konnte und nicht nur in der Bespannung eingesetzt werden konnte. Gleichzeitig war diese Pferderasse in der Lage, auch im internationalen Reitsport durch erstklassige Leistungen aufzufallen sowie zu überzeugen.

Die Ergebnisse eines deutlich verbesserten Veterinärwesens

Die schrecklichen Lehren, die die Veterinäre aus dem Ersten Weltkrieg zogen, brachten nicht nur einen erheblichen Ausbau der gesamten Veterinärorganisation mit sich, sondern gleichzeitig eine deutliche Professionalisierung des gesamten veterinärmedizinischen Personals hervor. Die Behandlungsquote der Dienstpferde wurde erheblich erhöht, d.h. erkrankte Pferde konnten wesentlich häufiger einer tierärztlichen Untersuchung unterzogen werden. Der Krankenzugang am Anteil der Ist-Stärke lag im preußischen Heer zwischen 1878 bis 1913 durchschnittlich bei 41% pro Jahr, in Bayern waren dabei von 1888 bis 1913 sogar 64% nachweisbar. Innerhalb der Reichswehr betrug dieser Anteil zwischen 1921 bis 1931 immerhin 122%. Hierdurch und durch die besseren Behandlungsmöglichkeiten fiel der absolute jährliche Verlust an Pferden von 2,03% in Preußen 1913 auf 1,51% in der Reichswehr. *„Im Jahre 1931 war der seit 1921 in steiler Kurve abfallende absolute Verlust des Reichsheeres auf 1,11 v.H. gesunken.“* ([Fontaine 1939] S. 642).

Staatliches Gestüt Trakehnen 1935. Am Eingang zum Hauptgebäude mit dem Denkmal des Hengstes „Tempelhüter“. BArch, 183-S37304.

„Die beiden verlustreichsten Krankheiten, Kolik und Knochenbrüche, haben in den Jahren 1881 bis 1891 40, 1892 bis 1902 47, 1903 bis 1913 rund 46 und 1921 bis 1931 rund 51 v.H. des Gesamtverlustes verursacht. Während in der Vorkriegszeit an dritter Stelle die Brustseuche (von 1903 bis 1913 mit 6,12 v.H.) stand, rückten in der Nachkriegszeit die Herzkrankheiten mit 4,65 v.H. an diese Stelle.“ ([Fontaine 1939] S. 644).

Reitsport

Reitsport im Ersten Weltkrieg

Mit dem Ausbruch des Ersten Weltkriegs wurden die großen Reitsportveranstaltungen weitgehend eingestellt. Die Teilnahme von Offizieren der Armee als Herrenreiter fiel aus. In der Hauptsache bestritten nur noch Jockeys die wenigen während des Krieges stattfindenden Flach- und Hindernisrennen. Die große und glänzende Zeit des Hindernisrennsports in Deutschland war zu Ende gegangen. Der Bestand der Hundemeuten der Kavallerie-Regimenter und der Militär-Reitschulen musste während des langen

Plakat eines Kriegsreitturniers im Juli 1916 im besetzten Wilna. BArch, Plak 001.017-095 / Hendrick

Kriegsverlaufes in aller Regel völlig aufgelöst werden, da in den Heimtaggarnisonen keine Jagden mehr durchgeführt werden konnten.

Trotz aller Widrigkeiten fanden bei den im Feld stehenden Verbänden sogenannte „Feld Reitsportveranstaltungen" statt. In Phasen, in denen die Kavallerie-Regimenter während des Stellungskriegs aus dem Frontdienst herausgelöst worden waren, nutzen enthusiastische Offiziere den Dienst in der Etappe, um improvisierte Reitturniere mit Dressur-, Springprüfungen wie auch Hindernisrennen abzuhalten. Je nach Kriegslage hielten die Offizierkorps an den im Herbst stattfindenden traditionellen Hubertusjagden fest. So veranstaltete zum Beispiel die bayerische Kavallerie-Division schon am 5. November 1914, ein paar Tage nachdem sie aus den schweren Kämpfen gegen die Engländer in Flandern herausgelöst worden war, eine Hubertusjagd. An dieser die reiterliche Motivation verpflichtenden Tradition hielt die bayerische Ulanen-Brigade bis zum 3. November 1918 fest, indem sie in der Süd-Ukraine in der Nähe des Schwarzen Meeres vermutlich die letzte Hubertusjagd des Krieges durchführte.

Schnelle Erholung nach dem Ersten Weltkrieg

Nach dem Krieg erholte sich der Reitsport in Deutschland erstaunlich schnell. Allerdings verschoben sich die Schwerpunkte weg vom Renn- zum Turniersport.

Das Herrenreiten mit seinen Hindernisrennen lag durch die Reduzierung des Offizierkorps darnieder. Das Wettgeschäft stellte aufgrund der schwierigen wirtschaftlichen Lage kaum ein finanzielles Standbein für Rennvereine, Rennbahnbetreiber usw. dar. In sehr bescheidenem Umfang konnten bereits in den 1920er-Jahren Hindernisrennen, an denen Offiziere teilnahmen, veranstaltet werden. Diese fanden vor allem in Karlshorst statt, wo dann 1922 das 1. Heeres-Jagdrennen stattfand. ([Christ 1938] S. 85 ff.). Gleichzeitig hatte das Rennreiten völlig an Bedeutung für die militärische Reitausbildung verloren.

Ganz anders gestaltete sich die Situation im Turniersport mit seinen Sparten Dressur, Springen und Military. Ganz ähnlich wie die zuvor eher proletarisch geprägten Sportarten Fußball wie auch Leichtathletik, nahm er einen starken Aufschwung, der vor allem an einem erheblichen Publikumszuspruch messbar war. Schnell konnten sich große neue Turniere etablieren. In den frühen Nachkriegszeiten zählten hierzu ab 1920 das Deutsche Spring-Derby in Hamburg, das Reichsverbandsturnier im Rahmen der Grünen Woche in Berlin, anfangs im Sportpalast, dann in der Messehalle am Kaiserdamm ausgetragen, sowie das Westfalenturnier in Dortmund. Die allgemeine Geldnot verschob den Schwerpunkt weg von den früher so begehrten Ehrenpreisen hin zu verwertbaren Geldpreisen. Um dabei die Attraktivität der Geldpreise stetig zu erhöhen, war ein Massenbesuch unabdingbar notwendig. Zusätzlich organisierten die Veranstalter große attraktive Schaubilder in den Pausen, mit den nicht selten an die Geschichte der Kavallerie erinnert wurde. Für viele qualifizierte Reiter der alten Armee, die nicht in die Reichswehr übernommen wurden

Major a.D. Felix Bürkner auf seinem Erfolgspferd, dem bayerischen Vollblüter „Caracalla" 1926. Bürkner war außer Dienst, durfte aber weiterhin seine Uniform des Jäger-Regiments zu Pferde Nr. 2 tragen.

oder dies ablehnten, schuf der Turniersport ein neues Betätigungsfeld als Reiter, Reitlehrer oder Pferdeausbilder, bei dem diese zusätzlich ein gutes finanzielles Auskommen erhielten.

An dieser Schnittstelle zwischen zivilem- und militärischem Reiten zeigte sich die hohe Qualität des militärischen Reitausbildungssystems, wie es sich vor dem Ersten Weltkrieg etablierte. Dieses System brachte eine große Anzahl an exzellenten Spitzen-Reitern hervor, die jetzt im wachsenden Reitsport die erfolgreichsten deutschen Reitequipen füllten. Neben vielen hier nicht genannten in der Kavallerie ausgebildeten Offizieren zählten Felix Bürkner, Prinz Friedrich Sigismund von Preußen, Otto Lörke, Carl-Friedrich von Langen oder auch Wilhelm Müseler. Anstelle der alten zivilen Reitställe, wie zum Beispiel die nach englischem Vorbild bezeichneten berühmten Tattersalls, traten die neuen Turnierställe. Dabei zählten der Turnierstall Preußen oder auch der Turnierstall Beermann in Berlin zu den Bekanntesten.

Zu den Hauptabnehmern für die in diesen berühmten zivilen Ställen ausgebildeten Pferde zählten nicht wie im 19. Jahrhundert die Zirkusse, sondern der sich entwickelnde Turniersport. *„Die Nachfrage nach frischen, gerittenen Pferden war in den ersten Jahren nach dem Kriege außerordentlich groß. Sie wurden von einigen bekannten Händlern gedeckt, welche ihrerseits häufig nach Hannover und in die Reitschule kamen, um sich einzudecken"* schreibt Felix Bürkner über seine Zeit 1919 – 1922 an der Kavallerieschule Hannover. ([Bürkner 2008] S. 170).

Eine weitere Folge des Krieges war, dass im deutschen Reitsport kaum noch Pferde ausländischer Zuchten eingesetzt werden konnten. Ausländische Pferde konnten nicht gekauft werden oder waren in Zeiten von Wirtschaftskrise und Währungsverfall zu teuer. Aus der Not wurde eine Tugend, und die Qualität der deutschen Pferdezucht konnte sich nun unbehindert auf den großen Turnieren zeigen. Als Folge bekamen die Züchter einen immer wichtiger werdenden nationalen und später auch internationalen Absatzmarkt im Pferdesport.

Die Siegernationen des Krieges verwehrten deutschen Spitzensportlern zunächst prinzipiell die Teilnahme an internationalen Wettkämpfen, weswegen deutsche Reiter weder an den Olympischen Spielen 1920 im belgischen Antwerpen noch an denen in Paris 1924 teilnehmen durften. Erst 1923 wurden erste Starts deutscher Athleten auf internationalem Parkett möglich. Es stellten sich schnell Erfolge ein, die viele verblüfften. *„Nachdem im Jahre 1923 einige deutsche Reiter zum Turnier nach Malmö gegangen waren [Freiherr von Langen, Freiherr v. Lotzbeck, Leutnant Andreae, Herr Pulvermann und Graf Trautvetter, Anm. d. V.] und Langen gut abgeschnitten hatte, im Frühjahr 1924 die deutschen Placierungen beim Springturnier in Neapel leidlich gewesen waren, gingen nur Herr v. Wietersheim [früher 1. Garde-Ulan, Anm. d. V.] und ich [Felix Bürkner , Anm. d. V.]zum internationalen Turnier nach Budapest, und zwar mit drei Pferden: Wietersheim [...] für die Vielseitigkeitsprüfung [...] [und] für das schwere Springen, ich [...] für die schwere Dressurprüfung. Und hier hatten wir zwei Reiter das große Glück, daß wir bei drei Start die drei großen Prüfungen gewinnen konnten."* ([Bürkner 2008] S. 181).

Förderung des dienstlichen Reitsports in der Reichswehr

Innerhalb der Reichswehr wurde der Reitsport noch intensiver gepflegt und gefördert, als dies bereits im Kaiserlichen Heer üblich war. Die lange Dienstzeit der Mannschaften kam dem naturgemäß entgegen, und die zahlreichen Wettbewerbe waren Ansporn für die Steigerung der Leistungsfähigkeit jedes einzelnen Reiters. Innerhalb der Reiter-Regimenter wurden deshalb regelmäßig interne Reitturniere bestehend aus Dressur, Jagdspringen und Military durchgeführt.

Patrouillenritt beim Kavallerie-Regiment 15 kurz vor dem Zweiten Weltkrieg. In ähnlicher Form wurden diese Ritte auch schon bei der Reichswehr in den 1920er-Jahren veranstaltet.

Aber auch auf nationaler Ebene fanden Veranstaltungen, die unter einem deutlich militärischen Ductus standen, statt. *„Der wichtigste Wettbewerb in den 20er Jahren war der alljährlich in Berlin ausgetragene Patrouillenritt, an dem sich sämtliche 18 Reiter-Regimenter beteiligten [...]. Bei dem Patrouillenritt handelte es sich um einen Geländeritt, der von einer Patrouille, bestehend aus einem Offizier oder Unteroffizier als Führer und 3 Mann, alle in voller Ausrüstung, bestritten werden mußte. Die Ausrüstung, besonders die Lanze mit Fähnchen, wirkte erschwerend und forderte somit geschickte, sichere Geländereiter. Die Bedeutung des Patrouillenrittes lag darin, daß hier eine militärische Mannschaftsleistung gefordert wurde, wobei die Teilnehmer jeder Mannschaft einer Eskadron angehören mußten."* ([Richter 1978] S. 68). Der Patrouillenwettbewerb hatte im Übrigen sein Vorbild in einem Wettbewerb, der zwischen den bayerischen Kavallerie-Regimentern im Juni 1914 in Ansbach ausgetragen worden war. Außerdem fanden sog. „Findigkeitsritte" statt, bei denen es sich um Orientierungsritte auf Zeit, die einzeln oder als Mannschaftswettbewerb ausgetragen wurden, handelte.Obwohl vorerst noch meist ohne Hunde, wurden sehr bald wieder Reit-Jagden durch die Reiter-Regimenter organisiert.

Großer Dressur-Erfolg bei der Olympiade 1928, Mängel im Springen

Im Jahr 1928 durfte Deutschland endlich wieder an olympischen Spielen, die in Amsterdam ausgetragen wurden, teilnehmen. Dafür konstituierte sich im Februar 1926 in Berlin das „Deutsche Olympiade-Komitee für Reiterei" (DOKR), dessen Vorgänger das 1913 gegründete „Komitee für die Kämpfe zu Pferd bei den Olympischen Spielen zu Berlin 1916" darstellte. Die für 1916 in Berlin geplante Olympiade fiel dann jedoch aus bekannten Gründen aus. Die Aufgabe des DOKR war es, die besten Reiter auszuwählen, ihnen geeignete Pferde bereitzustellen, die Vorbereitung zu organisieren sowie die finanziellen Mittel dafür zu beschaffen.

Felix Bürkner auf „Imperator V" als der friderizianische Generalleutnant von Lossow in der historischen „Deutschen Schulquadrille" von 1925. Foto von Werner Menzendorf.

Allein die Mitgliedschaft der Inspektion der Kavallerie als militärische Einrichtung im DOKR beweist die wechselseitige Bedeutung der militärischen Reiterei mit dem zivilen Reitsport. Innerhalb des Komitees waren nämlich außerdem die führenden zivilen Gremien des deutschen Reitsportes, wie der „Reichsverband für Zucht und Prüfung deutschen Warmbluts" (die seit 1905 bestehende Vorgängerorganisation der „Deutschen Reiterlichen Vereinigung (FN)"), der seit 1924 bestehende „Verein zur Förderung für die Reiterei bei der Olympiade 1928", wie auch der „Deutsche Turnierreiter- und Fahrer-Verband" vertreten. Zum Vorsitzeden dieses höchsten deutschen reitsportlichen Gremiums wurde der aktive Reiter, Richter und Generalmajor a.d. Max von Holzing-Berstett (1867 – 1936), der abgesehen von seinen reiterlichen Erfolgen außerdem seit 1905 als Leiter des Kaiserlichen Leibstalls fungierthatte. Den Posten des Generalssekretärs erhielt, wie schon 1913, der bedeutende hippologische Fachschriftsteller und Hauptgeschäftsführer des „Reichsverbands" Gustav Rau (1880 – 1954). Rau war über seine engagierte Verbandsarbeit wie auch sein fundiertes publizistisches Schaffen hinaus, einer der Ideengeber für den Reitsport und auch die Reitausbildung in der Kavallerie. Durch die Mitgliedschaft der Kavallerieinspektion war es zudem für die Kavallerieschule Hannover möglich, zentralen Einfluss auf die Ausbildung sowie Auswahl der zu bildenden Reitequipe nehmen zu können. Bereits 1927 veranstaltete das DOKR fünf Olympia-Vorbereitungsturniere in Hannover, Rostock, Berlin, Insterburg und Breslau, auf denen Kader gesichtet wurden.

Eigentlich hätte aufgrund der Leistungen in der Dressur Major Felix Bürkner (1883 – 1957), der schon die Olympiade 1912 mitgeritten war, mit seinem damaligen Spitzenpferd, dem in Bayern gezogenen Vollblüter Caracalla, zu diesen Kadern zählen müssen. Da der Ausnahmereiter aber nach seiner Tätigkeit beim Aufbau der Kavallerieschule Hannover gegen Ende des Jahres 1922 als aktiver Offizier ausschied, um sich als Dressurausbilder am Turnierstall Preußen in Berlin selbstständig zu machen und sich daher professionell dem Reitsport widmete, war eine Aufnahme in die Olympia-Equipe nicht regelkonform. Bürkner selbst berichtete über die Auswahl der Dressurteilnehmer und ihrer Pferde: *„Da ich im Sinne der Olympischen Bestimmungen nicht Amateur sondern Berufsreiter war, mußte für [Caracalla] jemand anderes ausgesucht werden. Man wählte den Reitlehrer an der Kavallerieschule, Freiherrn v. Lotzbeck, der in erste Linie Rennreiter war [einziger bayerischer Sieger des Großen Armee-Jagdrennens 1912, Anm. d. V.], aber durch seinen Valentin bewiesen hatte, daß er auch im Dressursattel seinen Mann stand [...]. Da die Kavallerieschule im Jahre 1928 noch nicht über Olympiade-Dressurpferde verfügte, wurde außer Caracalla aus Privathand der Ostpreuße Gimpel v. Wandersmann XX gemietet, den Herr [Oskar] Stensbeck arbeitete. Auch ihn bekam ich im Juni mit seinem Reiter, meinem guten Freunde Hermann Linkenbach, zur Vorbereitung hinzu [...]. Als drittes Dressurpferd stellte Stallmeister Staeck seinen [schweren, Anm. d. V.] hannoverschen Wallach Draufgänger zur Verfügung, der dem Freiherrn v. Langen zugewiesen wurde."* ([Bürkner 1929] S. 194 ff.). Rittmeister Herrmann Linkenbach (1889 – 1959) war Lehrer an der Kavallerieschule Hannover. Der ehemalige 1. Garde-Ulan Carl-Friedrich von Langen (1887 – 1934) hatte sich nach schwerer Kriegsverletzung zu einem der besten und international erfolgreichsten Turnierreiter in Deutschland entwickelt. Bürkner hatte vom DOKR die Aufgabe bekommen, ab Mai 1928 in Berlin bei allen dreien für den Feinschliff zu sorgen.

Rittmeister a.D. Prinz Friedrich Sigismund (1891 – 1927) auf „Schwertlied" 1920. Der Prinz war nach dem Ersten Weltkrieg einer der erfolgreichsten deutschen Turnierreiter in allen Disziplinen. Als nicht mehr aktiver Offizier durfte er weiterhin in der Uniform seines alten Regiments, dem 2. Leibhusaren-Regiment, reiten. Foto von Werner Menzendorf

Die Vorbereitungen auf diese Olympiade wurden leider durch den tödlichen Unfall eines der damals besten Springreiter Deutschlands im Juli 1927 beim Turnier in Luzern überschattet. Prinz Friedrich Sigismund von Preußen (1891 – 1927) war dafür vorgesehen gewesen, Deutschland in der Military und dem Jagdspringen zu vertreten.

Die olympischen Reiterwettbewerbe in Amsterdam fanden vom 8. bis 12. August statt. Sie waren wie bereits 1912, Schaufenster und zugleich Vergleichsbühne auf der sich nicht nur der aktuelle Leistungsstand der internationalen Reiterei, sondern gleichfalls die militärische Reitausbildung der teilnehmenden

Nationen präsentierte. Hinsichtlich der vorangegangenen Olympiaden, waren besonders in Bezug auf die zu reitenden Pferde deutliche Zäsuren zu verzeichnen, über die Gustav Rau 1929 berichtete: „*Wenn man die Ausschreibungen von Stockholm, Antwerpen, Paris und Amsterdam vergleicht, gewahrt man eine beständige Steigerung der Anforderungen [...]. Der Reiter und Pferde sollen an den Olympischen Spielen das Höchste leisten. Stockholm forderte 3500 m Jagdrennbahn in 5 Min. 50 Sek. Amsterdam verlangte die um 500 m weitere Gesamtstrecke von 4000 m in derselben Durchschnittsgeschwindigkeit [...] Stockholm forderte 5000 m im Gelände in 15 Minuten. Amsterdam 8000 m in mindestens 17 min 46 Sek [...]. Im Großen Jagdspringen forderte Paris 1924 noch 375 m in der Minute, während Amsterdam auf 400 m in der Minute ging. An der Großen Dressurprüfung in Stockholm konnte ein gut gerittenes Reit- bzw. Offizierspferd teilnehmen; für Antwerpen, Paris und Amsterdam waren nur ganz sorgfältig, von langer Hand vorbereitete Dressurpferde möglich. In Stockholm gab es noch Pferde, die in der Vielseitigkeitsprüfung, der Großen Dressurprüfung und der Springkonkurrenz mitgingen [...]. Das hat ganz aufgehört, denn die Anforderungen in den einzelnen Konkurrenzen sind zu groß und fordern Spezialpferde.*" ([Rau 1929] S. 184).

Carl-Friedrich Freiherr von Langen (1887 – 1934) war der ersten deutsche Olympiasieger im Reiten. Er gewann auf dem schweren Hannoveraner „Draufgänger" die olympische Dressurprüfung in Amsterdam 1928. Der ehemalige Gardeulan war bis zu seinem tragischen Tod auf einer Militaryprüfung 1934 in der Döberitzer Heide national und international erfolgreich in allen Disziplinen. Foto von Werner Menzendorf.

Dennoch gelang es der deutschen Reiterequipe, mit ihrer Dressur-Prüfung derart zu brillieren, dass die Weimarer Republik sehr schnell wieder zu den führenden Reiternationen auf internationaler Ebene zählte. Vor dem Hintergrund der Kriegsfolgen, die die Republik teilweise existentiell bedrohten, muss dieser Erfolg, abgesehen von der hohen Motivation der Reiter, als eindrucksvolle Bestätigung des bisherigen militärischen Ausbildungssystems der RV 1912 und deren praktischen Umsetzung an den deutschen Militär-Reitschulen während der zurückliegenden 17 Jahre bewertet werden. An dieser Stelle soll nur an die Prüfungsleistung eines Carl-Friedrich von Langen auf Draufgänger, der hier den „Ritt seines Lebens" absolvierte, erinnert werden. Sechster wurde Rittmeister Herrmann Linkenbach auf Gimpel, Elfter Major Eugen von Lotzbeck auf Caracalla, wodurch sowohl Gold in der Einzel- wie auch in der Mannschaftswertung errungen werden konnte.

„Langen hatte mit absolut souveräner Selbstverständlichkeit seine Aufgabe absolviert. Linkenbach ritt außerordentlich korrekt, ohne jeden Fehler, während Lotzbeck den Caracalla bis zum Schluß so vorzüglich vorführte, daß er wie der sichere Sieger aussah – bis zu den á tempo-Wechseln im Galopp, bei denen die Übereinstimmung zwischen Reiter und Pferd leider allmählich etwas nachließ, so daß Caracalla in dieser seiner ‚Renommier-Lektion' in der zweiten Hälfte die feinen taktmäßigen Hilfen seines Reiters vermißte und einige Fehler machte." ([Bürkner 1999] S. 195).

Die olympische Dressur-Prüfung entsprach heutiger S-Klasse mit Traversalen, Galoppwechseln (Vierer, Dreier, Zweier, Einer) aber ohne hohe Schule (Piaffe, Passage, spanischer Schritt oder Galopp-Pirouetten). Die Aufgabe war, anders als 1912, im Ablauf genau vorgegeben.

Major Eugen von Lotzbeck (1882 – 1942) erreichte in der Olympia-Dressur 1928 mit Felix Bürkners „Caracalla" den 11. Platz. Lotzbeck war Reitlehrer an der Kavallerieschule Hannover und eigentlich eher Rennreiter. Kurz vor und nach der Olympiade hat er Hindernisrennen geritten. Foto von Werner Menzendorf.

Rittmeister Hermann Linkenbach (1889 – 1959) belegte mit dem Ostpreußen „Gimpel" (Besitzer und Ausbilder Oskar Maria Stensbeck) in der olympischen Dressurprüfung 1928. Linkenbach war Reitlehrer an der Kavallerieschule Hannover. Foto von Werner Menzendorf.

Gustav Rau stellte bei allen drei Deutschen vor allem die schöner gearbeiteten Hälse der Pferde bei Senkung der Hinterhand, den Rücken mit jedem Tritte schwingend bei absoluter Durchlässigkeit, heraus. *„Fast alle anderen Reiternationen wollen in dieser Durchlässigkeit nicht ganz so weit gehen."* ([Rau 1929] S. 236). Als Geschäftsführer des *„Reichsverbandes für Zucht und Prüfung deutschen Warmbluts"* freute ihn vor allem auch das Abschneiden der deutschen Zuchtprodukte: *„Die Tatsache, daß sich unter den sechs erstplacierten Pferden der Olympia-Dressur-Prüfung nicht weniger als vier in Deutschland gezüchtete Pferde befinden, wird ganz allgemein das Auge auf die deutsche Pferdezucht lenken. Das deutsche Pferd ist für die Dressur und für Höchstleistungen in der Dressur ganz besonders geeignet."* ([Rau 1929] S. 147). Die Eignung der deutschen Pferde für das Springen sollte sich erst in den nächsten zehn Jahren in ähnlich eindrucksvoller Weise bestätigen.

In der Military holte sich Major Bruno Neumann (Lehrer an der Kavallerie-Schule Hannover) auf „Ilja", einem braunen Trakehner-Wallach, die Bronzemedaille im Einzel. Die Holländer sicherten sich durch eine eindrucksvolle Leistung Gold, sowohl im Einzel wie auch mit der Mannschaft.

Major Bruno Neumann auf „Ilja" belegte in der olympischen Military von 1928 den dritten Platz. Foto von Werner Menzendorf.

Interessant für die Bewertung der damaligen militärischen Ausbildungssysteme ist Raus Urteil über den Auftritt der italienischen Reiter, die seit mehr als 20 Jahren nach dem System von Caprilli ausgebildet worden waren: *„Die italienische Springmethode beherrscht heute fast die ganze Welt. Die Italiener wollen keine Dressur im überlieferten Sinne. Ihr Versuch, durch ihre Methode den Anforderungen der Dressurprobe [der Military, Anm. d. V.] gerecht zu werden, gelang nicht. Die Pferde waren nicht am Zügel und das Tempo in allen Gangarten ganz ungleich, am besten noch im Galopp. Die Pferde sind nicht gewöhnt, bei Paraden zu stehen, schnell zu parieren und auf gerader Linie auf jeder Hand sicher anzugaloppieren."* ([Rau 1929] S. 182).

Im Olympia-Jagdspringen triumphierte dagegen ganz der italienische Stil. In der Mannschaftswertung holte Spanien Gold und Polen Silber. Beide Mannschaften ritten vorzüglich nach italienischer Manier. Die Goldmedaille in der Einzelwertung konnte der Tschechoslowake Frantisek Ventura auf Elliot B erringen.

Die deutschen Teilnehmer gingen hier noch leer aus. Bester war auf dem 10. Platz der Polizei-Hauptmann Eduard Krüger auf „Donauwelle" (aus bayerischer Zucht) mit zwei Abwürfen. Weit abgeschlagen lagen auf weiteren Rängen Oberleutnant Richard Sahla (Kavallerieschule Hannover) auf dem Ostpreußen „Coreggio" und Carl-Friedrich von Langen auf dem Brandenburger „Falkner". In Amsterdam bestenfalls noch Mittelmaß, sollte Sahla in den nächsten Jahren noch für Furore auf der internationalen Springsportbühne sorgen.

Bei den deutschen Reitern fehlte zu diesem Zeitpunkt ein effektiver Springstil, hier waren andere Nationen weitaus erfolgreicher. Diese Schlappe ließ sich eindeutig auf die unausgereifte Springausbildung an der Kavallerie-Schule Hannover zurückführen. Über diese urteilte Rau: *„Wir müssen mehr auf einen einheitlichen Springstil hinwirken. Er ist in der Vollendung nur durch eine besondere Springschule zu erziehen."* ([Rau 1929] S. 272). Interessant war auch, dass Rau in seiner Bewertung empfahl, nicht einfach den italienischen Stil zu übernehmen. Er regte eine Kombination von Dressur-Sitz zwischen den Sprüngen und italienischer Manier über dem Sprung an. Dies entsprach ziemlich genau der heutigen modernen Auffassung im Springsport. ([Rau 1929] S. 287) Es sollte allerdings anders kommen. Die kommende erfolgreichste Periode im deutschen Springsport sollte in den 1930er-Jahren auf einem anderen Weg erzielt werden.

Währende der Olympiade 1928 zeigte sich schließlich, dass die internationale Warmblutzucht mittlerweile stark angeglichen war: *„Wo die Pferdezuchten fast aller Kulturnationen zusammenkamen, war es für den Pferdemann von besonderer Wichtigkeit, das Material zu vergleichen. Sind große Unterschiede vorhanden? Nein! Die Gleichartigkeit der Pferde der verschiedenen Länder ist eine der wichtigsten Feststellungen, die man an der Olympiade machen konnte."* ([Rau 1929] S. 155).

Der Württemberger Gustav Rau (1880 – 1954) war Deutschland bedeutendster Hippologe und einflussreicher Publizist von internationalem Rang, der eine Reihe von wichtigen Funktionen in Pferdesport- und -zucht innehatte. U.a. war er langjähriger Herausgeber der St. Georg Sportzeitung und in der Redaktion der Sport-Welt. Das Bild zeigt ihn als Leutnant der Reserve beim preußischen Ulanen-Regiment Nr. 7 im Ersten Weltkrieg, in dem er dreimal verwundet wurde.

Großer Aufschwung auch im Breitensport

Nicht nur im Spitzensport besetzten seit den 1920er-Jahren vor allem aktive oder ehemalige Kavalleristen die Ausbilderstellen, die allesamt durch die militärische Reitlehre geprägt waren. Innerhalb der ca. 2.200 ländlichen Reitvereine, die auf Initiative von Gustav Rau ab 1924 im ganzen Land gebildet worden waren, leiteten im Militär ausgebildete Reitlehrer den Unterricht. Damit leisteten sie einen wesentlichen Beitrag zum aufkommenden Breitensport im Reiten.

Waren vor dem Ersten Weltkrieg aufgrund vorhandener sozialer Schranken, vor allem Offiziere und Jockeys Träger des Reitsports, änderte sich dies in den 1920er-Jahren. *„Ganz neue Reiterschichten traten auf den Plan, und es ritten neben den ländlichen Reitern nun auch Unteroffiziere und Berufsreiter, die vorher nur in Ausnahmefällen beteiligt waren"* ([Momm 1942] S. 6).

Reitausbildung während des Ersten Weltkriegs

Die 5. Eskadron eines jeden Kavallerie-Regiments war nach der preußischen Heeresorganisation als Ersatz-Eskadron vorgesehen. Ihre Aufgabe war es, im Kriegsfall im Heimatstandort zu verbleiben und permanent Pferde- und Mannschaftsersatz für das im Feld stehende Regiment auszubilden. Zusätzlich wurden die zugeordneten Reserve-, Landwehr- und Landsturmformationen diesen Eskadronen zugeteilt.

Diese vielschichtigen Aufgaben führten während des Ersten Weltkrieges zu erheblichen Problemen, vor allem bei der Reitausbildung in den Ersatz-Eskadronen. Mit der länger andauernden Kriegszeit führte diese Überlastung tatsächlich zu einer Herabsetzung des allgemeinen Ausbildungsniveaus. *„Bei Beginn des Krieges stellte der Mangel an guten Reitern ein großes Problem dar. Schließlich waren die Mannschaften schon mit dem Zureiten der fast ganz ungerittenen Aushebungspferde völlig ausgelastet. Folglich stellte eine Zuteilung von insgesamt 506 jungen Remonten 1914 an die Ersatzeskadrons eine kaum zu lösende Aufgabe dar, da einer Eskadron 40 bis 50 Remontenreiter zur Verfügung standen und erwartet wurde, dass die Remonten innerhalb eines halben Jahres einsatzfähig sein sollten. Der Ersatz an das Feldheer sollte deshalb in erster Linie durch volljährige Pferde bewerkstelligt werden. Diese mussten daher als erstes zugeritten werden. Auch die Pflege bereitete bis Ende September Schwierigkeiten, da man die jungen Pferde den Rekruten nicht anvertrauen konnte. Für das Zureiten der Ankaufspferde sollten Spezialisten ausgebildet werden, für je fünf Pferde ein Mann. Von nun an wurde kein Wert mehr auf die Bahnreiterei mit Seitengängen etc. und das Trainieren von Hoch- und Weitsprüngen gelegt. Wichtig war, dass Reiter und Pferde allein im Gelände zurecht kamen. Es wurden lange Linien, viel Klettern, Gewöhnung an Gepäck und Ausdauertraining der Pferde besonders im Trab geübt, denn die Tiere, die vielfach bis dahin nur eine dreiviertel bis eine Stunde täglich auf dem Kasernenhof geritten worden waren, versagten oftmals schon auf den Märschen zur Front. Die Pferde sollten auch abgehärtet, nicht mehr eingedeckt, sorgfältig beschlagen und an Ersatzfuttermittel gewöhnt werden.“* ([Kutter 2012] S. 62 ff.).

Die Folge war, dass über den Krieg hinweg weniger gut ausgebildete Pferde sowie Mannschaften als Ersatz bei den Feld-Regimentern eintrafen und erst dort eine Art „Restausbildung“ stattfand, sofern dies die Einsatzlage erlaubte.

Reitausbildung bei der Reichswehr bis 1928

Die Kavallerieschule Hannover

Die Militärreitschulen des Kaiserreiches waren Ende Juli 1914, wie im Mobilmachungsfall vorgesehen, aufgelöst worden. Sehr kurz nach Kriegsende, schon ab 1919, wurde daran gegangen, den militärischen Schulbetrieb am Militär-Reitinstitut in Hannover, an dessen Offizier-Reitschule, in den Außenstellen Soltau und Paderborn und der Militär-Reitschule in München, trotz großer Schwierigkeiten zu reaktivieren. Zum ersten Leiter in Hannover war bis 1921 der letzte Vorkriegskommandeur Paul Seiffert (1859 – 1927) berufen worden. Er bildete gemeinsam mit einer von ihm zusammengerufenen Gruppe aus hochkarätigen Reitlehrern des alten Reitinstituts, die Keimzelle für eine neue Reitschule für die Reiter-Regimenter der Reichswehr. Der ebenfalls zu dieser Gruppe zählende Felix Bürkner berichtete: *„Bevor der erste Lehrgang einberufen wurde, brachten wir durch ständige Dressurarbeit die z.T. wenig geeigneten neuen Stammpferde auf eine einigermaßen genügende reiterliche Grundlage."* ([Bürkner 2008] S. 167). *„Es ist in diesem Zusammenhang bemerkenswert, daß bereits am 1. Mai 1919, also noch in den Wirren, die dem Spartakus-Aufstand folgten, in Paderborn, dem Sitz des alten Offizier-Reitinstituts ein Reitlehrer-Kursus abgehalten wurde [...]. So wurden dort 44 Kursteilnehmer bis zum 30. September 1919, von Major v. Moers als Lehrgangsleiter, reiterlich gefördert und weitergebildet."* ([Richter 1978] S. 51).

Geregelt durch die Bestimmungen des Versailler Vertrages, musste das Militär-Reitinstitut zum 1. Januar 1920 in „Kavallerieschule" umbenannt werden. Aus diesem Grund kam es außerdem zur Verlegung der Offizier-Reitschulen von Soltau und Paderborn nach Hannover und der Auflösung der Reitschule in München. Neu war eine Fähnrichsschule für die Kavallerie, auf der unter anderem Taktikausbildung auf dem Lehrplan stand. Sogar Hunde für das Jagdreiten konnten 1919 angeschafft werden. Um sowohl der steigenden Bedeutung des Turniersportes als auch der Wichtigkeit der Fahrausbildung in der Armee gerecht werden zu können, wurde die Schule noch einmal umorganisiert: *„Unter den Generälen v. Seefried und Preußer erhielt die Kavallerieschule [in der zweiten Hälfte der 1920er-Jahre, Anm. d. V.] folgende Organisation:*

Andreas von Flotow (1876 – 1950) war einer der dienstältesten Lehroffiziere an der Kavallerieschule Hannover und einer der vermutlich maßgebenden Autoren der RV 1926 und RV 1937. Das Bild zeigt ihn nach seiner Pensionierung im Jahre 1937.

General der Kavallerie Hugo von Kayser (1873 – 1949). Kayser war ehemaliger Zieten-Husar, erfolgreicher Rennreiter und von 1921 bis 1925 Kommandeur der Kavallerieschule Hannover, dann von 1926 bis 1929 Inspekteur der Kavallerie.

Abt. I Fähnrichschule, Abt. II Reitschule, gegliedert in Offizier- und Unteroffizierreitschule, Abt. III Renn- und Turnierabteilung und Abt. IV Fahrschule." ([Mossdorf 1989] S. 49).

Ideale Ausbildungsbedingungen

„Die als Reitlehrer ausgebildeten Offiziere und Unteroffiziere sorgten in der Truppe für eine einheitliche, sachgemäße Ausbildung des reiterlichen Nachwuchses, sowie für das sorgfältige Anreiten und die weitere Förderung der jungen und alten Remonten. Für den durchschnittlichen Rekruten der Kavallerie wurde eine Ausbildungszeit von rund 3.000 Reitstunden zugrund gelegt. Der enorme Umfang der Reitausbildung entspricht durchaus der Bedeutung, die man zu Zeiten der Reichswehr diesem Ausbildungszweig zumaß." ([Richter 1978] S. 51).

Anhand dieses zentral gelenkten Reitausbildungssystems war es möglich, auch die letzten Überbleibsel des Streits um das richtige Reitsystem, wie er vor allem innerhalb der preußischen Kavallerie bis zur Einführung der RV 1912 geführt wurde, zu beseitigen. Erst jetzt war es möglich geworden, eine völlige Einheitlichkeit in der Methodik bei der Vermittlung der Reitausbildungsziele herzustellen. Zum einen machte dies die Verkleinerung der Kavallerie wie auch die generelle Standardisierung durch die einheitliche Struktur der Reichswehr leichter. Anderseits erlaubte die lange Dienstzeit eine seit den Zeiten der friderizianischen Kavallerie nicht mehr gekannte intensive Ausbildung. Schließlich wirkten sich die sehr guten Verhältnissen bei der Personalauswahl und die hochwertige Schulungsarbeit durch die Kavallerieschule Hannover äußerst positiv aus.

Reiter demonstriert die Schusssicherheit seines Pferdes. Die lange Dienstzeit in der Reichswehr erlaubte eine sehr intensive Ausbildung von Pferd und Reiter, in der auch solche Kunststücke geübt werden konnten.

Diese günstigen Ausbildungsverhältnisse, in Kombination mit der nun bewährten RV 1912, führten bereits nach kurzer Zeit zu den überragenden Erfolgen der Kavallerieschule Hannover und vieler anderer reitenden Offizieren der Reichswehr, die sich als sogenannte „graue Reiter" sehr schnell einen Namen auf nationalen und internationalen Turnieren erwarben.

Im Vergleich zu vorangegangen Jahrzehnten verfügte die Kavallerieschule Hannover vorerst nicht über Zivil-Reitausbilder. *„Besonders mühsam war der Wiederaufbau des Schulstalles. Hier waren es der Major v. Flotow und der jetzige Oberleutnant Gerhardt, die in stiller, emsiger Arbeit aus zunächst wenig günstigem Material die ersten Grundlagen schufen [...]. Oberleutnant Gebhard [war] ein Könner von seltenem Ausmaß. Ausgebildet im Schulstall des alten Militär-Reitinstituts, besonders von dem berühmten ehemaligen ersten Stallmeister der spanischen Hofreitschule in Wien,*

Gebhard, der, annähernd 80jährig, nach dem Kriege noch ein häufiger Gast des Schulstalles war, stellt er restlos sein ganzes Können und reiche Erfahrung in den Dienst." ([Egan-Krieger 1928] S. 475 ff.).

Die RV 1912 erschien 1926 neu als H.Dv. 12

Aufgrund der überaus positiven Erfahrungen und der sich bis 1926 wenig veränderten taktischen Einsatzgrundsätze bestand kein Bedürfnis, die RV 1912 modifizieren zu müssen. Da sich allerdings die Reit-Ausrüstung veränderte, war zumindest eine Neuauflage im Jahr 1926 unumgänglich. Gemäß den für die Reichswehr gültigen Vorschriftenbezeichnungen, erschien die RV 1926 unter der Bezeichnung Heeres Druckvorschrift, kurz H.Dv. Der so gut wie unveränderte Inhalt manifestierte sich bereits im Titel, der exakt „H.Dv. 12, Reitschrift, Vom 29. Juni 1912, Ausgabe 1926" lautete. Die Änderungen reduzierten sich dabei auf folgende Stellen:

Alle Abbildungen wurden auf die neue Uniformierung der Reichswehr geändert. Im Kapitel über die Zäumung wurden die Beschreibungen und Bilder dem neu eingeführten Zaumzeug 22, sowie der allgemeinen Verwendung der S-Kandare angepasst (die C-Kandare wurde nicht mehr verwendet).

Abbildung aus der RV 1926: Richtiger Sitz. Die Haltung von Pferd und Reiter ist identisch zur Abbildung aus der RV 1912, einzig der Anzug ist an die Reichswehruniformierung angepasst.

Abbildung aus der RV 1926: Die Gebrauchshaltung mit durchgezogener Trense wird anders als in der RV 1912 im Reitanzug ohne Packung und Waffen gezeigt. Haltung von Pferd und Reiter sind unverändert.

Das Kapitel Springen innerhalb der Kapitel über die Reitlehre wie auch die Remontenausbildung, wurden inhaltlich sowie durch neue Bilder überarbeitet. Es sei angemerkt, dass sich beim Thema Springen, wenn auch noch nicht vollständig, eine Annäherung an den italienischen Springstil vollzog. Die neuen Abbildungen zeigten, dass der Reiter im Sprung mehr in die Bewegung gehen sollte als dies in der RV 1912 gefordert worden war. Insgesamt lassen die Änderungen allerdings den schwerfälligen Umgang der damaligen Militärführung besonders mit dem Caprilli-Stil erahnen.

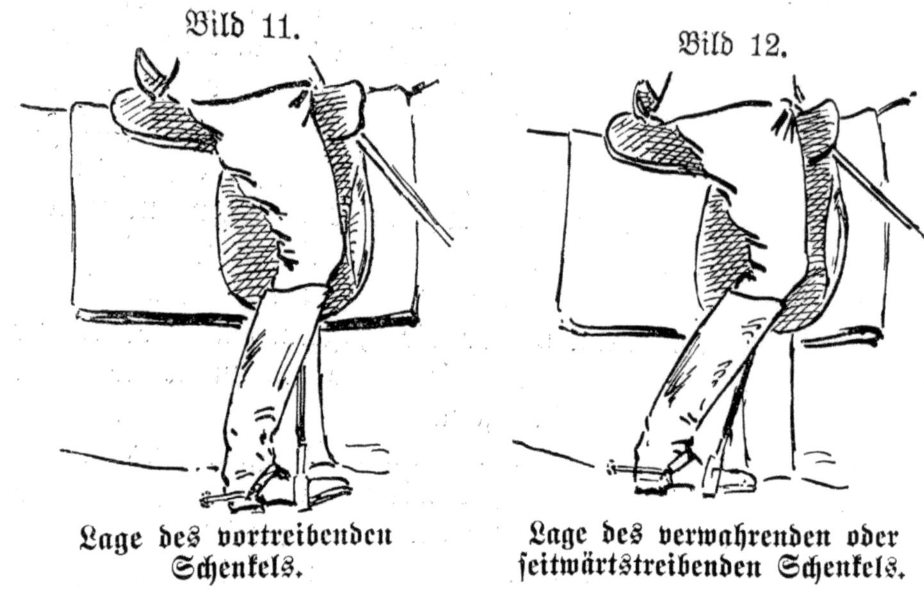

Abbildung aus der RV 1926: Die Schenkellagen. Die Abbildung ist unverändert zur RV 1912.

Abbildungen aus der RV 1926: Das Springen

Daneben fanden auch im Kapitel über das Geländereiten inhaltliche Überarbeitungen statt, die den neuen Erkenntnissen entsprachen. Während des Bergabreitens wurde jetzt nicht mehr das Nach-hinten-Beugen des Reiters, sondern das Nach-vorn-Beugen gefordert. Das Pferd konnte sich so im Klettern besser ausbalancieren, eine Erkenntnis, die ebenfalls der italienischen Methode entsprach.

Beim Reiten der Offiziere und bei der Ausbildung der jungen Pferde gab es neue Anforderungen. *„In der 1. Offizierabteilung soll wenigstens 6 Wochen ohne Bügel geritten werden.“* ([RV 1926] S. 223).

„Das Schwimmen am Kahn und mit dem Reiter gehört gleichfalls zur Ausbildung des jungen Pferdes." ([RV 1926] S. 205).

Die Zusätze (bisher Beilagen) zur Reitvorschrift für die anderen Truppen (Artillerie, Nachrichtentruppe, Fahrtruppe, Infanterie und Pioniere) wurden den organisatorischen Veränderungen der Reichswehr angepasst und stellten nun aber einen festen Bestandteil der RV 1926 dar.

Der Anhang zur RV 1926 wurde am massivsten überarbeitet und verändert. Hier gelangte ein Kapitel zur Aufnahme, in dem die deutschen Zuchtbrände erläutert wurden. Ein weiteres neues Kapitel beschrieb Übungen zur Förderung der Reitausbildung zu Fuß wie auch zu Pferd. Zusätzlich gab es einen Abschnitt mit Anweisungen, Hinweisen und Anregungen für das Turnierreiten, Rennreiten und den Waffensport, d.h. dem Wettbewerb mit Lanze, Säbel, Pistole und Karabiner. Ein Beispiel für einen vorgeschlagenen Schießwettbewerb mit Karabiner verlangte: *„200 m vom Start wird ein Kreis von etwa 30 m Durchmesser abgesteckt, 200 m hiervon eine Scheibe. Ausrüstung: Feldmarschmäßig, Karabiner geladen und gesichert im Schuh. Aufgabe: Vom Start zu dem Kreis galoppieren, halten, dreimal auf die Scheibe schießen, Karabiner an Ort, zurückgaloppieren. Fehlerberechnung: Die Zeit wird mit der Stoppuhr gemessen, jeder Fehlschuß wird mit zehn Fehlern der Gesamtzeit zugezählt."* ([RV 1926] S. 274).

Abbildung aus der RV 1926: Beim Klettern hangabwärts zeigt sich die deutlichste Änderung in den Abbildungen im Vergleich zur RV 1912.

Die bedeutsamste Erweiterung befindet sich im Anhang, das neue Kapitel über „Schulmäßige Übungen und Hohe Schule", das besonders befähigten Reitern gewidmet war. Damit kam eine der Anregungen von Max von Redwitz in die deutsche Reitvorschrift, die 1912 noch für unwichtig gehalten worden war. Redwitz forderte damals eine Erweiterung der RV 1912, um die höheren und hohen Dressurlektionen befähigten Offizieren zu vermitteln, die er als die letzten Bewahrer der Reitkunst ansah. Allerdings muss hierzu angemerkt werden, dass dieses Kapitel nicht denselben Detailgrad in seiner Ausarbeitung aufweist, wie die anderen Kapitel der RV 1926. Diese Tatsache kann vermutlich auf die schwierigen Umstände der Nachkriegszeit zurückgeführt werden. Außerdem wirkte an der ersten Ausgabe der RV 1912 eine hochkarätige Kommission mit, der ein viel längerer Bearbeitungszeitrahmen zur Verfügung stand. Die zweite Ausgabe hingegen war allein mit den bescheidenen Mitteln und Ressourcen der Kavallerieschule bis hin zum Druck erstellt worden. Für eine militärische Vorschrift eher ungewöhnlich war außerdem, dass die Autoren ein ausführliches Quellen- und Literaturverzeichnis für dieses Kapitel anlegten. Demnach stellten die Werke von Steinbrecht, Holleuffer, Seidler, Wätjen, Heydebrand und Lasa wesentliche Quellen für die Thematik dieses einzelnen Kapitels dar.

Noch mehr Geländearbeit

Gegenüber der Vorkriegszeit verlagerten sich die Schwerpunkte der Reitausbildung nur um einige Nuancen. Hierbei setzte sich ein Trend fort, der schon mit dem Wirken von Karl von Schmidt um 1860 einsetzte: *„Die als Grundlage angesehene Dressurausbildung in der Bahn oder auf dem Reitplatz wechselte zunehmen mit der Ausbildung im Gelände ab. Beides sollte sich ergänzen und allmählich zur kavalleristischen Gefechtsausbildung überleiten. Hierbei war das Ziel: Der feldbrauchbare Reiter; das bedeutete, den Reiter mit seiner Waffe bei denkbarster Sicherheit und Schnelligkeit, unter größtmöglicher Schonung des Pferdes, zu der gewollten Stelle zu bringen. Es war der Zweck des Reitens, die Waffe an den Feind zu tragen […]. Deshalb wurde der Einzelausbildung des Reiters mehr Gewicht beigemessen als dem Abteilungsreiten, denn es war klar, daß die geschlossene Attacke mit blanker Waffe in Zukunft die Ausnahme sein würde."* ([Richter 1978] S. 51 ff.).

Sonstige Ausbildung

Die lange Dienstzeit erlaubte eine gründliche und breite Ausbildung

Wie schon weiter oben erläutert, formte General von Seeckt die Reichswehr zu einem „Führerheer". Bedingt durch die lange Dienstzeit war es möglich, jeden geeigneten Soldaten auf Ebene der nächsten Dienstgradgruppe auszubilden, wobei dieses System erst bei einem schnellen personellen Anwachsen der Reichswehr zum Tragen kam.

Das System dazu war die Klassenausbildung, die in ihrer Form für das ganze Heer und nicht nur für die Kavallerie galt. Es gab eine Rekrutenklasse, die Mannschaftsklasse II, die Mannschaftsklasse I, eine Unterführerklasse sowie eine Unteroffiziersklasse. *„Während in der Mannschaftsklasse II die spezielle Verwendung des Soldaten eingeübt wurde, wofür in der Reichswehr immerhin rund 2 Jahre zur Verfügung standen, wurden dem Soldaten, der nicht für die Unterführerlaufbahn geeignet schien, in der Mannschaftklasse I weitere Kenntnisse und Fähigkeiten beigebracht, die außerhalb seiner eigentlichen Verwendung lagen. In der Unterführerklasse gelangten diejenigen Mannschaften, die für eine Unterführerstellung vorgesehen waren […]. Die Unteroffiziersklasse lag immer in den Händen eines erfahrenen Offiziers. Ihr Ziel war, eine möglichst große Zahl von Unteroffizieren zu Zugführern heranzubilden, die Tüchtigsten wurden sogar bis zum Kompanieführer vorgebildet."* ([Richter 1978] S. 54). Hierdurch wurden viele Soldaten sowohl zu Generalisten wie zu Spezialisten ausgebildet.

Dass die lange Dienstzeit nicht nur Vorteile hatte, berichtet im Übrigen die Regimentsgeschichte des Reiter-Regiments 9: *„Die 12 jährige Dienstzeit [bot] den Nachteil, daß man eine große Zahl langjährig dienender Mannschaften (einschl. natürlich Gefreiter und Obergefreiter) hatte, die unter dem Befehl jüngerer Unteroffiziere standen. Für die Auswahl zum Unteroffizier konnte naturgemäß nur ‚der Beste' in Frage kommen ohne Rücksicht auf Dienstalter. Diese und andere Fragen haben manchen Schwadrons-Chef Kopfschmerzen gemacht! Es lag immer die Gefahr nahe, daß sich ein ‚Beamtenheer' entwickelte, in dem die Frage nach späterer Versorgung die Hauptrolle spielte."* ([Reichel 1937] S. 19 ff.).

Die alten Vorschriften wurden weiterhin verwendet

Bis 1928 führte die Reichswehr keine wesentlich neuen Ausbildungsvorschriften ein. Die umfangreichen Vorschriften der Kavallerie aus der Zeit vor dem Ersten Weltkrieg wurden weiter genutzt. Diese Praxis bezog sich insbesondere auf das Exerzier-Reglement, die Felddienstordnung, die Pioniervorschrift, die Schießvorschrift und die Waffenübungen. Allerdings war es erst jetzt möglich, den Reiter wesentlich intensiver in dem bei der Kavallerie ungeliebten Pionierdienst oder auch der Fernmeldeausbildung zu schulen. Jedes Reiter-Regiment führte außerdem mindestens zweimal jährlich Schwimm- und Übersetzübungen durch.

Bei der Waffenausbildung wurden alle Soldaten an allen dem Regiment zur Verfügung stehenden Waffen ausgebildet. Das waren die Lanze, der Säbel, der Karabiner, die Pistole sowie das MG. Erst 1927 fiel dann die Lanze weg, da die martialische Stangenwaffe nicht mehr in das Konzept der „schnellen Feuerwaffe" passte.

Gleichfalls erfuhr die Sportausbildung eine Intensivierung, indem anstelle der bisherigen Turnübungen mit und ohne Pferd, sehr viele Disziplinen aus der Leichtathletik geübt wurden.

General der Kavallerie Maximilian von Poseck (1865 – 1946). Im Ersten Weltkrieg u.a. Stabschef von Kavalleriekorps, 1920 – 1926 erster Inspekteur der Kavallerie in der Reichswehr.

Die Inspektion der Kavallerie

Auch die Reichswehr schuf einen Inspekteur der Kavallerie (In 3) im Allgemeinen Heeresamt. Aufgrund der verkleinerten Armee bestand die Kavallerieinspektion nun nicht mehr aus einem General-Inspekteur mit unterstellten Inspekteuren wie in der Alten Armee, sondern hatte einen einzelnen General mit einem zugeordneten Chef des Stabes. Der Kavallerie-Inspektion unterstand, wie schon vor dem Ersten Weltkrieg, die Kavallerieschule, die Reitausbildung und Pferdepflege aller Waffen, die Aufsicht über die gesamte Ausbildung der Kavallerie, die Überwachung der Remontierung und der Teilnahme der Heeresangehörigen am Turnier- und Rennsport. Von 1920 bis 1926 war Maximilian von Poseck (1865 – 1946) Inspekteur und von 1926 bis 1929 Hugo Max von Kayser (1873 – 1949), der zuvor als Nachfolger von Seiffert die Kavallerieschule geleitet hatte.

Reitausrüstung

Zaumzeug

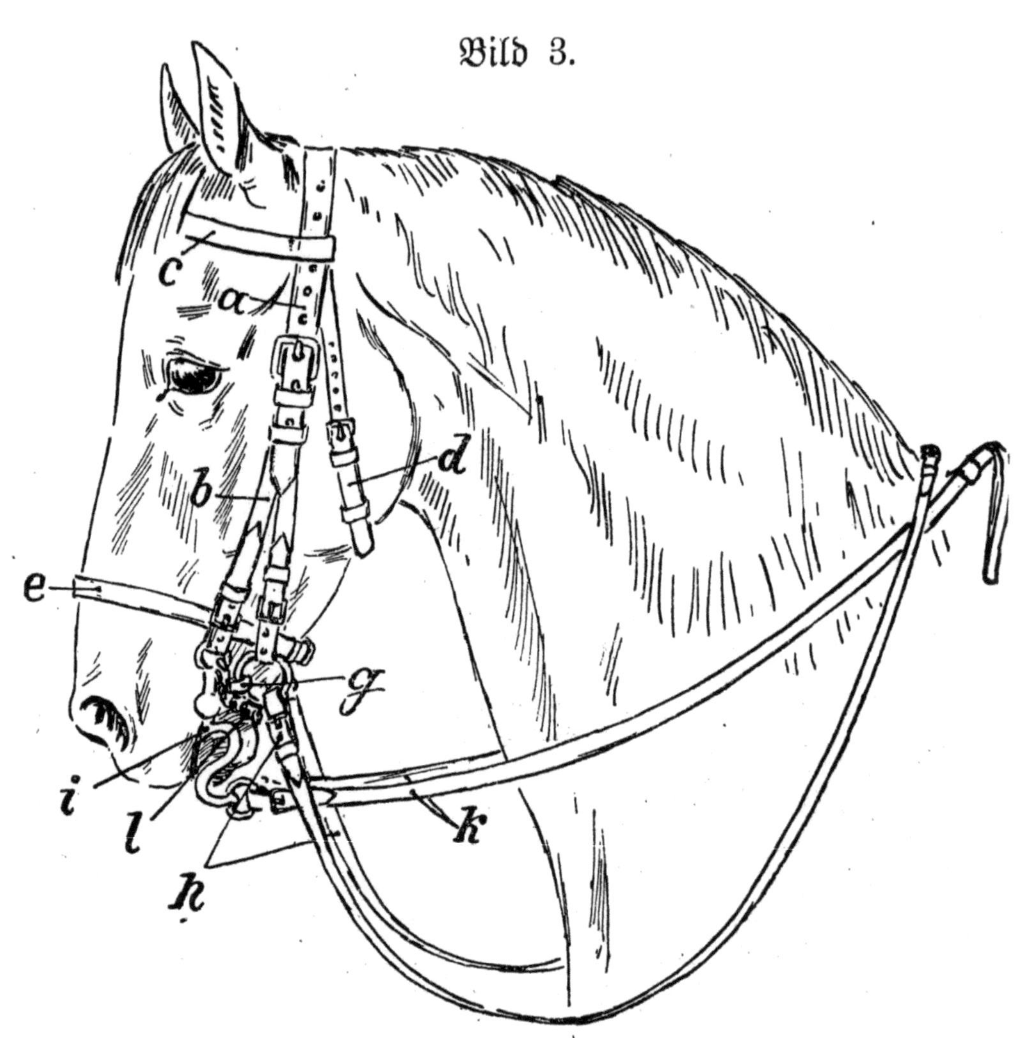

Zäumung auf Kandare.

a Kopfstück,	g Trensengebiß,
b Backenstück,	h Trensenzügel,
c Stirnriemen,	i Kandare,
d Kehlriemen,	k Kandarenzügel,
e Nasenriemen,	l Kinnkette.

Abbildung aus der RV 1926: Zaumzeug 22

Schon vor dem Ersten Weltkrieg fanden Versuche mit verbesserten und vereinfachten Zaumzeugen statt, die aber ohne Ergebnisse abgebrochen wurden. Erst 1916 kam ein neu konstruiertes „Zaumzeug 16" in den Truppenversuch. Es war leichter, man brauchte weniger Leder – was in der Kriegsmangelwirtschaft ein wichtiges Argument war – es war günstiger zu fertigen und in der alltäglichen Handhabung einfacher. Das Hauptgestell hielt bei dem neuen Zaumzeug sowohl das Trensen- wie auch das Kandaren-Gebiss und hatte am linken Backenstück einen Schnellverschluss zum Ausschwenken der Gebisse. Es war in einer Einheitsgröße gefertigt, welche an die gängigen Kopfgrößen angepasst werden konnte. Das Halfter zum Zaumzeug 16 war als Halshalfter konstruiert und konnte mit einem Knopfriemen an das Hauptgestell geknöpft werden.

Während des Krieges kam das neue Zaumzeug allerdings nicht über einen Truppenversuch hinaus. Erst 1922 wurde es dann mit Schnallverschlüssen an beiden Backenstücken als „Zaumzeug 22" allgemein bei der Reichswehr eingeführt. Dazu gab es Trensen- und S-Kandaren-Gebisse in vier Größen. Die C-Kandaren der früheren Kürassier- und Jäger-Regimenter fielen nun endgültig weg.

Die bisherigen besonderen Offizierszäume wurden ebenfalls nicht mehr verwendet. Sie wurden durch einen an das Zaumzeug 22 angelehnten Zaum, mit einem etwas breiteren Nasenriemen ersetzt.

Sattel

Da nach dem Ersten Weltkrieg reichlich Armeesättel für die verkleinerte Armee zur Verfügung standen, gelangte dieses Sattelsystem ab 1920 zur Einführung bei allen reitenden und bespannten Einheiten der Reichswehr. Die Ungarischen und Dänischen Bocksättel, welche vorher vor allem noch in den Train-Einheiten im Einsatz waren, wurden endgültig abgelöst.

Erst etwa sechs Jahre später gelangte eine verbesserte Version des Armeesattels, der Armeesattel 25, zur Einführung. Am Armeesattel 89 waren die Gurtstrippen weiter hinten angebracht, sodass der angeschnallte Sattelgurt relativ weit hinten am Pferdebauch lag. Diese Lage wurde mit dem Armeesattel 25 nach vorne korrigiert, die dann mit einer der heute üblichen

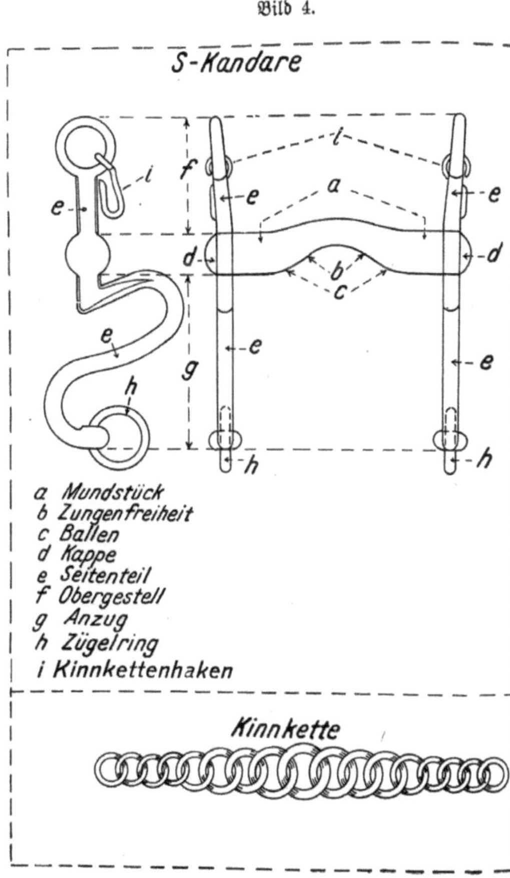

Abbildung aus der RV 1926: Die allgemein eingeführte S-Kandare.

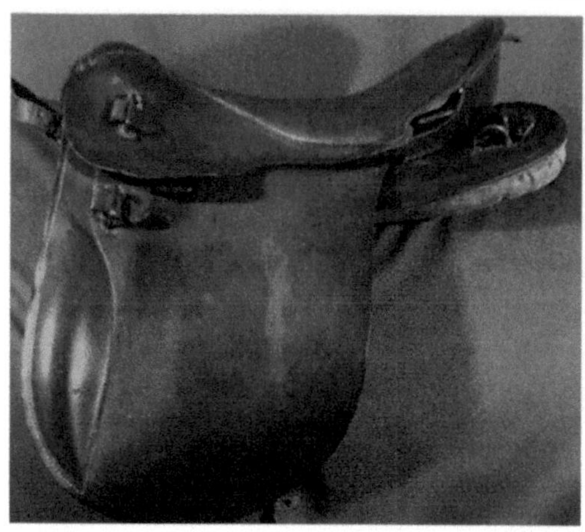

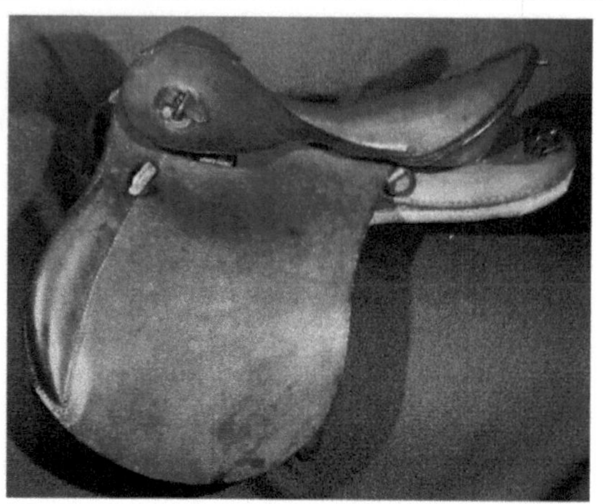

Vergleich Armesattel 89 (links) und 25 (rechts). Die Satteltaschen mit Pauschen sind beim Sattel 89 steiler. Dies ist ähnlich zu den heutigen Dressursätteln, wobei die damaligen Reiter kleiner waren und besser damit zurechtgekommen sind. Der Sattel 25 hat Satteltaschen, die mehr nach vorn ausgewölbt sind und einem modernen Vielseitigkeitssattel (Schwerpunkt Dressur) entsprechen. Auch war der Hinterzwiesel flacher. Damit trug der Sattel 25 dem Springen mehr Rechnung. [Schumacher 2007].

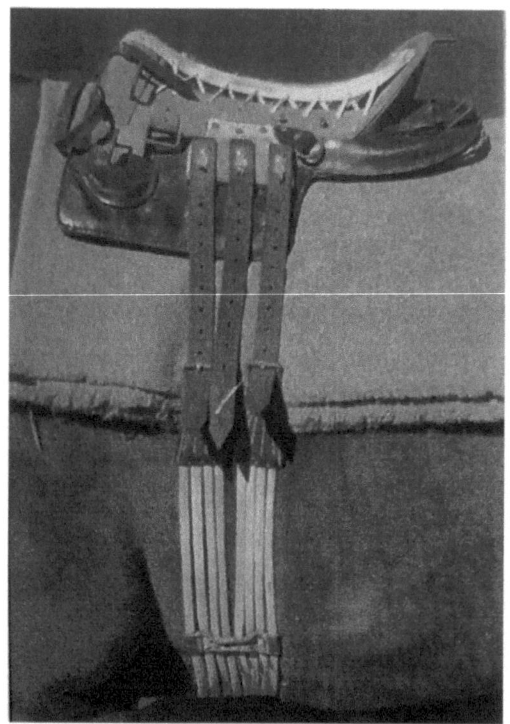

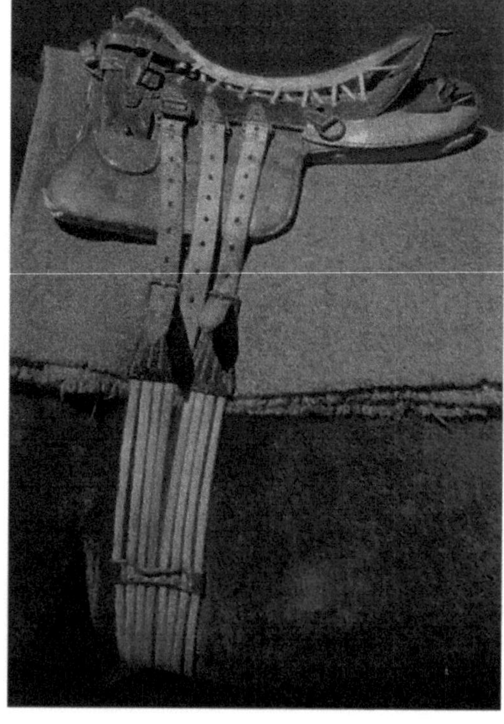

Vergleich Armesattel 89 (links) und 25 (rechts). Die Gurtstrippen sind beim Sattel 89 deutlich weiter hinten angebracht. [Schumacher 2007].

Gurtlagen vergleichbar ist. Der Steigbügelriemen, der beim 89er weiter vorne angebracht war, saß beim 25er etwas weiter hinten.

Aus der Einführungsverordnung für den neuen Sattel geht hervor: „Der Armeesattel 25 weist gegenüber den früheren Sätteln verschiedene Vorzüge auf. Er ist von leichterer Bauart und den Wünschen der Truppe entsprechend mit zurückgeschnittener Kammer (mit Ausnahme der Sättel für Pferde schweren Schlages), mit etwas nach vorwärts gerichteten Satteltaschen und mit noch einigen anderen Verbesserungen versehen. Er wird in 5 Grössennummern eingeführt und zwar:

Nr. 1	*für Pferde mit normalem Rücken*
Nr. 2	*für Pferde mit normalem Rücken, aber hohem Widerrist,*
Nr. 3	*für Pferde mit schmalem Rücken*
Nr. 4	*für Pferde mit schmalem Rücken, aber besonders hohem Widerrist,*
Nr. 5	*für Pferde schweren Schlages.*

[...] Da der neue Armeesattel 25 gegenüber dem früheren Armeesattel eine gefälligere Form und eine leichtere Bauart hat und von geringerem Gewicht ist, eignet er sich zugleich auch als Offiziersattel. Es ist daher die frühere Absicht, einen leichten Offiziersattel einzuführen, fallen gelassen worden." ([Schumacher 2007] S. 30).

Eine Kavallerie-Vorposten-Patrouille im Manöver in Unterfranken 1930. Deutlich sieht man die feldmäßige Trageweise von Packung, Ausrüstung und Waffen der Reichswehrreiterei.
BSArchiv, Bild 102-10431 / Georg Pohl

Das leichtere Gewicht des Armeesattels 25 kann allerdings nur bedingt bestätigt werden. Die große Mehrzahl der erhaltenen Modelle weisen, wie der Armeesattel 89, ein Gewicht von ca. 9 kg auf. Vermutlich kamen nur bei Offizierssätteln leichtere Materialien zum Einsatz. Auch dauerte die Einführung des Sattels 25 einige Zeit, da vor allem aus Kostengründen, die noch reichlich vorhandenen Sättel 89 von der Truppe aufgebraucht werden sollten. Den Offizieren war dabei für den Garnisonsdient weiterhin die Nutzung von englischen Pritschsätteln gestattet.

Packung

Der Karabinerschuh der preußischen Kavallerie hatte sich in der Praxis des Ersten Weltkriegs als unpraktisch erwiesen. Er war schwer und der Karabiner wurde meist auf dem Rücken getragen, damit der Reiter auch nach einem Sturz vom Pferd über eine Schusswaffe verfügen konnte. Allerdings belastete diese Trageweise den Reiter bei langen Märschen, weswegen auf eine bei der sächsischen Kavallerie seit 1910 verwendete Karabinertragevorrichtung zurückgegriffen wurde. Bei dieser steckte der Karabiner mit dem Kolben in einem ledernen Schuh, und der Lauf der Waffe konnte mit einem Karabinerhalteriemen an der Koppel des Reiters verschnallt werden. Diese Vorrichtung bewährte sich so gut, dass sie ab 1915 auch bei der bayerischen Kavallerie Eingang fand. Nach dem Ersten Weltkrieg ist diese Tragevorrichtung mit einigen kleinen Modifikationen beibehalten worden.Im Jahr 1926 gelangte ein neues Vorderpacktaschenmodell als Packtaschen 26 zur Ausgabe an die Truppe, bei dem sich die linke Packtasche (das sog. Reitergepäck) abnehmen ließ. Im infanteristischen Einsatz trug der Reiter diese aufgeschnallt auf dem Rücken. Insgesamt waren Reiter- und Pferdegepäck im Vergleich zur Alten Armee weitgehend identisch. Die alten Packtaschen wogen ca. 2 kg, das Leergewicht der Packtaschen 26 betrug jedoch 3 kg. Ansonsten änderte sich am System der Packung des Pferdes nichts Wesentliches. Das vom Pferd zu tragende Gewicht lag weiterhin um die 120 kg.

Waffen

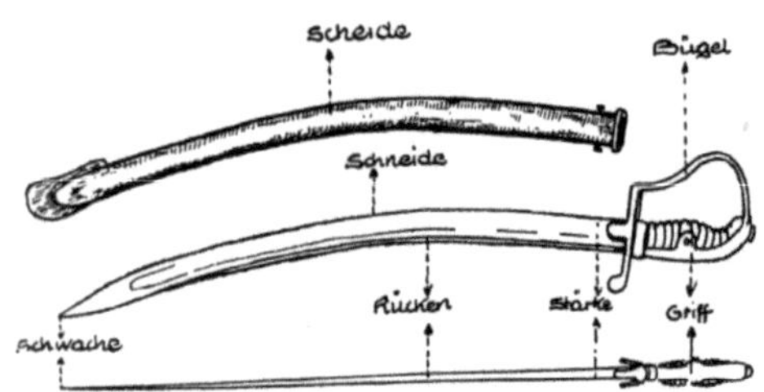

Kavalleriesäbel der Reichswehr

Der Kavalleriedegen 89 war in der Truppe unbeliebt. Deshalb wurde in der Reichswehr als Standard-Bewaffnung der gut in der Hand liegende preußische Artilleriesäbel verwendet. Damit ging man bei der Reichswehr wieder von einem Degenmodell mit gerader Klinge ab. Der Artilleriesäbel war ein leicht geschwungener Säbel, der gleich gut zu Hieb und Stich verwendet werden konnte.

1927 stand eine weitere bedeutende Veränderung an. Die Stahlrohrlanze wurde endgültig abgelegt. *„Am 1. Oktober (1927) wurde die Lanze als Waffe der Kavallerie eingezogen. Ein Stück ritterlichen Aussehens der Kavallerie war damit dahin. Die Lanze mußte aber im Interesse anderer wichtiger Ausbildungszweige fallen und das um so mehr, als die Vorschrift nur noch für kleinste Abteilungen bei plötzlichem Zusammentreffen mit dem Feind die Attacke vorschrieb. Damit entfiel auch der eigentliche Sinn der Lanze."* ([Reichel 1937] S. 49).

1928 löste der Karabiner 98B den alten Karabiner 98A ab. Dieses neue Modell verfügte über dieselben ballistischen Eigenschaften wie das Gewehr 98. Damit hatte ein Reiter eine im Vergleich zum Infanteristen völlig gleichwertige Bewaffnung erhalten.

Kapitel 7 - Die Reitvorschrift von 1937 – Caprilli, letzter Glanz und das schwere Ende (1929 – 1945)

Im Zuge der Machtübernahme durch die Nationalsozialisten am 30. Januar 1933, wurden die rigiden Festlegungen des Versailler Vertrages durch die neue Regierung schrittweise zurückgebaut oder vertragsbrüchig missachtet. Gleichzeitig steuerte die sich als Regierung der nationalen Erneuerung bezeichnende Reichsregierung einen außenpolitischen Kurs, auf dem sie knapp 21 Jahre nach Beendigung des Ersten Weltkrieges einen Zweiten Weltkrieg billigend in Kauf nahm. Nicht wenige Angehörige der bereits seit 1920 unter der Bezeichnung Wehrmacht zusammengefassten Teilstreitkräfte seit 1935 als Heer, Luftwaffe sowie Kriegsmarine bezeichnet, zählten zu diesem Zeitpunkt noch zu den Befürwortern der veränderten Innen- und Außenpolitik. Hierzu gehörte unter anderem auch Henning v. Treskow (1901-1944), der wie viele andere Offiziere meinte, dass nun endlich die Folgen des Ersten Weltkrieges revidiert werden würden. Die fatalen Ausmaße, die diese nationale Erneuerung dann tatsächlich mit sich brachte, sollen im Weiteren genauso wenig thematisiert werden, wie die Rolle, die eine ganze Anzahl Kavalleristen der deutschen Wehrmacht während des 20. Julis einnahm. Vielmehr bleibt der Blick wie in den Kapiteln zuvor, auf die Weiterentwicklung der militärischen Reitlehre gerichtet. Das Ende des Zweiten Weltkrieges setzte zudem einen Schlussstrich unter eine lange sowie ereignisreiche deutsche Kavallerie-Geschichte. Obwohl er bis in die Gegenwart als motorisierter Bewegungskrieg bewertet wird, fiel dem Pferd hier zum letzten Mal in der Militärgeschichte, eine kriegstragende Rolle zu. Während des gesamten Krieges kamen mehr Pferde zum Einsatz als zwischen 1914 und 1918, vor allem in der Auseinandersetzung zwischen der Wehrmacht und der Roten Armee. Wie bereits im Ersten Weltkrieg, machten die schwierigen Geländeverhältnisse an der Ostfront einen massenhaften Einsatz von Pferden erforderlich. Zudem waren beide Armeen nicht in der Lage, ihren Bedarf an Kraftfahrzeugen aus eigener Industrieproduktion abzudecken.

Begegnung von Panzer- und Reiterspähtrupp im Winter 1941/42 in Russland. Ein Symbol für die „erzwungene" Koexistenz von Pferden und Motor in den schwierigen Geländeverhältnissen der Ostfront.

Der Zweite Weltkrieg war außerdem der letzte und schwerste Prüfstein für ein vollkommen nach militärischen Erfordernissen konzipiertes Reit- und Ausbildungssystem. Die mit der Einführung der allgemeinen Wehrpflicht im Jahr 1935 einhergehende zweijährige Wehrpflicht für jeden männlichen deutschen Staatsangehörigen, führte zunächst zu einer gravierenden

Reduktion der effektiven Ausbildungszeit für Rekruten aller Waffengattungen. Die Ressourcen der Kavallerie wurden nun durch Abstellung von Ausbildern als allgemeines Mittel zur Reitausbildung der vielen neuen Rekruten und Remonten aller anderer Truppengattungen herangezogen. Damit diese Bandbreite von Lehrzielen zumindest annährend in einer zweijährigen Ausbildungszeit angebahnt werden konnte, musste erneut eine vereinfachte Reitvorschrift konzipiert werden. Der hinter diesem Curriculum stehende Grundgedanke zielte darauf ab, das in langen Jahrzehnten gewachsene kavalleristische Spezial-Wissen derart aufzubereiten, dass es als Ausbildungsgrundlage auch von allen anderen Truppengattungen des Heeres der deutschen Wehrmacht umgesetzt werden konnte. Den Lehren aus dem Ersten Weltkrieg folgend, sollte hierdurch der Eventualität einer vorrangig durch Pferde abzusichernden Mobilität großer Teile des Heeres Vorschub geleistet werden.

Für die angestrebte Vereinfachung des bisherigen Ausbildungssystems konnten entscheidende Elemente aus dem italienischen Reitausbildungssystem und ihrem Prinzip der „natürlichen Reitkunst" genutzt werden. Dieses wurde bereits von vielen anderen Nationen verwendet und fand erst jetzt wirklichen Eingang in die deutsche militärische Reitlehre.

Die Erfolge dieser Neuausrichtung waren dann auf der Olympiade 1936 in Berlin sichtbar. Zum letzten Mal gelang es hier einer aus Kavallerie-Offizieren bestehenden Reitequipe, ein eindrucksvolles Zeugnis von der Effektivität sowie Qualität des deutschen militärischen Ausbildungssystems auf internationaler Ebene abzulegen.

Anders als im vorangegangenen Krieg war die Organisation der Remontierung wie auch des gesamten Veterinärwesens, durchaus auf die extremen Herausforderungen des Zweiten Weltkrieges eingestellt. Wie bei der Ausbildung waren auch hier die entsprechenden Lehren zielführend umgesetzt worden.

Die Taktik bis zum Ausbruch des Zweiten Weltkriegs

Motorisierung und Umstrukturierung des Heeres der deutschen Wehrmacht

An dieser Stelle möchten die Autoren nochmals darauf hinweisen, dass die Bezeichnung „Wehrmacht" bereits seit 1919 offiziell für die Gesamtheit der deutschen Streitkräfte gültig war. Mit dem Wehrgesetz vom 21. Mai 1935 setzte sich die Wehrmacht aus dem Heer, der Kriegsmarine und der Luftwaffe zusammen. Der seit 1935 auch vor der Öffentlichkeit nicht mehr geheim gehaltene Heeresneuaufbau zog einen Anstieg der deutschen Rüstungsproduktion sowie eine verstärkte Forschung in allen Bereichen der Waffentechnik nach sich. Gleichzeitig stand dem bisherigen 100 000 Mann Heer mit seinen militärisch hochausgebildeten, kriegserfahrenen Berufssoldaten durch die Einführung der allgemeinen Wehrpflicht in kürzester Zeit eine große Anzahl an für den Militärdienst motivierten jungen Männern zur Verfügung.

Die wesentlichen taktischen Ideen für den Umbau des Heeres waren durch die jetzt erst möglich gewordene Motorisierung des deutschen Militärs bestimmt. Natürlich nahm aus diesem Grund die Kavallerie wieder einmal eine ihre Existenz bedrohende Position ein. Der „Konstrukteur" der Reichswehr v. Seeckt schrieb 1933 bereits außer Dienst: *„Die Kavallerie gilt als eine dem Untergang geweihte*

Ein Reiterrudel des Kavallerie-Regiments 18 geht vor. Neue geöffnete taktische Formen ersetzten die alten geschlossenen Gefechtsformationen. Das Reiterrudel eignete sich besonders zur Aufklärung in freiem Gelände, falls mit Feindberührung gerechnet werden musste, und zur Überwindung von deckungslosem Gelände. Abbildung nach Oscar Merté.

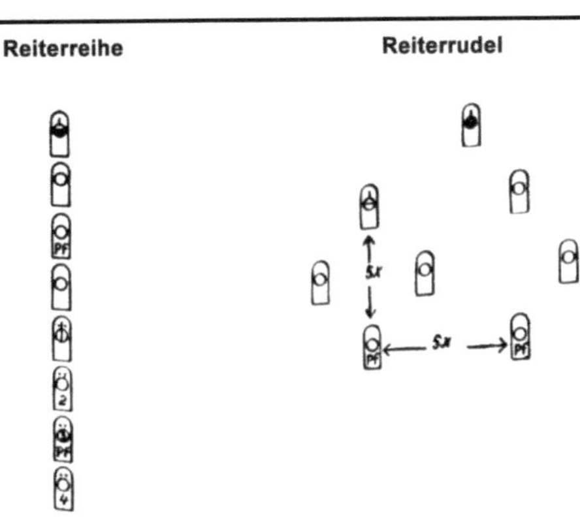

Die Grundformen der geöffneten Ordnung: Reiterreihe und Reiterrudel. Die Reiterreihe diente in erster Linie zum Ausnützen vorhandener Erd- und Fliegerdeckungen, zum Reiten auf schmalen Pfaden und im dichten Wald. Das Reiterrudel wurde im Allgemeinen nur von Teilen einer Gruppe (ein bis zwei Abmärsche) entwickelt und in der Regel fünf Schritt Abstand („5 x" bedeutet „5 Schritt") zu Zwischenraum genommen.

Waffe, die Kugel hat sie verdrängt, der Motor wird sie ersetzen. Man wird ihr Fehlen einmal schmerzlich vermissen [...]. Wenn [...] den Kavallerie-Divisionen die ihnen für ihre erfolgreiche Verwendung und für ihre Kampfweise nötigen Waffen zur Verfügung stehen, so werden sie ein besonders wertvoller Bestandteil einer beweglichen Deckungsarmee sein." ([Richter 1978] S. 92). Der weitblickende Militär v. Seeckt sah voraus, dass die Kavallerie im modernen Bewegungskrieg vor allem in der Verteidigung und nicht im Angriff eine wichtige Rolle einnehmen könnte.

Die hochfliegenden Ideen bezüglich der Motorisierung wurden zudem sehr schnell von der Wirklichkeit gedämpft. Es war nämlich eine Tatsache, dass die industriellen Produktionsmöglichkeiten von Kraftfahrzeugen jeglichen Typs in Deutschland den internationalen Standards noch nicht entsprachen. Selbst während des Zweiten Weltkriegs sollte die Vollmotorisierung der deutschen Armee ein unerfüllbarer Traum bleiben. Führende deutsche Militärs vermieden es daher, in ihren Planungen weder auf die Kavallerie noch auf das Pferd als Transportmittel des Heeres zu verzichten.

Die Ausrüstung der Kavallerie mit schweren Waffen

Die Kavallerie bekam mit Geschützen, Panzer und Panzerspähwagen die Waffen, die sie nun tatsächlich zur „schnellen Feuerwaffe" werden ließen. Der Gefechtseinsatz war jetzt ausschließlich infanteristisch dominiert. Der noch mitgeführte Säbel stellte einen nostalgischen Notbehelf dar, der eventuell noch bei einem überraschenden Zusammentreffen mit gegnerischen Patrouillen zum Einsatz kommen sollte. *„Das Wesen der Kavalleriekampfes besteht im Wechsel von Reiten und Schießen. Der Kampf mit der Feuerwaffe kann mit Angriffen zu Pferde verbunden werden [...]. Die Kavallerie muß reiten, um zur rechten Zeit an der richtigen Stelle schießen zu können, und sie muß schießen, um* *wieder reiten zu können, d. h. um wieder für bewegliche Verwendung frei zu werden [...]. Die Hauptunterschiede in der Taktik der Kavallerie und der der Infanterie finden letzten Endes ihren Grund in der verschieden großen Beweglichkeit dieser beiden Waffen."* ([Brandt 1931] S. 65).

MG-Abmarsch mit dem leichten MG 13 (Dreyse). Beim Reiter mit dem MG im Futteral war der Säbel vorne links am Sattel angebracht. Deutlich sieht man die Trageweise der Ausrüstung und Bewaffnung. Ein MG-Abmarsch bestand aus 4 Reitern: MG-Schützen 1-3 und ein Pferdehalter. BArch, Bild 103-024-015.

Anders als die Infanterie vermochte die Kavallerie, in Geländeabschnitten mit großen Zwischenräumen und offenen Flanken zu kämpfen. Sie konnte aber ebenso zu einem Angriff von mehreren Seiten mit getrennten Kampfgruppen ansetzen. Ein Gefecht aus einer breiten Entfaltung heraus zu führen, um dann an der richtigen Stelle zügig einen Angriffsschwerpunkt festzulegen, stellte für die Kavallerie kein Problem dar. Immer noch gehörte die Überraschung, gepaart mit schneller Entschlusskraft zu den wesentlichen Elementen einer erfolgreichen Kavallerie-Taktik. Ein Nachteil der Kavallerie im Vergleich zur Infanterie war jedoch, dass sie im Gefechtseinsatz immer Rücksicht auf die Handpferde nehmen musste. Diese wurden während des Kampfes der abgesessenen Schützen gedeckt bereitgehalten und waren bei Entdeckung durch den Gegner sehr verwundbar gegen Flieger und Artillerie.

Reduzierte Rolle in der Aufklärung

Im Bereich der Aufklärung verschoben sich die bisherige Zielstellungen weg von der strategischen Aufklärung: *„Die Fernaufklärung ist in Hauptsache Aufgabe der Flieger. Sie kann in besonderen Lagen ergänzt werden durch weite Vorstöße gepanzerter Fahrzeuge und Entsendungen von Abteilungen der Heereskavallerie. Lediglich zum Zweck der Fernaufklärung setzt man große*

Bis zur Einführung des MG 34 hatten die Reiter- und Kavallerie-Regimenter noch MG-Züge mit dem schweren MG 08 auf sechsspännig gezogenem MG-Wagen.

Heeres-Kavallerie-Verbände nicht ein […]. Das System der bisherigen Aufklärungsabteilungen ist einem neuzeitlichen, mit zahlreichen gepanzerten Kampffahrzeugen ausgerüsteten Feinde gegenüber nicht mehr erfolgsversprechend." ([Brandt 1931] S. 34). Die Hilflosigkeit von Kavallerie gegen gepanzerte Fahrzeuge war phasenweise schon während der Durchführung des Schlieffenplans 1914 gegen Panzerautos der Belgier und Franzosen zu Tage getreten. Unverändert blieb hingegen die Verwendung von Kavallerie innerhalb der operativen und der Gefechtsaufklärung.

Die Wichtigkeit der Marschleistung im Wettbewerb mit dem Motor

Friedrich von Bernhardi, der schon vor dem Ersten Weltkrieg zu den taktischen Vordenkern der deutschen Militärführung gehörte, forderte schon damals: *„Der Kavallerist muß ausdauernd reiten können, ohne das Pferd besonders anzustrengen, und er muß ein vorzüglicher Schütze sein. Er muß verstehen, mit der Munition hauszuhalten und womöglich keinen Schuß ergebnislos abzugeben. Die Pferde aber müssen gelernt haben, weite Strecken in rascher Gangart zurückzulegen. Man sieht: die ganze Ausbildungsart muß sich ändern; dementsprechend aber auch die Ausrüstung des Reiters. Die Pferde müssen systematisch für weite Strecken trainiert werden […]. Dafür muß die ganze Reiter-Ausrüstung soviel als möglich erleichtert und für den Transport großer Mengen Munition eingerichtet werden. Es kommt nicht darauf an, daß die ganze Ausrüstung möglichst lange hält, sondern darauf, daß sie so leicht als möglich ist, wenn sie auch oft erneuert werden muß."* ([Egan-Krieger 1928] S. 492). Bernhardis Forderung nach einer prinzipiell leichteren Ausrüstung sollte allerdings auch während des Zweiten Weltkrieges nur ungenügend umgesetzt werden. In der Praxis fand eine Verringerung der Tragelast nur in den Fällen statt, in denen die Reiter einfach Teile der Reitausrüstung weglassen konnten.

„Ein Gebiet, auf dem noch zuzulernen ist, wenn die Kavallerie den Wettbewerb mit den motorisierten Verbänden bestehen will, ist die Technik großer Märsche. Es kommt dabei nicht auf ein

Trainieren der Pferde an, das würde nur gebraucht, wenn es sich um schnelle Märsche handeln würde. Für die langen Märsche der Kavallerie genügt die normale Arbeit der Dienstpferde. Es ist sogar erwünscht, wenn die Pferde im Futter zuzusetzen haben. Was aber exerziermäßig zu üben ist, das sind die schnellen Übergänge aus dem Marsch zu den Rasten und umgekehrt, die Versorgung von Mann und Pferd auch unter schwierigen Umständen. Auch die großen Märsche gehören in das jährliche Übungsprogramm der Kavallerie." ([Brandt 1931] S. 135). *„Der [...] Inspekteur der Kavallerie, Generalleutnant Brandt, forderte für eine neuzeitliche Reitertruppe eine Durchschnittsgeschwindigkeit von 7 ½ km pro Stunde, und 10 reine Marschstunden pro Tag, wobei immerhin 75 km zurückgelegt werden konnten."* ([Richter 1978] S. 52). Im Ersten Weltkrieg hatte die Durchschnittsmarschleistung im Bewegungskrieg noch 40 – 50 km pro Tag betragen.

Die Rolle der Kavallerie beim Aufbau der neuen Wehrmacht

Die Zeit von 1934 bis 1938 brachte für die Organisation der Kavallerie umfangreiche und stetige Veränderungen, die dem stürmischen Aufbau der Wehrmacht geschuldet waren. Insgesamt können herbei drei Hauptlinien benannt werden.

Durch Abgaben von Personal trug die Kavallerie wesentlich zum Aufbau neuer motorisierter Formationen bei. Abgaben waren schon seit jeher ein bewährtes Mittel, um einen erfahrenen Stamm für neue Formationen zu bilden. *„Insgesamt gab die Kavallerie (1935) von ihren 18 Reiter-Regimentern 5 geschlossen und erhebliche Teile weiterer 3 Regimentern zum Aufbau der Kraftfahrkampftruppen (Schützen-Regimenter, Kradschützen-Bataillone und Panzer-Regimenter) ab. Dieser nicht unwesentliche Aderlaß der Reiterei konnte von ihr, wie die weitere Entwicklung der Deutschen Wehrmacht zeigt, dank der enormen Substanz, die in den relativ langen Aufbaujahren der Reichswehr gebildet worden war, durchaus verkraftet werden. Für den Auf- und Ausbau der Kraftfahrtruppen, und insbesondere für die spätere deutsche Panzerwaffe, zählte aber nicht allein die Anzahl der abgegebenen Verbände. Ebensoviel Gewinn flossen ihr durch die Impulse zu, welche die nun umgesessenen Reiter in ihre neue Waffe einbrachten. Der vielzitierte ‚Reitergeist' wurde verzugslos von den ehemaligen Kavalleristen auf diese junge Waffengattung übertragen."* ([Richter 1978] S. 89).

Bei den verbliebenen Kavallerieformationen verschob sich der Schwerpunkt weg von der Heereskavallerie hin zur Divisionskavallerie, die jetzt die Bezeichnung Truppenkavallerie erhielt. Das Gros der Reiter-Regimenter wurde hierfür in neue „Kavallerie-Regimenter", in deren festen Bestand sich Radfahrer und schwere Waffen befanden, umformiert: *„Jedes Kavallerie-Regiment bestand nun aus 2 Abteilungen. Die I. (Reit.) Abt. umfaßte die 5 Reiter-Schwadronen, die II. (Radf.). Abt. die 3 Radf.-Schwadronen, dazu die 9. Panzer-Abwehr- und 10. schwere Schwadron (Kavallerie-Panzerabwehrzug, Kavallerier-Panzerspätzug und Kavallerie-Geschützzug). Die 11. Nachrichten-Schwadron war dem Regiment unmittelbar unterstellt."* ([Richter 1978] S. 92). Die Kavallerie-Regimenter bildeten dabei die Friedensformation. Im Kriegsfall sollten dieses aufgelöst und für die Infanterie-Divisionen sog. „Aufklärungsabteilungen" gebildet werden: *„Insgesamt konnten aus den 13 Kavallerie-Regimentern bei der Mobilmachung 52 Reiterschwadronen für die Aufklärungs-Abteilungen der 33 Inf.-Divisionen und 3 Gebirgs-Divisionen der 1., sowie für die 16 Divisionen der 2. Welle aufgestellt werden. Diese,* *zusammen 52 Divisionen, verfügten im Kriegsfall über eine Aufklärungs-Abteilung mit folgender Zusammensetzung: Stab mit Nachrichten-Zug (beritten und mot.), 1. Reiter-Schwadron, 2. Radf.-Schwadron, 3. schwere Schwadron (mot.) mit Pz.-Späh-Trupp, Pz.-Abw.-Zug, Kav.-Gesch.-Zug“* ([Richter 1978] S. 101).

Die Kavallerie-Regimenter hatten eine Radfahrer-Schwadron, die erst ab 1936 aufgestellt wurde. Sie sollte die infanteristische Feuerkraft einer Aufklärungsabteilung erhöhen.

Von der Heereskavallerie blieben hingegen nur Rumpfteile übrig. Zunächst wurden ab 1936 die Kavallerie-Divisionen aufgelöst. Lediglich die beiden ostpreußischen Reiter-Regimenter 1 und 2 blieben als „Reiter-Regimenter“ erhalten und bildeten die 1. Kavallerie-Brigade als nunmehr einzige Heereskavallerie. Diese Reiter-Regimenter verfügten ebenfalls über schwere Waffen, mit Radfahrern waren sie jedoch nicht ausgestattet. Erst im Zweiten Weltkrieg wurden die Reiter-Regimenter wieder vermehrt und

Jedes Kavallerie-Regiment hatte einen bespannten Kavallerie-Geschützzug, der mit zwei 7,5 cm Geschützen ausgestattet war. Mit den Geschützen konnte Flach- und Steilfeuer geschossen werden. BArch, Bild 103-024-051.

Divisionen gebildet. *„Den [...] Reiterverbänden wird in der Regel reitende Artillerie zugeteilt. Dazu kommen weitere Verstärkungen für den Divisionsverband in Gestalt von Radfahrabteilungen und Nachrichtenverbänden. Das Reiter-Regiment gliedert sich in mehrere Abteilungen, die Abteilung in Stab und Nachrichten zu, drei bis vier Reiter-Schwadronen, eine Maschinengewehr-Schwadron und eine Schwere Schwadron. Diese setzt sich zusammen aus Kavallerie-Geschützzügen, Pak- und Pionierzug sowie Kavallerie-Panzer-Spähzügen. Die Reiter-Schwadron wieder teilt sich in Schwadronstrupp und drei bis vier Züge. Jeder Zug wiederum in Zugtrupp und drei bis vier Gruppen; die Gruppe endlich in drei bis vier Abmärsche mit vier Reitern. Zu jeder Schwadron gehört der Troß."* ([Richter 1978] S. 103).

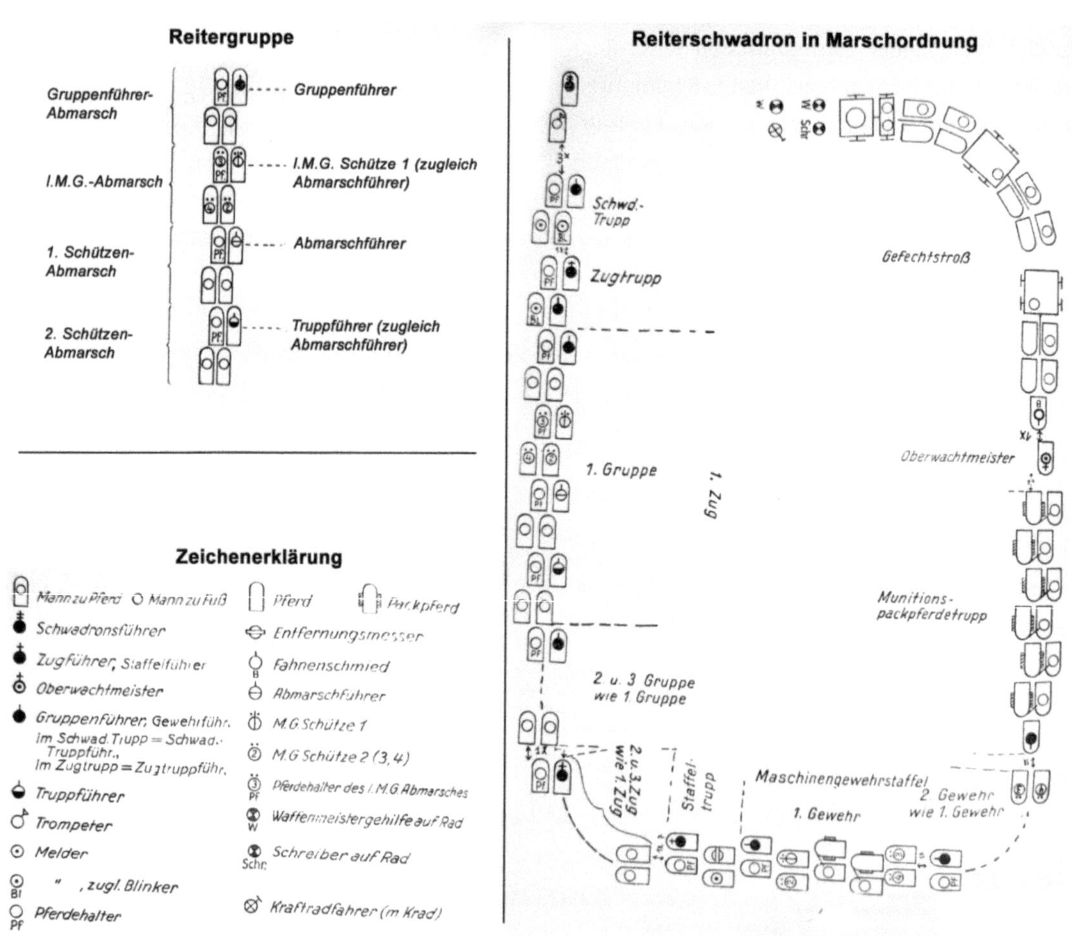

Die Gliederung der Reitergruppe und der Reiterschwadron in Marschordnung, die sowohl Bewegungs- wie Versammlungsformation war. Die Reiterschwadron bestand aus Schwadronsführer und Schwadronstrupp, drei bis vier Reiterzügen, MG-Staffel, Gefechtstroß, Verpflegungstroß und Gepäcktroß. Abbildungen aus der H.Dv. 299/2 von 1937.

In der Summe dieser Veränderungen verfügte die Kavallerie am Vorabend des Zweiten Weltkriegs, inklusive ihrer nicht berittenen Teile, über einen erheblich angestiegenen Personalbestand. Das Verhältnis der Kriegsformationen innerhalb des Heeres gestaltete sich 1939 derart, dass: *„Infanterie (inkl. mot. Inf.-Divisionen): 1.367.911 Mann, [...] Kavallerie u. Aufklärung (einschl. leichte Div.): 98.339 Mann, [...] Panzertruppe: 32.605 Mann [...]"* zur Verfügung standen. *„Daraus ergibt sich ein ungefährer Vergleich von: 1 Pz.-Besatzung (5 Mann) : 15 Mann Kavallerie : 200 Mann Infanterie."* ([Richter 1978] S. 95).

Der Vollständigkeit halber muss hier noch eine Art der Truppenkavallerie erwähnt werden, die nicht zur Kavallerie, sondern zur Infanterie zählte. Es handelte sich hierbei um die Infanteriereiterzüge mit 33 Pferden, die jedem einzelnen Infanterie-Regiment zur Gefechtsaufklärung zur Verfügung standen.

Viele neue Vorschriften u.a. für die neuen Spezialformationen der Kavallerie

Im Zuge des Neuaufbaus der deutschen Wehrmacht mussten nicht nur vorhandene Vorschriften abgeändert, es mussten ebenso viele Vorschriften überhaupt erst verfasst werden. Ein Blick besonders auf die neu entstandenen Vorschriften fördert dabei eine bisher wenig bekannte neue Vielfalt an Kavallerie-Formationen zu Tage.

Als geistiger Nachfolger der Seecktschen „Führung und Gefecht der verbundenen Waffen (F.u.G.)" aus dem Jahr 1921 erarbeitete Generalleutnant Ludwig Beck (1880 – 1944) zwischen 1931 bis 1933 die berühmte H.Dv. 300/1. Die unter dem Titel „Truppenführung (T.F.)" erschienene Vorschrift beinhaltete Führungs- und Taktikgrundsätze für das Zusammenspiel aller Truppengattungen des Heeres, wobei diese 1936 als überarbeitete Ausgabe nochmals ausgegeben worden war.

Als Ersatz des nun völlig veralteten Exerzier-Reglements und der bisherigen Felddienstordnung aus der Zeit vor dem Ersten Weltkrieg, wurde in den Jahren 1937 und 1938 die H.Dv. 299 in 10 Heften als „Ausbildungsvorschrift für die Kavallerie" und „Ausbildungsvorschrift für die schnellen Truppen" herausgegeben. Sie behandelte die Gefechts- und Feldausbildung des einzelnen Soldaten bis hin zur Aufklärungsabteilung mit allen Spezialformationen, wie beispielsweise der Radfahrschwadron, der Stabsschwadron, des Kavalleriegeschützzuges, des Kavallerie-Pionierzuges, des Kavallerie-Panzerzuges und des Kavallerie-Panzerabwehrzuges.

Für den Pionierdienst aller Waffen (All.Pi.D.) wurde 1935 und noch einmal 1936 die H.Dv. 316 herausgegeben.

Reitausbildung bis zum Ausbruch des Zweiten Weltkriegs

Die Ideen Caprillis kommen nach Deutschland

Die Olympiade von 1928 zeigte, dass das deutsche Ausbildungssystem auf dem Fundament der RV 1912 im Dressursport erstklassige Ergebnisse erzielte. Als „offene Flanke" der sonst so erfolgreichen deutschen Reiter galt jedoch der Springstil wie auch die Springausbildung. Hierfür galten die italienischen Kavallerieschulen von Tor di Quinto bei Rom und Pinerolo bei Turin als das Nonplusultra des Springens. Der erfolgreiche Springreiter, der Kavallerie-Offizier und spätere „Pferde-Papst"

Hans-Joachim Köhler schrieb dazu: *„Führend im Springsport, zeitweise sogar überragend waren viele Jahre lang die Italiener. In Italien steht die Wiege des modernen Springsports, fußend auf den Lehren des großen Meisters Frederico Caprilli, der sich heute noch hoher Verehrung erfreut und auf die Entwicklung des Sports ähnlich revolutionierend wirkte wie sein Zeitgenosse, der Amerikaner Todd Sloan, auf den heute in allen Kulturländern verbreiteten Stil des Rennreiters. Die aus Italien kommende Methode, die man als natürliche bezeichnet, beruht im wesentlichen darauf, die Pferde im Gelände bergauf und bergab, über Bodenricks (Cavalettis) und Hindernisse aller Art zu gymnastizieren. Im Sprunge verlangt man die Rückenaufwölbung und das Strecken des Halses in die Tiefe. Diesem Ablauf des Sprunges hat sich der Reiter anzupassen, mit relativ kurzen Bügeln leicht sitzend, den Pferderücken entlastend, während die Zügelfaust soweit nachgibt, wie es das Pferd verlangt."* ([Killisch-Horn 1953] S. 55).

Der italienische Marquese Borsarelli auf seiner Wunderstute „Crispa". Die Italiener hatten das Spring- und Geländereiten revolutioniert. An ihrem Stil orientierten sich die meisten Springreiter der Welt. Crispa war das Lieblingspferd des italienischen Publikums, da es der Reiter mit leisen, melodiösen Pfiffen über den Parcours dirigierte. Foto von Werner Menzendorf.

Das Prinzip dieser „natürlichen Reitkunst" beschrieb als Erster der prominente Schüler Caprillis, Alessandro Alvisi: *„Der beste Lehrmeister für das neue Gleichgewicht ist das verschiedenartige Gelände, denn es ist der einzige, dem das Pferd nicht mißtrauen kann, da die Natur es seinen Blick und seine Aufmerksamkeit auf sich selbst wenden läßt."* ([Momm 1942] S. 81).

Das wesentliche Element des italienischen Systems bildete der sogenannte „italienische Sitz" oder „leichte Sitz". Er funktionierte wie der amerikanische Rennsitz, nach dem Prinzip der Skirennhocke und engen Schwerpunkte von Reiter und Pferd in der Bewegung. Bei sehr kurzen Bügeln und voll durchgesteckten Steigbügeln ging das Becken des Reiters leicht nach hinten aus dem Sattel und der Oberkörper neigte sich nach vorn. Schulter, Knie und Absatz bilden eine senkrechte Linie. Das Fundament war nicht wie im Dressursitz das Becken, sondern es lag hier im Steigbügel. Dies bedeutete, dass der Reiter auch zwischen den Sprüngen nicht im herkömmlichen Sinne saß, sondern die Anspannung gänzlich in der Oberschenkelmuskulatur lag. Der wesentliche Vorteil war, dass der Reiter selbst bei verfrühtem oder zu spätem Abspringen des Pferds am Hindernis in der Bewegung ausbalanciert blieb. Oberleutnant von Ploetz aus dem Springstall der Kavallerieschule Hannover beschrieb in einem Vortrag 1933 den „italienischen Sitz" folgendermaßen: *„Das Gesäß des Springreiters befindet sich nicht im Sattel, sondern schwebt so dicht wie möglich* *über dem Sattel. Denn der Springreiter sitzt nicht im Pferd, sondern kniet sich gewissermaßen in das Pferd hinein […]. Die Kunst ist, mit dem Gesäß nicht im Sattel zu sitzen und doch möglichst dicht am Pferderücken zu sein. Ein zu hohes Gesäß ist immer ein Zeichen von Steifheit und daher falsch. Ebenso ist es falsch, mit dem Gesäß zu sehr nach hinten zu sitzen.“* ([Kavallerieschule 1933] S. 31).

Da das italienische System stark vom traditionellen, militärischen Sitz abwich und nach fundamental anderen Prinzipien, nämlich ohne herkömmliche Dressurausbildung arbeitete, stand die deutsche Kavallerieführung diesem sehr verhalten gegenüber. *„Bekanntlich hat die Frage, nach welchem System junge Springpferde ausgebildet werden sollen, in den letzten Jahren die heftigsten Kämpfe und Befehdungen in den Kreisen der schreibenden Reiterwelt hervorgerufen. Der Schrei: Hie italienische – hie deutsche Schule! ist nach wie vor der Kampfruf der feindlichen Parteien.“* ([Kavallerieschule 1933] S. 5).

Die Einrichtung des Springstalls der Kavallerieschule Hannover

Die Wende trat schließlich nach den Erfahrungen der Olympiade von 1928 ein, indem die Kavallerieschule Hannover auf Vorschlag von Gustav Rau 1929 einen eigenen Springstall einrichtete. Dieser erhielt den Auftrag, ein konkurrenzfähiges deutsches Springausbildungssystem zu entwickeln und auf internationalen Turnieren zu erproben. Erster Leiter des Springstalls wurde Edwin Graf von Rothkirch und Trach (1888 – 1980). Rothkirch war schon vor dem Ersten Weltkrieg als junger Offizier beim 1. Großherzoglich Mecklenburgischen Dragoner-Regiment Nr. 17 in Ludwigslust erfolgreicher Rennreiter und ritt in den 1920er und 1930er Jahren im Dressur-, Spring- und Military-Sport an der Spitze mit. Er war eine der glänzendsten reiterlichen Erscheinungen der Reichswehr und des Heeres der Wehrmacht. *„1929 zu einem Lehrgang für Kavallerieoffiziere verschiedener Nationen an die italienische Reitschule Tor di Quinto kommandiert, kehrte er als überzeugter und begeisterter, jedoch nicht*

Edwin Graf von Rothkirch und Trach (1888 – 1980) beim Abrutschen des berühmten Steilhangs an der italienischen Kavallerieschule in Tor di Quinto bei Rom. Rothkirch nahm dort im Auftrag der Kavallerieschule Hannover 1929 an einem Kurs für internationale Kavallerieoffiziere teil, um das italienische Ausbildungssystem zu studieren.

kritikloser Verfechter des von Caprilli entwickelten ‚leichten Sitzes' zurück [...]. Graf Rothkirch und andere erfahrene Reiter [hier ist besonders sein Nachfolger 1930 – 1936 Wolfgang von Waldenfels (1889 – 1940) zu nennen, Anm. d. V.] [erkannten allerdings], daß der leichte Sitz allein nicht ausreicht, um dauerhaft erfolgreich im Gelände oder auf den Parcours bestehen zu können, sondern daß dazu ein in allen Lagen sicher zu beherrschendes, wendiges Pferd gehört, dessen Gangmaß der Reiter bestimmt. Diese Beherrschung des Pferdes kann, seit eh und je unbestritten, nur durch eine dressurmäßige Grundausbildung und eine systematische Gymnastizierung erreicht werden." ([Börste 1996] S. 58). Die Lösung war also „Reiten wie die Italiener", aber auf Pferden, die nicht nur im Springen, sondern auch in der Dressur gut ausgebildet waren. Weiterhin kamen Elemente der italienischen Ausbildungsschule wie das Arbeiten mit Bodenricks, das Nutzen der Geländearbeit (Springen und Klettern) und das nach Vorne-abwärts-Strecken-lassen des Pferdehalses zur Geltung.

„Inzwischen hat die Praxis und Erfahrung gelehrt, daß es möglich ist, auch in grundsätzlicher Übereinstimmung mit den Lehren der Reitvorschrift auf ihren bewährten Grundsätzen aufbauend, moderne Spring- und Geländepferde zu erziehen und heranzubilden, und zwar Pferde, die in voller Harmonie und Ungezwungenheit über Sprünge und im Gelände gehen und dabei doch im übrigen nicht die Annehmlichkeiten eines nach ‚deutscher' Art gerittenen Pferdes vermissen lassen." ([Kavallerieschule 1933] S. 5). Anzumerken ist, dass diese Methode des Springstalls der Kavallerieschule Hannover nicht identisch ist mit dem heute allgemein praktizierten Springstil, bei dem der Reiter häufig zwischen den Hindernissen fast im Dressursitz einsitzt.

Die Richtigkeit der Maßnahmen machte sich innerhalb kürzester Zeit bemerkbar, indem die Reiter der Kavallerieschule zur Weltspitze aufschlossen. Nun übernahm ebenfalls der neue Vielseitigkeitsstall das System. *„[Im Spring- und Vielseitigkeitsstall] werden Ausbildungsgang und Stil erprobt und gefördert, die Reiter und Pferd zu Höchstleistungen im Springen befähigen. Damit wirkt er befruchtend auf die Springausbildung der ganzen Armee. Werden Höchstleistungen im Springen stets nur von besonders veranlagten Springpferden unter besonders befähigten Reitern zu erwarten sein, so ist der Hauptwert für die militärische Reiterei in der Ausbildung von Vielseitigkeitspferden zu suchen. Von Reiter und Pferd werden dabei Leistungen verlangt, die für die Truppenreiterei vorbildlich sind, und die mit etwas geminderten Anforderungen von jedem Kavalleristen und von jedem Soldatenpferd gefordert werden können [...]. Er schafft uns die Reiter und die Pferde, die die Kavallerie im Felde gebraucht."* ([Brandt 1931] S. 123 ff.). Vor dem Hintergrund dieser Erfolgsgeschichte verwundert es nicht, dass Elemente der „natürlichen Reitkunst" der Italiener unbedingt Eingang in die neu zu konzipierende RV 1937 haben sollten.

Die besten zivilen Reitausbilder werden an den Schulstall der Kavallerieschule geholt

Über den schwierigen Aufbau des Schulstalles knapp fünf Jahre nach dem Ersten Weltkrieg wurde bereits im vorangegangenen Kapitel berichtet. Zu den Protagonisten, die mit viel persönlichem Engagement diesen Aufbau vorantrieben, gehörten in erster Linie Major Andreas von Flotow (1876 – 1950) sowie Offizierstellvertreter Friedrich Gerhard (1884 – 1950). Major v. Flotow war 1912 selbst Olympiateilnehmer in der Dressur gewesen und gehörte von 1908 bis 1937 in verschiedenen

Graf Rothkirch (rechts) gewinnt in Genf 1929 den ersten Nationenpreis für den neuen Springstall der Kavallerieschule Hannover

Verwendungen, der Reitschule in Hannover und deren Nahfolgeeinrichtungen an. Der zweite Mann hinter v. Flotow war der schon 1905 als Unteroffizier an das damalige Militär-Reitinstitut abkommandierte und seit 1919 im Rang eines Oberfeldwebels stehende Friedrich Gerhard. Gerhard, der erst nach dem Ende des Kaiserreiches zum Offizier befördert werden konnte, übernahm dann zwischen 1933 und 1939 die Leitung des Schulstalles. Dieser zu den wenigen bürgerlichen und noch dazu aus dem Unteroffizierstand stammende Ausnahmereiter war bereits 1907 von Rittmeister v. Oesterley sowie Stallmeister Gebhard ausgebildet worden.

1931 war es gelungen, den berühmten Berliner Stallmeister und schon in hohem Alter stehenden Oskar Maria Stensbeck (1858 – 1939) zu einem Umzug nach Hannover und damit verbunden, zu einer Lehrtätigkeit am Schulstall zu bewegen. Nach 20 Jahren Vakanz wirkte damit wieder ein ziviler Spitzen-Reitlehrer in Hannover. Gustav Rau schrieb über diesen „Granden" der hohen Schule: *„Oscar Stensbeck und sein Bruder (Gustav) sind die beiden letzten großen Könner aus dem vorigen Jahrhundert, denen die Reitkunst Inhalt und Inbegriff ihres Lebens war, nicht verbunden mit dem Militär, nicht verbunden mit dem Sport. Er hat im Verborgenen gearbeitet. Erst nach dem [Ersten, Anm. d. V.] Weltkrieg trat er in der Öffentlichkeit auf und hat mit Morgenrot und Gimpel den Dressurprüfungen ein Niveau gegeben, das sie bis dahin nicht hatten. Unvergleichlich die Eleganz und die Elastizität seines Sitzes, ein Genuß die unerhöhrte Feinheit seiner Hilfengebung."* ([Nagel 1978] S. 17).

Oskar Maria Stensbeck (1858 – 1939) auf seinem Olympiapferd „Gimpel". Foto von Alex Menzendorf.

Noch als Achtzigjähriger ritt und arbeitete er täglich an der Kavallerieschule, bis er 1939 verstarb. Sein Spitzenpferd „Gimpel" hatte er dem Schulstall verkauft. Neben seiner Arbeit an der Kavallerieschule baute Stensbeck eine ebenfalls in Hannover beheimatete zivile Reitschule, die „Stensbeck-Reithochschule", auf.

Zur Vorbereitung auf die olympischen Spiele in Berlin wurden neben Stensbeck zwei weitere zivile Spitzendressurausbilder engagiert. Es handelte sich dabei um den ehemaligen Wachtmeister des 1. Garde-Ulanen-Regimentes und späteren Leibstallmeister Wilhelms II. als Nachfolger von Paul Plinzer, Otto Lörke (1879 – 1957) sowie den an der Spanischen Hof-Reit-Schule in Wien ausgebildeten Richard Wätjen (1891 – 1966).

Richard Wätjen berichtete über die intensive Vorbereitungsarbeit auf die Olympiade 1936: *„Im Jahre 1935/1936 setzte unter der bewährten Leitung von [Gustav, Anm. d. V.] Rau die Vorbereitung zur Olympiade in Berlin 1936 ein. [Wie 1928, Anm. d. V.] wurden zur Unterstützung der Kavallerieschule Hannover die erfolgreichsten Zivil-Berufsreiter zur Ausbildung herangezogen. Major Bürkner übernahm die Ausbildung des Prinzen Christoph von Hessen auf Caracalla, [August, Anm. d. V.] Staeck unterrichtete Major Linkenbach auf Hammer und SS-Standartenführer Fegelein auf Packard. Herr Lörke wurde nach Hannover berufen, um dort die Offiziere auszubilden, und ich übernahm die Ausbildung des Rittmeisters v. Scheliha auf Burgsdorff [Burgsdorff war das Spitzenpferd von Wätjen, Anm. d. V.]. […] Monate intensiver und anstrengender Arbeit vergingen, bis schließlich nach unzähligen internen Vorreiten und Reiterwechsel im Frühjahr 1936 die besten Pferde und Reiter mit ihren Ausbildern nach Hannover zusammengezogen wurden […]. Von Berlin ging nur ich mit Burgsdorff nach Hannover, so daß während der letzten drei Monate in der Kavallerieschule folgende Reiter und Pferde vorbereitet wurden: Oberstleutnant Gerhard auf Absinth, Rittmeister Pollay auf Kronos, Rittmeister von Oppeln-Bronikowski auf Gimpel, Hauptmann Viebig auf Burgsdorff. Oskar Stensbeck, Oberstleutnant Gerhard, Herr Lörke und ich leiteten die Ausbildung. Die Arbeit während dieser drei Monate gehört zu den schönsten Erinnerungen meines Reiterlebens!"* ([Braun 1941] S. 138 ff.).

Die immer noch sehr wichtige Rolle des Schulstall für die militärische Reitausbildung beschrieb der Inspekteur der Kavallerie Georg Brandt: *„Der Schulstall in Hannover erfüllt die für die gesamte Kavallerie so bedeutungsvolle Aufgabe, an besonders dazu geeigneten Pferden zu zeigen, bis zu welchem Grade sich die Dressur eines Pferdes unter Anwendung des für die deutsche Soldatenreiterei gültigen Systems steigern läßt. Er ist die Stätte, an der unsere gebräuchliche Methode dauernd*

Otto Lörke (1879 – 1957) als Sattelmeister Wilhelms II. Nachfolger von Paul Plinzer am Marstall in Berlin und einer der bedeutendsten Dressurausbilder Deutschlands in der ersten Hälfte des 20. Jahrhunderts. Er bildete den Ostpreußen „Kronos" aus, der die Dressurprüfung von Olympia 1936 gewann. Foto von Alex Menzendorf

Richard Wätjen (1891 – 1966) war der dritte im Bunde der Zivil-Reitlehrer, welche für die Vorbereitung der deutschen Reiter auf die Olympiade 1936 angestellt wurden. Wätjen bildete zahlreiche hochkarätige Reiter aus, darunter Egon von Neindorff. Ab 1938 wurde er als Leiter des Dressurstall an der SS-Hauptreitschule in München-Riem angestellt, um u.a. einen SS-Führer zum olympischen Dressurreiter auszubilden. Für Olympia 1948 war Wätjen der Ausbilder der US-Military-Mannschaft und 1952 der britischen Vielseitigkeitsmannschaft. Foto von Werner Menzendorf.

geprüft und weiter entwickelt wird. Denn auch in der Reiterei ist Stillstand gleichbedeutend mit Rückschritt. Ferner dient er, im dauernden Wechsel, der Fortbildung besonders befähigter Reitlehrer, was wiederum der Gesamtheit der Waffe zugute kommt. Durch sein Beispiel gibt er wertvolle Anregungen und wirkt damit fördernd auf den Stand der Reiterei bei der Truppe." ([Brandt 1933] S. 123).

Die Kavallerieschule als Hochburg der deutschen Reiterei

Um der Bedeutung des Spitzensports für die Ausbildung der Kavallerie gerecht zu werden, wurde 1930 die Abteilung III unter Oberst Weingart geschaffen. Sie fasste die militärisch relevanten Reitsportarten zusammen: Springstall, Military-Stall (eigenständig ab 1934), Schulstall, Rennstall und Jagdstall. *„Die Rechnung ging voll auf. Nachdem die Weichen gestellt waren, wurde der Erfolg jahrelanger mühevoller Aufbauarbeit mehr und mehr sichtbar. Die Kavallerie-Schule wurde zur Hochburg der deutschen Reiterei."* ([Richter 1978] S. 36).

Unter Generalmajor Arnold Preusser (1877 – 1946), der zwischen 1926 und 1931 Kommandeur der Kavallerieschule war, konnte das Institut systematisch zu einer gemeinsamen Plattform für den militärischen wie auch zivilen reitwissenschaftlichen Austausch aufgebaut werden. Obwohl die Erkenntnisse und das zentrale Wissen der an der Schule vereinten militärischen wie auch zivilen Reitlehrer nicht nur dem Militär allein zur Verfügung standen, trugen die meisten doch zu einer gezielten Verbesserung der Ausbildungsvorschriften der Armee bei. In diesem Zusammenhang wurden

Dressurprüfung der Military 1935 auf dem Gelände der Kavallerieschule Hannover. Oberleutnant Lippert im Dressur-Viereck. Die Gebäude wurden im Zweiten Weltkrieg weitgehend zerstört. Foto von Werner Menzendorf.

regelmäßig reitwissenschaftliche Vorträge sowie öffentliche Vorführungen abgehalten. In besonderer Weise gelang es den bis 1914 eher stiefmütterlich behandelten Militär-Veterinären, allen voran dem leitenden Veterinäroffizier an der Kavallerieschule, Oberstabsveterinär Dr. Udo Bürger, gemeinsam mit dem Professor für Anatomie an der Tierärztlichen Hochschule Hannover, Dr. Dr. h.c. Otto Zietschmann (1879 – 1957), einige der bisher angewendeten Reitausbildungsmethoden auch veterinärwissenschaftlich zu begründen ([Bürger 2007]).

Die H.Dv. 12 von 1937 (RV 1937)

Knapp 20 Jahre konnte sich die RV 1912 bewähren. Dennoch war nun die Zeit gekommen, eine neue, komplett überarbeitete Reitvorschrift herauszubringen, da vor allem die ihr zugrunde gelegten Rahmenbedingungen deutlichen Veränderungen unterlagen. Vor allem die ab 1933 eingeleitete Heeresvermehrung auf der Basis der Wiedereinführung der Wehrpflicht erzwang eine deutlich reduzierte Ausbildungszeit nicht nur bei der Kavallerie. Immerhin stand der Wehrmacht, gegenüber dem kaiserlichen Heer, eine um ein Jahr verkürzte Ausbildungszeit für die Rekruten der Kavallerie zur Verfügung. Gleichzeitig waren die taktischen Anforderungen einer grundlegend neuen Zielstellung angepasst worden. Das einhändige Reiten oder das exakte Reiten in Formationen schienen kaum noch eine tatsächliche militärische Rolle zu spielen. Das Wichtigste waren nun Marschleistungen, die nicht selten 100 km pro Tag überschritten, wie der Zweite Weltkrieg dann zeigen sollte. Zielstellung war, höchste Mobilität in jedwedem Gelände zu gewährleisten. Trotz des deutlich sinkenden Anteils der Kavallerie gegenüber den anderen Truppengattungen des Heeres, musste ihre Ausbildungsfunktion für die bei anderen Truppengattungen benötigten Reit-, Fahrpferde und Reitausbilder erhalten werden. Das hier dringend gebrauchte Fahrpferd sollte nach damaliger Auffassung zunächst eine solide Ausbildung als Reitpferd durchlaufen haben, bei der allerdings höhere Reitlektionen unnötig erschienen. Aus diesen praktischen Erwägungen heraus musste die neue RV 1937 kürzer und einfacher konzipiert werden. ([Bürkner 1937]).

Die grundlegende Reitlehre von 1912 und ihre Grundlage im Reitsystem von Steinbrecht stand nicht zur Debatte. Sie hatte sich hinreichend in der Praxis bewährt. Dennoch gab es weitere neue Erkenntnisse, die in die neue RV 1937 einfließen sollten. Dies waren Elemente der „natürlichen Reitkunst" der Italiener für das Geländereiten, Springen und die Remonteausbildung. Außerdem gab es nun intensive Erfahrungen aus den vielen Reitturnieren, in denen sich Pferd und Reiter, die nach der RV 1912 ausgebildet worden waren, seit Ende des Ersten Weltkriegs gezeigt hatten. Hier war vor allem Hans von Heydebreck, der sich im Aufbau des deutschen Dressurrichterwesens bedeutende Verdienste erarbeitet hatte, wesentlicher Impulsgeber.

Für die Arbeiten an der neuen RV 1937 wurden ebenso viel Mühe und Sorgfalt verwendet, wie für die RV 1912. Allerdings wirkte diesmal keine mitgliederstarke Kommission mit, sondern es wurde ein zweistufiges Verfahren gewählt. Im ersten Schritt entstand ein stabiler Entwurf, die sogenannte Entwurfsversion H.Dv. 12 vom 18.12.1934, die fertig erarbeitet und dann einer praktischen Erprobung unterzogen wurde. Neben der bei der Truppe stattfindenden Praxiserprobung, fanden an der Kavallerieschule regelrechte Disputationen zwischen namhaften militärischen sowie zivilen Reitlehrern auf reitwissenschaftlicher Basis statt. Die Erfahrungen daraus wurden dann im zweiten Schritt in die endgültige Version, die H.Dv. 12 vom 18.8.1937, eingearbeitet.

Abbildung aus der RV 1937: Der richtige Sitz im Halten mit angefasster Trense. Im Vergleich zur Abbildung in den RV 1912 und RV 1926 ist die Kopfhaltung des Pferdes deutlicher vor der Senkrechten.

Die Autoren blieben allerdings dem Grundsatz treu, eine präzise, einfache Sprache mit selbstsprechenden Begriffen anzuwenden. Hierdurch gelang es, klare und an die zeitgenössische Sprache angepasste Formulierungen entstehen zu lassen. Zum Beispiel wurde zum ersten Mal der Begriff „Takt“ verwendet, wofür bisher komplizierte Umschreibungen wie beispielsweise „ruhige, gleichmäßig Tritte“ Verwendung fanden, um die gewünschte Entwicklung des Ganges zu beschreiben. Wo es den Autoren sinnvoll erschien, wurden im Sinne einer verbesserten Übersichtlichkeit, Tabellen zum Beispiel für eine Übersicht über die Ausbildungsabschnitte der Remonten wie auch der Rekruten erstellt und abgedruckt. Sämtliche Beschreibungen wirkten daher praxisnah und die Texte beschrieben in knapper sowie exakter Sprache die Methode, mit der das jeweilige Lehrziel erreicht werden sollte. Das Curriculum umfasste dennoch die bereits in der RV 1912 bewährten drei Lehrbereiche, die „Reitlehre“, die „Ausbildung der Pferde“ sowie die „Ausbildung der Reiter“. Noch mehr als in der RV 1912 waren hier die Texte anhand von sehr hochwertigen Zeichnungen visualisiert wurden.

Die von Freiherr v. Redwitz bereits 1914 formulierten Forderungen, nach denen die Ausbildung der Rekruten vereinfacht werden sollte, fanden nun eine sachlogische Umsetzung. Jetzt waren die Anforderungen von einem schweren M- (mit Richtung S) auf ein L-Niveau herabgesetzt. Es wurde nunmehr auf Seitengänge bis auf die Lektion Schulterherein verzichtet, das gesamte Kapitel „Aufrichtung“ fiel weg.

Gustav Rau bemerkte dazu in seiner Besprechung der neuen RV 1937 in der St. Georg 1937: *„Bei der Überlastung der Truppe mit Ausbildung aller Art, mußte man auch bei der Ausbildung der Pferde und Reiter zu einer gewissen Vereinfachung gelangen, wie sie in der neuen ‚Reitvorschrift‘ niedergelegt ist […]. Man will für den Bedarf der Truppe diese Durchlässigkeit nicht so weit getrieben haben wie früher, wo man gewissermaßen im ganzen Heere jedes Reitpferd als Olympiapferd verlangte. Man strebt jetzt und für die Zukunft denjenigen Grad von Durchlässigkeit bzw. Gymnastizierung an, der das Pferd handlich macht, erhält und zu einem sicheren Werkzeug in der Hand des Reiters gestaltet […]. Die neue Reitvorschrift ist eine auf das Zeitgemäße gebrachte Erhaltung der alten Reitvorschrift von 1912, wie das schon einer unserer Besten, Oberst a.D. v. Flotow […] mit folgenden Worten sagte: ‚eine praktische Vereinfachung der alten Art.‘“* ([Rau 1937]).

„Losgelassenheit“ und die wesentlichen Neuerungen der RV 1937

Felix Bürkner, damals im Stab der Kavallerieinspektion, fasste die wesentlichen Ideen der neuen RV 1937 zusammen: *„[…] als roter Faden durch R.V. 37 [geht] das Streben nach Losgelassenheit […]. Aus dieser Auffassung heraus sind eine Reihe von früheren, höherer Versammlungen dienenden Übungen für den Truppengebrauch gestrichen und die Gefahren, welche falsche Versammlung mit sich bringen, vermieden worden. Bei der Infanterie und Artillerie müssen zahlreiche Pferde mit ungeeignetem Reitgebäude, für die jede Versammlung Gift ist, unter schwachen Reitern und noch wenig erfahrenen Reitlehrern gearbeitet werden. Hinzu ist die stärkere Betonung der Gebrauchshaltung und mit ihr der Losgelassenheit von entscheidender Bedeutung. Wir werden durch sie zufriedenere Pferde, eine bessere Erziehung bekommen. ‚Verbrecher‘ wird es dadurch weniger geben, ein früherer Verbrauch der Pferde tritt trotzdem nicht ein, wie statistisch festgestellt worden ist. Der Hauptforderung nach Losgelassenheit bei Reiter und Pferd trägt auch voll das Bildmaterial Rechnung. Beim Reiten in allen Gangarten geschmeidiger Sitz, beim Pferde lange Hälse, keine starren, geknieбelten Formen, zufriedener Gesichtsausdruck, entspannte Bewegungen.“* ([Bürkner I 1937] S. 14 ff.).

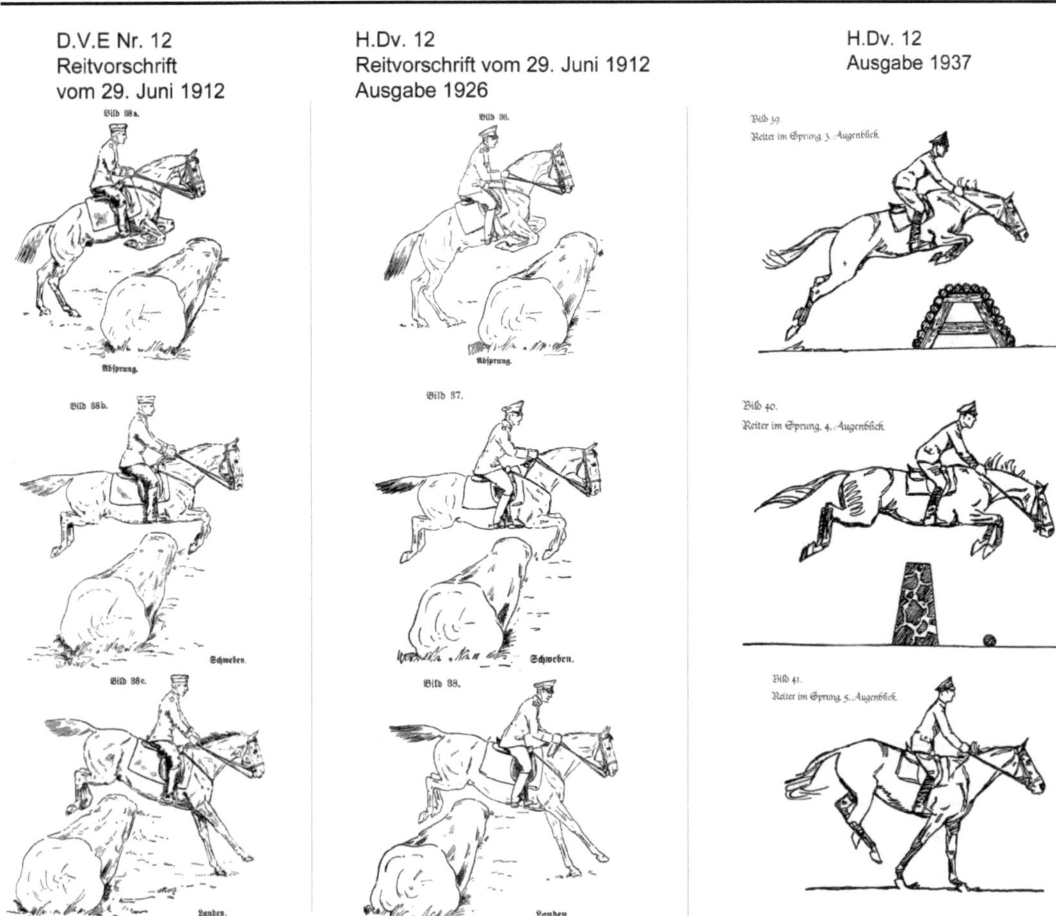

Vergleich der Abbildungen zum Springen aus den RV 1912, RV 1926 und RV 1937. Man sieht deutlich die Entwicklung des Springstils in Richtung der italienischen Schule. Die Abbildung von 1937 zeigt nun auch das Springen nicht mehr auf Kandare.

Obwohl einigen Militärs der Springstall der Kavallerieschule Hannover als reine Vorbereitungsstätte für den Reitsport und weniger als ein zentraler Ausbildungsort für die militärische Reiterei galt, trugen hier gemachte Erfahrungen und Erkenntnisse wesentlich zur Gestaltung des Abschnittes über das Geländereiten sowie das Springen bei. Zu einem besonderen Novum innerhalb dieser Abschnitte zählte die Beschreibung des Gebrauchssitzes im Gelände als entlastender Sitz. Die Beschreibung des Springstils erfolgte nun nach der italienischen Methode. Einzig die Verwendung des reinen „italienischen Sitzes" mit sehr kurzen Bügeln fand keine Aufnahme, da er als Methode für den Sport und nicht geeignet für den Felddienst erachtet wurde. Die Springreiter der Kavallerieschule praktizierten diesen allerdings sehr erfolgreich und stilsicher. Dies brachte *„Künstler im Sattel hervor wie Marten von Barnekow oder ‚Micky' Brinckmann, später einer der berühmtesten Parcoursbauer der Welt, [die über] höchste Hindernisse [bewiesen], daß Stil und Erfolg einander nicht ausschließen müssen."* ([Becher 2002] S. 129).

Rolf Becher beschrieb die Weiterentwicklung des Gebrauchssitzes aus der RV 1937 zum damaligen Springsitz für den Turniersport. „Aus diesem Gebrauchssitz heraus entwickelt sich mit der Steigerung der Anforderungen beim turniermäßigen Springen auch der turniermäßige Springsitz, der dieselben typischen Merkmale aufweist wie der Gebrauchssitz, nur eine Verfeinerung und Spezialisierung des ersteren ist." ([Becher 2002] S. 14). Es ist anzumerken, dass dieser „turniermäßige Springsitz" der Kavallerieschule Hannover als genaue Anwendung des „italienischen Sitzes" damals nie in Lehrbüchern oder Richtlinien exakt beschrieben wurde.

Hans Heinrich „Micky" Brinkmann (1911 – 1991) verkörperte den Springsitz der Kavallerieschule Hannover in Perfektion. Hier gewann er am Schlusstag des Turniers von Rom 1940 auf „Oberst" den Pokal des Königs und Kaisers.

Im Sinne der „natürlichen Reitkunst" der Italiener wurden jetzt Springen und Geländereiten auf unebenem Gelände mit ergänzenden Kletterübungen sowie Dressurlektionen bei der Ausbildung von jungen und alten Remonten gekoppelt. Dieses abwechslungsreiche Ausbildungsprogramm diente der Hankenbiegung wie auch dem natürlichen Muskelaufbau. Aus demselben Grund wurde die Arbeit mit Bodenricks (Cavalettis) in die Vorschrift aufgenommen. Der spätere langjährige Leiter der westfälischen Reit- und Fahrschule Paul Stecken (1916 – 2016) berichtet darüber aus seiner Zeit beim Reiter- und Kavallerie-Regiment 15: *„In der Ausbildung – junge Remonten etwa Kl. A und alte Remonten etwa Kl. L einschließlich Kandare – wurde stets größter Wert auf die Losgelassenheit der Pferde gelegt. Alle Übungen, die den Rücken der Pferde als ‚Bewegungszentrum' lockerten, standen im Vordergrund. Freispringen, Bodenrickausbildung, Springen durch den Sprunggarten, Reiten im Gelände waren für die jungen Remonten unter den leichten jüngeren Reitern, die eine besonders weiche Hand haben mußten, wertvolle Ausbildungsmöglichkeiten. Reiten im ‚leichten Sitz' mit tiefen Händen ‚an langem Zügel' erreichte bei ‚fallengelassenem Hals' und sicherer Genickkontrolle mit der Stirnlinie an der Senkrechten eine Rittigkeit, auf die im zweiten Jahr als alte Remonte unter älteren und erfahrenen Reitern hervorragend weiter ausgebildet werden konnte."* ([Börste 1996] S. 93 ff.). Der leitende Veterinär der Kavallerieschule Udo Bürger bemerkte über die Wichtigkeit der Geländearbeit: *„Man soll sich immer darüber klar sein, dass das Reiten in der geschlossenen Bahn und auf dem Platz für die Ausbildung des Gebrauchspferdes ein Mittel zum Zweck ist, das sich so stark eingebürgert hat, weil bisher der Hauptwert auf die Dressur gelegt wurde. Erkennt man der Erziehung und dem Training den gleichen Wert zu, dann muss man für die Ausbildung im Gelände auch die gleiche Zeit vorsehen. Denn Erziehung, Dressur und Training müssen einander ergänzen, wenn das Ziel, ein verständiges, gehorsames, gewandtes und ausdauerndes Soldatenpferd auszubilden, erreicht werden soll."* ([Bürger 1987] S. 91). Hervorgerufen u.a. durch den Einfluss des italienischen Ausbildungssystems wurden erstmals die Begriffe „Vorwärts abwärts" und „Zügel aus der Hand kauen lassen" verwendet. Sie dienten zur kurzzeitigen wie auch wiederholten Überprüfung der Losgelassenheit, der Entlastung nach Belastung, dem Lösen sowie dem Übersteigen von Hindernissen während des Geländereitens. Dabei handelte es sich um keinen Einsatz in längeren Reitreprisen der Arbeitsphase. *„Ein guter Prüfstein für die richtige Arbeit sind nachgebende Zügelhilfen, wobei der Reiter sich die Zügel aus der Hand kauen läßt, ohne die treibenden Hilfen aufzugeben. Das Pferd muß dabei mit nach vorn gedehntem Halse, die Kammlinie leicht nach oben gewölbt, und vorwärts-abwärts gerichteter Nase völlig entspannt dahingehen und darf nicht eiliger treten."* ([RV 1937] S. 146 ff.). *„Das richtige Zügel-aus-der-Hand-kauen-Lassen bis zur Schnalle und die wichtige Bodenrick-Ausbildung erreichten und verbesserten die Losgelassenheit, besonders des Rücken […]. Auf korrekten Sitz der Reiter und gefühlvolles Zusammenwirken der Hilfen, auch im leichten Sitz, wurde*

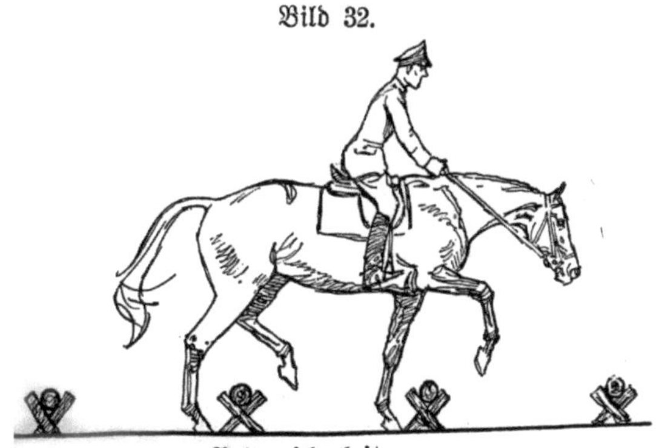

Abbildung aus der RV 1937: Zum ersten Mal wurde das Arbeiten mit Cavaletti in die Vorschrift mit aufgenommen.

stets mit großer Sorgfalt geachtet – das so wichtige Galoppieren und Springen über kleinere Hindernisse im Sprunggarten verbesserten die Manier der Pferde im Springen und den Sitz der Reiter und machten Pferd und Reiter Freude. Bei der erforderlichen Besichtigung der Remonten standen die Bodenrick-Ausbildung, das richtige Zügel-aus-der-Hand-kauen-Lassen bis zur Schnalle durch Treiben der gelösten Pferde in Schritt, Trab und Galopp zum Verbessern der Dehnungsbereitschaft als Kriterium für richtige Ausbildung im Vordergrund." ([Stecken 2015] S. 4). Über den Ablauf der gefürchteten Remonte-Besichtigung berichtete Stecken: *„Wer bei zehn bis zwölf Remonten im Galopp auf zwei Zirkeln die Zügel bis zur Schnalle rauskauen lassen konnte, mindestens zwei bis drei Runden weiter galoppieren ließ, die Pferde bei gleichmäßigem Abständen zum Sitzen und Treiben kommen lassen konnte – die Pferde mit tiefer langer Nase – dessen Besichtigung war ein voller Erfolg."* ([Börste 1996] S. 94).

Arbeit über Wall.

Abbildung aus der RV 1937: Reiten im Gelände mit langem Zügel.

In diesem Zusammenhang ist ebenfalls bemerkenswert, dass auf Empfehlung von Hans v. Heydebreck Änderungen bei der Remonteausbildung vorgenommen wurden. ([Heydebreck II 1935] S. 23 passim.). Der alte Begriff der „Anlehnung in der Tiefe" und eine unglückliche Zeichnung in der alten Vorschrift konnten hierdurch korrigiert werden. Der revidierte Fehler war bisher Ursache für eine teilweise bei der Truppe praktizierte zu tiefe Kopfhaltung bei der Remonteausbildung, weswegen es nicht selten zum „Auseinanderfallen" des auszubildenden Pferdes kam. Die neue Regelung sah einen zwar gestreckten Hals, jedoch eine höhere Kopfhaltung der Remonten vor.

Zudem zeigten viele Reiter häufig den Hang zur Überzäumung der Pferde im Sinne von Paul Plinzners Reitmethode. Felix Bürkner bezeichnete dies als *„den Erbfehler der deutschen Reiterei"*. ([Bürkner I 1937] S. 15). Auch deshalb wurde in der RV 1937 der Begriff der „Gebrauchshaltung" im

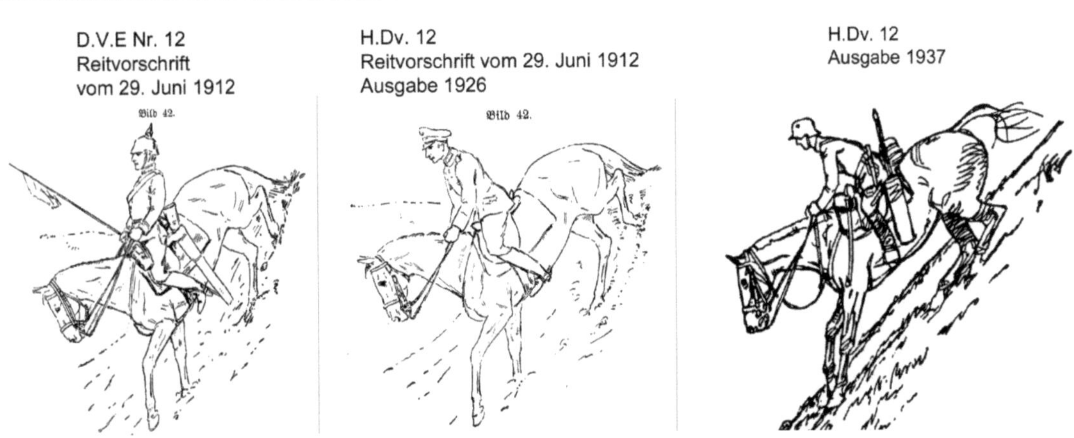

Vergleich der Abbildungen zum Klettern aus den RV 1912, RV 1926 und RV 1937. Man sieht die Entwicklung hin zur italienischen Methode beim Reiten hangabwärts. Die Abbildung von 1937 zeigt deutlich die Trageweise des Karabiners im Futteral.

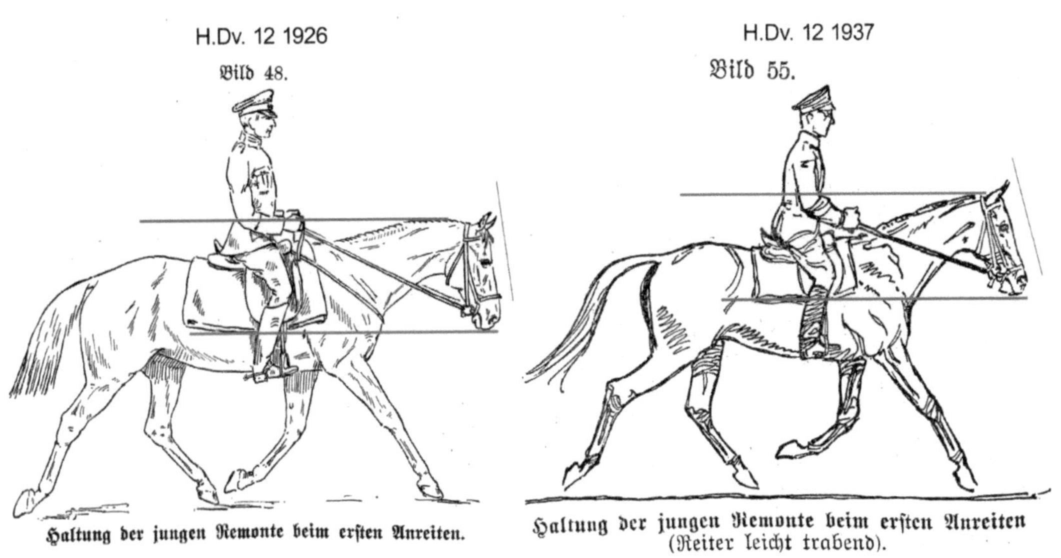

Vergleich der Abbildungen der RV 1926 und RV 1937 zur Haltung der jungen Remonte beim ersten Anreiten. Die Veränderung war maßgeblich auf die Kritik Hans von Heydebrecks an der Praxis der RV 1912/26 zurückzuführen.

Vergleich zur „Dressurhaltung" klar in den Vordergrund gestellt. Die Anregung auch für diese Neuerung stammte von Heydebreck, der sich Aufgrund seiner Richtererfahrung für die Förderung einer klaren Kopfhaltung vor der Senkrechten aussprach. ([Heydebreck II 1935] S. 35 passim.).

Vereinfachungen gab es bei den Seitengängen. *„Die Erzielung der Versammlung bei Pferden im zweiten Dienstjahr, ihrer Förderung in Biegsamkeit, Durchlässigkeit und Geraderichtung, damit der*

Kampf dem Erbfehler deutscher Reiterei!!!

Reiterliche Denksportaufgabe:

Warum sündigen Reiter, die ihre Pferde „auf den Kopf stellen", gegen die Gesetze der Fortbewegung und der Reitkunst???

Verlangt wird

kurze, treffende, dem Laien verständliche Antwort auf obige Frage. 3 Buchpreise. Die besten Antworten werden veröffentlicht.

Aufn. Wißkirchen (5)

„Der Erbfehler der deutschen Reiterei" als langfristige Nachwirkung der Ideen von Paul Plinzer, die mit der RV 1937 korrigiert werden sollten. Preisaufgabe aus den Deutschen Reiterheften Nr. 19 von 1937.

vorübergehenden Erlangung der Dressurhaltung, wird, den Steinbrechtschen und Heydebreckschen Grundsätzen folgend, der Schulterherein gerecht." ([Bürkner II 1937] S. 3). Die Seitengänge Travers und Renvers fielen, da als weniger wichtig erachtet, der angestrebten Curriculums-Kürzung anheim. *„Die Gefahr, daß durch zu scharfe Längsbiegung die Pferde verbogen, im Halse eng und im Gange matt werden, wie dies früher häufig der Fall war, ist damit gebannt."* ([Bürkner II 1937] S. 3).

„Verbesserungsbedürftig erschienen ferner die alten Bestimmungen über die Höhe der Handhaltung. Die R.V. 26 verlangte eine Höhe von zwei Handbreiten über dem Widerrist. Die Wirkung dieser reglementarisch geforderten Höhe war oft verhängnisvoll. Bei allen Pferden, die sich nicht sehr hoch tragen, entsteht durch die zu hoch getragene Faust ein stumpfer Winkel in der Linie Ellenbogen-Pferdemaul. Die über dem Pferdemaul getragene Hand löst bei treibendem Sitz einen steten Widerstand des Pferdemauls in der dem Druck entgegengesetzten Richtung, also nach unten aus, somit zu tiefe oder

aufgerollte Hälse, bei nicht treibendem Sitz ohne Rücken mit Unterhals gehende Pferde, verbunden mit einem Zurückbeugen des Reiteroberkörpers hinter die Bewegung. Die neue Fassung der R.V. 37, daß die Faust im allgemeinen auf der ungebrochenen Linie Ellenbogen-Pferdemaul stehen muß, hat für jeden Zweig der Reitere und jedes Stadium der Dressur Gültigkeit." ([Bürkner I 1937] S. 15).

Abbildung aus der RV 1937: Gebrauchshaltung im Schritt in feldmarschmäßiger Ausrüstung mit angefasster Trense.

Bild 54.

Gebrauchstrab (Reiter leicht trabend).

Abbildung aus der RV 1937: Gebrauchshaltung im Trab im Reitanzug mit angefasster Trense.

Der Teil der Vorschrift, der sich dem feldmäßigen Reiten widmet, wurde komplett neu geschrieben, da ja das Reiten mit Lanze wegfiel. An seine Stelle traten entsprechend den Anforderungen der neuen Praxis „Besondere Übungen". Hierzu zählten das feldmäßige Reiten mit Gepäck, das Abrutschen von Hängen, die Behandlung von Marschtempi, der Umgang mit den Handpferden, das Verladen wie auch das Schwimmen. Bei den Anweisungen für Streckenritte des Einzelreiters wurden die Erfahrungen aus den Military-Wettbewerben eingearbeitet.

Die bisher im Anhang der alten Vorschrift aufgeführte Lehre vom Pferd entfiel hier, um einen neuen Platz in der Vorschrift „Das Truppenpferd", der H.Dv. 11, herausgegeben in zwei Heften unter den Titeln „Truppenpferd I" (1937) sowie „Truppenpferd II" (1938) zu finden. Diese Vorschrift beschrieb darüber hinaus, detailliert die sorgfältige Pferde- und Stallpflege, das Füttern, das Tränken, die Erkrankungen und die Futtermittel. Die Gründe für solch eine umsichtige Präventivmaßnahme in Form einer Vorschrift wurden bereits im vorherigen Kapitel dargelegt.

Auch sonst entfielen Teile aus dem bisherigen Anhang, so unter anderem die Abschnitte über die hohe Schule und das Turnier- und Rennreiten. Für den Gebrauch bei der Truppe schienen diese Formen als nicht mehr relevant erachtet worden zu sein. Oberst Andreas von Flotow bemerkte dazu: *„Dressur im Sinne unserer Dressurprüfungen der Klasse M und S ist ein*

Spezialgebiet der Reitkunst, genauso, wie die Rekordhochspringen und die Springen der Klasse S Angelegenheiten für besonders darauf vorbereitete Pferde sind." ([Flotow 1938] S. 95). Diese höheren Lehrinhalte wurden damit allein Sache der Kavallerieschule bzw. der Heeres Reit-und Fahrschule. Es bestand kein Bedarf an einer gesonderten Vorschrift, da das konzentrierte Wissen dazu in den Werken von Gustav Steinbrecht und anderen zusammengefasst war.

Vom Entwurf von 1934 zur endgültigen Version 1937

Vergleicht man die Textumfänge, soll heißen die Entwurfsversion von 1934 mit der endgültigen Version aus dem Jahr 1937 wird erkennbar, dass eine Reduktion von immerhin 215 auf 195 Seiten stattfand. Diese sprachliche Verknappung entsprach dabei völlig der militärischen Sprache innewohnenden Prägnanz und Klarheit in der Formulierung von Anweisungen usw. Ein Beispiel für solch eine Verknappung im Sinne einer klareren Anweisung stellt die Umformulierung des Kapitels „Verhalten im Springen bei ungehorsamen Pferden" dar. Hier wird im direkten Vergleich ersichtlich, dass in der Endversion eine ansprechende und gleichzeitig verständliche Sprachwahl stattfand. Neben diesen, die allgemeine Verständlichkeit stärkenden Verbesserungen, wurden aber auch Änderungen formaler Art durchgeführt. Die Nummerierung und Kapiteleinteilung waren teilweise sehr unterschiedlich, obwohl sich diese Unterschiede nicht auf den Inhalt auswirkten. So umfasste der II. Teil von 1934 die separaten Abschnitte „Ausbildung der Rekruten" und „Ausbildung der Pferde". In der Version 1937 entstanden daraus hingegen zwei Teile (C und D) und die Reihenfolge war ausgetauscht worden.

Obwohl in der H.Dv. 12 von 1934 im Abschnitt „Pferdeausbildung" zwar von drei Ausbildungsjahren geschrieben wurde, fehlt hier die Beschreibung dieses dritten Jahres völlig. In der Version von 1937 wurde dieser Abschnitt folgerichtig in „Dressur der Pferde im 1. und 2. Jahr" umbenannt.

In Bezug auf die Nutzung der Kandare bei der Remonteausbildung vollzog sich eine wirkliche Zäsur. Es wird an dieser Stelle daran erinnert, dass in der RV 1912 bereits im ersten Remontejahr auf Kandare geritten werden musste. Laut Vorschrift von 1934 sollte dann die Remonteausbildung schon vorwiegend auf Trense erfolgen, was dann 1937 ausschließlich der Fall war. Während die Version 1934 die Kandare noch vorsah, sind in der Version 1937 nicht mal mehr Hinweise auf die Verwendung von Kandaren bei der Remonteausbildung auffindbar. Sogar die entsprechenden Abbildungen weisen ausschließlich Trensengebisse auf.

Skala der Ausbildung?

Ein Kernkapitel der RV 1912 stellte das im Abschnitt „Dressur der Remonten" enthaltene Kapitel „Ziel, Gang und Grundsätze der Dressur" dar. In diesem wurden die wesentlichsten Prinzipien der Dressurausbildung verständlich und kurz dargelegt. Innerhalb der neuen Vorschrift war es den Autoren dann gelungen, unter dem gekürzten Titel: „Ziel und Grundsätze der Dressur", eine noch kompaktere sowie prägnantere Beschreibung der für das militärische Reiten nötigen Dressurgrundlagen zu formulieren. Der Kavallerieoffizier und erfolgreiche Reitausbilder Kurd Albrecht von Ziegner (1918 – 2016) sagte dazu: *„Dieser Abschnitt ist der bedeutendste der H.Dv. 12/ 37. Hier sind zum ersten Mal in der Reiterwelt die von den alten Meistern überlieferten*

Grundsätze für die Ausbildung von Reiter und Pferd in kürzester Weise zusammengefasst und später von ambitionierten Reiternationen – auch von der Fédération Equestre Internationale (FEI) – in ihren Reglements verwertet worden. Die bahnbrechende Vorstellung war, das rohe Pferd durch planmäßige gymnastische Durchbildung seines Körpers und sorgsame Erziehung zu einem leistungsstarken Soldatenpferd zu machen. Durch Förderung seiner natürlichen Anlagen soll das Pferd in Form und Haltung gebracht werden, in der es seine Kräfte voll entfalten kann. Das gesunde, leistungsstarke Pferd in Form und Haltung ist auch heute noch das, was wir im Reitsport wollen. Daher tun wir gut daran, uns an die Weisungen der H.Dv. zu halten." ([Ziegner 2017] S. 160 ff.).

Das Kapitel „Ziel und Grundsätze der Dressur" in der RV 1937 verwendete eine Systematik,

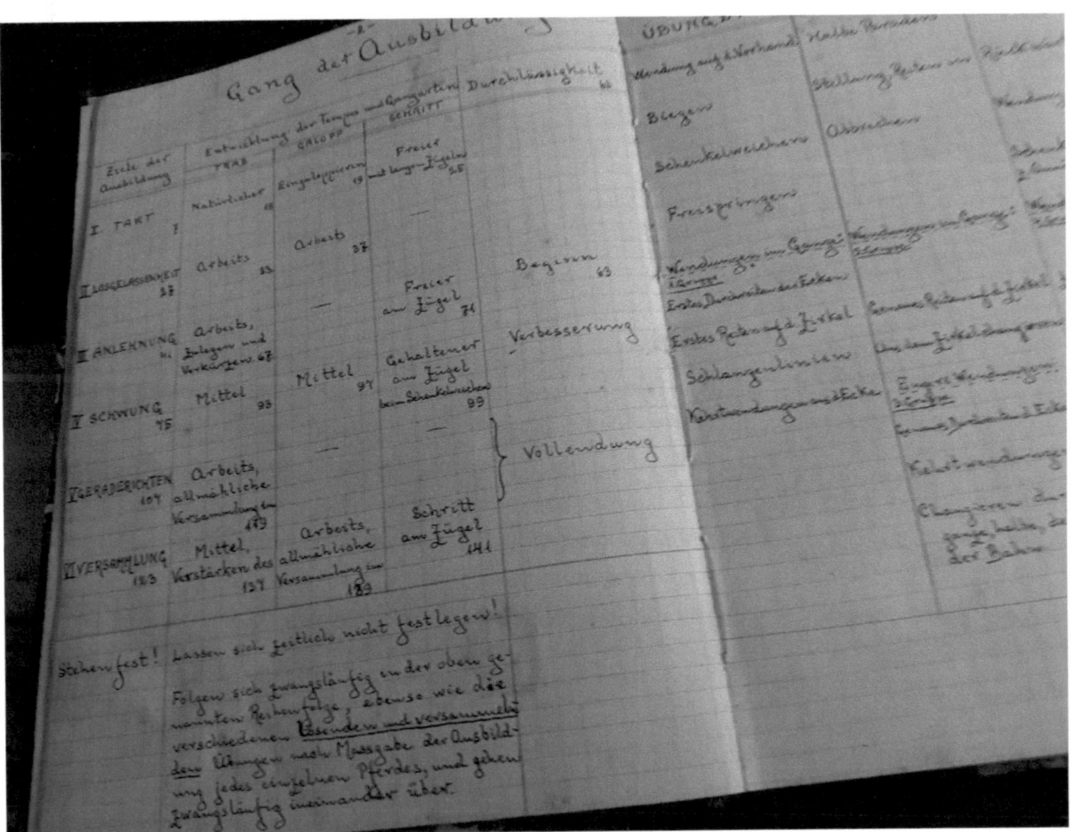

Gang der Ausbildung

Ziele der Ausbildung	Trab	Galopp	Schritt	Durchlässigkeit
I. TAKT 7	Natürlicher 15	[illegible] 19	Freier mit langen Zügeln 25	
II. LOSGELASSENHEIT 27	Arbeits 33	Arbeits 37	—	Beginn 63
III. ANLEHNUNG	Arbeits, Zulegen und Verkürzen 67	—	Freier am Zügel 71	Verbesserung
IV. SCHWUNG 75	Mittel 93	Mittel 97	Gehaltener am Zügel beim Schenkelweichen 99	
V. GERADERICHTEN 107	Arbeits, allmähliche Versammlung 119	—	—	Vollendung
VI. VERSAMMLUNG 123	Mittel, Verstärken des 137	Arbeits, allmähliche Versammlung 139	Schritt am Zügel 141	

Stehen fest! Lassen sich zeitlich nicht festlegen! Folgen sich zwangsläufig in der oben genannten Reihenfolge, ebenso wie die verschiedenen lösenden und versammelnden Übungen nach Massgabe der Ausbildung jedes einzelnen Pferdes, und gehen zwangsläufig ineinander über.

Übungen

Biegen

Schenkelweichen

Schlangenlinien

Das Manuskript zum Heft „Die Ausbildung der Rekruten im Reiten" von Siegfried von Haugk, in dem er das Prinzip der „Skala der Ausbildung" erfand. Das Manuskript befindet sich im Besitz von Jan Maiburg.

auf der die nach dem Zweiten Weltkrieg durch die Deutsche Reiterliche Vereinigung herausgebrachte „Skala der Ausbildung" basierte. Allerdings muss an dieser Stelle deutlich angemerkt werden, dass die „Skala der Ausbildung" eine Einteilung der einzelnen Ausbildungsschritte verwendet, die zwar ähnlich,

Oberstleutnant Siegfried von Haugk (1886 – 1955) als Leiter der Wehrkreis Remonteschule in Oschatz.

jedoch keinesfalls identisch mit denen in der RV 1937 sind. Die eigentliche Idee zur späteren „Skala" ging dabei von Siegfried von Haugk (1886 – 1955) aus. Er war es, der seit Mitte der 1930er Jahre in seinem Helft „Die Ausbildung der Rekruten im Reiten" das erste Mal eine solche Skala unter der Bezeichnung „Ziele der Dressur", formulierte. ([Haugk 1939] S.104 ff.). Haugk gehörte immerhin zu den Dressurreitern der Spitzenklasse seiner Zeit. Als Leutnant im Königlich Sächsischen 1. Ulanen-Regiment Nr. 17 war er einer der aussichtsreichsten Kandidaten für die Teilnahme an der für das Jahr 1916 geplanten Olympia. Das anerkannte Reittalent zählte dann schon in den 1920 Jahren zu den ersten Stammoffizieren der Kavallerieschule Hannover und war abermals für die Olympiade 1928, diesmal als Ersatzreiter, nominiert. Von ihm stammte außerdem die beste deutsche Übersetzung von de la Guerinieres „Schule der Reitkunst", die ab 1942 in Deutschland veröffentlicht worden war. Ab 1935 war er Kommandeur der neu aufgestellten Wehrkreisremonteschule in Oschatz, seinem alten Regimentsstandort. Haugks Idee, eine Ausbildungs-Skala zu formulieren, war bereits vor dem Zweiten Weltkrieg derart beliebt, dass diese beispielsweise in einer kompletten Serie in der Zeitschrift „Deutsche Reiterhefte" 1937/38 gewürdigt worden war.

Ein Beweis für die intensive Auseinandersetzung, die damals über das Kapitel „Ziel und Grundsätze der Dressur" stattfand, ergibt eine Gegenüberstellung der sich ändernden Bezeichnungen sowie der Anordnung der einzelnen Ausbildungsschritte in dem Entwurf 1934 gegenüber der Endversion.

H.Dv. 12 von 1934 (Entwurf)
XI.80 Ziel und Grundsätze der Dressur

- **a) Allgemeines über Anreiten der Remonten**
- **b) Takt und Losgelassenheit**
- **c) Anlehnung**
- **d) Beizäumung**
- **e) Geraderichten**
- **f) Versammlung**
- **g) Aufrichtung**
- **h) Dressurhaltung**
- **i) Gebrauchshaltung**
- **j) Endziel**

H.Dv. 12 von 1937
XI.62 Ziel und Grundsätze der Dressur

- **a) Die Gewöhnung an das Reitergew.**
- **b) Takt, Losgelassenheit**
- **c) Entwicklung der Schubkraft und des Ganges. Anlehnung**
- **d) Geraderichten**
- **e) Durchlässigkeit, Beizäumung**
- **f) Entwicklung der Tragkraft. Versammlung**
- **g) Entstehung der Aufrichtung**
- **h) Gebrauchshaltung**
- **i) Dressurhaltung**

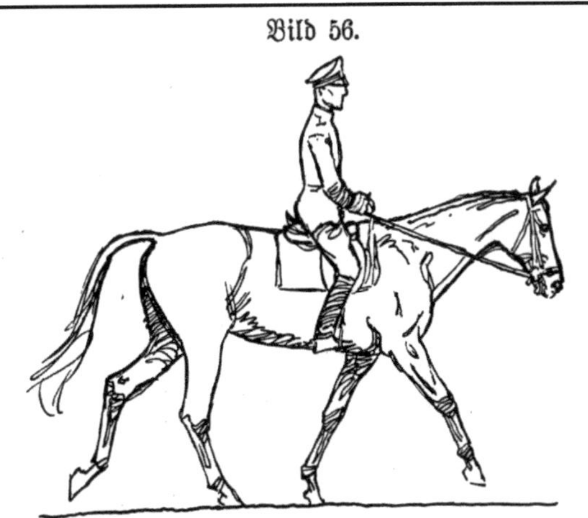

Bild 56.

Schritt der jungen Remonte mit geringer Anlehnung.

Abbildung aus der RV 1937: Schritt der jungen Remonte mit geringer Anlehnung auf Trense.

Bild 60.

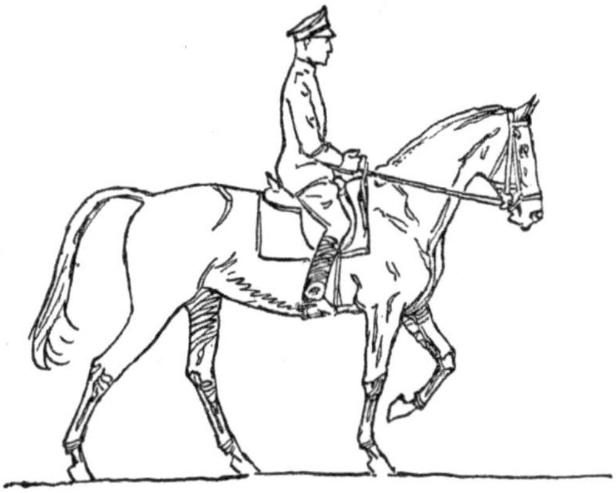

Schritt eines in der Ausbildung fortgeschrittenen Pferdes im 2. Jahr.

Abbildung aus der RV 1937: Schritt einer alten Remonte auf Trense.

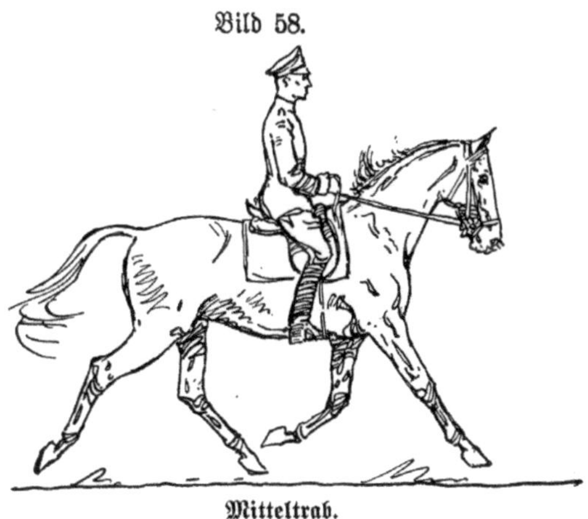

Bild 58.

Mitteltrab.

Abbildung aus der RV 1937: Mitteltrab auf Trense.

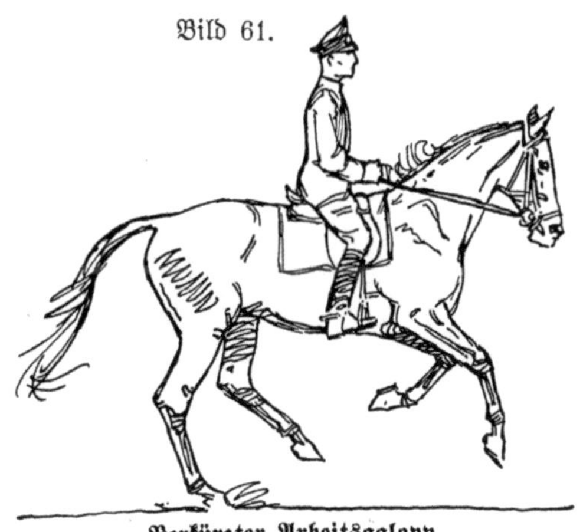

Bild 61.

Verkürzter Arbeitsgalopp.

Abbildung aus der RV 1937: Verkürzter Arbeitsgalopp auf Trense. Auch hier zeigt sich im Vergleich zur RV 1912/26 mehr Zügelfreiheit.

Zeitgenössische Kritik der Vorschrift von 1937

Die RV 1937 fand nicht nur Zustimmung, sondern auch Kritik. Gustav Rau berichtet dazu: *„Man hat [der RV 1937, Anm. d. V.] vorgeworfen, daß das Wort ‚Schwung' in der ganzen Vorschrift nicht ein einziges Mal vorkommt. Nun wir glauben, daß alles in dieser Reitvorschrift auf den Schwung gerichtet ist und eigentlich aus jeder Seite klar hervorgeht."* ([Rau 1937]). In der Version von 1934 kommt das Wort „Schwung" im Übrigen mehrmals vor, in der Version 1937 nur auf Seite 128.

Elementarer fiel jedoch die Kritik von Hans von Heydebreck aus, der allerdings durch seinen Tod im Jahre 1935 die endgültige Version nicht mehr erlebte. Er bemängelte, dass die Methode des

Geraderichtens schon in der RV 1912 nicht konsequent umgesetzt worden sei, da es damals innerhalb der Kommission etliche Widerstände gegen die Verwendung der Seitengänge gab. *„Leider ist die Reitvorschrift [von 1912, Anm. d. V.] den Steinbrechtschen Lehren über die Seitenbiegung nicht ganz konsequent gefolgt und hat in dieser Beziehung sogar gegenüber der alten Reitinstruktion (von 1882) einen kleinen Rückschritt gemacht […]. Die Reitvorschrifts-Kommission glaubte eine Vereinfachung der ganzen biegenden Arbeit zu erzielen, wenn sie sowohl beim ‚Biegen', als auch beim ‚Reiten in Stellung' die gleiche Fußsetzung forderte. Dies war ein Fehler, der meiner Ansicht nach zweckmäßigerweise durch Rückkehr zu den diesbezüglichen Auffassungen der alten Reitinstruktion (von 1882), die sich mit den Steinbrechtschen Lehren decken, abgestellt werden müßte."* ([Heydebreck II 1935] S. 14). Tatsächlich wurde durch den Verzicht auf einen Großteil der Seitengänge dann in der RV 1937, dieses Problem noch verstärkt.

Abbildung des Mittelgalopps aus dem Buch „Die Deutsche Dressurprüfung" von Hans von Heydebreck [Heydebreck 1988] von 1928. Das Werk und auch die schwungvollen Abbildungen aus der Reitausbildung hatten deutlichen Einfluss auf die RV 1937. Die Abbildungen stammten von dem Pferdemaler Ludwig Koch aus Wien. Heydebrecks Werk war auch durch den Austausch mit dem österreichischen General Sigismund von Josipovich beeinflusst.

Hans v. Heydebreck war in der Tat kein Freund eines geminderten Ausbildungsniveaus oder einer Verkürzung des Ausbildungsgangs: *„Zweifellos braucht auch heutzutage die Truppe noch eine Anzahl Pferde, die einen höheren Grad der Durchlässigkeit und Versammlung besitzen. Nicht nur, daß die Führer, die Offiziere wie Unteroffiziere, zur Erfüllung ihrer mannigfachen Sonderaufgaben gut beritten sein müssen, sondern jede Eskadron und Batterie muß zur Heranbildung ihres reiterlichen Nachwuchses, namentlich desjenigen, der als Unterführer und Remontereiter in Aussicht genommen ist, genügend Pferde besitzen, die wirklich als Lehrpferde geeignet sind. Je langsamer man im übrigen in seinen Anforderungen fortschreitet, je besser dadurch die reiterliche Grundlage aller Pferde wird, desto mehr Pferde werden sich später finden, die sich zu dieser weiteren Ausbildung als Lehrpferde eigenen. Frühestens im dritten Ausbildungsjahr sollte man aber überhaupt mit solchen höheren Anforderungen beginnen!"* ([Heydebreck II 1935] S. 21).

Schließlich war bereits ab 1934 damit begonnen worden, gemäß dem neuen System auszubilden. Allein durch diese zügige Umsetzung gelang es, für die massiv einsetzende Heeresvermehrung eine genügend große Zahl an nicht motorisierten Truppenteilen mit ausreichend qualifizierten Reitern sowie Pferden auszustatten. Über den gesamten Zweiten Weltkrieg hinweg vollbrachten diese

Reiter und Pferde zuvor noch niemals dagewesene Marschleistungen von bis zu 100 km pro Tag. Für seinen militärischen Zweck hat sich die RV 1937 überaus bewährt. Anders als im Ersten Weltkrieg, konnte trotz Masseneinsatzes von Pferden die ausreichende Mobilität des deutschen Heeres jederzeit gewährleistet werden.

Reitsport

Glänzende Erfolge der Springreiter

Die Einrichtung des Springstalls an der Kavallerieschule Hannover und die Übernahme des Springstils der Italiener, gepaart mit einer fundierten dressur-mäßigen Ausbildung brachte in überraschend kurzer Zeit deutliche Erfolge hervor. Für die „grauen Reiter" des Heeres, die zudem eine solche umfassende Ausbildung an der Kavallerieschule Hannover durchliefen, setzte nun eine beispiellose Erfolgsserie ein, durch die sie ebenso ungemein populär wurden.

Die auf verschiedenen Turnieren in ganz Europa ausgetragenen Nationspreise stellten die Plattform des internationalen Springsports dar. Zu den bedeutendsten Nationenpreises in den 1920er und 1930er Jahren zählte die Coppa d'oro, die auf der Piazza di Siena in Rom ausgetragen wurde. Den Preis für diesen außerordentlichen Springwettkampf war zwar vom exzentrischen italienischen

Nach dem dreimaligen Sieg um die Coppa d'Oro in Rom wurde die Mannschaft der Kavallerieschule Hannover zu Hause geehrt (Berliner Messegelände Mai 1933). Von links: Equipe-Chef Major Freiherr von Waldenfels (der Nachfolger von Graf Rothkirch), Rittmeister Richard Sahla, Oberleutnant Freiherr von Nagel, Oberleutnant Heinz Brandt und Oberleutnant Harald Momm. BArch, Bild 102-14643.

Diktator Benito Mussolini 1926 gestiftet worden, dennoch legt die Pompösität des aus Gold gefertigten Pokals durchaus Zeugnis über die Einzigartigkeit dieses Springturniers ab. Diejenige Nation, welche den Wanderpokal drei Mal nacheinander gewann, sollte diesen als ihren ständigen Besitz behalten dürfen. Nachdem er 1926 von den Italienern und 1927 und 1928 von den Franzosen gewonnen wurde, folgten in zwei aufeinanderfolgenden Jahren abermals die Italiener als Pokalsieger. Die den endgültigen Besitz der edlen Trophäe vor Augen habenden Italiener wurden dann aber durch die deutsche Equipe auf die hinteren Plätze verwiesen. Im Jahr 1931 delegierte die Kavallerieschule Hannover, unter ihrem Leiter Freiherr von Waldenfels, erstmals Reiter nach Rom, die dort für alle Teilnehmer überraschend siegten. Ebenso erfolgreich konnten sich die deutschen Teilnehmer in den Jahren 1932 und 1933 gegen die starke internationale Konkurrenz behaupten, sodass die Coppa d'Oro schließlich in den endgültigen Besitz der deutschen Springreiter aus der Kavallerieschule überging. Bis in unsere Tage wird der Pokal in den Räumlichkeiten der Deutschen Reiterlichen Vereinigung in Warendorf aufbewahrt.

Mit diesem stolzen Sieg setzte der unvergleichliche Siegeszug der Reiter der Kavallerieschule auf internationaler Ebene ein. Genau während dieser Phase des sportlichen Reitens wurde die bis heute weltweit anerkannte Güte der deutschen Reitausbildungsmethode begründet, die sich in der RV 1912, RV 1926 und RV1937 manifestierte. Gleichzeitig rührt aus dieser Zeit der vorzügliche Ruf der in deutschen Zuchten herangezogenen Pferde her. Bis zum Ausbruch des Zweiten Weltkrieges gewannen die Springreiter der Kavallerieschule, die allesamt Offiziere des Heeres waren, insgesamt 36 Nationenpreise, wodurch Deutschland mit Abstand als erfolgreichste Springreiter-Nation galt. Auf einem Teil dieser damals jungen Generation von Kavalleristen wie Harald Momm, Marten von Barnekow, Herrmann Freiherr von Nagel, Ernst Hasse, Gustav-Adolf von Nostitz-Wallwitz , Richard von Sahla, Heinz Brandt, Gert Schlickum, Kurt Hasse, und Hans-Heinrich Brinkmann, konnte der nach dem Zweiten Weltkrieg abermals aufstrebende deutsche Reitsport aufbauen.

Der Schweizer Oberst Pudret, Präsident des internationalen Genfer Turniers, beschrieb den Reitstil der „grauen Reiter" wie folgt: *„Man muß ohne Einschränkung die deutschen Reiter bewundern. Sie ritten alle in einer überlegenen Manier und waren im Stile vollendet ausgeglichen. Man steht hier einer vernünftigen, durchdachten Methode gegenüber, die so einheitlich und gewissenhaft befolgt wird, daß sie keine individuellen Unterschiede bei den Reitern zuläßt. Diese Manier zu reiten, elegant und leicht, ist wunderschön anzusehen. Es besteht vollkommenes Vertrauen zwischen dem Reiter und seinem Pferde, welch letzteres alles allein zu machen scheint. Die Pferde gingen so selbstverständlich, daß einige Zuschauer meinten, die deutschen Reiter brauchten nicht einzuwirken und daß jeder andere diese Pferde mit demselben Erfolg reiten könnte. Das ist aber ein großer Irrtum! Der deutsche Reiter wirkt ebensoviel ein wie ein anderer, aber er macht es diskreter und kann es diskret machen, weil, wie man gesehen hat, sein Pferd wirklich am Schenkel ist und ein feines Maul hat."* ([Momm 1942] S. 199).

Und Rolf Becher, der überzeugte Anhänger des italienischen Springstils, bemerkte in einer Nachbetrachtung 1980: *„Niemals wieder ist nach dem 2. Weltkrieg so stilrein über Hindernisse geritten worden wie in den 30er Jahren. Der Geist Caprillis war in den Reitern lebendig."* ([Becher 1980] S. 12).

Hochinteressant ist auch der Auftritt der deutschen Pferde auf den internationalen Springturnieren: *„Mit den ständig wachsenden Erfolgen interessierte man sich im Ausland mehr und mehr auch für unsere Pferde. Jahrelang dominierte die irische Zucht, die mit ihren besten Produkten auch fraglos eine bedeutende, zeitweilig sogar führende Rolle im internationalen Springsport spielte. Später kamen die aus Frankreich stammenden Anglo-Araber in Mode. Die Equipen Spaniens, Portugals und der Türkei erschienen fast ausschließlich mit Pferden dieser Rasse, von denen auch viele ihren Weg nach Italien fanden. Dann trat der deutsche Halbblüter in Konkurrenz, den wir grundsätzlich bei allen Wettbewerben verwandten und der beweisen konnte, daß er ebensogut war wie die Spitzenpferde des Auslandes.“* ([Momm 1942] S. 197).

Rittmeister Hermann Freiherr von Nagel-Ittlingen auf seinem „Silberpferd“ „Wotan“. Nagel war in den frühen 1930er Jahren einer der erfolgreichsten deutschen Springreiter und Sieger in vielen Nationenpreisen. Er sollte nach dem Zweiten Weltkrieg auf seinem Besitz Vornholz eine wichtige Rolle beim Wiederaufbau des deutschen Reitsports spielen. Foto von Werner Menzendorf.

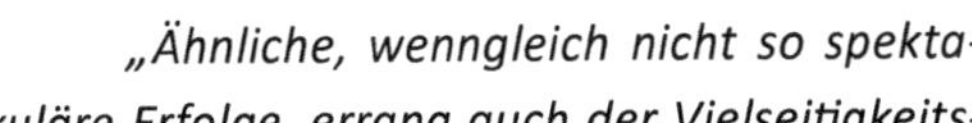

„Ähnliche, wenngleich nicht so spektakuläre Erfolge, errang auch der Vielseitigkeitsstall und der Schulstall.“ ([Richter 1978] S. 41). Die Erfolge zogen eine enorme Breitenwirkung, weit über die Kasernenmauern hinaus, nach sich. Das Springreiten nahm nun einen ähnlichen Stellenwert wie das Rennreiten vor dem Ersten Weltkrieg ein. Die Königsdisziplin stellte jedoch die Military dar, welche die militärischen Anforderungen am deutlichsten repräsentierte. Auf den öffentlichen Turnieren ritten vor allem Offiziere, bei den immer häufiger abgehaltenen internen Militärturnieren aber ebenso Unteroffiziere und Mannschaften. Es sei angemerkt, dass seit 1933 durch den preußischen Innenminister die Bezeichnung Herrenreiter entfiel und nur noch zwischen Amateuren und Berufsreitern unterschieden werden durfte.

Armeeinterner Reitsport

Neben den schon in den 1920er Jahren als militärischer Sport veranstalteten Patrouillenritten, rückte ab den 1930er Jahren das Distanzreiten abermals in den Fokus militärinterner Wettkämpfe. Obwohl die Kavallerie für die Fernaufklärung nur noch von eingeschränktem Nutzen war, musste sie sich in einem modernen motorisierten Bewegungskrieg den erhöhten Marschleistungen anpassen.

Aus diesem Grund veranstalteten die Kavallerie-Führung seit 1930 sogenannte Korpsdauerritte. Prinzipiell entsprachen diese den Kaiser-Preis-Ritten vor dem Ersten Weltkrieg, bei denen jetzt allerdings herabgesetzte Anforderungen galten. Die Ursache lag in der Teilnahme von Formationen des Heeres, die nicht wie die Reiter-Regimenter ausschließlich beritten waren, sondern Pferde und

Pferdegespanne zum Transport von Technik und Bedienungsmannschaften verwendeten und daher als beritten galten. Ein Beispiel für die hier geforderten Leistungen zeigt folgende Ausschreibung: *„Die Anforderungen waren: 1. Tag a) Wegestrecke, 40 km, 7 ½ Min. je km, b) Geländestrecke 8 km, 4 Min. je km, 12 Hindernisse, c) Findigkeitsstrecke 12 km, 6 Min. je km, d) Wegestrecke, 20 km, 7 ½ Min. je km. 2. Tag e) Dressurprüfung Kl. A, f) Jagdgalopp 1 km 3 ½ Min., 6 Hindernisse. Das Mindestgewicht des Reiters mit Ausrüstung (Pistole, Säbel, Fernglas, Stahlhelm und Gasmaske) betrug 90 kg. Die Pferde waren feldmarschmäßig gesattelt, trugen Packtaschen und 4 kg Hafer aufgeschnallt."* ([Richter 1978] S. 70). Die Anforderungen konnten variieren und z.B. abgesessenes Pistolen- und Karabinerschießen beinhalten. Letztendlich wiesen diese Wettkämpfe viele Ähnlichkeiten mit der Olympischen Military auf.

Die Olympiade von 1936

Die Reiterwettbewerbe der Olympiade 1932 in Los Angeles fanden unter einer sehr geringen internationalen Beteiligung statt. Abgesehen von der damals sehr strapaziösen Anreise, schränkten die Folgen der Weltwirtschaftskrise die teilnehmenden Nationen auch in finanzieller Hinsicht stark ein, so auch Deutschland. Vier Jahre später, zu den olympischen Spiele von Berlin, schienen diese hinderlichen Rahmenbedingungen überwunden zu sein und die deutsche Equipe bereitete sich unter der Führung der Kavallerieschule auf die bevorstehenden Wettkämpfe vor. Diese Olympiade brachte für die deutschen Reiter den bisher einzigartigen und triumphalsten Erfolg auf internationaler Ebene. Die „grauen Reiter" holten alle sechs der im Reiten zu vergebenden Goldmedaillen sowie eine weitere Silbermedaille in der Dressur. Im modernen Fünfkampf, bestehend aus Fechten, Schwimmen, Pistolenschießen, Geländeritt und Laufen, siegte ebenfalls der deutsche Teilnehmer.

Oberleutnant Heinz Pollay (1908 – 1979) gewann 1936 auf dem Ostpreußen „Kronos" die olympische Dressurprüfung. Pollay war erst bei der Landespolizei und trat 1935 in die Armee ein. Das Bild zeigt „Kronos" in der Olympiaprüfung in der Piaffe. Foto von Werner Menzendorf.

Gustav Rau fasste sein Urteil über die olympischen Reitwettbewerbe folgendermaßen zusammen: *„Wir haben in der Großen Dressurprüfung keine Pferde gesehen, die schöner, eleganter, graziöser wie Kronos, Absinth und Gimpel gingen, und keine Pferde, die so vollkommen dem Reiter hingegeben waren wie diese drei. Auch keine Pferde, die alle geforderten Lektionen mit solcher Sicherheit und Genauigkeit ausführten. Wir haben in der Military kein Pferd gesehen, das mit einer solchen vollendeten Zuverlässigkeit und Sicherheit wie Nurmi durch alle Anforderungen hindurchging und in allen Teilprüfungen gleich* *gut bestand. Er ging, wie auch Fasan, am langen Zügel im Gleichgewicht, damit ohne Anstrengung und war niemals im Kampf mit seinem Reiter, sondern immer zu dessen vollster Verfügung. Wir haben im Preis der Nationen wenige Pferde gesehen, die so gleichmäßig an den Hilfen waren wie die deutschen, nicht pullten, den Einfluß des Reiters abwarteten, immer zur Verfügung standen, sich mächtig abschnellten und so hoch und so weit springen konnten, wie es der Reiter von ihnen verlangte."* ([Rau 1938] S. 345). Das Ausbildungssystem der deutschen Kavallerie mit ihrem Fundament, der RV 1912, deren Erweiterung mit Elementen der „natürlichen Reitkunst" der Italiener, sowie die systematische und leistungsorientierte Pferdezucht in den letzten 100 Jahren zeichneten sich klar und deutlich für diese Erfolge verantwortlich.

Major Friedrich Gerhard (1884 – 1950) war langjähriger Leiter des Schulstalls an der Kavallerieschule Hannover. Mit dem Ostpreußen „Absinth" gewann er die Silbermedaille in der Dressur. Foto von Werner Menzendorf aus dem Jahr 1936.

Der Artillerist Hauptmann Ludwig Stubbendorff (1906 – 1941) war auf dem Ostpreußen „Nurmi" Sieger in der schweren Military von Olympia 1936. Er war 1930 zur Ausbildung an die Kavallerieschule Hannover kommandiert, und wurde dann dort bis 1936 als Reitlehrer eingesetzt. Foto von Werner Menzendorf.

Oberleutnant Kurt Hasse (1907 – 1944) auf „Tora" gewann das olympische Jagdspringen 1936. Das Bild zeigt beide am Hindernis Nr. 4. Hasse war 1930 – 1936 an der Kavallerieschule Hannover. Foto von Werner Menzendorf.

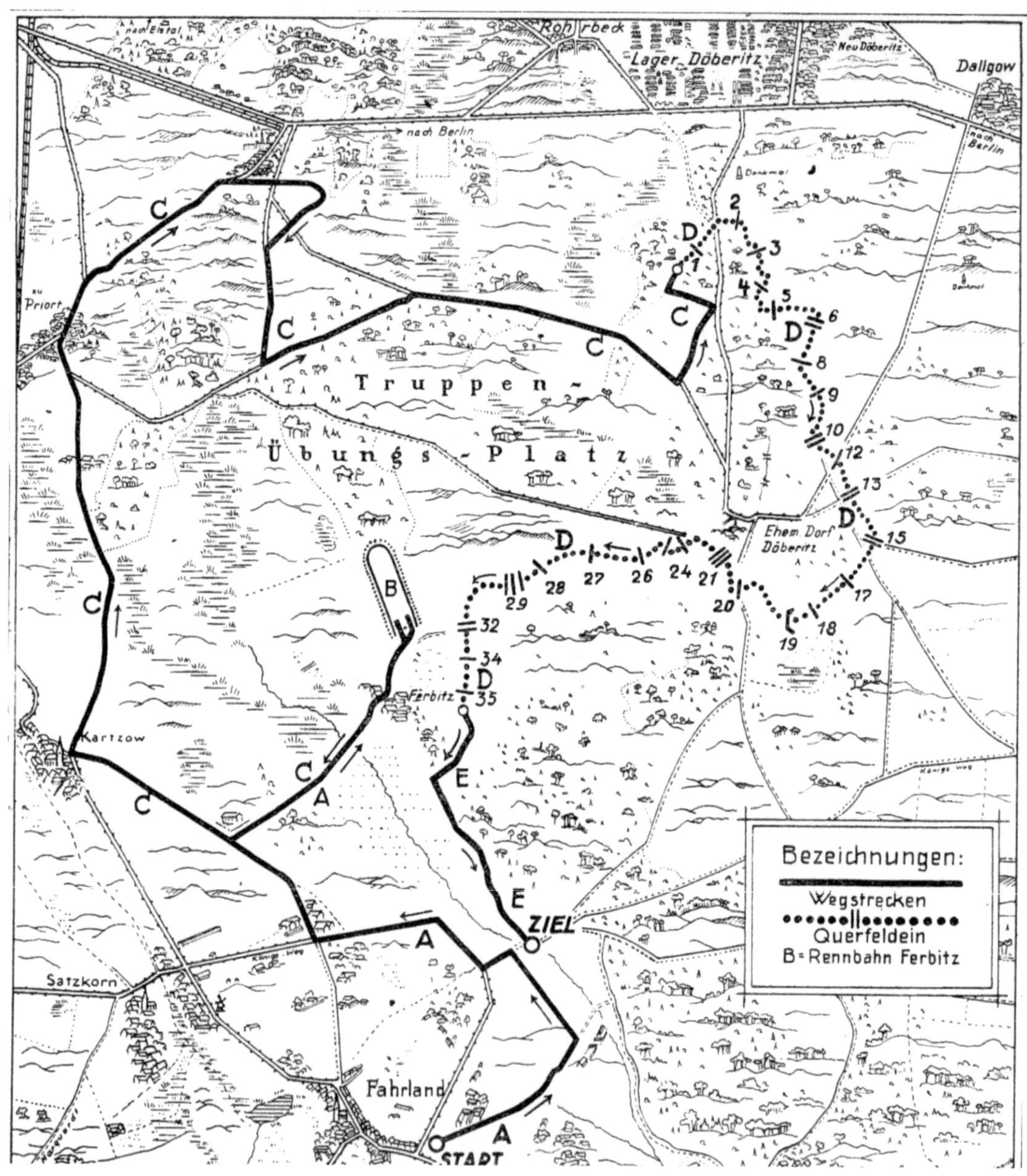

Die Geländestrecke der olympischen Military 1936. Der Parcours führte auf sandigem Boden über den Truppenübungsplatz Döberitzer Heide nördlich von Potsdam, auf dem schon vor dem Ersten Weltkrieg viele Geländeritte der preußischen Kavallerie ausgetragen worden waren. Der Parcours wurde von Major a.D. August Andreae gebaut und umfasste auf 8 km 35 Hindernisse.

Die Olympiade von 1936 endete für die Kavallerieschule mit einer Zäsur, durch die die bisherigen Leistungsträger des Reitsports zum aktiven Dienst in ihre Stammtruppenteile zurückversetzt wurden. Der politischen Führung des Reiches war nicht nur an sportlichem Renommee gelegen, die im Aufbau befindliche Wehrmacht sollte für künftige militärische Auseinandersetzungen vorbereitet werden. Die hierdurch nachrückende jüngere Offizier-Generation sollte sich dann bereits für die kommende Olympiade von 1940 in Tokio vorbereiten, doch auch sie fiel zu großen Teilen dem drei Jahre später ausbrechenden Zweiten Weltkrieg zum Opfer.

Von den Olympiasiegern im Reiten wurden von Oscar Merté repräsentative Gemälde angefertigt, die im Casino der Kavallerieschule in Hannover und dann im Krampitz hingen. Sie gingen im Zweiten Weltkrieg verloren. Einzig eine Dublette von Merté blieb erhalten. Das Gemälde zeigt Rittmeister Herrmann von Oppeln-Bronikowski auf dem Ostpreußen „Gimpel". „Gimpel" gehörte ursprünglich Oskar Maria Stensbeck, hatte schon die Olympiade 1928 bestritten und wurde an die Kavallerieschule Hannover als Schulpferd verkauft.

Rennreiten

Das Rennreiten als älteste Disziplin des militärischen Reitsports erlebte in den Jahren vor dem Zweiten Weltkrieg eine lediglich bescheidene Wiederbelebung. Während der Weltwirtschaftskrise Anfang der 1930er Jahre kamen die ehemals so beliebten Rennreiten sogar völlig zum Erliegen. Erst der allgemein einsetzende Aufschwung des gesamten Turniersports wirkte sich belebend auf den Hindernisrennsport aus. In einigen Reiter-Regimentern kam es zur Errichtung von Truppenrennställen, wobei der Rennstall der Kavallerieschule Hannover nach wie vor die bedeutendste Einrichtung dieser Art darstellte. Allerdings war auf den Rennplätzen das „bunte Feld" verschwunden. Die an den Rennen teilnehmenden Offiziere trugen im Allgemeinen einheitlich weiße Röcke wie zu den Military-Wettkämpfen, die ähnlich den zeitweise in der Vorkriegszeit genehmigten Sommerröcken geschnitten waren. Für das vor 1914 so formidable Große Armee-Jagdrennen konnte das Heeresjagdrennen in Karlshorst, das letztmalig 1939 geritten wurde, keinen wirklichen Ersatz darstellen. Der Rennsport setzte keine Akzente mehr, die für die zeitgenössische militärische Reitausbildung nutzbar gewesen wären. Die nun abgehaltenen Jagdrennen dienten eher der Erinnerung an den Glanz vergangener Zeiten, sozusagen der Erhaltung einer reiterlichen Tradition. Allerdings war deren adelige Attitüde sowie die starke Fokussierung auf teilnehmende Heeres-Offiziere durch die Umbenennung in „Amateurrennsport" ihrer alten Aura beraubt worden. Beispielhaft für die Vergänglichkeit auch der Austragungsorte des Hindernisrennsports muss auf das Schicksal der einst schönsten Stätte, der Grunewald-Rennbahn hingewiesen werden, die dem Neubau des Olympiastadions für 1936 geopfert worden war.

Remontierung bis zum Zweiten Weltkrieg

Die Typveränderung der deutschen Pferde

Die Verstärkung in der deutschen Pferdezucht, die maßgeblich von Landstallmeister Siegfried Graf Lehndorf in Trakehnen vorangetrieben worden war, manifestierte sich in einer erkennbaren Typveränderung, die der Schweizer Oberst Poudret bei den deutschen Springpferden während eines internationalen Turniers in Genf 1938 folgendermaßen beschrieb: *„Das deutsche Pferd hat im letzten Zeitabschnitt sein Aussehen sehr geändert und gleicht nur noch wenig dem deutschen Pferde, das wir in der Schweiz vor dem Kriege kannten. Die Deutschen wollen mit Recht ein Pferd mit soliden Nerven. Man schließt aus der Produktion sorgfältig nervöse Hengste aus, vor allem, wenn es sich um diejenigen handelt, die Militärpferde machen sollen. Das ruhige Pferd ist viel leichter zu reiten. Es hält länger, es nährt sich besser, es ist praktischer als das nervöse Pferd, welches zu oft die Heftigkeit seines Temperaments gegen den Reiter wendet. Man muß, um die deutschen Pferde richtig zu beurteilen, sich freimachen von unseren Vorurteilen und die leichteren, edleren Modelle, an die wir gewöhnt sind, hierbei vergessen. Wenn man im ersten Augenblick etwas erstaunt ist über die Knochenstärke und die Masse der deutschen Pferde, gelangt man bei näherem Hinsehen zu der Einsicht, daß diese Pferde sehr schön sind. Sie sind mächtig, gut gebaut, über viel Boden gestellt und nahe an diesem. Sie haben gut gestellte starke solide Beine mit mächtigen breiten, gut gerichteten Sprunggelenken. Sie haben viel Hals, und obgleich sie im großen ganzen nicht sehr hoch im Blute stehen, haben sie genug*

Blut für die Arbeit, die man von ihnen verlangt. Sie zeigen eine gute Manier im Galopp, sie sind schnell und leichtfüßig und konnten mehrere Prüfungen nur durch schnelles Reiten gewinnen, so daß sie den Eindruck absoluter Vornehmheit machen. Es sind Reitpferde! Die meisten für schweres Gewicht, und sehr schöne Reitpferde sogar. Einige von ihnen waren vollkommen in dem Typ, den wir nach unserer Überlieferung als Reitpferd meinen. Stellen wir besonders fest, daß die älteren deutschen Pferde trotz ihrer anstrengenden langen Laufbahn auf den Beinen besonders gut konserviert sind, was nicht nur eine ausgezeichnete Stallpflege beweist, sondern vor allem einen Stahl und eine Härte, die gewisse Leute den deutschen Pferden nicht gern zubilligen wollen." ([Momm 1942] S. 198 ff.).

Neben Ostpreußen und Hannover war es ebenfalls Holstein gelungen, sich als Zuchtgebiet für moderne Warmblutpferde zu etablieren. Neben den hier gezüchteten Pferden für die bespannte Artillerie, wurden nun auch wieder Kavallerieremonten in Holstein gezüchtet. Weswegen dieses Gebiet an seine große Zeit als Zuchtgebiet für Kavallerieremonten während des 18. Jahrhunderts anknüpfen konnte. In einem Vortrag, der von Offizieren des Spring- und Vielseitigkeitsstalls der Kavallerieschule Hannover 1933 gehalten wurde, fasste Oberleutnant von Bustè die damaligen Erfahrungen so zusammen: *„Nun wäre die Feststellung ganz interessant, welches Zuchtgebiet wohl die meisten guten Springpferde stellt, und es ergibt sich das überraschende Bild, daß das Gebiet, das bis vor wenigen Jahren fast ausschließlich Wagenpferde produzierte, und dessen Produkte auch jetzt noch zum Teil mit ihrem Karossieraufsatz, der hohen Trabaktion und dem vielfach runden, rollenden Galopp durchaus nicht immer dem Vorstellungsbild eines Reitpferdes entsprechen, daß diese Zucht wohl doch prozentual die meisten guten Springpferde hervorbringt. Unter den Spitzenpferden des Springstalles [der Kavallerieschule Hannover, Anm. d. V.] sind vier Holsteiner, das sagt genug. – Es folgen die Hannoveraner, von denen jährlich eine große Anzahl unter den Spitzenpferden des deutschen Springsports zu finden sind; Ostpreußen, dazu Trakehnen stellt für die Größe der Produktion, die jährlich den berittenen Truppenteilen und den Turnierställen zufließt, nur einen bescheidenen Teil der guten Springpferde; doch sind auch unter den Ostpreußen und ebenso unter den Vertretern der kleineren sonstigen Zuchtgebiete immer wieder Pferde der besten Klasse. Zusammenfassend muß gesagt werden: Die Eignung zum Springpferd ist nicht vom Herkunftsland abhängig."* ([Kavallerieschule 1933] (S. 6 ff.).

Der Pferdebedarf der Armee steigt wieder massiv an

Insgesamt gestaltete sich die Pferdezucht in Deutschland aufgrund zweier wesentlicher Effekte dennoch sehr schwierig. Zum einen wirkte sich der starke Anstieg der Motorisierung besonders in den Großstädten negativ auf die Nachfrage nach Arbeitspferden aus. Zum zweiten ließ die Weltwirtschaftskrise Anfang der 1930er Jahre den gesamten Absatz einbrechen. Wenn 1924 noch ca. 260.000 Pferde in Deutschland geboren wurden, kamen zwischen 1927 – 1932 nur noch knapp 124.000 Fohlen zur Welt. Erst das allmähliche Ende der Wirtschaftskrise und die nach 1933 einsetzenden Stimulierungsprogramme der nationalsozialistischen Reichsregierung konnte eine Steigerung auf ca. 230.000 Fohlen bis 1936 herbeiführen. ([Kiel 1936]). Bis zum Kriegsausbruch 1939 war der Pferdebestand Deutschlands wieder auf 3,8 Mio. angestiegen, weswegen in etwa wieder der Stand von 1913 erreicht werden konnte. ([Richter 1994] S. 202 sowie [Volkmann 1938] S. 1).

Zusätzlich trugen die sportlichen Erfolge zu einer gesteigerten Nachfrage nach Trakehnern bei, wie die Belegungszahlen der ostpreußischen Landesgestüte beweisen. Gab es 1933 noch 388 Warmblut-Hengste und davon 29,38 % Trakehner, waren dies 1939 schon 528 von denen ca. 45,45 % aus Trakehner-Zuchten stammten.

Als Graf Lehndorff im Jahr 1922 das Gestüt Trakehnen übernahm, stammten 65,55% der Stuten von Vollblut- oder Anglo-Araber-Hengsten ab, nach der Verstärkungsphase waren es 1931 nur mehr 20,92%. Über die Phase nach seiner Amtszeit 1931 bis 1945 berichtet Lehndorff: *„In Trakehnen deckten bei meinem Abgang von dort 1931 drei Vollbut-Hengste, zwei Graditzer Halbblüter und neun Trakehner, 1940 vier Vollblut-Hengste, zwei Araber und elf Trakehner. Da einige der stärksten Hengste durch leichtere ersetzt und bis zum Jahr 1941 fünfzehn Araber-Stuten eingestellt wurden, schien man wieder mehr zur Veredelung zu neigen."* ([Lehndorff 1999] S. 218).

Zu Beginn des Jahres 1933 verfügte die Reichswehr über einen Pferdebestand von ca. 42.000 Pferden, der dann im Zuge der Wehrmachtsneugestaltung bis 1939 auf 170.500 Pferde anstieg. *„Davon entfielen auf die Infanterie ca. 50%, auf die Artillerie 36% und auf die Kavallerie 12%. Die restlichen 2% wurden bei der Pioniertruppe, der Nachrichtentruppe, den Schulen, höheren Stäben und sonstigen Heereseinrichtungen verwendet."* ([Richter 1994] S. 200). Im mobilisierten Zustand standen dem Heer zu Beginn des Zweiten Weltkriegs 573.000 Pferde zur Verfügung, von denen knapp 3,5 %, also 20.000 Pferde, von der Kavallerie genutzt wurden. ([Richter 1993] S. 160).

„Im Zuge der allgemeinen Heeresvermehrung nach 1935 stieg der Remonte-Bedarf dermaßen an, daß er im Inland nicht mehr gedeckt werden konnte. Nun mußten Ankäufe in den Pferde-Exportländern getätigt werden, um da Abhilfe zu schaffen. Hauptsächlich wurden Pferde in Irland, Ungarn, Polen, Jugoslawien, Rumänien und der Tschechoslowakei angekauft." ([Richter 1978] S. 46).

Die verstärkte Remontierung führte dazu, dass bei den Größenvorgaben nicht mehr nach leichter und schwerer Kavallerie wie vor dem Ersten Weltkrieg unterschieden wurde. Stattdessen wurden die Truppenpferde entsprechend ihrem Verwendungszweck klassifiziert: Reitpferde für Offiziere (R I), Reitpferde für Kavallerie und Reiterzüge der Infanterie (K R), Reitpferde für die übrigen Waffengattungen (R), Artillerie-Stangenpferde (Z I), Mittel-, Vorder- und MG-Pferde (Z), schwere Zugpferde für die Artillerie (s ZW), schwere Zugpferde für die übrigen Waffengattungen (s ZK), schwerste Zugpferde (Kaltblüter) (ss Z).

Die Einrichtung der Wehrkreisremonteschulen

Bedingt durch die Aufrüstung der Wehrmacht kam es zur Aufstellung einer ganzen Reihe neuer Formationen bei der Infanterie, der Gebirgs-, der Pionier- und Nachrichtentruppe, weswegen die Kapazitäten für die in diesen Truppenteilen vorhanden Ausbilder für die benötigten Remonten bei weitem überlastet worden waren. Flächendeckend fehlte es an ausgebildeten Reit- und Fahrlehrern sowie an brauchbaren Remontereitern. Um Abhilfe zu schaffen, wurden deshalb die sogenannten Wehrkreis remonteschulen eingerichtet. Die erste Schule dieser Art entstand schon 1933 in Soltau.

An diesen Schulen wurde eine hohe Qualität der zweijährigen Remonteausbildung angestrebt. Zur Gewährleistung dieser Zielstellung sollte ausgesucht fähiges Personal anhand strenger

Auswahlkriterien dorthin versetzt werden. In erster Linie kamen Kavalleristen an diese Schulen, da die Reiter-Regimenter durch die 12-jährige Dienstpflicht der Reichswehr über einen großen Stamm an befähigten Reitern sowie Ausbildern verfügten. Die Kavalleristen der Reichswehr generierten hierdurch zu Reitlehrern, Fahrlehrern wie auch Pferdeausbildern des Heeres der neuen Wehrmacht.

Zusätzlich wurden ehemalige besonders qualifizierte Offiziere aus der alten Armee vor 1918 für die Wehrkreisremonteschulen reaktiviert, die bisher teilweise auch als zivile Reitausbilder wirkten. Es liegt auf der Hand, dass aus den ehemals 110 Kavallerie-Regimentern des kaiserlichen Heeres, eine genügend große Anzahl von Offizieren für diese Aufgaben bereitstand.

Schon 1938 wurden diese Schulen in „Wehrkreis Reit- und Fahrschulen" umbenannt, und ab 1939 konnte der reguläre Ausbildungsbetrieb von künftigen Reit- und Fahrlehrern für die oben genannten Truppenteile aufgenommen werden. Die berittenen und bespannten Truppen (Kavallerie, Artillerie, Fahrtruppen etc.) bildeten ihre Reitlehrer, Pferdeausbilder und Remontereiter jedoch weiterhin selbst aus. Die Lehreinrichtungen für diese Spezialisten blieb wie bisher die Kavallerieschule bzw. Heeres Reit- und Fahrschule Hannover.

„Folgende Schulen waren ab 1938 für die Ausbildung in den Wehrkreisen zuständig: I Lyck, II Demmin, III Beeskow, IV Oschatz, V Aalen, VI Warendorf [heute Sportschule der Bundeswehr, Anm. d. V.], VII Dillingen, VIII Militsch, Bez. Breslau, IX Gardelegen, X Soltau, XI Großenhain, XII Babenhausen/Hessen, XIII Bamberg, XVII Schloßhof/Niederösterreich." ([Klepzig 2012] S. 148).

Sonstige Ausbildung bis zum Zweiten Weltkrieg

Vor dem Ersten Weltkrieg betrug die Wehrdienstzeit noch drei Jahre, die Reichswehr war ein langdienendes Freiwilligenheer, bis dann 1935 die zweijährige Wehrpflicht zur Einführung gelangte. Vor allem die Reiter-Regimenter konnten durch diese Verkürzung kaum noch ihre vielfältigen Ausbildungsziele umsetzen. Der Rekrut musste hier grundsätzlich zu einem vollwertigen Infanteristen herangebildet werden. Eine Aufgabe, die aufgrund der zudem notwendigen Reitausbildung kaum lösbar war. Nur auf Grundlage des vorher in der Reichswehr sorgfältig ausgebildeten Stammes an Unteroffizieren und Offizieren und der Reduzierung auf wesentliche Ausbildungsziele war es möglich, diese Ausbildungszeitverringerung kompensieren zu können.

Gewandtheitsübungen am lebenden Pferd.

Abbildung aus der RV 1937: Voltigieren.

Die Gefechtsausbildung in allen Gefechtsarten richtete sich nach der 1937/38 herausgegebenen Ausbildungsvorschrift für die Kavallerie, der H.Dv. 299, und wurde auf den Truppenübungsplätzen und in Manövern regelmäßig geübt. Die Schießausbildung umfasste für alle Rekruten, eine Einweisung in den Umgang mit den gebräuchlichen Handfeuerwaffen.

Aufgrund der Kriegserfahrungen kam 1942 noch die Vorschrift „Panzerabwehr aller Waffen, Heft 4, Richtlinien für Panzernahbekämpfung" als H.Dv. 469/4 hinzu.

1934 und 1939 regelte die Sportvorschrift für das Heer (H.Dv. 475) die Sportausbildung, bei der die Leichtathletik und das Schwimmen großen Raum einnahmen.

Reitausrüstung

Zaumzeug

Die Dienstpferde, nicht nur der Kavallerie, sondern aller Truppengattungen waren mit dem Zaumzeug 22 ausgestattet. Aufgrund der Verwendung der vielen Beutepferde, die nicht an das Kandarengebiss gewöhnt waren und mit ihm nicht richtig zogen, fiel 1942 bei sämtlichen Zugpferden die Kandare weg. Sie wurde durch das Doppelringtrensengebiss ersetzt.

Die Kavallerie hingegen bestand auch während des gesamten Zweiten Weltkriegs auf die Verwendung der Kandare. Allerdings wurde an der Entwicklung eines vereinfachten Zaums gearbeitet, der nur einen Zügel besitzen sollte. Die im Winter mit Fausthandschuhen zu meisternde Führung mit zwei Zügeln, erwies sich als schwierig und wenig praktikabel. Allerdings sind im Verlauf des Krieges keinerlei Neuentwicklungen mehr zum Einsatz gelangt. Die übrigen Truppengattungen, deren im Krieg frisch eingezogenen und kurz ausgebildeten Soldaten kaum mit der Kandare umgehen konnten, stellten daher immer mehr auf Doppelringtrense um.

Sattel

„Der Armeesattel 25 hat sich (im Zweiten Weltkrieg) trotz seines hohen Gewichts (ohne Steigbügel und Steigbügelriemen 9 1/2 Kilogramm) bestens bewährt. Die Vorteile des Armeesattels waren seine unbedingte Haltbarkeit, die sichere Möglichkeit der Anbringung des Reitergepäcks und die vollständig freigelegte Widerrist- und Rückgratlinie des Pferdes, [...] ([Zieger 1973] S. 460). Versuche mit leichteren Sattelmodellen blieben stets ohne brauchbares Ergebnis, wie zum Beispiel ein Versuch bei der 1. Kavallerie-Division, die mit einem Sattel mit einem Sperrholzsattelbaum von 6 kg Gewicht Truppenversuche durchführte. Der erst 1933 eingeführte Packsattel 33 für Packpferde konnte sich hingegen umgehend bei der Truppe bewähren.

Packung

Die 1934 eingeführten Packtaschen 34 verfügten über einen separaten, verstärkten Sattelüberwurf, mit dem sie auf dem Vorderzwiesel befestigt wurden. Damit ließen sich beide Packtaschen einzeln abnehmen. Das Reitergepäck war nun, wie vor Einführung der Packtaschen 26, wieder rechts und das Pferdegepäck links verpackt. Das Kochgeschirrfutteral fiel weg, und das Kochgeschirr sollte nun in der linken Vorderpacktasche (dem Pferdegepäck) verstaut werden. Das seit längerer Zeit ohne praktischen Nutzen verwendete Vorderzeug durfte dann ab 1937 nicht mehr verwendet werden.

Eine 1937 abgehaltene Marschübung bei der 1. Kavallerie-Brigade über eine Distanz von 400 km in 6 Tagen, ohne Ruhetag, beförderte eine besondere Schwäche der modernen Kavallerieausrüstung zu Tage: das Mitführen von sogenannter „toter Last". Unter „toter Last" ist Gepäck zu verstehen, das nicht durch einen Reiter entlastet wird und dadurch das Pferd stärker ermüdet. Das Problem der „toten Last" tritt besonders bei Packpferden auf. Während Reiter und Reitpferde nur geringe Ausfälle aufwiesen, fielen bei den MG-Tragetieren ca. 10% durch Druck- und Beinschäden aus. Erst als das schwerere MG 08/15 durch die leichteren luftgekühlten MG 34 und 42 ersetzt wurden, konnte dieser Ausfall verringert werden.

Waffen

Zu den klaren Vorteilen bei der modernen Bewaffnung des Kavalleristen der Wehrmacht, gehörte seine einheitliche Ausstattung mit dem Karabiner 98k und ab 1939 einer Maschinenpistole als spezielle Handfeuerwaffe für Unteroffiziere in Führungspositionen. Jede der neun Reitergruppen einer Schwadron verfügte außerdem über ein leichtes MG 34 mit Fliegerdreibein, die Schwadron über eine MG-Staffel mit zwei schweren MG 34 sowie später über einen MG-Zug mit vier schweren MG 34.

Änderungen im Zweiten Weltkrieg

Im Verlauf des Zweiten Weltkrieges traten dann eine ganze Reihe von Veränderungen hinsichtlich der Ausrüstung und Bewaffnung auf, die in erster Linie auf Kriegserfahrungen und danach auf tatsächliche Neuentwicklungen zurückzuführen waren. Nach dem Polenfeldzug 1939 legte die deutsche Kavallerie eines ihrer

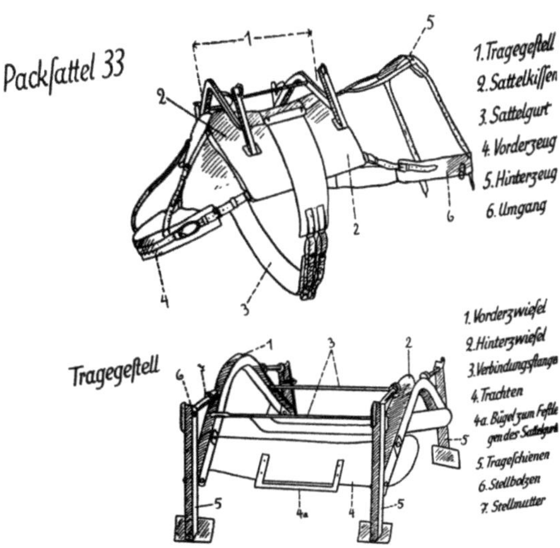

Packsattel 33

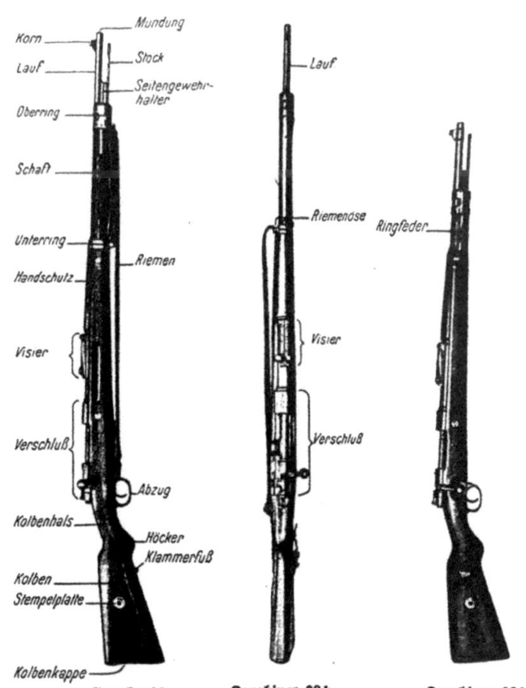

Entwicklung des Karabiner 98. Der Karabiner 98b wurde als leicht abgeändertes Gewehr 98 1923 eingeführt. Der Karabiner 98k kam dann 1935 als Standardwaffe der Wehrmacht.

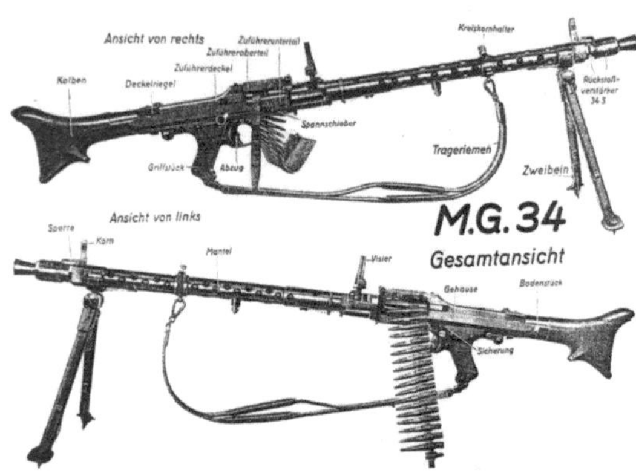

Ab 1931 wurde jede Reitergruppe in den Reiter-Regimentern vorläufig mit dem leichten Maschinengewehr 13 (Dreyse) ausgestattet. Ab 1936 erfolgte dann die Auslieferung des neuen Einheitsmaschinengewehrs 34, das als leichtes MG, schweres MG mit Lafette und als Fliegerabwehr-MG mit Dreibein eingesetzt werden konnte.

sichtbarsten Statussymbole, die lange Seitenwaffe, d.h. den bis 1939 getragenen Säbel, als überflüssig gewordene Bewaffnung ab. Nachdem durch die hohen Marschleistungen im Westfeldzug vermehrt Satteldrücke auf den Widerristen der Pferde auftraten, arbeitete die 1. Kavallerie-Division ihre Vorderpacktaschen zu Hinterpacktaschen um.

Bereits vor 1940 fanden Versuche zur Gepäckerleichterung der Kavallerie statt, die ab Februar 1940 schließlich zur Einführung neuer Packtaschen als Hinterpacktaschen, eine kleine Packtasche hinten rechts und eine große Packtasche hinten links, führten. Die kleine Packtasche enthielt das „Gefechtsgepäck", bei dem es sich im Prinzip um das alte Reitergepäck handelte.

Aufgrund der Erfahrungen des Frankreichfeldzugs 1940, bei der die 1. Kavallerie-Division extreme Marschleistungen zu erbringen hatte, wurden die Vorderpacktaschen zu Hinterpacktaschen umgearbeitet. So versprach man sich weniger Drücke am Widerrist.

Die große Packtasche nahm das Pferdegepäck sowie das Kochgeschirr auf. Die Einführung konnte nur schrittweise erfolgen, sodass sich in der Kriegspraxis eine große Vielfalt an unterschiedlichen Packtaschenmodellen im Umlauf befand. Dabei konnten Packtaschen 40, Packtaschen 34 umgearbeitet auf Hinterpacktaschen, Packtaschen 34 als Vorderpacktaschen sowie umgearbeitete ältere Modelle vorkommen.

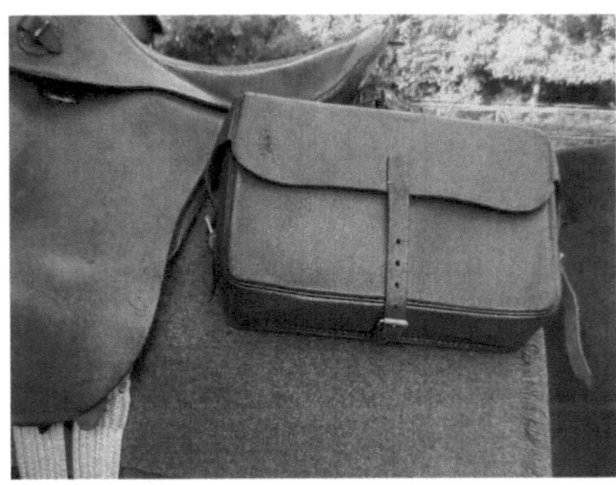

Packtaschen 40. Links: kleine Packtasche, rechts: große Packtasche. Bilder aus [Schumacher 2007].

Eine überaus wichtige Änderung bei der Bewaffnung war ab Ende 1943 die Ausrüstung der Kavallerie-Einheiten mit dem neuen Sturmgewehr 44. Der leichte und mit einer höheren Feuerkraft als der Karabiner ausgestattete Gasdrucklader hatte eine höhere Reichweite und Durchschlagskraft als die Maschinenpistole. Es sollte sich als die ideale Waffe für den modernen Kavalleristen herausstellen. Es steigerte im infanteristischen Einsatz die Feuerkraft und erlaubte auch auf dem Pferd eine effektive Verwendung der Feuerwaffe im Vergleich zu Pistole oder Karabiner.

Insgesamt wurde – trotz aller Versuche – die Standardpackung für die Pferde nicht wesentlich leichter. Neben etlichen Zeitzeugen-Berichten beweisen allerdings die vielen erhaltenen Bildquellen, dass in der Praxis häufig mit erheblich reduziertem Gepäck geritten wurde.

Das Sturmgewehr 44 wurde ab Ende 1943 an die Kavallerie ausgegeben und stellte sich als sehr brauchbar heraus. Handlicher als der Karabiner konnte man es gut vom Pferd aus nutzen. In Dauerfeuer war zudem die Trefferwahrscheinlichkeit vom Pferd aus höher.

Die Kavallerie im Zweiten Weltkrieg

In den ersten Kriegsjahren nimmt die Bedeutung der Kavallerie ab

Schon in den beiden vorangegangenen Kapiteln wurden die mannigfaltigen Probleme aufgezeigt, mit denen die Kavallerie um ihre Daseinsberechtigung als eigenständige Truppengattung des Landheeres zu kämpfen hatte. Ganz besonders in der Phase des Blitzkrieges zeigten sich dann aber die Herausforderungen für die Kavallerie, in einem schnellen andauernden auf Motorkraft basierenden Angriffskrieg mit dem Tempo der neuen motorisierten Waffengattungen Schritt halten zu können.

Die zu dieser Zeit stark abnehmende Bedeutung war der deutschen Militärführung dabei bereits seit 1938 bewusst. Immerhin war die bisherige Inspektion der Kavallerie aufgehoben worden. Die Kavallerie gehörte nun der „Inspektion der schnellen Truppen“ an. Der neu entstanden Inspektion waren außerdem die Panzertruppe wie auch die Kradschützen unterstellt. Zum Chef der „schnellen Truppen“ im Oberkommando des Heeres war Heinz Guderian (1888 – 1954), als angeblicher Schöpfer der deutschen Panzertruppe ernannt worden, der als ehemaliger Angehöriger der Jäger-Truppe des kaiserlichen Reichsheeres nicht zu den Anhängern der Kavallerie zählte. Unabhängig von dieser subjektiven Abneigung, stellte die Kavallerie tatsächlich die langsamste Truppengattung der „schnellen Truppen“ dar. Der letzte Inspekteur der Kavallerie der Wehrmacht war der ehemalige Leib-Garde-Husar Günther v. Pogrell (1879-1944), dem auf dem Posten als „Inspekteur des Reit- und Fahrwesens des Heeres“ der ehemalige aus Thüringen stammende Train-Offizier des kaiserlichen Reichsheeres, der spätere General der Artillerie Erich Weingart (1887-1945), folgte.

Die sich bereits zum Ende des Ersten Weltkrieges abzeichnenden noch zerstörerischen Taktiken des Zweiten Weltkrieges machten vor allem das Überwinden selbst stärkster Befestigungssysteme möglich. Die Sturmtruppentaktik der deutschen Infanterie während des Ersten Weltkrieges konnte jetzt durch die erhöhte Durschlagkraft und Mobilität von Panzerverbänden, gepaart mit den Möglichkeiten der modernen Luftunterstützung für großangelegte, strategische Durchbrüche sowie Umfassungsoperationen genutzt werden. Diese Taktiken führten als „Blitzkrieg“ zu Beginn des Zweiten Weltkrieges zu enormen Anfangserfolgen, die bis heute von führenden Militärhistorikern als beispielhaft für eine bewegliche Kriegführung gelten. Gleichzeitig fußten diese auf der, durch die restriktiven Bestimmungen des Versailler-Friedensvertrages erzwungenen Reichswehr und ihrem vorzüglich geschulten Unteroffizier- und Offizierkorps. Die Hybris der politischen deutschen Führung überspannte die außenpolitischen Ziele derart, dass Deutschland dann schließlich am 8. Mai 1945 den Krieg mit der Unterzeichnung einer bedingungslosen Kapitulation verlor.

„Zu Beginn des Zweiten Weltkriegs sah es zunächst aus, als ob in der Zeit der ‚Blitzkriege‘ dem Pferd nur noch eine nebensächliche Rolle zufalle. Das gut ausgebaute, feste Straßen- und Wegenetz des Westens gab im Verein mit der hohen, unverbrauchten Qualität des Materials dem Motor den unbestrittenen Vorrang.“ ([Zieger 1973] S. 413). Dabei gelang es konkret der 1. Kavallerie-Division im Westfeldzug 1940, bisher nicht gekannte Marschleistungen zu erbringen. Ihre Kavalleristen legten zwischen dem 10. Mai und 5. Juli 1940 ca. 2.000 km zurück. Dabei wurde im Vormarsch stundenlang getrabt, teilweise abgesessen, wobei die Reiter neben den Pferden herliefen.

Was Reiter und Pferde im frühen Blitzkrieg mitmachten, verdeutlicht folgender Brief eines Kavalleristen des Reiter-Regiments Nr. 1 von 1940: „*Ihr scheint doch von unsern Märschen zu Pferde keine rechte Vorstellung zu haben. Man verlangt von uns die gleiche Tagesleistung wie von den motorisierten Truppen. Siehe Holland! Wenn der Motorisierte 150 km fährt, ist er vielleicht von 10 - 15 Uhr unterwegs. Hat er sein Tagesziel erreicht, so stellt er seine Karre beiseite und ist fertig. wenn wir 90 km reiten, brauchen wir dazu 14-16 Stunden, also von früh 4 bis 22 Uhr. Anschließend Pferdeversorgen, mindestens eine Stunde und nachts ein oder zwei Stunden Stallwache. Der Infanterist von heute macht vielleicht 50 km. Hat er 20 Minuten Marschpause, so liegt er im Straßengraben und rollt. Der Reiter tränkt seine Pferde und holt dazu das Wasser vielleicht 200 m weit. Bei der Infanterie sind zwei Stunden Rast zwei Stunden Ruhe. Der Reiter verbraucht davon fünfviertel Stunden für das Pferd, Ab- und Aufsatteln, Tränken, Füttern usw. Will er selbst endlich essen, so hält er dabei noch das Pferd. Hat er 90 km vor sich, so reitet er vielleicht 40, die übrigen 50 km führt er, wie wir z.B. am 27. Mai. Er hat also die infanteristische Marschleistung und dazu noch 40 km im Sattel, was auch keine Kleinigkeit ist. Dem Infanteristen tun die Füße weh. Dem Reiter auch, denn er hat auch 50 km zu Fuß zurückgelegt und zwar nicht in Marsch- sondern Reitstiefeln. Ihm tun aber nicht nur die Ständer weh, ihm wird auch vom Karabiner Schulter und Hüfte zertrümmert, das Gesäß geht in Fransen und nach mehrtägigem langem Ritt hat man das Gefühl, als hätte man überhaupt keine Knochen mehr. Der Infanterist kann außerdem frei laufen, während der Reiter zu Fuß immer noch das Pferd zu führen hat. Bald muß er es ziehen, weil es nicht mehr kann, bald halten, weil es vorwärts stiert. Hat der Infanterist Ruhe, so kann er seine Sachen in Ordnung bringen. Beim Reiter kommt erst Pferde- und Sattelpflege, für die eigenen Sachen ist die Freizeit da! So, das ist die Kavallerie von innen gesehen. Selbst wenn nicht geführt wird - wie in Holland - reitet einmal 200 km in zwei Tagen, dann verliere ich kein Wort weiter. Ihr aber auch nicht! Und doch ist und bleibt die Kavallerie die Krone aller Waffen. Wir tauschen mit keinem andern, freiwillig nicht! Aber die Gründe dafür könnt Ihr noch weniger verstehen als das andere, darum werde ich sie für mich behalten.*“ ([Kuehn 1965] S. 121 ff.).

Im Polenfeldzug überschritten als erste deutsche Truppen Reiter der 1. Kavallerie-Brigade den Narew. Vor dem Frankreichfeldzug wurde diese Brigade dann sogar zur 1. Kavallerie-Division aufgestockt. Trotz schwindender Bedeutung für die Gesamtoperationen, bewährten sich die Heereskavallerie und die Aufklärungsabteilungen der Infanterie-Divisionen in den ersten beiden Kriegsjahren, obwohl von der höheren Führung teilweise unsinnige Aufträge erteilt wurden. Beispielhaft soll hier nur der in Holland im Mai 1940 befohlene Einsatz genannt werden, der die 1. Kavallerie-Division in einem von Kanälen und Gräben stark durchschnittenen und damit für Reiterei ungeeigneten Gelände einsetzte. Besser eingesetzt wurde die Kavallerie dann im weiteren Verlauf des West-Feldzugs. „*[Ihre] herausragenden Erfolge [in diesem Feldzug] waren die Erzwingung des Poix-Abschnittes, die Inbesitznahme der Brücken bei Le Port Boulet über die Loire und bei Chinon über die La Vienne, sowie die Vernichtung eines Panzer-Bataillons am 9.6., welches den deutschen Vormarsch in diesem Abschnitt verhindern sollte.*“ ([Richter 1978] S. 142).

Eine ähnlich beispiellose Waffentat gelang Georg Freiherr von Boeselager (1915 – 1944), der mit seiner Reiter-Schwadron der Aufklärungsabteilung 6 am 6. Juni 1940 die Seine durchschwamm, den Feind am gegenseitigen Ufer im Handstreich überwand und sodann einen für die weitere operative Führung sehr bedeutsamen Brückenkopf bildete.

Der Krieg an der Ostfront bringt neue Herausforderungen

Die eigentliche Bewährungsprobe für die Kavallerie begann mit dem Krieg gegen die Sowjetunion ab dem 22. Juni 1941. Die 1. Kavallerie-Division wie auch die Aufklärungsabteilungen mussten nun enorme Anstrengungen bewältigen. Marschieren in Sand und Morast, mangelnder Futternachschub, Tränkschwierigkeiten, Insektenplagen sowie schlechte Unterkünfte für Pferd und Reiter, besonders während der unberechenbaren Witterungen im Herbst. Vor allem setzten jedoch die harten Gefechte mit einem zähen Gegner Mensch und Tier enorm zu. Die 1. Kavallerie-Division legte nicht nur die doppelte Marschleistung einer Infanterie-Division vor, sie blieb selbst in ungünstigstem Gelände bei jeder Witterung hoch beweglich. Während die Reiterschwadronen bis zuletzt mobil blieben, konnten die bespannten und motorisierten Teile, besonders nach langen Regengüssen, nur mit Mühe vorankommen. Als Zeichen der guten Ausbildung von Pferd und Reiter galt die Tatsache, dass die Division bis zu ihrer Herauslösung im November 1941, trotz härtester Kampfbedingen, relativ geringe Verluste an Pferden verzeichnete.

Schlammperiode an der Ostfront bei Kursk im Frühjahr 1942. BArch, Bild 101I-289-1091-26.

Allen Erfolgen zum Trotz kam es im Herbst 1941 zur Auflösung der Heereskavallerie und die 1. Kavallerie-Division wurde in die 24. Panzer-Division umgegliedert. Im Nachhinein stellte sich diese Entscheidung allerdings als falsch heraus, denn vor allem mit dem Einsetzen des Herbstwetters zeigte sich der Wert von Pferd und Reitern bei der Bewältigung der schwierigen Geländeverhältnisse Osteuropas. *„In dem ungewöhnlich harten Winter 1941/42, der die ersten militärischen Rückschläge brachte, waren es vielfach die Aufklärungs-Abteilungen, die mit unzulänglichen Mitteln, bei hohem Schnee, Frost und Wintersturm dank ihrer Pferde das Moment der Beweglichkeit aufrechterhalten konnten und damit der schwer ringenden Infanterie an den Brennpunkten zum Nothelfer wurden. Damals wurde der Begriff der „Feuerwehr" geboren und damit zum Ehrentitel der Reiter."* ([Richter 1993] S. 175). Es trat das ein, was Gustav Rau schon 1936 aufgrund seiner eigenen Erfahrungen aus dem Dienst an der Ostfront während des Ersten Weltkrieges in seinem „Buch der Kavallerie" vorhersagte, dass es ohne Kavallerie nicht gehen werde. ([Rau 1936] S. 7 ff.).

Das Jahr 1942 markierte dann auch für die bisher erfolgreich agierende Kavallerie einen Tiefpunkt. Die Heereskavallerie existierte nicht mehr und die Reiterschwadronen der Aufklärungsabteilungen wie auch die Reiterzüge der Infanterie-Regimenter waren vielfach verschlissen oder wurden im nun wieder häufig auftretenden Stellungskrieg als Ersatz für die Infanterie eingesetzt.

Dabei spielte es keine Rolle, dass der sowjetische Gegner selbst sehr erfolgreich und in großem Umfang Kavallerie-Divisionen sowie Kavallerie-Korps zum Einsatz brachte. In den schwierigen Schlammperioden des Herbsts wie auch den folgenden harten Wintermonaten, galt eine sowjetische Kavallerie-Division oftmals effizienter als eine Panzerdivision. Einzig die Kavallerie schien trotz der schweren Wetterbedingungen zu einer beweglichen Kampfführung fähig sein.

Ab 1942 entwickelte die Rote Armee eine äußerst effektive Taktik für die Verbesserung des Zusammenspiels von Panzer- und Kavallerieverbänden während des Angriffs. Der sowjetische Armeegeneral Pawel Iwanowitsch Batow (1897 – 1985) beschreibt diese folgendermaßen: *„Im modernen Gefecht, das mit starken Panzerkräften und einer großen Zahl automatischer Waffen geführt wird, ist die Kavallerie leicht verwundbar. Nach allseitiger Analyse entschlossen wir uns, sie durch eine rhombenförmige Gliederung der Kampfwagen gegen feindliche Panzerangriffe zu sichern. Von jedem Panzerkorps hatten zwei Brigaden keilförmig in den Durchbruch hineinzustoßen. Mit ihrem weiteren Vormarsch verbreiterte sich die Basis des Keils. In dem von den Panzersoldaten gesäuberten Raum sollten die Divisionen des Kavalleriekorps in den Durchbruch eindringen, gefolgt von der dritten Brigade des Panzerkorps, deren weit auseinandergezogene Gefechtsordnung den rückwärtigen Teil des Rhombus bildete. Die Aufgaben der Panzer und die der Kavallerie waren exakt gegeneinander abgegrenzt. Erstere hatten die technischen Kampfmittel des Gegners zu vernichten, während die Kavalleristen seine Infanterie verfolgen sollten. Hatten Panzer und Kavallerie die operative Tiefe erreicht, brauchten die Divisionen der Schützenkorps nur noch die Reste der deutschen Kräfte niederzukämpfen. Diese Taktik sicherte uns ein hohes Angriffstempo."* ([Piekalkiewicz 1976] S. 66).

Georg von Boeselager baut die Heereskavallerie wieder auf

Zu einer großangelegten Kombination von verschiedenen Truppengattungen während eines Angriffs wie bei der Roten Armee, war die Wehrmacht im Jahr 1943 aufgrund ihres Panzermangels immer weniger in der Lage. Abhilfe, zumindest im Abwehrkampf, schafften jedoch nicht die Führungsstäbe, sondern der junge Kavallerieoffizier Georg Freiherr von Boeselager. Aufgrund seiner energischen Initiative kam es ab 1943 zu einer Wiederaufstellung einer deutschen Heereskavallerie speziell für den Einsatz an der Ostfront und als schnelle Feuerwehr zur Abriegelung von Feindeinbrüchen. Freiherr v. Boeselager – 1934 in das Reiter-Regiment 15 in Paderborn eingetreten – war der Militärführung nicht nur durch seine reitsportlichen Erfolge vor dem Krieg bekannt. Der erfolgreiche Turnier- und Rennreiter führte wahre Husarenstücke als Offizier, wie zum Beispiel die Gewinnung des Seine-Brückenkopfs im Jahr 1940, aus. Für seine Idee, eine Heereskavallerie aufzustellen, konnte er den Ia der Heeresgruppe Mitte, Henning von Treskow, gewinnen. Aus den verstreuten Reiterschwadronen der Aufklärungsabteilungen der Heeresgruppe Mitte wurde daraufhin 1943 das Kavallerie-Regiment „Mitte" als schnelle, in jeglichem Gelände einsetzbare Heeresgruppenreserve, gebildet. Mit diesem Regiment begann dann das letzte Kapitel der deutschen Kavallerie-Geschichte.

Oberstleutnant Georg Freiherr von Boeselager (1915 – 1944) war Triebfeder und Organisator des Wiederaufbaus der deutschen Heereskavallerie ab 1943 [Witte 1998].

Trotz hoher Verluste konnte sich das neue Regiment sehr schnell bewähren. Es konnte dabei nicht nur auf einen sehr gut ausgebildeten Mannschafts-Stamm, sondern ebenso auf einen sich aus den alten Reiter-Regimentern rekrutierenden Ersatz zurückgreifen. Nach dem gleichen Muster kam es dann auch bei den Heeresgruppen Nord und Süd zur Aufstellung jeweils eines Kavallerie-Regimentes. Nicht zuletzt zeichnete sich die kavalleristische Herausforderung dafür verantwortlich, dass sich in den Rängen der „Boeselagerschen Reiter" viele berühmte Namen aus dem früheren und späteren Reitsport zusammenfanden, wie zum Beispiel: Hans Heinrich „Micky" Brinkmann (1911 – 1991), Hans Joachim Köhler (1917 – 1997) , Kurt Albrecht von Ziegner (1918 – 2016), Werner Hasse (1906 – 1971), Fritz Thiedemann (1918 – 2000) und viele andere.

Leutnant der Reserve Fritz Thiedemann (1918 – 2000) begann seine reiterliche Ausbildung als SA-Reiter bei Felix Bürkner auf dessen Reitschule in Berlin-Düppel und gewann schon 1938 beim Berliner Frühjahrsturnier den Preis der Deutschlandhalle. Im Zweiten Weltkrieg war er zunächst als Unteroffizier des Kavallerie-Regiments 13 an der Heeres Reit- und Fahrschule in Krampitz ebenfalls bei Bürkner eingesetzt. 1943 an die Ostfront versetzt, kam er zu Georg von Boeselager und arbeitete dort u.a. dessen Pferde. Nach dem Offizierslehrgang diente er ab Ende März 1944 im Kavallerie-Regiment „Mitte" und dann im neuen Reiter-Regiment 31 (Zugführer in der MG-Schwadron, ab 1945 Chef) und wurde noch mit Wirkung zum 1. Mai 1945 zum Oberleutnant befördert.

Rittmeister Kurd Albrecht von Ziegner (1918 – 2016), ursprünglich vom Kavallerie-Regiment 9 diente 1943/44 als Chef der 2. Reiter-Schwadron in Boeselagers Kavallerie-Regiment „Mitte"

Im Sommer 1944 wurden die drei Regimenter dann zu zwei Kavallerie-Brigaden aufgestockt. Sie wurden als 3. und 4. Brigade bezeichnet, da es ja vorher in der 1. Kavallerie-Division die 1. und 2. Brigade gab. Während des Zusammenbruchs der Heeresgruppe Mitte im Sommer 1944, musste vor allem die 3. Brigade schwere Kämpfe in den Abwehrkämpfen vor Ostpreußen bestehen. Während des 20. Juli

Rittmeister Werner Christian Hasse (1906 – 1971) vom Kavallerie-Regiment 8 als Sieger des Heeres-Jagdrennens 1939 in Karlshorst auf „Scapaflow". Hasse war mit 195 Siegen der erfolgreichste Amateur-Rennreiter nach dem Ersten Weltkrieg. Er diente als Major 1944/45 im Stab der I. Abt. des Reiter-Regiments 32.

zog v. Boeselager die gesamte Brigade aus der Front, um sie in Berlin für den Staatsstreich einzusetzen. Nach dem Scheitern des Attentates gelang es tatsächlich, diese eigentlich auffällige Truppenverlegung einer ganzen Reiter-Brigade, vor der eigenen Militärführung zu verschleiern.

Ab November 1944 wurden die 3. und 4. Kavallerie-Brigade nach Ungarn an den Plattensee verlegt, wo sie zunächst der Front-Stabilisierung dienten. Nach dem Scheitern der letzten deutschen Offensive in Ungarn im März 1945, schlugen sich die Reste in aufreibenden Verzögerungsgefechten bis nach Österreich zurück, um sich dort den britischen Truppen zu ergeben.

Interessanterweise kamen die Soldaten der beiden Kavallerie-Brigaden, offiziell hießen sie ab 1945 „Divisionen", nicht in Kriegsgefangenschaft. Vielmehr wurde die gesamte Division per Eisenbahn nach Württemberg transportiert, wo ihr Pferdebestand an die lokale Bauernschaft übergeben wurde. Die Soldaten selbst entließ die amerikanische Militärführung im Juni 1945 direkt nach Hause. Denkwürdig war, dass dabei am 9. Juni 1945 die letzte Parade-Aufstellung und der letzte Parademarsch einer deutschen Kavallerie-Einheit, und zwar des Kavallerie-Regiments 5, vor amerikanischen Besatzungstruppen erfolgte.

Major Philipp Freiherr von Boeselager (1917 – 2008) als letzter Kommandeur des Reiter-Regiments 31 vor seinem Ende Mai 1945 zum letzten Mal zum Apell angetretenen Regiment im Lignitztal in Österreich. Philipp von Boeselager war wie sein Bruder Mitverschwörer des 20. Juli, wurde aber ebenso nicht entdeckt [Witte 1998].

Oberst Georg Freiherr von Boeselager erlebte den Untergang der deutschen Kavallerie nicht mehr. Er war zwei Tage nach seinem 29. Geburtstag, am 27. August 1944, in Nordostpolen gefallen und er gilt als einer der letzten in der langen Liste der großen deutschen Reiterführer. Seine und die Beteiligung seiner

Mitstreiter an den Vorgängen rund um den 20. Juli 1944 blieben bis zum Kriegsende unentdeckt. Trotz teilweiser Folter war er, wie auch sein Bruder Phillip v. Boeselager, von keinem der festgenommenen Verschwörer verraten worden.

Sein Bruder Philipp von Boeselager, der den Krieg in der Dienststellung als Kommandeur der 3. Kavallerie-Brigade überlebte, stiftete 1970 zum Andenken an seinen Bruder, den bekannten Boeselager-Wettbewerb der Panzeraufklärungstruppe der Bundeswehr. Dieser wurde 1996 letztmalig ausgetragen.

Des Weiteren gab es im deutschen Heer starke Kavallerieverbände der Waffen-SS sowie solche, die sich aus Kosaken und Kalmücken rekrutierten und als Fremdtruppen von deutschen Offizieren geführt wurden. Die Behandlung dieses Spezialkapitels der deutschen Kavalleriegeschichte würde den Rahmen dieses Buches sprengen, zumal es keinerlei speziellen Einfluss auf die Reitausbildung nahm.

Kriegsremontierung

Bestandszahlen und Verluste

Zu den wohl nachhaltigsten Lehren, die die Kavallerie aus den Erfahrungen des Ersten Weltkriegs zog, gehörten die Bereiche Pferdeersatz, die Futterbewirtschaftung sowie das Veterinärwesen. In diesen Bereichen ging die deutsche Militärführung wesentlich besser vorbereitet und organisiert in den Zweiten Weltkrieg. So waren zum Kriegsbeginn beispielsweise Pferdelazarette rechtzeitig wie auch in genügender Anzahl vorhanden. Notwendige Medikamente wurden in ausreichender Zahl vorgehalten. Bereits vor dem Krieg existierte eine Aufklärung von Pferdeseuchen in potenziellen Feindländern, um am Tag X einen Ausbruch bei den eigenen Pferden verhindern zu können.

Der durchschnittliche Pferdbestand der Wehrmacht lag während des Zweiten Weltkriegs bei ca. 1,35 Mio. Tieren. *„Aus dem Zweiten Weltkrieg liegen genaue Statistiken und Zahlenangaben für die ganze Dauer des Krieges nicht mehr vor. Sie sind wie vieles andere vernichtet. Über die letzten Monate des Krieges sind überhaupt keine zuverlässigen Berichte mehr eingegangen. Aber ein Gesamtüberblick auf Grund eines Zahlenmaterials, das für die ersten vier Kriegsjahre genau, die restlichen Kriegsmonate sorgfältig geschätzt ist, ist möglich. Danach sind durch das deutsche Kriegsheer rund 2,5 bis 2,75 Millionen Einhufer gegangen. Von diesen sind in den ersten vier Kriegsjahren fast genau eine Million durch Tod, Tötung und Ausmusterung in Verlust geraten. Für die letzten 20 Kriegsmonate können die Verluste ohne die Einhufer, die bei der Kapitulation lebend in Feindeshand fielen, auf 500.000 bis 750.000 Einhufer geschätzt werden. Es sind also insgesamt 1,5 bis 1,75 Millionen bei 2.5 bis 2.75 Millionen Gesamtbestand verloren gegangen. Dies entspricht einer Verlustquote von 60 bis 63%. Vergleichsweise sei erwähnt, daß im Ersten Weltkrieg auf deutscher Seite 68%, auf französischer 80% des gesamten Pferdebestandes zu Verlust gingen. Trotz einer um 17 Monate längeren Kriegsdauer gegenüber 1914/18 liegt also die Verlustquote niedriger als damals, was bei aller kritischen Einstellung als Erfolg der veterinären Organisation gebucht werden darf. Ein Mangel an Pferden, der kriegsentscheidend hätte werden können, war jedenfalls nicht zu verzeichnen. Die dringendsten Bedürfnisse der Front an Zugtieren konnten bis in die letzten Monate hinein befriedigt werden.“* ([Zieger 1973] S. 325 ff.).

Zu Beginn des Krieges verfügte das Heer über einen Bestand von ca. 573.000 Pferden, beim Überfall auf die Sowjetunion im Juni 1941 war dieser bereits auf 750.000 aufgestockt worden. Durch die besonderen Verhältnisse an der Ostfront stieg dann der Pferdebedarf noch einmal stark an. Im Jahr 1943 befanden sich schließlich 1,38 Mio. Pferde im Bestand des Heeres, von denen allein 2/3 an der Ostfront eingesetzt waren. Von Juni 1941 bis zum Dezember 1944 gingen davon monatlich knapp 30.000 Pferde verloren, wobei auch hier die Ostfront mit einem Anteil von 90 % die traurige Spitze darstellte. ([Fontaine 1973] S. 324 passim.).

Der strukturelle Futtermangel des Ersten Weltkrieges konnte aufgrund der Eroberungen weiter landwirtschaftlicher Gebiete Europas vermieden werden. Lediglich an der Ostfront trat während des Winters 1941/42 aufgrund der schwierigen Nachschublage Futtermangel auf. Diesem fielen in den Monaten Januar 35.599, im Februar 54.009 und im März 45.419 Pferde zum Opfer. ([Zieger 1973] S. 542).

Weitere hohe Pferdeverluste entstanden der Wehrmacht im Osten durch eine hohe Anzahl von verloren gegangenen Kesselschlachten ab 1943. Allein in der Schlacht um Stalingrad gingen im Dezember 1942 über 62.895 und im Januar 1943 nochmals 45.816 Pferde verloren ([Zieger 1973] S. 543).

Erfolge des Veterinärwesens

Die noch im Ersten Weltkrieg gefürchtete Räude konnte von der gut organisierten Veterinärorganisation der Wehrmacht eingegrenzt werden. Mit den Pferdebegasungsapparaten stand zudem ein effektives Behandlungsmittel zur Verfügung. Nur an der Ostfront konnte die Räude in beschränktem Umfang auftreten.

„Eine genaue Statistik liegt über die Verhältnisse bei der 1. Kavalleriedivision während ihres Osteinsatzes von 22. Juni bis 22. Oktober 1941 vor. Von den 13.580 Pferden bei Beginn des Osteinsatzes erkrankten in der Berichtszeit 10.122 Tiere [= 74,54%, Anm. d.V.], von denen 974 bei der Truppe starben [=9,62% der Erkrankten, Anm. d.V.], 4.172 bei der Truppe geheilt [= 41,22% der Erkrankten, Anm. d.V.] und 4.271 an Veterinärtruppen abgegeben wurden [= 42.20% der Erkrankten und 31.45% der Iststärke, Anm. d.V.]. 481 Pferde wurden als vermisst gemeldet [entlaufen bei Fliegerangriffen und im feindlichen Feuer, Anm. d. V.]. Bei den Erkrankungen entfielen 28,12% auf Erschöpfung und Kreislaufschäden, 15,60% auf Sattel- und Geschirrdrucke, 12,34% auf Verwundungen und 10,95% auf Lahmheiten. Von den bei der Truppe eingetretenen 974 Todesfällen waren verursacht: 70,7% durch Feindeinwirkung, 17,5% durch Erschöpfung, 5,6% durch Erkrankungen der Ernährungsorgane und 3,4% durch Knochenbrüche. Der Zugang an Verwundungen stand zeitlich in engstem Zusammenhang mit den Kampfeinsätzen der Division, der an Erschöpfung war weitgehend von der jeweiligen Beanspruchung (Marschleistung und Wegeverhältnisse) und der Futter- und Wasserversorgung abhängig, während ein unmittelbarer Einfluß der klimatischen Gegebenheiten nicht zu erkennen war.“ ([Zieger 1973] S. 330).

„Die Lebenserwartung eines Pferdes, das auf deutscher Seite zum Kriegsdienst ausgehoben wurde, betrug vier Jahre, das heißt, in jedem Kriegsjahr ging durchschnittlich ein Viertel des Gesamtpferdebestandes verloren. Diese Verlustquote erscheint, gemessen an dem Menschenverlusten, sehr hoch. Aber wenn bedacht wird, daß schon um die Mitte des Krieges ein Heereskraftfahrzeug nach

amtlicher Berechnung des Oberkommandos des Heeres nur ein Jahr lief, bis es infolge Totalausfalles ersetzt werden mußte, mit anderen Worten, daß die Lebenserwartung eines Kraftfahrzeuges – wenn man so sagen will – ein Jahr betrug, und daß Anfang des Jahres 1945 ein Lastkraftwagen des Heeres nur sieben Wochen lief, bis er völlig ausfiel (eine Folge vor allem der Jabo-Angriffe), dann war die Haltung des Pferdes doch wesentlich rationeller als die des Kraftfahrzeuges." ([Zieger 1973] S. 415).

Die wichtige Rolle des Pferdes für die Mobilität der Wehrmacht

Für die Mobilität des Heeres übernahm das Pferd eine überragende Rolle und dies trotz der weitverbreiteten Vorstellung, dass der Zweite Weltkrieg ein motorisierter Bewegungskrieg gewesen wäre. Eine Ursache für diese Falschannahme war wohl, dass die Propaganda auf beiden Seiten, vor allem schnell fahrende Panzer oder auch Jagdflugzeuge als „Hauptdarsteller" in ihren Filmen zeigte. Der Anteil der Kavallerie am gesamten Pferdebestand der Wehrmacht betrug dabei gerade mal ca. 15.000 Pferde in den Reiterschwadronen der Aufklärungsabteilungen sowie ca. 4.500 Pferden bei der 1. Kavallerie-Brigade, die dann zur 1. Kavallerie-Division umgewandelt, über ca. 17.000 Pferde verfügte.

Der dennoch äußerst hohe Pferdebedarf der Wehrmacht begründete sich dadurch, dass eine Infanterie-Division in etwa eine doppelt so hohe Zahl an Pferden zum Transport ihrer schweren Waffen und Ausrüstung benötigte als dies im Ersten Weltkrieg der Fall war. Ein Infanterie-Regiment verfügte während des Zweiten Weltkrieges über etwa 626 Pferde und damit über 100 Pferde mehr als ein Kavallerie-Regiment im Ersten Weltkrieg. Bei den nicht-motorisierten Truppen kam im Ersten Weltkrieg ein Pferd auf sieben, im Zweiten auf etwa vier Soldaten. Bei den immer noch sehr schwierigen Straßen- und Geländeverhältnissen der Ostfront während des Zweiten Weltkrieges gehörte das Pferd oft zu den einzig verfügbaren Transportmitteln überhaupt. Dabei war es egal, ob es als Reit-, Zugpferd oder Tragtier zum Einsatz kam. Die wenigen intakten Vollkettenfahrzeuge der Ostfront stellten gegenüber dem Pferd keine Konkurrenz dar. Der über die Länge des Krieges nicht mehr zu ersetzende Ausfall und Verschleiß von Kraftfahrzeugen und die durch den Luftkrieg erheblich eingeschränkte Kraftfahrzeugproduktion konnte ausschließlich durch Pferde kompensiert werden. Selbst die von der Propaganda zu den Trägern des Kriegsgeschehens hochstilisierten deutschen Panzerdivisionen setzten zum Transport ihres Nachschubs Pferdegespanne ein.

Major Dr. Pulte, Referent im Oberkommando des Heeres, fasste 1941 die damaligen Kriegserfahrungen und die Folgerungen für die Anforderungen der Pferdezucht für die Armee wie folgt zusammen: *„Die Bedarfsform der deutschen Pferdezucht hinsichtlich ihrer Verwendung im Heere hat sich gewaltig verändert. Der größte Teil aller benötigten Pferde steht bei der Infanterie sowie bei der Artillerie und nur ein verschwindend kleiner Bruchteil bei der Kavallerie, das heißt also für die deutsche Warmblutzucht in erster Linie die Schaffung eines starken, gängigen Warmblutpferdes, welches bei größter Anspruchslosigkeit vielseitigen Zwecken als Zug- und Reitpferd dienen kann. Das deutsche Warmblutpferd aller Zuchtrichtungen muß ein starkes Zugpferd sein, das auch in Einzelexemplaren unter dem Reiter zu verwenden ist."* ([Pulte 1941] S. 2).

Für den Pferdeeinsatz im Krieg galten schließlich folgende generelle Erfahrungen: *„Das Pferd hat alle in es gesetzten Erwartungen dann voll erfüllt, wenn die mit ihm ausgestattete Truppe im*

Reiten, Fahren, in der Pflege, Fürsorge und in der veterinärärztlichen Betreuung gutausgebildet war und wenn ausreichend Futter beizubringen war; wenn außerdem diese Truppe von mit Pferden erfahrenen und verständigen Truppenführern bis hinauf in die obere Führung und ebenso verständigen Führungsgehilfen ihre Aufträge erhielt. Die vorstehend genannten Voraussetzungen waren keineswegs bei allen Truppenteilen und jederzeit gegeben, so daß erhebliche Einbußen an Pferden häufig und ein Versagen von Truppenteilen mitunter eintraten." ([Zieger 1973] S. 419). Traurige Beispiele für ein solches Fehlen von spezialisiertem Fachpersonal stellten vor allem während des Krieges aufgestellte sogenannte Kriegsformationen dar, von denen hier lediglich auf die schlechten Verhältnisse bei der übereilt aufgestellten Luftwaffen-Felddivisionen hingewiesen werden soll.

Die Pferdeergänzung im In- und Ausland

Zur Ergänzung des Pferdebestandes im Kriegsfall standen wie im Ersten Weltkrieg zunächst als Maßnahmen die Lieferungen aus den Remontedepots, der Ankauf volljähriger Pferde und die Pferdeaushebung zur Verfügung. Die Pferdeaushebung war in der Wehrmacht in der „Pferdeergänzungsvorschrift" H.Dv. 158 von 1938 geregelt, die keine wesentlichen Änderungen zu den Regelungen aus 1914/18 erkennen lässt. Mit diesen drei Instrumenten wäre die Wehrmacht in einen ähnlich prekären Pferdemangel gekommen wie das deutsche Heer im Ersten Weltkrieg, da der Pferdebestand in Deutschland bei Ausbruch des Zweiten Weltkriegs nur ca. 3.8 Mio. betrug.

Dagegen konnte das deutsche Heer bis zum Ende des Krieges trotz des sehr hohen Ersatzbedarfs stets ausreichend mit Pferden versorgt werden. Dies gelang jedoch nur, aufgrund der in den besetzten Gebieten vorhandenen Pferde, die von der Wehrmacht requiriert werden konnten. Zusätzlich fand aber auch ein reger Pferdehandel mit befreundeten oder neutralen Staaten statt, und zu guter Letzt konnte die Wehrmacht über eine große Anzahl an Beutepferden verfügen.

Eine grobe Schätzung erlaubt bei einer Gesamtzahl von 2,75 Mio. Pferden folgende Herkunftsverteilung:

1. Deutschland:
   - **a) aus dem alten Friedensheer übernommen** **180.000**
   - **b) im alten Reichsgebiet ausgehoben** **660.000**
   - **c) aus Remonteämtern herangewachsen** **15.000**

2. Beutepferde des
   - **a) französischen, belgischen u. holländischen Heeres** **80.000**
   - **b) polnischen Heeres** **30.000**
   - **c) russischen Heeres** **310.000**
   - **d) jugoslawischen Heeres** **10.000**
   - **e) italienischen Heeres** **5.000**

3. Aushebungen in
   - **a) Frankreich** **330.000**
   - **b) Belgien** **45.000**
   - **c) Holland** **45.000**
   - **d) Italien** **60.000**
   - **e) Jugoslawien** **50.000**

f) Rumänien	**5.000**
g) Russland ohne Randstaaten	**700.000**
h) Litauen	**30.000**
i) Lettland	**25.000**
j) Estland	**25.000**
k) Polen	**70.000**
l) Tschechoslowakei	**35.000**
m) Norwegen	**5.000**
n) Dänemark	**25.000**

4. Ankäufe in neutralen und befreundeten Staaten **10.000**
([Zieger 1973] S. 426 ff.).

Anders als im Ersten Weltkrieg wurde versucht, die Pferdezucht während des Krieges im Inland wie auch im besetzten Ausland weitsichtig zu fördern. So wurde wertvolles Zuchtmaterial, insbesondere tragende und Mutterstuten im Reichsgebiet nicht ausgehoben. In der Wehrmacht vorhandene tragende Stuten sollten nach Möglichkeit, gegen die Stellung von Ersatz, an die Landwirtschaft abgegeben werden.

In den besetzten Gebieten vorhandene gute Pferdezuchten wurden meist unter deutscher Führung weiter erhalten und unter besonderen Schutz gestellt. *„Im besetzten Polen und in den zurückgewonnenen deutschen Ostgebieten wurde die dem Oberkommando des Heeres unterstellte Verwaltung ‚Beauftragter für Pferdezucht und Gestütswesen im ehemaligen Polen' eingerichtet, an deren Spitze der Oberlandstallmeister außer Dienst, Gustav Rau, gestellt wurde. Das außerordentlich erfolgreiche Wirken dieser Dienststelle ist umfassend von Frielinghaus dargestellt worden."* ([Zieger 1973] S. 467).

Die Kavallerieschule und Heeres Reit- und Fahrschule in Krampnitz

Umorganisation und Umzug der Kavallerieschule nach Krampnitz

Welches Schicksal traf die Kavallerieschule? Die Stadt Hannover war stark nach Norden über das Gelände der Kavallerieschule hinaus expandiert. Für die dortige Lehreinrichtung wirkte sich diese Entwicklung äußerst beschränkend aus, weswegen die Kavallerieschule von Hannover nach Krampnitz, nördlich von Potsdam verlegt wurde. Krampnitz lag am Rand des Truppenübungsplatzes Döberitzer Heide, wo 1936 die olympische Military geritten worden war. Die dort neu errichtete Kaserne bot ideale Verhältnisse mit bestem, großzügigem Reitgelände.

Schon 1937 wurde die Schule noch in Hannover umorganisiert. Von nun an teilte sie sich in die „Heeres Reit- und Fahrschule", als eigentlichem Kern der Kavallerieschule und in die „Kavallerieschule" als reine Waffen- und Taktikschule der Kavallerie, wo neben der eigentlichen Kavallerie auch die Radfahrer, die Kavallerieschützen als Vorläufer der späteren Panzergrenadiere und die motorisierten Aufklärer mit den Kradschützen ausgebildet wurden. Beide Schulen verlegten ab 1938 schrittweise nach Krampnitz, zuletzt die Heeres Reit- und Fahrschule im Oktober 1939. Die Kavallerieschule (d.h. die Waffen- und Taktikschule) wurde 1941 schließlich in „Schule für Schnelle Truppen" umbenannt, um schließlich den passenderen Namen „Panzertruppenschule II" zu bekommen.

Die Änderung des Namens in „Heeres Reit- und Fahrschule“ war mehr als logisch. Mit ihm wurde klar zum Ausdruck gebracht, dass es sich um eine Militärreitschule mit Fahrausbildungsauftrag handelte. Sie zeigte aber auch die Rolle der Schule als zentrale Lehranstalt für die Pferdeausbildung für die gesamte Wehrmacht mit allen Truppengattungen und nicht nur der Kavallerie. Die Heeres Reit- und Fahrschule hatte nun drei Abteilungen: I Reitschule, II Fahrschule, III Turnier- und Rennabteilung.

Die Heeres Reit- und Fahrschule im Zweiten Weltkrieg

Anders als 1870 und 1914 wurde die Heeres Reit- und Fahrschule bei Kriegsausbruch 1939 nicht aufgelöst, sondern blieb weiterhin bestehen. Sie wurde allerdings wegen der Mobilmachung in ihrem Bestand ausgedünnt.

Oberst Felix Bürkner als Kommandeur der Heeres Reit- und Fahrschule in Krampnitz.

Felix Bürkner wurde im Oktober 1939 ihr neuer Kommandeur und blieb in dieser Verwendung bis 1943. Er war bereits im April 1939 reaktiviert worden und leitete zunächst den Schulstall. In dieser Funktion lautete sein spezieller Auftrag, eine Große Deutsche Schulquadrille nach dem Vorbild des französischen Cadre noir aufzubauen, da der Auftritt dieser Eliteformation während des Januar-Turniers 1939 in Berlin für große Furore gesorgt hatte.

Ungeachtet der Kriegswirren erfüllte Bürkner diesen Auftrag und brachte die Große Deutsche Schulquadrille mit 12 Reitern heraus. Er bildete weiterhin auf Basis der Reitvorschrift Spitzenreitlehrer für die Armee aus. Diese Schulquadrille sollte im Übrigen bei der Olympiade 1972 in München noch einmal vorgeführt werden.

Bürkners stoische Pflege der Reitkunst und sein Festhalten an Traditionen der alten militärischen Reitausbildung war mit länger dauernden und weiteren entbehrungsreicheren Kriegsjahren einigen Verantwortlichen in der politischen und militärischen Führung ein Dorn im Auge. Schließlich kam es dann 1943 zu seiner Ablösung. Nachfolger wurde Oberst Harald Momm (1899 – 1979), der wegen einer Äußerung über den 20. Juli 1944 in die berüchtigte Strafeinheit des Oskar Dirlewangers versetzt wurde. Der letzte Kommandeur bis zum Kriegsende 1945 war Karl Neumeister (1903 – 1990), der österreichische Military-Teilnehmer an der Olympiade 1936.

Ende April 1945 endete die Geschichte der preußisch-deutschen Militärreitschulen mit der Besetzung von Krampnitz durch die Rote Armee, im Zuge der Schlacht um Berlin.

Reitausbildung im Zweiten Weltkrieg

Ersatzabteilungen und Wehrkreis Reit- und Fahrschulen im Krieg

Rittmeister Harald Momm (1899 – 1979) mit seinem Weltklassepferd „Baccarat" 1933 als Sieger des Deutschen Springderbys in Hamburg. Momm war als Oberst bis zum 20. Juli 1944 Bürkners Nachfolger als Kommandeur in Krampnitz.

Mit der Ausbildung des Ersatzes an Soldaten und Pferden für die im Feld stehenden Kavallerie-Formationen waren im Zweiten Weltkrieg die Ersatz-Abteilungen beauftragt. Von jedem Kavallerie- und Reiter-Regiment musste im Falle der Mobilmachung, je eine solche Ersatz-Abteilung aufgestellt werden. Diese Ersatz-Abteilungen waren dabei nicht besser als die Ersatz-Eskadrons des Ersten Weltkrieges gestellt. Es mangelte ihnen genauso an qualifiziertem Personal, lediglich das Pferdematerial war nun von besserer Qualität und Quantität.

Nach wie vor bildeten die Wehrkreis Reit- und Fahrschulen Ausbilder und Remonten für die zugeordneten Truppengattungen aus. *„Mit fortlaufender Dauer des Krieges wurde die Ausbildung (der Pferde) auf sechs Monate in der Schule verkürzt, um die Pferde dann an die Ersatztruppenteile in der Heimat zur weiteren Ausbildung zu übergeben. Dieses System erforderte eine noch intensivere, durchdachte Ausbildung der Pferde, was auch bis Kriegsende gelang."* ([Klepzig 2012] S. 148).

Der Einsatz von Bereiterinnen

Ab Anfang 1943, als der Ersatz von Soldaten für die Wehrmacht sich immer schwieriger gestaltete, wurden weibliche Bereiterinnen für die Wehrkreis Reit- und Fahrschulen eingestellt, um männliches Personal für die Front abstellen zu können. Zwischen 10 bis 20 Bereiterinnen wurden je Schule eingesetzt, und sie erhielten eine eigene Uniform. Ihre Auswahl fand dann ebenso sorgfältig wie beim männlichen Personal statt. Ihr Arbeitspensum war dabei erheblich. Sie mussten oft acht bis zehn Remonten und ein bis zwei Schulpferde am Tag reiten, und sie wurden darüber hinaus noch im Einfahren eingesetzt.

Viele Bereiterinnen an den Wehrkreis Reit- und Fahrschulen spielten nach dem Zweiten Weltkrieg im Reitsport eine wichtige Rolle. Helga Köhler-Gohde (1925 – 2014) war in den 1960er

Jahren erfolgreiche Springreiterin und verheiratet mit Hans Joachim Köhler. Inge Theodorescu, geb. Fellgiebel (1925 – 2010) war zeitweise verheiratet mit Hans-Günther Winkler. Sie war die Mutter von Monika Theodorescu. Ihr Onkel General Fellgiebel war im militärischen Widerstand des 20. Juli, weshalb ihre Eltern in Sippenhaft kamen. Sie fand Zuflucht bei dem Freund ihres Vaters Oberst Winter in der Wehrkreis Reit-und Fahrschule Soltau. Maria Günther (geb. 1925) war erfolgreiche Spring- und Dressurreiterin in den 1960er Jahren und verheiratet mit dem Dressur-Reiter Walter „Bubi" Günther. Erika Andersen (1921 – 2012) war erfolgreiche Springreiterin, bekannte Fachjournalistin und internationale Richterin.

Reitsport im Zweiten Weltkrieg

Als letzter Abschnitt zum Kapitel über die RV 1937 bleibt die Rolle des Reitsports im Zweiten Weltkrieg aufzuzeigen.

Der Letzte Nationenpreis im Zweiten Weltkrieg 1940 in Rom

Anders als im Ersten Weltkrieg wurde der internationale Reitsportbetrieb zunächst fortgeführt. So fand noch vier Monate vor dem Afrikafeldzug 1940 ein Nationenpreis in Rom statt, an dem auch eine deutsche Mannschaft teilnahm. Es traten neben dem Gastgeber außerdem die Schweiz, Rumänien und Griechenland an. Die „grauen Reiter" mit Harald Momm auf „Alchimist", Hans Heinrich Brinkmann auf „Oberst", Ernst Hasse auf „Notar" und Rittmeister Weidemann auf „Alant" gewannen letztmalig vor Italien. Das letzte große internationale Turnier bis zum Kriegsende, wurde dann endgültig wenig später in Meran abgehalten. Danach sollte es keine derartigen Turniere mit Beteilung der „Grauen Reitern" mehr geben.

Reitsport im Felde

Ähnlich den Turnieren und Jagden während des Ersten Weltkrieges, veranstalteten von 1939 bis 1945 nun auch nicht kavalleristische Truppenteile interne Turniere und Jagden. *„Im französischen Langon, südlich von Bordeaux, wird unter Leitung von Freiherr v. Broich, Kommandant eines Kavallerie-Regiments, im Sommer 1940 ein großes Turnier veranstaltet, das neben Hindernisrennen auch einen Großen Preis über einen 1,30 Meter hohen Parcours enthält. Ebenfalls in Frankreich trifft sich ein Artillerieregiment zur Reitjagd hinter einer französischen Meute. In Belgien nimmt Rittmeister Hein Pollay an einer Herbstjagd teil."* ([Hennig 2004] S. 108).

Die wohl letzten Reitsportveranstaltungen der deutschen Kavallerie fanden dabei im Mai 1945 nach der Kapitulation der 3. und 4. Kavallerie-Division vor den Engländern in Österreich statt: *„Am 27.5. hatte das Regiment 31 im landschaftlich sehr schönen Lignitztal eine Veranstaltung arrangiert, die – unter Mitwirkung des Trompeterkorps – ein Mittelding zwischen Turnier und Sportfest war. Im Beisein des Generals v. der Groeben, einiger Engländer und Zuschauermassen von Divisionsangehörigen und der Zivilbevölkerung wurden durchgeführt: Gehorsamsspringen, Sechserzug fahren, Flachrennen, römisches Wagenrennen. Dazu: Raub der Sabinerinnen, Kartoffelrennen und ähnliche Späße. Bei einem Turnier der benachbart liegenden 4. Kavallerie-Division ritten sogar englische Offiziere mit."* ([Witte 1989] S.456 ff.).

Kapitel 8 - Nach 1945

Mit den Unterzeichnungen der Kapitulationsurkunden am 7. Mai um 2:41 Uhr, sowie am 9. Mai um 00:16 Uhr war die für den 8. Mai 1945 um 23:01 Uhr ausgehandelte bedingungslose Kapitulation der deutschen Wehrmacht rechtskräftig. Die von General Eisenhower (1890–1969) veranlasste Verhaftung der Regierung Dönitz vierzehn Tage später, besiegelte dann endgültig das Ende des Dritten Reiches und über die deutsche Bevölkerung brach die „Stunde Null" herein. Wie in der Konferenz von Jalta beschlossen, trat anstelle einer deutschen Zentralregierung der Alliierte Kontrollrat. In der Praxis wurden die Besatzungszonen jedoch dezentral von den entsprechenden Militäradministrationen regiert, weswegen die verhängnisvolle Teilung Deutschlands bereits zu diesem Zeitpunkt ihren Lauf nehmen konnte. Die allgemeine Lage mit 80% zerstörten deutschen Städten sowie einer am Boden liegenden Wirtschaftsproduktion usw., war katastrophal - einzig die Landwirtschaft und der Steinkohlebergbau war in der Lage, weiter produzieren zu können.

Der ausbrechende Kalte Krieg und die damit einhergehende bipolare Spaltung der Welt manifestierte sich in besonders tragischer Weise in der Staatsgrenze, die 1949 zwischen der Bundesrepublik Deutschland und der Deutschen Demokratische Republik entstand.

Beide deutsche Staaten unterhielten bis 1990, sich feindselig und stets kampfbereit gegenüberstehende separate deutsche Armeen, in denen auf beiden Seiten die Truppengattung Kavallerie nicht mehr existent war. Dieser Entwicklung scheinbar trotzende, allerdings nur kurzeitig bestehende Einrichtungen in Vorgänger-Organisationen der Grenztruppen der DDR oder Projekten innerhalb der Bundeswehr, wie beispielsweise die Reitschule der Deutschen Grenzpolizei in Hoppegarten oder berittene Patrouillen der Bundeswehr im Einsatz, stellten allenthalben Randnotizen nach einer langen deutschen Kavalleriegeschichte im Jahr 1945 dar. Nicht vergessen werden darf an dieser Stelle, die Existenz des Einsatz- und Ausbildungszentrums für Tragtierwesen der Bundeswehr 230 Bad-Reichenhall. Hier werden bis in die Gegenwart Soldaten und Pferde im Spähtrupp-Reiten für den Schutz der Versorgungszüge mit Maultieren ausgebildet.

Hingegen konnten über den gesamten Zeitraum der deutschen Teilung hinweg, in den zivilen Reiteinrichtungen beider deutschen Staaten, in den Polizeireitschulen der Bundesrepublik wie auch der Sportschule der Bundeswehr, Fragmente dieser kavalleristischen Tradition erhalten werden. Erst nach einer holzschnittartigen Betrachtung dieser, obwohl rein zivilen Entwicklung, kann sich dem Leser, der langfristige Einfluss des militärischen Reitens auf die gesamtdeutsche Reitkultur erschließen.

Mit Blick auf die Pferdezucht nach 1945 zeichneten sich innerhalb der Besatzungszonen sehr konträre Situationen ab. In der späteren Trizone standen aufgrund der vor 1945 angekurbelten Pferdezucht, wie zum Beispiel in den klassischen Zuchtgebieten Holstein, Hannover, Oldenburg und Westfalen ausreichend Pferde zur Verfügung. Weitaus schlechter war es hingegen um die, zudem dünn gesäten Zuchtbetriebe auf dem Gebiet der sowjetischen Besatzungszone bestellt. Der Zugriff auf die klassischen Hauptzuchtgebiete in Ostpreußen war nicht nur durch die Oder-Neiße-Grenze, sondern durch deren Vernichtung während des Krieges, unmöglich gemacht worden. Im Resultat dieser Entwicklung herrschte innerhalb der SBZ, wie auch in den späteren Anfangsjahren der DDR, ein erheblicher Pferdemangel. Dieser verschärfte sich zudem durch den bis in die 1950er Jahre stattfindenden verstärkten Einsatz von Pferden als landwirtschaftliche Nutztiere und ließ kaum Potenzial für die Züchtung von Sport- oder Freizeitpferden.

Insgesamt sorgte nach 1950 die breite Grundlagenarbeit und das große Reservoirs an Reitlehrern und Ausbildern, welche das Militär in den vorangegangenen Jahrzehnten ausbildete, in beiden deutschen Staaten für eine erstaunlich schnelle Erholung des Reitsports und der Pferdezucht, die dann zweifelsfrei auf deren militärischen Grundlagen fußte.

Reitsport im Westen

Erste verworrene Verbandsstrukturen

Im Westen bildeten sich zunächst lokale und verworrene Initiativen zur Wiederbelebung des Reitsports heraus. *„Die Strukturen und Arbeitsgebiete des alten Reichsverbandes für Zucht und Prüfung deutschen Warmbluts, der bis 1933 alle Interessen bündelte und dann von den Nationalsozialisten immer mehr in die Bedeutungslosigkeit geführt worden war, sind zerschlagen. Der Dachverband sitzt isoliert in seinem Berlin-Charlottenburger Gebäude an der Hardenbergstraße."* ([Henning 2004] S. 127).

Mit Gustav Rau fand der Reitsport, wie schon nach dem Ersten Weltkrieg, einen tatkräftigen Organisator, der sich um eine Bündelung der verschiedenen Initiativen bemühte. Neben anderen parallel existierenden Verbänden, die sich um Zucht und Ausrichtung von Turnieren kümmerten, wurde 1953 die Arbeitsgemeinschaft für Zucht und Prüfung deutscher Pferde (ADP) durch Zusammenschluss von zwei schon seit 1946 existierenden Arbeitsgemeinschaften ins Leben gerufen. Die ADP bekam zudem den Namenszusatz „Deutsche Reiterliche Vereinigung". Ihr erster Präsident wurde Wilhelm Hansen unter dem drei Abteilungen entstanden: Arbeitsausschuss für Zucht (in Bonn), Arbeitsausschuss für Leistungsprüfungen und Arbeitsausschuss für Persönliche Mitglieder (beide in Warendorf). Zum Vorsitzenden des wohl wichtigsten Arbeitsausschusses, dem für Leistungsprüfungen, war Gustav Rau berufen worden.

Erste Ausgabe der „Richtlinien für Reiten und Fahren" 1954

Die erste bedeutende Handlung Gustav Raus und seiner Abteilung zusammen mit Horst Niemack (1909 – 1992) bestand darin, 1954 die Herausgabe der ersten Version der „Richtlinien für Reiten und Fahren" zu veröffentlichen. Im Prinzip stellte diese Version eine Nachfolgevorschrift der militärischen Reitvorschriften dar. *„Diese ‚Richtlinien für die Reit- und Fahrausbildung' werden herausgegeben, um eine einheitliche Grundausbildung in den Reit- und Fahrvereinen und an den Reit- und Fahrschulen des deutschen Bundesgebietes zu erreichen. Die besonderen Verhältnisse der ländlichen Reiterei haben dabei Berücksichtigung gefunden. Die Richtlinien für die Reitausbildung wurden zum Teil im Wortlaut, zum Teil sinngemäß der hochbewährten ehemaligen Heeresdienstvorschrift (H.Dv. 12) Ausgabe von 1926 und 1937 entnommen und in Verbindung gebracht mit den Erfordernissen für die heutige im Wiederaufbau befindliche deutsche Reiterei. Die Richtlinien für die Fahrausbildung* *wurden nach den Grundsätzen des Achenbach'schen Fahrsystems bearbeitet."* ([Richtlinien 1959] S. 6). Besonders markant wird diese Übereinstimmung durch die größtenteils unveränderte Übernahme der Abbildungen aus der RV 1937. In der neuen Version waren die gezeichneten Reiter lediglich nicht mehr in Uniform, sondern in ziviler Reitbekleidung abgebildet. Ungeachtet dieser „Kosmetik" beinhalten die „Richtlinien für Reiten und Fahren" von 1954 in ihrem reiterlichen Teil, abgesehen von kleineren Veränderungen, den gleichen Wortlaut wie er in der RV 1937 nachlesbar war.

Vergleich der RV 1937, der „Richtlinien für Reiten und Fahren" von 1954 und der ersten DDR-Reitvorschrift „Die Ausbildung von Reiter und Pferd" von 1955. Der Ausdruck der Abbildungen war in beiden Nachkriegswerken fast vollständig aus der RV 1937 übernommen. Nur der Reitanzug und die Ausrüstung wurden angepasst.

Aufbauarbeit und bald wieder internationale Sporterfolge

Einem kleinen Teil der ehemaligen Kavalleristen, die der Kriegsgefangenschaft entkamen, bot sich direkt nach dem Krieg die Möglichkeit, Reitställe zu unterhalten, in denen alliierte Besatzungsoffiziere tatsächlich Reitunterricht von ihren ehemaligen Gegnern nahmen. Das Gros der dort lehrenden Reitausbilder/Besitzer gehörte jedoch den älteren Jahrgängen an und war bereits während der Reichswehrzeit aktiv gewesen. Diese größtenteils männlichen Unternehmer und Reitlehrer gründeten nicht nur Reitschulen. Die meisten gingen mit großem persönlichem Engagement daran, durch die Neugründung von Reitvereinen den Reitsport anzukurbeln.

Zu einem der berühmtesten Neugründungen dieser Art zählte der Ausbildungsstall auf Schloss Vornholz in Westfalen, welcher heute sogar als Wiege des deutschen Spitzen-Turniersports nach dem Zweiten Weltkrieg bezeichnet wird. Auf dem weiträumigen Gelände um das Wasserschloss seiner Vorfahren war es Clemens Freiherr von Nagel möglich, namhafte Reiter wie Otto Lörke, Willi Schultheis, Felix Bürkner oder auch Reiterinnen, allen voran Ida Freiin von Nagel zu versammeln. Unter der Ägide des besonders in den 1930er Jahren äußerst erfolgreichen Springreiters der Kavallerieschule Hannover gelang es diesen Pionieren des deutschen Nachkriegs-Reitsports, aus Vornholz ein Zentrum des Dressur-Leistungssports entstehen zu lassen.

Otto Lörke auf Olympiapferd von 1952 „Adular" aus der Zucht des Freiherrn von Nagel in Vornholz. Otto Lörke hatte alle drei deutschen Dressurpferde für Olympia 1952 ausgebildet. Foto von Werner Menzendorf.

Den vielen improvisierten sowie unfertigen Strukturen zum Trotz, zeigte sich zu Anfang der 1950er Jahre die große Qualität des vorhandenen Pferdematerials sowie die der Reiter, die die junge Bundesrepublik auf dem internationalen Parkett des Reitsportes vertraten. Schon im Jahr 1952 durfte Deutschland wieder an den olympischen Spielen in Helsinki teilnehmen. Hierfür wurde die westdeutsche Equipe durch das unter Gustav Rau neu initiierte DOKR mit Sitz in Warendorf auf den Wettkampf vorbereitet. Wie bereits 1936, trainierte mit Otto Lörke eine Ikone des deutschen Reitsports die Dressurreiter.

In der Dressurmannschaft ritten in Helsinki neben Ida von Hagel zwei ehemalige Kavalleristen, Heinz Pollay, der Goldmedaillengewinner von 1936, sowie Fritz Thiedemann. *„Die Dressurprüfung leidet unter dem patriotischen Vorgehen der Richter und den unterschiedlichen Ansichten der Jurymitglieder über den richtigen Reitstil."* ([Henning 2004] S. 138). Die Mannschaft gewann die Bronzemedaille. *„Die Dressurmedaille ist das Werk des großen Otto Lörke. Sorgfältig hatte er die drei Reiter auf die Olympischen Spiele vorbereitet. Er kennt sie alle seit Jahren. Fritz Thiedemann war bereits Reitschüler Lörkes, als beide noch an der Heeres Reit- und Fahrschule in Krampnitz ihren Dienst versahen. Als Ausbilder in Vornholz trainierte er seit Kriegende Ida v. Nagel und Heinz Pollay. Die drei Pferde Adalar, Afrikaner*

Heinz Pollay siegt auf „Adular" bei der Olympia-Vorbereitungsprüfung in Warendorf. Bei der Olympiade 1952 in Helsinki erreichten beide den 7. Rang in der Dressur. Foto von Werner Menzendorf.

und Chronist hatte Otto Lörke selbst ausgebildet. Helsinki ist zugleich ein großer Triumph für Vornholz und seinen Hausherrn Clemens v. Nagel, denn alle Pferde kommen aus seiner Zucht. Vornholz schreibt als Kaderschmiede der Nation Geschichte. Nie wieder wird es einer deutschen Ausbildungs- und Zuchtstätte gelingen, eine komplette Olympiamannschaft zu stellen." ([Henning 2004] S. 139).

Fritz Thiedemann gewann auf seinem Holsteiner „Meteor" die Bronzemedaille im olympischen Jagdspringen 1952. Beide bildeten das volkstümlichste Paar im deutschen Springsport nach 1945. Foto von Werner Menzendorf.

Harald Momm in den frühen 1950er Jahren, deutlich gezeichnet durch die Entbehrungen seiner sowjetischen Kriegsgefangenschaft, bei der er sich eine Lungenkrankheit im Bergbau zuzog und deshalb nicht mehr im Sport reiten konnte. In den 1950er Jahren war er Equipe-Chef der deutschen Springreiter. Foto von Werner Menzendorf.

In der Einzelwertung der Military errangen die deutschen Teilnehmer die Bronzemedaille und in der Mannschaftswertung sogar den 2. Platz. Fritz Thiedemann gelang ein bis heute ungebrochener Rekord, indem er außerdem die Bronzemedaille im Jagdspringen gewann und dadurch der einzige deutsche Olympiateilnehmer war, der in zwei Disziplinen Medaillen gewinnen konnte.

Im Jahr 1953 gelang es den bundesdeutschen Reitern mit insgesamt 36 Siegen in CHIOs, eine neue große Erfolgsära im Springreiten einzuläuten. Zur neuen Generation der Springreiter zählten neben vielen hier ungenannten, Hans Günter Winkler, Fritz Thiedemann, Magnus von Buchwaldt, Helga Köhler, Alfons Lütke Westhues, Gustav Rolf Pfordte, Kurt Capellmann.

Wie nach dem Ersten Weltkrieg, ließen sich die enormen Erfolge unzweifelhaft auf das langjährige und systematische Reitausbildungssystem der Armee zurückführen.

Die Erweiterung der „Richtlinien für Reiten und Fahren" und die Gründung der FN

In den 1950er und 1960er Jahren galt Horst Niemack als Verfasser der „Richtlinien für Reiten und Fahren", als der Bewahrer der deutschen Reitlehre. Horst Niemack war zwischen 1932 und 1936 vom Reiter-Regiment 18 zunächst zum Vielseitigkeits- und später dann zum Schulstall der Kavallerieschule Hannover abkommandiert worden. Während dieser Zeit gelangen ihm als Mitglied der Turniermannschaft zahlreiche Erfolge in der Dressur, dem Springen sowie der Military. Von 1936 bis 1939 war er dann als Reitlehrer an der Schule eingesetzt. Seit 1938 fungierte er außerdem als Master und Leiter des dortigen Jagdstalls. Während des Zweiten Weltkriegs übte der Ausnahmereiter zunächst die Dienststellung eines Schwadronschefs und dann die als Kommandeur der Aufklärungsabteilung 5 aus. Wie viele andere Offiziere der Kavallerie, wurde auch er zur Panzertruppe versetzt und diente hier als hochdekorierter Offizier von Panzerverbänden, zuletzt nach zwei schweren Verwundungen als Generalmajor und Kommandeur der Panzer-Lehr-Division. Seine militärische Karriere endete dann 1962 als Brigadegeneral der Reserve der Bundeswehr. Neben dieser militärischen Verwendung in der Bundeswehr, arbeitete der bereits 1947 aus der Kriegsgefangenschaft entlassene Offizier als Turnier-Richter sowie Reitausbilder eng mit Gustav Rau am Wiederaufbau des Reitsports in

Oberleutnant Horst Niemack (1909 – 1992) als Mitglied der Kavallerieschule Hannover in einer Geländeprüfung bei Potsdam 1934 auf dem späteren Olympiasieger „Nurmi". Foto von Werner Menzendorf.

Horst Niemack in den 1950er Jahren. Foto von Werner Menzendorf.

West-Deutschland zusammen. Er war Vorsitzender der deutschen Dressurrichtervereinigung, Vorstandsmitglied der HDP, von 1955 – 1958 Leiter der Höheren Reit- und Fahrschule Warendorf sowie Equipe-Chef der Dressurreiter bei den Olympiaden 1956, 1960, 1964 wie auch 1968.

Abgesehen von seinem praktischen Engagement für den Reitsport, war Horst Niemack außerdem publizistisch in Fachzeitschriften tätig. Immerhin prägte er Ende der 1950er Jahre den Begriff der „Skala der Ausbildung". Diese prägnante Handreichung, in der der Ausbildungsgang des Pferdes detailliert beschrieben wurde, fußte dabei auf Schriften von Siegfried von Haugk (1886–1955), wie beispielsweise: „Die Ausbildung des Rekruten im Reiten". Niemack erarbeitete 1968 als Vorsitzender der Abteilung „Ausbildung" der HDP den zweiten Band der „Richtlinien für Reiten und Fahren", die als Ausbildungsschrift für Fortgeschrittene verwendet wurde. Den hierin enthaltenen Teil Springen und Military verfasste Major a.D. Max Habel (1910–1989), der vor dem Zweiten Weltkrieg Mitglied des Military-Stalles der Kavallerieschule Hannover und einer der aussichtsreichsten Kandidaten für die Teilnahme für Olympia 1940 gewesen war. Habel arbeitete von 1968 bis 1980 als Bundestrainer für Vielseitigkeit. Für den Abschnitt Fahren zeichnete sich Major a.D. M. Pape (1907–1986) verantwortlich. Für die Ausbildung in den Klassen M und S reichte der Inhalt dieses Bandes über den Umfang der RV 1937 hinaus. Horst Niemack nutzte bei der Niederschrift dazu die RV 1926, Steinbrechts „Gymnasium des Pferdes" wie auch Heydebrecks „Die deutsche Dressurprüfung" aus dem Jahr 1928. Erkennbar werden die Einflüsse dieser Schriften unter anderem an den Zeichnungen, bei denen lediglich moderne Reitbekleidung die bisherige Uniform ersetzte.

Nach langwierigen Verhandlungen wurde schließlich 1968 die Deutsche Reiterliche Vereinigung (FN) als Nachfolger der HDP und als zentraler Dachverband für Pferdezucht und -sport in der Bundesrepublik Deutschland geschaffen. Mit ihrer Gründung gelang es schließlich, die unübersichtlichen Nachkriegsstrukturen aufzulösen. Ihren Hauptsitz nahm die Fédération Equestre Nationale ab 1971 vollständig in Warendorf ein.

Oberleutnant Max Habel auf „Leopard". Er gewann auf diesem Pferd die Olympia-Vorbereitungs-Military 1939 in Verden (Aller). Foto von Werner Menzendorf.

Der Vollständigkeit halber muss angemerkt werden, dass die „Richtlinien für Reiten und Fahren" bis heute lediglich zweimal überarbeitet und „modernisiert" wurden. 1976 unter Leitung von Heinz-Dieter Donner und Dr. Dietmar Specht und schließlich 1994 von Susanne Miesner, Michael Putz und Martin Plewa.

Heydebreck 1928

Richtlinien für Reiten und Fahren Band II 1968

Vergleich der Abbildungen (Traversalverschiebung nach rechts im Trabe) aus dem Werk „Die deutsche Dressurprüfung" von Hans von Heydebreck von 1928 und dem Band II der „Richtlinien für Reiten und Fahren" von 1968. Horst Niemack hatte nur den Reiter „modernisiert".

Die VfdP 210, 1964 vom Land Nordrhein-Westfalen herausgegeben.

Die Ausbildung der Polizei-Reiter

Traditionell und praktisch naheliegend, wurde die berittene Polizei vor dem Zweiten Weltkrieg immer nach der jeweils aktuellen militärischen Reitvorschrift ausgebildet. Da das polizeiliche Einsatzprofil dem militärischen Reiten weiterhin sehr ähnlich blieb, setzte sich dies zunächst in den Reiterstaffeln der Länder der Bundesrepublik fort. Mit dem Fehlen aktualisierter militärischer Reitvorschriften musste die Polizei eine eigene Reitvorschrift konzipieren. Die „Vorschrift für die Reitausbildung der Polizei", VfdP 210, Ausgabe 1964 enthielt dabei große Teile aus der RV 1937 entnommenen Abschnitten. In dieser Vorschrift konnte das Gros der Abbildungen, vor allem die der uniformierten Reiter, unverändert übernommen werden. Für die Formalausbildung in Bezug auf die Einsatzformen der Polizeireiter, enthält diese Vorschrift für die berittene Polizei spezielle Bereiche, wie die Marschordnung, die Reiterreihe, die Reiterkette oder den Reiterkeil.

Die Zucht weg vom Arbeits- hin zum Sportpferd

In den 1950er Jahren erfuhr die Pferdezucht in Deutschland einen dramatischen Rückgang. Der nicht mehr existente militärische Bedarf, vor allem aber die anwachsende Motorisierung der Landwirtschaft, ließen die Nachfrage nach Pferden dramatisch einbrechen. Der Pferdebestand in der Bundesrepublik Deutschland fiel von 1,5 Mio 1950 auf einen Tiefstand von ca. 250.000 1970 ab. Auf der anderen Seite entwickelte sich der Turniersport, ähnlich wie nach dem Ende des Ersten Weltkriegs, rasant. Infolgedessen nahm zumindest im Bereich der Warmblutzucht die Nachfrage zu. Ein grundlegender Wandel der Pferdezucht zeichnete sich in den 1960er Jahren ab, indem universelle Arbeitspferde nicht mehr gezüchtet wurden. Das Hauptaugenmerk der sich größtenteils in privaten Händen befindlichen westdeutschen Zuchtbetriebe war nun mehr auf den aufstrebenden Handel mit den immer preisintensiver zu vermarktenden leichtrittigen Sport- und Freizeitpferden gerichtet.

Reitsport im Osten

Landgestüte, Betriebssportgemeinschaften, GST und DPV

Ganz anders als in den westlichen Besatzungszonen, blieb in der Sowjetischen Besatzungszone wenig Spielraum für privat initiierte Pferdesportgemeinschaften oder auch Zuchtbetriebe. Die ausgedehnte Demontage von Industriebetrieben wie auch die für die enorm kriegsgeschädigte, sowjetische Wirtschaft unbedingt notwendigen Warenlieferungen aus ostdeutscher Produktion, zeichneten sich zumindest bis 1953 für die Mangelwirtschaft der DDR verantwortlich. Zusätzlich führten sozioökonomische Maßnahmen, wie zum Beispiel die Bodenreform ab 1945, zu äußerst schlechten Startbedingungen für reitsportliche Aktivitäten jeglicher Art. *„Auf diese Weise wurde ein großer Teil der Betriebe zerschlagen, die vor dem II. Weltkrieg Träger des Pferdesports und der Pferdezucht gewesen waren. Bei dieser Entwicklung überraschte es nicht, wenn viele ältere Fachleute des Pferdesports und der Pferdezucht nach dem Kriegsende nicht mehr an ihre Wohnorte im Osten Deutschland zurückkehrten, sondern in den westlichen Besatzungszonen eine neue Heimat suchten. [...] Verfehmt als ‚Reaktionäre', ‚Herrenreiter' und ‚Junker' litten die Pferdesportler noch viele Jahre unter dem durch die offizielle Propaganda dieser Zeit gezeichneten negativen Image."* ([Oese 1999] S. 3). Teilweise waren durch die Kriegseinwirkungen bis zu 80 % des ostdeutschen Pferdebestandes verlustig gegangen und die Reparationsleistungen an die Sowjetunion belasteten die noch bestehende Pferdezucht in einem enormen Umfang. In der zudem eingeführten Planwirtschaft spielten die Bedürfnisse von Reitern eine deutlich untergeordnete Rolle, sodass ebenso Fragen der Beschaffung benötigter Reitausrüstungsteile durch die Nutzung und Umarbeitung von Altbeständen gelöst werden mussten.

Obwohl sich hierdurch der Reitsport in Ostdeutschland nur sehr zögerlich entwickeln konnte, stellten sich auch hier sportliche Erfolge ein. Die systembedingte Abschottung bewahrte den ostdeutschen Reitsport vor den Auswüchsen des kommerziellen Reitsportes und förderte ein Festhalten an klassischen Prinzipien der auch hier gültigen, militärisch geprägten Reitlehre.

Bis zur Gründung der DDR im Jahre 1949 konzentrierten sich die wenigen Reitsportzentren hauptsächlich in den Haupt- und Landgestüten, in denen diese staatlich organisiert sowie kontrolliert wurden. Die wenigen, in ihren alten Strukturen vorhandenen Reitvereine waren durch die sowjetische Militäradministration aufgelöst worden. Neugründungen fanden dann meist unter dem Dach einer staatlich gelenkten Sportgemeinschaft statt, in denen sie als Sektion Pferdesport sehr oft ein ökonomisch bedingtes Nischendasein führten. Obwohl der Sport ganz besonders in der späteren DDR in vielen Disziplinen elitären Weltruf erlangte, wurden die meisten Sportarten massentauglich im Kindergarten und in der Schule, den vormilitärischen Einrichtungen wie der GST, dem Armee-Sportverein „Vorwärts" oder den vielfältigen von staatlichen Betrieben finanzierten Betriebsportgemeinschaften verbreitet und gefördert. Das hier auf einem gleichberechtigten Zugang für alle Interessierten beruhende System war ganz besonders unter den Bedingungen des „real existierenden Sozialismus" im Bereich des Reitsports nicht einhaltbar.

Obwohl die zentrale Funktion der SED in allen gesellschaftlichen Belangen dazu führte, dass auch die Reitsportvereine in der DDR von Beginn an keinem Kompetenzwirrwarr wie zunächst im Westen ausgesetzt waren, blieb doch das fast schon pathologisch zu bezeichnende Misstrauen vieler SED-Funktionäre gegenüber dem bourgeosien Reitsport erhalten. Bis etwa 1960 fanden Umorganisationen statt: 1951 wurde der Reitsport jüngstes Mitglied im Deutschen Sportausschuss, dem schon 1948 gegründeten DS. Der Reitsport sollte dabei als „Volkssport" vor allem für die Landjugend entwickelt werden. Daraufhin wurde 1953

Generalmajor Arno von Lenski am 1. Mai 1957 bei einer Parade der NVA in Ostberlin. BArch, Bild 146-2012-0043.

Arno von Lenski (1893 – 1986) als Oberleutnant im preußischen Grenadier-Regiment zu Pferde „Freiherr von Derfflinger" Nr. 3 [Welz 1985].

die erste DDR-Meisterschaft in Neustadt/Dosse organisiert und 1955 kam der Reitsport unter die Schirmherrschaft der GST, der Gesellschaft für Sport und Technik. Schließlich entstand dann 1961 der Deutsche Pferdesport Verbands der DDR, kurz als DPV bezeichnet.

Zum ersten Präsidenten des DPV war zwischen 1961 bis 1970 Arno von Lenski (1893 – 1986) berufen worden. Der durch seine Vita bis 1944 diametral zu den von der SED bevorzugten persönlichen Vorbildern für eine sozialistische Gesellschaft stehende Arno von Lenski war vor dem Zweiten Weltkrieg eine der prägenden Personen der Kavallerieschule Hannover, wie auch der deutschen Kavallerie-Truppe überhaupt. Er war vor dem Ersten Weltkrieg bereits Leutnant im Grenadier-Regiment zu Pferde „Freiherr v. Derfflinger" (Neumärkisches) Nr. 3 gewesen. Danach diente er in verschieden Verwendungen in den Reiter-Regimentern der Reichswehr Nr. 14 und Nr. 6. Ab 1936 führte er als Kommandeur das Reiter-Regiment Nr. 6 in Schwedt, später dann in Darmstadt. Mit zeitlichen Unterbrechungen war er dabei seit 1921 immer wieder als Lehrer an der Kavallerieschule Hannover tätig. Von 1933 bis 1936 fungierte er als Leiter der neugeschaffenen Unteroffizier-Schule und Adjutant des Kommandeurs der Kavallerieschule. Über den gesamten Zeitraum hinweg betätigte sich v. Lenski nicht nur praktisch im Bereich der Pferdeausbildung, er verfasste außerdem Fachtexte zu diesem Thema. Im Zweiten Weltkrieg führte er zunächst als Kommandeur eine Aufklärungsabteilung, dann gegen Ende 1939 als Kommandeur die Kavallerie-Waffenschule, die 1941 in Schule für Schnelle Truppen umbenannt worden war. Er übernahm 1942 die 24. Panzerdivision, die zuvor die 1. Kavallerie-Division war und ging nach deren Vernichtung im Kessel von Stalingrad als ihr Generalleutnant in sowjetische Kriegsgefangenschaft. Wie bei vielen anderen Offizieren der Stalingrader-Front, führte die Erkenntnis, dass ihr Soldatentum nicht nur sinnlos benutzt worden war, sondern sie als staatliche Waffenträger ebenfalls von Adolf Hitler als Führer des 3. Reiches verraten wurden, zu einem politischen Umdenken. Der schon 1944 in das „Nationalkomitee Freies Deutschland" eingetretene adlige Offizier, leitete den Aufbau und die Ausbildung der Panzertruppe der NVA. Der dann auch noch nach seiner Pensionierung von der Staatssicherheit observierte Generalmajor der Nationalen Volksarmee widmete sich ab 1958 dem Pferdesport der DDR, indem er in dessen Organisationen zahlreiche Funktionen ausübte.

Die DDR-Reitvorschriften

Die erste eigenständige Reitausbildungsschrift der DDR kam 1955 als Buch über „Die Ausbildung von Reiter und Pferd: ein Handbuch der Reiterei" heraus. Ihre Verfasser, Bernhard von Albedyll und Hans Huth, beriefen sich hierin ebenfalls auf Grundlagen aus der H.Dv. 12.

Bernhard von Albedyll entstammte einem neumärkisch-kurländischen Adelsgeschlecht, aus dem eine Reihe preußischer Kavalleriegeneräle stammten. Das Sprichwort „So Gott will und Albedyll" betraf tatsächlich einen seiner Vorfahren. Emil von Albedyll (1824–1897) wachte nämlich als ehemaliger „Königinnen-Kürassier" zwischen 1871 und 1888 als Chef des preußischen Militärkabinetts in engster Übereinstimmung mit den Wünschen Kaiser Wilhelms I (1797–1888) wie auch Kaiser Friedrich III. (1831–1888), über die Ernennungen sowie Beförderungen von sämtlichen Offizieren des preußischen Heeres. Bernhard von Albedyll diente bis 1932 als Kavallerieoffizier in der Reichswehr und war auch an die Kavallerieschule Hannover kommandiert worden. Danach war der erfolgreiche

Turnierreiter als Zivil-Reitlehrer tätig. Von 1945 bis 1950 arbeitete er in der sowjetischen Besatzungszone als Arbeiter in einer Zuckerfabrik und wurde dann freier Journalist u.a. beim „Rennkurier". Als wesentlicher Motor für den Aufbau des Pferdesports in der DDR, machte er sich besonders während der Aufbauphase als Richter und Organisator bei und von Turnieren sowie als Sprecher und Vortragender zum Thema Reitsport verdient.

Hans Huth kam ursprünglich aus Hamburg und war vor dem Zweiten Weltkrieg ziviler Bereiter und erfolgreicher Turnierreiter. 1940 zur Wehrmacht eingezogen, diente er als Ausbilder an der Wehrkreis Reit- und Fahrschule in Gardelegen. Nach der Rückkehr aus sowjetischer Gefangenschaft ging er 1948 zur Grenzpolizei und wurde Leiter der Volkspolizei-Reitschule in Schwerin. Ab 1950 wechselte er an die Reitschule der Deutschen Grenzpolizei nach Hoppegarten und danach zum späteren Sportclub Dynamo Hoppegarten. Während dieser Zeit nahm Huth sehr erfolgreich an Dressur- und Springprüfungen teil.

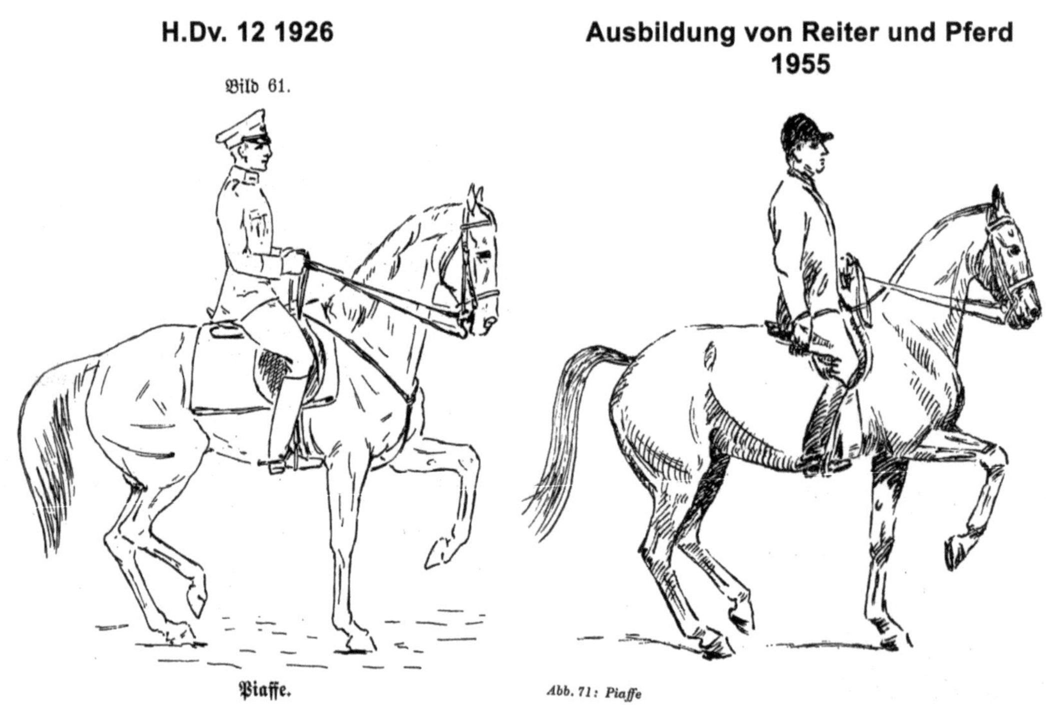

Interessanter Vergleich der Darstellung der Piaffe aus der RV 1926 und der DDR-Reitvorschrift „Ausbildung von Reiter und Pferd" von 1955. Der Pferdekopf ist in dem Werk von 1955 deutlich mehr vor der Senkrechten und hat sich damit der Auffassung von Hans von Heydebreck angeschlossen.

Die von ihnen verfasste „Ausbildung von Reiter und Pferd" war genau wie die in Westdeutschland erschienenen „Richtlinien für Reiten und Fahren" ein Jahr zuvor, inhaltlich deutlich erkennbar an die RV 1937 angelehnt. In vielen, wenn auch unterschiedlichen Textpassagen, verwendeten die Autoren den jeweils unveränderten Wortlaut aus der RV 1937. Allerdings enthält die ostdeutsche Schrift im Unterschied zu ihrem westdeutschen Pendant, weiterführende Kapitel, in denen die Hohe Schule beschrieben wurde. Hierfür verwendeten v. Albedyll und Huth dann deutlich nachweisbar komplette Textpassagen aus der RV 1926.

Bild 92 Richtige Lage der Unterschenkel: a am Gurt (vortreibend); b hinter dem Gurt (verwahrend oder seitwärtstreibend)

Die Schenkellagen aus Erich Oeses Werk „Reitsport" von 1969.

Erich Oese (1926 – 2012) war bedeutender Reitsportfachautor und internationaler Fahrrichter.

Für die nach Westen offiziell abgeschotteten Reitsportler der DDR blieb das Werk von Bernhard v. Albedyll und Hans Huth bis 1969 allgemeingültige Grundlagenliteratur. Abgelöst wurde dieses, mittlerweile in Vergessenheit geratene, Werk durch das von Erich Oese (1926 – 2012) verfasste, äußerst umfangreichere Buch „Reitsport". Wieland Kuntsche (geb. 1937), der Nationaltrainer der Vielseitigkeitsreiter der DDR, steuerte hierzu die gelungenen Illustrationen bei. Erich Oese war Pädagoge und international renommierter Richter im Spring- und Fahrsport, weswegen er aufgrund seiner akademischen Bildung dem wissenschaftlichen Zentrum des DPV vorstand. Sein neues Standartwerk „Reitsport" stand allerdings wie das Vorgänger-Buch, ganz auf den Grundlagen der RV 1937 wie auch den anderen traditionellen Werken der Deutschen Reitlehre. Allerdings hatte sich Erich Oese die Mühe gemacht, den Text weitgehend neu zu formulieren.

Der Armeesportklub Potsdam

Für den Reitsport der DDR stellte die Organisation von Leistungszentren, in denen Reitsport auf Weltniveau trainiert wurde, leider nur eine kurze Episode dar. Aufgrund ihres militärischen Personals, wie auch ihrer militärischen Organisationstrukturen stellten diese in gewisser Weise eine Reminiszenz an den ebenfalls militärisch geführten Turnierstall der Kavallerieschule Hannover dar. Die 1952 gegründete Gesellschaft für Sport und Technik (GST) wirkte als paramilitärische Jugendorganisation auf die vormilitärische Ausbildung der Jugend hin. Gezielt wurden hier für die militärische Ausbildung relevante technische Sportarten, wie zum Beispiel Rudern oder Fallschirmspringen angeboten. Die oft durch ökonomische Sparzwänge eingegrenzte Praxis erschöpfte sich sehr oft in Lehrgängen für die Erlangung der Motorradfahrerlaubnis oder auch des LKW-Führerscheins. Angebote, die allerdings von der breiten Masse der Jugendlichen gern angenommen wurden. Im Bereich des Reitsports unterhielt die GST drei Reitsport-Leistungszentren mit insgesamt 400 Pferden im Landgestüt Halle-Kreuz, beim Armeesportklub (ASK) Potsdam und beim Dynamo-Club auf der Rennbahn Hoppegarten.

Die Sportmannschaft Reiten des Armeesportklubs Potsdam, die um 1957 aufgestellt wurde, war dabei ein wirkliches Abbild des Turnierstalls der Kavallerieschule Hannover. Initiator des Aufbaus war Oberst Gustav Koppenhagen, der als Infanterist Lehrer an der Fahrabteilung der Kavallerieschule Hannover gewesen war. Nach dem Zweiten Weltkrieg diente er in der NVA und wurde hier in die Dienststellung des Leiters des ASK Potsdam eingesetzt. Ihm stand Arno von Lenski in beratender Funktion zur Seite. Die Pferde waren zunächst provisorisch im Landesgestüt Halle-Kreuz untergebracht, bis 1959 die Reiter in die ehemalige Kaserne des Leib-Gard-Husaren-Regimentes nach Potsdam verlegt wurden. Auf dem großzügigen, über 4,68 ha umfassenden Kasernenareal entstand ein Dressur-, Spring- und Military-Stall. Werner Eggers, ein ausgewiesener Spezialist der Hohen Schule, sowie Fachmann in der Ausbildung von Zirkuspferden, der vor dem Zweiten Weltkrieg an der Universitäts-Reitschule Greifswald wirkte, war als Zivil-Reitausbilder engagiert worden.

Siegfried Hohloch vom ASK Potsdam mit „Kasbek" auf dem Meisterschaftsturnier in Halle 1960. BArch, Bild 183-76523-0001.

Im Jahr 1961 gab die GST ihre Sektion Pferdesport auf. Von nun an lag der Reitsport in den Händen des 1957 gegründeten Deutschen Turn- und Sportbundes, kurz dem DTSB.

Die Reiter des ASK Potsdam konnten vor allem in der Dressur sehr schnell internationales Spitzenniveau erreichen. Bei der Olympiade in Mexiko 1968, bei der zum ersten Mal eine DDR-Mannschaft antrat, erzielte das Dressurteam mit Horst Köhler auf „Neuschnee", Gerhard Brockmüller auf „Tristan" sowie Wolfgang Müller auf „Marios" einen hervorragenden vierten Platz. In der Einzelwertung wurde Horst Köhler Fünfter. Bei der Europameisterschaft 1969 in Wolfsburg erreichten diese drei den zweiten, bei der Weltmeisterschaft der Dressurreiter 1970 in Aachen den dritten Platz.

Im Jahr 1973 fiel die Sportmannschaft des ASK Potsdam und damit der gesamte Spitzenreitsport der DDR, der sich auf erfolgreichere Sportarten konzentrierenden Sportpolitik der SED zum Opfer und wurde aufgelöst. Bei dieser Entscheidung zählte vor allem die Anzahl der in Olympia errungenen Medaillen und dabei versprachen andere Sportarten mit geringerem ökonomischem Aufwand, ein höheres internationales Renommee erreichen zu können.

Feldwebel Horst Köhler (geb. 1938) auf „Neuschnee". Köhler war zwölfmal DDR-Meister in der Dressur und erreichte mit „Neuschnee" in der olympischen Dressurprüfung 1968 in Mexiko den 5. Platz. Nach Auflösung des Reitsports beim ASK Potsdam 1974 wechselte er zum Landgestüt Neustadt (Dosse) und leitete dort bis 1994 den Verkaufsstall in Potsdam [Jacobs 2013].

Die Generation der Kavalleristen tritt ab

Die 1970er Jahre zählten zum goldenen Zeitalter des Reitsports in beiden deutschen Staaten. Allein in der BRD wurde eine Vielzahl neuer Reit- und Fahrvereine gegründet. Die Mitgliederzahl in den Reitvereinen stieg von ca. 200.000 im Jahr 1970 auf ungefähr 467.000 im Jahr 1980. Der Reitsport verlor insgesamt seinen elitären Charakter und zog nun breitere Bevölkerungsschichten an. Die Reitlehrer in diesen Vereinen waren zum großen Teil ehemalige Kavalleristen oder Soldaten aus den berittenen und bespannten Truppenteilen. Sie erteilten ihren Unterricht nach den ihnen beigebrachten damaligen Richtlinien für Reiten und Fahren und damit nach denen der RV 1937, die schon deswegen als theoretische Grundlage des reiterlichen Breitensports in Deutschland angesehen werden muss.

Mit den 1980er Jahren ging diese Ära des militärisch geprägten zivilen Reitsports und -unterrichts zu Ende. Die Masse der ehemaligen Militärs ging in den Ruhestand und machte Platz für eine nun rein zivile Reitlehrergeneration.

Als fast die Letzten ihres Standes traten 2016 Paul Stecken (1916 – 2016) und Kurd Albrecht von Ziegner (1918 – 2016) ab. Paul Stecken diente vor dem Zweiten Weltkrieg unter Edwin Graf von Rothkirch im Reiter-Regiment 15. Auf Grund einer schweren kriegsbedingten Verwundung wurde Stecken letzter Inspektionschef der Offizier-Reitschule Paderborn. Nach dem Krieg übernahm Stecken 1950 die Westf. Reit – und Fahrschule in

Hans-Heinrich Brinkmann wurde nach dem Zweiten Weltkrieg Bundestrainer der Springreiter und virtuoser internationaler Parcours-Bauer. 1974 kreierte er den olympischen Springparcours in München. Foto von Werner Menzendorf.

Rolf Becher (1906 – 2002) im perfekten italienischen Springsitz.

der ehem. Reiter-Kaserne Münster von seinem Vater und hat diese bis zu seinem Ruhestand 1985 geleitet.

Kurd Albrecht von Ziegner diente ebenfalls als Kavallerieoffizier im Zweiten Weltkrieg bei den Boeselagerschen Reitern. Nach dem Krieg diente er weitere 20 Jahre in der Panzeraufklärungstruppe der Bundeswehr. Er bildete zahlreiche Spitzenreiter weltweit aus und war vor allem für den Dressursport in den USA prägend. Beide – Stecken wie auch v. Ziegner –vereinte das strikte Festhalten an den Prinzipien der RV 1937, dem Geländereiten als wesentlichem Element der Remonteausbildung und die kategorische Ablehnung neuer Reitsysteme im modernen Dressursport ab 1995.

Einen Weg außerhalb des offiziellen Reitsports wählte der oft als „Rebell" bezeichnete Rolf Becher (1906 – 2002). Der erfolgreiche Turnierreiter war durch die Schulen eines Hans von Heydebreck, Richard Wätjen sowie Andreas von Flotow geprägt und geformt wurden. Der sich bereits vor dem Zweiten Weltkrieg dem Springstil der Kavallerieschule Hannover verschriebene Reiter diente während des Krieges als Nachschuboffizier in der Waffen-SS und gehörte daher ebenfalls zu den militärisch ausgebildeten Reitlehrern. Nach dem Krieg arbeitete er zusammen mit Gustav Rau aktiv am Wiederaufbau des Reitsports in Deutschland. Nach Raus Tod überwarf sich der stets rebellisch auf festgefahrene Strukturen reagierende Becher mit den offiziellen Gremien des westdeutschen Reitsports, da er die Entwicklung des modernen Springsports weg von der italienischen Methode konsequent ablehnte. Bechers publizistischer Tätigkeit ist es zu verdanken, dass heute noch eine exakte Beschreibung und Überlieferung des italienischen leichten Sitzes und der Ausbildungsprinzipien von Caprilli in deutscher Sprache vorliegt.

Kapitel 9 - Schlussbetrachtungen

Die bisherigen Kapitel bemühten sich um eine ganzheitliche und detaillierte Darstellung der Entwicklungsgeschichte der militärischen Reitvorschriften in ihrer jeweiligen Epoche. Dabei sollte deutlich geworden sein, dass militärische Reitausbildung zu keinem Zeitpunkt eine reine der Schönheit oder Perfektion verpflichtete Reitlehre darstellte. Vielmehr war militärisches Reiten stets sehr ernsten wie auch zugleich praktischen Erwägungen unterworfen, die immer als Produkt der jeweiligen ökonomischen, gesellschaftlichen, politischen und natürlich militärischen Zwänge angesehen werden müssen. Aufgrund der hohen Kosten, die die Unterhaltung der Kavallerie erforderte, war ihre Führung sehr oft einer Mangelverwaltung unterworfen, bei deren Bewältigung sie sich in jeder Epoche auf das Notwendigste reduzieren musste. Im Gegensatz zu allen anderen klassischen Waffengattungen sah sich die Kavallerie dabei aufgrund ihres unabdingbaren Zusammenspiels zwischen Pferd und Mensch, zu einer überlebensnotwendigen Rücksichtnahme auf die Bedürfnisse des Pferdes verpflichtet.

Im Folgenden werden diese zugrundeliegenden, großen Zusammenhänge der besseren Übersichtlichkeit wegen epochenübergreifend zusammengefasst.

Entwicklungsphasen militärischer Reitvorschriften

Bis zur Mitte des 19. Jahrhunderts existierten im deutschen Sprachraum keine von Militärs für Militärs verfassten Reitvorschriften. Die erste, sich konsequent als Anleitung für eine militärische Reitausbildung zu verstehende Schrift stammt aus der Feder Georg Friedrich von Sohrs, der die RI 1825/26 im Auftrag des preußischen Kriegsministeriums verfasste. Die Schwächen dieser ersten militärischen Reitinstruktion stellten sich erst während der kommenden knapp 56 Jahre ihrer Verwendung ein. So war beispielsweise hierin noch der Umgang mit den schwierigen „Polnischen Remonten“ aus osteuropäischen Halbblut-Wildzuchten ausführlich beschrieben worden. Tatsächlich wurde in den folgenden Jahren der Pferdeersatz des preußischen Militärs auf inländische Pferde aus Ostpreußen umgestellt. Schwierigkeiten bereitete zudem die in ihr geforderte „absolute Aufrichtung“, die sich als zu hohe Anforderung für die in drei Jahren auszubildenden Kavalleristen der damaligen Zeit erwies.

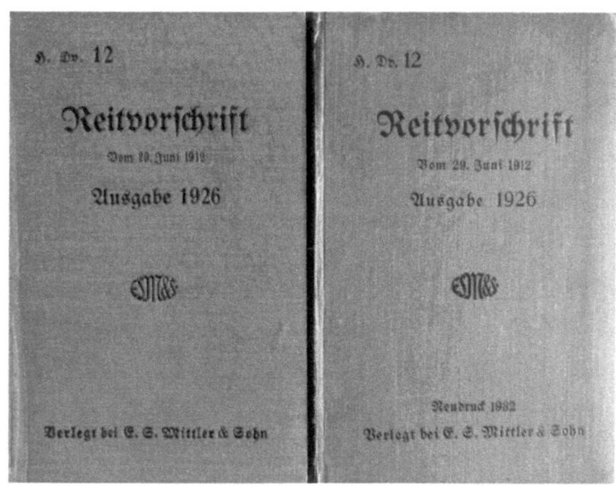

Die RV 1926 (H.Dv. 12 Ausgabe 1926) in der Druckversion von 1926 (links) und als Neudruck von 1932 (rechts).

Neue Feuerwaffen und die damit verbundenen Änderungen an die Leistungsanforderungen der Kavallerie bereiteten den Boden für die Herausgabe einer neuen RI. Mit dem modernen Warmblut-Pferd war zudem ein Pferdetyp geschaffen worden, der diese Leistungen imstande war zu erfüllen. Mit der

Ausarbeitung der RI 1882 wurde Ernst Freiherr von Troschke als Angehöriger des Militär-Reitinstituts in Hannover beauftragt. Das Resultat war eine Instruktion, die anstelle des Prinzips der „absoluten Aufrichtung", die dem zeitgenössischen Pferdematerial besser entgegenkommende „relative Aufrichtung" setzte. Die Ausbildungsanforderungen im Vergleich der RI 1825/26 gegenüber der RI 1882 zeigen für die Truppe eine Steigerung von L- auf M-Niveau in Richtung S.

Diese Instruktion sollte jedoch schon nach 30 Jahren ihre Gültigkeit verlieren. Ganz besonders der Einfluss des sich entwickelnden Reitsports löste europaweit eine heftig geführte Kontroverse über neue Reitsysteme aus. Damit die Auswirkungen dieses Disputs nicht den einheitlichen Gang der Reitausbildung im deutschen Reichsheer beeinträchtigten, kam es zur Gründung einer hochkarätigen militärischen Kommission. Diese sollte eine klare, für sämtliche Unteroffiziere und Offiziere der berittenen und bespannten Truppenteile des deutschen Heeres dienstliche Vorschrift für eine einheitliche Reitausbildung formulieren. Die dann in wesentlichen Teilen auf den Lehren Gustav Steinbrechts fußende RV 1912 stellt das Fundament der sogenannten „Deutschen Reitlehre" dar.

Das diesmal öffentlich viel gelobte Werk schien auch nach dem Ersten Weltkrieg kaum an Allgemeingültigkeit eingebüßt zu haben. Die RV 1926, die zum ersten Mal auch als H.Dv. 12 bezeichnet wurde, gab abgesehen von einem Anhang, den bisherigen Inhalt der RV 1912 wieder. Das einzige Novum stellte der Anhang I "Schulmäßige Übungen, Hohe Schule" dar, mit dem fortgeschrittene Kavalleristen aller Dienstgradgruppen über den Rahmen der Gebrauchsschule hinaus, mit hohem S Niveau, nach heutigen Maßstäben, vertraut gemacht werden sollten.

Die Umwandlung der Kavallerie zu einer berittenen Infanterie erzwang ab 1935 ein vereinfachtes Ausbildungssystem. Das „natürliche" Ausbildungssystem der italienischen Kavallerie lieferte zudem neue Impulse für Verbesserungen in der Reitlehre. Ohne die vorangegangene Vorschrift grundsätzlich umzuformulieren, beinhaltete die RV 1937 ebenfalls eine Erweiterung der bisherigen Lehrinhalte. Diese Erweiterung fand durch die Aufnahme von Elementen des Caprilli-Systems, die den Ausbildungsgang für Pferd und Reiter vereinfachten, statt. Das abgeforderte Niveau wäre, modern betrachtet, mit dem heutigen L-Niveau vergleichbar. Mit Hilfe des nun wieder abgesenkten Ausbildungsniveaus war es möglich, eine in hinreichender Qualität und der Kürze des Zeitrahmens angemessene Massenausbildung von Pferden und Reitern für den kommenden Zweiten Weltkrieg durchzuführen.

Militärische- und zivile Reitausbildung

Bis ins 18. Jahrhundert waren allein die Hofreitschulen oder Reitakademien usw. für die hohe Reitausbildung verantwortlich. Sie bildeten Pferde in einer Reitkunst aus, die sich von den Anforderungen des damaligen kriegsmäßigen Einsatzes ableitete. Dieser war durch statische Bewegungen dichter Formationen und Einzelgefechte auf engem Raum geprägt. Die Lektionen der hohen Reitkunst mit Volten, Pirouetten und Schulen über der Erde waren eigens hierfür erdacht worden.

Bereits während der friderizianischen Epoche begannen sich die Anforderungen der militärischen Reitausbildung gegenüber der zivilen Reitausbildung deutlich voneinander zu unterscheiden. So wurden zum Beispiel Schnelligkeit und Ausdauer im zeitgenössischen militärischen Einsatz viel wichtiger als Wendigkeit. Gleichzeitig konnte sich eine aus dem Osten kommende Reit- und Kampfweise zu Pferd in allen europäischen Heeren etablieren. Die hierdurch entstandene neue Truppengattung Husaren innerhalb der Kavallerie war auf schnellen ausdauernden Halbblut-geprägten Pferden aus osteuropäischen Wildzuchten beritten. Mit der Leichten Kavallerie entstand zudem die militärische Kampagneschule, bei der das Geländereiten unter militärischen Gesichtspunkten im Vordergrund stand. Zunächst blieb jedoch die Rolle der zivilen Reitausbilder als „Stallmeister" in militärischen Diensten von dieser Entwicklung unberührt. Sie sorgten immer noch in den meisten Kavallerie-Regimentern für die Höhe der Reitausbildung.

Stallmeister des altpreußischen Kürassier-Regiments Nr. 5 im Kürassier-Kollett auf einem Offizierspferd. Von einem Ölgemälde der Schlösser und Gärten Potsdam, das eine Parforce-Jagd zeigt. Vermutlich stammt das Bild aus einer Galerie des Markgrafen Carl von Schwedt um 1740 [Blechwenn 1979].

Die durch die Französische Revolution in Gang gesetzten sozialen Wandlungsprozesse veränderten das adlige Leben auch in dessen Außenwirkung, wodurch unter anderem die Schülerzahlen an den Reitakademien zurückgingen. Die Reitkunst, die bisher außerdem in vielen Marställen des deutschen Hochadels gepflegt worden war, orientierte sich jetzt am aktuellen Interesse ihrer Besitzer, die sich zunehmend der Jagd- und Kampagnereiterei zuwandten. Nur wenige Einrichtungen im deutschsprachigen Raum, wie zum Beispiel die vom österreichischen Kaiserhaus geführte Spanische Hofreitschule, hielten weiterhin an der bisherigen barocken Reitkunstausbildung fest. In dieser Situation begann die Kavallerie nach 1815, ihre Reitausbildung in eigene Regie zu nehmen.

Dass am Ende die militärische Reitausbildung dominierte, lässt sich allerdings auf maßgeblichere Komponenten zurückführen. Zum einen diente durch die Wehrpflicht mindestens jeder zweite männliche Bürger zeitlich begrenzt als aktiver Soldat. Für die meisten Angehörigen des Adels war die Erlangung eines Offizierpatentes obligatorisch und für die des Großbürgertums zumindest erstrebenswert. Natürlich konnten nur sehr wenige junge Männer ihren Dienst tatsächlich bei einem der elitären Kavallerie-Regimenter oder ab 1900 ebenfalls bei den Feldartillerie-Regimentern ausüben. Tatsache bleibt, dass diese Reiter zeitlebens von der militärischen Reitausbildung geprägt waren. Ganz besonders vor und nach dem Ende des Ersten Weltkriegs war zudem einzig die Armee ökonomisch in der Lage, als konstanter Taktgeber des deutschen Turniersports zu fungieren, weswegen die Kavallerieschule Hannover bis zum Zweiten Weltkrieg das Zentrum des deutschen Spitzenreitsports war.

Stallmeister des altpreußischen Husaren-Regiments Nr. 2 „von Zieten" im „deutschen" Rock in Dragonerblau 1763 [Blechwenn 1979].

Ein ähnliches Muster lässt sich auch wieder nach dem Zweiten Weltkrieg erkennen. Die Heeresvermehrung ab 1935, wie auch die RV 1937 übten einen unauslöschlichen Einfluss auf die aus dem Krieg hervorgegangen Reitergenerationen aus. Genau diese Generationen wirkten nach dem Zweiten Weltkrieg als aktive Reiter sowie als Reitlehrer in den wieder aufgebauten Reitvereinen weiter. Schließlich wäre der schnelle Aufbau und die sich zügig wiedereinstellenden Erfolge des deutschen Reitsport nach 1945 ohne sie nicht möglich gewesen. Trotz des deutlichen Zurücktretens der zivilen Reitkunst hinter die spätestens ab 1912 dominierende militärische Reitlehre, suchten besonders die im Reitsport aktiven Militärs stets den Schulterschluss mit der hohen zivilen Reitkunst. Zwar wurden in der Truppenpraxis auf Basis der RV 1882, RV 1912 und RV 1926 M-Niveau in Richtung S und mit der RV 1937 L angestrebt, in den innerhalb der Militärreitschulen existierenden Schulställen waren jedoch noch höhere Reit-Niveaus Praxis. Die hier Unterrichteten sollten nach dem Erlernen der höheren Lektionen als besonders befähigte militärische Reitlehrer tätig werden. Sicherlich ein Indiz dafür, dass der Erhalt des Wissens um die klassische Reitkunst als essenziell auch für die Soldatenreiterei angesehen wurde.

Ein deutlicher Bruch manifestiert sich erst mit der RV 1937, in der bewusst auf die Ausbildung im Bereich der hohen Reitkunst verzichtet wurde. Die Übernahme von Elementen der „natürlichen Reitkunst" der Italiener und der Wegfall des exakten Reitens in Formationen ermöglichte ein vereinfachtes Ausbildungssystem, mit einem deutlich massentauglicheren Curriculum.

Reitsysteme

Die Suche nach dem optimalen Reitsystem spitzte sich im 19. Jahrhundert zu. Die Verbreitung neuer Pferdetypen, den Voll- und Warmblütern, des Jagdreitens, des Rennsports und vieler weiterer neuer Pferdesportarten, bedingten die Suche nach einem schnellen Ausbildungsverfahren für Pferd und Reiter.

Zudem führten neue Möglichkeiten in der Veterinärwissenschaft zu bisher unbekannten Erkenntnissen, welche natürlich die Reitausbildung beeinflussten. Die Folge war eine Zeit der Entdeckungen und des Ausprobierens. Sie führte zu gesteigerten Leistungen, aber auch zu Fehlentwicklungen.

Die Idee der „absoluten Aufrichtung“, mit der die Vor- und Hinterhand des Pferdes ins Gleichgewicht gebracht werden sollten, stellte sich für die Kavallerie als nicht geeignet heraus. Mit mittelmäßigen Reitern, die in der damaligen Kavallerie das Gros stellten, führte dieses System zu einem unverhältnismäßig hohen Pferdeverschleiß.

Kurzzeitig sorgte der Franzose Francois Baucher mit einem Dressursystem für eine intensive Diskussion. Immerhin versprach dieses, die Pferde in wesentlich kürzerer Zeit ausbilden zu können. Daneben existierten die Vertreter der sogenannten Anglomanie, die aufgrund ihrer Erfahrungen mit dem englischen Jagd- und Rennreiten sowie mit dem vollblutgeprägten Pferdematerial meinten, auf die Dressurausbildung gänzlich verzichten zu können.

Von dieser Auseinandersetzung wurde 1880 auch das deutsche Heer erfasst, in dem sich eine ungewohnte Uneinheitlichkeit in der Ausbildung bemerkbar machte. Zugespitzt wurde diese Uneinigkeit, die trotz einer geltenden Reitinstruktion im Militär vorherrschte, durch die Reformbestrebungen von Paul Plinzner. Der ehemalige Reitschüler Gustav Steinbrechts propagierte eine eigene, Steinbrechts Lehren erweiternde Reitlehre, die auch einige Militärs in ihren Bann zu ziehen vermochte. Zu Plinzners besonders umstrittenen eigenen Ideen gehörte zum Beispiel die Beizäumung hinter der Senkrechten oder auch ein starker Einsatz der Sporen. Daneben führten die im Zirkus vorgeführten und bis dahin noch nicht gekannten spektakulären Pferde-Vorführungen durch James Fillis zu einer weiteren Befeuerung der bereits bestehenden Diskussionen.

Erst eine hochkarätige militärische Kommission erzwang mit der Herausgabe einer militärischen Vorschrift, der RV 1912, eine Beilegung der Kontroverse auf militärischem Gebiet. Mit dieser im Wesentlichen auf den Lehren von Steinbrecht basierenden Vorschrift legte sich das deutsche Militär auf einheitliche Standards innerhalb seiner Reitausbildung fest und konnte diese auch durchsetzen. Die in diesem Werk eigentlich für das Militär kodifizierten Ausbildungslektionen wurden dann jedoch aufgrund ihrer Eindeutigkeit und Klarheit ebenso von zivilen Reitlehren und Schülern verwendet, weswegen diese Vorschrift sehr oft als Urschrift der deutschen Reitkultur bezeichnet wird.

Oberst a.D. Hans-Sigismund von Heydebreck in den 1920er Jahren. Als Mitautor der RV 1912 war er nach dem Ersten Weltkrieg ein wesentlicher Taktgeber in der Etablierung der „Deutschen Reitlehre“. Archiv der Familie von Heydebreck

Nach Erscheinen der RV 1912 wurde kein wesentlicher Versuch unternommen, die darin festgehaltenen Ausbildungsprinzipien zu widerlegen oder zu korrigieren. Vielmehr war es so, dass die nachfolgenden Reitvorschriften stets nur um brauchbare Verbesserungen, wie zum Beispiel in der RV 1937 mit der „natürlichen Reitkunst“ der italienischen Kavallerie für das Spring- und Geländereiten, erweitert wurden.

Lücken der Reitvorschriften

Die militärischen Reitvorschriften konnten selten das gesamte Spektrum der Reitausbildung abdecken. Einzig die RV 1926 stellte hierbei eine Ausnahme dar.

Die Sohrsche Reitinstruktion enthielt neben der reinen Truppenausbildung einen Teil, der der Ausbildung der Reitlehrer an der Militärreitschule gewidmet war und von diesen ein Niveau bis zur Klasse M einforderte. Ein Grund war, dass sich die Militärreitschule damals noch im Aufbau befand und eine höhere Ausbildung jenseits der damaligen Ausbildungsmöglichkeiten lag.

Die RI 1882 und die RV 1912 erhöhten die Anforderungen in der Ausbildung, indem sie von der Truppe ein reiterliches Können im Bereich eines M-Niveaus in Richtung S einforderte. Eine besondere Anweisung für die höhere Ausbildung an den Militär-Reitschulen war in beiden nicht vorhanden. Allerdings war es in den Schulställen bereits üblich, besonders befähigte Reitlehrerschüler in den höheren Dressur-Lektionen zu unterrichten. Allein die Anzahl der hierin zu unterrichtenden Reitschüler genügte nicht für eine Änderung der Vorschrift aus.

Einer der wesentlichen Schöpfer der RV 1912, Max Freiherr von Redwitz, bemängelte diese Handhabung und empfahl, eine Erweiterung zu formulieren. Hierin sollte der Offizier als Bewahrer der Reitkunst befähigt werden, sich im aufkommenden Turniersport aktiv zu fordern. Diese Empfehlung führte dann dazu, dass die RV 1926 um einen Anhang erweitert wurde, mit der die fehlenden Stufen der Reitkunst abgedeckt wurden.

Mit der RV 1937 vereinfachte sich der Ausbildungsumfang und der Ausbildungsstand entsprach nur noch einem L- Niveau. Auf die Beibehaltung eines weiterführenden Kapitels war hier verzichtet worden. Zudem gab es mittlerweile eine reichhaltige allgemeine Fachliteratur zur „deutschen Reitlehre“, anhand der sich interessierte militärische Turnierreiter bei Bedarf weiterbilden konnten. Obwohl der „italienische leichte Sitz“ als Turniersitz vom Spring- und Vielseitigkeitsstall der Kavallerieschule Hannover mit großer Vollendung und hohem Erfolg gelehrt wurde, fand er innerhalb der RV 1937 keine präzise oder eindeutige Beschreibung.

Immer höhere Marschleistungen

Wer schneller länger marschieren konnte, hatte gegenüber einem langsameren Gegner erhebliche militärische Vorteile. Er konnte wichtige Geländeabschnitte besetzen oder den Feind überraschen.

Wenn es eine prägende Konstante in den militärischen Anforderungen an Pferde und Reiter gab, bestand diese in der Forderung nach immer höheren Marschleistungen sowie einer grenzenlosen Mobilität in jedem Gelände.

Ein Vergleich der durchschnittlich von der Kavallerie geforderten Leistungen pro Tag zeigt diese eindrucksvolle Entwicklung. Die durchschnittlichen Marschleistungen in der Zeit Friedrichs des Großen waren mit ca. 10 km pro Tag noch recht bescheiden. Durch die agilere und beschleunigte Feldzugführung, die Napoleon auf die europäischen Kriegsschauplätze brachte, erhöhte sich diese Zahl auf ca. 20 km pro Tag.

Die beiden Weltkriege führten zu einer weiteren massiven Erhöhung. Im Ersten Weltkrieg lag die Marschleistung der Kavallerie im Bewegungskrieg bei 40 – 50 km pro Tag, im Zweiten Weltkrieg legte die Kavallerie in Spitzenzeiten zwischen 75 – 100 km an einem Tag zurück.

Entwicklung der Pferdetypen

Die Soldatenreiterei war immer wesentlich beeinflusst von dem jeweils verfügbaren Pferdematerial, bei dem es sich ab Mitte des 18. Jahrhunderts zunehmend um Pferde mit hohem Blutanteil handelte.

Als Husaren-Remonte aus osteuropäischen Wildzuchten, den sogenannten Polnischen Remonten, blieb dieser Pferdetyp über einen Zeitraum von 80 Jahren bis in die 1830er Jahre hinein das Remontepferd für die Kavallerie-Regimenter der deutschen Teilstaaten. Aufgrund ihrer Leistungsfähigkeit und Schnelligkeit verdrängten sie sogar zeitweise die traditionell in den Kürassier- und Dragoner-Regimentern eingesetzten Alt-Holsteiner und Alt-Hannoveraner.

Eine neue Phase trat in der ersten Hälfte des 19. Jahrhunderts ein, als in Ostpreußen eine inländische Remontezucht mit modernen Warmblütern geschaffen wurde. Hierfür wurde Englisches Vollblut massiv eingezüchtet. Der bis dahin praktizierte Pferdeersatz durch Polnische Remonten und Alt-Holsteiner war nun überflüssig geworden.

Neben Ostpreußen ging auch das hannoversche Zuchtgebiet diesen Weg und lieferte Warmblutremonten an die Armee. Der Anteil der Ostpreußen blieb jedoch für die Remontierung der deutschen Armee bis 1945 bestimmend. Bis zum Ersten Weltkrieg wurden die Kavallerie-Remonten aus Ostpreußen durch weitere massive Verwendung von Vollblut verstärkt auf Leistung und Ausdauer gezüchtet. Im Gegenzug büßten diese Züchtungen jedoch immer mehr an Größe ein.

Nach dem Ersten Weltkrieg sahen sich die Gestüte ganz neuen Anforderungen ausgesetzt. Die Kavallerie wie auch die anderen Truppengattungen setzten zunehmend schwerere, universeller einsetzbare Pferde ein. Aus diesem Grund stellte sich nicht allein die ostpreußische Landeszucht um und züchtete ab den 1920er Jahren ein Warmblutpferd mit mehr Kaliber. Dieses sollte bis in die 1960er Jahre der vorherrschende Typus bleiben, bis die Zucht unter Einfluss der nun vorwiegenden Sportreiterei neue Wege ging.

Instruktion
zum
Reitunterricht
für die Kavallerie
vom 31. August 1882.

I. Teil.
Mit sieben lithographierten Tafeln.

Neudruck unter Berücksichtigung der bisher erschienenen Deckblätter Nr. 1—61 einschließlich.

Berlin 1908.
Ernst Siegfried Mittler und Sohn
Königliche Hofbuchhandlung
Kochstraße 68—71.

Interessanter Weise wurde die RV 1882 im Jahr 1908, d.h. vier Jahre vor Erscheinen der RV 1912, noch einmal neu gedruckt.

Literatur

Allgemeine Literatur

[Ahrens 2016] Olaf Ahrens, Seydlitzkürassiere, eine Regimentsgeschichte, Norderstedt, 2016

[Albedyll 1955] Bernhard von Albedyll, Hans Huth, Die Ausbildung von Reiter und Pferd: ein Handbuch der Reiterei, Berlin 1955

[Arnold 2013] Dietbert Arnold, Pferdewirtprüfung Bd. 7, History, Bremen 2013

[Barnekow 1916] Hans von Barnekow, Das Pferd, unsere wirksamste Waffe im Kriege, Unsere Pferde – Sammlung zwangloser hippologischer Abhandlungen, 50. Heft, Verlag Schickhardt & Ebner, Stuttgart 1916

[Bauer 1999] Frank Bauer, Hans Joachim von Zieten, Preußens Husarenvater und sein Regiment, Potsdam 1999

[Becher 1974] Rolf Becher, Natürliches Reiten, Heidenheim 1974

[Becher 1980] Rolf Becher, Schulung für Gebrauchsreiten und Turniersport, Berlin, Hamburg 1980

[Becher 2002] Rolf Becher, Rolf Bechers Springschule, Stuttgart 2002

[Beitzke 1846] H. Beitzke, Aus dem Leben des Königlich Preußischen General-Lieutenants Friedrich von Sohr, Berlin, Posen, Bromberg 1846

[Bentheim 1840] F. von Bentheim, Leitfaden in den Kriegswissenschaften, Berlin 1840

[Bernhardi 1899] Friedrich von Bernhardi, Unsere Kavallerie im nächsten Kriege, Berlin 1899

[Bezzel 1931] Oskar Bezzel, Geschichte des Königlich Bayerisches Heeres von 1825 bis 1866, München 1931

[Bezzel 1933] Oskar Bezzel, Geschichte des Königlich Bayerisches Heeres unter König Max I. Joseph von 1806 (1804) bis 1825, 1. Teil, München 1933

[Bill 2004] Claus Heinrich Bill, Hans Georg von Heydebreck, 750 Jahre Heydebrecks, Limburg 2004

[Bleckwenn 1979] Hans Bleckwenn, Das Altpreußische Heer, Erscheinungsbild und Wesen 1713 – 1807, Teil III, Band 4, Die Uniformen der preußischen Kavallerie, Husaren und Lanzenreiter, Osnabrück 1979

[Borbstaedt 1872] von Borbstaedt, Über die Hebelwirkung der Kandare und Vorschläge zur Verbesserung der Kavallerie-Kandaren, Beiheft zum Militär-Wochenblatt 1872, Berlin 1872

[Borbstaedt II 1872] von Borbstaedt, Untersuchungen über die Lage des Schwerpunkts unbelasteter und belasteter Reitpferde, und einige Vorschläge in Betreff der Vertheilung des vom Kavallerie-Pferde zu tragenden Gewichts auf seine Vor- und Hinterhand, Beiheft zum Militär-Wochenblatt 1872, Berlin 1872

[Borbstaedt III 1872] von Borbstaedt, Die Gestüte des preußischen Staates und die Landespferdezucht in Hinsicht auf den Bedarf des Heeres an Remonten und Augmentations-Pferden, Beiheft zum Militär-Wochenblatt 1872, Berlin 1872

[Börste 1996] Norbert Börste, Gustav Friedrich, Ross und Reiter – Von der Kavallerie zum modernen Reitsport – Eine Dokumentation am Beispiel des Kavallerie-Regiments 15, Windeck 1996

[Brackmann 2010] Thomas Brackmann, Hermann Schmelzer, Unter den Fahnen der Alten Armee, Die deutschen militärischen Uniformen auf zeitgenössischen Fotografien 1850-1914. Band 1, Kürassiere, Schwere Reiter, Jäger zu Pferde, Stabsordonnanzen, Leibgendarmerie, Rüsselsheim 2010

[Brandt 1931] Georg Brandt, Moderne Kavallerie, Betrachtungen über ihre Verwendung, Führung, Organisation und Ausbildung, Berlin 1931

[Braun 1942] Wilhelm Braun, A.R. Marsani, Berühmte Reiter erzählen, 1. Band, Berlin 1942

[Braun 1941] Wilhelm Braun, A.R. Marsani, Berühmte Reiter erzählen, 2. Band, Berlin 1941

[Bredow-Wedel 1972] Bredow, Claus von/Wedel, Ernst von, Historische Rang- und Stammliste des deutschen Heeres, Teil I, Osnabrück 1972

[Bürger 2007] Udo Bürger, Otto Zietschmann, Der Reiter formt das Pferd: Tätigkeit und Entwicklung des Reitpferdes, Warendorf 2007

[Bürkner I 1937] Felix Bürkner, Die Reitvorschrift vom 18.8.1937, Deutsche Reiterhefte, Heft 23, 2. Jahrgang, Berlin 1937

[Bürkner II 1937] Felix Bürkner, Die Reitvorschrift vom 18.8.1937 (Schluß), Deutsche Reiterhefte, Heft 24, 2. Jahrgang, Berlin 1937

[Bürkner 2008] Felix Bürkner, Ein Reiterleben, Hildesheim 2008

[Buttar 2014] Brit Buttar, Collision of Empires, The War on the Eastern Front in 1914, Oxford 2014

[Buttar 2015] Brit Buttar, Germany ascendant, The Eastern Front 1915, Oxford 2015

[Buttar 2016] Brit Buttar, Russia's last Gasp, The Eastern Front 1916-17, Oxford 2016

[Buttar 2017] Brit Buttar, The splintered Empires, The Eastern Front 1917-21, Oxford 2017

[Christ 1938] Oscar Christ, Das Hohelied des deutschen Amateur-Rennsports, Hannover 1938

[Damnitz 1911] Felix von Damnitz, Das Armeepferd und die Versorgung der modernen Heere mit Pferden, Leipzig 1911

[Davis 1972] Norman Davis, White Eagle, Red Star, The Polish-Sovjet War 1919-1920 and ‚the miracle on the Vistula', 1972

[Decker 1816] C. Decker, Die Artillerie für alle Waffen, Zweiter Theil, Die angewandte Feldartillerie, Berlin 1816

[DGH 37-39 1932] Deutsche Gesellschaft für Heereskunde, Zeitschrift für Heereskunde, Die Preußische Kavallerie 1806, Teil 1, Heft 37-39, Januar/März, Berlin 1932

[Dincklage 1906] F. von Dincklage, Ernstes und Heiteres vom Königlichen Militär - Reit – Institut, erweiterte und vervollständigte Neuauflage von "Auf Reitschule", Hannover 1906

[Dinkcklage 1896] F. von Dincklage, Das Königliche Militär - Reit – Institut in Hannover, Velhagen & Klasings Monatshefte, XI. Jahrgang 1896/97, I. Band

[DOKR 2013] Deutsche Olympiade-Komitee für Reiterei e.V., 100 Jahr Pferdesport im Deutschen Olympiade-Komitee für Reiterei, Wir reiten für Deutschland, Warendorf 2013

[Dorn 1996] Günter Dorn, Joachim Engelmann, Die Schlachten Friedrichs der Grossen, Augsburg 1996

[DOV 1911] Deutscher Offizier=Verein (D.O.V.), Armeemarinehaus, Berlin NW 7, Armee=Marine=Schreibmappe, 1. Ausgabe, Berlin NW 7 1911

[DOV 1915] Deutscher Offizier=Verein (D.O.V.), Armeemarinehaus, Berlin NW 7, Kriegspreisliste 3. Ausgabe, Dezember 1915

[DOV 1917] Deutscher Offizier=Verein (D.O.V.), Armeemarinehaus, Berlin NW 7, Kriegswaren=Verzeichnis, 5. (und letzte) Ausgabe, März 1917

[DOV 1914] Deutscher Offizier=Verein (D.O.V.), Armeemarinehaus, Berlin NW 7, Preisliste 29, Frühjahr 1924

[Duffy, 1978] Christopher Duffy, Friedrich der Große und seine Armee, 1978

[Dülffler, 1981] Dülffler, Jost, Ploetz Geschichte der Weltkriege, Würzburg 1981

[Eben 1925] Reinhold von Eben, Das Jagdreiten, Erfahrungen und Erlebnisse eines alten Masters, Leipzig 1925

[Ebers 2006] Sybill Ebers, Polizei und Pferd, Münster 2006

[Eckert 1838] H. A. Eckert, D. Monten, Das Deutsche Bundesheer, Band I, Preußen – Mecklenburg, Dortmund 1981

[Egan-Krieger 1928] Jenö von Egan-Krieger, Die deutsche Kavallerie in Krieg und Frieden, Berlin 1928

[Ehrenfeucht 1928] Werner Ehrenfeucht, Kavallerie-Fibel (K.F.), Berlin o.J. (ca. 1928)

[Ehrenfeucht 1935] Werner Ehrenfeucht, Kavallerie-Fibel, Berlin 1935

[Ende 2018] Gerd von Ende, Berliner Rennfieber, Hamburg 2018

[Fiedler 1986] Siegfried Fiedler, Taktik und Strategie der Kabinettskriege, 1650-1792, Bonn 1986

[Fiedler 1988] Siegfried Fiedler, Taktik und Strategie der Revolutionskriege, 1792-1848, Bonn 1988

[Fiedler 1991] Siegfried Fiedler, Taktik und Strategie der Einigungskriege, 1848-1871, Bonn 1991

[Fiedler 1993] Siegfried Fiedler, Taktik und Strategie der Millionenheere, 1871-1914, Bonn 1993

[Fillis 1918] James Fillis, Grundsätze der Dressur und Reitkunst, Stuttgart 1918

[Flotow 1934] Andreas von Flotow, Arno von Lenski, Friedrich Gerhard, Amlinger, Anleitung für den Aufbau der Kampagneschule, Auf Grund der Reitvorschrift von 1912/1926, Hannover 1934

[Flotow 1938] Andreas von Flotow, Rolf Becher, Reitergedanken, Berlin 1938

[Flotow II 1934] Andreas von Flotow, Winke und Anhaltspunke für die Ausbildung der Reiterjugend, Hannover 1934

[Fontaine 1939] Hans Fontaine, Das Deutsche Heeresveterinärwesen, Seine Geschichte bis zum Jahr 1933, Hannover 1939

[Franke 1937] Hermann Franke, Handbuch der neuzeitlichen Wehrwissenschaften, Zweiter Band, Das Heer, Berlin und Leipzig 1937

[Frauenholz 1931] Dr. Eugen von Frauenholz, Geschichte des Bayerischen Heeres, Achter Band, München 1931

[Friedag 1974] B. Friedag, Führer durch Heer und Flotte, um ein Nachwort und Zusätze erweiterter sonst unveränderter Nachdruck der Ausgabe der Verlagsbuchhandlung Alfred Schall, Berlin 1913, Verlag "Heere der Vergangenheit", J. Olmes, Krefeld 1974

[Frobel 1909] von Frobel, Das neue Exerzier-Reglement für die Kavallerie, Beihefte zum Militär-Wochenblatt von 1909, Berlin 1909

[Frömming 2011] Angelika Frömming, Bilder und Fakten zur Entwicklung der Ausbildung von Reiter und Pferd im Dressur- und Springreiten, Warendorf 2011

[Gebsattel 1924] Ludwig von Gebsattel, Das K.B. 1. Ulanen-Regiment „Kaiser Wilhelm II. König von Preußen", Augsburg 1924

[Gelbhaar 1997] Axel Gelbhaar, Mittelalterliches und frühneuzeitliches Reit- und Fahrzubehör, Hildesheim 1997

[Glahn 1912] Erich Glahn, In der Reitbahn, Das tägliche Brot für den Reitlehrer aus der Reitvorschrift vom 29. Juni 1912, Druck und Verlag von Gerhard Stalling, Verlag des Deutschen Offizierblattes, Oldenburg o.J. (ca. 1912)

[Gless 1989] Karlheinz Gless, Das Pferd im Militärwesen, Berlin 1989

[Griesheim 1860] Gustav von Griesheim, Vorlesungen über Taktik, Berlin 1860

[Guddat 1989] Martin Guddat, Kürassiere, Dragoner, Husaren, die Kavallerie Friedrichs des Großen, Herford/Bonn, 1989

[Haber 1977] von Haber, Die Cavallerie des Deutschen Reiches, derselben Entstehung, Entwicklung und Geschichte, nebst Rang-, Quartier-, Ancienniтäts=Liste und Uniformierung, Unveränderter photomechanischer Nachdruck der Ausgabe Hannover 1877, Verlag "Heere der Vergangenheit", J. Olmes, Krefeld 1977

[Haffner, 1989] Haffner, Sebastian, Von Bismarck zu Hitler, München 1989

[Handbook 1914] Handbook of the German Army 1914, London 1914

[Haugk 1939] Siegfried von Haugk, Die Ausbildung der Rekruten im Reiten, Dritte, völlig neubearbeitete Auflage, Berlin 1939

[Haugk 1949] Siegfried von Haugk, Das Reiter-ABC, Hannover 1949

[Henning 2005] 100 Jahre Pferdezucht und Pferdesport in Deutschland, Warendorf 2005

[Heydebreck 1899] C. von Heidebreck, Dauerritte, Kurze Anleitung zu ihrer sachgemäßen Ausführung, Berlin 1899

[Heydebreck 1928] Hans von Heydebreck, Reitlehrer und Reiter in Uniform und Zivil, eine Anleitung nach den Grundsätzen der deutschen Reitvorschrift, Berlin 1928

[Heydebreck 1935] Gustav Steinbrecht, Das Gymnasium des Pferdes, von Hans von Heydebreck überarbeitete 4. Auflage, Berlin 1935

[Heydebreck 1988] Hans von Heydebreck, Die deutsche Dressurprüfung, Berlin 1988

[Heydebreck II 1935] Hans von Heydebreck, Das Gebrauchspferd und seine Ausbildung, Beiträge zum richtigen Verständnis der Reitvorschrift, Berlin 1935

[Heydebreck, Lauffer 1912] Hans von Heydebreck, Fritz Lauffer, Was bringt die Reitvorschrift vom 29. Juni 1912 Neues?, Berlin 1912

[Hobe 1960] Cord von Hobe, Walter Görlitz, Georg von Boeselager – Ein Reiterleben, Düsseldorf 1960

[Hoen 1929] Max von Hoen, Egon von Waldstätten, Die letzte Reiterschlacht der Weltgeschichte (Jaroslawice 1914), Zürich, Leipzig, Wien 1929

[Hohenlohe 1884] Kraft zu Hohenlohe-Ingelfingen, Militärische Briefe über Kavallerie, Berlin 1884

[Hohrath 2011] Daniel Hohrath, Friedrich der Große und die Uniformierung der preußischen Armee von 1740 bis 1786 Band 1, Wien 2011

[Holzing-Berstett 1910] Max von Holzing-Berstett, Die Reitkunst im Dienste der Armee, Beihefte zum Militär-Wochenblatt 1910, Berlin 1910

[Jacobs 2013] Ute Jacobs, Armeesportklub Potsdam, Sportmannschaft Reiten, Selbstverlag 2013

[Jany 1904] Curt Jany, Urkundliche Beiträge und Forschungen zur Geschichte des Preußischen Heeres, Sechstes Heft, Der Preußische Kavalleriedienst vor 1806, Wiesbaden, 1904

[Jany I 1928] Curt Jany, Geschichte der Preußischen Armee vom 15. Jahrhundert bis zum Jahre 1914, Band 1 Von den Anfängen bis 1740, Osnabrück 1928

[Jany II 1928] Curt Jany, Geschichte der Preußischen Armee vom 15. Jahrhundert bis zum Jahre 1914, Band 2 Die Armee Friedrichs des Großen 1740 - 1763, Osnabrück 1928

[Josipovich 1936] Siegmund von Josipovich, St. Georg 1936 1. Januarheft, Gustav Steinbrechts „Gymnasium des Pferdes" in der Bearbeitung von Oberst H. Vvon Heydebreck, Besprechung der soeben erschienenen vierten Auflage des Buches durch General a.D. S. von Josipovich, Berlin 1936

[Kaehler 1879] Kaehler, Die Preußische Reiterei von 1806 bis 1876 in ihrer inneren Entwicklung, 1879

[Kavallerieschule 1933] Die Ausbildung des Spring- und des Military-Pferdes, Vorträge gehalten von Offizieren des Spring- und des Vielseitigkeitsstalles der Kavallerieschule, Hannover 1933

[KB Kriegsministerium 1905] Königlich Bayerisches Kriegsministerium, Militär-Handbuch des Königreichs Bayern, 42. Auflage 15. Mai 1905, München 1905

[Keerl 2000] Gerhard Keerl, Reiter und Ritte, Historische Streifzüge, Hildesheim, Zürich, New York 2000

[Kiel 1936] Dr. Kiel, Der Weg der deutschen Pferdezucht, St. Georg Sportzeitung, Berlin 1936

[Killisch-Horn 1950] Hans-Joachim von Killisch-Horn, Kavalkade, Eine Chronik von Reitern und Pferden 1950, Köln-Deutz 1950

[Killisch-Horn 1951] Hans-Joachim von Killisch-Horn, Kavalkade, Eine Chronik von Reitern und Pferden, 1951, Köln-Deutz 1951

[Killisch-Horn 1953] Hans-Joachim von Killisch-Horn, Kavalkade, Eine Bildchronik von Reitern und Pferden, Verden 1953

[Kleist 1908] v. Kleist, Die Offizier=Patrouille im Rahmen der strategischen Aufgabe der Kavallerie, entsprechend der Bestimmungen der Felddienst=Ordnung vom 22.5.08, neubearbeitet durch, Major G. v. Ruffer, Sechste Auflage, Verlag e.S. Mittler & Sohn, Berlin 1908

[Klepzig 2012] Wolfgang Klepzig, Die weiblichen Bereiter der Wehrkreis Reit- und Fahrschulen der Deutschen Wehrmacht,

Zeitschrift für Heereskunde Nr. 445 Juli/September 2012

[Kling 1906] C. Kling, Geschichte der Bekleidung, Bewaffnung und Ausrüstung des Königlich Preußischen Heeres. Zweiter Teil. Die Kürassier- und Dragoner-Regimenter seit Anfang des 18. Jahrhunderts bis zur Reorganisation 1808, Weimar, 1906

[KPKM 1901] Königlich Preußisches Kriegsministerium, Deutsche Heeres-Uniformen auf der Weltausstellung in Paris 1900, Leipzig 1901

[Krane 1856] Friedrich von Krane, Die Dressur des Reitpferdes (Campagne- und Gebrauchs-Pferdes), Münster 1856

[Krane 1879] Friedrich von Krane, Anleitung zur Ausbildung von Kavallerie-Remonten, Berlin 1879

[Krickel 1890] G. Krickel, G. Lange, Das deutsche Reichsheer in seiner neusten Bekleidung und Ausrüstung, Berlin 1890

[Kuehn 1965] Geschichte des Reiter-Regiment 1, Teil II, 1939 – 1941, Köln 1965

[Kurowski 2015] Franz Kurwoski, Generalmajor Horst Niemack, Vom Reiteroffizier zum Panzergeneral, Würzburg 2015

[Kutter 2012] Kathrin Anna Maria Kutter, Das Pferdebeschaffungswesen in der Bayerischen Armee von 1880 – 1920 an Hand der Akten des Kriegsarchives in München, Inaugural-Dissertation zur Erlangung der tiermedizinischen Doktorwürde der Tierärztlichen Fakultät der Ludwig-Maximilians-Universität München, München 2012

[Langen 1996] Carl-Friedrich von Langen, Reiten über Hindernisse, Hildesheim, Zürich, New York 1996

[Lauffer 1901] Fritz Lauffer, Vergleichende Würdigung der Reitsysteme von Baucher, Fillis, Plinzner und der Instruktion zum Reitunterricht für die Kavallerie vom 31. August 1882, Stuttgart 1901

[Lehndorff 1999] Siegfried von Lehndorff, Ein Leben mit Pferden, Hildesheim 1999

[Longchamps-Berier 1880] von Longschamps-Berier, Die Militär-Reitschulen in Preußen, Oesterreich und Frankreich, Beihefte zum Militär-Wochenblatt 1880, Drittes Heft, Berlin 1880

[Maercken 1911] Ernst von Maercken zu Geerath, Springprüfungen und Geländeritte, Oldenburg 1911

[Maercken 1913] Ernst von Maercken zu Geerath, Geländreiten und Springen, Leipzig, 1913

[Mayer 1963] Anton Mayer, Das Reiterbuch, Eine Geschichte der Reitkunst und Reitkultur, Wiesbaden, 1963

[Meier 1909] Hugo Meier, Die Zäumung des Reitpferdes, Eine Abhandlung zum Gebrauche für Offiziere und Berufsreiter, Unsere Pferde – Sammlung zwangloser hippologischer Abhandlungen, 39. Heft, Verlag Schickhardt & Ebner, Stuttgart 1909

[Mentzel 1845], Oswald Mentzel, Die Remontirung der Preußischen Armee in ihrer historischen Entwicklung und jetzigen Gestaltung als Beitrag zur Geschichte der Preußischen Militair-Verfassung, Berlin 1845

[Menzel 1851] Adolph Menzel, Die Armee Friedrich's des Grossen in ihrer Uniformierung, Erster Band, Die Cavallerie, Berlin 1851

[Mirus 1874] Richard von Mirus, Hülfsbuch beim theoretischen Unterricht des Kavalleristen, für jüngere Offiziere und Unteroffiziere, Vierte, unter Anleitung des Verfassers nach den neuesten Verordnungen berichtigte Auflage, Berlin 1874

[Mirus 1905] Richard von Mirus, Leitfaden für den Kavalleristen, Berlin 1905

[Mirus 1914] Richard von Mirus, Leitfaden für den Kavalleristen, Ausbildungsjahr 1914/15, Herausgegeben und bearbeitet von E. v. Pelet=Narbonne, E.S. Mittler & Sohn, Berlin o.J.

[Momm 1942] Harald Momm, W. Braun, Mit deutschen Reitern in zwei Weltteilen, Berlin 1942

[Momm 1957] Harald Momm, Pferde, Reiter und Trophäen, München 1957

[Monteton 1877] Otto Digson von Monteton, Über die Reitkunst, Stendal 1877

[Monteton 1898] Otto von Monteton, Über Reitinstruktionen, Die Gehlust des Pferdes und Das Springen der Pferde, Unsere Pferde – Sammlung zwangloser hippologischer Abhandlungen, 4. Heft, Verlag Schickhardt & Ebner, Stuttgart 1898

[Morgenstern 1900] Wilhelm Morgenstern, Der Sattler als Zuschneider, 1900

[Mossdorf 1989] Carl Friedrich Mossdorf, Kavallerieschule Hannover, Warendorf 1989

[MRI 1888] Ohne, Hinter der Meute des Königlichen Militair-Reit-Instituts zu Hannover 1887, Hannover 1888

[Müller 1906] K. Müller und L. Braun, Die Organisation, Bekleidung, Ausrüstung und Bewaffnung der königlich bayerischen Armee von 1806 bis 1906 nach amtlichen Quellen bearbeitet, München 1906

[Münch 1957] Friedrich Münch, Unser Regiment, Erinnerungen aus alter Zeit, Ansbach 1957

[Nagel 1978] Herrmann von Nagel, Grosse deutsche Turnierreiter der Vergangenheit, Warendorf 1978

[Naundorff 1893] E. von Naundorff, Der grosse Distanz-Ritt Berlin – Wien im Jahre 1892, Breslau 1893

[Nipperddey 1993] Thomas Nipperdey, Deutsche Geschichte 1866-1918, Erster Band, Arbeitswelt und Bürgergeist, 3. durchgesehene Auflage, München 1993

[Oese 1979] Erich Oese, Pferdesport, 3. Bearbeitete Auflage, Berlin 1979

[Oese 1999] Erich Oese, Der Pferdesport in der DDR 1951 bis 1990, Berlin 1999

[Olmes 1959] Jürgen Olmes, Historische Gestalten und ihre Pferde, Verlag Richard Obermann, Krefeld 1959

[Obpacher 1926] J. Obpacher, Das Königlich-Bayerische 3. Chevauleger-Regiment, Postkartenserie, München 1926

[Ortenburg 1986] Georg Ortenburg, Waffen der Kabinettskriege, 1650-1792, Bonn 1986

[Ortenburg 1988] Georg Ortenburg, Waffen der Revolutionskriege, 1792-1848, Bonn 1988

[Ortenburg 1990] Georg Ortenburg, Waffen der Einigungskriege, 1848-1871, Bonn 1990

[Ortenburg 1992] Georg Ortenburg, Waffen der Millionenheere, 1871-1914, Bonn 1992

[Otte 1994] Michaela Otte, Geschichte des Reitens von der Antike bis zur Neuzeit, Warendorf, 1994

[Oeynhausen 1869] Borries von Oeynhausen, Gang des Pferdes und Sitz des Reiters, Wien 1869

[Pelet 1897] Gerhard von Pelet-Narbonne, Der Kavalleriedienst, Ein Handbuch für Offiziere, Berlin 1897

[Pelet 1902] G. v. Pelet-Narbonne, General Carl von Schmidt, Eine Skizze seines Lebens und Wirkens, Berlin 1902

[Pelet I 1905] Gerhard von Pelet-Narbonne, Geschichte der Brandenburg-Preußischen Reiterei, 1. Band, Berlin 1905

[Pelet II 1903] Gerhard von Pelet-Narbonne, Der Kavalleriedienst im Kriege, Zweiter Teil, Kavallerie im Sicherungsdienst und in der Schlacht, Berlin 1903

[Pelet II 1905] Gerhard von Pelet-Narbonne, Geschichte der Brandenburg-Preußischen Reiterei, 2. Band, Berlin 1905

[Petschke 1958] Georg Petschke, Bekleidung und Ausrüstung der preuß. Kürassiere 1808 – 1918, Zeitschrift für Heereskunde Heft Nr. 157, München 1958

[Piekalkiewicz 1979] Janusz Piekalkiewicz, Pferd und Reiter im II. Weltkrieg, München 1976

[Pietsch 1966] Paul Pietsch, Formations- und Uniformierungsgeschichte des preußischen Heeres 1808 bis 1914, Band II, Kavallerie u.a., Hamburg 1966

[Pflugk-Harttung 1890] Julius von Plugk-Harttung, Illustrierte Geschichte des Krieges 1870/1871, Stuttgart Berlin Leipzig 1890

[Plinzner 1888] Paul Plinzner, System der Pferde-Gymnastik, Potsdam 1888

[Plinzner 1896] Paul Plinzner, Gustav Steinbrecht, Ein Leben im Dienste der Reitkunst, Berlin 1896

[Plinzner 1900] Paul Plinzner, System der Reiterausbildung, Berlin 1900

[Plinzner 1907] Paul Plinzner, Das dressierte Pferd im Praktischen Leben, Leipzig 1907

[Plinzner 1910] Paul Plinzner, Aus meinem Leben, Reiterliche Rückblicke und Ausblicke, Leipzig 1910

[Poseck 1921] Maximilian von Poseck, Die deutsche Kavallerie in Belgien und Frankreich 1914, Berlin 1921

[Poseck 1924] Maximilian von Poseck, Die deutsche Kavallerie 1915 in Litauen und Kurland, Berlin 1924

[Poseck 1927] Maximilian von Poseck, Der Aufklärungsdienst der Kavallerie nach den Erfahrungen des Weltkrieges, Berlin 1927

[Poseck 1935] Maximilian von Poseck, Die deutsche Kavallerie in Polen 1914/15, Berlin 1935

[Pulte 1941] Josef Pulte, Welche Anforderungen stellt die deutsche Wehrmacht an die deutsche Pferdezucht?, Deutsche Reiterhefte, Berlin Juni 1941

[Pulte 1957] Josef Pulte, Alfons Schulze-Dieckhoff, Das deutsche Pferd in der Welt, Dokumentarwerk des deutschen Olympiade-Komitees für Reiterei, Stuttgart 1957

[Radke 1967] Dr. Radke, Zur Geschichte der Bereiterinnen, Deutsches Soldatenjahrbuch 1967 / 15. Deutscher Soldatenkalender, S. 258ff

[Rau 1920] Gustav Rau, Generalmajor Max Freiherr von Redwitz, St. Georg Sportzeitung, April 1920, Heft 3

[Rau 1929] Gustav Rau, Die Reiterkämpfe bei den Olympischen Spielen von 1912 / 1920 / 1924 und 1928, Entwicklung und Stand der Reitkunst, Stuttgart 1929

[Rau 1936] Gustav Rau, Buch der Kavallerie, Stuttgart 1936

[Rau 1937] Gustav Rau, Die Reitvorschrift vom 18. August 1937, St. Georg Sportzeitung, Dezember 1937, 1. Monatsheft

[Rau 1938] Gustav Rau, Die Reitkunst der Welt an den Olympischen Spielen 1936, Berlin 1938

[Rauchhaupt 1958] Wilhelm Volrad von Rauchhaupt, Die Deutsche Kavallerie zwischen den beiden letzten Kriegen, Wendlingen 1958

[Redwitz 1 1914] Max von Redwitz, Die deutsche Reitvorschrift 1912 im Lichte der Reitkunst, Erstes Heft, Die Seitengänge, München 1914

[Redwitz 1893] Max von Redwitz, Rückblick auf die ersten 25 Jahre der königlich-bayerischen Equitationsanstalt, München 1893

[Redwitz 1903] Max von Redwitz, Alltägliche Reiterfragen, München 1903

[Redwitz 2 1914] Max von Redwitz, Die deutsche Reitvorschrift 1912 im Lichte der Reitkunst, Zweites Heft, Springen und Geländereiten, München 1914

[Reichel 1937] Reichel, Geschichte des Kavallerie-Regiments 9 vom 18. Dezember 1919 (Gründungstag) bis zum 20. April 1937, Fürstenwalde 1937

[Reitzenstein 1893] Albin Friedrich Wilhelm Theodor von Reitzenstein, Mein Distanzritt Berlin-Wien, Vortrag, gehalten in der Militärischen Gesellschaft zu Berlin am 7. Dezember 1892, Beiheft zum Militär-Wochenblatt, Heft 1, Berlin 1893

[Richter 1982] Klaus Christian Richter, Die Geschichte der deutschen Kavallerie 1919 - 1945, Stuttgart 1982

[Richter 1993] Klaus Christian Richter, Die feldgrauen Reiter, Augsburg 1993

[Richter 1994] Klaus Christian Richter, Kavallerie der Wehrmacht, Wölfersheim-Berstadt 1994

[Richter 1996] Klaus Christian Richter, Friedrich Wilhelm von Seydlitz, Ein preußischer Reitergeneral und seine Zeit, Osnabrück 1996

[Richtlinien 1959] Hauptverband für Zucht und Prüfung deutscher Pferde, Abteilung für Leistungsprüfungen, Richtlinien für Reiten und Fahren, 6. Verbesserte Auflage, Verden 1959

[Richtlinien 1962] Hauptverband für Zucht und Prüfung deutscher Pferde e.V. Abteilung Ausbildung, Richtlinien für Reiten und Fahren, 9. erweiterte Auflage, Verden 1962

[Richtlinien II 1969] Deutsche Reiterliche Vereinigung (FN), Richtlinien für Reiten und Fahren Band II, Ausbildung für Fortgeschrittene, 2. Auflage, Verden 1969

[Rizzi 1932] Otto Ritter von Rizzi, Geschichte der Bayerischen Reiterei 1871 – 1914, München 1932

[Rock 1932] Der Bunte Rock, Eine Sammlung deutscher Uniformen des 19. Jahrhunderts, Köln, 1932

[Rothkirch o.J.] Edwin von Rothkirch und Trach, Gedanken über Ausbildung in der Reitergruppe, Berlin-Charlottenburg (ohne Jahresangabe)

[Rosenberg 1884] Heinrich von Rosenberg, Zusammengewürfelte Gedanken über unsern Dienst, Babenzien 1884

[Roth 1877] Wihelm Roth, Rudolf Lex, Handbuch der Militär-Gesundheitspflege, Dritter Band, Berlin 1877

[Sanden 1901] Oberstleutnant a.D. von Sanden, Verschiedene Meinungen über die Ausbildung von Reitpferden, Unsere Pferde – Sammlung zwangloser hippologischer Abhandlungen, 15. Heft, Verlag Schickhardt & Ebner, Stuttgart 1901

[Sanden 1907] Siegfried von Sanden, Geländereiten (Kriegs-, Jagd- und Dauerreiten), Leipzig 1907

[Santini 1982] Piero Santini, Die Caprilli-Papiere, Grundsätze der Kampagnereitkunst, Köln 1982

[Satter 2004] Alfred Satter, Die deutsche Kavallerie im Ersten Weltkrieg, Norderstedt 2004

[Schlicht/ Kraus 2005] Die Deutsche Reichswehr Die Uniformierung und Ausrüstung des deutschen Reichsheeres von 1919 bis 1932, Wien 2005

[Schmidt 1885] Carl von Schmidt, Instruktionen des Generalmajors Carl von Schmidt, Berlin 1885

[Schmidt 1999] Adolph Schmidt, Neue Reiterpredigten, Hildesheim 1999

[Schneider 1872] L. Schneider, Des Soldatenfreundes Instruktionsbuch für den Cavalleristen, Berlin 1872

[Schönauer 2019] Tobias Schönauer, Daniel Hohrath, Formen des Krieges, Kataloge des Bayerischen Armeemuseums Band 19, Ingolstadt 2019

[Schröder 1912] Max Schröder, Reitvorschrift in Stichworten, Potsdam o.J. (ca. 1912)

[Schumacher 2007] Karl Georg Schumacher, Armeesattel 25, Durbach 2007

[Schwabl 2011] Gert Schwabl von Gordon, Bianca Rieskamp, Die Klassische Reitlehre in der Praxis gemäß der H.Dv. 12, Hildesheim 2011

[Schwarte 1923] Max Schwarte, Der Weltkampf um Ehre und Recht, Zweiter Teil, Die Organisationen für die Versorgung des Heeres, 7. Band, Leipzig 1923

[Seeger 1852] Louis Seeger, Herr Baucher und seine Künste, Berlin 1852

[Seidler 1844] Ernst Friedrich Seidler, Unparteiische Ansichten über das Bauchersche System der Pferde-Dressur nebst theilweisem Vergleich mit den bei uns im Allgemeinen üblichen Prinzipien, Berlin, Posen, Bromberg 1844

[Seidler 1846] Ernst Friedrich Seidler, Die Dressur difficiler Pferde, die Korrektur verdorbener und böser Pferde, Berlin, Posen, Bromberg 1846

[Seunig 1948] Waldemar Seunig, Von der Koppel bis zur Kapriole, Berlin 1943

[Seunig 1960] Waldemar Seunig, Meister der Reitkunst und ihre Wege, Heidenheim 1960

[Seunig 1961] Waldemar Seunig, Am Pulsschlag der Reitkunst, Heidenheim 1961

[Spee 1898] Walther von Mossner, Heribert von Spee, Bestimmungen über den Betrieb der Reit-Uebungen im Gelände mit der Königl. Meute hinter lebendem Wild beim Militär-Reit-Institut, Hannover 1898

[Spohr 1898] Oberst a.D. Spohr, Die Zäumungsfrage bei Renn – und Reitpferden, Unsere Pferde – Sammlung zwangloser hippologischer Abhandlungen, 5. Heft, Verlag Schickhardt & Ebner, Stuttgart 1898

[Spohr 1911] Oberst a.D. Spohr, Die kommende Reitinstruktion, Eine kritische Übersicht über die Wünsche bezüglich der bevorstehenden Neubearbeitung der Reitinstruktion von 1882, Unsere Pferde - Sammlung zwangloser hippologischer Abhandlungen, 42. Heft, Verlag Schickhardt & Ebner, Stuttgart 1911

[Spohr 1912] Peter Spohr, Über die Kondition unserer Miltitärdienstpferde und die Mittel, sie herbeizuführen und zu erhalten, Stuttgart 1912

[Standorte 1913] Einteilung und Standorte des Deutschen Heeres, Übersicht und Standorte der Kaiserlichen Marine sowie der Kaiserlichen Schutztruppen, Nach amtlichen Quellen und nach dem Stande vom 28.Oktober 1912, Mit den Neuformationen, 148 Auflage, Verlag der Liebelschen Buchhandlung, Berlin 1913

[Staudinger 1908] Karl Staudinger, Geschichte des Bayerischen Heeres, Dritter Band, 1. Teil, München 1908

[Staudinger 1909] Karl Staudinger, Geschichte des Bayerischen Heeres, Dritter Band, 2. Teil, München 1909

[Stecken 2015] Paul Stecken, Bemerkungen und Zusammenhänge, Warendorf 2015

[Steinbrecht 2001] Gustav Steinbrecht, Das Gymnasium des Pferdes, München 2001

[Stenglin 1983] Christian von Stenglin, Deutsche Pferdezucht, Warendorf 1983

[Storz 1992] Storz Dieter, Kriegsbild u. Rüstung vor 1914. Europäische Landstreitkräfte vor dem Ersten Weltkrieg, Bonn 1992

[Tepper 1914] Kurt von Tepper-Laski, Rennreiten, Praktische Winke für Rennreiter und Manager, Berlin 1914

[Top 1810] Topoghrafisch-historische Beschreibung der beyden Fürstenthümer Moldau und Wallachey, Wien 1810

[Troschke 1869] Ernst von Troschke, Der Gang der Dressur des Remontepferdes, Münster 1869

[Unger 1906] W. v. Unger, Wie ritt Seydlitz?, Berlin 1906

[Unger 1913] Kurt von Unger, Hilfsbuch für die Einjährig-Freiwilligen der Kavallerie, Berlin 1913

[Unger 1926] W. von Unger, Meister der Reitkunst, Bielefeld und Leipzig 1926

[Volkmann 1938] Dr. Volkmann, Die deutsche Pferdzucht in Zahlen, Deutsche Reiterhefte, Berlin Februar 1938

[Walther 1930] A. von Walther, Kavallerie-Felddienst, Ein Leitfaden für Unterführer und Mannschaft, Berlin-Steglitz 1930

[Walther 1930] A. von Walther, Kavallerie-Felddienst, Ein Leitfaden für Unterführer und Mannschaft, Berlin 1930

[Walzer 1923] Julius Walzer, Anleitung zur Dressur und Ausbildung des Pferdes, Reichsverband für Zucht und Prüfung deutschen Warmbluts, Berlin 1923

[Welz 1985] Helmut Welz, In letzter Stunde, Die Entscheidung des Generals Arno von Lenski, Berlin 1985

[Witte 1998] Hans Joachim Witte, Peter Offermann, Die Boeselagerschen Reiter, Elbingen 1998

[Wohlfeil/Dollinger 1977] Rainer Wohlfei, Hans Dollinger, Die Deutsche Reichswehr Zur Geschichte des Hunderttausend-Mann-Heers 1919-1933, Wiesbaden 1977

[Wrangel 1895] Carl Gustav Wrangel, Das Buch vom Pferde, Zweiter Band, Stuttgart 1895

[Wrangel 1982] Alexis Wrangel, The End of Chivalry, The Last Great Cavalry Battles 1914 – 1918, New York 1982

[Zeuscher 2007] Gerhard Zeuscher, Die Kavallerieschule Hannover, Eine kurze Darstellung der Geschichte der Kavallerie und einer Lehranstalt für Reiter, Fahrer und Pferde, Wolfenbüttel 2002/2007

[Zieger 1973] Wilhelm Zieger, Das deutsche Heeresveterinärwesen im Zweiten Weltkrieg, Freiburg 1973

[Ziegner 2017] Kurd Albrecht von Ziegner, Dr. Gerd Heuschmann, Die kommentierte H.Dv. 12, Stuttgart 2017

[Zuber 2007] Terence Zuber, The Battle of the Frontiers, Ardennes 1914, Stroud 2007

[Zuber 2010] Terence Zuber, The Mons Myth, A Reassessment of the Battle, Stroud 2010

Vorschriften

Vor Einführung der Nummerierung

Exerzieren

[Exerzier 1812] Exerzier-Reglement für die Kavallerie der Königlich Preußischen Armee, Berlin 1812

[Exerzier 1855] Exerzier-Reglement für die Kavallerie, Berlin 1855

[Exerzier 1873] Exerzier-Reglement für die Kavallerie, Berlin 1873

[Exerzier 1876] Exerzier-Reglement für die Kavallerie, Berlin 1876

[Exerzier 1886] Exerzier-Reglement für die Kavallerie, Berlin 1886

[Exerzier 1895] Exerzier-Reglement für die Kavallerie, Berlin 1895

Felddienst

[Feld 1887] Felddienst-Ordnung, Berlin 1887

[Feld 1894] Felddienst-Ordnung, Berlin 1894

[Feld 1900] Felddienst-Ordnung, Berlin 1900

Reiten

[RI T1 1825] Instruction zum Reit-Unterricht für die Königlich Preußische Kavallerie, Erster Theil, Berlin 1825

[RI T2 1825] Instruction zum Reit-Unterricht für die Königlich Preußische Kavallerie, Zweiter Theil, Berlin 1825

[RI T3 1826] Instruction zum Reit-Unterricht für die Königlich Preußische Kavallerie, Dritter Theil, Berlin 1826

[RI Anh 1826] Anleitung zur Behandlung der Remonten, Als Anhang zum Reit-Unterricht für die Kavallerie, Berlin 1826

[RI T1 1866] Instruction zum Reit-Unterricht für die Königlich Preußische Kavallerie, Erster Theil, Berlin 1866

[RI T2 1866] Instruction zum Reit-Unterricht für die Königlich Preußische Kavallerie, Zweiter Theil, Berlin 1866

[RI T3 1866] Instruction zum Reit-Unterricht für die Königlich Preußische Kavallerie, Dritter Theil, Berlin 1866

[RI Anh 1866] Anleitung zur Behandlung der Remonten, Als Anhang zum Reit-Unterricht für die Kavallerie, Berlin 1866

[Wrede I 1828] Vorschriften für den Unterricht in den Waffenübungen der Königlich-Bayerischen Cavalerie, 1. Band, München 1828

[Wrede II 1828] Vorschriften für den Unterricht in den Waffenübungen der Königlich-Bayerischen Cavalerie, 2. Band, München 1828

[VU T1 1860] Vorschriften für den Unterricht der königlich bayerischen Cavalerie, I. Theil, Beurteilung und gewöhnliche Krankheiten des Pferdes, München 1860

[VU T2 1860] Vorschriften für den Unterricht der königlich bayerischen Cavalerie, II. Theil, Pflege der Dienstpferde, München 1860

[VU T3 1860] Vorschriften für den Unterricht der königlich bayerischen Cavalerie, III. Theil, Unterricht im Zäumen, Satteln und Packen, München 1860

[VU T4 1860] Vorschriften für den Unterricht der königlich bayerischen Cavalerie, IV. Theil, Reitunterricht, München 1860

[VU T5 1860] Vorschriften für den Unterricht der königlich bayerischen Cavalerie, V. Theil, Abrichtung der Remonten, München 1860

[RI T1 1872] Instruction zum Reit-Unterricht für die Königlich Preußische Kavallerie, Erster Theil, Berlin 1872

[RI T1 1873] Instruction zum Reit-Unterricht für die Königlich Bayerische Kavallerie, Erster Theil, München 1873

[RI T2 1877] Instruction zum Reit-Unterricht für die Königlich Bayerische Kavallerie, Zweiter Theil, München 1877

[RI T3 1877] Instruction zum Reit-Unterricht für die Königlich Bayerische Kavallerie, Dritter Theil, München 1877

[RI T4 1877] Instruction zum Reit-Unterricht für die Königlich Bayerische Kavallerie, Vierter Theil, Anleitung zur Behandlung der Remonten und zur Pflege der Dienstpferde (Als Anhang zum Reit-Unterricht für die Kgl. Bayer. Kavallerie), ab 1897 D.V. 17, München 1877

[RI T1 1882] Instruktion zum Reit-Unterricht für die Kavallerie, 1. Theil, Berlin 1882

[RI T2 1882] Instruktion zum Reit-Unterricht für die Kavallerie, 2. Theil, Berlin 1882

Waffen

[Waffenübungen 1873] Instruktion für die Waffenübungen der Kavallerie, Berlin 1873

[Waffenübungen 1891] Vorschrift für die Waffenübungen der Kavallerie, Berlin 1891

[Karabiner 1877] Karabiner-Schießinstruktion für die Kavallerie, Berlin 1877

[Schieß 1890] Schießvorschrift für die Kavallerie, Berlin 1890

[Schieß 1894] Schießvorschrift für die Kavallerie, Berlin 1894

Pionier

[Zerstörung 1888] Anleitung für die Zerstörungs- und Herstellungsarbeiten der Kavallerie im Felde, Berlin 1888

[Pionier 1893] Anleitung für die Arbeiten der Kavallerie im Felde, Berlin 1893

Sport

[Turnen 1879] Vorschriften über das Turnen der Truppen zu Pferde, Berlin 1879

Bekleidung

[Bekleidung 1903] Bekleidungsordnung (Bkl.O.), Berlin 1903

D.V.E. (Preußen)

[DVE 1911] Verzeichnis der etatmäßigen Druckvorschriften vom 21. Dezember 1911, D.V.E. Nr. 1a nfD, Berlin 1911, mit Änderungen bis 1918.

Exerzieren

[Exerzier 1909] Exerzier-Reglement für die Kavallerie, D.V.E. Nr. 299, Berlin 1909

Quellenangaben

Felddienst

[Feld 1908] Felddienst-Ordnung, D.V.E. Nr. 267, Berlin 1908

[Aufklärung 1914] General-Inspektion der Kavallerie, Gesichtspunkte für den Aufklärungsdienst, Berlin 1914

Reiten

[DVE 1912] D.V.E. Nr. 12, Reitvorschrift (Reitv.), Vom 29. Juni 1912, Berlin 1912

[DVE 1913] D.V.E. Nr. 12, Reitvorschrift (Reitv.), Vom 29. Juni 1912, Berlin 1912, Ausgabe 1913, Beilage III zur Reitvorschrift, Zusätze für die Telegrafentruppe, November 1913

[MRI 1900] Militär Reit-Institut-Dienstordnung, D.V.E. Nr. 167, Berlin 1900

Waffen

[Schieß 1901] Schießvorschrift für die Kavallerie, D.V.E. Nr. 265, Berlin 1901

[Schieß 1909] Schießvorschrift für die Kavallerie, D.V.E. Nr. 342, Berlin 1909

[Fechten 1912] Vorschrift für das Fechten auf Hieb und Stoß, D.V.E. Nr. 365, Berlin 1912

Pionier

[Pionier 1907] Kavallerie-Pioniervorschrift (K.P.V.) D.V.E. 231, Berlin 1907

[Pionier 1911] Feld-Pionierdienst aller Waffen, D.V.E. Nr. 275, Berlin 1911, Anhang, Die nur von der Kavallerie auszuführenden Pionierarbeiten, Seite 213 - 286

Sport

[Turnen 1898] Turnvorschrift für berittene Truppen, D.V.E. Nr. 23, Berlin 1898

[Turnen 1912] Turnvorschrift für berittene Truppen, D.V.E. Nr. 23, Entwurf, Berlin 1912

Pferdepflege

[Füttern 1913] Anleitung zur Fütterung der Dienstpferde, D.V.E. Nr. 314, Berlin 1913

Remontierung

[Pferdeaushebung 1902] Pferdeaushebungsvorschrift, D.V.E. Nr. 58, Berlin 1902

[Remontedepot 1897] Remontedepot-Administration Dienstanweisung, D.V.E. Nr. 343, Berlin 1897

[Remontedepot 1906] Remontedepot-Administration Dienstanweisung, D.V.E. Nr. 343, Berlin 1897

[Remontierung 1912] Remontierungsordnung, D.V.E. Nr. 262, Berlin 1912

Bekleidung

[Bekleidung II 1903] Bekleidungsordnung, Zweiter Theil, Vorschriften für die Beschaffenheit und Unterscheidungszeichen der Bekleidung und Ausrüstung der Mannschaften aller Waffen sowie der Ausrüstung der Reitpferde der Kavallerie (Bkl.O. II), D.V.E. Nr. 122 Neudruck, Berlin 1903

[Bekleidung Offz 1911] Bekleidungsvorschrift für Offiziere, Sanitätsoffiziere und Veterinäroffiziere des Königlich Preussischen Heeres. (O.Bkl.V.), D.V.E. Nr. 317, Berlin 1911

[Bekleidung Offz 1914] Bekleidungsvorschrift für Offiziere, Sanitätsoffiziere und Veterinäroffiziere des Königlich Preußischen Heeres, (O.Bkl.V) vom 15. Mai 1899, Neuabdruck 1911, D.V.E. Nr. 317, Berlin 1911, Deckblätter Nr. 1 – 38 August 1913, Änderungen an den Anzugbeschreibungen zur Bekleidungsordnung für Offiziere, Sanitätsoffiziere und Veterinäroffiziere des Königlich Preußischen Heeres, April 1916, Anhang zur Offizier-Bekleidungs-Vorschrift D.V.E. Nr. 317, vom 15. Mai 1899, Neuabdruck 1911, Berlin 1911, Deckblätter Nr. 1 – 20, Januar 1914.

Veterinär

[MVO 1910] Militär=Veterinärordnung (M.V.O.), Entwurf, D.V.E.Nr. 57, Hierzu Anhang I nebst Atlas und Anhang II, vom 17.Mai 1910, Berlin 1910

[MVO I 1906] Anhang I zur Militär=Veterinärordnung (M.V.O.), Zu D.V.E.Nr. 57, Hierzu ein Atlas, vom 28.6.1906, Berlin 1906

[MVO Atlas 1906] Atlas zum Anhang I der Miltär=Veterinärordnung (M.V.O.), (ehem. 1897) vom 28.6.1906, Berlin 1906

[MVO II 1906] Anhang II zur Militär=Veterinärordnung (M.V.O.), Seuchenvorschrift, Entwurf, Zu D.V.E.Nr. 57, 28.6.1906, Berlin 1906

Feldartillerie

[FA 1917] Ausbildungsvorschrift für die Feldartillerie, Entwurf, Heft 4: Ausbildung am bespannten Geschütz, Berlin 1917

D.V. (Bayern):

Bekleidung

[Bekleidung Offz 1904] Bekleidungs=Vorschrift für Offiziere und Sanitätsoffiziere des Königlich Bayerischen Heeres (O.Bkl.V), D.V. 365, München 1904

Reiten
[DV 1912] D.V. 16, Reitvorschrift (Reitv.), Vom 29. Juni 1912, Berlin 1912

S.D.V.E. (Sachsen):
Bekleidung
[Bekleidung Offz 1913] Bekleidungsvorschrift für Offiziere, Sanitätsoffiziere und Veterinäroffiziere der Königlich Sächsischen Armee (S.O.Bkl.V.), vom 1. Juni 1904, S.D.V.E. Nr. 33, Neuabdruck 1912, Dresden 1912, Deckblätter 1 – 78, vom Oktober 1913

D.V.Pl. und H.Dv.
D.V.Pl. [H.Dv. 1939] und Verzeichnis H.Dv. der planmäßigen Heeres-Druckvorschriften, H.Dv. 1a nfD, avom 1.5.1939, Berlin 1939

Taktik
[Verbundene Waffen 1921] Führung und Gefecht der verbundenen Waffen (F.u.G.), D.V.Pl. Nr. 487, Berlin 1921

[Verbundene Waffen 1924] Einführung und Stichwortverzeichnis, Führung und Gefecht der verbundenen Waffen (F.u.G.), H.Dv. 487 Beiheft, Berlin 1924

[Truppenführung 1933] Truppenführung (T.F.), Teil I, H.Dv. 300/1, Berlin 1933

[Truppenführung 1936] Truppenführung (T.F.), Teil I, H.Dv. 300/1, Berlin 1936

[Truppenführung 1943] Truppenführung (T.F.), Teil I, H.Dv. 300/1, Berlin 1943

[Truppenführung 1934] Truppenführung (T.F.), Teil II, H.Dv. 300/2, Berlin 1934

[Truppenführung 1943] Truppenführung (T.F.), Teil II, H.Dv. 300/2, Berlin 1943

Reiten
[RV 1926] Reitvorschrift vom 29. Juni 1912, Ausgabe 1926, H.Dv. 12, Berlin 1926

[RV 1932] Reitvorschrift vom 29. Juni 1912, Ausgabe 1926, H.Dv. 12, Berlin 1926, Neuabdruck 1932, mit den eingearbeiteten Deckblättern 1- 52

[RV 1934] Reitvorschrift vom 18. 12. 34, Entwurf, H.Dv. 12, Berlin 1934

[RV 1937] Reitvorschrift vom 18.8.1937 (R.V.), H.Dv. 12, Berlin 1937[Reitausbildung Ersatzheer 1942] Richtlinien und Ausbildungspläne für die Reit – und Fahrausbildung im Ersatzheer, vom 6. Januar 1942, Vorschrift ohne Nr.: Anhang 2 zur H.Dv. 1a Seite 42 lfd. Nr. 4, Der Chef der Heeresrüstung und Befehlshaber des Ersatzheeres, Az. 34 AHA/Ju 3-II- Nr. 839.1.42 vom 6.1.1942, Berlin 1942

Ausbildung
[Ausbildung Infanterie 1936] Ausbildungsvorschrift für die Infanterie, Heft 8, Der Reiterzug, vom 31. Juli 1936, H.Dv. 130/8, Berlin 1936

[Ausbildung Kavallerie 1 1938] Ausbildungsvorschrift für die Kavallerie, Heft 1, Leitsätze für die Erziehung und Ausbildung im Heer, Ausbildungsziele für die Einzelausbildung der Kavallerie, H.Dv. 299/1, Berlin 1938

[Ausbildung Kavallerie 1b 1943] Ausbildungsvorschrift für die Kavallerie, Heft 1b, Richtlinien für die Ausbildung für die Ausbildung einer Panzer-Aufklärungs-Ausbildungs-Abteilung, H.Dv. 299/1b, Berlin 1943

[Ausbildung Kavallerie 1c 1942] Ausbildungsvorschrift für die Kavallerie, Heft 1c, Richtlinien für die Ausbildung der Einheiten einer Radfahr-Ersatzabteilung, H.Dv. 299/1c, Berlin 1942

[Ausbildung Kavallerie 2 1937] Ausbildungsvorschrift für die Kavallerie, Heft 2, Die Reiterschwadron, H.Dv. 299/2, Berlin 1937

[Ausbildung Kavallerie 3 1937] Ausbildungsvorschrift für die Kavallerie, Heft 3, Die Radfahrschwadron, H.Dv. 299/3, Berlin 1937

[Ausbildung Schnelle Truppen 4a 1942] Ausbildungsvorschrift für die schnellen Truppen, Heft 4a, Ausbildung und Einsatz der Schützenkompanie (gp.), H.Dv. 299/4a, Berlin 1942

[Ausbildung Schnelle Truppen 4b 1942] Ausbildungsvorschrift für die schnellen Truppen, Heft 4b, Ausbildung und Einsatz der Kraftradschützenkompanie, H.Dv. 299/4b, Berlin 1941

[Ausbildung Schnelle Truppen 4c 1942] Ausbildungsvorschrift für die schnellen Truppen, Heft 4c, Richtlinien für Ausbildung und Einsatz der leichten Panzer-Aufklärungskompanie (gp) , H.Dv. 299/4c, Berlin 1944

[Ausbildung Schnelle Truppen 6a 1937] Ausbildungsvorschrift für die schnellen Truppen, Heft 6a, Die Maschinengewehrschwadron, H.Dv. 299/6a, Berlin 1937

[Ausbildung Schnelle Truppen 8a 1937] Ausbildungsvorschrift für die schnellen Truppen, Heft 8a, Die schwere Schwadron der Aufklärungsabteilung (t mot) einer Infanteriedivision. Die schwere Kompanie der Aufklärungsabt. (mot). Die Stabsschwadron des Reiterregiments. Der Kavalleriegeschützzug (mot Z). Kraftfahrkampftrupp.-Gesch.Zug, H.Dv. 299/8a, Berlin 1937

[Ausbildung Schnelle Truppen 8b 1938] Ausbildungsvorschrift für die schnellen Truppen, Heft 8b, Der Kavall. Pionierzug (mot), Der Kraftfahrpionierzug (mot) , H.Dv. 299/8b, Berlin 1938

[Ausbildung Schnelle Truppen 8c 1937] Ausbildungsvorschrift für die schnellen Truppen, Heft 8c, Der Kavallerie-Panzerspähzug, H.Dv. 299/8c, Berlin 1937

[Ausbildung Schnelle Truppen 8d 1937] Ausbildungsvorschrift für die schnellen Truppen, Heft 8d, Der Kavallerie-Panzerabwehrzug (mot Z), Der Panzerabwehrzug (mot Z), H.Dv. 299/8d, Berlin 1938

[Ausbildung Kavallerie 10 1939] Ausbildungsvorschrift für die Kavallerie, Heft 10, Die Aufklärungsabteilung (mot), Die Aufklärungsabteilung (t mot), H.Dv. 299/10, Berlin 193

Pionier

[Pionier 1935] Pionierdienst aller Waffen (All.Pi.D.), H.Dv. 316, Berlin 1935

[Pionier 1936] Pionierdienst aller Waffen (All.Pi.D.), H.Dv. 316, Berlin 1936

[Pionier Erg 1941] Ergänzungsheft zu H.Dv. 316, Pionierdienst aller Waffen (All.Pi.D.), H.Dv. 316 Ergänzungsheft, Berlin 1941

Panzerabwehr

[Panzer 3e 1942] Panzerabwehr aller Waffen, Heft 3e, Panzer-Beschußtafeln, Abwehr schwer zu bekämpfender Panzerfahrzeuge, Infanterie, H.Dv. 469/3e, Berlin 1942

[Panzer 3e 1943] Panzerabwehr aller Waffen, Heft 3e, Panzer-Beschußtafeln, Abwehr schwer zu bekämpfender Panzerfahrzeuge, Infanterie, H.Dv. 469/3e, Berlin 1943

[Panzer 4 1942] Panzerabwehr aller Waffen, Heft 4, Richtlinien für Panzernahbekämpfung, H.Dv. 469/4, Berlin 1942

Pferdepflege

[Truppenpferd I 1937] Das Truppenpferd, H.Dv. 11/1, Heft I, Pferdepflege, Stallpflege, Füttern und Tränken, Berlin 1937

[Truppenpferd II 1938] Das Truppenpferd, H.Dv. 11/2, Heft II, Körperbau, Erkrankungen, Futtermittel, Berlin 1938

[Pferdedienst 1943] Ausbildungshefte der 16. Armee, Heft 6, Pferdedienst im Felde, vom April 1943, Druck: D 413 nfD, im Felde 1943

Remontierung

[Pferdeergänzung 1938] Pferdeergänzungsvorschrift, Durchführungsvorschrift zum Wehrleist. Gesetz, H.Dv. 158, Berlin 1938

[Pferdeergänzung 1938] Erläuterungen und militärische Ausführungsbestimmungen zu Teil I – IV Pferdeergänzungsvorschrift, H.Dv.g. 158, Berlin 1938

Sport

[Sport 1934] Sportvorschrift für das Heer, H.Dv. 475, Berlin 1934

[Sport 1938] Sportvorschrift für das Heer, H.Dv. 475, Berlin 1938

Pferdeausrüstung

[Pferdeausrüstung 1936] Das allgemeine Heergerät, Teil 2,Pferde- und Tragtierausrüstung, H.Dv. 476/2, Berlin 1936

[Gasschutz 1939] Merkblatt Gasschutz der Heerestiere, Merkblatt 54/7, Berlin 1939

Fahren

[Fahren 1938] Ausbildungsvorschrift für die Fahrtruppen, Heft 1, Leitsätze für die Erziehung und Ausbildung im Heer, H.Dv. 480/1, Berlin 1938

Bekleidung

[Bekleidung 1934] Anzugordnung für das Reichsheer (H.A.O.), Bestimmungen über Beschaffenheit, Sitz, Trageweise und Unterscheidung der einzelnen Bekleidungs – und Ausrüstungsstücke aller Waffen sowie der Signalinstrumente, Vom 14. November 1934, H.Dv. 122, Abschnitt A., Berlin 1934

[Bekleidung 1935] Anzugordnung für das Reichsheer (H.A.O), Anzugbestimmungen vom 8. April 1935, H.Dv. 122, Abschnitt B., Berlin 1935

[Bekleidung 1944] Vorschläge und Berichte über technische Behelfe nfD, Von der Front für die Front, Berlin 1. Januar 1944 ff.

Polizei

[Pol 1964] Innenministerium des Landes Nordrhein-Westfalen, Vorschrift für die Reitausbildung der Polizei, VfdP 210, Ausgabe 1964, Düsseldorf 1964

Verordnungen und Gesetzblätter

[AVBl 1874] Armee-Verordnungs-Blatt, Hrsg. vom (Preuß.) Kriegs-Ministerium, Berlin 1867 bis 1919